Anwendungsentwicklung für Windows-Clients mit .NET Framework – Original Microsoft Training für MCTS-Examen 70-526

Microsoft Press

Dieses Buch ist die deutsche Übersetzung von: Matthew A. Stoecker, Steven J. Stein, Tony Northrup: MCTS Self-Paced Training Kit (Exam 70-526): Microsoft .NET Framework 2.0 Windows-Based Client Development
Microsoft Press, Redmond, Washington 98052-6399

15 14 13 12 11 10 9 8 7 6 5 4 3 2 1
09 08 07

ISBN-10: 3-86645-910-6
ISBN-13: 978-3-86645-910-6

Übersetzung: Michael Ringel, Bonn
Korrektorat: Claudia Mantel-Rehbach, München
Fachlektorat und Satz: Günter Jürgensmeier, München
Umschlaggestaltung: Hommer Design GmbH, Haar (www.HommerDesign.com)
Layout und Gesamtherstellung: Kösel, Krugzell (www.KoeselBuch.de)

Inhaltsverzeichnis

Einführung

Das vorliegende Training ist für Entwickler gedacht, die sich auf das MCTS-Examen 70-526 (Microsoft Certified Technology Specialist) vorbereiten, sowie für Entwickler, die sich Kenntnisse über die Entwicklung von Windows-Anwendungen mit dem Microsoft .NET Framework 2.0 aneignen möchten. Wir setzen voraus, dass Sie bereits über Grundkenntnisse über Windows und Microsoft Visual Basic oder C# verfügen.

Im Verlauf des Trainings erwerben Sie Kenntnisse in folgenden Bereichen:

- Erstellen einer Benutzeroberfläche (User Interface, UI) für eine Windows Forms-Anwendung mit Standardsteuerelementen
- Einbinden von Daten in eine Windows Forms-Anwendung
- Implementieren von Druck- und Berichtfunktionen in einer Windows Forms-Anwendung
- Erweitern des Funktionsumfangs
- Verwenden von asynchronen Programmiertechniken zur Verbesserung der Reaktion einer Anwendung auf Aktionen des Benutzers
- Entwickeln von Windows Forms-Steuerelementen
- Konfigurieren und Bereitstellen von Anwendungen

Hardwarevoraussetzungen

Zur Bearbeitung der Übungen ist folgende Hardware erforderlich:

- Ein Computer mit einem Prozessor, der mit einer Taktfrequenz von 600 MHz oder höher betrieben wird
- Mindestens 192 MB RAM
- Mindestens 2 GB verfügbarer Speicherplatz auf der Festplatte
- Ein DVD-ROM-Laufwerk
- Ein Grafiksystem, das bei einer Palette mit 256 Farben mindestens 1024 × 768 Pixel anzeigen kann
- Tastatur und Microsoft-Maus oder kompatibles Zeigegerät

Zur Durchführung der in diesem Buch gezeigten Übungen sollten Sie nicht Ihre primäre Arbeitsstation verwenden, weil Sie im Rahmen dieser Übungen Änderungen an der Konfiguration von Betriebssystem und Anwendungen vornehmen müssen.

Softwarevoraussetzungen

Um die Übungen in diesem Buch zu bearbeiten, benötigen Sie folgende Software:

- Eines der folgenden Betriebssysteme:
  - Windows 2000 mit Service Pack 4
  - Windows XP mit Service Pack 2
  - Windows XP Professional x64 Edition (WOW)
  - Windows Server 2003 mit Service Pack 1
  - Windows Server 2003, x64-Editionen (WOW)
  - Windows Server 2003 R2
  - Windows Server 2003 R2, x64-Editionen (WOW)
  - Microsoft Windows Vista
- Microsoft Visual Studio 2005 (eine 180 Tage gültige Evaluierungsversion von Studio 2005 Professional Edition ist auf der DVD zu diesem Buch enthalten.)

Verwenden der CD und DVD

Dieses Buch enthält eine Begleit-CD und eine DVD mit Evaluierungssoftware. Auf der Begleit-CD finden Sie Folgendes:

- **Übungstests** Mit den elektronischen Übungstests (in englischer Sprache) können Sie Ihr Wissen über die Entwicklung von .NET Framework 2.0-Anwendungen vertiefen, wobei Sie die Software nach Ihren Anforderungen an die Lernzielkontrollfragen einstellen können. Oder Sie bereiten sich mit den Tests, die aus einem Pool von 300 realen Prüfungsfragen zusammengestellt werden, auf das Examen 70-526 vor. Aus dieser Menge ergeben sich genügend unterschiedliche Tests, sodass Sie selbst leicht abschätzen können, wie gut Sie vorbereitet sind.
- **Code** In den meisten Kapiteln dieses Buchs werden gegen Ende einer Lektion Übungen mit Übungsdateien durchgeführt. In einigen Übungen werden Sie angewiesen, vor Beginn einer Übung ein bestimmtes Projekt zu öffnen. In anderen Übungen erstellen Sie selbst ein Projekt und können, sofern Probleme auftreten, auf ein vollständiges Projekt von der CD zurückgreifen.
- **Ein E-Book** Eine englischsprachige elektronische Version (E-Book) dieses Buchs, die Sie verwenden können, wenn das gedruckte Buch nicht griffbereit ist. Das E-Book liegt im Portable Document Format (PDF) vor und lässt sich mit Adobe Acrobat oder Adobe Reader anzeigen.

Die DVD mit der Evaluierungssoftware enthält eine 180-Tage-Evaluierungsversion von Visual Studio 2005 Professional Edition, mit der Sie die in diesem Buch gezeigten Beispiele bearbeiten können.

Wichtig Die Evaluierungsversion ist nicht das Vollprodukt

Die beiliegende 180-Tage-Evaluierungsversion von Microsoft Visual Studio 2005 Professional Edition ist nicht das Vollprodukt und ist nur für die Durchführung des Trainings und zur Evaluierung vorgesehen. Der technische Support von Microsoft steht für diese Evaluierungsversion nicht zur Verfügung.

Weitere Informationen zum Einsatz der Evaluierungsversion im Rahmen dieses Trainings finden Sie auf der Supportwebsite von Microsoft Press unter *www.microsoft.com/learning/support /books/*.

So installieren Sie die Übungstests

Um die Übungstests von der Begleit-CD auf Ihrer Festplatte zu installieren, gehen Sie folgendermaßen vor:

1. Legen Sie die Begleit-CD in Ihr CD-ROM-Laufwerk ein und stimmen Sie der Lizenzvereinbarung zu. Daraufhin öffnet sich ein CD-Menü.

Hinweis Falls sich das CD-Menü nicht öffnet

Wenn sich das CD-Menü nicht öffnet oder die Lizenzbedingungen nicht angezeigt werden, ist auf Ihrem Computer wahrscheinlich die AutoRun-Funktion deaktiviert. Bitte lesen Sie in diesem Fall die Datei *Readme.txt* auf der Begleit-CD, dort finden Sie Hinweise zu alternativen Installationsmethoden.

---

2. Klicken Sie auf das Feld *Übungstests* und folgen Sie den angezeigten Anweisungen.

So benutzen Sie die Übungstests

Zum Start der Übungstests gehen Sie folgendermaßen vor:

1. Klicken Sie auf *Start/Alle Programme/Microsoft Press Training Kit Exam Prep*. Es öffnet sich ein Fenster, in dem alle Microsoft Press-Training Kit-Prüfungsvorbereitungskomponenten angezeigt werden, die auf Ihrem Computer installiert sind.
2. Klicken Sie die gewünschte Lernzielkontrolle oder den gewünschten Übungstest mit einem Doppelklick an.

Hinweis Unterschiede zwischen Lernzielkontroll- und Übungstests

Wenn Sie die Fragen aus den Lernzielkontrollabschnitten des Buchs verwenden möchten, wählen Sie den Punkt *Lesson Review* zu (70-526) Microsoft .NET Framework 2.0–Windows-Based Client Development Foundation aus. Wenn Sie Fragen aus einem Pool mit 300 Übungsfragen verwenden möchten, die den Fragen aus der Prüfung 70-526 ähneln, wählen Sie den Punkt *Practice Test* aus.

Optionen für die Lernzielkontrollfragen

Wenn Sie eine Lernzielkontrollfrage wählen, öffnet sich das Dialogfeld *Custom Mode*, damit Sie den Test konfigurieren können. Sie können die Vorgaben mit einem Klick auf *OK* akzeptieren. Oder Sie ändern die Vorgaben, wobei Sie die gewünschte Anzahl der Fragen und die Arbeitsweise der Software festlegen, die gewünschten Themenbereiche auswählen und die Zeitspanne vorgeben, die zur Bearbeitung zur Verfügung stehen soll. Wenn Sie einen Test wiederholen, können Sie zudem entscheiden, ob Ihnen noch einmal alle Fragen vorgelegt werden sollen oder nur diejenigen, die Sie zuvor falsch oder gar nicht beantwortet haben.

Wenn Sie auf *OK* klicken, beginnt die Lernzielkontrolle.

- Wenn Sie den Test durchführen möchten, beantworten Sie die Fragen und wechseln mit den Schaltflächen *Next*, *Previous* und *Go To* von einer Frage zur nächsten.
- Wenn Sie nach der Beantwortung einer Frage überprüfen möchten, welche Antworten richtig waren, klicken Sie auf *Explanation*. Dann erhalten Sie eine Erklärung jeder richtigen Antwort.

- Sofern Sie erst am Ende des Tests erfahren möchten, wie Sie abgeschnitten haben, beantworten Sie alle Fragen und klicken dann auf *Score Test*. Sie sehen eine Zusammenfassung der Themen, die Sie gewählt haben, und die Prozentsätze der Fragen, die Sie zu jedem Thema und insgesamt richtig beantwortet haben. Sie können Ihren Test ausdrucken, Ihre Antworten überprüfen oder den Test wiederholen.

Optionen für die Übungstests

Wenn Sie einen Übungstest starten, können Sie unter *Certification Mode*, *Study Mode* und *Custom Mode* wählen.

- ***Zertifizierungsmodus (Certification Mode)*** Die Bedingungen ähneln den Bedingungen, wie sie beim Examen herrschen. Der Test umfasst mehrere Fragen und es gibt eine Zeitbegrenzung. Es ist nicht möglich, eine Pause einzulegen und die Zeitmessung neu zu starten.
- ***Lernmodus (Study Mode)*** Ein Test erfolgt ohne zeitliche Begrenzung und Sie können sich nach der Beantwortung einer Frage die richtigen Antworten und die Erläuterungen ansehen.
- ***Benutzerdefinierter Modus (Custom Mode)*** Sie haben die volle Kontrolle über die Optionen und können alle Einstellungen nach Wunsch vornehmen.

Die angezeigte Benutzeroberfläche ist in allen Modi dieselbe, nur werden je nach Modus bestimmte Optionen aktiviert oder deaktiviert. Die wichtigsten Optionen wurden bereits im vorigen Abschnitt „Optionen für Lernzielkontrollfragen“ beschrieben.

Wenn Sie Ihre Antwort auf eine bestimmte Frage des Übungstests überprüfen, wird ein Verweisabschnitt (*References*) angezeigt, in dem aufgelistet ist, an welcher Stelle im Training das entsprechende Thema behandelt wird und wo Sie weitere Informationen finden. Nachdem Sie *Test Results* angeklickt haben, um das Gesamtergebnis Ihres Tests anzeigen zu lassen, können Sie auf die Registerkarte *Learning Plan* klicken und sich eine Liste mit Verweisen für die entsprechenden Themen ansehen.

So deinstallieren Sie die Übungstests

Mit dem Systemsteuerungsmodul *Software* können Sie die Übungstests wieder deinstallieren.

Das Microsoft Certified Professional-Programm

Das Microsoft Certified Professional-Programm (MCP) bietet Ihnen eine optimale Möglichkeit, Ihre Kenntnisse der aktuellen Microsoft-Produkte und -Technologien zu überprüfen. Die Prüfungen und entsprechenden Zertifikate dienen als Nachweis Ihrer Kompetenz in Bezug auf Entwurf, Entwicklung, Implementierung und Unterstützung von Lösungen mit Microsoft-Produkten und -Technologien. Computerspezialisten, die über Microsoft-Zertifikate verfügen, sind als Experten anerkannt und in der Branche gefragt. Die Zertifizierung bringt zahlreiche Vorteile für Bewerber, Arbeitgeber und Organisationen mit sich.

Weitere Informationen Alle Microsoft-Zertifizierungen

Eine vollständige Liste aller Microsoft-Zertifizierungen finden Sie unter *www.microsoft.com/learning/mcp/default.asp*.

Technischer Support

Microsoft Press hat sich um die Richtigkeit der in diesem Buch sowie der auf der Begleit-CD enthaltenen Informationen bemüht. Mit Anmerkungen, Fragen oder Verbesserungsvorschlägen zu diesem Buch oder der Begleit-CD können Sie sich an Microsoft Press wenden:

Per E-mail (auf Englisch):

presscd@microsoft.com

Per Post:

Microsoft Press
Betrifft: Anwendungsentwicklung für Windows-Clients mit .NET Framework
Konrad-Zuse-Straße 1
85716 Unterschleißheim

Weitere Supportinformationen zu diesem Buch und der beiliegenden CD-ROM finden Sie auf der Supportwebsite von Microsoft Press unter *http://microsoft.com/germany/mspress/support/*. Sie können eine Frage auch direkt in die Microsoft Press Knowledge Base eingeben. Besuchen Sie hierzu die folgende Website: *http://www.microsoft.com/ mspress/support/search.asp*. Weitere Informationen zu den Softwareprodukten von Microsoft erhalten Sie unter der Adresse *http://support.microsoft.com/*.

Support für die Evaluierungssoftware

Bei der zum Lieferumfang gehörenden 180-Tage-Evaluierungsversion handelt es sich nicht um die Vollversion von Visual Studio 2005 Professional Edition. Diese Evaluierungsversion ist nur zur Verwendung im Rahmen dieses Trainings vorgesehen. Microsoft stellt keinen technischen Support für die Evaluierungsversion bereit.

Informationen zu allen Verwendungsaspekten der zum Lieferumfang des Trainings gehörenden Evaluierungsedition werden im Supportabschnitt der Microsoft Press-Website bereitgestellt (*http://www.microsoft.com/germany/mspress/support/*). Informationen zum Erwerb von Vollversionen aller Microsoft-Softwareprodukte erhalten Sie unter *http://www.microsoft.com/germany/*.

K A P I T E L 1

Windows Forms und die Benutzeroberfläche

Dieses Kapitel stellt Ihnen Windows Forms vor. Windows Forms ist die Grundlage für die meisten Microsoft Windows-Anwendungen und bietet eine Vielzahl von Optionen für die Benutzeroberfläche (User Interface, UI). Der Entwickler kann Formulare in verschiedensten Größen und Formen erstellen und sie an die Bedürfnisse der Benutzer anpassen. Formulare können *Steuerelemente* aufnehmen, die einen wesentlichen Teil der Benutzeroberfläche darstellen. Zur Kontrolle des genauen Aufbaus einer Benutzeroberfläche stehen zudem spezielle Steuerelemente zur Verfügung, die *Containersteuerelemente* genannt werden.

In diesem Kapitel abgedeckte Prüfungsziele:

- Hinzufügen und Konfigurieren eines Windows-Formulars
  - Hinzufügen eines Windows-Formulars zu einem Projekt während der Entwurfszeit
  - Konfigurieren eines Windows-Formulars zur Kontrolle von Verfügbarkeit, Erscheinungsbild, Verhalten, Konfiguration, Daten, Design, Fokus, Layout, Stil und anderen Aspekten
- Verwalten der Steuerelementanordnung in einem Windows-Formular
  - Zusammenstellen und Anordnen von Steuerelementen des Typs `Panel`, `GroupBox`, `TabControl`, `FlowLayoutPanel` und `TableLayoutPanel`
  - Erstellen von dynamischen Containerbereichen mit dem `SplitContainer`-Steuerelement
- Hinzufügen und Konfigurieren eines Windows Forms-Steuerelements
  - Hinzufügen eines Windows-Formulars oder eines anderen Containersteuerelements zu einem Projekt während der Entwurfszeit in der integrierten Entwicklungsumgebung (IDE)
  - Hinzufügen von Steuerelementen zu einem Windows-Formular während der Laufzeit

Lektionen in diesem Kapitel:

Bevor Sie beginnen

Zur Bearbeitung der Lektionen dieses Kapitels müssen Sie mit Microsoft Visual Basic oder Microsoft Visual C# vertraut sein und folgende Arbeiten durchführen können:

- Öffnen von Microsoft Visual Studio und Erstellen eines Windows Forms-Projekts
- Ziehen von Steuerelementen aus der Toolbox in den Designer
- Einstellen von Eigenschaften im Eigenschaftenfenster

Praxistipp

Matt Stoecker

Wenn ich eine Windows Forms-Anwendung entwickle, achte ich besonders auf das Design der Benutzeroberfläche. Eine durchdachte Benutzeroberfläche, die den Arbeitsfluss unterstützt, erleichtert dem Benutzer den Wechsel zwischen Anwendungen und die Einarbeitung in neue Anwendungen. Gewohnte Programmelemente und standardisierte Vorgehensweisen führen zu höherer Produktivität.

Lektion 1: Hinzufügen und Konfigurieren von Windows-Formularen

Diese Lektion beschreibt die Erstellung und Konfiguration von Windows-Formularen. Sie erfahren, wie man Formulare erstellt und im Programmcode verwendet, die sichtbaren Eigenschaften eines Formulars ändert und das Verhalten eines Formulars zur Laufzeit kontrolliert.

Am Ende dieser Lektion werden Sie in der Lage sein, die folgenden Aufgaben auszuführen:

- Hinzufügen eines Windows-Formulars zu einem Projekt während der Entwurfszeit
- Hinzufügen eines neuen Windows-Formulars zur Laufzeit
- Ändern der Fenstergröße zur Entwurfszeit oder zur Laufzeit
- Identifizieren und Einstellen der Eigenschaften, von denen Aussehen und Verhalten eines Formulars bestimmt wird, zur Laufzeit
- Verwenden der Standardinstanz eines Formulars im Code
- Erstellen eines nicht rechteckigen Formulars

Veranschlagte Zeit für diese Lektion: 45 Minuten

Überblick über Windows Forms

Windows Forms ist die Grundlage der Benutzeroberfläche. Damit werden Programmfenster und Formulare erstellt, die als Container für Steuerelemente und Menüs dienen und es ermöglichen, die Anwendung in einer einheitlichen und gewohnten Weise zu präsentieren. Formulare können Eingaben des Benutzers annehmen, die der Benutzer auf der Tastatur oder mit der Maus vornimmt, und sie können mithilfe der eingebetteten Steuerelemente Daten anzeigen. Es ist zwar auch möglich, formularlose Anwendungen zu entwickeln, wie beispielsweise Konsolenanwendungen oder Dienste, aber die meisten Anwendungen, die auf häufigere Interaktionen mit einem Benutzer angewiesen sind, verfügen über mindestens ein Windows-Formular. Komplexe Anwendungen erfordern mehrere Formulare, damit die Anwendung in einer einheitlichen und logischen Weise benutzt werden kann.

Wenn Sie ein neues Windows Forms-Projekt erstellen, wird standardmäßig ein Formular namens `Form1` zum Projekt hinzugefügt. Sie können Ihr Formular bearbeiten und Steuerelemente und andere sichtbare Elemente hinzufügen. Das geschieht im Designer. Der Designer gehört zur Visual Studio Integrated Development Environment (IDE) und zeigt die visuellen Elemente (wie beispielsweise ein *Formular*) auf dem Monitor an. Abbildung 1.1 zeigt die Visual Studio IDE.

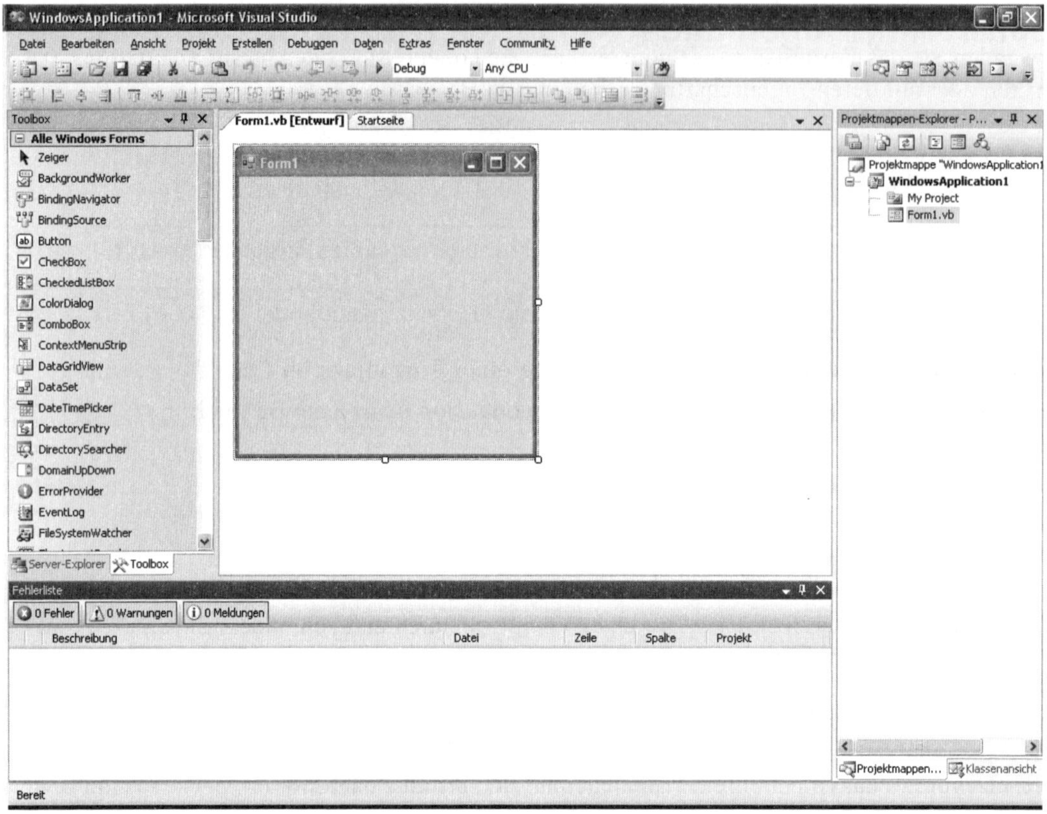

Abbildung 1.1 Ein Windows-Formular in der Visual Studio IDE

Hinzufügen von Formularen zu Ihrem Projekt

Die meisten Projekte erfordern mehrere Formulare. Sie können zusätzliche Formulare bereits zur Entwurfszeit hinzufügen und konfigurieren, oder Sie erstellen zur Laufzeit mit dem entsprechenden Code Instanzen von vordefinierten Formularen.

► **Hinzufügen eines neuen Formulars zur Entwurfszeit**

1. Wählen Sie im Menü *Projekt* den Menüpunkt *Windows Form hinzufügen*. Das Dialogfeld *Neues Element hinzufügen* wird geöffnet.
2. Wählen Sie *Windows Form* und geben Sie im Feld *Name* einen Namen für das neue Formular ein. Klicken Sie auf *Hinzufügen*, um das Formular zum Projekt hinzuzufügen.

   Sie können zur Entwurfszeit so viele Formulare hinzufügen und konfigurieren, wie Ihre Anwendung benötigt. Sie können auch mit dem entsprechenden Programmcode neue Instanzen von Formularen erstellen. Diese Methode wird meistens verwendet, wenn ein bereits entworfenes Formular angezeigt werden soll. In Visual Basic können Sie mit dem Namen des Formulars auf die Standardinstanz eines Formulars zugreifen. Wenn es in Ihrer Anwendung zum Beispiel ein Formular namens `Form1` gibt, greifen Sie direkt unter Angabe des Namens `Form1` auf das Formular zu.

► **Zugreifen auf die Standardinstanz eines Formulars zur Laufzeit (nur Visual Basic)**

1. Verwenden Sie das Formular mit seinem Namen. Sie können Methoden dieser Standardinstanz aufrufen oder auf deren Eigenschaften zugreifen. Ein Beispiel:

```
' VB
Form1.Text = "Dies ist mein Formular"
Form1.Show()
```

2. Wenn Sie im Code eines Formulars auf dasselbe Formular zugreifen, können Sie nicht die Standardinstanz verwenden. Stattdessen müssen Sie für den Zugriff auf die Eigenschaften oder Methoden eines Formulars das spezielle Schlüsselwort `Me` (Visual Basic) oder `this` (C#) verwenden.

► **Zugreifen auf die Methoden und Eigenschaften eines Formulars im Code des Formulars**

1. Benutzen Sie das Schlüsselwort `Me` (Visual Basic) oder `this` (C#). Zum Beispiel:

```
' VB
Me.Text = "J und J's Weinladen - Startseite"

// C#
this.Text = "J und J's Weinladen - Startseite";
```

2. Sie können auch zur Laufzeit neue Instanzen von Formularen anlegen, indem Sie eine Variable des betreffenden Formulartyps deklarieren und eine Instanz dieses Formulars erstellen.

► **Hinzufügen eines Formulars zu Ihrer Anwendung während der Laufzeit**

1. Deklarieren und definieren (instantiieren) Sie eine Variable für Ihr Formular. Das folgende Beispiel setzt voraus, dass Sie in Ihrem Projekt bereits ein Formular namens `Form1` entworfen haben:

```
' VB
Dim myForm As Form1
myForm = New Form1()
' Zeige das neue Formular an.
myForm.Show()

// C#
Form1 myForm;
myForm = new Form1();
// Zeige das neue Formular an.
myForm.Show();
```

Eigenschaften von Windows-Formularen

Das Erscheinungsbild der Benutzeroberfläche ist ein wichtiger Aspekt Ihrer Anwendung. Eine nachlässig konzipierte Benutzeroberfläche ist schwer zu erlernen und führt zu höheren Kosten und Einarbeitungszeiten. Mit den Eigenschaften der Windows-Formulare können Sie das Erscheinungsbild Ihrer Benutzeroberfläche ändern.

Windows-Formulare haben eine Reihe von Eigenschaften, mit denen Sie Aussehen und Verhalten eines Formulars an die Erfordernisse anpassen können. Sie können diese Eigenschaften im Eigenschaftenfenster des Designers anzeigen und ändern (Abbildung 1.2).

Abbildung 1.2 Das Eigenschaftenfenster

Tabelle 1.1 beschreibt einige der Eigenschaften eines Windows-Formulars, die für Aussehen und Verhalten der Anwendung wichtig sind. Beachten Sie bitte, dass diese Liste nicht vollständig ist. Es handelt sich nur um eine ausgewählte Teilmenge der Eigenschaften.

Tabelle 1.1 Ausgewählte Eigenschaften der Klasse `Form`

Eigenschaft	Beschreibung
`(Name)`	Der Name der Formularklasse, der im Designer angezeigt wird. Diese Eigenschaft kann nur zur Entwurfszeit festgelegt werden.
`BackColor`	Die Hintergrundfarbe des Formulars.
`BackgroundImage`	Das Hintergrundbild des Formulars.
`BackgroundImageLayout`	Legt fest, wie das mit der Eigenschaft `BackgroundImage` angegebene Bild im Formular angeordnet wird. Ist kein Hintergrundbild vorhanden, hat diese Eigenschaft keine Wirkung.
`ControlBox`	Legt fest, ob das Formular über ein Steuerungs-/Systemmenü verfügt.
`Cursor`	Legt fest, wie der Cursor angezeigt wird, wenn er über dem Formular bewegt wird.
`Enabled`	Legt fest, ob das Formular Eingaben vom Benutzer annehmen kann. Wird `Enabled` auf `False` gestellt, sind alle im Formular enthaltenen Steuerelemente deaktiviert.
`Font`	Die Standardschriftart des Formulars. Diese Schriftart wird von allen Steuerelementen übernommen, die im Formular enthalten sind, sofern die Eigenschaft `Font` der Steuerelemente nicht separat eingestellt wird.
`ForeColor`	Die Vordergrundfarbe des Formulars. Das ist die Farbe, in der Text angezeigt wird. Alle im Formular enthaltenen Steuerelemente übernehmen diese Vordergrundfarbe, sofern ihre Eigenschaft `ForeColor` nicht separat eingestellt wird.
`FormBorderStyle`	Legt Aussehen und Verhalten des Rahmens und der Titelleiste des Formulars fest.
`HelpButton`	Legt fest, ob das Formular über eine Hilfeschaltfläche verfügt.
`Icon`	Das Symbol, das zur Darstellung des Formulars verwendet wird. ▶

Eigenschaft	Beschreibung
`Location`	Wenn die Eigenschaft `StartPosition` auf `Manual` gestellt ist, gibt diese Eigenschaft die Anfangsposition des Formulars in Bezug auf die obere linke Ecke des Bildschirms an.
`MaximizeBox`	Legt fest, ob das Formular über eine Maximierschaltfläche verfügt.
`MaximumSize`	Die Maximalgröße des Formulars. Wenn diese Eigenschaft auf die Größe (0,0) gestellt wird, gibt es keine Größenbeschränkung für das Formular.
`MinimizeBox`	Legt fest, ob das Formular über eine Minimierschaltfläche verfügt.
`MinimumSize`	Legt die Mindestgröße fest, die das Formular bei Größenänderungen durch den Benutzer beibehält.
`Opacity`	Stellt die Opazität (oder Lichtundurchlässigkeit) des Formulars von 0% bis 100% dar. Ein Formular mit einer Opazität von 100% ist undurchsichtig. Ein Formular mit einer Opazität von 0% ist völlig transparent.
`Size`	Die Anfangsgröße des Formulars.
`StartPosition`	Die Position des Formulars bei seiner ersten Anzeige.
`Text`	Der Text, der in der Titelzeile des Formulars angezeigt wird.
`TopMost`	Gibt an, ob das Formular immer über allen anderen Formularen angezeigt wird, bei denen diese Eigenschaft nicht auf `True` eingestellt ist.
`Visible`	Bestimmt, ob das Formular sichtbar wird.
`WindowState`	Bestimmt, ob das Formular bei der ersten Anzeige minimiert oder maximiert angezeigt wird oder in der Größe erscheint, die von der Eigenschaft `Size` vorgegeben wird.

Ändern des Aussehens und Verhaltens eines Formulars

Sie können das Eigenschaftenfenster verwenden, um die Eigenschaften des Formulars bereits beim Entwurf festzulegen. Eigenschaften, die auf diese Weise festgelegt werden, behalten ihre Werte, bis das Programm gestartet ist. Dann können sie durch den entsprechenden Programmcode geändert werden.

Die meisten Eigenschaften eines Formulars können auch zur Laufzeit eingestellt werden. Gewöhnlich erfolgt die Einstellung einer einfachen Eigenschaft durch die Zuweisung eines Wertes mit dem Zuweisungsoperator (=) an die Eigenschaft. Das folgende Beispiel zeigt, wie die Eigenschaft `Text` eines Formulars eingestellt wird.

```
' VB
Form1.Text = "Dies ist Formular 1"

// C#
Form1.Text = "Dies ist Formular 1";
```

Einige Eigenschaften sind komplexer, wie beispielsweise die Eigenschaften `Font` oder `Size`. Ihre Werte werden jeweils durch eine Instanz einer Klasse oder Struktur dargestellt. Für diese Eigenschaften können Sie entweder eine bereits vorhandene Instanz der betreffenden Klasse verwenden oder eine neue Instanz erstellen, die bestimmte Werte der Eigenschaft angibt, und die Instanz der Eigenschaft zuweisen. Der folgende Pseudocode zeigt ein Beispiel:

```
' VB
EigenschaftY = New Class(Wert,Wert)

// C#
EigenschaftY = new Class(Wert,Wert);
```

Die Eigenschaft (`Name`), die den Namen der Formularklasse darstellt, ist eine Ausnahme. Diese Eigenschaft dient dazu, die Klasse, von der das Formular eine Instanz ist, im Namespace eindeutig zu identifizieren. Im Fall von Visual Basic wird der Name für den Zugriff auf die Standardinstanz des Formulars benutzt.

Festlegen des Formulartitels

Der Name eines Formulars ist der Name, der im Code für den Zugriff auf die Formularklasse oder auf die Standardinstanz eines Formulars (nur in Visual Basic) benutzt wird. Es ist sinnvoll, dem Formular auch eine Beschriftung zu geben, die für Benutzer sichtbar ist. Dieser Titel kann zwar mit dem Formularnamen übereinstimmen, aber meistens wird eine Beschreibung der Bedeutung des Formulars gewählt, beispielsweise *Dateneingabe*. Im Titel lassen sich auch weitere Informationen für den Benutzer anzeigen, zum Beispiel „Datenbearbeitung – MeineAnwendung“ oder „Kundenadressen – MeineAnwendung“. Der Titel erscheint auf der Titelleiste und auf der Taskleiste.

Mit der Eigenschaft `Text` können Sie den Titel eines Formulars ändern. Wenn Sie den Titel eines Formulars bereits zur Entwurfszeit ändern möchten, können Sie den Text für die Eigenschaft `Text` im Eigenschaftenfenster von Visual Studio eingeben. Soll der Titel eines Formulars zur Laufzeit geändert werden, weisen Sie der Eigenschaft `Text` des Formulars im Programmcode den gewünschten Text zu, wie im folgenden Beispiel:

```
' VB
Form1.Text = "Geben Sie bitte Ihre Adresse ein"

// C#
Form1.Text = "Geben Sie bitte Ihre Adresse ein";
```

Einstellen des Formularrahmens

Die Art des Rahmens eines Formulars wirkt sich natürlich auf das Aussehen eines Formulars aus, und bis zu einem gewissen Grad auch auf das Verhalten des Formulars zur Laufzeit. Je nach Einstellung kontrolliert die Eigenschaft `FormBorderStyle`, ob der Benutzer die Formulargröße zur Laufzeit ändern kann und welche Schaltflächen angezeigt werden (allerdings ist das auch von anderen Eigenschaften des Formulars abhängig). Für die Eigenschaft `FormBorderStyle` sind sieben Werte definiert, die in Tabelle 1.2 aufgeführt sind.

Tabelle 1.2 Werte für die Eigenschaft `FormBorderStyle`

Wert	Beschreibung
`None`	Das Formular hat keinen Rahmen und verfügt nicht über Schaltflächen zum Minimieren oder Maximieren oder zur Anzeige der Hilfe oder des Systemmenüs.
`FixedSingle`	Das Formular hat einen Rahmen, aber der Benutzer kann die Größe nicht ändern. Es kann über Schaltflächen zum Minimieren oder Maximieren oder zur Anzeige der Hilfe oder des Systemmenüs verfügen, sofern dies mit entsprechenden anderen Eigenschaften festgelegt wird.
`Fixed3D`	Der Rahmen des Formulars hat ein dreidimensionales Erscheinungsbild, aber der Benutzer kann die Größe nicht ändern. Es kann über Schaltflächen zum Minimieren oder Maximieren oder zur Anzeige der Hilfe oder des Systemmenüs verfügen, sofern dies mit entsprechenden anderen Eigenschaften festgelegt wird.
`FixedDialog`	Das Formular hat einen Rahmen, aber der Benutzer kann die Größe nicht ändern. Außerdem hat es keine Schaltfläche zur Anzeige des Systemmenüs. Es kann über Schaltflächen zum Minimieren oder Maximieren oder zur Anzeige der Hilfe verfügen, sofern dies mit entsprechenden anderen Eigenschaften festgelegt wird.
`Sizable`	Das ist die Standardeinstellung eines Formulars. Der Benutzer kann die Größe des Formulars ändern, und das Formular kann über Schaltflächen zum Minimieren oder Maximieren oder zur Anzeige der Hilfe verfügen, sofern dies mit entsprechenden anderen Eigenschaften festgelegt wird.
`FixedToolWindow`	Das Formular hat zwar einen Rahmen, aber der Benutzer kann die Größe nicht ändern. Das Fenster hat mit Ausnahme der Schaltflächen zum Schließen des Fensters keine weiteren Schaltflächen.
`SizableToolWindow`	Das Formular hat einen Rahmen, und der Benutzer kann die Größe des Formulars ändern. Das Fenster hat mit Ausnahme der Schaltflächen zum Schließen des Fensters keine weiteren Schaltflächen.

Die Eigenschaft `FormBorderStyle` kann zur Entwurfszeit oder zur Laufzeit eingestellt werden. Zur Entwurfszeit können Sie die Rahmenart eines Formulars im Eigenschaftenfenster von Visual Studio festlegen. Zur Änderung der Rahmenart eines Formulars während der Laufzeit weisen Sie der Eigenschaft `FormBorderStyle` im Code die gewünschte Rahmenart zu, wie im folgenden Beispiel:

```
' VB
aForm.FormBorderStyle = FormBorderStyle.Fixed3D

// C#
aForm.FormBorderStyle = FormBorderStyle.Fixed3D;
```

Einstellen des Anfangszustands eines Formulars

Die Eigenschaft `WindowState` bestimmt den Zustand, in dem sich das Formular bei seiner ersten Öffnung befindet. Für die Eigenschaft `WindowState` sind drei Werte zulässig: `Normal`, `Minimized` und `Maximized`. Die Standardeinstellung ist `Normal`. Wird die Eigenschaft `WindowState` auf `Normal` gestellt, so wird die Anfangsgröße des Formulars durch die Eigenschaft `Size` bestimmt. Steht die Eigenschaft `WindowState` auf `Minimized`, so wird das Formular im minimierten Zustand geöffnet und ist daher nur auf der Taskleiste sichtbar. Wenn die Eigenschaft `WindowState` auf `Maximized` gestellt wird, so öffnet sich das Formular im maximierten Zustand. Diese Eigenschaft lässt sich zwar auch zur Laufzeit ändern, aber solch eine Änderung wirkt sich nicht auf den Zustand des Formulars aus. Eine Änderung dieser Eigenschaft ist daher nur zur Entwurfszeit sinnvoll und erfolgt im Eigenschaftenfenster.

Ändern der Formulargröße

Wird die `WindowState`-Eigenschaft auf `Normal` gestellt, so öffnet sich das Formular in der Größe, die von der Eigenschaft `Size` angegeben wird. Die `Size`-Eigenschaft ist eine Instanz der Struktur `Size`, die zwei Datenelemente hat, nämlich `Width` und `Height`. Sie können die Formulargröße im Eigenschaftenfenster ändern, indem Sie dort die entsprechenden Werte für die `Size`-Eigenschaft festlegen, oder Sie stellen `Width` und `Height` separat ein, indem Sie die Eigenschaft `Size` erweitern und die Werte für die einzelnen Felder festlegen.

Sie können die Formulargröße auch im Designer ändern, indem Sie mit der Maus die untere rechte Ecke, den rechten Rand oder den unteren Rand verschieben. Während sich die Formulargröße im Designer sichtbar ändert, wird die `Size`-Eigenschaft automatisch auf den aktuellen Wert nachgeführt.

Ein Formular lässt sich auch zur Laufzeit ändern, indem der Programmcode die `Size`-Eigenschaft auf den gewünschten Wert stellt. Die Felder `Width` und `Height` der `Size`-Eigenschaft sind ebenfalls als Eigenschaften des Formulars zugänglich. Sie können entweder die einzelnen `Width`- und `Height`-Werte ändern oder der `Size`-Eigenschaft eine neue Instanz der `Size`-Struktur zuweisen, wie im folgenden Beispiel:

```
' VB
' Stelle Width und Height separat ein.
aForm.Width = 300
aForm.Height = 200
' Weise der Size-Eigenschaft eine neue Instanz der Size-Struktur zu.
aForm.Size = New Size(300,200)

// C#
// Stelle Width und Height separat ein.
aForm.Width = 300;
aForm.Height = 200;
// Weise der Size-Eigenschaft eine neue Instanz der Size-Struktur zu.
aForm.Size = new Size(300,200);
```

Beachten Sie bitte, dass die Größe auf die Standardgröße eines Fensters eingestellt wird, wenn die Eigenschaft `StartPosition` auf `WindowsDefaultBounds` gestellt wird, und nicht auf die in der `Size`-Eigenschaft angegebene Größe.

Festlegen der Anfangsposition eines Formulars

Die Anfangsposition eines Formulars ergibt sich aus der Kombination von zwei Eigenschaften. Die erste Eigenschaft ist die Eigenschaft `StartPosition`. Sie bestimmt, wo sich das Formular bei der ersten Öffnung auf dem Bildschirm befindet. Als Wert für die Eigenschaft `StartPosition` ist jeder Wert aus der Enumeration `FormStartPosition` zulässig. Tabelle 1.3 zeigt die Werte der Enumeration `FormStartPosition`.

Tabelle 1.3 Zulässige Werte für die Eigenschaft `StartPosition`

Wert	Beschreibung
`Manual`	Die Anfangsposition des Formulars wird von der `Location`-Eigenschaft des Formulars bestimmt. (Siehe nachfolgende Optionen.)
`CenterScreen`	Das Formular wird auf dem Monitor zentriert.
`WindowsDefaultLocation`	Das Formular wird an der Windows-Standardposition positioniert. Die Größe wird von der `Size`-Eigenschaft bestimmt.
`WindowsDefaultBounds`	Das Formular wird an der Windows-Standardposition positioniert und in der Windows-Standardgröße angezeigt.
`CenterParent`	Das Formular wird innerhalb des übergeordneten Formulars zentriert.

Wenn die Eigenschaft `StartPosition` auf `Manual` gestellt wird, gilt als Anfangsposition des Formulars die in der Eigenschaft `Location` des Formulars angegebene Position, mit der die Position der oberen linken Ecke des Formulars festgelegt wird. Soll das Formular beispielsweise in der oberen linken Ecke des Bildschirms erscheinen, stellen Sie die `StartPosition`-Eigenschaft auf `Manual` und die `Location`-Eigenschaft auf (0,0). Wenn sich das Formular 400 Pixel rechts neben der oberen linken Ecke des Bildschirms und 200 Pixel darunter öffnen soll, stellen Sie die `Location`-Eigenschaft auf (400,200).

So erreichen Sie, dass ein Formular nicht von anderen Formularen verdeckt wird

Gelegentlich ist es wünschenswert, dass ein bestimmtes Formular nicht durch andere Formulare verdeckt werden kann. Vielleicht haben Sie ein Formular entworfen, das wichtige Informationen über die Arbeit der Anwendung anzeigt und für den Benutzer immer sichtbar sein soll. Sie können dafür sorgen, dass ein Formular nicht durch andere Formulare verdeckt wird, indem Sie die Eigenschaft `TopMost` auf `True` stellen. Wenn die `TopMost`-Eigenschaft auf `True` steht, erscheint das Formular immer im Vordergrund, vor den anderen Formularen, deren `TopMost`-Eigenschaft auf der Standardeinstellung `False` steht. Beachten Sie bitte, dass sich die Formulare aber wieder gegenseitig überdecken können, wenn die `TopMost`-Eigenschaft von mehreren Formularen auf `True` gestellt wurde.

Opazität und Transparenz von Formularen

Mithilfe der Eigenschaft `Opacity` können Sie Ihrem Formular erstaunliche visuelle Effekte verleihen. Die Eigenschaft `Opacity` wirkt sich auf die Durchsichtigkeit des Formulars aus. Bei einer Einstellung im Eigenschaftenfenster kann die Eigenschaft `Opacity` Werte zwischen 0% und 100% annehmen, wodurch der Grad der Opazität angegeben wird. Eine Opazität von 100% bedeutet, dass das Formular völlig opak ist (undurchsichtig und sichtbar). Ein Wert von 0% bedeutet, dass das Formular völlig durchsichtig ist. Werte zwischen 0% und 100% ergeben ein teilweise durchsichtiges Formular.

Sie können die Eigenschaft `Opacity` auch im Programmcode ändern. Wird die `Opacity`-Eigenschaft im Code eingestellt, erhält sie einen Wert zwischen 0 und 1, wobei 0 die völlige Durchsichtigkeit bedeutet und 1 ein vollständig opakes Formular ergibt. Das folgende Beispiel zeigt, wie man die Opazität eines Formulars auf 50% stellt.

```
' VB
aForm.Opacity = 0.5

// C#
aForm.Opacity = 0.5;
```

Die Eigenschaft `Opacity` kann sehr nützlich sein, wenn ein bestimmtes Formular im Vordergrund stehen soll, aber die Änderungen, die im Hintergrund erfolgen, noch zu sehen sein sollen, oder wenn es um die Entwicklung von interessanten visuellen Effekten geht. Ein Steuerelement erbt gewöhnlich die Opazität des Formulars, zu dem es gehört.

Festlegen des Startformulars

Wenn Ihre Windows Forms-Anwendungen mehrere Formulare umfasst, müssen Sie eines der Formulare als Startformular auswählen. Das Startformular ist das Formular, das bei der Ausführung Ihrer Anwendung zuerst geladen und angezeigt wird. Wie das Startformular festgelegt wird, hängt davon ab, ob Sie in Visual Basic oder in C# programmieren.

In Visual Basic legen Sie das Startformular fest, indem Sie das gewünschte Formular im Feld *Startformular* des Projekteigenschaftenfensters auswählen, wie in Abbildung 1.3 gezeigt:

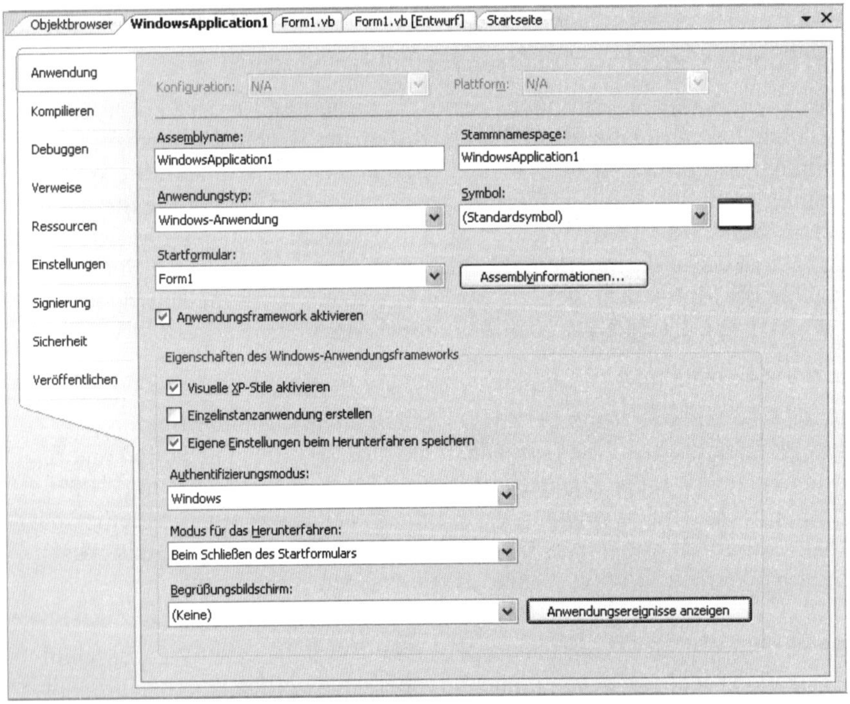

Abbildung 1.3 Das Eigenschaftenfenster eines Visual Basic-Projekts

▶ Festlegen des Startformulars in Visual Basic

1. Klicken Sie im Projektmappen-Explorer auf den Namen Ihres Projekts. Der Projektname wird hervorgehoben.

2. Wählen Sie im Menü *Projekt* die Option *Anwendungsname-Eigenschaften* (wobei *Anwendungsname* für den Namen Ihres Projekts steht).
3. Wählen Sie auf der Registerkarte *Anwendung* in der Dropdownliste des Felds *Startformular* das gewünschte Formular aus.

   In C# ist die Festlegung des Startformulars etwas komplizierter. Das Startobjekt wird in der Methode `Main` angegeben. Standardmäßig ist diese Methode in einer Datei namens *Program.cs* zu finden, die von Visual Studio automatisch erzeugt wird. Diese Datei enthält gewöhnlich eine Klasse `Program` mit einer Methode `Main` wie der folgenden:

```
static void Main()
{
    Application.EnableVisualStyles();
    Application.SetCompatibleTextRenderingDefault(false);
    Application.Run(new Form1());
}
```

   Das Startobjekt wird durch folgende Zeile festgelegt:

```
Application.Run(new Form1());
```

   Sie können das Startformular des Projekts ändern, indem Sie das gewünschte Formular in dieser Zeile der Klasse `Program` angeben. Soll beispielsweise ein Formular namens `myForm` als Startformular verwendet werden, ändern Sie die Zeile folgendermaßen ab:

```
Application.Run(new myForm());
```

▶ **Festlegen des Startformulars in C#**

1. Klicken Sie im Projektmappen-Explorer mit einem Doppelklick auf *Program.cs*, damit der darin enthaltene Code angezeigt wird. Das Codefenster wird geöffnet.
2. Suchen Sie die Methode `Main` und dann folgende Zeile:

```
Application.Run(new Form());
```

   Darin ist `Form` der Name des Formulars, das aktuell als Startformular dient.
3. Ändern Sie `Form` auf den Namen des Formulars ab, das Sie als Startformular verwenden möchten.

So wird das Startformular unsichtbar

Gelegentlich möchten Sie vielleicht erreichen, dass das Startformular beim Start der Anwendung nicht sichtbar wird. Vielleicht soll das Formular beim Start zeitintensive Arbeiten durchführen und erst sichtbar werden, wenn diese Arbeiten abgeschlossen sind. Von der Eigenschaft `Visible` hängt es ab, ob ein Formular zur Laufzeit sichtbar ist. Sie können die `Visible`-Eigenschaft entweder im Eigenschaftenfenster oder im Programmcode einstellen. Wenn Sie `Visible` im Eigenschaftenfenster auf `False` setzen, bleibt das Formular beim Start der Anwendung unsichtbar.

Wenn Sie möchten, dass ein Formular zur Laufzeit unsichtbar wird, stellen Sie die Eigenschaft `Visible` im Programmcode auf `False`, wie im folgenden Beispiel:

```
' VB
aForm.Visible = False

// C#
aForm.Visible = false;
```

Schnelltest

1. Wie können Sie die Anfangsposition eines Formulars festlegen?
2. Wie legen Sie das Startformular fest?

Antworten zum Schnelltest

1. Sie geben die gewünschte Anfangsposition eines Formulars mit der Eigenschaft `Form.StartPosition` an.
2. In Visual Basic legen Sie das Startformular auf der Registerkarte *Anwendung* des Projekteigenschaftenfensters fest. In C# suchen Sie den Aufruf der Methode `Application.Run` heraus und ändern das Startformular darin nach Wunsch.

Erstellen von nicht rechteckigen Windows-Formularen

Um ansprechendere visuelle Effekte zu erreichen, möchten Sie vielleicht Formulare erstellen, die nicht rechteckig sind. Vielleicht möchten Sie ein ovales Formular erstellen oder ein Formular, das die Form Ihres Firmenlogos hat. Die Erstellung eines nicht rechteckigen Formulars ist zwar einfach, aber es gibt einige Aspekte zu bedenken, was Aussehen und Verhalten des Formulars betrifft.

Sie können ein nicht rechteckiges Formular erstellen, indem Sie im Ereignishandler `Form_Load` die Eigenschaft `Region` entsprechend einstellen. Da die Änderung der Form erst zur Laufzeit erfolgt, können Sie sich die genaue Form des Formulars nicht zur Entwurfszeit ansehen. Vielleicht müssen Sie die Anwendung mehrfach starten und sich das Formular in seiner tatsächlichen Form ansehen, bis Sie mit Aussehen und Positionierung der Steuerelemente zufrieden sind.

Die Eigenschaft `Region` ist eine Instanz der Klasse `System.Drawing.Region`. Diese Klasse repräsentiert einen Bereich des Bildschirms, der dem Inneren eines grafischen Gebildes entspricht, das durch Rechtecke und Grafikpfade definiert wird. Die einfachste Methode zur Erstellung einer nicht rechteckigen Region ist, eine neue Instanz der Klasse `GraphicsPath` anzulegen und damit eine neue `Region` zu erstellen. Der folgende Code zeigt ein einfaches Beispiel:

```
' VB
Dim myPath As New System.Drawing.Drawing2D.GraphicsPath
' Diese Codezeile fügt eine Ellipse zu einem Grafikpfad hinzu, der in dem
' Rechteck liegt, das durch Breite und Höhe des Formulars definiert wird.
myPath.AddEllipse(0, 0, Me.Width, Me.Height)
' Erstelle aus dem GraphicsPath eine neue Region.
Dim myRegion As New Region(myPath)
' Weise der Region-Eigenschaft des Formulars die neue Region zu.
Me.Region = myRegion
```

```
// C#
System.Drawing.Drawing2D.GraphicsPath myPath = new System.Drawing.Drawing2D.GraphicsPath();
// Diese Codezeile fügt eine Ellipse zu einem Grafikpfad hinzu, der in dem
// Rechteck liegt, das durch Breite und Höhe des Formulars definiert wird.
myPath.AddEllipse(0, 0, this.Width, this.Height);
// Erstelle aus dem GraphicsPath eine neue Region.
Region myRegion = new Region(myPath);
// Weise der Region-Eigenschaft des Formulars die neue Region zu.
this.Region = myRegion;
```

Die Klassen `System.Drawing` und `System.Drawing.Drawing2D` werden in Kapitel 14, „Erstellen von Windows-Steuerelementen", ausführlicher beschrieben.

Da nicht rechteckige Formulare nur beschränkt über Rahmen verfügen (wenn überhaupt), empfiehlt es sich gewöhnlich, die Eigenschaft `FormBorderStyle` des Formulars auf `None` zu stellen. Dadurch wird vermieden, dass Teile des Formulars, die auf den Rändern des ursprünglichen Formulars liegen, ein anderes, unerwünschtes Aussehen erhalten. Allerdings hat der Benutzer, wenn die `FormBorderStyle`-Eigenschaft auf `None` gestellt wird, keine Möglichkeit mehr, die Größe des Formulars zu ändern oder das Formular zu verschieben oder zu schließen. Sie müssen diese Funktionen selbst bereitstellen. Abbildung 1.4 zeigt ein einfaches, nicht rechteckiges Formular.

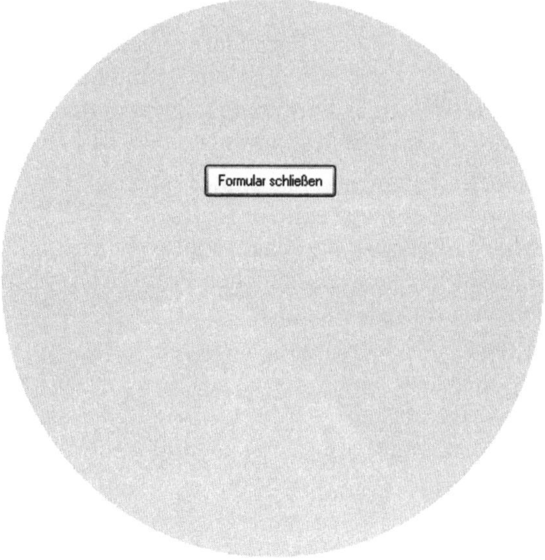

Abbildung 1.4 Ein nicht rechteckiges Formular mit *Formular schließen*-Schaltfläche

► So erstellen Sie ein nicht rechteckiges Formular

1. Stellen Sie `FormBorderStyle` im Eigenschaftenfenster auf `None`.
2. Klicken Sie das Formular im Designer mit einem Doppelklick an, um den `Form.Load`-Ereignishandler zu öffnen.
3. Erstellen Sie im `Form.Load`-Ereignishandler eine neue Instanz der Klasse `Region`, wie im obigen Beispiel gezeigt.

4. Erweitern Sie das Formular bei Bedarf um die Funktionen zum Schließen, zum Verschieben und zur Größenänderung des Formulars, denn der Benutzer wird vielleicht nicht in der Lage sein, auf den Rahmen oder die Titelleiste des Formulars zuzugreifen.
5. Machen Sie das Formular zum Startformular und drücken Sie auf die Taste F5, um das Formular anzuzeigen. Ändern Sie nach Bedarf Aussehen und Anordnung der Steuerelemente.

Übung: Anpassen eines Windows-Formulars

In dieser Übung bearbeiten Sie mit den bisher beschriebenen Methoden ein Formular. In Übung 1 erstellen Sie ein Windows-Formular und ändern das Erscheinungsbild des Formulars durch die Änderung der Werte von bestimmten Eigenschaften und mit dem entsprechenden Programmcode. In Übung 2 erstellen Sie ein Formular, dessen Form nicht rechteckig ist. Die Übung leitet Sie durch die dazu erforderlichen Schritte. Falls Sie eine Übung ohne Hilfestellung vorziehen, finden Sie im Abschnitt „Übung mit Fallbeispiel" am Ende dieses Kapitels passende Beispiele.

► **Übung 1: Anpassen eines rechteckigen Windows-Formulars**

1. Öffnen Sie Visual Studio 2005 und erstellen Sie ein neues Windows-Anwendungsprojekt. Das Projekt wird mit einem Standardformular namens `Form1` im Designer geöffnet.
2. Klicken Sie das Formular im Designer an. Die Eigenschaften des Formulars werden im Eigenschaftenfenster angezeigt.
3. Stellen Sie im Eigenschaftenfenster die in folgender Tabelle genannten Eigenschaften auf die angegebenen Werte ein:

Eigenschaft	Wert
Text	`Trey Research`
FormBorderStyle	`Fixed3D`
StartPosition	`Manual`
Location	`100;200`
Opacity	`75%`

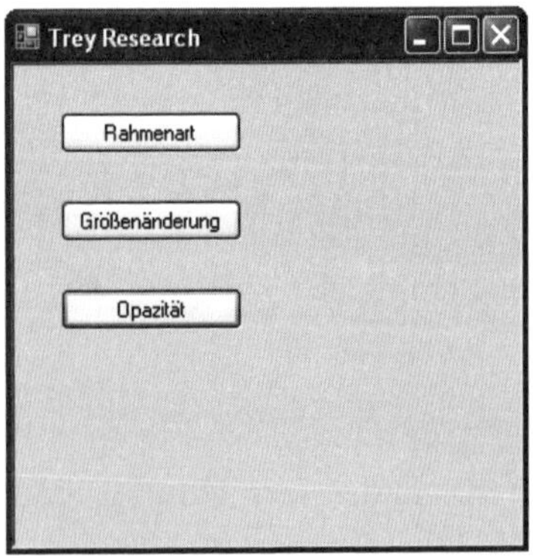

Abbildung 1.5 Das Übungsformular

4. Ziehen Sie drei Schaltflächen (Steuerelemente vom Typ `Button`) von der Toolbox auf das Formular und ordnen Sie die Schaltflächen passend an.
5. Klicken Sie die drei Schaltflächen der Reihe nach an und ändern Sie die *Text*-Eigenschaften im Eigenschaftenfenster auf **Rahmenart**, **Größenänderung** und **Opazität** ab. Wenn Sie fertig sind, sollte Ihr Formular ungefähr so aussehen, wie in Abbildung 1.5 gezeigt.
6. Klicken Sie im Designer die Schaltfläche *Rahmenart* mit einem Doppelklick an, damit sich das Codefenster mit dem Ereignishandler `Button1_Click` öffnet. Fügen Sie in diese Methode die folgende Codezeile ein:

```
' VB
Me.FormBorderStyle = FormBorderStyle.Sizable

// C#
this.FormBorderStyle = FormBorderStyle.Sizable;
```

7. Wechseln Sie in den Designer, klicken Sie die Schaltfläche *Größenänderung* mit einem Doppelklick an und fügen Sie die folgende Zeile ein:

```
' VB
Me.Size = New Size(300, 500)

// C#
this.Size = new Size(300, 500);
```

8. Wechseln Sie in den Designer, klicken Sie die Schaltfläche *Opazität* mit einem Doppelklick an und fügen Sie die folgende Zeile ein:

```
' VB
Me.Opacity = 1

// C#
this.Opacity = 1;
```

9. Drücken Sie auf die Taste F5, um die Anwendung zu starten. Klicken Sie auf jede Schaltfläche und sehen Sie sich die Auswirkung auf das Erscheinungsbild des Formulars an.

► Übung 2: Erstellen eines nicht rechteckigen Windows-Formulars

1. In dieser Übung erstellen Sie ein dreieckiges Windows-Formular.
2. Öffnen Sie Visual Studio 2005 und erstellen Sie ein neues Windows-Anwendungsprojekt. Das Projekt wird mit einem Standardformular namens `Form1` im Designer geöffnet.
3. Stellen Sie die Eigenschaft *FormBorderStyle* im Eigenschaftenfenster auf *None* und die Eigenschaft *BackColor* auf *Red*. Dadurch ist das Formular beim Test der Anwendung leichter zu sehen.
4. Ziehen Sie eine Schaltfläche in die obere linke Ecke des Formulars. Ändern Sie die *Text*-Eigenschaft der Schaltfläche auf **Formular schließen**.
5. Klicken Sie die Schaltfläche *Formular schließen* mit einem Doppelklick an und fügen Sie folgenden Code in den Ereignishandler `Button1_Click` ein:

```
' VB
Me.Close()

// C#
this.Close();
```

6. Klicken Sie im Designer mit einem Doppelklick auf das Formular, um den Ereignishandler `Form1_Load` zu öffnen. Fügen Sie folgenden Code in diese Methode ein. Der Code gibt der Region den Umriss eines Dreiecks, indem er die Region als Polygon mit drei Ecken definiert.

```
' VB
Dim myPath As New System.Drawing.Drawing2D.GraphicsPath()
myPath.AddPolygon(New Point() { New Point(0, 0), New Point(0, Me.Height), _
  New Point(Me.Width, 0) })
Dim myRegion As New Region(myPath)
Me.Region = myRegion

// C#
System.Drawing.Drawing2D.GraphicsPath myPath = new
  System.Drawing.Drawing2D.GraphicsPath();
myPath.AddPolygon(new Point[] { new Point(0, 0), new Point(0, this.Height),
  new Point(this.Width, 0) });
Region myRegion = new Region(myPath);
this.Region = myRegion;
```

Drücken Sie auf die Taste `F5`, um die Anwendung zu starten. Es wird ein dreieckiges Formular angezeigt.

Zusammenfassung der Lektion

Formulare sind die Grundbausteine einer Windows-Anwendung und die Grundlage der Benutzeroberfläche. Ein Formular kann Steuerelemente enthalten und Ereignisse, Methoden und Eigenschaften haben. Formulare können bereits bei der Entwicklung in die Anwendung eingefügt werden. Auch bei der Ausführung der Anwendung können durch den entsprechenden Programmcode neue Instanzen von Formularen erstellt werden.

- Sie können das Aussehen und Verhalten eines Formulars ändern, indem Sie die Eigenschaften des Formulars ändern. Eigenschaften wie `Text`, `FormBorderStyle`, `WindowState`, `Size`, `StartPosition`, `TopMost`, `Visible` und `Opacity` ermöglichen Ihnen die Entwicklung einer Vielzahl von visuellen Variationen und Effekten.
- Sie können das Startformular im Eigenschaftenfenster festlegen (Visual Basic) oder durch die Wahl des gewünschten Startformulars in der Methode `Main` (C#). Diese Methode gehört zur Klasse `Program`, und der entsprechende Code wird automatisch generiert.
- Sie können Formulare erstellen, die nicht rechteckig sind, indem Sie eine neue Instanz der Klasse `Region` erstellen und diese Instanz der Eigenschaft `Region` des Formulars zuweisen.

Lernzielkontrolle

Die folgenden Fragen dienen dazu, die wichtigsten Lerninhalte dieser Lektion zu vertiefen. Die Fragen sind (in englischer Sprache) auch auf der Begleit-CD zu finden, falls Sie die elektronische Form der Fragen vorziehen.

Hinweis Die Antworten

Die Antworten auf die Fragen und Erläuterungen, warum die entsprechende Antwort richtig oder falsch ist, finden Sie im Abschnitt „Antworten" am Ende des Buchs.

1. Welcher der folgenden Codeausschnitte demonstriert, wie zur Laufzeit eine neue Instanz eines Windows-Formulars namens `Form1` erstellt wird?

   A.

```
' VB
Dim myForm As Form1
myForm = Form1.CreateForm()

// C#
Form1 myForm;
myForm = Form1.CreateForm();
```

   B.

```
' VB
Dim myForm As Form1
myForm.Show()

// C#
Form1 myForm;
myForm.Show();
```

   C.

```
' VB
myForm = Form1
myForm.Show()

// C#
myForm = Form1;
myForm.Show();
```

   D.

```
' VB
Dim myForm As Form1
myForm = New Form1()

// C#
Form1 myForm;
myForm = new Form1();
```

2. Welcher der folgenden Codeausschnitte zeigt korrekt, wie ein Formular eine nicht rechteckige Form erhält?

   A.

```
' VB
Dim aPath As New System.Drawing.Drawing2D.GraphicsPath
aPath.AddEllipse(0, 0, Me.Width, Me.Height)
Me.Region = New Region();

// C#
System.Drawing.Drawing2D.GraphicsPath aPath = new System.Drawing.Drawing2D.GraphicsPath();
aPath.AddEllipse(0, 0, Me.Width, Me.Height);
this.Region = new Region();
```

   B.

```
' VB
Dim aPath As New System.Drawing.Drawing2D.GraphicsPath
aPath.AddEllipse(0, 0, Me.Width, Me.Height)

// C#
System.Drawing.Drawing2D.GraphicsPath aPath = new System.Drawing.Drawing2D.GraphicsPath();
aPath.AddEllipse (0, 0, Me.Width, Me.Height);
```

   C.

```
' VB
Dim aPath As New System.Drawing.Drawing2D.GraphicsPath
aPath.AddEllipse(0, 0, Me.Width, Me.Height)
Me.Region = New Region(aPath)

// C#
System.Drawing.Drawing2D.GraphicsPath aPath = new System.Drawing.Drawing2D.GraphicsPath();
aPath.AddEllipse(0, 0, Me.Width, Me.Height);
this.Region = new Region(aPath);
```

   D.

```
' VB
Dim aPath As New System.Drawing.Drawing2D.GraphicsPath
aPath.AddEllipse(0, 0, Me.Width, Me.Height)
Me.Region = aPath

// C#
System.Drawing.Drawing2D.GraphicsPath aPath = new System.Drawing.Drawing2D.GraphicsPath();
aPath.AddEllipse(0, 0, Me.Width, Me.Height)
this.Region = aPath;
```

3. Welcher der folgenden Codeausschnitte stellt Titel, Rahmenart, Größe und Opazität eines Formulars korrekt ein?

A.

```
' VB
Me.Text = "Mein Formular"
Me.FormBorderStyle = FormBorderStyle.Fixed3D
Me.Size = New Size(300, 300)
Me.Opacity = 0.5

// C#
this.Text = "Mein Formular";
this.FormBorderStyle = FormBorderStyle.Fixed3D;
this.Size = new Size(300, 300);
this.Opacity = 0.5;
```

B.

```
' VB
Me.Text = "Mein Formular"
Me.BorderStyle = "Fixed3D"
Me.Size = New Size(300, 300)
Me.Opacity = 0.5

// C#
this.Text = "Mein Formular";
this.BorderStyle = "Fixed3D";
this.Size = new Size(300, 300);
this.Opacity = 0.5;
```

C.

```
' VB
Me.Text = "Mein Formular"
Me.FormBorderStyle = FormBorderStyle.Fixed3D
Me.Size = (300,300)
Me.Opacity = "100%"

// C#
this.Text = "Mein Formular";
this.FormBorderStyle = FormBorderStyle.Fixed3D;
this.Size = (300,300);
this.Opacity = "100%";
```

D.

```
' VB
Me.Title = "Mein Formular"
Me.FormBorderStyle = FormBorderStyle.Fixed3D
Me.Size = New Size(300,300)
Me.Opacity = "100%"
```

```
// C#
this.Title = "Mein Formular";
this.FormBorderStyle = FormBorderStyle.Fixed3D;
this.Size = new Size(300,300);
this.Opacity = "100%";
```

Lektion 2: Steuerelementlayout mit Containersteuerelementen

Diese Lektion beschreibt, wie man Containersteuerelemente hinzufügt und konfiguriert. Sie erfahren, wie man Steuerelemente zu einem Formular oder Containersteuerelement hinzufügt und verschiedene Containersteuerelemente so konfiguriert, dass sie für eine dynamische und flexible Anordnung der Steuerelemente in Ihrem Formular sorgen.

Am Ende dieser Lektion werden Sie in der Lage sein, die folgenden Aufgaben auszuführen:

- Hinzufügen eines Steuerelements zu einem Formular oder Containersteuerelement zur Entwurfszeit
- Hinzufügen eines Steuerelements zu einem Formular oder Containersteuerelement zur Laufzeit
- Zusammenfassen und Anordnen von Steuerelementen mit dem `Panel`-Steuerelement
- Zusammenfassen und Anordnen von Steuerelementen mit dem `GroupBox`-Steuerelement
- Zusammenfassen und Anordnen von Steuerelementen mit dem `TabControl`-Steuerelement
- Zusammenfassen und Anordnen von Steuerelementen mit dem `FlowLayoutPanel`-Steuerelement
- Zusammenfassen und Anordnen von Steuerelementen mit dem `TableLayoutPanel`-Steuerelement
- Erstellen von dynamischen Containerbereichen mit dem `SplitContainer`-Steuerelement

Veranschlagte Zeit für diese Lektion: 45 Minuten

Überblick über Containersteuerelemente

Containersteuerelemente sind spezielle Steuerelemente, die als anpassungsfähige Container für andere Steuerelemente dienen. Zu den Containersteuerelementen gehören beispielsweise die Steuerelemente `Panel`, `FlowLayoutPanel` und `SplitContainer`. Containersteuerelemente teilen das Formular in logische und physische Unterabschnitte auf, mit denen andere Steuerelemente zu logisch zusammengehörigen Untereinheiten zusammengefasst werden können. So kann ein `GroupBox`-Steuerelement zum Beispiel zusammengehörige `RadioButton`-Steuerelemente enthalten. Die Verwendung von Containersteuerelementen erleichtert die Entwicklung eines eigenen Stils oder die Gestaltung des Informationsflusses in Ihrer Benutzeroberfläche und ermöglicht Ihnen die einheitliche Manipulation der darin enthaltenen Steuerelemente.

Wenn ein Containersteuerelement andere Steuerelemente enthält, können sich Änderungen in den Eigenschaften des Containersteuerelements auf die enthaltenen Steuerelemente auswirken. Wird beispielsweise die Eigenschaft `Enabled` eines `Panel`-Steuerelements auf `False` gestellt, sind alle im `Panel`-Steuerelement enthaltenen Steuerelemente deaktiviert. In vergleichbarer Weise wirken sich Eigenschaften, die mit der Benutzeroberfläche zu tun haben, wie beispielsweise `BackColor`, `Visible` oder `Font`, auf die enthaltenen Steuerelemente aus. Beachten Sie bitte, dass Sie die Eigenschaften der enthaltenen Steuerelemente zwar immer noch manuell ändern können, aber wenn der Container deaktiviert ist, ist kein darin enthaltenes Steuerelement mehr zugänglich, und zwar unabhängig von der individuellen Einstellung der Eigenschaften.

Die *Controls*-Auflistung

Jedes Formular und Containersteuerelement verfügt über eine Eigenschaft namens `Controls`. Sie repräsentiert die Menge der Steuerelemente, die in einem Formular oder Steuerelement enthalten sind. Wenn ein Steuerelement zur Entwurfszeit zu einem Formular oder Containersteuerelement hinzugefügt wird, trägt der Designer es automatisch in die `Controls`-Auflistung des betreffenden Formulars oder Steuerelements ein und stellt auch die Eigenschaft `Location` entsprechend ein. Sie können auch zur Laufzeit ein neues Steuerelement dynamisch hinzufügen, indem Sie ein neues Steuerelement erstellen und es zur `Controls`-Auflistung hinzufügen.

So fügen Sie im Designer ein Steuerelement zu einem Formular oder Containersteuerelement hinzu

Es gibt vier Methoden, im Designer ein Steuerelement zu einem Formular oder Containersteuerelement hinzuzufügen:

- Ziehen Sie das Steuerelemente von der Toolbox auf die Oberfläche des Formulars oder Containersteuerelements.
- Wählen Sie ein Steuerelement in der Toolbox aus und zeichnen Sie es dann mit der Maus auf das Formular.
- Wählen Sie ein Steuerelement in der Toolbox aus und klicken Sie dann das Formular mit einem Doppelklick an.
- Klicken Sie das Steuerelement in der Toolbox mit einem Doppelklick an.

So fügen Sie zur Laufzeit ein Steuerelement zu einem Formular oder Containersteuerelement hinzu

Um zur Laufzeit ein Steuerelement zu einem Formular oder Containersteuerelement hinzuzufügen, legen Sie ein neues Steuerelement an und tragen es in die `Controls`-Auflistung des Formulars ein, wie im folgenden Beispiel gezeigt. Sie müssen die gewünschten Einstellungen an den Eigenschaften, beispielsweise an `Location` oder `Text`, vor dem Hinzufügen zur `Controls`-Auflistung vornehmen. Der folgende Beispielcode geht davon aus, dass Sie einen `Panel`-Container namens `Panel1` zum Formular hinzugefügt haben.

```
' VB
Dim aButton As New Button()
' Lege die relative Position im Containersteuerelement oder Formular fest.
aButton.Location = New Point(20,20)
aButton.Text = "Testschaltfläche"
' Füge die Schaltfläche zu einem Panel namens Panel1 hinzu.
Panel1.Controls.Add(aButton)
' Füge die Schaltfläche zu einem Formular namens Form1 hinzu.
Me.Controls.Add(aButton)

// C#
Button aButton = new Button();
// Lege die relative Position im Containersteuerelement oder Formular fest.
aButton.Location = new Point(20,20);
aButton.Text = "Testschaltfläche";
// Füge die Schaltfläche zu einem Panel namens Panel1 hinzu.
Panel1.Controls.Add(aButton);
// Füge die Schaltfläche zu einem Formular namens Form1 hinzu.
this.Controls.Add(aButton);
```

Die *Anchor*-Eigenschaft

Die Eigenschaften `Anchor` und `Dock` steuern das Verhalten eines Steuerelements im Formular oder im übergeordneten Steuerelement. Mit der `Anchor`-Eigenschaft können Sie einen konstanten Abstand zwischen einer oder mehreren Kanten eines Steuerelements und einer oder mehreren Kanten eines Formulars oder eines anderen Containers definieren. Ändert ein Benutzer dann zur Laufzeit die Größe eines Formulars, halten die betreffenden Kanten des Steuerelements immer einen bestimmten Abstand von den entsprechenden Kanten des Formulars oder des übergeordneten Steuerelements ein. Die Standardeinstellung der `Anchor`-Eigenschaft ist `Top, Left`. Das bedeutet, dass die obere und linke Kante des Steuerelements immer einen bestimmten Abstand zu den oberen und linken Kanten des Formulars halten. Würde man die `Anchor`-Eigenschaft zum Beispiel auf `Bottom, Right` stellen, so würde sich das Steuerelement bei einer Größenänderung des Formulars bewegen, um den Abstand zu den rechten und unteren Kanten des Formulars konstant zu halten. Werden in der `Anchor`-Eigenschaft gegenüberliegende Kanten eingestellt, wie `Top` und `Bottom`, so wird das Steuerelement gestreckt oder gestaucht, um die Abstände zwischen den betreffenden Kanten des Steuerelements und des Formulars konstant zu halten.

Sie können für die `Anchor`-Eigenschaft eine beliebige Kombination von `Top`, `Bottom`, `Left` und `Right` einstellen, oder alle Kanten weglassen. Im Eigenschaftenfenster wird eine visuelle Schnittstelle angezeigt, die Ihnen die Auswahl der gewünschten Kanten erleichtert. Diese Schnittstelle ist in Abbildung 1.6 zu sehen.

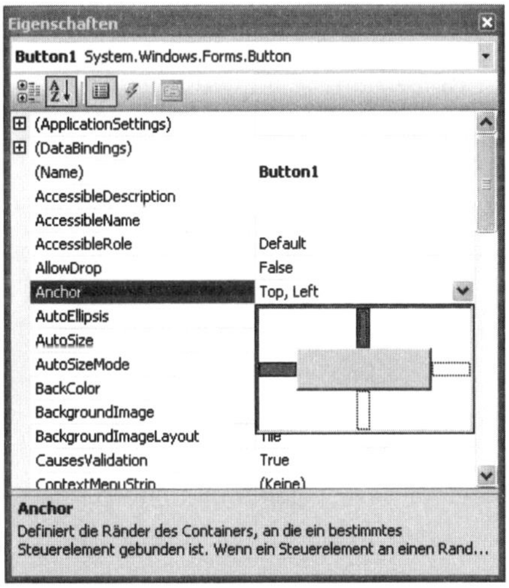

Abbildung 1.6 Einstellen der `Anchor`-Eigenschaft

Die *Dock*-Eigenschaft

Die `Dock`-Eigenschaft ermöglicht es Ihnen, Ihr Steuerelement mit einer Kante des übergeordneten Steuerelements zu verbinden. Beim übergeordneten Steuerelement kann es sich um ein Formular oder ein Containersteuerelement handeln, beispielsweise um ein `Panel`- oder ein `TabControl`-Steuerelement.

Wie für die Anchor-Eigenschaft gibt es auch für die Dock-Eigenschaft eine spezielle grafische Schnittstelle, mit der Sie den gewünschten Wert für die Eigenschaft grafisch festlegen können. Abbildung 1.7 zeigt diese Schnittstelle.

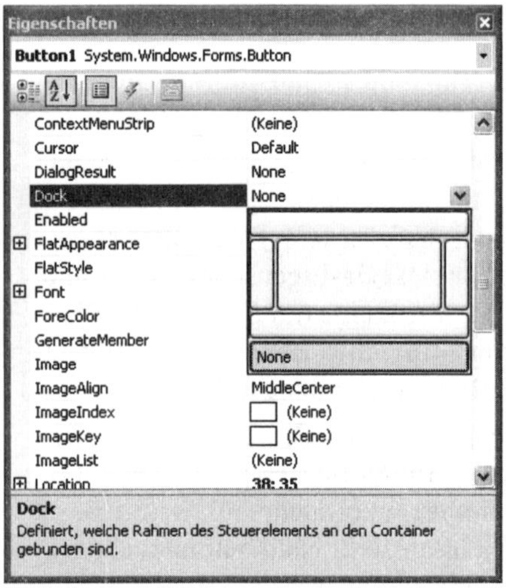

Abbildung 1.7 Einstellen der Dock-Eigenschaft

Zum Einstellen der Dock-Eigenschaft klicken Sie den Abschnitt der Schnittstelle an, der dem Ort entspricht, an dem Sie Ihr Steuerelement andocken möchten. Um das Steuerelement beispielsweise an der rechten Seite des Formulars anzudocken, klicken Sie auf die rechte Leiste der Schnittstelle. Zur Aufhebung dieser Kopplung wählen Sie None. Ein Klick auf die Mitte der Schnittstelle der Dock-Eigenschaft stellt die Dock-Eigenschaft auf den Wert Fill. Das bedeutet, dass das Steuerelement an allen vier Seiten des Formulars andockt, es also das Steuerelement ausfüllt, in dem es liegt.

Das *GroupBox*-Steuerelement

Das GroupBox-Steuerelement ist ein Containersteuerelement, das als Unterbereich des Formulars dargestellt wird und von einem Rahmen umgeben ist. Es bietet keine Rollleisten, wie das Panel-Steuerelement, und besitzt auch keine speziellen Layout-Fähigkeiten. Ein GroupBox-Steuerelement kann eine Beschriftung haben, die mit der Text-Eigenschaft festgelegt wird, oder auch ohne Beschriftung dargestellt werden, wenn die Text-Eigenschaft auf eine leere Zeichenkette eingestellt wird.

Meistens werden GroupBox-Steuerelemente zur Zusammenfassung von RadioButton-Steuerelementen zu Gruppen verwendet. RadioButton-Steuerelemente, die im selben GroupBox-Steuerelement angeordnet werden, setzen sich gegenseitig zurück, wenn sie angeklickt werden. Aber sie wirken sich nicht auf andere RadioButton-Steuerelemente aus, die sich auf demselben Formular oder in anderen Gruppen befinden. RadioButton-Steuerelemente werden in Kapitel 3, „Anspruchsvolle Windows Forms-Steuerelemente", ausführlicher besprochen. Tabelle 1.4 beschreibt Text, die wichtigste Eigenschaft des GroupBox-Steuerelements.

Tabelle 1.4 Die Text-Eigenschaft des GroupBox-Steuerelements

Eigenschaft	Beschreibung
Text	Stellt den Titel oder die Beschriftung des GroupBox-Rahmens dar. Ist keine Beschriftung gewünscht, sollte diese Eigenschaft auf eine leere Zeichenfolge eingestellt werden.

Das *Panel*-Steuerelement

Das Panel-Steuerelement erstellt einen Unterabschnitt eines Formulars, der andere Steuerelemente aufnehmen kann. Die Anzeige kann so erfolgen, dass das Panel-Steuerelement nicht vom umgebenden Formular zu unterscheiden ist. Je nach Einstellung der Eigenschaft BorderStyle lässt sich das Panel-Steuerelement auch mit einem Rahmen darstellen. Für die BorderStyle-Eigenschaft eines Panel-Steuerelements sind drei Einstellungen zulässig. None führt zu einer Anzeige des Steuerelements ohne Rahmen. Mit FixedSingle wird das Steuerelement von einem einfachen Rahmen umgeben, und Fixed3D bewirkt die Anzeige eines Rahmens mit dreidimensionalem Erscheinungsbild.

Das Panel-Steuerelement ist ein bildlaufleistenfähiges Steuerelement. Das bedeutet, dass sich der Inhalt eines Panel-Steuerelements mit horizontalen und vertikalen Bildlaufleisten verschieben lässt. Steuerelemente lassen sich also auch so in einem Panel-Steuerelement anordnen, dass sie nicht im sichtbaren Bereich liegen. Wird die Eigenschaft AutoScroll auf True gestellt, sind automatisch die entsprechenden Bildlaufleisten verfügbar, sofern einige Steuerelemente außerhalb des sichtbaren Bereichs des Steuerelements liegen. Wird die Eigenschaft AutoScroll auf False gestellt, sind Steuerelemente nicht zugänglich, wenn sie außerhalb des sichtbaren Bereichs des Panel-Steuerelements angeordnet wurden. Tabelle 1.5 zeigt wichtige Eigenschaften des Panel-Steuerelements.

Tabelle 1.5 Wichtige Eigenschaften des Panel-Steuerelements

Eigenschaft	Beschreibung
AutoScroll	Gibt an, ob das Panel-Steuerelement Bildlaufleisten anzeigen soll, wenn Steuerelemente außerhalb des sichtbaren Bereichs des Panel-Steuerelements angeordnet wurden. Bildlaufleisten werden in diesem Fall nur angezeigt, wenn diese Eigenschaft auf True gestellt wurde, aber nicht, wenn sie auf False steht.
BorderStyle	Kontrolliert das visuelle Erscheinungsbild des Panel-Rahmens. Diese Eigenschaft kann auf None gestellt werden, wodurch die Anzeige ohne Rahmen erfolgt, auf FixedSingle, was zur Darstellung mit einem einfachen Rahmen führt, oder auf Fixed3D, was einen Rahmen mit dreidimensionalem Erscheinungsbild ergibt.

Das *FlowLayoutPanel*-Steuerelement

Die Klasse FlowLayoutPanel ist eine Unterklasse der Klasse Panel. Wie das Panel-Steuerelement wird ein FlowLayoutPanel-Steuerelement gewöhnlich zur Abgrenzung eines Unterbereichs des Formulars verwendet, der zusammengehörige Steuerelemente aufnehmen soll. Im Gegensatz zum Panel-Steuerelement ordnet das FlowLayoutPanel-Steuerelement aber die Steuerelemente, die es enthält, dynamisch neu an, wenn seine Größe beim Entwurf oder zur Laufzeit geändert wird. Für die Entwicklung der Benutzeroberfläche ist dies eine große Hilfe, denn die Positionen der Steuerelemente werden automatisch angepasst, wenn sich Größe und Abmessungen des FlowLayoutPanel-Steuerelements ändern. Das FlowLayoutPanel-Steuerelement bietet eine dynamische Neuausrichtung der Benutzeroberfläche (ähnlich einer HTML-Seite), wenn seine Größe zur Laufzeit geändert wird.

Wie das Panel-Steuerelement ist auch das FlowLayoutPanel-Steuerelement ein bildlaufleistenfähiges Steuerelement. Bildlaufleisten werden aktiviert, wenn AutoScroll auf True gestellt wird, und deaktiviert, wenn AutoScroll auf False gesetzt wird.

Die Fließrichtung im FlowLayoutPanel-Steuerelement ist gewöhnlich von links nach rechts. Damit ist gemeint, dass Steuerelemente, die neu ins FlowLayoutPanel-Steuerelement aufgenommen werden, in der oberen linken Ecke und dann nach rechts angeordnet werden, bis sie den rechten Rand des Steuerelements erreichen. Dieses Verhalten wird von der Eigenschaft FlowDirection gesteuert. Die Eigenschaft FlowDirection kann auf vier Werte gestellt werden: LeftToRight ist der Standardwert. RightToLeft führt zur einer Flussrichtung von rechts nach links. TopDown lässt die Steuerelemente von oben nach unten fließen, während BottomUp dazu führt, dass Steuerelemente von unten nach oben im FlowLayoutPanel-Steuerelement angeordnet werden.

Sobald das Ende einer Zeile (im Fall der Flussrichtung LeftToRight oder RightToLeft) oder Spalte (im Fall der Flussrichtung TopDown oder BottomUp) erreicht ist, wird die Zeile oder Spalte je nach Einstellung der Eigenschaft WrapContents auf die nächste Zeile oder Spalte umbrochen, oder auch nicht. Steht WrapContents auf True (der Standardwert), erfolgt automatisch ein Umbruch auf die nächste Zeile oder Spalte. Steht WrapContents auf False, erfolgt kein automatischer Umbruch der neuen Steuerelemente auf die nächste Zeile oder Spalte.

Sie können die Steuerelementfolge manuell umbrechen. Das entspricht einem Zeilenumbruch in einem Text. Wenn die Eigenschaft WrapContents eines FlowLayoutPanel-Steuerelements auf False steht, müssen Sie den Umbruch der Steuerelemente manuell vornehmen. Sie können auch dann einen manuellen Umbruch vornehmen, wenn WrapContents auf True steht und Sie bestimmte individuelle Umbrüche wünschen.

► **So stellen Sie den Umbruch von Steuerelementen ein, die in ein *FlowLayoutPanel*-Steuerelement eingefügt wurden**

1. Legen Sie mit der Methode SetFlowBreak eine Umbruchmarkierung fest, wie im folgenden Beispiel gezeigt (das Beispiel geht davon aus, dass bereits ein FlowLayoutPanel-Steuerelement namens Flp und ein Button namens aButton erstellt wurden):

```
' VB
Flp.SetFlowBreak(aButton, True)

// C#
Flp.SetFlowBreak(aButton, true);
```

2. Unabhängig davon, ob in Flussrichtung noch Platz für weitere Steuerelemente im FlowLayoutPanel-Steuerelement ist, führt ein Steuerelement, das in dieser Weise gekennzeichnet wurde, zum Umbruch der aktuellen Zeile (oder Spalte, je nach dem Wert der Eigenschaft FlowDirection) und wird im FlowLayoutPanel-Steuerelement auf eine neue Zeile (oder Spalte) gesetzt.
3. Ob ein bestimmtes Steuerelement eine Umbruchmarkierung trägt, können Sie mit der Methode GetFlowBreak ermitteln, wie im folgenden Beispiel:

```
' VB
If Flp.GetFlowBreak(aButton) Then
' Hier erfolgt die vorgesehene Bearbeitung.
End If
```

```
// C#
if (Flp.GetFlowBreak(aButton))
{ // Hier erfolgt die vorgesehene Bearbeitung.
}
```

Tabelle 1.6 zeigt wichtige Eigenschaften und Methoden des `FlowLayoutPanel`-Steuerelements.

Tabelle 1.6 Wichtige Eigenschaften und Methoden des `FlowLayoutPanel`-Steuerelements

Eigenschaft/Methode	Beschreibung
`AutoScroll`	Eigenschaft. Legt fest, ob das `FlowLayoutPanel`-Steuerelement Bildlaufleisten anzeigt, wenn Steuerelemente so angeordnet wurden, dass sie nicht mehr im sichtbaren Bereich des `FlowLayoutPanel`-Steuerelements liegen. Bildlaufleisten werden in diesem Fall angezeigt, wenn die Eigenschaft auf `True` steht, aber nicht, wenn sie auf `False` steht.
`BorderStyle`	Eigenschaft. Kontrolliert das visuelle Erscheinungsbild des Steuerelementrahmens. Kann auf `None` gestellt werden, wodurch kein Rahmen angezeigt wird, auf `FixedSingle`, was zur Anzeige eines einfachen Rahmens führt, oder auf `Fixed3D`, wodurch das Steuerelement einen Rahmen mit dreidimensionalem Erscheinungsbild erhält.
`FlowDirection`	Eigenschaft. Legt die Flussrichtung im `FlowLayoutPanel`-Steuerelement fest. Kann auf `LeftToRight`, `RightToLeft`, `TopBottom` oder `BottomUp` gestellt werden.
`WrapContents`	Eigenschaft. Bestimmt, ob Steuerelemente bei Bedarf automatisch in die nächste Zeile oder Spalte umbrochen werden, wenn sich die Größe des `FlowLayoutPanel`-Steuerelements ändert.
`GetFlowBreak`	Methode. Diese Methode gibt einen booleschen Wert zurück, aus dem hervorgeht, ob ein bestimmtes Steuerelement eine Umbruchkennzeichnung trägt.
`SetFlowBreak`	Methode. Diese Methode legt eine Umbruchkennzeichnung für ein Steuerelement fest, das im `FlowLayoutPanel`-Steuerelement enthalten ist.

Das *TableLayoutPanel*-Steuerelement

Wie das `FlowLayoutPanel`-Steuerelement bietet auch das `TableLayoutPanel`-Steuerelement zur Unterstützung von Design und Layout der Benutzeroberfläche einen speziellen Bereich. Im Wesentlichen ist das `TableLayoutPanel`-Steuerelement eine Tabelle, die Zellen für die aufzunehmenden Steuerelemente anbietet. Wie andere Bereichssteuerelemente ist es ein bildlauffähiger Container, der Bildlaufleisten anbietet, wenn die Eigenschaft `AutoScroll` auf `True` steht.

Zur Entwurfszeit sieht das `TableLayoutPanel`-Steuerelement auf dem Formular wie eine Tabelle aus, die sich aus einzelnen Zellen zusammensetzt. Sie können Steuerelemente von der Toolbox in jede Zelle ziehen. Normalerweise lässt sich in jeder Zelle zwar nur jeweils ein Steuerelement unterbringen, aber für komplexere Benutzeroberflächen können Sie in den Zellen des `TableLayoutPanel`-Steuerelements auch andere Containersteuerelemente ablegen, von denen jedes mehrere Steuerelemente aufnehmen kann.

Wie die Zellen zur Laufzeit dargestellt werden, hängt von der Eigenschaft `CellBorderStyle` ab. Diese Eigenschaft kann auf `None` gestellt werden, wodurch die Zellen nicht durch Linien voneinander abgegrenzt werden, oder auf `Single`, `Inset`, `InsetDouble`, `Outset`, `OutsetDouble` oder `OutsetPartial`. Jede dieser Einstellungen führt zu einem speziellen Aussehen und Verhalten der Tabellenzellen.

Die Spalten und Zeilen des `TableLayoutPanel`-Steuerelements werden von den `ColumnStyle`- und `RowStyle`-Auflistungen verwaltet. Zur Entwurfszeit können Sie den Stil (das Format) von Zeilen und Spalten festlegen, indem Sie im Eigenschaftenfenster die Auflistungen *Columns* oder *Rows* wählen und den Spalten- und Zeilenstile-Editor starten (Abbildung 1.8).

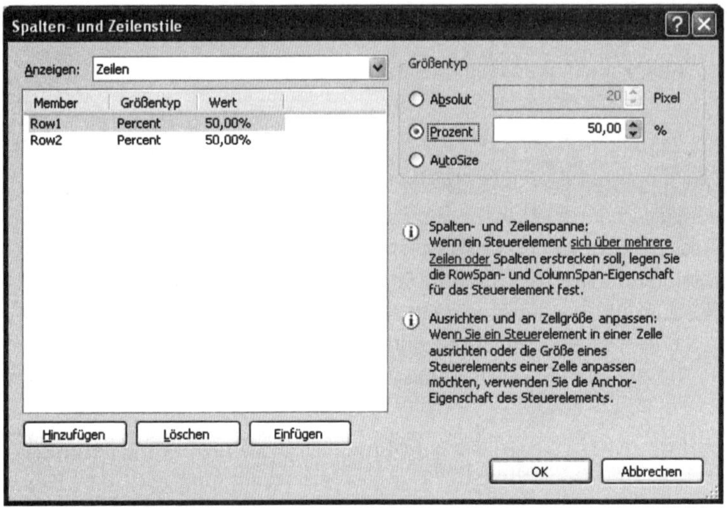

Abbildung 1.8 Der Spalten- und Zeilenstile-Editor

Mit diesem Editor können Sie die Spalten- und Zeilenstile ändern. Spalten- und Zeilenstile können auf `Absolute` gestellt werden, womit eine feste Größe (in Pixel) gemeint ist, oder auf `Percent`. Dabei wird ein Prozentsatz für die Größe aller Spalten oder Zeilen angegeben, deren Stil auf `Percent` steht. Zeilen und Spalten können auch auf `AutoSize` gestellt werden. Dann werden Zeilen und Spalten automatisch auf die korrekten Größen eingestellt.

Spalten- und Zeilenstile lassen sich auch durch den entsprechenden Zugriff auf die Auflistungen `ColumnStyles` und `RowStyles` im Code ändern. Mit dem Index einer bestimmten Zeile oder Spalte können Sie auf den Stil dieser Zeile oder Spalte zugreifen. Das folgende Beispiel zeigt, wie sich Stileinstellungen ändern lassen:

```
' VB
TableLayoutPanel1.ColumnStyles(0).SizeType = SizeType.Absolute
TableLayoutPanel1.ColumnStyles(0).Width = 20
TableLayoutPanel1.RowStyles(0).SizeType = SizeType.Percent
TableLayoutPanel1.RowStyles(0).Height = 50

// C#
TableLayoutPanel1.ColumnStyles[0].SizeType = SizeType.Absolute;
TableLayoutPanel1.ColumnStyles[0].Width = 20;
TableLayoutPanel1.RowStyles[0].SizeType = SizeType.Percent;
TableLayoutPanel1.RowStyles[0].Height = 50;
```

Wenn Sie einen Spalten- oder Zeilenstil auf einen anderen Wert als `SizeType.Absolute` einstellen, können Sie auch `Width` (für Spalten) oder `Height` (für Zeilen) einstellen. Diese Werte werden in Pixel oder Prozent angegeben, je nach dem `SizeType`-Wert in der Stilangabe.

Wenn Sie zur Laufzeit neue Steuerelemente in ein `TableLayoutPanel`-Steuerelement einfügen, können Sie eine der beiden überladenen Methoden `TableLayoutPanel.Controls.Add` verwenden. Die erste ist die Standardmethode `Add`:

```
' VB
TableLayoutPanel1.Controls.Add(aButton)

// C#
TableLayoutPanel1.Controls.Add(aButton);
```

Diese Methode fügt das Steuerelement einfach in die `Controls`-Auflistung des `TableLayoutPanel`-Steuerelements ein. Es erscheint in der nächsten freien Zelle der Tabelle. Wie sich das `TableLayoutPanel`-Steuerelement verhält, wenn es keine freien Zellen mehr gibt, hängt vom Wert der Eigenschaft `GrowStyle` ab. Wenn die Eigenschaft `GrowStyle` auf `AddRows` steht, werden neue Zeilen hinzugefügt, um die neuen Steuerelemente aufzunehmen. Steht die Eigenschaft `GrowStyle` auf `AddColumns`, werden nach Bedarf neue Spalten hinzugefügt. Und wenn die `GrowStyle`-Eigenschaft auf `FixedSize` steht, werden keine neuen Zellen hinzugefügt. Falls Sie versuchen, ein Steuerelement zu einem `TableLayoutPanel`-Steuerelement hinzuzufügen, dessen `GrowStyle`-Eigenschaft auf `FixedSize` steht, kommt es zu einer Ausnahme.

Sie können ein Steuerelement auch mit der Methode `Controls.Add` in einer bestimmten Zelle unterbringen:

```
' VB
TableLayoutPanel1.Controls.Add(aButton,3,3)

// C#
TableLayoutPanel1.Controls.Add(aButton,3,3);
```

Die Zählung der Spalten eines `TableLayoutPanel`-Steuerelements beginnt mit 1, während die Zählung der Zeilen mit 0 beginnt. Im obigen Beispiel wird `aButton` zur Zelle in Spalte 3 und Zeile 3 hinzugefügt. Das ist die dritte Spalte und vierte Zeile, die der Benutzer sieht. Beachten Sie bitte, dass das Steuerelement vielleicht nicht in die Zelle aufgenommen wird, wenn sich bereits ein Steuerelement in der Zelle befindet. Steuerelemente, die zur Entwurfszeit in den Zellen abgelegt werden, haben Vorrang vor den Steuerelementen, die zur Laufzeit zu den Zellen hinzugefügt werden. In solchen Fällen wird das neue Steuerelement einfach in der nächsten freien Zelle untergebracht. Wenn Sie ein Steuerelement zu einer Zellen hinzufügen, die bereits ein Steuerelement enthält, das zur Laufzeit hinzugefügt wurde, wird das in dieser Zelle befindliche Steuerelement gewöhnlich zur nächsten freien Zelle verschoben, um dem neu hinzugefügten Steuerelement Vorrang zu geben. Wie immer ist ein sorgfältiger Test wichtig.

► So fügen Sie zur Laufzeit ein Steuerelement zu einem *TableLayoutPanel*-Steuerelement hinzu

1. Deklarieren Sie im Code ein neues Steuerelement und erstellen Sie eine Instanz des Steuerelements.
2. Fügen Sie das Steuerelement mit der Methode `TableLayoutPanel.Controls.Add` hinzu. Ein Beispiel:

```
' VB
Dim aButton As New Button() ' Füge die Schaltfläche zur nächsten freien Zelle hinzu.
TableLayoutPanel1.Controls.Add(aButton)
' Füge die Schaltfläche zur Zelle (2,2) hinzu.
TableLayoutPanel1.Controls.Add(aButton, 2, 2)

// C#
Button aButton = new Button(); // Füge die Schaltfläche zur nächsten freien Zelle hinzu.
TableLayoutPanel1.Controls.Add(aButton);
// Füge die Schaltfläche zur Zelle (2,2) hinzu.
TableLayoutPanel1.Controls.Add(aButton, 2, 2);
```

Tabelle 1.7 beschreibt wichtige Eigenschaften und Methoden des `TableLayoutPanel`-Steuerelements.

Tabelle 1.7 Wichtige Methoden und Eigenschaften des `TableLayoutPanel`-Steuerelements

Eigenschaft/Methode	Beschreibung
`AutoScroll`	Eigenschaft. Legt fest, ob das `TableLayoutPanel`-Steuerelement Bildlaufleisten anzeigt, wenn Steuerelemente so angeordnet wurden, dass sie nicht mehr im sichtbaren Bereich des `TableLayoutPanel`-Steuerelements liegen. Bildlaufleisten werden in diesem Fall angezeigt, wenn die Eigenschaft auf `True` steht, aber nicht, wenn sie auf `False` steht.
`CellBorderStyle`	Eigenschaft. Kontrolliert die Art der Zellenrahmen. Kann auf `None` gestellt werden, wodurch keine Zellenrahmen angezeigt werden, oder auf eine Vielzahl anderer Rahmenarten.
`ColumnCount`	Eigenschaft. Gibt die Zahl der Spalten an. Sie können Spalten hinzufügen oder entfernen, indem Sie die Eigenschaft `ColumnCount` auf die gewünschte Anzahl einstellen.
`Columns`	Eigenschaft. Die Auflistung der Spalten. Nur zur Entwurfszeit verfügbar. Durch einen Zugriff auf diese Eigenschaft wird der Spalten- und Zeilenstile-Editor gestartet.
`ColumnStyles`	Eigenschaft. Die Auflistung der Stile (der Spaltenformate). Nur zur Laufzeit verfügbar.
`GrowStyle`	Eigenschaft. Kontrolliert, wie das `TableLayoutPanel`-Steuerelement wächst, wenn neue Steuerelemente hinzugefügt werden. Diese Eigenschaft kann auf `AddColumns`, `AddRows` oder `FixedSize` gestellt werden.
`RowCount`	Eigenschaft. Gibt die Zahl der Zeilen an. Sie können Zeilen hinzufügen oder entfernen, indem Sie die Eigenschaft `RowCount` auf die gewünschte Anzahl einstellen.
`Rows`	Eigenschaft. Die Auflistung der Zeilen. Nur zur Entwurfszeit verfügbar. Durch einen Zugriff auf diese Eigenschaft wird der Spalten- und Zeilenstile-Editor gestartet.
`RowStyles`	Eigenschaft. Die Auflistung der Zeilenstile (der Zeilenformate). Nur zur Laufzeit verfügbar.
`Controls.Add`	Methode der `Controls`-Auflistung. Kann zum Hinzufügen von Steuerelementen in die nächste freie Zelle oder in eine bestimmte Zelle verwendet werden, wenn deren Spalten- und Zeilenkoordinaten angegeben werden.

Das *TabControl*-Steuerelement

Das `TabControl`-Steuerelement ermöglicht Ihnen die Zusammenfassung von mehreren Steuerelementen auf Registerkarten, ähnlich den Registerkarten eines Notizbuchs oder den Akten in einem Aktenschrank. Sie können zum Beispiel Eigenschaftenseiten für eine Anwendung erstellen, bei denen jede Seite die Eigenschaften einer bestimmten Komponente darstellt. Das `TabControl`-Steuerelement nimmt eine oder mehrere `TabPage`-Steuerelemente auf, die wiederum Steuerelemente aufnehmen. Der Benutzer kann zwischen den Registerkarten (und den darauf enthaltenen Steuerelementen) wechseln, indem er die Beschriftungen (die „Reiter") der Registerkarten anklickt.

Die wichtigste Eigenschaft des `TabControl`-Steuerelements ist die Eigenschaft `TabPages`. `TabPage`-Steuerelemente sind spezielle Containersteuerelemente, die nur in `TabControl`-Steuerelementen eingefügt werden können. Jedes `TabPage`-Steuerelement hat eigene Eigenschaften, auf die Sie zur Entwurfszeit über die `TabPages`-Eigenschaft zugreifen können, mit der Sie den TabPage-Auflistungs-Editor starten (Abbildung 1.9).

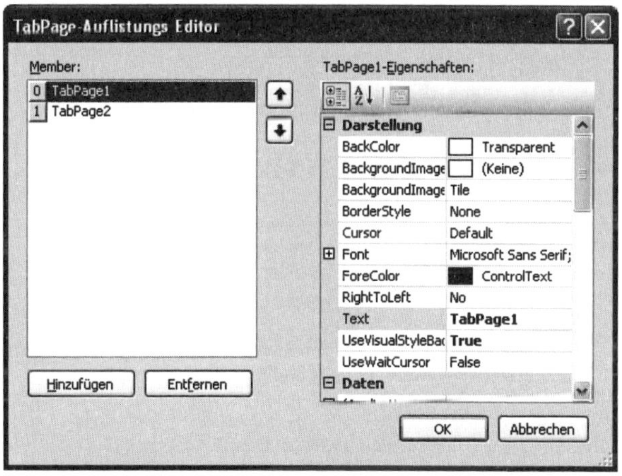

Abbildung 1.9 Der TabPage-Auflistungs-Editor

`TabPage`-Steuerelemente ähneln `Panel`-Steuerelementen. Es sind bildlaufleistenfähige Steuerelemente, die bei Bedarf Bildlaufleisten anzeigen, sofern die Eigenschaft `AutoScroll` auf `True` gestellt wurde. Außerdem verfügen `TabPage`-Steuerelemente über eine `Text`-Eigenschaft, mit der die Beschriftung der Registerkarte (des „Reiters") im `TabControl`-Steuerelement festgelegt werden kann. Wie `Panel`-Steuerelement haben `TabPage`-Steuerelemente auch eine `BorderStyle`-Eigenschaft, die auf `None`, `FixedSingle` oder `Fixed3D` gestellt werden kann. Die Wirkungen dieser Einstellungen ähneln den Wirkungen beim `Panel`-Steuerelement.

Das `TabControl`-Steuerelement verfügt über einige Eigenschaften, mit denen sich Aussehen und Verhalten des Steuerelements an die Erfordernisse anpassen lassen. Die Eigenschaft `Appearance` bestimmt, wie die Reiter der Registerkarten aussehen. Diese Eigenschaft kann auf `Normal`, `Buttons` oder `FlatButtons` eingestellt werden, wobei jede Einstellung ein anderes Aussehen bewirkt. Die Eigenschaft `Alignment` bestimmt, ob die Reiter oben, unten, auf der linken oder auf der rechten Seite des `TabControl`-Steuerelements angezeigt werden. Außerdem hat das `TabControl`-Steuerelement eine Eigenschaft namens `Multiline`, mit der sich festlegen lässt, ob mehrere Reihen von Registerkarten (Reitern) erlaubt sind. Wird diese Eigenschaft auf `True` gestellt, so sind mehrere Registerkartenreihen zulässig. Steht sie auf False, ist nur eine Reihe erlaubt. Die Tabellen 1.8 und 1.9 zeigen wichtige Eigenschaften des TabControl-Steuerelements und des TabPage-Steuerelements.

Tabelle 1.8 Wichtige Eigenschaften des TabControl-Steuerelements

Eigenschaft	Beschreibung
Appearance	Bestimmt das Erscheinungsbild des TabControl-Steuerelements.
Alignment	Legt die Seite des TabControl-Steuerelements fest, an der die Beschriftungen der Registerkarten angezeigt werden. Zulässige Werte sind Top, Bottom, Left und Right.
Multiline	Entscheidet, ob mehrere Reihen mit Registerkarten im TabControl-Steuerelement zulässig sind.
TabPages	Die Auflistung der TabPage-Steuerelemente, die im TabControl-Steuerelement enthalten sind.

Tabelle 1.9 Wichtige Eigenschaften des TabPage-Steuerelements

Eigenschaft	Beschreibung
AutoScroll	Legt fest, ob das TabPage-Steuerelement Bildlaufleisten anzeigt, wenn Steuerelemente so angeordnet wurden, dass sie nicht mehr im sichtbaren Bereich des TabPage-Steuerelements liegen. Bildlaufleisten werden in diesem Fall angezeigt, wenn die Eigenschaft auf True steht, aber nicht, wenn sie auf False steht.
BorderStyle	Kontrolliert die Art des TabPage-Rahmens. Kann auf None gestellt werden, wodurch kein Rahmen angezeigt wird, auf FixedSingle, was zur Anzeige eines einfachen Rahmens führt, oder auf Fixed3D, wodurch das Steuerelement einen Rahmen mit dreidimensionalem Erscheinungsbild erhält.
Text	Der Text, mit dem die Registerkarte beschriftet wird (genauer gesagt, mit dem der „Reiter" beschriftet wird, der die Registerkarte repräsentiert).

Das *SplitContainer-Steuerelement*

Das SplitContainer-Steuerelement bildet einen Unterabschnitt des Formulars, in dem ein Splitter (eine Aufteilungsleiste) die Anzeigefläche des Steuerelements in zwei SplitterPanel-Steuerelemente aufteilt, die so ähnlich wie Panel-Steuerelemente arbeiten. Der Benutzer kann den Splitter mit der Maus verschieben und dadurch die relativen Größen der beiden SplitterPanel-Steuerelemente ändern. Die Eigenschaft SplitContainer.Dock wird standardmäßig auf Fill gestellt, weil die häufigste Anwendung für SplitContainer-Steuerelemente darin besteht, geteilte Windows-Formulare zu erstellen.

Das SplitContainer-Steuerelement bietet über seine Eigenschaften Panel1 und Panel2 zwei untergeordnete SplitterPanel-Steuerelemente an. Diese Eigenschaften ermöglichen Ihnen den Zugriff auf die Eigenschaften der enthaltenen SplitterPanel-Steuerelemente.

Jedes im SplitContainer-Steuerelement enthaltene SplitterPanel-Steuerelement funktioniert im Wesentlichen wie ein Panel-Steuerelement. Es kann Steuerelemente aufnehmen und unterscheidet sich vom Rest des Formulars. Es kann Bildlaufleisten anzeigen, wenn die AutoScroll-Eigenschaft auf True steht. Die einzelnen SplitterPanel-Steuerelemente eines SplitContainer-Steuerelements haben keine eigenen Rahmen und daher auch keine BorderStyle-Eigenschaft wie eigenständige Panel-Steuerelemente. Aber das SplitContainer-Steuerelement selbst verfügt über eine BorderStyle-Eigenschaft. Wie die BorderStyle-Eigenschaft des Panel-Steuerelements kann die Eigenschaft auf None, FixedSingle oder Fixed3D eingestellt werden. Wird die BorderStyle-Eigenschaft auf einen zulässigen Wert gestellt, wirkt sich das auch auf das Erscheinungsbild des Splitters aus.

Die Orientierung des Splitters hängt von der Eigenschaft `Orientation` ab. Wird die Eigenschaft auf `Vertical` gestellt, erstreckt sich der Splitter vom oberen zum unteren Rand des `SplitContainer`-Steuerelements. Steht sie auf `Horizontal`, erstreckt sich der Splitter von links nach rechts.

Mit der Eigenschaft `FixedPanel` können Sie einen Bereich des `SplitContainer`-Steuerelements auswählen, dessen Größe auch dann konstant bleibt, wenn sich die Größe des Steuerelements ändert. Diese Eigenschaft kann auf `Panel1` gestellt werden, sodass nur die Größe von `Panel2` geändert wird, oder auf `Panel2`, sodass nur die Größe von `Panel1` geändert wird, oder auf `None`. Dann werden beide Bereiche bei einer Größenänderung des Steuerelements entsprechend angepasst. Beachten Sie bitte, dass die Größenfixierung durch die Eigenschaft `FixedPanel` nur für eine Größenänderung des `SplitContainer`-Steuerelements gilt. Die Größe der Bereiche kann der Benutzer immer noch ändern, indem er den Splitter mit der Maus verschiebt.

Sie können den Splitter mit der Eigenschaft `IsSplitterFixed` deaktivieren, damit der Benutzer ihn nicht mehr verschieben kann. Steht die Eigenschaft auf `True`, so ist der Splitter fixiert und kann nicht mehr vom Benutzer bewegt werden. Sie können den Splitter mit dem entsprechenden Programmcode verschieben, indem Sie die Eigenschaft `SplitterDistance` im Code ändern. Diese Eigenschaft nennt den Abstand (in Pixel) des Splitters vom linken Rand (bei der Orientierung `Horizontal`) oder vom oberen Rand (bei der Orientierung `Vertical`). Die Breite des Splitters können Sie mit der Eigenschaft `SplitterWidth` ändern, wobei die Breite ebenfalls in Pixel angegeben wird.

Sie können einen der Bereiche eines `SplitContainer`-Steuerelements verbergen, indem Sie entweder die Eigenschaft `Panel1Collapsed` oder `Panel2Collapsed` auf `True` stellen. Wird eine dieser Eigenschaften auf `True` gestellt, so wird der entsprechende Bereich reduziert und der andere Bereich so erweitert, dass er das `SplitContainer`-Steuerelement ausfüllt. Beachten Sie bitte, dass Sie nicht beide Eigenschaften gleichzeitig auf `False` stellen können. Wenn Sie zum Beispiel `Panel1Collapsed` auf `False` stellen, während `Panel2Collapsed` bereits auf `False` steht, wird `Panel2Collapsed` automatisch auf `True` gestellt.

Für die einzelnen Bereiche können Sie mit den Eigenschaften `Panel1MinSize` und `Panel2MinSize` Mindestgrößen festlegen. Diese Eigenschaften geben die Mindestgröße (in Pixel) an, auf die ein Bereich verkleinert werden kann. Tabelle 1.10 zeigt wichtige Eigenschaften des `SplitContainer`-Steuerelements.

Tabelle 1.10 Wichtige Eigenschaften des `SplitContainer`-Steuerelements

Eigenschaft	Beschreibung
`BorderStyle`	Kontrolliert die Art des `SplitContainer`-Rahmens. Kann auf `None` gestellt werden, wodurch kein Rahmen angezeigt wird, auf `FixedSingle`, was zur Anzeige eines einfachen Rahmens führt, oder auf `Fixed3D`, wodurch das Steuerelement einen Rahmen mit dreidimensionalem Erscheinungsbild erhält.
`FixedPanel`	Gibt den Bereich des `SplitContainer`-Steuerelements an, der eine feste Größe hat. Diese Eigenschaft kann auf `Panel1` oder `Panel2` gestellt werden, oder auf `None`, wodurch kein Bereich eine feste Größe hat.
`IsSplitterFixed`	Bestimmt, ob der Splitter fixiert ist und nicht mehr vom Benutzer verschoben werden kann.
`Orientation`	Legt fest, ob der Splitter im `SplitContainer`-Steuerelement horizontal oder vertikal verläuft. Kann auf `Horizontal` oder `Vertical` gestellt werden. ▶

Eigenschaft	Beschreibung
Panel1	Macht die Eigenschaften des im SplitContainer-Steuerelement enthaltenen Steuerelements SplitterPanel1 zugänglich.
Panel1Collapsed	Bestimmt, ob SplitterPanel1 reduziert ist oder eine normale Größe hat. Der Bereich wird reduziert, wenn diese Eigenschaft auf True gestellt wird.
Panel1MinSize	Fragt die Mindestgröße für Panel1 ab oder legt sie fest.
Panel2	Macht die Eigenschaften des im SplitContainer-Steuerelement enthaltenen Steuerelements SplitterPanel2 zugänglich.
Panel2Collapsed	Bestimmt, ob SplitterPanel2 reduziert ist oder eine normale Größe hat. Der Bereich wird reduziert, wenn diese Eigenschaft auf True gestellt wird.
Panel2MinSize	Fragt die Mindestgröße für Panel2 ab oder legt sie fest.
SplitterDistance	Gibt den Abstand des Splitters vom linken Rand oder vom oberen Rand des Steuerelements an, je nach Einstellung der Eigenschaft Orientation.
SplitterWidth	Fragt die Breite des Splitters (in Pixel) ab oder legt sie fest.

Schnelltest

1. Welchen Sinn hat die Dock-Eigenschaft?
2. Was sind Container, und wofür werden sie benutzt?

Antworten zum Schnelltest

1. Mit der Dock-Eigenschaft können Sie Steuerelemente mit einer bestimmten Seite des Formulars verbinden oder dafür sorgen, dass ein Steuerelement die gesamte verfügbare Fläche eines Formulars ausfüllt.
2. Container sind spezialisierte Steuerelemente, die andere Steuerelemente aufnehmen können. Sie können dafür verwendet werden, die verschiedensten Layouts für Steuerelemente zu entwickeln.

Übung: Containersteuerelemente

In dieser Übung geht es um Containersteuerelemente. Sie erstellen ein Windows-Formular, das eine Reihe von Containersteuerelementen enthält.

► **Übung 1: Sammeln von praktischen Erfahrungen mit Containersteuerelementen**

1. Öffnen Sie Visual Studio und erstellen Sie ein neues Windows-Anwendungsprojekt.
2. Ziehen Sie ein TabControl-Steuerelement von der Toolbox auf die Oberfläche des Formulars. Stellen Sie die *Dock*-Eigenschaft im Eigenschaftenfenster auf *Fill*.
3. Wählen Sie im Eigenschaftenfenster die Eigenschaft *TabPages* aus und öffnen Sie den TabPage-Auflistungs-Editor. Fügen Sie so viele Registerkarten hinzu, bis vier Registerkarten vorhanden sind. Tragen Sie in den *Text*-Eigenschaften dieser vier TabPage-Steuerelemente die Beschriftungen **GroupBox**, **FlowLayoutPanel**, **TableLayoutPanel** und **SplitContainer** ein. Klicken Sie auf *OK*.
4. Wählen Sie im Formular die Registerkarte mit der Beschriftung *GroupBox* aus. Ziehen Sie von der Toolbox ein GroupBox-Steuerelement auf die Oberfläche des TabPage-Steuerelements.

5. Ziehen Sie zwei RadioButton-Steuerelemente ins GroupBox-Steuerelement.
6. Wählen Sie im Formular die Registerkarte mit der Beschriftung *FlowLayoutPanel* aus. Ziehen Sie von der Toolbox ein FlowLayoutPanel-Steuerelement auf die Oberfläche des TabPage-Steuerelements. Stellen Sie die Dock-Eigenschaft des FlowLayoutPanel-Steuerelements auf Fill.
7. Ziehen Sie von der Toolbox vier Button-Steuerelemente auf das FlowLayoutPanel-Steuerelement.
8. Klicken Sie *Button1* mit einem Doppelklick an und fügen Sie folgenden Code in den Ereignishandler Button1_Click ein:

```
' VB
FlowLayoutPanel1.SetFlowBreak(Button3, True)

// C#
flowLayoutPanel1.SetFlowBreak(button3, true);
```

9. Wählen Sie den Designer für das Formular aus. Wählen Sie im Formular die Registerkarte mit der Beschriftung *TableLayoutPanel* aus. Ziehen Sie ein TableLayoutPanel-Steuerelement von der Toolbox auf das TabPage-Steuerelement. Stellen Sie die Eigenschaft *CellBorderStyle* auf *Inset* und *AutoScroll* auf *True*.
10. Ziehen Sie von der Toolbox ein Button-Steuerelement in die obere linke Zelle des TableLayoutPanel-Steuerelements.
11. Klicken Sie das Button-Steuerelement mit einem Doppelklick an und fügen Sie folgenden Code in den Ereignishandler Button5_Click ein:

```
' VB
Dim aButton As New Button
TableLayoutPanel1.Controls.Add(aButton, 1, 1)

// C#
Button aButton = new Button();
tableLayoutPanel1.Controls.Add(aButton, 1, 1);
```

12. Wählen Sie im Designer die Registerkarte *SplitContainer*. Ziehen Sie von der Toolbox ein SplitContainer-Steuerelement auf dieses TabPage-Steuerelement. Stellen Sie die *BorderStyle*-Eigenschaft auf *Fixed3D*.
13. Ziehen Sie von der Toolbox zwei Button-Steuerelemente in den Bereich *Panel1* des SplitContainer-Steuerelements. Stellen Sie die *Text*-Eigenschaften dieser Schaltflächen auf **Panel1 fixieren/lösen** und **Aufteilungsleiste fixieren/lösen**. Passen Sie die Größe der Schaltflächen an, damit diese relativ langen Texte korrekt angezeigt werden.
14. Fügen Sie ein Button-Steuerelement in *Panel2* ein und stellen Sie die *Text*-Eigenschaft auf **Panel1 reduzieren/erweitern**. Passen Sie die Größe der Schaltfläche an, damit der Text korrekt angezeigt wird.

15. Klicken Sie die Schaltfläche mit der Beschriftung *Panel1 fixieren/lösen* mit einem Doppelklick an und fügen Sie folgenden Code in den `Click`-Ereignishandler ein:

```
' VB
If SplitContainer1.FixedPanel = FixedPanel.Panel1 Then
    SplitContainer1.FixedPanel = FixedPanel.None
Else
    SplitContainer1.FixedPanel = FixedPanel.Panel1
End If

// C#
if (splitContainer1.FixedPanel == FixedPanel.Panel1)
{
    splitContainer1.FixedPanel = FixedPanel.None;
}
    else splitContainer1.FixedPanel = FixedPanel.Panel1;
```

16. Klicken Sie die Schaltfläche mit der Beschriftung *Aufteilungsleiste fixieren/lösen* mit einem Doppelklick an und fügen Sie folgenden Code in den `Click`-Ereignishandler ein:

```
' VB
SplitContainer1.IsSplitterFixed = Not SplitContainer1.IsSplitterFixed

// C#
splitContainer1.IsSplitterFixed = !(splitContainer1.IsSplitterFixed);
```

17. Klicken Sie die Schaltfläche mit der Beschriftung *Panel1 reduzieren/erweitern* mit einem Doppelklick an und fügen Sie folgenden Code in den `Click`-Ereignishandler ein:

```
' VB
SplitContainer1.Panel1Collapsed = Not SplitContainer1.Panel1Collapsed

// C#
splitContainer1.Panel1Collapsed = !(splitContainer1.Panel1Collapsed);
```

18. Drücken Sie auf die Taste F5, um die Anwendung zu starten.
19. Wählen Sie auf der Registerkarte *GroupBox* die Optionsfelder abwechselnd aus und überprüfen Sie, ob das jeweils andere Optionsfeld automatisch zurückgesetzt wird.
20. Wechseln Sie zur Registerkarte *FlowLayoutPanel* und ändern Sie die Größe des Formulars mit der Maus. Beobachten Sie die automatischen Änderungen im Layout. Klicken Sie auf *Button1* und beobachten Sie die Auswirkungen der Umbruchmarkierung, mit der *Button3* gekennzeichnet wird.
21. Klicken Sie auf der Registerkarte *TableLayoutPanel* auf *Button5* und sehen Sie sich an, wie neue Steuerelemente zum *TableLayoutPanel* hinzugefügt werden.
22. Wechseln Sie zur Registerkarte *SplitContainer*. Verändern Sie die Größe des Formulars und ändern Sie dann mit dem Splitter die Größen der Bereiche. Klicken Sie abwechselnd auf die Schaltflächen und beobachten Sie die Auswirkungen bei den Größenänderungen.

Zusammenfassung der Lektion

- Containersteuerelemente können dafür verwendet werden, Steuerelemente auf einem Formular zusammenzufassen und in besonderer Weise anzuordnen. Zu den Containersteuerelementen gehören die Steuerelemente `Panel`, `GroupBox`, `FlowLayoutPanel`, `TableLayoutPanel` und `SplitContainer`.
- `GroupBox`-Steuerelemente werden meistens für die Zusammenfassung von `RadioButton`-Steuerelementen verwendet.
- `Panel`-Steuerelemente stellen Unterbereiche eines Formulars dar. `FlowLayoutPanel`-Steuerelemente und `TableLayoutPanel`-Steuerelemente sind Ableitungen des `Panel`-Steuerelements und bieten zusätzliche Fähigkeiten und Funktionen.
- Das `SplitContainer`-Steuerelement enthält zwei `SplitterPanel`-Steuerelemente und einen Splitter. Der Benutzer kann die Größen der beiden Bereiche ändern, indem er den Splitter verschiebt.
- Das `TabControl`-Steuerelement kann eine Reihe von `TabPage`-Steuerelementen aufnehmen, die jeweils wie eigenständige Bereiche funktionieren und Registerkarten bilden. Zur Laufzeit kann jede Registerkarte ausgewählt werden, indem man die dazugehörige Beschriftung (den „Reiter") anklickt, die am Rand der Registerkarte angezeigt wird.

Lernzielkontrolle

Mit den folgenden Fragen können Sie Ihr Wissen über die Lerninhalte dieser Lektion überprüfen. Die Fragen sind (in englischer Sprache) auch auf der Begleit-CD zu finden, falls Sie die elektronische Form der Fragen vorziehen.

Hinweis Die Antworten

Die Antworten auf die Fragen und Erläuterungen, warum die entsprechende Antwort richtig oder falsch ist, finden Sie im Abschnitt „Antworten" am Ende des Buchs.

---

1. Welches der folgenden Codebeispiele demonstriert korrekt, wie für ein Steuerelement namens `aButton`, das sich in einem `FlowLayoutPanel`-Steuerelement namens `FLPanel1` befindet, eine Umbruchmarkierung festgelegt wird?

   A.

   ```
   ' VB
   aButton.SetFlowBreak()

   // C#
   aButton.SetFlowBreak();
   ```

   B.

   ```
   ' VB
   aButton.SetFlowBreak(FLPanel1)

   // C#
   aButton.SetFlowBreak(FLPanel1);
   ```

C.

```
' VB
FLPanel1.SetFlowBreak(aButton)

// C#
FLPanel1.SetFlowBreak(aButton);
```

D.

```
' VB
FLPanel1.aButton.SetFlowBreak

// C#
FLPanel1.aButton.SetFlowBreak();
```

2. Sie entwickeln eine Anwendung, in der es eine Eigenschaftenseite gibt, auf welcher der Benutzer Eigenschaften der Anwendung festlegen kann. Diese Eigenschaften lassen sich in drei Kategorien unterteilen: Aussehen, Ausführung und Speicherverwaltung. Welches Containersteuerelement eignet sich am besten für die Benutzeroberfläche?
   A. `TableLayoutPanel`
   B. `FlowLayoutPanel`
   C. `GroupBox`
   D. `TabControl`
3. Welche der folgenden Methoden ist der korrekte Weg, um zur Entwurfszeit ein Steuerelement zu einem Formular hinzuzufügen? (Wählen Sie alle zutreffenden Antworten aus.)
   A. Sie wählen ein Steuerelement in der Toolbox aus und klicken das Formular mit einem Doppelklick an.
   B. Sie wählen ein Steuerelement in der Toolbox aus und zeichnen es mit der Maus auf das Formular.
   C. Sie klicken das Steuerelement in der Toolbox mit einem Doppelklick an.
   D. Sie wählen das Steuerelement in der Toolbox aus und ziehen es auf das Formular.
4. Welches der folgenden Codebeispiele demonstriert korrekt, wie man ein `Button`-Steuerelement zur Laufzeit zu einem Formular namens `Form1` hinzufügt?

A.

```
' VB
Form1.Controls.Add(Button)

// C#
Form1.Controls.Add(Button);
```

B.

```
' VB
Dim aButton As New Button
   Form1.Controls.Add(aButton)
```

```
// C#
Button aButton = new Button();
   Form1.Controls.Add(aButton);
```

C.

```
' VB
Dim aButton As New Button
   Form1.Add(aButton)

// C#
Button aButton = new Button();
   Form1.Add(aButton);
```

D.

```
' VB
Form1.Add(New Button)

// C#
Form1.Add(new Button);
```

5. Welches der folgenden Codebeispiele zeigt korrekt, wie man einen neuen Bereich zu einem `SplitContainer`-Steuerelement namens `SpC1` hinzufügt?

A.

```
' VB
SpC1.Controls.Add(New Panel)

// C#
SpC1.Controls.Add(new Panel());
```

B.

```
' VB
SpC1.Controls.Add(New SplitterPanel)

// C#
SpC1.Controls.Add(new SplitterPanel());
```

C.

```
' VB
SpC1.Add(New SplitterPanel)

// C#
SpC1.Add(new SplitterPanel());
```

D.

```
' VB
Keine der gezeigten Lösungen

// C#
Keine der gezeigten Lösungen
```

Rückblick auf dieses Kapitel

Zur weiteren Übung und Vertiefung der Lerninhalte dieses Kapitels können Sie Folgendes tun:

- Arbeiten Sie die Zusammenfassung des Kapitels durch.
- Arbeiten Sie die Liste der Schlüsselbegriffe durch, die in diesem Kapitel eingeführt wurden.
- Bearbeiten Sie die Übung mit Fallbeispiel. Diese Szenarien beschreiben anhand der Themen dieses Kapitels praxisnahe Situationen. Entwickeln Sie eine Lösung.
- Führen Sie die vorgeschlagenen Übungen durch.
- Machen Sie einen Übungstest.

Zusammenfassung des Kapitels

- Das Formular ist die Grundlage der Forms-Anwendungen. Formulare verfügen über eine Vielzahl von Eigenschaften, mit denen sich nicht nur das Erscheinungsbild der Benutzeroberfläche beeinflussen lässt, darunter `Text`, `BorderStyle`, `Size` und `Opacity`, sondern auch das Verhalten der Benutzeroberfläche, wie `WindowState` und `TopMost`.
- Formulare sind meistens rechteckig. Nicht rechteckige Formulare lassen sich erstellen, indem man der Eigenschaft `Region` eine nicht rechteckige Region zuweist.
- Containersteuerelemente können andere Steuerelemente aufnehmen und vereinfachen das Layout der Steuerelemente.
- Das `SplitContainer`-Steuerelement eignet sich zur Erstellung von dynamischen und in der Größe veränderlichen Bereichen auf einem Formular, von denen jeder Steuerelemente enthalten kann.
- Steuerelemente lassen sich zur Entwurfszeit (statisch) zu einem Formular hinzufügen, wobei man die gewünschten Steuerelemente aus der Toolbox auswählt, oder zur Laufzeit (dynamisch).

Schlüsselbegriffe

Wissen Sie, was die folgenden Schlüsselbegriffe bedeuten? Sie können Ihre Antworten überprüfen, indem Sie die Begriffe im Glossar am Ende des Buchs nachschlagen.

- Containersteuerelement
- Steuerelement
- Toolbox

Übung mit Fallbeispiel

Im folgenden Fallbeispiel wenden Sie an, was Sie über Windows-Formulare und die Benutzeroberfläche gelernt haben. Die Antworten auf die Fragen finden Sie im Abschnitt „Antworten“ am Ende des Buchs.

Szenario 1: Design einer Benutzeroberfläche

Sie sind ein Windows Forms-Entwickler, der von Adventure Works beauftragt wurde, eine interne Windows Forms-Anwendung zu entwickeln. Diese Anwendung soll eine Administratorversion von einer sehr erfolgreichen Website werden, die Frames zur Navigation benutzt und dem Benutzer eine komplexe Schnittstelle mit vielen Steuerelementen und Bildern präsentiert. Ihre Aufgabe ist es,

Aussehen und Verhalten der Benutzeroberfläche der Microsoft Windows-Anwendung so zu gestalten, dass sie möglichst genau mit dem Aussehen und Verhalten der Website übereinstimmt. Wie könnten Sie zum Design dieser Benutzeroberfläche vorgehen?

Szenario 2: Design eines Webbrowsers

Adventure Works möchte Sie als Mitglied des Entwicklungsteams gewinnen, das einen Webbrowser für die interne Site entwickeln soll. Für die eigentliche Funktion des Webbrowsers wird das .NET-Steuerelement `WebBrowser` verwendet. Zu den wichtigsten Forderungen, die an die Benutzeroberfläche gestellt werden, gehört, dass nur eine Instanz der Anwendung laufen soll, aber mehrere Webseiten geöffnet werden können, zwischen denen der Benutzer schnell wechseln kann, ohne hin und her navigieren zu müssen. Wie können Sie diesen Aspekt der Benutzeroberfläche mithilfe von Containersteuerelementen implementieren?

Vorgeschlagene Übungen

Führen Sie die folgenden Übungen durch, um das Prüfungsziel „Hinzufügen und Konfigurieren eines Windows-Formulars“ besser zu beherrschen.

Hinzufügen eines Windows-Formulars zu einem Projekt während der Entwurfszeit

Führen Sie Übung 1 durch.

- **Übung 1** Erstellen Sie ein Formular, das zur Laufzeit als Ellipse angezeigt wird. Dieses Formular sollte dem Benutzer auch eine Funktion anbieten, mit der er das Formular wieder schließen kann.

Konfigurieren eines Windows-Formulars zur Kontrolle von Verfügbarkeit, Erscheinungsbild, Verhalten, Konfiguration, Daten, Design, Fokus, Layout, Stil und anderen Aspekten

Führen Sie die Übungen 1, 2 und 3 durch.

- **Übung 1** Erstellen Sie eine Anwendung, die den Benutzer in die Lage versetzt, durch einen Klick auf eine Schaltfläche neue Instanzen eines Formulars zu erstellen.
- **Übung 2** Erstellen Sie eine Anwendung mit einem Formular, bei dem der Benutzer nicht nur die Größe, sondern auch das Erscheinungsbild ändern kann, beispielsweise die Rahmenart oder Opazität. Konfigurieren Sie das Startformular so, dass es immer im Vordergrund steht und sich in der oberen linken Ecke des Bildschirms öffnet.
- **Übung 3** Erstellen Sie eine Anwendung mit mehreren Formularen und wählen Sie das zweite Formular als Startformular aus. Sorgen Sie dafür, dass sich das Startformular im maximierten Zustand öffnet.

Verwalten der Steuerelementanordnung in einem Windows-Formular

Führen Sie Übung 1 durch.

- **Übung 1** Erstellen Sie eine Anwendung, die zur Verwaltung von Steuerelementen auf einem Formular die Containersteuerelemente `GroupBox`, `Panel`, `TabControl`, `FlowLayoutPanel`, `TableLayoutPanel` und `SplitContainer` verwendet.

Machen Sie einen Übungstest

Die Übungstests auf der Begleit-CD zu diesem Buch (in englischer Sprache) bieten zahlreiche Möglichkeiten. Zum Beispiel können Sie einen Test machen, der ausschließlich die Themen eines bestimmten Lernziels behandelt, oder Sie können sich selbst mit dem gesamten Inhalt der Prüfung 70-526 testen. Sie können den Test so konfigurieren, dass er dem Ablauf einer echten Prüfung entspricht, oder Sie können einen Lernmodus verwenden, in dem Sie sich nach dem Beantworten einer Frage jeweils sofort die richtige Antwort und die Erklärungen ansehen können.

Weitere Informationen Übungstests

Einzelheiten zu allen Optionen, die bei den Übungstests zur Verfügung stehen, finden Sie im Abschnitt „So benutzen Sie die Übungstests“ in der Einführung am Anfang dieses Buchs.

KAPITEL 2

Konfigurieren der Steuerelemente und Erstellen der Benutzeroberfläche

Dieses Kapitel beschreibt, wie man Steuerelemente konfiguriert und zur Entwicklung der Benutzeroberfläche einsetzt. Steuerelemente sind grafische Komponenten, die eine reproduzierbare Funktionalität bieten und dazu verwendet werden können, auch über mehrere Anwendungen hinweg einheitliche Benutzeroberflächen zu entwickeln. Microsoft Visual Studio 2005 bietet Steuerelemente zur Anzeige von Informationen, zur Dateneingabe, für die Interaktion mit dem Benutzer und viele andere Aufgaben.

In diesem Kapitel lernen Sie die allgemeinen Methoden zur Verwendung von Steuerelementen in Ihrer Anwendung kennen und vertiefen Ihr Wissen über die Eigenschaften der Befehlssteuerelemente und der Steuerelemente, mit denen Text angezeigt wird. In Kapitel 3, „Anspruchsvolle Windows Forms-Steuerelemente", erfahren Sie mehr über Steuerelemente, mit denen Werte eingestellt werden, sowie über Steuerelemente, die auf Listen basieren, sowie über andere anspruchsvolle Windows Forms-Steuerelemente.

In diesem Kapitel abgedeckte Prüfungsziele:

- Hinzufügen und Konfigurieren eines Windows Forms-Steuerelements
  - Konfigurieren von Steuerelementen auf einem Windows-Formular zur Entwurfszeit zur Optimierung der Benutzeroberfläche (User Interface, UI)
  - Ändern von Steuerelementeigenschaften
  - Konfigurieren von Steuerelementen auf einem Windows-Formular zur Laufzeit, um sicherzustellen, dass die UI den Empfehlungen folgt
  - Erstellen und Konfigurieren von Befehlssteuerelementen auf einem Windows-Formular
  - Erstellen und Konfigurieren von Textbearbeitungssteuerelementen auf einem Windows-Formular
  - Erstellen und Konfigurieren von Textanzeigesteuerelementen auf einem Windows-Formular
  - Verwenden des `LinkLabel`-Steuerelements, um Verknüpfungen nach Web-Art in Windows Forms-Anwendungen einzufügen

Lektionen in diesem Kapitel:

Bevor Sie beginnen

Die Bearbeitung der Lektionen dieses Kapitels setzt Folgendes voraus:

- Einen Computer, der den Mindestanforderungen an die Hardware entspricht, wie sie am Anfang des Buchs im Abschnitt „Einführung“ beschrieben wurden.
- Visual Studio 2005 Professional Edition ist auf Ihrem Computer installiert.
- Sie verfügen über Grundkenntnisse der Syntax von Microsoft Visual Basic oder C# und über das .NET Framework.
- Sie haben Kapitel 1, „Windows Forms und die Benutzeroberfläche“, durchgearbeitet oder wissen bereits, wie man Formulare erstellt, Steuerelemente zu Formularen hinzufügt und mit der Visual Studio Integrated Development Environment (IDE) arbeitet.

Praxistipp

Matt Stoecker

Das Design der Benutzeroberfläche ist für den Erfolg einer Anwendung entscheidend. Meiner Ansicht nach muss eine Benutzeroberfläche einheitlich sein, eine logische Arbeitsabfolge ermöglichen und für Benutzer leicht zu verstehen und zu benutzen sein. Schlecht konzipierte Benutzeroberflächen erschweren die Einarbeitung und Benutzung und führen somit letztlich zu geringerer Produktivität.

Lektion 1: Konfigurieren von Steuerelementen in Windows-Formularen

Diese Lektion beschreibt die allgemeinen Grundlagen der Erstellung und Konfiguration von Steuerelementen. Sie lernen allgemeine Eigenschaften der Steuerelemente kennen. Sie erfahren, wie man Eigenschaften der Steuerelemente zur Entwurfszeit oder zur Laufzeit ändert und wie man Steuerelemente im Formular anordnet. Außerdem lernen Sie die verschiedenen Mechanismen der IDE zur schnellen Änderung von Steuerelementen kennen und erhalten Empfehlungen zur Entwicklung der Benutzeroberfläche.

Am Ende dieser Lektion werden Sie in der Lage sein, die folgenden Aufgaben auszuführen:

- Ändern der Größe eines Steuerelements zur Entwurfszeit
- Ändern der Position eines Steuerelements zur Entwurfszeit
- Verankern eines Steuerelements in einem Windows-Formular oder einem Containersteuerelement
- Andocken eines Steuerelements in einem Windows-Formular oder einem Containersteuerelement
- Ändern der Steuerelementeigenschaften im Eigenschaftenfenster
- Ändern der Steuerelementeigenschaften mit Smarttags
- Verwalten der Steuerelemente eines Formulars in der Dokumentgliederung
- Konfigurieren von Steuerelementen auf einem Windows-Formular zur Laufzeit, um sicherzustellen, dass die Benutzeroberfläche den Empfehlungen folgt

Veranschlagte Zeit für diese Lektion: 45 Minuten

Überblick über Steuerelemente

Steuerelemente sind Komponenten, die eine grafische Oberfläche mit einer vordefinierten Funktionalität verbinden. Steuerelemente sind wiederverwendbare Codeeinheiten, die entwickelt wurden, um bestimmte Aufgaben zu erfüllen. Ein `TextBox`-Steuerelement hat beispielsweise die Aufgabe, Text anzuzeigen und Texteingaben vom Benutzer anzunehmen. Es verfügt über Eigenschaften, Methoden und Ereignisse, die für diese Aufgaben erforderlich sind.

Alle Steuerelemente werden von der Basisklasse `Control` abgeleitet und haben daher eine ganze Reihe von Eigenschaften gemeinsam, mit denen die Größe, Position und andere allgemeine Aspekte festgelegt werden. Tabelle 2.1 beschreibt einige der allgemeinen Eigenschaften von Steuerelementen.

Tabelle 2.1 Allgemeine Eigenschaften von Steuerelementen

Eigenschaft	Beschreibung
`Anchor`	Bestimmt, ob das Steuerelement in seinem übergeordneten Formular oder Steuerelement verankert ist.
`BackColor`	Ruft die Hintergrundfarbe des Steuerelements ab oder legt sie fest.
`BackgroundImage`	Das Bild, das als Hintergrundbild des Steuerelements angezeigt wird. ▶

Eigenschaft	Beschreibung
`CausesValidation`	Zeigt an, ob das Steuerelement eine Validierung erfordert. Bei solch einer Validierung können Sie überprüfen, ob die Formatierung oder der Wert der Eingabe den Anforderungen entspricht.
`ContainsFocus`	Zeigt an, ob das Steuerelement oder eines seiner untergeordneten Steuerelemente über den Eingabefokus verfügt.
`Controls`	Ruft die Auflistung der Steuerelemente ab, die in diesem Steuerelement enthalten sind. Wird nur bei Containern verwendet.
`Cursor`	Der Cursor, der verwendet wird, sobald der Mauszeiger auf diesem Steuerelement steht.
`Dock`	Bestimmt, ob das Steuerelement in seinem übergeordneten Formular oder Containersteuerelement angedockt ist.
`Enabled`	Ruft die Aktivierung des Steuerelements ab oder legt sie fest. Ist ein Steuerelement nicht aktiviert, wird es grau dargestellt und lässt sich weder auswählen noch bearbeiten.
`Font`	Ruft die Schriftart ab, mit der Text in diesem Steuerelement angezeigt wird, oder legt sie fest.
`ForeColor`	Die Vordergrundfarbe des Steuerelements, wird in erster Linie zur Textanzeige verwendet.
`HasChildren`	Ruft einen Wert ab, aus dem hervorgeht, ob das Steuerelement über untergeordnete Steuerelemente verfügt.
`Height`	Die Höhe des Steuerelements in Pixel.
`Location`	Die Position der oberen linken Ecke des Steuerelements in Bezug auf die obere linke Ecke des übergeordneten Formulars oder Containersteuerelements.
`MaximumSize`	Ruft die Maximalgröße des Steuerelements ab oder legt sie fest.
`MinimumSize`	Ruft die Minimalgröße des Steuerelements ab oder legt sie fest.
`Name`	Der Name, mit dem im Programmcode ein Zugriff auf das Formular erfolgen kann. Diese Eigenschaft lässt sich nur zur Entwurfszeit festlegen und kann zur Laufzeit nicht geändert werden.
`Parent`	Ruft das übergeordnete Formular oder Containersteuerelement dieses Steuerelements ab oder legt es fest. Durch eine neue Festlegung des Wertes wird das Steuerelement zur `Controls`-Auflistung des neuen übergeordneten Formulars oder Containersteuerelements hinzugefügt.
`Region`	Ruft die Region ab, die mit dem Steuerelement verknüpft ist, oder legt sie fest.
`Size`	Die Abmessung des Steuerelements in Pixel.
`TabOrder`	Legt die Reihenfolge fest, in der mit der Tabulatortaste ein Wechsel zwischen den Steuerelementen erfolgt.
`Tag`	Ermöglicht es dem Programmierer, einen Wert oder ein Objekt im Steuerelement zu speichern.
`Text`	Ruft den Text ab, der mit dem Steuerelement verknüpft ist, oder legt ihn fest. Ob der Text angezeigt wird oder nicht, hängt von der Art des Steuerelements und von anderen Eigenschaften ab.
`Visible`	Gibt an, ob das Steuerelement sichtbar ist.
`Width`	Die Breite des Steuerelements in Pixel.

Konfigurieren von Steuerelementen zur Entwurfszeit

Wie in Kapitel 1 beschrieben, können Sie zur Entwurfszeit Steuerelemente zu einem Formular oder Containersteuerelement hinzufügen, indem sie es von der Toolbox ziehen, es in der Toolbox auswählen und das Formular anklicken oder das Steuerelement in der Toolbox mit einem Doppelklick anklicken. Mit jeder dieser Methoden können Sie Steuerelemente zur Benutzeroberfläche hinzufügen. Sobald das Steuerelement im Designer verfügbar ist, können Sie seine Eigenschaften ändern. Viele Eigenschaften eines Steuerelements lassen sich in der grafischen Darstellung des Steuerelements im Designer mit der Maus ändern. Andere Eigenschaften können im Eigenschaftenfenster geändert werden.

Steuerelementgröße und Position

Die Methoden zur Anpassung eines Steuerelements mit der Maus sind leicht zu erlernen und erlauben es zum Beispiel, die genaue Größe und Position eines Steuerelements festzulegen. Zur Einstellung der gewünschten Größe eines Steuerelements mit der Maus wählen Sie das Steuerelement zuerst aus. Normalerweise klicken Sie das Steuerelement dazu im Designer an. Dadurch erhält das Steuerelement einen Größeneinstellungsrahmen, der aus gepunkteten Linien und einigen weißen Quadraten besteht (Abbildung 2.1).

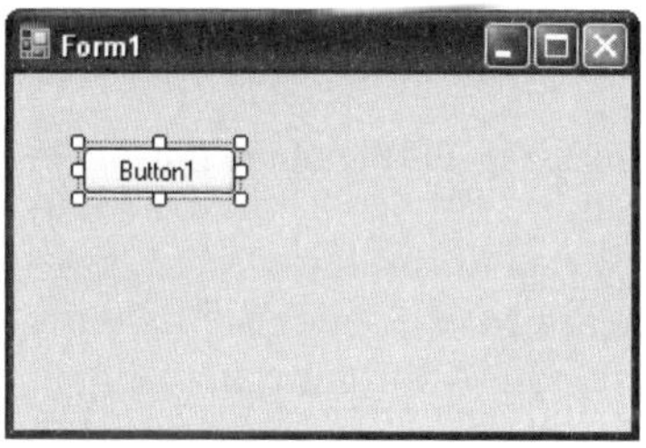

Abbildung 2.1 So wird ein ausgewähltes Steuerelement im Designer dargestellt

Nach der Auswahl des Steuerelements können Sie seine Größe im Designer ändern, indem Sie eine Ecke oder Kante mit der Maus anklicken, die Maustaste gedrückt halten und die Ecke oder Kante mit der Maus verschieben.

Die Größe eines Steuerelements können Sie auch im Eigenschaftenfenster ändern, indem Sie die Eigenschaft `Size` ändern. Die `Size`-Eigenschaft setzt sich aus den beiden Komponenten `Width` und `Height` zusammen, die Breite und Höhe des Steuerelements in Pixel angeben. Zur Änderung dieser beiden Komponenten erweitern Sie im Eigenschaftenfenster die `Size`-Eigenschaft und geben den gewünschten Wert für die betreffende Komponente ein, oder Sie ändern die `Size`-Eigenschaft direkt. Die Größe des angezeigten Steuerelements wird entsprechend nachgeführt.

Zur Änderung der Größe eines Steuerelements stehen zwei Wege zur Wahl.

► **So ändern Sie die Größe eines Steuerelements zur Entwurfszeit**

1. Wählen Sie das Steuerelement aus und ziehen Sie es dann an einer Kante oder Ecke auf die gewünschte Größe.
2. Ändern Sie die `Size`-Eigenschaft im Eigenschaftenfenster. Dazu ändern Sie entweder direkt den Wert der `Size`-Eigenschaft oder Sie erweitern die `Size`-Eigenschaft und ändern die Werte von `Height` oder `Width`.

Der Designer ermöglicht auch auf einfache Weise die Festlegung der Position eines Steuerelements auf einem Formular oder einem Containersteuerelement. Die Position eines Steuerelements lässt sich grafisch ändern, indem man die Mitte des Steuerelements mit der Maus anklickt, die Maustaste gedrückt hält und das Steuerelement an die gewünschte Position zieht.

Sie können die Position eines Steuerelements auch mit der `Location`-Eigenschaft im Eigenschaftenfenster festlegen. Die `Location`-Eigenschaft gibt die Koordinaten der oberen linken Ecke des Steuerelements in Bezug auf die obere linke Ecke des übergeordneten Formulars oder Containersteuerelements an. Die `Location`-Eigenschaft besteht aus den beiden Komponenten `X` und `Y`. Sie können den Wert der `Location`-Eigenschaft direkt im Eigenschaftenfenster ändern, oder Sie erweitern die `Location`-Eigenschaft und legen die Werte für `X` und `Y` separat fest. Das Steuerelement wird an die neue Position verschoben.

Zur Änderung der Position eines Steuerelements stehen zwei Wege zur Wahl.

▶ **So ändern Sie die Position eines Steuerelements zur Entwurfszeit**

1. Klicken Sie die Mitte eines Steuerelements mit der Maus an, halten Sie die Maustaste gedrückt und ziehen Sie das Steuerelement an die gewünschte Position.
2. Legen Sie den gewünschten Wert für die `Location`-Eigenschaft im Eigenschaftenfenster fest. Dazu ändern Sie entweder direkt den Wert der Eigenschaft `Location` oder Sie erweitern die `Location`-Eigenschaft und ändern die Werte von `X` und `Y`.

Sie können auch eine ganze Gruppe von Steuerelementen mit der Maus verschieben. Zuerst wählen Sie alle Steuerelemente aus, die verschoben werden sollen. Dazu ziehen Sie entweder mit der Maus einen Auswahlrahmen um die betreffenden Steuerelemente (klicken Sie das Formular an einer geeigneten Stelle an, halten Sie die Maustaste gedrückt und bewegen Sie die Maus), oder Sie halten die STRG-Taste gedrückt und klicken die Steuerelemente der Reihe nach an. Abbildung 2.2 zeigt eine Gruppe von ausgewählten Steuerelementen.

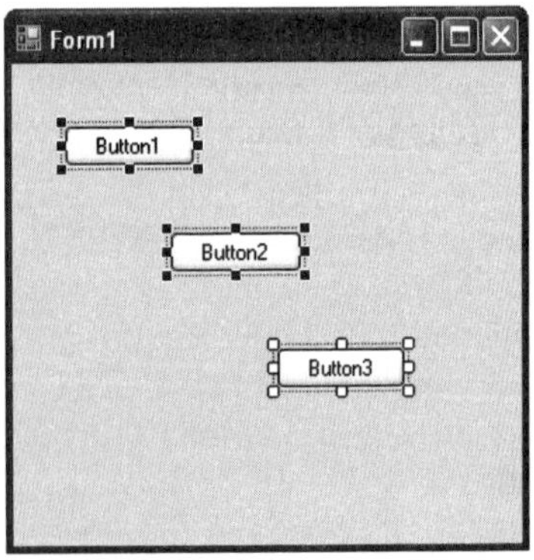

Abbildung 2.2 Eine Gruppe ausgewählter Steuerelemente im Designer

Sobald die Steuerelementgruppe ausgewählt ist, können Sie die ganze Gruppe verschieben, indem Sie eines der beteiligten Steuerelemente in der Mitte anklicken und mit der Maus verschieben.

Die *Layout*-Symbolleiste

Mit der *Layout*-Symbolleiste lassen sich viele zur Entwurfszeit erforderlichen Layoutarbeiten an den Steuerelementen auf schnelle und einfache Weise erledigen. Die *Layout*-Symbolleiste ist keine der Standardsymbolleisten. Daher müssen Sie diese Symbolleiste vielleicht zur IDE hinzufügen. Sie können die *Layout*-Symbolleiste sichtbar machen, indem Sie im Menü *Ansicht* den Menüpunkt *Symbolleisten* wählen und dann *Layout* wählen. Abbildung 2.3 zeigt die *Layout*-Symbolleiste.

Abbildung 2.3 Die *Layout* Symbolleiste

Mit der *Layout*-Symbolleiste können Sie die vertikalen und horizontalen Abstände zwischen den Steuerelementen einer Gruppe einstellen. Abbildung 2.4 zeigt die Schaltflächen der Symbolleiste, die für diese Arbeiten vorgesehen sind.

Abbildung 2.4 Schaltflächen für horizontale und vertikale Abstände

Mit jeder dieser Layoutschaltflächen können Sie eine Steuerelementgruppe bearbeiten, indem Sie zuerst die Gruppe auswählen und dann auf die passende Schaltfläche klicken.

► **So justieren Sie den Steuerelementabstand mit der *Layout*-Symbolleiste**

1. Bei Bedarf fügen Sie die *Layout*-Symbolleiste zur IDE hinzu, indem Sie im Menü *Ansicht* den Menüpunkt *Symbolleisten* und dann *Layout* wählen.
2. Wählen Sie die Gruppe der Steuerelemente aus, die Sie justieren möchten.
3. Justieren Sie den Steuerelementabstand durch einen Klick auf die passende Schaltfläche.

Die *Layout*-Symbolleiste enthält auch Schaltflächen, mit denen Sie die Steuerelemente im Designer ausrichten können. Abbildung 2.5 zeigt die Schaltflächen, die für die Ausrichtung vorgesehen sind.

Abbildung 2.5 Schaltflächen für die Ausrichtung der Steuerelemente

Mit jeder dieser Ausrichtungsschaltflächen können Sie eine Steuerelementgruppe bearbeiten, indem Sie zuerst die Gruppe auswählen und dann auf die passende Schaltfläche klicken.

► **So richten Sie Steuerelemente mit der *Layout*-Symbolleiste aus**

1. Bei Bedarf fügen Sie die *Layout*-Symbolleiste zur IDE hinzu, indem Sie im Menü *Ansicht* den Menüpunkt *Symbolleisten* und dann *Layout* wählen.
2. Wählen Sie die Gruppe der Steuerelemente aus, die Sie justieren möchten.
3. Richten Sie die Steuerelemente mit einem Klick auf die entsprechende Schaltfläche aus.

Snaplines

Snaplines sind ein neues Feature, das Ihnen die genaue Positionierung von Steuerelementen in einem Formular oder Containersteuerelement durch eine visuelle Rückmeldung erleichtert. Wird ein Steuerelement auf ein Formular oder ein Containersteuerelement gezogen, erscheinen Snaplines und geben Ihnen Hinweise für die Ausrichtung des Steuerelements.

Wenn ein Steuerelement in die Nähe des Randes eines Formulars, Containersteuerelements oder anderen Steuerelements gezogen wird, erscheint eine Snapline und zeigt den Abstand an, der in der Eigenschaft `Margin` vermerkt ist. Außerdem erscheinen Snaplines, wenn ein Steuerelement beim Ziehen eine bestimmte Ausrichtung zu einem benachbarten Steuerelement erreicht, und zeigen die horizontale oder vertikale Ausrichtung des betreffenden Steuerelementrands an. Wenn eine Snapline erscheint, können Sie das Steuerelement ablegen und auf diese Weise eine ausgerichtete Benutzeroberfläche erstellen. Abbildung 2.6 zeigt horizontale, vertikale und Randsnaplines.

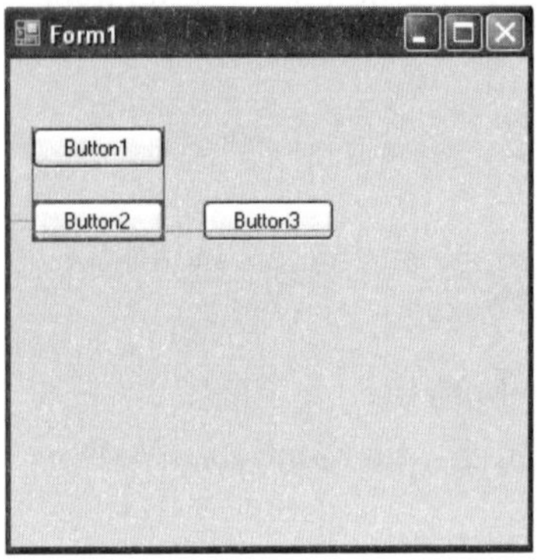

Abbildung 2.6 Snaplines

Sie können Snaplines (falls deaktiviert) mit folgenden Schritten im Dialogfeld *Optionen* aktivieren:

► **So aktivieren Sie Snaplines**

1. Wählen Sie im Menü *Extras* den Menüpunkt *Optionen*, um das Dialogfeld *Optionen* zu öffnen.
2. Erweitern Sie in der linken Strukturansicht *Windows Forms-Designer* und wählen Sie *Allgemein*.
3. Stellen Sie im Eigenschaftenfenster *LayoutMode* auf *SnapLines*.
4. Klicken Sie auf *OK*.

Schnelltest

1. Welchen Sinn haben Snaplines?
2. Wofür können Sie die *Layout*-Symbolleiste benutzen?

Antworten zum Schnelltest

1. Snaplines werden zur Entwurfszeit angezeigt und unterstützen Sie bei der Ausrichtung der Steuerelemente in Bezug auf das Formular oder untereinander.
2. Die *Layout*-Symbolleiste ermöglichen Ihnen die Ausrichtung von Steuerelementen auf einem Formular und die Justage ihrer Abstände zueinander.

Ändern von Steuerelementeigenschaften zur Entwurfszeit

Sie können zwar bestimmte Steuerelementeigenschaften durch die Manipulation eines Steuerelements im Designer ändern, beispielsweise die Position oder die Größe, aber es gibt noch andere Mechanismen zur Änderung von Steuerelementeigenschaften. Dazu gehören das Fenster *Eigenschaften*, Smarttags und das Fenster *Dokumentgliederung*.

Das Eigenschaftenfenster

Die wichtigste Schnittstelle zur Einstellung von Steuerelementeigenschaften ist das Fenster *Eigenschaften*, das die Eigenschaften eines Formulars, einer Komponente oder eines Steuerelements anzeigt, die zur Entwurfszeit geändert werden können. Sie können die Werte der meisten Eigenschaften einstellen, indem Sie die betreffende Eigenschaft im Fenster *Eigenschaften* auswählen und einen neuen Wert für die Eigenschaft eingeben. Für einige Eigenschaften wie `Dock` und `Anchor` bietet das Eigenschaftenfenster spezielle grafische Schnittstellen an, die Sie bei der Einstellung des richtigen Werts unterstützen. Abbildung 2.7 zeigt das Eigenschaftenfenster.

Abbildung 2.7 Das Eigenschaftenfenster

Sollte das Eigenschaftenfenster nicht sichtbar sein, können Sie es mit der folgenden Prozedur öffnen.

► **So öffnen Sie das Eigenschaftenfenster**

Wählen Sie im *Ansicht*-Menü *Eigenschaftenfenster* oder drücken Sie die Taste F4.

► **So legen Sie eine Eigenschaft im Eigenschaftenfenster fest**

1. Klicken Sie die Eigenschaft, deren Wert Sie ändern möchten, mit der Maus an.
2. Geben Sie einen neuen Wert für die Eigenschaft ein oder stellen Sie den gewünschten Wert mit der speziellen Schnittstelle der Eigenschaft ein, sofern vorhanden.

Dock- und *Anchor*-Eigenschaften

Mit den Eigenschaften `Dock` und `Anchor` können Sie festlegen, wie sich ein Steuerelement in den Grenzen seines übergeordneten Formulars oder Containersteuerelements verhalten soll. Die `Anchor`-Eigenschaft definiert einen konstanten Abstand zwischen einer oder mehreren Kanten des Steuerelements und den entsprechenden Kanten des übergeordneten Formulars oder Containersteuerelements. Die `Dock`-Eigenschaft ermöglicht es Ihnen, ein Steuerelement mit einer Kante des übergeordneten Formulars oder Containers zu verknüpfen oder dafür zu sorgen, dass es das Formular vollständig ausfüllt.

Die *Anchor*-Eigenschaft

Die `Anchor`-Eigenschaft bestimmt, ob und welche Kanten eines Steuerelements einen bestimmten Abstand von den entsprechenden Kanten des übergeordneten Formulars oder Containersteuerelements einhalten, wenn sich dessen Größe ändert. Die Standardeinstellung für diese Eigenschaft ist `Top, Left`. Das bedeutet, das die obere und linke Kante des Steuerelements einen konstanten Abstand von den entsprechenden Kanten des übergeordneten Formulars oder Containersteuerelements einhalten. Das hat den Effekt, dass das Steuerelement seine Position und Größe beibehält, wenn sich die Größe des übergeordneten Elements ändert. Werden gegenüberliegende Kanten in der `Anchor`-Eigenschaft festgelegt, zum Beispiel `Right` und `Left`, streckt oder staucht sich das Steuerelement entsprechend, wenn sich die Größe des übergeordneten Elements ändert. Wird in der `Anchor`-Eigenschaft keine von zwei gegenüberliegenden Kanten angegeben, behält das Steuerelement keine feste Position bei, wenn sich die Größe des übergeordneten Elements ändert.

Sie können die `Anchor`-Eigenschaft im Eigenschaftenfenster einstellen. Für die `Anchor`-Eigenschaft gibt es eine spezielle Schnittstelle (siehe Abbildung 2.8), mit der Sie die Bezugskanten auswählen können.

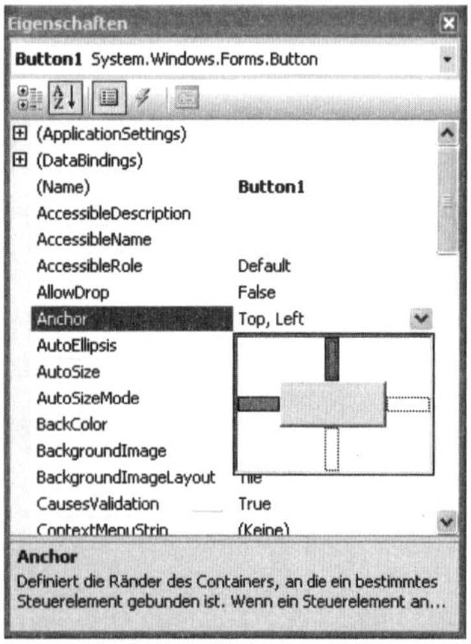

Abbildung 2.8 Einstellen der `Anchor`-Eigenschaft

► So stellen Sie die *Anchor*-Eigenschaft ein

1. Wählen Sie im Eigenschaftenfenster *Anchor* und klicken Sie auf das Dropdownfeld. Die Grafikschnittstelle der `Anchor`-Eigenschaft wird sichtbar.
2. Klicken Sie auf die Leisten, mit denen die Kanten dargestellt werden, für die Sie eine Verankerung festlegen möchten. Wenn Sie fertig sind, klicken Sie mit der Maus außerhalb der Schnittstelle der `Anchor`-Eigenschaft.

Die *Dock*-Eigenschaft

Die `Dock`-Eigenschaft ermöglicht Ihnen die Verknüpfung eines Steuerelements mit einer Kante seines übergeordneten Elements. Ein Steuerelement, das zum Beispiel an der oberen Kante eines Formulars oder Containersteuerelements angedockt ist, bleibt immer mit der oberen Kante seines übergeordneten Elements verbunden und führt automatisch seine Größe in horizontaler Richtung nach, wenn sich die Größe des übergeordneten Elements ändert. Die `Dock`-Eigenschaft kann auch auf `Fill` gestellt werden. In diesem Fall passt das Steuerelement seine Größe so an, dass es den verfügbaren Platz im übergeordneten Steuerelement ausfüllt. Diese Einstellung wird gewöhnlich für Containersteuerelemente wie `SplitContainer` oder `FlowLayoutPanel` benutzt.

Wie die `Anchor`-Eigenschaft bietet auch die `Dock`-Eigenschaft eine grafische Schnittstelle zur Einstellung (Abbildung 2.9).

Abbildung 2.9 Einstellen der `Dock`-Eigenschaft

► So stellen Sie die *Dock*-Eigenschaft ein

1. Wählen Sie im Eigenschaftenfenster die `Dock`-Eigenschaft und klicken Sie auf das Dropdownfeld. Die grafische Schnittstelle der `Dock`-Eigenschaft wird sichtbar.
2. Klicken Sie das Kästchen an, das den Wert repräsentiert, auf den Sie die `Dock`-Eigenschaft einstellen möchten.

Smarttags

Einige Steuerelemente bieten ihre gängigsten Aufgaben durch Smarttags an. Sind sie vorhanden, erscheinen Smarttags als kleine Kästchen in der oberen rechten Ecke des Steuerelements, wie in Abbildung 2.10 gezeigt.

Abbildung 2.10 Ein Kombinationsfeld mit einem Smarttag

Wird das Smarttag angeklickt, erscheint ein Feld mit den gängigsten Aufgaben, wie in Abbildung 2.11 gezeigt.

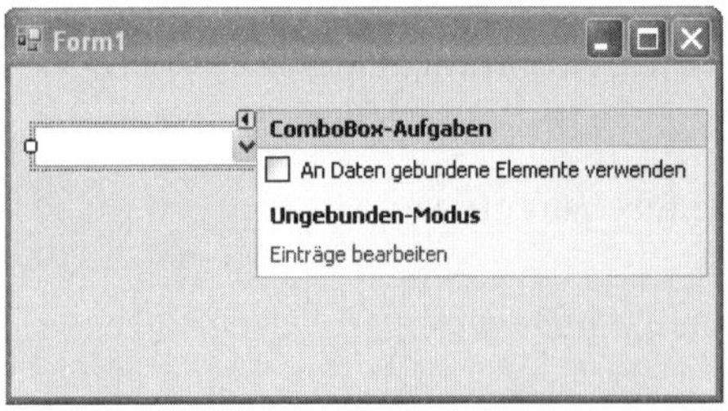

Abbildung 2.11 Die Smarttag-Aufgaben eines Kombinationsfelds

▶ So ändern Sie Steuerelementeigenschaften mit Smarttags

1. Wenn ein Steuerelement über Smarttags verfügt, klicken Sie das Smarttag im Designer an. Dann wird ein steuerelementspezifisches Aufgabenfeld angezeigt.
2. Verwenden Sie das Aufgabenfeld nach Bedarf, um gängige Aufgaben zu erledigen.

Das *Dokumentgliederung*-Fenster

Wenn Sie Formulare erstellen, die mehrere Containersteuerelemente enthalten, kann sich das Fenster *Dokumentgliederung* als sehr nützlich für die Verteilung der Steuerelemente auf die verschiedenen Containern erweisen. Das *Dokumentgliederung*-Fenster stellt alle Steuerelemente und Containersteuerelemente, die in einem Formular liegen, grafisch dar. Mit der Maus können Sie Steuerelemente im *Dokumentgliederung*-Fenster von einem Container in einen anderen verschieben. Außerdem können Sie Steuerelemente von einem Formular entfernen, indem Sie die Steuerelemente im *Dokumentgliederung*-Fenster löschen, oder sie zu einem Formular hinzufügen, indem Sie die Steuerelemente von der Toolbox kopieren und ins *Dokumentgliederung*-Fenster einfügen. Abbildung 2.12 zeigt das *Dokumentgliederung*-Fenster.

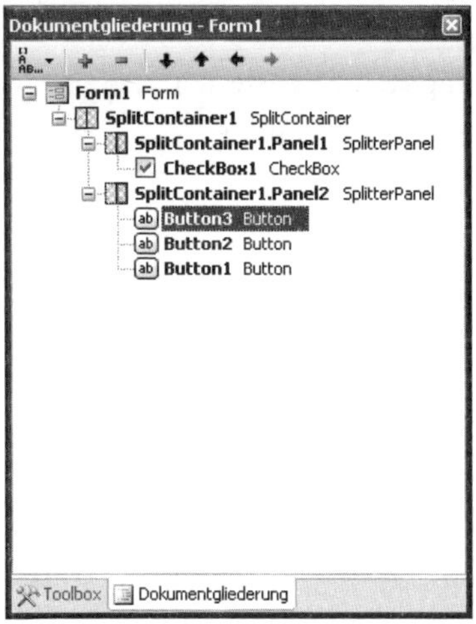

Abbildung 2.12 Das *Dokumentgliederung*-Fenster

► So öffnen Sie das *Dokumentgliederung*-Fenster

Wählen Sie im *Ansicht*-Menü *Weitere Fenster* und dann *Objektgliederung*. Oder drücken Sie STRG+ALT+T.

► So verschieben Sie im *Dokumentgliederung*-Fenster Steuerelemente von einem Container in einen anderen

1. Klicken Sie das Steuerelement, das Sie verschieben möchten, im *Dokumentgliederung*-Fenster mit der Maus an und halten Sie die Maustaste gedrückt.
2. Ziehen Sie das Steuerelement auf den Namen des Containers, zu dem Sie es hinzufügen möchten.

► So entfernen Sie im *Dokumentgliederung*-Fenster ein Steuerelement aus einem Projekt

Wählen Sie das Steuerelement im *Dokumentgliederung*-Fenster aus und drücken Sie auf ENTF. Beachten Sie bitte, dass auch alle darin enthaltenen Steuerelemente gelöscht werden, wenn Sie auf diese Weise ein Containersteuerelement löschen.

► So fügen Sie ein Steuerelement im *Dokumentgliederung*-Fenster zu einem Projekt hinzu

1. Klicken Sie ein Steuerelement in der Toolbox mit der rechten Maustaste an und wählen Sie *Kopieren*.
2. Klicken Sie im *Dokumentgliederung*-Fenster das Formular oder das Containersteuerelement, zu dem Sie ein neues Steuerelement hinzufügen möchten, mit der rechten Maustaste an und wählen Sie *Einfügen*.

Empfehlungen für das Design der Benutzeroberfläche

Der Aufbau Ihrer Benutzeroberfläche wirkt sich darauf aus, wie leicht Ihre Anwendung zu erlernen und zu benutzen ist. Zu den wichtigsten Aspekten der Benutzeroberfläche gehören:

- Einfachheit
- Anordnung der Steuerelemente
- Einheitlichkeit
- Ästhetik

Einfachheit

Einfachheit ist ein wichtiger Aspekt der Benutzeroberfläche. Eine zu komplizierte Benutzeroberfläche erschwert die Einarbeitung in eine Anwendung und führt zu geringerer Produktivität. Eine Benutzeroberfläche sollte es dem Benutzer ermöglichen, die zu erledigenden Arbeiten schnell durchzuführen, aber sie sollte bei jedem Arbeitsschritt möglichst nur die Funktionen anbieten, die für den betreffenden Arbeitsschritt benötigt werden.

Behalten Sie bei der Konzeption der Benutzeroberfläche den Programmfluss und den Arbeitsfluss im Auge. Steuerelemente, die zusammengehörige Daten anzeigen, sollten auf dem Formular zu einer Gruppe zusammengefasst werden. Containersteuerelemente können eingesetzt werden, um zusammengehörige Steuerelemente auf einem Formular in Unterbereichen zusammenzufassen. Steuerelemente wie Listenfelder, Kombinationsfelder und Kontrollkästchen können verwendet werden, wenn Daten angezeigt werden sollen und der Benutzer die Wahl unter den angezeigten Optionen erhalten soll. Geben Sie Standardwerte vor, wann immer es möglich und sinnvoll ist. Wenn zum Beispiel die meisten Benutzer aus der Zielgruppe der Anwendung in einem Eingabefeld für das Land *United States* wählen werden, dann geben Sie für dieses Feld den Wert *United States* vor. Beachten Sie aber, dass es immer leicht möglich sein sollte, solche Vorgaben bei Bedarf zu ändern.

Anordnung der Steuerelemente

Die Anordnung der Steuerelemente in der Benutzeroberfläche sollte ihre relative Bedeutung und die Tatsache berücksichtigen, wie oft sie verwendet werden. Wenn Ihr Formular zum Beispiel erforderliche und optionale Daten erfasst, sind die Steuerelemente, mit denen die erforderlichen Angaben gemacht werden, wichtiger und sollten in der Benutzeroberfläche entsprechend bevorzugt werden.

Da Zusammenhänge unter den Daten einen wichtigen Aspekt darstellen, sollten Steuerelemente, die zusammenhängende Informationen anzeigen, zu einer Gruppe zusammengefasst werden. Wenn Sie zum Beispiel ein Formular entwerfen, auf dem Informationen über einen Kunden, eine Bestellung oder einen Angestellten angezeigt werden, können Sie die entsprechenden Steuerelemente auf einem `TabControl`-Steuerelement anordnen, mit dessen Hilfe der Benutzer leicht zwischen den verschiedenen Datengruppen wechseln kann.

Einheitlichkeit

Eine Benutzeroberfläche sollte auf allen Formularen der Anwendung ein einheitliches Design aufweisen. Abweichungen im Design führen dazu, dass Ihre Anwendung einen unordentlichen oder chaotischen Eindruck macht. Das erschwert die Akzeptanz bei der Zielgruppe.

Einheitlichkeit betrifft die Verwendung von Farbe, Schriftart, Größe und Art der Steuerelemente. Bevor die Entwicklungsarbeit am Computer beginnt, sollten Sie das visuelle Erscheinungsbild der

Anwendung festlegen, das durchgängig durch die gesamte Anwendung beibehalten wird. Sie können dem Benutzer zum Beispiel den Eindruck der Einheitlichkeit geben, indem Sie Systemfarben und Systemschriftarten verwenden.

Ästhetik

Nach Möglichkeit sollte eine Benutzeroberfläche einladend und angenehm sein. Opfern Sie aber nicht die Klarheit und Einfachheit der Attraktivität. Versuchen Sie, eine Benutzeroberfläche zu erstellen, die den Benutzer nicht ablenkt.

Durch eine entsprechende Verwendung von Farbe kann Ihre Anwendung für die Zielgruppe zwar attraktiver werden, aber man sollte es nicht übertreiben. Schreiende, grelle Farben erregen zu Anfang vielleicht die Aufmerksamkeit, können sich aber bei längerer Arbeit an der Anwendung als Belastung erweisen und sind für manche Benutzer vielleicht nur schwer zu ertragen. Verwenden Sie eher gedämpfte Farben, die auf breite Zustimmung stoßen. Verlassen Sie sich nie ausschließlich auf Farben als Informationsträger. Und wenn ihre Zielgruppe international ist, sollten Sie berücksichtigen, dass manche Farben vielleicht eine besondere kulturelle Bedeutung haben.

Berücksichtigen Sie bei der Wahl der Schriftart, welche Schrift sich für Ihre Anwendung eignet. Vermeiden Sie Schriftarten, die nur schwer zu lesen sind. Halten Sie sich an gebräuchliche, leicht lesbare Schriftarten wie Times New Roman oder Arial. Verwenden Sie nur dann dekorative Schriftarten für spezielle Effekte, wenn es angebracht ist, aber nie zur Anzeige von wichtigen Informationen.

Übung: Konfigurieren von Steuerelementen

In dieser Übung konfigurieren Sie Steuerelemente zur Entwurfszeit. Sie fügen mit den in dieser Lektion beschriebenen Methoden Steuerelemente in ein Windows-Formular ein, legen Position und Größe im Eigenschaftenfenster fest und verwenden Smarttags, die *Layout*-Symbolleiste, Snaplines und das *Dokumentgliederung*-Fenster.

► **Übung 1: Konfigurieren von Steuerelementen**

1. Öffnen Sie Visual Studio und erstellen Sie ein neues Windows-Anwendungsprojekt.
2. Ziehen Sie von der Toolbox einen `SplitContainer` auf das Formular.
3. Öffnen Sie den Smarttag des `SplitContainer`-Steuerelements und wählen Sie die *Horizontale Aufteilungsausrichtung*. Die `Orientation`-Eigenschaft des `SplitContainer`-Steuerelements wird auf `Horizontal` gestellt.
4. Ziehen Sie drei `Button`-Steuerelemente von der Toolbox in den oberen Bereich des `SplitContainer`-Steuerelements. Richten Sie die Steuerelemente mithilfe der Snaplines horizontal aus.
5. Wählen Sie *Button1*. Stellen Sie die *Location*-Eigenschaft im Eigenschaftenfenster auf **0; 0**.
6. Wählen Sie *Button2*. Stellen Sie die *Size*-Eigenschaft im Eigenschaftenfenster auf **30, 50**.
7. Falls die *Layout*-Symbolleiste nicht angezeigt wird, fügen Sie die Symbolleiste zur IDE hinzu, indem Sie *Ansicht, Symbolleisten* und dann *Layout* wählen.
8. Wählen Sie im Formular alle drei Steuerelemente aus und richten Sie deren untere Kanten aus, indem Sie auf der *Layout*-Symbolleiste *Unten ausrichten* wählen.
9. Drücken Sie STRG+ALT+T, um das *Dokumentgliederung*-Fenster zu öffnen.

10. Wählen Sie im *Dokumentgliederung*-Fenster *Button3* und verschieben Sie das Steuerelement nach *SplitContainer1.SplitterPanel2.*
11. Wählen Sie im Formular *Button3*. Stellen Sie die *Dock*-Eigenschaft im Eigenschaftenfenster auf *Bottom*.
12. Wählen Sie im Formular *Button2*. Stellen Sie die *Anchor*-Eigenschaft im Eigenschaftenfenster auf *Bottom, Right*.
13. Drücken Sie auf die Taste F5, um die Anwendung zu starten. Ändern Sie mit der Maus die Größe des Formulars und beobachten Sie das unterschiedliche Verhalten der drei Schaltflächen.

Zusammenfassung der Lektion

- Visual Studio 2005 bietet mehrere Mechanismen für das Layout von Steuerelementen auf Ihrem Formular, darunter:
  - Das Eigenschaftenfenster
  - *Layout*-Symbolleiste
  - Snaplines
  - Anpassung der Steuerelemente im Designer mithilfe der Maus
- Die Eigenschaften von Steuerelementen können im Eigenschaftenfenster geändert werden. Für manche Eigenschaften wird eine spezielle grafische Schnittstelle angezeigt, mit deren Hilfe sich die Werte leichter einstellen lassen.
- Smarttags bieten für einige Steuerelemente die gängigsten Konfigurationsarbeiten an.
- Mit den Eigenschaften `Anchor` und `Dock` lassen sich spezielle Verhaltensweisen der Steuerelemente im Formular festlegen.
- Das *Dokumentgliederung*-Fenster vereinfacht die Zuordnung von Steuerelementen zu Formularen und Containersteuerelementen.

Lernzielkontrolle

Mit den folgenden Fragen können Sie Ihr Wissen über die Lerninhalte dieser Lektion überprüfen. Die Fragen sind (in englischer Sprache) auch auf der Begleit-CD zu finden, falls Sie die elektronische Form der Fragen vorziehen.

Hinweis Die Antworten

Die Antworten auf die Fragen und Erläuterungen, warum die entsprechende Antwort richtig oder falsch ist, finden Sie im Abschnitt „Antworten" am Ende des Buchs.

---

1. Welche der folgenden Vorgehensweisen eignet sich zum Ändern der Größe eines Steuerelements zur Entwurfszeit? (Wählen Sie alle zutreffenden Antworten aus.)

   A. Ziehen der Kanten des Steuerelements

   B. Festlegen der Steuerelementgröße im Menü *Ansicht*

   C. Klicken auf den Smarttag und Eingeben der neuen Steuerelementgröße

   D. Bearbeiten der `Size`-Eigenschaft im Eigenschaftenfenster

2. Mit welcher der folgenden Methoden können Sie die Anordnung der Steuerelemente auf einem Formular zur Entwurfszeit ändern? (Wählen Sie alle zutreffenden Antworten aus.)
   A. Ändern der `Location`-Eigenschaft im Eigenschaftenfenster
   B. Ziehen des Steuerelements mit der Maus
   C. Justieren der Steuerelementabstände mit der *Layout*-Symbolleiste
   D. Grafisches Positionieren der Steuerelemente mit dem *Position*-Fenster
3. Durch welche Einstellung der `Anchor`-Eigenschaft sind Steuerelemente bei einer Größenänderung des Formulars nicht an eine bestimmte Position gebunden?
   A. `Top`
   B. `Top, Bottom`
   C. `None`
   D. `Right, Left`
4. Bei welcher Einstellung der `Dock`-Eigenschaft füllt das Steuerelement das ganze Formular oder Containersteuerelement aus?
   A. `Top`.
   B. `Fill`.
   C. `Top, Left, Right, Bottom`.
   D. Keine dieser Lösungen. Verwenden Sie die `Anchor`-Eigenschaft.

Lektion 2: Erstellen und Konfigurieren von Befehls- und Textanzeigesteuerelementen

Diese Lektion beschreibt die Verwendung von Befehls- und Textanzeigesteuerelementen. Textanzeigesteuerelemente wie `Label` und `LinkLabel` werden am häufigsten benutzt, wenn es um die Anzeige von Informationen geht, die der Benutzer nicht zu ändern braucht. Befehlssteuerelemente wie `Button` werden benutzt, um bestimmte Vorgänge einzuleiten oder zum nächsten Arbeitsschritt zu wechseln. Sie lernen allgemeine Eigenschaften und Ereignisse der Steuerelemente `Button`, `Label` und `LinkLabel` kennen und verwenden sie beim Design Ihrer Benutzeroberfläche.

Am Ende dieser Lektion werden Sie in der Lage sein, die folgenden Aufgaben auszuführen:

- Konfigurieren eines `Button`-Steuerelements, das der Benutzer anklicken kann, um eine bestimmte Arbeit durchzuführen
- Verwenden eines `Label`-Steuerelements zur Anzeige von Text, den der Benutzer nicht ändern kann
- Verwenden eines `LinkLabel`-Steuerelements, um Verknüpfungen in Windows Forms-Anwendungen einzufügen, wie sie in Webanwendungen üblich sind

Veranschlagte Zeit für diese Lektion: 30 Minuten

Das *Button*-Steuerelement

Eines der bekanntesten Steuerelemente aus der Toolbox ist das `Button`-Steuerelement. Es ist das wichtigste Steuerelement für das Erteilen von Befehlen durch den Benutzer in der Benutzeroberfläche. Das `Button`-Steuerelement kann auf seiner Vorderseite einen kurzen Text anzeigen und auf Klicks des Benutzers reagieren. Das `Button`-Steuerelement gibt auf einen Klick eine sichtbare Rückmeldung und verfügt über einen *Ereignishandler*, mit dem es möglich ist, Code zu schreiben, der nach einem Klick auf das `Button`-Steuerelement ausgeführt wird.

Das *Button*-Steuerelement hat einige Eigenschaften, mit denen Sie sein Aussehen und Verhalten ändern können. Tabelle 2.2 zeigt die wichtigsten Eigenschaften des *Button*-Steuerelements.

Tabelle 2.2 Wichtige Eigenschaften des `Button`-Steuerelements

Eigenschaft	Beschreibung
`AutoEllipsis`	Ermöglicht die automatische Behandlung von Text, der über die Breite der Schaltfläche hinausgeht.
`DialogResult`	Legt einen `DialogResult`-Wert fest, den Sie mit der Schaltfläche verknüpfen können, beispielsweise `DialogResult.OK` oder `DialogResult.Cancel`.
`FlatAppearance`	Bestimmt das Aussehen und Verhalten der Schaltfläche, sofern die Eigenschaft `FlatStyle` auf `Flat` steht.
`FlatStyle`	Bestimmt das Aussehen der Schaltfläche, wenn ein Benutzer die Maus auf die Schaltfläche bewegt und klickt.
`Text`	Der Text, der auf der Schaltfläche angezeigt wird.
`TextAlign`	Die Ausrichtung des Textes, der auf der Schaltfläche angezeigt wird.

Reaktion auf Klicks

Die wichtigste Aufgabe eines *Button*-Steuerelements in der Benutzeroberfläche ist, auf Mausklicks des Benutzers zu reagieren. Normalerweise bewirkt der Klick des Benutzers auf eine Schaltfläche, dass ein bestimmter Codeabschnitt ausgeführt wird. Es könnte sich zum Beispiel um eine *OK*-Schaltfläche handeln, die dafür sorgt, dass das Programm weiterlaufen kann, nachdem der Benutzer die erforderlichen Informationen eingegeben hat, oder um eine *Abbrechen*-Schaltfläche, die das Programm auf den vorigen Ausführungsschritt zurückführt.

Wenn Sie Code schreiben möchten, der nach einem Klick auf die Schaltfläche ausgeführt wird, verwenden Sie den `Button.Click`-Ereignishandler. Das ist eine Methode, die nach dem Klick aufgerufen und ausgeführt wird.

► So schreiben Sie Code für den *Button.Click*-Ereignishandler

1. Klicken Sie im Designer mit einem Doppelklick auf die Schaltfläche, für die Sie Code schreiben möchten. Visual Studio generiert automatisch die Deklaration einer Methode mit dem Namen `Button_Click` und richtet es hinter der Bühne so ein, dass diese Methode zur Bearbeitung der `Button.Click`-Ereignisse aufgerufen wird. Visual Studio zeigt die neue `Button_Click`-Methode an, die ausgeführt wird, sobald der Benutzer die Schaltfläche anklickt.
2. Fügen Sie den gewünschten Code in diese Methode ein. Zur Laufzeit wird dieser Code ausgeführt, sobald die Schaltfläche angeklickt wird. Der folgende Code zeigt ein Beispiel für eine vollständige `Button_Click`-Methode.

```
' VB
Private Sub Button1_Click(ByVal sender As System.Object, ByVal e As System.EventArgs) _
  Handles Button1.Click
    MsgBox("Die Schaltfläche wurde angeklickt!")
End Sub

// C#
private void button1_Click(object sender, EventArgs e)
{
    MessageBox.Show("Die Schaltfläche wurde angeklickt!");
}
```

Ereignisse und Ereignishandler werden ausführlicher beschrieben in Kapitel 4, „ToolStrips, Menüs und Ereignisse“.

Reaktion auf andere Klicks

Der `Button.Click`-Ereignishandler ist zwar sehr gut für die Reaktion auf einfache Klicks geeignet, aber Sie können eine Schaltfläche und andere Steuerelemente auch so konfigurieren, dass sie auch auf andere Mausklicks reagieren, zum Beispiel auf Klicks mit der rechten Maustaste. Wenn Sie solche Klicks auswerten möchten, verwenden Sie das `MouseDown`-Ereignis.

Eines der Argumente für den `Button.MouseDown`-Ereignishandler ist eine Instanz von `MouseEventArgs`. Dieses Argument enthält genaue Angaben über Position und Klickzustand der Maus und kann zur Unterscheidung von Klicks mit der linken oder rechten Maustaste, Doppelklicks und anderen Mausinteraktionen verwendet werden. Tabelle 2.3 beschreibt die Eigenschaften der `MouseEventArgs`-Klasse.

Tabelle 2.3 Eigenschaften der Klasse `MouseEventArgs`

Eigenschaft	Beschreibung
`Button`	Gibt an, welche Maustaste gedrückt wurde. Zulässige Werte sind `Left`, `Right`, `Middle`, `None`, `XButton1` oder `XButton2`.
`Clicks`	Gibt an, wie oft die Taste gedrückt und losgelassen wurde.
`Delta`	Gibt an, um wie viele Rastpunkte das Mausrad gedreht wurde.
`Location`	Gibt die aktuelle Position des Mauszeigers an.
`X`	Die X-Koordinate des Mauszeigers
`Y`	Die Y-Koordinate des Mauszeigers

Anhand der Werte aus der `MouseEventArgs`-Instanz können Sie die Position des Mausrads ermitteln und herausfinden, welche Taste gedrückt wurde. Beachten Sie bitte, dass eine Schaltfläche nicht die für Schaltflächen typische visuelle Rückmeldung liefert (das „Klicken" in der Benutzeroberfläche), wenn sie mit einer anderen als der linken Taste angeklickt wird.

► So werten Sie die verschiedenen Mausklicks aus

1. Wählen Sie im Designer das `Button`-Steuerelement aus, für das Sie Code schreiben möchten.
2. Klicken Sie im Eigenschaftenfenster auf die Schaltfläche *Ereignisse* (die Schaltfläche mit dem Blitz, siehe Abbildung 2.13), um die Ereignisse des `Button`-Steuerelements anzuzeigen.

Abbildung 2.13 Die Schaltfläche mit dem Blitz

3. Klicken Sie im Eigenschaftenfenster die Zelle neben *MouseDown* mit einem Doppelklick an, damit Visual Studio einen Ereignishandler für `Button.MouseDown` generiert und anzeigt.
4. Tragen Sie in diesen Ereignishandler den Code ein, der die gewünschte Mausklickkombination auswertet. Das folgende Beispiel zeigt, wie man zwischen der linken und der rechten Maustaste unterscheiden kann.

```
' VB
Private Sub Button1_MouseDown(ByVal sender As System.Object, ByVal e As _
  System.Windows.Forms.MouseEventArgs) Handles Button1.MouseDown
    Select Case e.Button
        Case Windows.Forms.MouseButtons.Left
            MsgBox("Die linke Taste wurde gedrückt")
        Case Windows.Forms.MouseButtons.Right
            MsgBox("Die rechte Taste wurde gedrückt")
        Case Else
            MsgBox("Eine andere Taste wurde gedrückt")
    End Select
End Sub
```

```
// C#
private void button1_MouseDown(object sender, MouseEventArgs e)
{
    switch (e.Button)
    {   case MouseButtons.Left:
            MessageBox.Show("Die linke Taste wurde gedrückt");
            break;
        case MouseButtons.Right:
            MessageBox.Show("Die rechte Taste wurde gedrückt");
            break;
        default:
            MessageBox.Show("Eine andere Taste wurde gedrückt");
            break;
    }
}
```

FlatStyle und *FlatAppearance*

Die Eigenschaft `FlatStyle` entscheidet darüber, ob die Schaltfläche ein dreidimensionales Aussehen hat und etwas hervorzustehen scheint, oder ob sie flach ist. Sie können eine Schaltfläche flach aussehen lassen, indem Sie die Eigenschaft `FlatStyle` auf `Flat` stellen.

Wenn die `FlatStyle`-Eigenschaft auf `Flat` gestellt wird, entscheidet die Eigenschaft `FlatAppearance` darüber, wie die Schaltfläche aussieht und wie sie sich verhält. Die Eigenschaft `FlatAppearance` ist eine Instanz einer Klasse, deren Eigenschaften in Tabelle 2.4 beschrieben werden.

Tabelle 2.4 Eigenschaften der `FlatAppearance`-Klasse

Eigenschaft	Beschreibung
`BorderColor`	Diese Eigenschaft legt die Farbe des Rahmens der Schaltfläche fest.
`BorderSize`	Diese Eigenschaft legt die Größe des Rahmens der Schaltfläche fest.
`MouseDownBackColor`	Diese Eigenschaft legt die Farbe der Schaltfläche fest, wenn die Schaltfläche mit der linken Maustaste angeklickt wird.
`MouseOverBackColor`	Diese Eigenschaft legt die Farbe der Schaltfläche fest, wenn sich der Mauszeiger auf der Schaltfläche befindet.

Wenn `FlatStyle` auf `Flat` gestellt ist, erhält der Benutzer nicht so deutliche Hinweise für die Interaktion mit der Schaltfläche. Sie können ihm zusätzliche Hinweise geben, indem Sie die entsprechenden Werte in der `FlatAppearance`-Eigenschaft festlegen. Die folgenden Schritte beschreiben, wie man die Hintergrundfarbe der Schaltfläche für den Fall festlegt, dass die Maus auf der Schaltfläche steht.

► **So ändern Sie die Hintergrundfarbe einer Schaltfläche, wenn die Maus auf der Schaltfläche steht**

1. Stellen Sie im Eigenschaftenfenster die Eigenschaft `FlatStyle` auf `Flat`.
2. Erweitern Sie die Eigenschaft `FlatAppearance`.
3. Stellen Sie in der Eigenschaft `FlatAppearance` die Eigenschaft `MouseOverBackColor` auf die Farbe, in der sich die Schaltfläche präsentieren soll, wenn die Maus auf der Schaltfläche steht.

Übernahme- und Abbruchschaltflächen

Bei der Erstellung von Dialogfeldern ist es üblich, das Formular mit Übernahme- und Abbruchschaltflächen zu versehen, die bei einem Klick für einen entsprechenden `DialogResult`-Wert sorgen. Zur Erstellung von Übernahme- oder Abbruchschaltflächen können Sie die `DialogResult`-Eigenschaft der Schaltflächen verwenden.

► **So erstellen Sie eine Übernahme- und Abbruchschaltfläche**

1. Ziehen Sie ein `Button`-Steuerelement von der Toolbox auf das Formular und stellen Sie die Eigenschaft `Text` auf einen passenden Wert (zum Beispiel *Übernehmen* für eine Übernahmeschaltfläche).
2. Stellen Sie im Eigenschaftenfenster die Eigenschaft *DialogResult* auf *OK*, wenn es sich um eine Übernahmeschaltfläche handelt, oder auf *Cancel* für eine Abbruchschaltfläche.
3. Klicken Sie im Designer mit einem Doppelklick auf die Schaltfläche, damit sich das Codefenster öffnet.
4. Schließen Sie das Formular im `Button.Click`-Ereignishandler wie folgt:

```
' VB
Me.Close()

// C#
this.Close();
```

Wenn ein Formular mit der Methode `ShowDialog` angezeigt wird, gibt es automatisch das Dialogergebnis zurück, das mit der angeklickten Schaltfläche verknüpft ist. Das folgende Beispiel zeigt, wie das Formular benutzt werden könnte. Das hypothetische Formular heißt `DialogForm`.

```
' VB
Dim aForm As New DialogForm
Dim aResult As System.Windows.Forms.DialogResult
aResult = aForm.ShowDialog
If aResult = DialogResult.Ok Then
   ' Tu etwas.
   Else
   ' Tu etwas anderes.
End If

// C#
Dialog aForm = new DialogForm();
System.Window.Forms.DialogResult aResult;
aResult = aForm.ShowDialog();
if (aResult == DialogResult.Ok)
{
   // Tu etwas.
}
else
{
   // Tu etwas anderes.
}
```

Das *Label*-Steuerelement

Das Label-Steuerelement dient hauptsächlich zur Anzeige von Texten, die der Benutzer nicht ändern kann. Label-Steuerelemente werden zum Beispiel häufig zur Beschriftung von Steuerelementen verwendet. Der Text „Vorname" neben einem TextBox-Steuerelement bedeutet beispielsweise, dass in diesem Feld der Vorname eingegeben werden soll. Label-Steuerelemente können auch zur Definition von Zugriffstasten für andere Steuerelemente verwendet werden.

Der Text, der von einem Label-Steuerelement angezeigt wird, wird in der Eigenschaft Text des Steuerelements festgelegt. Sie können das Label-Steuerelement so einstellen, dass es sich selbst auf die Größe bringt, die zur Textanzeige erforderlich ist, indem Sie die Eigenschaft AutoSize des Label-Steuerelements auf True stellen. Steht die Eigenschaft AutoSize des Label-Steuerelements auf False, können Sie das Steuerelement im Designer an seinen Kanten mit der Maus auf die erforderliche Größe ziehen.

Label-Steuerelemente können zur Definition von Zugriffstasten für andere Steuerelemente verwendet werden. *Zugriffstasten* sind Tasten, die den Fokus auf das gewünschte Steuerelement verlegen, wenn sie zusammen mit der Taste ALT gedrückt werden. Die folgenden Schritte beschreiben, wie man mit einem Label-Steuerelement eine Zugriffstaste für ein anderes Steuerelement definiert.

► So definieren Sie eine Zugriffstaste

1. Ziehen Sie ein Label-Steuerelement von der Toolbox auf das Formular und ordnen Sie es neben dem Steuerelement an, für das Sie eine Zugriffstaste definieren möchten (zum Beispiel neben einem TextBox-Steuerelement).
2. Legen Sie im Eigenschaftenfenster für die Eigenschaft Text eine passende Beschriftung für das Steuerelement fest. Schreiben Sie vor den Buchstaben, der als Zugriffstaste dienen soll, ein Und-Symbol (&). Soll zum Beispiel V als Zugriffstaste dienen, können Sie als Wert für die Eigenschaft Text des Label-Steuerelements &Vorname angeben.
3. Stellen Sie im Eigenschaftenfenster die Eigenschaft UseMnemonic auf True (der Standardwert).
4. Stellen Sie im Eigenschaftenfenster die Eigenschaft TabIndex auf einen Wert ein, der um eins niedriger ist als der TabIndex-Wert des Steuerelements, für das Sie eine Zugriffstaste definieren. Sorgen Sie dafür, dass die beiden Steuerelemente nicht dieselben TabIndex-Werte haben.

Tabelle 2.5 Wichtige Eigenschaften des LinkLabel-Steuerelements

Eigenschaft	Beschreibung
ActiveLinkColor	Legt die Farbe für aktive Links fest.
LinkArea	Gibt den Bereich des LinkLabel-Steuerelements an, der als Link funktioniert.
LinkBehavior	Beschreibt das Verhalten des Links.
LinkColor	Legt die Farbe des Links fest.
LinkVisited	Gibt an, ob der Link bereits benutzt wurde.
VisitedLinkColor	Legt die Farbe bereits benutzter Links fest.

Das *LinkLabel*-Steuerelement

Das `LinkLabel`-Steuerelement ermöglicht Ihnen die Erstellung eines Links nach Web-Art in Ihrem Formular, der eine Webseite öffnet oder eine andere Aktion durchführt, sobald er angeklickt wird. Das `LinkLabel`-Steuerelement hat einige Eigenschaften, mit denen Sie das `LinkLabel`-Steuerelement konfigurieren können. Tabelle 2.5 zeigt wichtige Eigenschaften des `LinkLabel`-Steuerelements.

Festlegen der Linkfarbe

Mit den Eigenschaften des `LinkLabel`-Steuerelements können Sie die Farben festlegen, in denen der Link im `LinkLabel`-Steuerelement angezeigt wird. Die Eigenschaft `LinkColor` gibt die Farbe an, in der ein Link vor dem Klick angezeigt wird. `ActiveLinkColor` gibt die Farbe an, mit der ein Link angezeigt wird, nachdem er angeklickt wurde, und `VisitedLinkColor` ist die Farbe eines Links, der bereits benutzt wurde. Beachten Sie bitte, dass Sie die Eigenschaft `LinkVisited` des `LinkLabel`-Steuerelements auf `True` stellen müssen, damit der Link in der Farbe erscheint, die in der Eigenschaft `VisitedLinkColor` angegeben wurde. Diese Eigenschaften können alle zur Entwurfszeit im Eigenschaftenfenster festgelegt werden.

Festlegen des Linkverhaltens

Das Verhalten des Links wird durch die Eigenschaft `LinkBehavior` bestimmt. Die Eigenschaft `LinkBehavior` hat vier zulässige Werte: `SystemDefault`, `AlwaysUnderline`, `HoverUnderline` und `NeverUnderline`. Die Bedeutung dieser Werte lässt sich schon an den Namen ablesen. Bei der Einstellung `SystemDefault` weist das `LinkLabel`-Steuerelement dasselbe Verhalten auf, wie es im System üblich ist. Bei der Einstellung `AlwaysUnderline` wird der Link immer unterstrichen. Umgekehrt wird der Link bei der Einstellung `NeverUnderline` nie unterstrichen. Und bei der Einstellung `HoverUnderline` wird der Link nur dann unterstrichen, wenn die Maus auf dem Link steht. Gewöhnlich wird die Eigenschaft `LinkBehavior` zur Entwurfszeit im Eigenschaftenfenster festgelegt.

Öffnen eines Formulars oder einer Webseite mit *LinkLabel*

Zum Öffnen eines neuen Formulars oder einer neuen Webseite verwenden Sie den `LinkLabel.LinkClicked`-Ereignishandler. Dabei können Sie auch die Eigenschaft `LinkVisited` auf `True` stellen, wodurch der Link in der Farbe angezeigt wird, die von der Farbe `VisitedLinkColor` angegeben wird. Die folgende Prozedur demonstriert, wie man ein neues Formular oder eine neue Webseite mit dem `LinkLabel`-Steuerelement öffnet.

► **So öffnen Sie ein Formular oder eine Webseite mit dem *LinkLabel*-Steuerelement**

1. Geben Sie der `Text`-Eigenschaft des `LinkLabel`-Steuerelements einen passenden Wert, aus dem der Verwendungszweck hervorgeht (zum Beispiel *Versandformular* oder *Microsoft Web Site*).
2. Klicken Sie das `LinkLabel`-Steuerelement im Designer mit einem Doppelklick an, damit ein `LinkLabel.LinkClicked`-Ereignishandler erstellt wird.
3. Schreiben Sie den entsprechenden Code zum Öffnen eines neuen Formulars oder einer neuen Webseite. Stellen Sie die `LinkVisited`-Eigenschaft des `LinkLabel`-Steuerelements auf `True`. Die folgenden Codezeilen zeigen ein Beispiel. Das Beispiel setzt voraus, dass in Ihrem Projekt ein `LinkLabel`-Steuerelement namens `LinkLabel1` und ein Formular namens `ShippingForm` vorhanden sind.

```
' VB
' Öffne ein neues Formular.
ShippingForm.Show()
' Öffne eine neue Website im Internet Explorer.
System.Diagnostics.Process.Start("www.microsoft.com")
' Stelle die LinkVisited-Eigenschaft auf True.
LinkLabel1.LinkVisited = True

// C#
// Öffne ein neues Formular.
ShippingForm.Show();
// Öffne eine neue Website im Internet Explorer.
System.Diagnostics.Process.Start("www.microsoft.com");
// Stelle die LinkVisited-Eigenschaft auf True.
linkLabel1.LinkVisited = true;
```

Schnelltest

1. Welche Ereignisse des `Button`-Steuerelements können zur Auswertung von Mausklicks verwendet werden?
2. Wann würden Sie ein `LinkLabel`-Steuerelement statt eines `Label`-Steuerelements verwenden?

Antworten zum Schnelltest

1. Das `Click`-Ereignis entspricht einem Klick mit der rechten Maustaste, und mit dem `MouseDown`-Ereignis lassen sich andere Tastenbetätigungen auswerten.
2. Das `Label`-Steuerelement dient hauptsächlich zur Beschriftung von anderen Steuerelementen eines Formulars. Das `LinkLabel`-Steuerelement kann zwar zur Beschriftung anderer Steuerelemente verwendet werden, bietet aber auch einen Link an, mit dem der Benutzer ein neues Formular oder eine neue Webseite öffnen kann.

Übung: Befehls- und Textanzeigesteuerelemente

In dieser Übung vertiefen Sie einige Lehrinhalte, die in dieser Lektion besprochen wurden. Sie fügen ein `LinkLabel`-Steuerelement zu einem Formular hinzu und richten es so ein, dass es ein Formular öffnet, in dem der Benutzer zur Eingabe seines Namens aufgefordert wird.

► **Übung 1: Erstellen eines Dialogformulars**

1. Ziehen Sie ein `LinkLabel`-Steuerelement von der Toolbox auf das Formular.
2. Legen Sie für die `Text`-Eigenschaft im Eigenschaftenfenster **Formular öffnen** fest.
3. Wählen Sie im *Projekt*-Menü *Windows Form hinzufügen* und fügen Sie ein neues Windows-Formular zu Ihrem Projekt hinzu. Es erhält automatisch den Namen `Form2`.
4. Ziehen Sie im Designer zwei `Button`-Steuerelemente auf `Form2`. Geben Sie für die `Text`-Eigenschaften dieser Schaltflächen **Übernehmen** und **Abbrechen** ein.
5. Stellen Sie die *DialogResult*-Eigenschaft der Übernahmeschaltfläche auf *OK* und die *DialogResult*-Eigenschaft der Abbruchschaltfläche auf *Cancel*.
6. Ziehen Sie von der Toolbox zwei `TextBox`-Steuerelemente auf das Formular.

7. *Nur C#:* Stellen Sie die *Modifiers*-Eigenschaft jedes `TextBox`-Steuerelements auf *Internal.*
8. Ziehen Sie zwei `Label`-Steuerelemente von der Toolbox auf das Formular und ordnen Sie diese Steuerelemente jeweils neben oder über einem `TextBox`-Steuerelement an.
9. Geben Sie für die *Text*-Eigenschaften der `Label`-Steuerelemente **&Vorname** und **&Nachname** ein.
10. Stellen Sie die *UseMnemonic*-Eigenschaft jedes `Label`-Steuerelements auf *True*.
11. Stellen Sie im Eigenschaftenfenster die Eigenschaft *TabIndex* wie folgt ein.

Steuerelement	***TabIndex*-Einstellung**
`Label1`	**0**
`TextBox1`	**1**
`Label2`	**2**
`TextBox2`	**3**
`Button1`	**4**
`Button2`	**5**

12. Wählen Sie im Designer die Registerkarte für `Form1`. Klicken Sie das `LinkLabel`-Steuerelement mit einem Doppelklick an, damit ein `LinkLabel.LinkClicked`-Ereignishandler erstellt wird. Fügen Sie folgenden Code ein:

```
' VB
Dim aResult As DialogResult
aResult = Form2.ShowDialog()
If aResult = Windows.Forms.DialogResult.OK Then
   MsgBox("Ihr Name lautet " & Form2.TextBox1.Text & " " & _
      Form2.TextBox2.Text)
End If
LinkLabel1.LinkVisited = True

// C#
DialogResult aResult;
Form2 aForm = new Form2();
aResult = aForm.ShowDialog();
if (aResult == System.Windows.Forms.DialogResult.OK)
{
  MessageBox.Show("Ihr Name lautet " + aForm.textBox1.Text + " " +
      aForm.textBox2.Text);
}
linkLabel1.LinkVisited = true;
```

13. Drücken Sie auf die Taste F5, um die Anwendung zu starten. Klicken Sie auf das `LinkLabel`-Steuerelement, um das Formular zu öffnen. Testen Sie die Zugriffstasten und die Übernahme- und Abbruchschaltflächen.

Zusammenfassung der Lektion

- Das Button-Steuerelement ist das wichtigste Befehlssteuerelement der Benutzeroberfläche. Der Button.Click-Ereignishandler ist die Methode, die ausgeführt wird, wenn die Schaltfläche angeklickt wird. Die Schaltfläche kann auch auf andere Maustasten reagieren. Diese Tastenbetätigungen lassen sich im Ereignishandler für das MouseDown-Ereignis auswerten.
- Die FlatAppearance-Eigenschaft bestimmt, wie ein Button-Steuerelement aussieht und sich verhält, wenn die Eigenschaft FlatStyle auf Flat steht.
- Durch eine entsprechende Einstellung des DialogResult-Werts eines Button-Steuerelements können Sie eine Abbruch- oder Übernahmeschaltfläche erstellen. Anschließend können Sie das Ergebnis des Formulars auswerten, wie bei einem Standarddialogfeld.
- Das Label-Steuerelement zeigt dem Benutzer Informationen, die der Benutzer nicht ändern kann. Durch eine entsprechende Einstellung der Eigenschaften Text, TabOrder und UseMnemonic können Sie ein Label-Steuerelement zur Definition einer Zugriffstaste verwenden.
- Das LinkLabel-Steuerelement ermöglicht es Ihnen, Links nach Web-Art zu Ihrer Benutzeroberfläche hinzuzufügen. Die Eigenschaften LinkColor, ActiveLinkColor und VisitedLinkColor entscheiden, mit welcher Farbe der Link im LinkLabel-Steuerelement angezeigt wird. Im LinkLabel.LinkClicked-Ereignishandler können Sie den Code zum Öffnen neuer Formulare oder Webseiten schreiben.

Lernzielkontrolle

Mit den folgenden Fragen können Sie Ihr Wissen über die Lerninhalte dieser Lektion überprüfen. Die Fragen sind (in englischer Sprache) auch auf der Begleit-CD zu finden, falls Sie die elektronische Form der Fragen vorziehen.

Hinweis Die Antworten

Die Antworten auf die Fragen und Erläuterungen, warum die entsprechende Antwort richtig oder falsch ist, finden Sie im Abschnitt „Antworten“ am Ende des Buchs.

---

1. Welche Button-Ereignisse können zur Auswertung von Mausklicks verwendet werden? (Wählen Sie alle zutreffenden Antworten aus.)

   A. Button.Click

   B. Button.LinkClicked

   C. Button.MouseDown

   D. Button.MouseOver

2. Welche Eigenschaft steuert nicht das Aussehen und Verhalten eines Button-Steuerelements, wenn die Eigenschaft FlatStyle auf Flat steht??

   A. FlatAppearance.MouseOverBackColor

   B. FlatAppearance.MouseDownBackColor

   C. FlatAppearance.BorderSize

   D. FlatAppearance.Text

3. Was ist zur Definition einer Zugriffstaste mit einem `Label`-Steuerelement erforderlich? (Wählen Sie alle zutreffenden Antworten aus.)
   A. Stellen Sie `TabOrder` so ein, dass das für die Zugriffstaste vorgesehene Steuerelement unmittelbar auf das `Label`-Steuerelement folgt.
   B. Stellen Sie die `UseMnemonic`-Eigenschaft auf `True`.
   C. Legen Sie die `Text`-Eigenschaft mit einem Und-Zeichen (&) zur Kennzeichnung der Zugriffstaste fest.
   D. Stellen Sie die Eigenschaft `CausesValidation` auf `True`.
4. Welche Eigenschaften eignen sich zur Einstellung der Farben des `LinkLabel`-Steuerelements? (Wählen Sie alle zutreffenden Antworten aus.)
   A. `ActiveLinkColor`
   B. `LinkLabel.LinkClicked`
   C. `VisitedLinkColor`
   D. `LinkBehavior`

Lektion 3: Erstellen und Konfigurieren von Texteingabesteuerelementen

Diese Lektion beschreibt, wie Texteingabesteuerelemente erstellt und konfiguriert werden. `TextBox`-Steuerelemente werden zur Anzeige von Text und zur Eingabe von Text durch den Benutzer verwendet. Das `MaskedTextBox`-Steuerelement ermöglicht Ihnen die Anzeige von Text in einem vordefinierten Format und die Überprüfung der Benutzereingabe anhand dieses Formats. In dieser Lektion erfahren Sie, wie man `TextBox`- und `MaskedTextBox`-Steuerelemente einrichtet und zur Erfassung und Anzeige von Benutzereingaben verwendet.

Am Ende dieser Lektion werden Sie in der Lage sein, die folgenden Aufgaben auszuführen:

- Konfigurieren des `TextBox`-Steuerelements zur Erfassung mehrzeiliger Benutzereingaben, die bearbeitet werden können
- Konfigurieren des `MaskedTextBox`-Steuerelements für formatierte Text- und Dateneingabe

Veranschlagte Zeit für diese Lektion: 30 Minuten

Das *TextBox*-Steuerelement

Das `TextBox`-Steuerelement ist das wichtigste Steuerelement für die Dateneingabe in Textform. Mit einem `TextBox`-Steuerelement können Sie Texteingaben des Anwenders erfassen und Text anzeigen. Sie können Textfelder erstellen, die mehrzeilige Texte anzeigen, und Sie können Textfelder zur Eingabe von Kennwörtern erstellen, die statt der eingegebenen Zeichen nur ein Ersatzzeichen anzeigen.

Tabelle 2.6 Wichtige Eigenschaften des `TextBox`-Steuerelements

Eigenschaft	Beschreibung
`AutoCompleteCustomSource`	Enthält eine Auflistung mit Texten zur automatischen Vervollständigung einer Eingabe, wenn `AutoCompleteMode` nicht auf `None` steht und `AutoCompleteSource` auf `CustomSource` gestellt wird.
`AutoCompleteMode`	Legt den `AutoComplete`-Modus des Steuerelements fest. Zulässige Werte sind `None`, `Append`, `Suggest` oder `SuggestAppend`.
`AutoCompleteSource`	Legt die Quelle für die automatische Vervollständigung von Daten fest. Kann auf eine Reihe von Systemressourcen oder auf eine benutzerdefinierte Ressource in der Eigenschaft `AutoCompleteCustomSource` eingestellt werden.
`CharacterCasing`	Gibt die Groß-/Kleinschreibung der Zeichen im `TextBox`-Steuerelement an. Zulässige Werte sind `Normal`, `Upper` oder `Lower`.
`Lines`	Gibt ein Zeichenfolgenarray zurück, das die einzelnen Zeilen des Textfelds enthält. Diese Eigenschaft ist besonders dann von Nutzen, wenn `Multiline` auf `True` steht. Beachten Sie bitte, dass eine Zeile als eine Zeichenfolge definiert ist, die mit einem Wagenrücklaufzeichen (Carriage Return) abgeschlossen wird und sich nicht darauf bezieht, wie die sichtbaren Textzeilen in der UI dargestellt werden, wenn die Eigenschaft `WordWrap` auf `True` steht.
`MaxLength`	Legt die Höchstanzahl der Zeichen fest, die in das Textfeld eingegeben werden können. ▶

Eigenschaft	Beschreibung
Multiline	Bestimmt, ob das TextBox-Steuerelement nur eine Textzeile oder mehrere Textzeilen enthalten kann.
PasswordChar	Legt das Kennwortzeichen fest, das im Textfeld statt des tatsächlich eingegebenen Zeichens angezeigt wird.
ReadOnly	Bestimmt, ob der Text im Textfeld vom Benutzer bearbeitet werden kann.
ScrollBars	Gibt an, welche Bildlaufleisten vom TextBox-Steuerelement angezeigt werden, wenn die Multiline-Eigenschaft auf True steht.
Text	Ruft den Text aus dem TextBox-Steuerelement ab oder legt ihn fest.
UseSystemPasswordChar	Gibt an, ob das Systemkennwortzeichen statt des aktuellen Zeichens im Textfeld angezeigt werden soll.
WordWrap	Bestimmt, ob die Zeilen automatisch umbrochen werden, wenn die Multiline-Eigenschaft auf True steht.

Das TextBox-Steuerelement verfügt über eine Reihe von Eigenschaften, mit denen Sie sein Verhalten konfigurieren können. Tabelle 2.6 beschreibt die wichtigsten Eigenschaften des TextBox-Steuerelements.

Die Hauptaufgabe eines TextBox-Steuerelements besteht darin, dem Benutzer die Möglichkeit zur Eingabe und Bearbeitung von Text zu geben. Benutzer können in einem Textfeld Text eingeben oder den Text bearbeiten, der von der Anwendung dort angezeigt wird. Der im TextBox-Steuerelement enthaltene Text ist über die Eigenschaft Text zugänglich. Der Text, der von einem TextBox-Steuerelement angezeigt wird, kann bearbeitet werden, wenn die Eigenschaft ReadOnly auf False steht. Das ist die Standardeinstellung. Wird die Eigenschaft ReadOnly auf True gestellt, kann der Benutzer den angezeigten Text nicht bearbeiten.

Erstellen eines mehrzeiligen Textfelds

TextBox-Steuerelemente sind normalerweise einzeilig. Sie können ein mehrzeiliges Textfeld erstellen, indem Sie die Eigenschaft Multiline auf True stellen. Anschließend können Sie die Breite und Höhe eines TextBox-Steuerelements nach Bedarf einstellen.

Wenn die Multiline-Eigenschaft auf True steht, werden einige andere Eigenschaften wichtig. Die Eigenschaft Lines enthält ein Zeichenfolgenarray, in dem die einzelnen Zeilen des Textfelds stehen. Die Eigenschaft ScrollBars legt fest, ob Bildlaufleisten für das Textfeld angezeigt werden und um welche es sich handelt, Horizontal, Vertical oder Both. Die Eigenschaft WordWrap gibt an, ob Zeilen automatisch umbrochen werden. Beachten Sie bitte, dass keine horizontale Bildlaufleiste angezeigt wird, wenn die WordWrap-Eigenschaft auf True steht, auch wenn die ScrollBars-Eigenschaft auf Horizontal steht.

Erstellen eines Kennworttextfelds

Mit den Eigenschaften PasswordChar oder UseSystemPasswordChar können Sie ein Textfeld erstellen, das zwar Texteingaben aufnimmt, aber statt der eingegebenen Zeichen jeweils ein spezielles Kennwortzeichen anzeigt. Beobachter können die Eingabe daher nicht lesen. So ein Textfeld wird gewöhnlich zur Eingabe von Kennwörtern verwendet. Wenn der PasswordChar-Eigenschaft ein bestimmtes Zeichen zugewiesen wird, beispielsweise ein Sternchen (*), wird dieses Zeichen für jedes Zeichen angezeigt, das der Benutzer im Textfeld eingibt. Beachten Sie bitte, dass in der Text-Eigenschaft die tatsächlich eingegebenen Zeichen gespeichert werden. Nur die Anzeige dieser Zeichen in der Benutzeroberfläche ändert sich. Sie können auch die Eigenschaft `UseSystemPasswordChar` auf `True` stellen. Dadurch wird für jedes Zeichen, das im Textfeld eingegeben wird, das für das System definierte Kennwortzeichen angezeigt. Wird `UseSystemPasswordChar` auf `True` gestellt und trotzdem ein Zeichen für `PasswordChar` festgelegt, wird das Systemkennwortzeichen verwendet.

Das *MaskedTextBox*-Steuerelement

Das `MaskedTextBox`-Steuerelement ist ein verändertes `TextBox`-Steuerelement, für das Sie eine Maske (eine spezielle Zeichenfolge) definieren können, mit der die Benutzereingabe überprüft und eingeschränkt wird. Die Eigenschaft `Mask` ermöglicht die Festlegung von erforderlichen oder optionalen Zeichen. Außerdem können Sie festlegen, ob Buchstaben oder Ziffern eingegeben werden sollen, und Sie können die Formatierung der Anzeige festlegen. Tabelle 2.7 zeigt wichtige Eigenschaften des `MaskedTextBox`-Steuerelements.

Tabelle 2.7 Wichtige Eigenschaften des `MaskedTextBox`-Steuerelements

Property	Beschreibung
`AllowPromptAsInput`	Zeigt an, ob das Eingabeaufforderungszeichen eine gültige Eingabe ist.
`AsciiOnly`	Legt fest, dass nur ASCII-Zeichen als gültige Eingabe akzeptiert werden. Steht diese Eigenschaft auf `True`, werden nur *A–Z* und *a–z* als Eingabe akzeptiert.
`BeepOnError`	Zeigt an, ob das `MaskedTextBox`-Steuerelement bei jedem abgewiesenen Zeichen einen Systempiep ertönen lässt.
`CutCopyMaskFormat`	Bestimmt, ob der in die Zwischenablage kopierte Text Literale und Eingabeaufforderungszeichen enthält.
`HidePromptOnLeave`	Zeigt an, ob Eingabeaufforderungszeichen angezeigt werden, wenn das Steuerelement nicht den Fokus hat.
`InsertKeyMode`	Gibt den Texteinfügemodus für das `MaskedTextBox`-Steuerelement an oder legt ihn fest.
`Mask`	Definiert die Eingabemaske für das `MaskedTextBox`-Steuerelement (wird im folgenden Text ausführlicher beschrieben).
`PromptChar`	Gibt das Eingabeaufforderungszeichen an oder legt es fest.
`RejectInput-OnFirstFailure`	Gibt einen Wert an oder legt einen Wert fest, aus dem hervorgeht, ob die Eingabe abgebrochen wird, falls der Benutzer ein ungültiges Zeichen eingibt.
`ResetOnPrompt`	Zeigt an, wie ein Eingabezeichen behandelt werden soll, das mit dem Eingabeaufforderungszeichen übereinstimmt.
`ResetOnSpace`	Bestimmt, wie das Leerzeichen als Eingabezeichen behandelt wird.
`SkipLiterals`	Zeigt an, ob Literale in der Maske erneut eingegeben werden können oder übersprungen werden sollen.
`TextMaskFormat`	Zeigt an, ob in dem Text, der von der `Text`-Eigenschaft zurückgegeben wird, Eingabeaufforderungszeichen und Literale enthalten sind.

Die *Mask*-Eigenschaft

Die wichtigste Eigenschaft eines `MaskedTextBox`-Steuerelements ist die Eigenschaft `Mask`. Sie ermöglicht die Definition einer Zeichenfolge, die das gewünschte Format vorgibt, in dem eine Eingabe im `MaskedTextBox`-Steuerelement erfolgen soll. Dem `MaskedTextBox`-Steuerelement ist ein `MaskedTextPro`-

vider zugeordnet, der die Analyse und Auswertung des Mask-Formats übernimmt. Tabelle 2.10 zeigt die Maskenzeichen, die der Standard-MaskedTextProvider verwendet.

Tabelle 2.8 Maskenzeichen des Standard-MaskedTextProvider

Maskenzeichen	Beschreibung
0	Stellt eine erforderliche Ziffer von 0 bis 9 dar.
9	Stellt eine optionale Ziffer von 0 bis 9 dar.
#	Stellt eine optionale Ziffer von 0 bis 9 oder ein Leerzeichen dar. Pluszeichen (+) und Minuszeichen (–) sind ebenfalls zulässig.
L	Stellt einen erforderlichen Buchstaben dar, klein oder groß geschrieben (A–Z, a–z).
?	Stellt einen optionalen Buchstaben dar, klein oder groß geschrieben (A–Z, a–z).
&	Stellt ein erforderliches Zeichen dar. Verhält sich wie das Maskenzeichen L, wenn AsciiOnly auf True steht.
C	Stellt ein optionales Zeichen dar. Verhält sich wie das Maskenzeichen ?, wenn AsciiOnly auf True steht.
A, a	Stellt ein optionales alphanumerisches Zeichen dar. Wenn AsciiOnly auf True steht, sind nur A–Z und a–z zulässig.
.	Dezimaler Platzhalter. Stellt ein Dezimalzeichen dar. Das tatsächlich verwendete Zeichen ist das Dezimalzeichen, das vom FormatProvider des Steuerelements bestimmt wird.
,	Platzhalter für Tausender. Stellt ein Trennzeichen für Tausender dar. Das tatsächlich verwendete Zeichen ist das Tausender-Trennzeichen, das vom FormatProvider des Steuerelements bestimmt wird.
:	Stellt ein Zeittrennzeichen dar. Das tatsächlich verwendete Zeichen ist das Zeittrennzeichen, das vom FormatProvider des Steuerelements bestimmt wird.
/	Stellt ein Datumstrennzeichen dar. Das tatsächlich verwendete Zeichen ist das Datumstrennzeichen, das vom FormatProvider des Steuerelements bestimmt wird.
$	Stellt ein Währungssymbol dar. Das tatsächlich verwendete Zeichen ist das Währungssymbol, das vom FormatProvider des Steuerelements bestimmt wird.
<	In Kleinbuchstaben umwandeln. Konvertiert alle nachfolgenden Zeichen in Kleinbuchstaben.
>	In Großbuchstaben umwandeln. Konvertiert alle nachfolgenden Zeichen in Großbuchstaben.
|	Deaktiviert eine vorangegangene Umwandlung in Groß- oder Kleinbuchstaben.
\	Escape. Verwandelt ein nachfolgendes Maskenzeichen in ein Literal. Der doppelte umgekehrte Schrägstrich (\\) ist die Escape-Schreibweise für einen umgekehrten Schrägstrich.
Alle anderen Zeichen	Alle anderen Zeichen erscheinen für sich selbst im MaskedTextBox-Steuerelement und können vom Benutzer weder verschoben noch gelöscht werden.

Mit den Zeichen aus Tabelle 2.8 können Sie nach Bedarf eine Maske für das Textfeld mit formatierter Eingabe zusammenstellen. Wenn Sie die Mask-Eigenschaft des MaskedTextBox-Steuerelements mit der passenden Maske versehen, wird die zulässige Eingabe auf das Format beschränkt, das die Maske vorgibt. Tabelle 2.9 zeigt einige Beispiele für solche Masken sowie Beispiele für entsprechende Ein- und Ausgaben im Steuerelement.

Tabelle 2.9 Beispiele für Formatmasken

Formatmaske	Eingabetext	Angezeigter Text
(999)-000-0000	1234567890	(123)-456-7890
00/00/0000	07141969	07/14/1969: Beachten Sie, dass das tatsächlich verwendete Datumstrennzeichen vom `FormatProvider` des Steuerelements bestimmt wird.
$99,999.00	1234567	$12,345.00: Beachten Sie, dass die tatsächlich verwendeten Zeichen für das Währungssymbol, Tausender-Trennzeichen und Dezimaltrennzeichen vom `FormatProvider` des Steuerelements bestimmt werden.
LL>L|LLL<LL	AbcdABCD	AbCdABcd

Konfigurieren des *MaskedTextBox*-Steuerelements für Eingaben von Benutzern

Außer der Eigenschaft `Mask` verfügt das `MaskedTextBox`-Steuerelement noch über einige andere Eigenschaften, mit denen sich das Verhalten des Steuerelements bei Benutzereingaben steuern lässt. Die Eigenschaft `AsciiOnly` bestimmt, ob nur ASCII-Zeichen eingegeben werden dürfen. Steht diese Eigenschaft auf `True`, beschränkt sie die zulässigen Zeichen auf A–Z und a–z, andere Eingaben werden abgewiesen. Sie können das Steuerelement so einstellen, dass es die Benutzer über Eingabefehler informiert, indem Sie die Eigenschaft `BeepOnError` auf `True` stellen. Die Eigenschaft `SkipLiterals` entscheidet, ob Literale vom Benutzer erneut eingegeben werden können (wenn sie auf `True` steht) oder ob sie im `MaskedTextBox`-Steuerelement übersprungen werden (wenn sie auf `False` steht).

Von der Eigenschaft `RejectInputOnFirstFailure` hängt es ab, wie der Text behandelt wird, der ins `MaskedTextBox`-Steuerelement eingefügt wird. Wird eine Zeichenfolge ins `MaskedTextBox`-Steuerelement eingefügt, die nicht zur Maske in der `Mask`-Eigenschaft passt, so wird die gesamte Zeichenfolge zurückgewiesen, wenn `RejectInputOnFirstFailure` auf `True` steht. Steht die Eigenschaft auf `False`, nimmt das `MaskedTextBox`-Steuerelement alle Zeichen an, die zur Maske passen.

Die `Prompt`-Eigenschaft legt das Zeichen fest, das im `MaskedTextBox`-Steuerelement angezeigt wird, wenn an einer bestimmten Position noch kein Zeichen eingegeben wurde. Der Standardwert für das Eingabeaufforderungszeichen ist der Unterstrich (_). Von den Eigenschaften `AllowPromptAsInput` und `ResetOnPrompt` hängt es ab, wie das Eingabeaufforderungszeichen behandelt wird, wenn es eingegeben wird. Steht die `ResetOnPrompt`-Eigenschaft auf `True`, werden Eingabeaufforderungszeichen akzeptiert. Die Maske wird für diese Position zurückgesetzt, und der Cursor wechselt zur nächsten Position. Wenn die `ResetOnPrompt`-Eigenschaft auf `False` steht and die `AllowPromptAsInput`-Eigenschaft auf `True`, werden Eingabeaufforderungszeichen als reguläre Eingabe behandelt. Stehen beide Eigenschaften auf `False`, wird das Eingabeaufforderungszeichen zurückgewiesen. Die Eigenschaft `ResetOnSpace` steuert die Behandlung von Leerzeichen in derselben Weise, wie `ResetOnPrompt` die Behandlung von Eingabeaufforderungszeichen steuert.

Bearbeiten von Text im *MaskedTextBox*-Steuerelement

Der Text, der in einem `MaskedTextBox`-Steuerelement zu lesen ist, stimmt nicht zwangsläufig mit dem Text überein, der dem Benutzer zum Kopieren und Einfügen zur Verfügung steht, oder der Anwendung, sofern der Text programmgesteuert bearbeitet werden soll.

Die Eigenschaft `CutCopyMaskFormat` bestimmt, wie der Text aus dem `MaskedTextBox`-Steuerelement beim Ausschneiden oder Kopieren durch den Benutzer behandelt wird. Die Standardeinstellung für diese Eigenschaft ist `IncludeLiterals`. In diesem Fall werden Literale aus der Maske mit erfasst, wenn der Text ausgeschnitten oder kopiert wird. Eingabeaufforderungszeichen werden allerdings nicht übernommen. Sie können diese Eigenschaft auch auf `ExcludePromptAndLiterals` stellen, wobei weder Literale noch Eingabeaufforderungszeichen erfasst werden, oder auf `IncludePrompt`, wobei Eingabeaufforderungszeichen erfasst werden, Literale aber nicht, oder auf `IncludePromptAndLiterals`, wodurch auch Eingabeaufforderungszeichen und Literale einbezogen werden. Die Eigenschaft `TextMaskFormat` hat dieselben möglichen Werte und funktioniert genauso, was den Text aus der `Text`-Eigenschaft betrifft.

Schnelltest

1. Wie können Sie ein mehrzeiliges Textfeld erstellen?
2. Welche Aufgabe hat das `MaskedTextBox`-Steuerelement?

Antworten zum Schnelltest

1. Ein mehrzeiliges Textfeld können Sie mit einem `TextBox`-Steuerelement erstellen, indem Sie dessen `Multiline`-Eigenschaft auf `True` stellen.
2. Das `MaskedTextBox`-Steuerelement dient zur formatierten Anzeige von Daten und zur formatierten Eingabe von Daten. Bei der Eingabe wird zudem überprüft, ob die eingegebenen Daten im korrekten Format vorliegen.

Übung: Texteingabesteuerelemente

In dieser Übung fügen Sie zusätzliche Steuerelemente zu dem Projekt hinzu, das Sie in Lektion 2 erstellt haben. Sie fügen ein mehrzeiliges Textfeld hinzu, mit dem Sie den Benutzer zur Eingabe einer Adresse auffordern, und zur Erfassung einer Telefonnummer nehmen Sie ein `MaskedTextBox`-Steuerelement ins Projekt auf.

► **Übung 1: Hinzufügen von Texteingabesteuerelementen**

1. Laden Sie in Visual Studio das Projekt, das Sie in Lektion 2 erstellt haben, oder laden Sie das entsprechende Projekt aus dem *Code*-Ordner der Begleit-CD.
2. Klicken Sie im Projektmappen-Explorer mit einem Doppelklick auf *Form2*, um den Designer für `Form2` zu öffnen.
3. Ziehen Sie ein `TextBox`-Steuerelement von der Toolbox auf das Formular. Ziehen Sie außerdem ein `Label`-Steuerelement neben das `TextBox`-Steuerelement.
4. Legen Sie für die *Text*-Eigenschaft des `Label`-Steuerelements **Adresse** fest.
5. Stellen Sie die Eigenschaft *Multiline* des `TextBox`-Steuerelements auf *True* und die Eigenschaft *WordWrap* auf *False*. Stellen Sie die Eigenschaft *ScrollBars* auf *Both*. Ändern Sie die Größe des Textfelds so, dass es eine Adresse aufnehmen kann. Ziehen Sie von der Toolbox ein `MaskedTextBox`-Steuerelement und ein `Label`-Steuerelement auf das Formular.
6. Legen Sie für die *Text*-Eigenschaft des `Label`-Steuerelements **Telefonnummer** fest.
7. Legen Sie für die *Mask*-Eigenschaft des `MaskedTextBox`-Steuerelements **(999)-000-0000** fest.
8. *Nur C#*: Stellen Sie die *Modifiers*-Eigenschaften der `TextBox`- und `MaskedTextBox`-Steuerelemente auf *Internal*.

9. Klicken Sie im Projektmappen-Explorer mit der rechten Maustaste *Form1* an und wählen Sie *Code anzeigen*.
10. Tragen Sie im Ereignishandler `LinkLabel1_LinkClicked` den folgenden Code in den `If`-Block ein, unter dem Code, den Sie in Lektion 2 hinzugefügt haben:

```
' VB
MsgBox("Ihre Adresse ist " & Form2.TextBox3.Text)
MsgBox("Ihre Telefonnummer lautet " & Form2.MaskedTextBox1.Text)

// C#
MessageBox.Show("Ihre Adresse ist " + aForm.textBox3.Text);
MessageBox.Show("Ihre Telefonnummer lautet " + aForm.maskedTextBox1.Text);
```

11. Drücken Sie auf die Taste `F5`, um Ihre Anwendung zu starten und zu testen.

Zusammenfassung der Lektion

- Das `TextBox`-Steuerelement ermöglicht dem Benutzer die Eingabe von Text. Der eingegebene Text ist im Code über die Eigenschaft `Text` zugänglich.
- `TextBox`-Steuerelemente können einzeilig oder mehrzeilig sein, je nach Einstellung der `Multiline`-Eigenschaft.
- Das `MaskedTextBox`-Steuerelement lässt sich für die formatierte Eingabe und Anzeige von Text konfigurieren.
- Die Eigenschaft `Mask` legt in einem `MaskedTextBox`-Steuerelement die Formatierung des Textes fest.

Lernzielkontrolle

Die folgenden Fragen dienen dazu, die wichtigsten Lerninhalte dieser Lektion zu vertiefen. Die Fragen sind (in englischer Sprache) auch auf der Begleit-CD zu finden, falls Sie die elektronische Form der Fragen vorziehen.

Hinweis Die Antworten

Die Antworten auf die Fragen und Erläuterungen, warum die entsprechende Antwort richtig oder falsch ist, finden Sie im Abschnitt „Antworten" am Ende des Buchs.

---

1. Welche der folgenden Eigenschaften eines `TextBox`-Steuerelements sollte auf den angegebenen Wert eingestellt werden, um sicherzustellen, dass das `TextBox`-Steuerelement eine Folge von 10000 Zeichen aufnehmen kann?

   A. `Multiline = True`

   B. `WordWrap = True`

   C. `ScrollBars = True`

   D. `MaxLength = 10000`

2. Welcher der folgenden Werte für die Eigenschaft `Mask` eines `MaskedTextBox`-Steuerelements eignet sich für die Eingabe der (amerikanischen) Sozialversicherungsnummer? Die Sozialversicherungsnummer beginnt mit drei Ziffern, gefolgt von einem Bindestrich. Dann folgen zwei Ziffern, ein weiterer Bindestrich und schließlich vier Ziffern.
   A. `999-99-9999`
   B. `999/00/0000`
   C. `000-00-0000`
   D. `000/00/0000`
3. Sie haben ein `MaskedTextBox`-Steuerelement, dessen `Mask`-Eigenschaft für eine siebenstellige Telefonnummer auf `000-0000` gestellt wurde. Sie möchten die gesamte Zeichenfolge ausschneiden und einfügen können, einschließlich Bindestrich. Wenn aber das Programm die Telefonnummer vom `MaskedTextBox`-Steuerelement abruft, möchten Sie den Bindestrich ausschließen. Mit welcher der folgenden Einstellungen des `MaskedTextBox`-Steuerelements erreichen Sie das?
   A. Sie stellen die `CutCopyMaskFormat`-Eigenschaft auf `ExcludePromptAndLiterals` und `TextMaskFormat` auf `IncludeLiterals`.
   B. Sie stellen die `CutCopyMaskFormat`-Eigenschaft auf `IncludeLiterals` und `TextMaskFormat` auf `ExcludePromptAndLiterals`.
   C. Sie stellen die `CutCopyMaskFormat`-Eigenschaft auf `ExcludePromptAndLiterals` und `TextMaskFormat` auf `IncludePrompt`.
   D. Sie stellen die `CutCopyMaskFormat`-Eigenschaft auf `IncludeLiterals` und `TextMaskFormat` auf `IncludeLiterals`.

Rückblick auf dieses Kapitel

Zur weiteren Übung und Vertiefung der Lerninhalte dieses Kapitels können Sie Folgendes tun:

- Arbeiten Sie die Zusammenfassung des Kapitels durch.
- Arbeiten Sie die Liste der Schlüsselbegriffe durch, die in diesem Kapitel eingeführt wurden.
- Bearbeiten Sie die Übung mit Fallbeispiel. Diese Szenarien beschreiben anhand der Themen dieses Kapitels praxisnahe Situationen. Entwickeln Sie eine Lösung.
- Führen Sie die vorgeschlagenen Übungen durch.
- Machen Sie einen Übungstest.

Zusammenfassung des Kapitels

- Steuerelemente sind visuelle Komponenten, die für die Durchführung von Standardaufgaben vorgesehen sind. Sie können Steuerelemente im Designer zu einem Formular hinzufügen, indem Sie die Steuerelemente von der Toolbox auf das Formular ziehen.
- Die Visual Studio-IDE bietet mehrere Mechanismen zur Anordnung der Steuerelemente auf einem Formular:
  - *Eigenschaften*-Fenster
  - *Layout*-Symbolleiste
  - Snaplines
  - Steuerelementmodifikation mit der Maus im Designer
  - `Anchor`- und `Dock`-Eigenschaften
- Das `Button`-Steuerelement nimmt Befehle vom Benutzer entgegen und führt den vorgesehenen Code aus, wenn es angeklickt wird. Sie können Klicks mithilfe der Ereignisse `Button.Click` und `Button.MouseDown` auswerten.
- `Label`-Steuerelemente dienen hauptsächlich zur Anzeige von Texten, die nicht bearbeitet werden sollen, und eignen sich auch zur Definition von Zugriffstasten für andere Steuerelemente.
- Das `LinkLabel`-Steuerelement ermöglicht die Erstellung von Links nach Web-Art, die Webseiten oder andere Formulare öffnen, wenn sie angeklickt werden.
- Das `TextBox`-Steuerelement ermöglicht die Erfassung von Texteingaben des Benutzers und die Textanzeige. `TextBox`-Steuerelemente können einzeilig oder mehrzeilig sein.
- Mit dem `MaskedTextBox`-Steuerelement können Sie ein bestimmtes Format für die Textanzeige oder die Dateneingabe festlegen. Mit diesem Format lässt sich die Eingabe beschränken. Außerdem können Sie festlegen, wie das Format beim Ausschneiden und Einfügen behandelt wird.

Schlüsselbegriffe

Wissen Sie, was die folgenden Schlüsselbegriffe bedeuten? Sie können Ihre Antworten überprüfen, indem Sie die Begriffe im Glossar am Ende des Buchs nachschlagen.

- Zugriffstaste
- Ereignishandler
- Maske
- Snaplines

Übung mit Fallbeispiel

In den folgenden Übungen wenden Sie an, was Sie über den Einsatz von Steuerelementen gelernt haben. Die Antworten auf die Fragen finden Sie im Abschnitt „Antworten" am Ende des Buchs.

Szenario 1: Design einer einfachen Benutzeroberfläche

Ihre Firma Humongous Insurance erstellt eine Anwendung, mit deren Hilfe Kunden den zukünftigen Wert von Bonds und anderen Geldanlagen abschätzen können, die über mehrere Jahre bestehen. Als neuer Angestellter erhalten Sie eine einfache Aufgabe. Sie sollen das Frontend entwickeln und die Eingaben des Benutzers so aufbereiten, dass die Daten an eine Recheneinheit weitergeleitet werden können, die von einer anderen Gruppe entwickelt wird. Sie beginnen mit der Durchsicht der technischen Anforderungen.

Technische Anforderungen

Erstellen Sie eine Benutzeroberfläche, die auf einfache Weise folgende Informationen vom Benutzer einholt:

- Aktueller Anlagewert
- Angenommene Verzinsung
- Laufzeit (in Jahren)

Fragen

Beantworten Sie Ihrem Manager folgende Fragen:

1. Wie erstellen Sie eine leicht verständliche Schnittstelle, die dem Benutzer sinnvolle visuelle Rückmeldungen gibt, bei Bedarf deutlich die Währung hervorhebt und für alle drei erwähnten Faktoren die erforderlichen Eingaben des Benutzers erfasst?
2. Wie erreichen Sie es, dass die Navigation nicht nur mit der Maus, sondern auch mit der Tastatur erfolgen kann?

Szenario 2: Design einer Benutzeroberfläche

Ihre Firma wurde beauftragt, ein Reservierungssystem für einen Skiurlaubsort mit Chalets zu entwerfen und zu implementieren. Ihnen wurde die Aufgabe übertragen, eine Seite für die Eingabe und Anzeige von Kundendaten zu erstellen. Sie beginnen mit der Durchsicht der technischen Anforderungen.

Technische Anforderungen

Erstellen Sie eine Benutzeroberfläche, die auf einfache Weise folgende Informationen von den Benutzern einholt:

- Vor- und Zuname
- Adresse
- Ort, Land und Postleitzahl
- Kreditkartennummer
- Ein allgemeines Feld für Anmerkungen über den Kunden

- Gegen Ende der technischen Anforderungen finden Sie folgende Notiz vom Leiter der Sicherheitsabteilung: „Wir müssen mit den Kreditkartenangaben unserer Kunden besonders sorgfältig umgehen. Achten Sie darauf, dass die Angaben nicht zusammen mit den restlichen Daten angezeigt werden."

Fragen

Beantworten Sie Ihrem Manager folgende Fragen:

1. Welche Steuerelemente eignen sich am besten für die Benutzeroberfläche?
2. Wie erreichen Sie, dass die Kreditkartendaten zwar nicht angezeigt werden, aber trotzdem eingegeben werden können?

Vorgeschlagene Übungen

Führen Sie zur Vertiefung des Lernziels *Hinzufügen und Konfigurieren eines Windows Forms-Steuerelements* folgende Übungen durch und bearbeiten Sie auch die Übungen aus Kapitel 3.

Hinzufügen und Konfigurieren eines Windows Forms-Steuerelements

Führen Sie die Übungen 1, 2 und 3.

- **Übung 1** Erstellen Sie eine Anwendung, die eine einfache mathematische Berechnung durchführt und das Ergebnis anzeigt.
- **Übung 2** Erstellen Sie ein Frontend für ein Hotelreservierungssystem, das wichtige Daten über die Kunden erfasst.
- **Übung 3** Entwerfen Sie `MaskedTextBox`-Masken mit Formaten, die sich für Apartmentnummern, Kontennummern, Datum und Uhrzeit und andere Beispiele aus dem realen Leben eignen.

Machen Sie einen Übungstest

Die Übungstests auf der Begleit-CD zu diesem Buch (in englischer Sprache) bieten zahlreiche Möglichkeiten. Zum Beispiel können Sie einen Test machen, der ausschließlich die Themen eines bestimmten Lernziels behandelt, oder Sie können sich selbst mit dem gesamten Inhalt der Prüfung 70-526 testen. Sie können den Test so konfigurieren, dass er dem Ablauf einer echten Prüfung entspricht, oder Sie können einen Lernmodus verwenden, in dem Sie sich nach dem Beantworten einer Frage jeweils sofort die richtige Antwort und die Erklärungen ansehen können.

Weitere Informationen Übungstests

Einzelheiten zu allen Optionen, die bei den Übungstests zur Verfügung stehen, finden Sie im Abschnitt „So benutzen Sie die Übungstests" in der Einführung am Anfang dieses Buchs.

K A P I T E L 3

Anspruchsvolle Windows Forms-Steuerelemente

Dieses Kapitel führt mit der ausführlichen Beschreibung der Windows Forms-Steuerelemente fort, wo Kapitel 2, „Konfigurieren der Steuerelemente und Erstellen der Benutzeroberfläche", endete. In diesem Kapitel erfahren Sie, wie man Steuerelemente für die Anzeige von Listen, die Einstellung von Werten und Datumsangaben, die Anzeige von Bildern und für Webbesuche erstellt und konfiguriert, und wie man den Benutzer über Hintergrundprozesse informiert. Außerdem erfahren Sie, wie man ohne die in Kapitel 2 beschriebenen `Label`-Steuerelemente Zugriffstasten für Steuerelemente definiert.

In diesem Kapitel abgedeckte Prüfungsziele:

- Hinzufügen und Konfigurieren eines Windows Forms-Steuerelements
  - Anzeigen einer Optionsliste auf einem Windows-Formular mit einem `ListBox`-, `ComboBox`- oder `CheckedListBox`-Steuerelement
  - Ausrichten von Layout und Funktionalität eines Windows-Formulars auf die Anzeige von Listen
  - Implementieren von Steuerelementen zur Werteinstellung auf einem Windows-Formular
  - Konfigurieren eines `WebBrowser`-Steuerelements
  - Hinzufügen und Konfigurieren von Steuerelementen zur Datumseinstellung auf einem Windows-Formular
  - Anzeigen von Bildern mit Windows Forms-Steuerelementen
  - Konfigurieren der `NotifyIcon`-Komponente
  - Definieren von Zugriffstasten für Windows Forms-Steuerelemente

Lektionen in diesem Kapitel:

Bevor Sie beginnen

Die Bearbeitung der Lektionen dieses Kapitels setzt Folgendes voraus:

- Einen Computer, der den Mindestanforderungen an die Hardware entspricht, wie sie am Anfang des Buchs im Abschnitt „Einführung" beschrieben wurden.
- Visual Studio 2005 Professional Edition ist auf Ihrem Computer installiert.
- Sie verfügen über Grundkenntnisse der Syntax von Microsoft Visual Basic oder C# und über das .NET Framework.
- Sie haben Kapitel 1, „Windows Forms und die Benutzeroberfläche", durchgearbeitet oder wissen bereits, wie man Formulare erstellt, Steuerelemente zu Formularen hinzufügt und mit der Visual Studio Integrated Development Environment (IDE) arbeitet.

Praxistipp

Matt Stoecker

Wenn ich eine Benutzeroberfläche (User Interface, UI) erstelle, wird mir die Arbeit durch die große Zahl an verfügbaren Windows-Steuerelementen sehr erleichtert. Die integrierten Steuerelemente zur Anzeige von Listen und Bildern, zur Einstellung des Datums und von anderen Werten führen dazu, dass ich weniger Zeit mit der Kodierung der Benutzeroberfläche verbringen muss und mehr Zeit auf die gewünschte Funktionalität der Anwendung verwenden kann.

Lektion 1: Erstellen und Konfigurieren von Listenanzeigesteuerelementen

Bei der Entwicklung einer Benutzeroberfläche kommt es oft vor, dass Daten in Listenform angezeigt werden müssen und die Benutzer Einträge aus der Liste auswählen sollen. Visual Studio bietet mehrere Listensteuerelemente, die eine Reihe unterschiedlicher Präsentationsformen ermöglichen. In dieser Lektion erfahren Sie etwas über einfache Listensteuerelemente wie `ListBox`, `ComboBox` und `CheckedListBox`, sowie über spezielle Listensteuerelemente wie `ListView`, `TreeView`, `NumericUpDown` und `DomainUpDown`. Sie erfahren auch, wie man Listen anzeigt und Listeneinträge auswählt.

Am Ende dieser Lektion werden Sie in der Lage sein, die folgenden Aufgaben auszuführen:

- Per Programmcode bestimmen, welcher Eintrag an einer bestimmten Position der Liste steht
- Hinzufügen oder Entfernen von Einträgen aus einer Liste, die von einem Listensteuerelement geführt wird
- Binden eines Listensteuerelements an eine Datenquelle
- Sortieren von Listen
- Anzeigen von Daten in der Dropdownliste eines Kombinationsfelds
- Auswählen von einem oder mehreren Listeneinträgen aus einer vordefinierten Liste
- Verwenden des `ListView`-Steuerelements zur Anzeige von Listeneinträgen mit Symbolen
- Verwenden des `TreeView`-Steuerelements zur Anzeige von Listenelementen in einer hierarchischen Strukturansicht
- Konfigurieren des `DomainUpDown`-Steuerelements für die Anzeige einer Liste mit Textzeilen
- Konfigurieren des `NumericUpDown`-Steuerelements für die Anzeige einer Zahlenliste

Veranschlagte Zeit für diese Lektion: 60 Minuten

Überblick über Listensteuerelemente

Die Grundformen der Listensteuerelemente sind die Steuerelemente `ListBox`, `ComboBox` und `CheckedListBox`. Auch wenn sie sich in Aussehen und Funktionsweise voneinander unterscheiden, organisiert und präsentiert jedes dieser Steuerelemente Datenlisten in derselben Weise, und jedes dieser Steuerelemente verfügt über eine `Items`-Auflistung, in der die betreffenden Listeneinträge gespeichert sind.

Die `Items`-Auflistung ist im Wesentlichen eine Gruppe von Objekten. Obwohl es sich bei diesen Objekten meistens um Zeichenfolgen handelt, braucht das nicht zwangsläufig so zu sein. Wenn eine Auflistung aber eine Zeichenfolge enthält, wird die Textdarstellung des betreffenden Objekts im Steuerelement angezeigt.

ListBox-Steuerelement

Das `ListBox`-Steuerelement ist das einfachste der Listensteuerelemente. Es dient hauptsächlich zur Anzeige einer einfachen Liste mit einer Benutzeroberfläche, die eine einfache Navigation ermöglicht. Benutzer können einen oder mehrere Einträge auswählen. Tabelle 3.1 beschreibt wichtige Eigenschaften des `ListBox`-Steuerelements.

Tabelle 3.1 Wichtige Eigenschaften des `ListBox`-Steuerelements

Eigenschaft	Beschreibung
`DataSource`	Legt die Quelle für die Datenbindung des Steuerelements fest.
`DisplayMember`	Stellt das Datenelement dar, das im Steuerelement angezeigt wird.
`FormatString`	Gibt eine Formatmaske an, die zur Formatierung der Einträge im Steuerelement benutzt wird, wenn die Eigenschaft `FormattingEnabled` auf `True` steht.
`FormattingEnabled`	Bestimmt, ob die Listeneinträge mit der Maske aus der Eigenschaft `FormatString` formatiert werden.
`Items`	Gibt eine Auflistung der Listeneinträge zurück.
`MultiColumn`	Gibt an, ob dieses Steuerelement Listeneinträge in mehreren Spalten anzeigt oder nur einspaltig.
`SelectedIndex`	Ruft den Index des ausgewählten Listenelements ab. Kann den Index eines beliebigen ausgewählten Listenelements zurückgeben, wenn die Eigenschaft `SelectionMode` auf `MultiSimple` oder `MultiExtended` steht.
`SelectedIndices`	Gibt eine Auflistung mit den Indizes der ausgewählten Listenelemente zurück.
`SelectedItem`	Gib das ausgewählte Listenelement zurück. Gibt alle ausgewählten Listenelemente zurück, wenn die Eigenschaft `SelectionMode` auf `MultiSimple` oder `MultiExtended` steht.
`SelectedItems`	Gibt eine Auflistung aller ausgewählten Listenelemente zurück.
`SelectedValue`	Gibt in einem datengebundenen Steuerelement den Wert zurück, der mit dem ausgewählten Listenelement verknüpft ist. Handelt es sich nicht um ein datengebundenes Steuerelement oder ist `ValueMember` nicht eingestellt worden, gibt diese Eigenschaft den `ToString`-Wert des ausgewählten Listenelements zurück.
`SelectionMode`	Bestimmt, wie viele Einträge in einem `ListBox`-Steuerelement ausgewählt werden können. Gültige Werte sind `None`, `Single`, `MultiSimple` oder `MultiExtended`. `MultiSimple` erlaubt die Auswahl mehrerer Objekte, und `MultiExtended` erlaubt die Verwendung der UMSCHALT- und STRG-Tasten bei einer Mehrfachauswahl.
`ValueMember`	Gibt das Datenelement an, das die Werte für das `ListBox`-Steuerelement enthält.

ComboBox-Steuerelement

Das `ComboBox`-Steuerelement ähnelt dem `ListBox`-Steuerelement. Aber es ermöglicht dem Benutzer nicht nur die Auswahl von Listenelementen aus einer Liste, sondern gibt ihm zusätzlich auch die Gelegenheit, den gewünschten Eintrag direkt in einem Eingabefeld vorzunehmen. Außerdem kann das `ComboBox`-Steuerelement so eingerichtet werden, dass es eine Optionsliste anzeigt oder eine Dropdownliste mit Optionen anbietet. Tabelle 3.2 beschreibt die wichtigen Eigenschaften eines `ComboBox`-Steuerelements.

Tabelle 3.2 Wichtige Eigenschaften des `ComboBox`-Steuerelement

Eigenschaft	Beschreibung
`DataSource`	Legt die Quelle für die Datenbindung des Steuerelements fest.
`DisplayMember`	Stellt das Datenelement dar, das im Steuerelement angezeigt wird.
`DropDownHeight`	Legt die maximale Höhe des Dropdownfelds fest. ▶

Eigenschaft	Beschreibung
DropDownStyle	Steuert die Darstellung und Funktionalität des Kombinationsfelds. Kann auf Simple gestellt werden, wodurch das Steuerelement einem ListBox-Steuerelement ähnelt, oder auf die Standardeinstellung DropDown, oder auf DropDownList. Diese Einstellung ähnelt DropDown, aber der Benutzer kann dann keine neuen Werte eingeben.
DropDownWidth	Legt die Breite des Dropdownfelds fest.
FormatString	Gibt eine Formatmaske an, die zur Formatierung der Einträge im Steuerelement benutzt wird, wenn die Eigenschaft FormattingEnabled auf True steht.
FormattingEnabled	Bestimmt, ob die Listeneinträge mit der Maske aus der Eigenschaft FormatString formatiert werden.
Items	Gibt eine Auflistung der Listeneinträge zurück.
SelectedIndex	Ruft den Index des ausgewählten Listenelements ab.
SelectedItem	Gib das ausgewählte Listenelement zurück.
SelectedValue	Gibt in einem datengebundenen Steuerelement den Wert zurück, der mit dem ausgewählten Listenelement verknüpft ist. Handelt es sich nicht um ein datengebundenes Steuerelement oder ist ValueMember nicht eingestellt worden, gibt diese Eigenschaft den ToString-Wert des ausgewählten Listenelements zurück.
ValueMember	Gibt das Datenelement an, das die Werte für das ComboBox-Steuerelement enthält.

CheckedListBox-Steuerelement

Das CheckedListBox-Steuerelement zeigt eine Liste mit Listenelementen an und ermöglicht den Benutzern die Auswahl von mehreren Listenelementen, und zwar durch die Markierung von Kontrollkästchen, die neben den Listenelementen angezeigt werden. Man kann zwar eine beliebige Anzahl von Listenelementen markieren, aber zu jedem Zeitpunkt immer nur eines auswählen. Mit der Auflistung CheckedItems können Sie eine Auflistung der markierten Listenelemente abrufen. Die Auflistung CheckedIndizes liefert Ihnen eine Auflistung der Indizes von den markierten Listenelementen. Tabelle 3.3 zeigt wichtige Eigenschaften des CheckedListBox-Steuerelements.

Tabelle 3.3 Wichtige Eigenschaften des CheckedListBox-Steuerelements

Eigenschaft	Beschreibung
CheckedIndices	Gibt eine Auflistung der Indizes der markierten Listeneinträge zurück.
CheckedItems	Gibt eine Auflistung der markierten Listeneinträge zurück.
FormatString	Gibt eine Formatmaske an, die zur Formatierung der Einträge benutzt wird, wenn die Eigenschaft FormattingEnabled auf True steht.
FormattingEnabled	Bestimmt, ob die Listeneinträge mit der Maske aus der Eigenschaft FormatString formatiert werden.
Items	Gibt eine Auflistung der Listeneinträge zurück.
MultiColumn	Gibt an, ob dieses Steuerelement Listeneinträge in mehreren Spalten anzeigt oder nur einspaltig.
SelectedIndex	Ruft den Index des ausgewählten Listenelements ab.
SelectedItem	Gib das ausgewählte Listenelement zurück.

Sie können ein Listenelement mit der Methode `SetItemChecked` markieren oder seine Markierung aufheben:

```
' VB
CheckedListBox.SetItemChecked(0, True)

// C#
checkedListBox.SetItemChecked(0, true);
```

Sie können auch die Methode `SetItemCheckState` verwenden, um den Markierungszustand (`CheckState`) eines Listenelements genauer festzulegen:

```
' VB
CheckedListBox.SetItemCheckState(0, CheckState.Indeterminate)

// C#
checkedListBox.SetItemCheckState(0, CheckState.Indeterminate);
```

Hinzufügen und Entfernen von Listenelementen

Listenelemente können Sie zur Entwurfszeit im Designer zu einem Listensteuerelement hinzufügen oder wieder entfernen, oder per Programmcode zur Laufzeit.

Um ein Listensteuerelement zur Entwurfszeit mit Elementen zu versehen, wählen Sie das Steuerelement im Designer aus und dann im Eigenschaftenfenster die Eigenschaft *Items*. Der Zeichenfolgen-Editor öffnet sich (Abbildung 3.1). Er zeigt alle Listenelemente, die zu diesem Zeitpunkt im Steuerelement vorhanden sind. Zu dieser Liste können Listenelemente hinzugefügt oder entfernt werden.

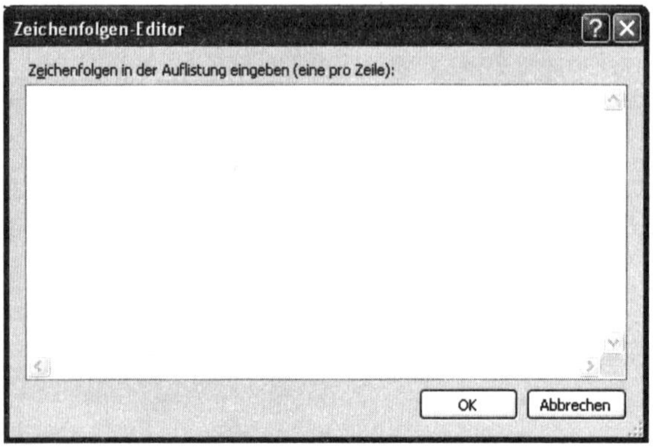

Abbildung 3.1 Der Zeichenfolgen-Editor

Mit dem entsprechenden Programmcode können Sie Listenelemente auch zur Laufzeit zum Steuerelement hinzufügen oder wieder entfernen. Verwenden Sie die Methode `Items.Add`, wie im folgenden Beispiel:

```
' VB
ListBox1.Items.Add("Dieser Text wird in die Liste eingetragen")

// C#
listBox1.Items.Add("Dieser Text wird in die Liste eingetragen");
```

Wenn mehrere Listenelemente auf einmal hinzuzufügen sind, können Sie mit der Methode `AddRange` ein Array mit Listenelementen zum Steuerelement hinzufügen, wie hier gezeigt:

```
' VB
ListBox1.Items.AddRange(New String() {"Eintrag1", "Eintrag2", "Eintrag3"})

// C#
listBox1.Items.AddRange(new String[] {"Eintrag1", "Eintrag2", "Eintrag3"});
```

Mit der Methode `Items.Insert` können Sie einen Eintrag an einer bestimmten Position in der Liste vornehmen. Der Index des Eintrags wird von 0 an gezählt. Das erste Listenelement ist also unter dem Index 0 zugänglich. Wenn Sie ein Listenelement an einer Position einfügen, an der bereits ein Listenelement vorhanden ist, werden das betreffende Element und alle nachfolgenden Elemente um eine Position nach hinten verschoben. Der folgende Code zeigt, wie man ein Element an der dritten Stelle in eine Liste einträgt. Im Beispiel wird vorausgesetzt, dass es im Steuerelement `ListBox1` bereits einige Listenelemente gibt.

```
' VB
ListBox1.Items.Insert(2, "Dies wird das dritte Listenelement")

// C#
listBox1.Items.Insert(2, "Dies wird das dritte Listenelement");
```

Mit der Methode `Items.Remove` können Sie ein Element aus der Liste entfernen. Diese Methode braucht einen Verweis auf das Objekt, das Sie aus der `Items`-Auflistung entfernen möchten. Wenn Ihr Steuerelement eine Auflistung von Objekten enthält, bei denen es sich nicht um Zeichenfolgen handelt, müssen Sie einen Verweis auf das eigentliche Objekt übergeben, um es zu entfernen. Die Textdarstellung, die im Steuerelement angezeigt wird, reicht in diesem Fall nicht aus. Das folgende Beispiel zeigt einen Aufruf der Methode `Items.Remove`.

```
' VB
ListBox1.Items.Remove("Dieses Listenelement wird entfernt")

// C#
listbox1.Items.Remove("Dieses Listenelement wird entfernt");
```

Wenn Sie das Element nicht kennen, das Sie zur Laufzeit entfernen möchten, aber über den Index des Elements in der Liste verfügen, können Sie die Methode `Items.RemoveAt` verwenden. Diese Methode entfernt das Listenelement am angegebenen Index und passt die Indizes der nachfolgenden Listenelemente automatisch an. Das folgende Codebeispiel zeigt einen Aufruf der Methode `Items.RemoveAt`:

```
' VB
' Entferne das dritte Listenelement
ListBox1.Items.RemoveAt(2)

// C#
// Entferne das dritte Listenelement.
listBox1.Items.RemoveAt(2);
```

Zur Entfernung aller Listenelemente aus einem Listensteuerelement können Sie die Methode `Items.Clear` verwenden, wie im folgenden Beispiel:

```
' VB
ListBox1.Items.Clear()

// C#
listBox1.Items.Clear();
```

Bestimmen der Position eines Listenelements in einer Liste

Wenn Sie in der laufenden Anwendung herausfinden möchten, an welcher Stelle ein bestimmtes Listenelement in einer Liste steht, können Sie die Methode `Items.IndexOf` verwenden. Diese Methode erwartet das gesuchte Listenelement als Argument und gibt den Index des betreffenden Elements zurück. Ist das Element nicht in der `Items`-Auflistung vorhanden, gibt die Methode `IndexOf` den Wert –1 zurück. Das folgende Beispiel zeigt einen Aufruf der Methode `IndexOf`:

```
' VB
Dim anIndex As Integer
anIndex = ListBox1.Items.IndexOf("Eine Zeichenfolge")

// C#
int anIndex;
anIndex = listBox1.Items.IndexOf("Eine Zeichenfolge");
```

Sie können im Programmcode mit der Eigenschaft `SelectedIndex` auch den Index eines Listenelements ermitteln, das vom Benutzer ausgewählt wurde. Die Eigenschaft `SelectedIndex` gibt den Index des Listenelements zurück, das zur Laufzeit in der Benutzeroberfläche gewählt wurde. Wurden mehrere Listenelemente ausgewählt, kann die Eigenschaft `SelectedIndex` den Index eines beliebigen ausgewählten Elements zurückgeben. Das folgende Beispiel zeigt, wie man `SelectedIndex` benutzt:

```
' VB
Dim anIndex As Integer
anIndex = ListBox1.SelectedIndex

// C#
int anIndex;
anIndex = listBox1.SelectedIndex;
```

Wurde die `SelectionMode`-Eigenschaft des `ListBox`-Steuerelements auf `MultiSimple` oder `MultiExtended` gestellt, können Sie von der Eigenschaft `SelectedIndices` die Indizes aller ausgewählten Listenelemente abrufen, wie im folgenden Beispiel:

```
' VB
For Each i As Integer In ListBox1.SelectedIndices
   Console.WriteLine(ListBox1.Items(i).ToString)
Next

// C#
foreach (int i in listBox1.SelectedIndices)
{
   Console.WriteLine(listBox1.Items[i].ToString());
}
```

Binden von Listensteuerelementen an Datenquellen

Sie werden häufig Daten in Listensteuerelementen für die Benutzer anzeigen. Zur Vereinfachung können Sie `ListBox`- und `ComboBox`-Steuerelemente (aber keine `CheckedListBox`-Steuerelemente) an Datenquellen binden. Zur Bindung eines Listensteuerelements an eine Spalte einer Datentabelle verwenden Sie die Eigenschaften `DataSource`, `DisplayMember` und `ValueMember`.

Fügen Sie eine Datenquelle zu Ihrem Projekt hinzu. Wie man Datenquellen ins Projekt aufnimmt, wird ausführlich beschrieben in Kapitel 5, „Konfigurieren von Verbindungen und Verbinden mit Daten".

► So binden Sie ein Listensteuerelement an eine Datenquelle

1. Wählen Sie im Designer das Listensteuerelement aus, das Sie an eine Datenquelle binden möchten.
2. Klicken Sie im Eigenschaftenfenster auf die Eigenschaft *DataSource*, um die Schnittstelle zur Datenquellenkonfiguration zu öffnen (Abbildung 3.2). Stellen Sie in der `DataSource`-Eigenschaft eine Tabelle aus einer der Datenquellen ein, die es in Ihrem Projekt gibt.

Abbildung 3.2 Einstellen der `DataSource`-Eigenschaft

3. Klicken Sie im Eigenschaftenfenster auf die Eigenschaft *DisplayMember*. Visual Studio zeigt die Spalten der ausgewählten Tabelle an. Wählen Sie die Spalte, deren Datenelemente im Steuerelement angezeigt werden sollen.
4. Klicken Sie im Eigenschaftenfenster auf die Eigenschaft *ValueMember*. Wählen Sie in der Schnittstelle den Namen der Spalte aus, mit der das Steuerelement verbunden werden soll. Das

ist die Spalte, aus deren Einträgen der Wert stammt, der für den ausgewählten Index vom Steuerelement zurückgegeben wird.

Die Eigenschaft `DataSource` gibt die Datenquelle an (gewöhnlich eine Datentabelle), aus der das Steuerelement seine Daten bezieht. Die Eigenschaft `DisplayMember` stellt die Tabellenspalte aus der Datenquelle dar, die im Steuerelement für den Benutzer angezeigt wird. Mit der Eigenschaft `ValueMember` können Sie eine weitere Tabellenspalte mit Datenelementen für das Steuerelement verfügbar machen. Sie stellen zum Beispiel die Eigenschaft `DisplayMember` auf die Spalte `Produkte` ein, damit für den Benutzer eine Produktliste angezeigt wird. `ValueMember` stellen Sie aber auf die Spalte `Produktcode` ein, die einen numerischen Produktcode liefert. Wenn nun ein Listenelement ausgewählt wird, gibt die Eigenschaft `SelectedItem` das Listenelement zurück, das im `ListBox`-Steuerelement angezeigt wird, und die Eigenschaft `SelectedValue` gibt den entsprechenden Eintrag aus der Spalte `Produktcode` zurück.

Sortieren in Listensteuerelementen

Sie können die in einem Listensteuerelement angezeigten Objekte sortieren, indem Sie die Eigenschaft `Sorted` auf `True` stellen, wie im folgenden Beispiel:

```
' VB
ListBox1.Sorted = True

// C#
listBox1.Sorted = true;
```

Das Sortieren der Daten in der Datenquelle wird beschrieben in Kapitel 7, „Erstellen, Hinzufügen, Löschen und Bearbeiten von Daten in einer nicht verbundenen Umgebung".

Festlegen eines Formats für die Elemente, die in einem Listensteuerelement angezeigt werden

Sie können die Listenelemente formatieren, die in einem Listensteuerelement angezeigt werden. Wenn Sie zum Beispiel eine Liste mit Geldbeträgen anzeigen, können Sie die Zahlen so formatieren, wie es für Währungen üblich ist. Die Beträge werden dann in einem Währungsformat angezeigt, wie es in dem Land üblich ist, in dem die Anwendung betrieben wird.

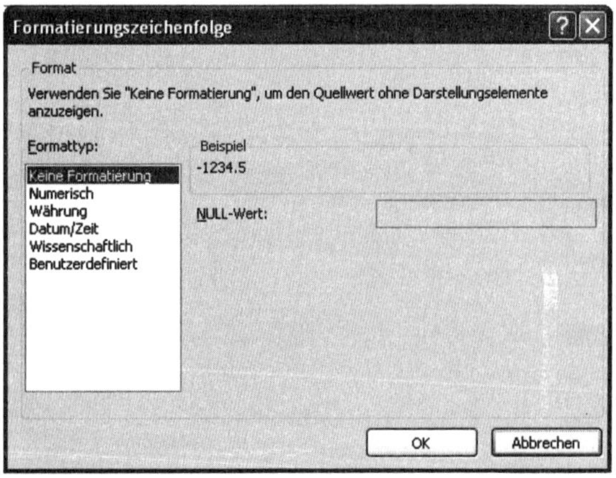

Abbildung 3.3 Das Dialogfeld *Formatierungszeichenfolge*

Das Anzeigeformat können Sie zur Entwurfszeit für ein Listensteuerelement festlegen, indem Sie dessen `FormatString`-Eigenschaft entsprechend einstellen. Nachdem Sie die Eigenschaft *FormatString* im Eigenschaftenfenster ausgewählt haben, können Sie das Dialogfeld *Formatierungszeichenfolge* öffnen (Abbildung 3.3).

Die Eigenschaft `FormattingEnabled` bestimmt, ob die in `FormatString` eingetragene Formatierung verwendet wird. Wenn die `FormattingEnabled`-Eigenschaft auf `True` steht, werden die Einträge in dem Format im Steuerelement angezeigt, das von der `FormatString`-Eigenschaft angegeben wird.

Benutzerdefinierte Formatzeichenfolgen

Wenn unter den vordefinierten Formaten nicht das richtige Format für ein Listenelement zu finden ist, können Sie selbst passende Formatzeichenfolgen zusammenstellen. Tabelle 3.4 beschreibt die Zeichen, die Ihnen für die Erstellung von Formatzeichenfolgen zur Verfügung stehen.

Tabelle 3.4 Formatzeichen für benutzerdefinierte Formatzeichenfolgen

Zeichen	Beschreibung
0	Null-Platzhalter. Steht in dem zu formatierenden Wert eine Ziffer an der Position, an der die „0“ in der Formatzeichenfolge steht, wird die Ziffer in die resultierende Zeichenfolge übernommen. Die Positionen der „0“, die am weitesten links vor dem Dezimalzeichen steht, und der „0“, die am weitesten rechts nach dem Dezimalzeichen folgt, bestimmen den Ziffernbereich, der in der resultierenden Zeichenfolge immer vorhanden ist. Beachten Sie bitte, dass die Angabe „00“ bewirkt, dass der Wert auf die nächste Ziffer vor der Dezimalstelle gerundet wird, wobei von null weg gerundet wird. Die Formatierung der Zahl 34.5 mit "00" würde zum Beispiel den Wert 35 ergeben.
#	Ziffernplatzhalter. Steht in dem zu formatierenden Wert eine Ziffer an der Position, an der „#“ in der Formatzeichenfolge steht, wird die Ziffer in die resultierende Zeichenfolge übernommen. Andernfalls wird nichts in diese Position der resultierenden Zeichenfolge übernommen. Beachten Sie bitte, dass dieser Bezeichner nie das Zeichen „0“ anzeigt, wenn es sich nicht um eine signifikante Ziffer handelt, selbst wenn „0“ die einzige Ziffer in der Zeichenfolge ist. Er zeigt das Zeichen „0“ an, wenn es sich in der anzuzeigenden Zahl um eine signifikante Ziffer handelt. Die Formatzeichenfolge "##" bewirkt, dass der Wert auf die nächste Ziffer vor der Dezimalstelle gerundet wird, wobei von null weg gerundet wird. Die Formatierung der Zahl 34.5 mit "##" würde zum Beispiel den Wert 35 ergeben.
.	Dezimalzeichen. Das erste „.“-Zeichen legt die Position des ersten Dezimalzeichens im formatierten Wert fest. Alle weiteren „.“-Zeichen werden ignoriert. Beachten Sie bitte, dass das tatsächlich verwendete Zeichen dem Dezimalzeichen aus dem aktuellen Gebietsschema entspricht.
,	Tausendertrennzeichen und Skalierung. Enthält die Formatzeichenfolge zwischen zwei Ziffernplatzhaltern (0 oder #) und links vom Dezimalzeichen, sofern vorhanden, ein „,“-Zeichen, werden in der Ausgabe zwischen jeder aus drei Ziffern bestehenden Gruppe links vom Dezimalzeichen Tausendertrennzeichen eingefügt. Das in der resultierenden Zeichenfolge tatsächlich als Trennzeichen verwendete Zeichen wird von der Eigenschaft `NumberGroupSeparator` des aktuellen `NumberFormatInfo`-Objekts festgelegt, das die Formatierung kontrolliert. Enthält die Formatzeichenfolge unmittelbar links vom Dezimalzeichen eines oder mehrere „,“-Zeichen, wird die Zahl vor der Formatierung entsprechend oft durch tausend geteilt. Mit der Formatzeichenfolge "0,," werden 100 Millionen zum Beispiel einfach nur als 100 dargestellt.
%	Prozentplatzhalter. Die Anwesenheit des Symbols % bewirkt, dass die darzustellende Zahl vor der Formatierung mit 100 multipliziert wird. Das Symbol % erscheint an der Stelle, an der es in der Formatzeichenfolge erscheint. ►

Zeichen	Beschreibung
E0, E+0, E–0, e0, e+0, e–0	Wissenschaftliche Schreibweise. Ist eine der Zeichenfolgen "E", "E+", "E–", "e", "e+" oder "e–" in der Formatzeichenfolge vorhanden und schließt sich mindestens ein „0"-Zeichen daran an, wird die Zahl in wissenschaftlicher Schreibweise dargestellt, wobei zwischen Zahl und Exponent ein „E" oder „e" angezeigt wird. Die Zahl der „0"-Zeichen, die dem Indikator für die wissenschaftliche Schreibweise folgen, legt die Mindestzahl an Ziffer fest, die für den Exponenten angezeigt werden. Die Formate "E+" und "e+" bedeuten, dass vor dem Exponenten immer ein Vorzeichen stehen soll (plus oder minus). Die Formate "E", "E–", "e" oder "e–" bedeuten, dass ein Vorzeichen nur vor einem negativen Exponenten angezeigt werden soll.
\	Escapezeichen. In C# wird dieses Zeichen benutzt, um auf eine besondere Bedeutung des nachfolgenden Zeichens hinzuweisen. Es bildet mit dem nachfolgenden Zeichen eine Escapesequenz. In Visual Basic hat dieses Zeichen keine Wirkung.
"ABC", 'ABC'	Literale. Zeichen, die in "" oder '' angegeben werden, werden in der formatierten Zeichenfolge als Literale angezeigt.
;	Abschnittstrennzeichen. Das Zeichen „;" dient zur Trennung der Abschnitte für positive und negative Zahlen und Nullwerte in der Formatzeichenfolge. Sie können in einer Formatzeichenfolge bis zu drei Abschnitte angeben, die jeweils ein eigenes Format enthalten. Diese Abschnitte müssen durch „;"-Zeichen voneinander getrennt werden und werden auf positive und negative Zahlen und auf Nullwerte angewendet (in dieser Reihenfolge).
Andere Zeichen	Andere Zeichen in der Formatzeichenfolge werden als Literale dargestellt.

Auswählen von Listenelementen in einem Listensteuerelement

Mit den Eigenschaften `SelectedItem` oder `SelectedIndex` können Sie im Programmcode Listenelemente eines Listensteuerelements auswählen. Wie das geschieht, zeigt das folgende Beispiel:

```
' VB
ListBox1.SelectedItem = "Dieses Element wird ausgewählt"

// C#
listBox1.SelectedItem = "Dieses Element wird ausgewählt";
```

Wird die Eigenschaft `SelectedItem` auf einen Eintrag gestellt, den es im Steuerelement nicht gibt, hat dies keine Auswirkung und es wird kein Listenelement ausgewählt.

Wenn das Steuerelement Mehrfachauswahlen zulässt, können Sie mehrere Einträge auswählen, indem Sie die Eigenschaft `SelectedItem` nacheinander auf den jeweils gewünschten Wert einstellen. Das funktioniert aber nur, wenn die Eigenschaft `SelectionMode` auf `MultiSimple` oder `MultiExtend` (wird nur vom `ListBox`-Steuerelement unterstützt) eingestellt ist. Einmal ausgewählt, bleibt ein Listenelement ausgewählt, bis der Benutzer die Auswahl aufhebt. Ein Beispiel:

```
' VB
ListBox1.SelectedItem = "Dieses Element wird ausgewählt"
ListBox1.SelectedItem = "Dieses Element wird auch ausgewählt"

// C#
listBox1.SelectedItem = "Dieses Element wird ausgewählt";
listBox1.SelectedItem = "Dieses Element wird auch ausgewählt";
```

Die Eigenschaft SelectedIndex funktioniert ähnlich wie SelectedItem. Allerdings handelt es sich dabei um einen Integer-Typ, dessen Wert der Position des Listenelements in der Liste entspricht. Sie können einen Listeneintrag im Steuerelement auswählen, indem Sie die Eigenschaft SelectedIndex auf den entsprechenden Index stellen, und Sie können mehrere Einträge auswählen, indem Sie die Eigenschaft nacheinander auf die betreffenden Indexwerte einstellen. Der wichtigste Unterschied zwischen der Eigenschaft SelectedItem und der Eigenschaft SelectedIndex besteht darin, dass SelectedItem bei dem Versuch, die Eigenschaft auf einen ungültigen Indexwert zu stellen, eine Ausnahme auslöst.

ListView-Steuerelement

Das ListView-Steuerelement ermöglicht Ihnen die Anzeige von Listen, wobei Listenelemente auch mit Symbolen dargestellt werden können, in ähnlicher Weise, wie es im Windows Explorer geschieht. Im ListView-Steuerelement können Sie die Listenelemente mit großen oder kleinen Symbolen darstellen oder mit zusätzlichen Angaben versehen. Tabelle 3.5 beschreibt wichtige Eigenschaften des ListView-Steuerelements.

Tabelle 3.5 Wichtige Eigenschaften des ListView-Steuerelements

Eigenschaft	Beschreibung
Columns	Enthält die Auflistung der Spalten, die angezeigt werden, wenn die Eigenschaft View auf Details steht.
Groups	Enthält eine optionale Auflistung von Gruppen, mit der die Listenelemente aus der Items-Auflistung Gruppen zugeordnet werden können.
Items	Eine Auflistung von ListViewItem-Objekten, die im ListView-Steuerelement angezeigt werden.
LargeImageList	Die ImageList-Komponente, aus der die Bilder für die ListViewItem-Objekte entnommen werden, wenn die Eigenschaft View auf LargeIcon steht.
ShowGroups	Bestimmt, ob die Gruppen aus der Groups-Auflistung angezeigt werden.
SmallImageList	Die ImageList-Komponente, aus der die Bilder für die ListViewItem-Objekte entnommen werden, wenn die Eigenschaft View auf SmallIcon steht.
View	Gibt an, in welcher Weise ListView-Einträge angezeigt werden.

Die wichtigste Eigenschaft des ListView-Steuerelements ist die Items-Eigenschaft. Diese Eigenschaft enthält eine Auflistung von ListViewItem-Objekten. Anders als bei den bisher beschriebenen Listensteuerelementen handelt es sich bei ListViewItem-Objekten um spezielle Objekte, die zusätzliche Informationen über die Einträge enthalten, die im Steuerelement angezeigt werden, beispielsweise die angezeigten Symbole. Tabelle 3.6 beschreibt wichtige Eigenschaften der Klasse ListViewItem .

Tabelle 3.6 Wichtige Eigenschaften der `ListViewItem`-Klasse

Eigenschaft	**Beschreibung**
`Group`	Die Gruppe in der Auflistung `Groups` des `ListView`-Steuerelements, sofern vorhanden, zu der das `ListViewItem`-Objekt gehört.
`ImageIndex`	Der Index des Bilds, sofern vorhanden, das für das Listenelement benutzt wird, wenn die `View`-Eigenschaft auf `LargeIcon` oder auf `SmallIcon` steht. Wenn die `ImageIndex`-Eigenschaft festgelegt wird, wird die `ImageKey`-Eigenschaft automatisch auf eine leere Zeichenfolge ("") zurückgesetzt.
`ImageKey`	Der Schlüssel des Bilds, sofern vorhanden, das für das Listenelement benutzt wird, wenn die `View`-Eigenschaft auf `LargeIcon` oder auf `SmallIcon` steht. Wenn die `ImageKey`-Eigenschaft festgelegt wird, wird die `ImageIndex`-Eigenschaft automatisch auf –1 zurückgesetzt.
`SubItems`	Enthält die untergeordneten Elemente, die angezeigt werden, wenn die `View`-Eigenschaft auf `Details` steht. Diese Elemente müssen den Spalten in der Auflistung `Columns` des `ListView`-Steuerelements entsprechen.
`Text`	Der Text, der im `ListView`-Steuerelement angezeigt wird.

Sie können `ListViewItem`-Objekte zum `ListView`-Steuerelement hinzufügen und die Eigenschaften der einzelnen `ListViewItem`-Objekte bearbeiten, wenn Sie die Eigenschaft *Items* des `ListView`-Steuerelements anklicken und den ListViewItem-Auflistungs-Editor öffnen (Abbildung 3.4).

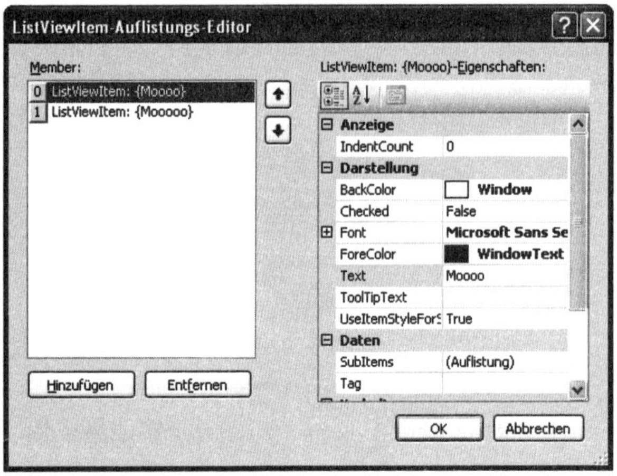

Abbildung 3.4 Der ListViewItem-Auflistungs-Editor

Das `ListView`-Steuerelement verwaltet die Bilder für die `ListViewItem`-Objekte in `ImageList`-Objekten, die in den Eigenschaften `SmallImageList` und `LargeImageList` abrufbar sind. Die Klasse `ImageList` wird ausführlicher besprochen in Lektion 2 dieses Kapitels, „Erstellen und Konfigurieren von Steuerelementen zur Wert- und Datumseinstellung und zur Bildanzeige“.

Welche Bilder mit einem bestimmten `ListViewItem`-Objekt verknüpft sind, legen Sie mit der Eigenschaft `ImageIndex` oder `ImageKey` des betreffenden `ListViewItem`-Objekts fest. Die Eigenschaft `View` bestimmt, ob die `ListView`-Einträge mit großen oder mit kleinen Bildern angezeigt werden, oder in einer Ansicht, in der auch die untergeordneten Elemente der `ListViewItem`-Objekte sichtbar werden.

▶ So zeigen Sie Listenelemente im *ListView*-Steuerelement mit Symbolen an

1. Ziehen Sie im Designer ein `ImageList`-Steuerelement von der Toolbox auf die Designoberfläche.
2. Klicken Sie im Eigenschaftenfenster auf die Eigenschaft *Images* des `ImageList`-Steuerelements, um Bilder zur `Images`-Auflistung hinzuzufügen.
3. Wählen Sie im Designer das `ListView`-Steuerelement. Stellen Sie im Eigenschaftenfenster die Eigenschaft *SmallImageList* oder *LargeImageList* (oder beide) auf das `ImageList`-Objekt ein.
4. Klicken Sie im Eigenschaftenfenster auf *Items*, um `ListViewItem`-Objekte zum `ListView`-Steuerelement hinzuzufügen.
5. Stellen Sie im ListViewItem-Auflistungs-Editor entweder die Eigenschaft *ImageIndex* oder die Eigenschaft *ImageKey* für jedes `ListViewItem`-Objekt auf das entsprechende Bild im `ImageList`-Objekt ein. Legen Sie bei dieser Gelegenheit auch die anderen Eigenschaften fest, zum Beispiel *Text*.
6. Wählen Sie im Designer das `ListView`-Steuerelement. Stellen Sie im Eigenschaftenfenster die Eigenschaft *View* auf *LargeIcon* oder *SmallIcon*.

TreeView-Steuerelement

Das `TreeView`-Steuerelement ermöglicht die Anzeige einer Objektliste in einer hierarchischen Form. Jedes Objekt im `TreeView`-Steuerelement stellt eine Instanz der Klasse `TreeNode` dar, die Informationen über die Position des Knotens im `TreeView`-Steuerelement enthält. Knoten des `TreeView`-Steuerelements, die untergeordnete Knoten enthalten, können erweitert und reduziert werden. Abbildung 3.5 zeigt ein `TreeView`-Steuerelement in einem Formular.

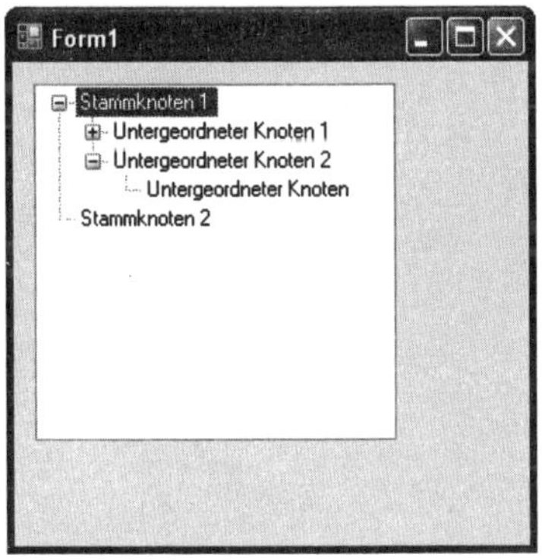

Abbildung 3.5 Das `TreeView`-Steuerelement

Die wichtigste Eigenschaft des `TreeView`-Steuerelements ist die `Nodes`-Eigenschaft. Sie enthält eine Auflistung von `TreeNode`-Objekten, die im `TreeView`-Steuerelement als Stammobjekte dienen. Jedes dieser `TreeNode`-Objekte verfügt über seine eigene `TreeNode`-Auflistung, die untergeordnete Knoten des betreffenden Knotens darstellen. Tabelle 3.7 beschreibt einige wichtige Eigenschaften der `TreeNode`-Klasse.

Tabelle 3.7 Wichtige Eigenschaften der `TreeNode`-Klasse

Eigenschaft	Beschreibung
`FirstNode`	Gibt den ersten Knoten aus der aktuellen Gruppe der untergeordneten Knoten zurück.
`LastNode`	Gibt den letzten Knoten aus der aktuellen Gruppe der untergeordneten Knoten zurück.
`NextNode`	Gibt den nächsten gleichgeordneten Knoten zurück.
`NextVisibleNode`	Gibt den nächsten sichtbaren Knoten zurück.
`Nodes`	Gibt eine Auflistung der untergeordneten Knoten zurück, die zum aktuellen Knoten gehören.
`Parent`	Gibt den übergeordneten Knoten des aktuellen Knotens zurück. Handelt es sich beim aktuellen Knoten um einen Stammknoten des `TreeView`-Steuerelements, führt der Zugriff auf diese Eigenschaft zu einer Ausnahme des Typs `NullReferenceException`.
`PrevNode`	Gibt den vorigen gleichgeordneten Knoten zurück.
`PrevVisibleNode`	Gibt den vorigen sichtbaren Knoten zurück.
`TreeView`	Gibt einen Verweis auf das `TreeView`-Steuerelement zurück, in dem das `TreeNode`-Objekt enthalten ist.

Hinzufügen und Entfernen von Knoten aus *TreeView*-Steuerelementen

Zur Entwurfszeit können Sie Knoten zu einem `TreeView`-Steuerelement hinzufügen, indem Sie im Eigenschaftenfenster die Eigenschaft *Nodes* anklicken und den TreeNode-Editor öffnen (Abbildung 3.6). In diesem Editor können Sie neue Stammknoten oder untergeordnete Knoten hinzufügen und die Eigenschaften jedes Knotens festlegen.

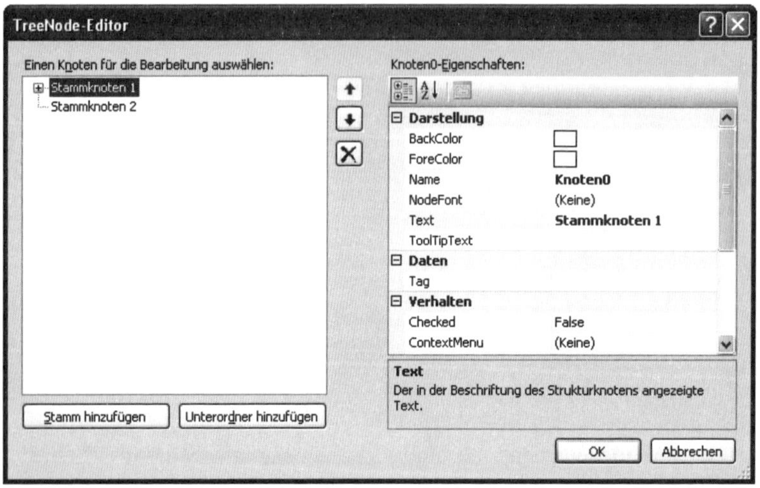

Abbildung 3.6 Der TreeNode-Editor

Zur Laufzeit können Sie neue `TreeNode`-Objekte anlegen und als Stammknoten zum `TreeView`-Steuerelement oder als untergeordnete Knoten zu einem anderen `TreeNode`-Objekt hinzufügen. Für beide Prozeduren brauchen Sie die Methode `Nodes.Add`, wie im folgenden Beispiel gezeigt:

```
' VB
Dim aNode As New TreeNode("Neuer Knoten")
' Füge einen untergeordneten Knoten zum neuen Knoten hinzu.
aNode.Nodes.Add(New TreeNode("Neuer untergeordneter Knoten"))
' Füge aNode und seinen untergeordneten Knoten als neuen Stammknoten
' in ein TreeView-Steuerelement namens TreeView1 ein.
TreeView1.Nodes.Add(aNode)
' Füge einen zweiten untergeordneten Knoten in den Stammknoten ein.
TreeView1.Nodes(0).Nodes.Add(New TreeNode("Zweiter untergeordneter Knoten"))

// C#
TreeNode aNode = new TreeNode("Neuer Knoten");
// Füge einen untergeordneten Knoten zum neuen Knoten hinzu.
aNode.Nodes.Add(new TreeNode("Neuer untergeordneter Knoten"));
// Füge aNode und seinen untergeordneten Knoten als neuen Stammknoten
// in ein TreeView-Steuerelement namens treeView1 ein.
treeView1.Nodes.Add(aNode);
// Füge einen zweiten untergeordneten Knoten in den Stammknoten ein.
treeView1.Nodes[0].Nodes.Add(new TreeNode("Zweiter untergeordneter Knoten"));
```

Mit den Methoden `Remove` und `RemoveAt` können Sie Knoten aus der `Nodes`-Auflistung entfernen. Die Methode `Remove` erwartet einen Verweis auf einen bestimmten Knoten als Argument und entfernt ihn aus der Auflistung, sofern es ihn in der Auflistung gibt. Ist der angegebene Knoten nicht in der Auflistung vorhanden, bleibt der Methodenaufruf ohne Folgen. Die Methode `RemoveAt` entfernt den Knoten mit dem angegebenen Index. Ist unter diesem Index kein Knoten in der Auflistung vorhanden, kommt es zu einer `ArgumentOutOfRange`-Ausnahme. Das folgende Beispiel demonstriert die Verwendung der Methoden `Remove` und `RemoveAt`:

```
' VB
' Entferne den Knoten aNode aus der Auflistung.
TreeView1.Nodes.Remove(aNode)
' Entferne den Knoten mit dem Index 3 aus der Auflistung.
TreeView1.Nodes.RemoveAt(3)

// C#
// Entferne den Knoten aNode aus der Auflistung.
treeView1.Nodes.Remove(aNode);
// Entferne den Knoten mit dem Index 3 aus der Auflistung.
treeView1.Nodes.RemoveAt(3);
```

Erweitern und Reduzieren von Knoten

Das `TreeView`-Steuerelement bietet eine hierarchische Ansicht von Knoten, die erweitert und reduziert werden können, um die enthaltenen untergeordneten Knoten nach Bedarf zu zeigen oder zu verbergen. Zur Laufzeit können Sie die Knoten mit den Methoden `Expand` und `Collapse` programmgesteuert erweitern oder reduzieren, wie im folgenden Beispiel:

```
' VB
' Erweitere den TreeNode-Knoten aNode.
aNode.Expand()
' Reduziere den TreeNode-Knoten aNode.
aNode.Collapse()

// C#
// Erweitere den TreeNode-Knoten aNode.
aNode.Expand();
// Reduziere den TreeNode-Knoten aNode.
aNode.Collapse();
```

NumericUpDown-Steuerelement

Das `NumericUpDown`-Steuerelement ermöglicht die Anzeige eines Wertebereichs, aus dem der Benutzer Zahlen heraussuchen kann. Im Steuerelement wird eine Zahl aus dem vorgesehenen Wertebereich angezeigt, und der Benutzer kann auf die nach oben oder unten gerichteten Pfeile klicken, um den angezeigten Wert zu erhöhen oder zu verringern. Tabelle 3.8 zeigt wichtige Eigenschaften des `NumericUpDown`-Steuerelements.

Tabelle 3.8 Wichtige Eigenschaften des `NumericUpDown`-Steuerelements

Eigenschaft	Beschreibung
`Hexadecimal`	Gibt an, ob die Zahl hexadezimal angezeigt wird.
`Increment`	Ruft den Betrag ab, um den der Wert bei jedem Klick auf einen Pfeil des Steuerelements erhöht oder verringert wird, oder legt ihn fest.
`Maximum`	Legt den größten Wert des Wertebereichs fest.
`Minimum`	Legt den kleinsten Wert des Wertebereichs fest.
`ThousandsSeparator`	Gibt an, ob bei der Anzeige von Werten über 999 ein Tausendertrennzeichen angezeigt wird, wie im betreffenden Land üblich.
`Value`	Ruft den aktuellen Wert aus dem Steuerelement ab oder legt ihn fest.

► So konfigurieren Sie das *NumericUpDown*-Steuerelement

1. Stellen Sie die Eigenschaft `Minimum` auf den kleinsten Wert des vorgesehenen Wertebereichs ein.
2. Stellen Sie die Eigenschaft `Maximum` auf den größten Wert des vorgesehenen Wertebereichs ein.
3. Stellen Sie die Eigenschaft `Increment` auf den Betrag, um den der Wert bei jedem Klick auf einen der Pfeile des Steuerelements erhöht oder verringert werden soll.
4. Geben Sie bei Bedarf in der Eigenschaft `Value` einen Standardwert vor.

DomainUpDown-Steuerelement

Das `DomainUpDown`-Steuerelement ähnelt dem `NumericUpDown`-Steuerelement. Benutzer können durch eine bestimmte Datenreihe navigieren und einen Wert auswählen. Allerdings handelt es sich nicht um numerische Werte, denn das `DomainUpDown`-Steuerelement ermöglicht dem Benutzer die Wahl eines geeigneten Werts aus einer Sammlung von vordefinierten Zeichenfolgen. Tabelle 3.9 beschreibt wichtige Eigenschaften des `DomainUpDown`-Steuerelements.

Tabelle 3.9 Wichtige Eigenschaften des DomainUpDown-Steuerelements

Eigenschaft	Beschreibung
Items	Enthält die Auflistung der Zeichenfolgen, die im DomainUpDown-Steuerelement angezeigt werden können.
ReadOnly	Gibt an, ob der Benutzer den Text im Steuerelement ändern kann.
Text	Ruft den Text des Steuerelements ab oder legt ihn fest.

Die Items-Auflistung enthält die Zeichenfolgen, die im DomainUpDown-Steuerelement angezeigt werden. Sie können die Zeichenfolgen im Zeichenfolgen-Editor eingeben, den Sie nach einem Klick auf die Eigenschaft *Items* im Eigenschaftenfenster öffnen können. Wenn ReadOnly auf False steht, kann der Benutzer die gewünschte Zeichenfolge direkt ins DomainUpDown-Steuerelement eingeben, statt eine der vorgegebenen Zeichenfolgen auszuwählen. Beachten Sie bitte, dass die vom Benutzer eingegebenen Zeichenfolgen nicht zur Items-Auflistung hinzugefügt werden. Beachten Sie bitte außerdem, dass die Text-Eigenschaft den Standardwert für das Steuerelements vorgibt, nicht die Items-Auflistung.

Schnelltest

1. Welche Aufgabe hat das TreeView-Steuerelement?
2. Was ist die Aufgabe eines ListView-Steuerelements, und wann würden Sie es einsetzen?

Antworten zum Schnelltest

1. Das TreeView-Steuerelement ermöglicht die Anzeige einer Datenliste in hierarchischer Form.
2. Das ListView-Steuerelement ist ein sehr flexibles Steuerelement, mit dem Sie Datenlisten auf unterschiedliche Weise anzeigen können. Sie können ein ListView-Steuerelement verwenden, wenn Sie dem Benutzer die Wahl unter verschiedenen Anzeigeformen für Datenlisten geben möchten, zum Beispiel die Anzeige mit Symbolen oder eine detaillierte Anzeige der Listenelemente.

Übung: Das Skilehrer-Buchungsformular von Adventure Works

In den nächsten beiden Übungen wenden Sie das neu erworbene Wissen aus dieser und der nächsten Lektion an, um eine einfache Anwendung weiter auszubauen, mit der man Skilehrer buchen kann. In dieser Übung fügen Sie ein Kombinationsfeld zum Projekt hinzu, mit dem Benutzer den Berg aussuchen können, auf dem sie Ski laufen möchten, sowie ein ListView-Steuerelement für die Auswahl des Skilehrers und ein NumericUpDown-Steuerelement zur Festlegung der Unterrichtsdauer.

▶ **Übung 1: Das Skilehrer-Buchungsformular**

1. Öffnen Sie in Visual Studio die Partiallösung für Kapitel 3, Lektion 1, „Erstellen und Konfigurieren von Listenanzeigesteuerelementen". Sie finden diese Lösung auf der Begleit-CD im *Code*-Ordner.
2. Fügen Sie unter dem Namenstextfeld ein Label-Steuerelement und ein ComboBox-Steuerelement zu *Form1* hinzu. Ändern Sie den *Text* des Label-Steuerelements auf **Skipiste wählen**.
3. Stellen Sie die *DropDownStyle*-Eigenschaft des ComboBox-Steuerelements auf *DropDownList*.

4. Tragen Sie folgende Skipisten in die *Items*-Eigenschaft des `ComboBox`-Steuerelements ein: **Camelback**, **Powder Point** und **The Plunge**.
5. Fügen Sie ein `Label`-Steuerelement und ein `NumericUpDown`-Steuerelement zum Formular hinzu. Ändern Sie die *Text*-Eigenschaft des `Label`-Steuerelements auf **Unterrichtsdauer**.
6. Stellen Sie die Eigenschaft *Minimum* des `NumericUpDown`-Steuerelements auf **1** und die Eigenschaft *Maximum* auf **3**.
7. Fügen Sie ein `Label`-Steuerelement und ein `ListView`-Steuerelement zum Formular hinzu. Stellen Sie die *Text*-Eigenschaft des `Label`-Steuerelements auf **Lehrer wählen**.
8. Stellen Sie im Eigenschaftenfenster die Eigenschaft *View* des `ListView`-Steuerelements auf *SmallIcon*. In Lektion 2 werden Sie die Elemente dieser Liste mit den erforderlichen Bildern versorgen.
9. Fügen Sie im Eigenschaftenfenster vier `ListViewItem`-Objekte zur *Items*-Eigenschaft des `ListView`-Steuerelements hinzu. Geben Sie für deren *Text*-Eigenschaften **Sandy**, **Jack**, **Libby** und **Christa** ein.
10. Fügen Sie ein `Button`-Steuerelement zum Formular hinzu und geben Sie für dessen `Text`-Eigenschaft **Reservieren** ein.
11. Klicken Sie die Schaltfläche im Designer mit einem Doppelklick an und fügen Sie folgenden Code in den `Button.Click`-Ereignishandler ein:

```
' VB
If ListView1.SelectedItems.Count > 0 Then
   MsgBox("Ihre Reservierung mit " &  listView1.SelectedItems(0).Text & _
        " ist bestätigt.")
End If

// C#
if (listView1.SelectedItems.Count > 0)
{
   MessageBox.Show("Ihre Reservierung mit " + listView1.SelectedItems[0].Text +
                  " ist bestätigt.");
}
```

12. Drücken Sie auf die Taste F5, um Ihre Anwendung zu testen.

Zusammenfassung der Lektion

- Listensteuerelemente dienen zur Verwaltung und Anzeige von Informationen in Listenform. Die Steuerelemente `ListBox`, `ComboBox` und `CheckedListBox` verwalten Listenelemente in der Eigenschaft `Items` und haben viele gemeinsame Methoden und Eigenschaften.
- Das `ListBox`-Steuerelement ermöglicht Ihnen die Anzeige einer Auswahl von Listenelementen und ermöglicht dem Benutzer die Auswahl von einem oder mehreren Einträgen aus dieser Liste.
- Das `ComboBox`-Steuerelement kann so ähnlich wie ein `ListBox`-Steuerelement aussehen oder als Dropdownliste eingesetzt werden. Sie können die Benutzereingabe auf die Auswahl eines Eintrags aus der Liste beschränken oder auch die Eingabe von Daten zulassen, die nicht in der Liste stehen.

- Das CheckedListBox-Steuerelement ermöglicht die Anzeige einer Liste, in der neben jedem Eintrag zusätzlich ein Kontrollkästchen erscheint. Sie können dem Benutzer die Gelegenheit geben, so viele Kontrollkästchen zu markieren, wie er will. Obwohl mehrere Kontrollkästchen markiert werden können, lässt sich in einem CheckedListBox-Steuerelement zu jedem Zeitpunkt immer nur ein Listenelement auswählen.
- Das ListView-Steuerelement ermöglicht verschiedene Anzeigeformen für Listen. Listenelemente können zusammen mit Symbolen angezeigt werden, die von einem ImageList-Steuerelement stammen, oder mit zusätzlichen Datenspalten für weitere Informationen.
- Das TreeView-Steuerelement ermöglicht die Anzeige von Listenelementen in einem hierarchischen Format. Jeder Knoten enthält eine Auflistung von untergeordneten Knoten, die wiederum untergeordnete Knoten enthalten können. Knoten können erweitert oder reduziert werden.
- Das NumericUpDown-Steuerelement ermöglicht dem Benutzer die Auswahl eines numerischen Werts mit der Maus, durch entsprechende Klicks auf nach oben oder unten gerichtete Pfeilsymbole. Mit dem DomainUpDown-Steuerelement können Benutzer auf vergleichbare Weise eine Zeichenfolge aus einer Menge von vordefinierten Zeichenfolgen auswählen.

Lernzielkontrolle

Mit den folgenden Fragen können Sie Ihr Wissen über die Informationen aus dieser Lektion überprüfen. Die Fragen sind (in englischer Sprache) auch auf der Begleit-CD zu finden, falls Sie die elektronische Form der Fragen vorziehen.

Hinweis Die Antworten

Die Antworten auf die Fragen und Erläuterungen, warum die entsprechende Antwort richtig oder falsch ist, finden Sie im Abschnitt „Antworten“ am Ende des Buchs.

1. Welche der folgenden Eigenschaften und Methoden eignet sich in einem ListBox-Steuerelement zur Ermittlung des Indexwertes eines ausgewählten Listenelements? (Wählen Sie alle zutreffenden Antworten aus.)

   A. `ListBox.Items.IndexOf`

   B. `ListBox.SelectedIndex`

   C. `ListBox.SelectedIndices`

   D. `ListBox.Select`

2. Welche der folgenden Methoden eignet sich nicht dazu, ein Listenelement zur Items-Auflistung eines ComboBox-, ListBox- oder CheckedListBox-Steuerelements hinzuzufügen?

   A. `Items.Add`

   B. `Items.Insert`

   C. `Items.AddRange`

   D. `Items.Contains`

3. Welche der folgenden Einstellungen ist KEINE zulässige Einstellung für die `View`-Eigenschaft eines `ListView`-Steuerelements?
   A. `LargeIcon`
   B. `Details`
   C. `Tree`
   D. `SmallIcon`

Lektion 2: Erstellen und Konfigurieren von Steuerelementen zur Wert- und Datumseinstellung und zur Bildanzeige

Benutzern die Auswahl unter einigen Optionen, die Einstellung des Datums und die Arbeit mit Bildern zu ermöglichen, sind beim Entwurf einer Benutzeroberfläche häufig anzutreffende Szenarien. In dieser Lektion erfahren Sie etwas über die Verwendung von Werteinstellungssteuerelementen wie `CheckBox`, `RadioButton` und `TrackBar`. Sie lernen Steuerelemente wie `DateTimePicker` und `MonthCalendar` zur Datumseinstellung kennen, und Sie erfahren, wie man mithilfe der `ImageList`-Komponente und des `PictureBox`-Steuerelements die Arbeit mit Bildern vereinfacht.

Am Ende dieser Lektion werden Sie in der Lage sein, die folgenden Aufgaben auszuführen:

- Einrichten von zwei oder mehr sich gegenseitig ausschließender Optionen in der Benutzeroberfläche mit `RadioButton`-Steuerelementen
- Verwenden des `CheckBox`-Steuerelements zur Anzeige, ob eine bestimmte Bedingung gilt oder nicht
- Implementieren der Navigation durch eine große Informationsmenge oder der visuellen Einstellung eines numerischen Wertes mit einem `TrackBar`-Steuerelement
- Implementieren der Auswahl eines Eintrags aus einer Liste mit Zeit- oder Datumsangaben mit dem `DateTimePicker`-Steuerelement
- Präsentieren einer grafischen Schnittstelle für die Anzeige und Einstellung von Datumsangaben mit dem `MonthCalendar`-Steuerelement
- Hinzufügen und Entfernen von Bildern aus der `ImageList`-Komponente
- Anzeigen von Bildern mit dem `PictureBox`-Steuerelement

Veranschlagte Zeit für diese Lektion: 45 Minuten

Werteinstellungssteuerelemente

Werteinstellungssteuerelemente ermöglichen dem Benutzer die Auswahl eines Werts oder bestimmter Einstellungen aus einer vordefinierten Liste in der Benutzeroberfläche. Mit dem `CheckBox`-Steuerelement kann ein Benutzer bestimmte Optionen unabhängig von anderen Optionen aktivieren oder deaktivieren, während es mit dem `RadioButton`-Steuerelement möglich ist, dem Benutzer eine bestimmte Menge an Optionen zu präsentieren, aus denen er nur jeweils eine auswählen kann. Mit dem `TrackBar`-Steuerelement kann der Benutzer in einer grafischen Oberfläche schnell einen Wert einstellen.

Das *CheckBox*-Steuerelement

Das `CheckBox`-Steuerelement begegnet den Benutzern sehr oft. Es erlaubt ihnen, ein Kontrollkästchen neben einer passenden Beschriftung zu markieren und auf diese Weise zu entscheiden, ob die angebotene Option angenommen oder abgelehnt wird. `CheckBox`-Steuerelemente funktionieren unabhängig voneinander. Sie können auf demselben Formular mehrere `CheckBox`-Steuerelemente unterbringen, und zu jedem Zeitpunkt kann eine beliebige Kombination dieser Steuerelemente aktiviert oder deaktiviert sein. Tabelle 3.10 zeigt wichtige Eigenschaften des `CheckBox`-Steuerelements.

Tabelle 3.10 Wichtige Eigenschaften des CheckBox-Steuerelements

Eigenschaft	Beschreibung
AutoCheck	Bestimmt, ob das CheckBox-Steuerelement nach einem Klick auf den Text automatisch seinen Aktivierungszustand ändert.
Checked	Ruft den Aktivierungszustand des CheckBox-Steuerelements ab oder legt ihn fest.
CheckState	Gibt den CheckState-Wert des Steuerelements zurück. Zulässige Werte für diese Eigenschaft sind Checked, Unchecked und Indeterminate.
Text	Der Text, der neben dem Kontrollkästchen angezeigt wird.
ThreeState	Bestimmt, ob das CheckBox-Steuerelement über zwei oder drei Aktivierungszustände verfügt.

Die gebräuchlichste Verwendung des CheckBox-Steuerelements besteht darin, dem Benutzer nach binärer Logik eine Entscheidung über eine bestimmte Option zu ermöglichen, indem er das Kontrollkästchen markiert oder nicht. Gewöhnlich wird das Kontrollkästchen für Optionen verwendet, die sich nicht gegenseitig ausschließen. Anders gesagt, die Markierung eines bestimmten Kontrollkästchens wirkt sich nicht unmittelbar auf die Zustände anderer Kontrollkästchen aus. Abbildung 3.7 zeigt als Beispiel ein hypothetisches Pizzabestellformular. Optionsfelder (RadioButton-Steuerelemente) dienen zur Wahl zwischen den sich gegenseitig ausschließenden Optionen *Pizza* oder *Calzone*, und CheckBox-Steuerelemente werden für die Zusammenstellung des Belags für die gewählte Pizza oder Calzone verwendet.

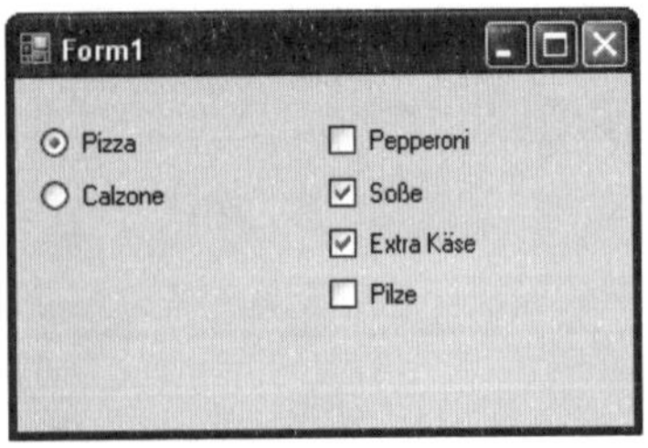

Abbildung 3.7 Beispiel für CheckBox- und RadioButton-Steuerelemente

Im Programmcode können Sie mit der Eigenschaft Checked überprüfen, ob ein CheckBox-Steuerelement markiert wurde. Diese Eigenschaft gibt True zurück, wenn das Steuerelement markiert wurde, und False, wenn die Markierung aufgehoben wurde oder der Zustand des Steuerelements unbestimmt ist.

Weniger gebräuchlich ist die Verwendung des CheckBox-Steuerelements für eine Entscheidung für eine von drei Einstellungen: Checked, Unchecked oder Indeterminate. Das kann sinnvoll sein, wenn der Benutzer darauf hingewiesen werden soll, dass für jede Option eine Entscheidung getroffen werden muss, und keine Standardeinstellung vorgegeben werden soll. Den dritten Zustand des CheckBox-Steuerelements schalten Sie frei, indem Sie die Eigenschaft ThreeState auf True stellen. Dann kann das Steuerelement drei Zustände annehmen statt nur zwei. Den genauen Zustand des CheckBox-Steuerelements erfahren Sie dann von der Eigenschaft CheckState.

Beachten Sie bitte, dass Sie die Eigenschaft CheckState zur Entwurfszeit auch dann auf Indeterminate stellen können, wenn Sie die Eigenschaft ThreeState auf False stellen. Dann wird das CheckBox-Steuerelement anfangs im unbestimmten Zustand angezeigt. Aber sobald der Benutzer eine Wahl trifft, muss sich das Steuerelement im Zustand Checked oder Unchecked befinden. Der Benutzer kann das Steuerelement nicht mehr in den unbestimmten Zustand zurückversetzen.

Das *RadioButton*-Steuerelement

Das RadioButton-Steuerelement gibt dem Benutzer die Wahl zwischen sich gegenseitig ausschließenden Optionen. Das hypothetische Pizzabestellformular aus Abbildung 3.7 zeigt, wie RadioButton-Steuerelemente verwendet werden. Der Benutzer kann entweder Pizza oder Calzone wählen, aber nicht beides gleichzeitig. Tabelle 3.11 zeigt wichtige Eigenschaften des RadioButton-Steuerelements.

Tabelle 3.11 Wichtige Eigenschaften des RadioButton-Steuerelements

Eigenschaft	Beschreibung
Checked	Gibt an, ob das Optionsfeld ausgewählt wurde.
Text	Der Text, der neben dem Optionsfeld angezeigt wird.

Ob ein bestimmtes Optionsfeld ausgewählt wurde, erfahren Sie von der Checked-Eigenschaft. Sie gibt True zurück, wenn das Optionsfeld ausgewählt wurde.

Alle RadioButton-Steuerelemente in einem bestimmten Container schließen sich gegenseitig aus. Das bedeutet, dass die Auswahl der anderen RadioButton-Steuerelemente automatisch aufgehoben wird, wenn ein bestimmtes RadioButton-Steuerelement ausgewählt wird. Daher kann der Benutzer immer nur ein Optionsfeld aus einer Optionsfeldgruppe auswählen.

Wenn Sie mehrere solcher Optionsfeldgruppen auf einem Formular anordnen möchten, besteht die gebräuchlichste Lösung darin, jede Gruppe in einem GroupBox-Steuerelement unterzubringen. Eine Optionsfeldgruppe in einem bestimmten GroupBox-Container ist unabhängig von den Optionsfeldern in anderen GroupBox-Containern. Aber die Optionsfelder innerhalb einer Gruppe schließen sich weiterhin gegenseitig aus. Abbildung 3.8 zeigt ein Beispiel für RadioButton-Steuerelemente in GroupBox-Containern.

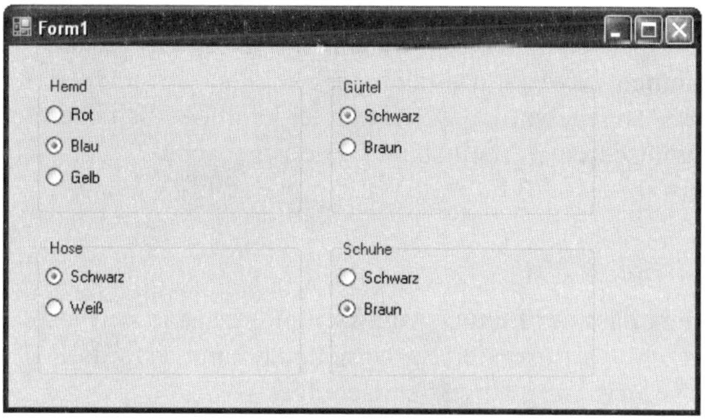

Abbildung 3.8 Ein Beispiel für Optionsfeldgruppen

Das *TrackBar*-Steuerelement

Das TrackBar-Steuerelement ist ein Art Schieberegler, mit dem ein Benutzer einen Wert aus einem vordefinierten Wertebereich einstellen kann, indem er einen Schieber mit der Maus oder durch Tastatureingaben verschiebt. Auf diese Weise kann der Benutzer sehr schnell einen Wert aus einem unter Umständen sehr großen Wertebereich auswählen. Tabelle 3.12 zeigt wichtige Eigenschaften des TrackBar-Steuerelements.

Tabelle 3.12 Wichtige Eigenschaften des `TrackBar`-Steuerelements

Eigenschaft	Beschreibung
`LargeChange`	Die Zahl der Positionen, um die der Schieber nach Mausklicks oder Drücken der BILD-AUF- oder BILD-AB-Taste verschoben wird.
`Maximum`	Der größte Wert des `TrackBar`-Steuerelements.
`Minimum`	Der kleinste Wert des `TrackBar`-Steuerelements.
`SmallChange`	Die Zahl der Positionen, um die sich der Schieber nach der Betätigung einer PFEILTASTE bewegt.
`TickFrequency`	Die Zahl der Positionen von einem Skalenstrich zum nächsten.
`TickStyle`	Gibt an, wo die Skala angezeigt wird.
`Value`	Der Wert, der vom `TrackBar`-Steuerelement zurückgegeben wird.

Abbildung 3.9 zeigt das `TrackBar`-Steuerelement.

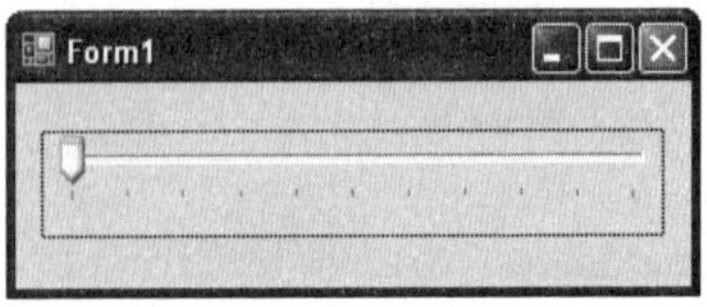

Abbildung 3.9 Das `TrackBar`-Steuerelement

Das `TrackBar`-Steuerelement kann eine ganze Zahl aus dem Wertebereich liefern, der durch die Eigenschaften `Minimum` und `Maximum` festgelegt wird. Der Benutzer stellt den Wert ein, indem er den Schieber des `TrackBar`-Steuerelements verschiebt. Ein Klick auf das Steuerelement oder die Betätigung der BILD-AUF- oder BILD-AB-Tasten bei angewähltem Steuerelement bewirkt, dass sich der aktuelle Wert um den Betrag ändert, der in der Eigenschaft `LargeChange` angegeben ist. Die Betätigung der Pfeiltasten bei angewähltem Steuerelement bewirkt, dass sich der aktuelle Wert um den Betrag ändert, der in der Eigenschaft `SmallChange` angegeben ist. Der Benutzer kann den Schieber auch mit der Maus verschieben und so den gewünschten Wert einstellen. Die Eigenschaft `Value` gibt den aktuellen Wert des `TrackBar`-Steuerelements an.

Auswählen von Datum und Zeit

In Benutzeroberflächen ist es häufig erforderlich, dass der Benutzer ein Datum oder eine Zeit festlegen kann. Eine Anwendung, in der ein Benutzer eine Reservierung vornehmen kann, erfordert zum Beispiel die Eingabe des Datums für die Reservierung durch den Benutzer.

Visual Studio bietet zwei Steuerelemente zur Auswahl von Datum und Zeit, nämlich `DateTimePicker` und `MonthCalendar`.

DateTimePicker-Steuerelement

Das `DateTimePicker`-Steuerelement ermöglicht dem Benutzer die Einstellung von Datum, Zeit oder beidem in einer leicht verständlichen grafischen Schnittstelle. Die Schnittstelle ähnelt einem `ComboBox`-Steuerelement. Der Benutzer kann das Dropdownfeld anklicken, um einen Kalender zu öffnen, in dem der Benutzer einen Tag auswählen kann. Oder er kann im Textfeld des `DateTimePicker`-Steuerelements eine Zeit eingeben. Der ausgewählte Tag oder die Zeit wird dann im Textfeld des DateTimePicker-Steuerelements angezeigt und die Eigenschaft Value enthält den ausgewählten DateTime-Wert. Tabelle 3.13 zeigt wichtige Eigenschaften des DateTimePicker-Steuerelements.

Tabelle 3.13 Wichtige Eigenschaften des DateTimePicker-Steuerelements

Eigenschaft	Beschreibung
CustomFormat	Das benutzerdefinierte DateTime-Format, das verwendet wird, wenn die Eigenschaft Format auf Custom steht.
Format	Legt das Format für den DateTime-Wert fest, der im DateTimePicker-Steuerelement angezeigt wird. Kann auf Long gestellt werden, was zur Anzeige des Werts im langen Datumsformat führt, auf Short, wodurch die Anzeige im kurzen Datumsformat erfolgt, auf Time, wodurch nur die Zeit angezeigt wird, oder auf Custom, wodurch das benutzerdefinierte DateTime-Format aus der Eigenschaft CustomFormat verwendet wird.
MaxDate	Der größte DateTime-Wert, den das DateTimePicker-Steuerelement akzeptiert.
MinDate	Der kleinste DateTime-Wert, den das DateTimePicker-Steuerelement akzeptiert.
Value	Der aktuelle DateTime-Wert des DateTimePicker-Steuerelements.

Bei den Einstellungen Long oder Short der Format-Eigenschaft wird nur das Datum angezeigt, und das Datum lässt sich nur über die grafische Schnittstelle auswählen. Steht die Format-Eigenschaft auf Time, kann der Benutzer im Textfeld des DateTimePicker-Steuerelements eine neue Zeit eingeben. Außerdem kann er in der Dropdownschnittstelle immer noch einen Tag auswählen. Der gewählte Tag erscheint zwar in der Value-Eigenschaft, wird aber bei der Einstellung Time der Format-Eigenschaft nicht im Textfeld angezeigt.

MonthCalendar-Steuerelement

Das MonthCalendar-Steuerelement ist ein sehr weitgehend konfigurierbares Steuerelement, mit dem der Benutzer auf einfache Weise einen Datumsbereich auswählen kann. Tabelle 3.14 zeigt wichtige Eigenschaften des MonthCalendar-Steuerelements.

Tabelle 3.14 Wichtige Eigenschaften des MonthCalendar-Steuerelements

Eigenschaft	Beschreibung
AnnuallyBoldedDates	Enthält ein Array mit den Angaben der Tage, die jedes Jahr in Fettschrift angezeigt werden.
BoldedDates	Enthält ein Array mit den Angaben der Tage, die in Fettschrift angezeigt werden.
FirstDayOfWeek	Bestimmt, welcher Wochentag im MonthCalendar-Steuerelement als erster Tag der Woche angezeigt wird.
MaxDate	Legt das höchste Datum fest, das mit dem MonthCalendar-Steuerelement ausgewählt werden kann.
MinDate	Legt das kleinste Datum fest, das mit dem MonthCalendar-Steuerelement ausgewählt werden kann.
MaxSelectionCount	Legt die höchste Anzahl von Tagen fest, die mit dem MonthCalendar-Steuerelement ausgewählt werden können. ▶

Eigenschaft	Beschreibung
`MonthlyBoldedDates`	Enthält ein Array mit den Angaben der Tage, die jeden Monat in Fettschrift angezeigt werden.
`SelectionEnd`	Gibt das Enddatum der Eigenschaft `SelectionRange` an.
`SelectionRange`	Enthält den Datumsbereich, den der Benutzer ausgewählt hat.
`SelectionStart`	Gibt das Anfangsdatum der Eigenschaft `SelectionRange` an.

Der Benutzer kann ein einzelnes Datum auswählen, indem er das betreffende Datum im `MonthCalendar`-Steuerelement anklickt, oder einen zusammenhängenden Datumsbereich, indem er die UMSCHALT-Taste gedrückt hält, während er das Anfangsdatum und das Enddatum anklickt. Der ausgewählte Datumsbereich kann nicht größer sein als die Anzahl der Tage, die von der Eigenschaft `MaxSelectionCount` festgelegt werden.

Zur Laufzeit können Sie die ausgewählten Daten von den Eigenschaften `SelectionStart` und `SelectionEnd` abfragen, in denen die Eigenschaften `Start` und `End` der `SelectionRange`-Eigenschaft zugänglich sind. Das folgende Beispiel demonstriert die Zugriffe auf die Eigenschaften `SelectionStart` und `SelectionEnd`.

```
' VB
MsgBox("Ihr Urlaub beginnt am " & _
   MonthCalendar1.SelectionStart.ToLongDateString & _
   " und endet am " & MonthCalendar1.SelectionEnd.ToLongDateString)

// C#
MessageBox.Show("Ihr Urlaub beginnt am " +
   monthCalendar1.SelectionStart.ToLongDateString() + " und endet am " +
   monthCalendar1.SelectionEnd.ToLongDateString());
```

Arbeiten mit Bildern

Bilder beleben die Benutzeroberfläche und liefern den Benutzern zudem wichtige Informationen. Visual Studio verfügt über einige Komponenten und Steuerelemente für die Anzeige von Bildern. Das `PictureBox`-Steuerelement ist ein universelles Steuerelement, das Bilder in einigen unterschiedlichen Formaten anzeigt. Das `ImageList`-Steuerelement verwaltet eine Sammlung von Bildern und kann verwendet werden, wenn es um die Anzeige von Bildern in einem `ListView`-Steuerelement oder um die Verwaltung von Bildern für andere Steuerelemente geht.

PictureBox-Steuerelement

Das `PictureBox`-Steuerelement ist die Basis für die Anzeige von Bildern in der Benutzeroberfläche. Das `PictureBox`-Steuerelement kann Bilder anzeigen, die in unterschiedlichen Formaten vorliegen, wie *.bmp*, *.jpg*, *.gif*, Metadateien und Symbole. Sie können Bilder anzeigen, die in den Ressourcendateien einer Anwendung liegen oder in die Anwendung eingebunden wurden. Und Sie können Bilder anzeigen, die aus einer Datei oder aus dem Web geladen wurden. Tabelle 3.15 beschreibt wichtige Eigenschaften des `PictureBox`-Steuerelements.

Tabelle 3.15 Wichtige Eigenschaften des `PictureBox`-Steuerelements

Eigenschaft	Beschreibung
`ErrorImage`	Das Bild, das angezeigt wird, wenn das gewünschte Bild nicht geladen werden kann.
`Image`	Das Bild, das ins `PictureBox`-Steuerelement geladen werden soll.
`ImageLocation`	Eine Laufwerks- oder Webadresse, von der das Bild geladen werden soll.
`InitialImage`	Das Bild, das im `PictureBox`-Steuerelement angezeigt wird, während das gewünschte Bild geladen wird.
`SizeMode`	Bestimmt, wie das Steuerelement die Bildanordnung und Größeneinstellung handhabt.

Sie können die `Image`-Eigenschaft zur Entwurfszeit festlegen, indem Sie die Eigenschaft im Eigenschaftenfenster anklicken und das Dialogfeld *Ressource auswählen* öffnen (Abbildung 3.10).

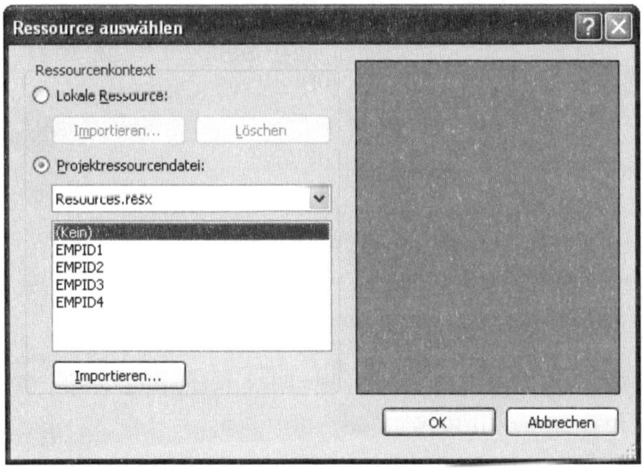

Abbildung 3.10 Das Dialogfeld *Ressource auswählen*

Sie können eine Bildressource auswählen, die bereits in einer Ressourcendatei des Projekts vorhanden ist, indem Sie das Optionsfeld *Projektressourcendatei* wählen und dann die *.resx*-Datei auswählen, die das Bild enthält. Oder Sie importieren ein neues Bild in eine Ressourcendatei, indem Sie die Schaltfläche *Importieren* anklicken und das Bild heraussuchen, das Sie importieren möchten. Das ausgewählte Bild wird zur ausgewählten *.resx*-Datei hinzugefügt. Sie können das Bild auch als lokale Ressource importieren, indem Sie das Optionsfeld *Lokale Ressource* wählen, auf die Schaltfläche *Importieren* klicken und das gewünschte Bild heraussuchen. Durch den Import eines Bilds als lokale Ressource wird das Bild nur für das `PictureBox`-Steuerelement verfügbar, aber nicht für den Rest der Anwendung.

Statt ein Bild aus einer Ressource zu laden, können Sie auch in der Eigenschaft `ImageLocation` einen URL angeben, von dem das Bild geladen werden soll. Wenn die `ImageLocation`-Eigenschaft eine gültige Adresse enthält, wird das Bild von der angegebenen Adresse geladen und die Eigenschaft `Image` wird auf dieses Bild eingestellt.

Auch zur Laufzeit können Sie die Eigenschaft `Image` auf die Instanz eines Bildes einstellen, wie im folgenden Beispiel:

```
' VB
Dim anImage As New System.Drawing.Bitmap("C:\anImage.bmp")
PictureBox1.Image = anImage

// C#
System.Drawing.Bitmap anImage = new System.Drawing.Bitmap(@"C:\anImage.bmp");
pictureBox1.Image = anImage;
```

ImageList-Komponente

Die `ImageList`-Komponente ist kein eigentliches Steuerelement, sondern eine Komponente, mit der Sie Bildergruppen verwalten können. Sie wird zwar nicht selbst auf dem Bildschirm sichtbar, kann aber andere Steuerelemente mit Bildern versorgen, beispielsweise ein `ListView`-Steuerelement, oder als Speicher für Bilder dienen, die in einem `PictureBox`-Steuerelement angezeigt werden sollen. Sie können die Größe und Farbtiefe für die Bilder einstellen und die Bilder wie bei einer Auflistung durchgehen. Tabelle 3.15 zeigt wichtige Eigenschaften der `ImageList`-Komponente.

Tabelle 3.16 Wichtige Eigenschaften der `ImageList`-Komponente

Eigenschaft	Beschreibung
`ColorDepth`	Legt die Farbtiefe der Bilder fest, die in der `ImageList`-Komponente enthalten sind.
`Images`	Die Auflistung der Bilder, die von der `ImageList`-Komponente verwaltet werden.
`ImageSize`	Legt die Größe der Bilder fest, die im `ImageList`-Steuerelement enthalten sind.

Neue Bilder können Sie ins `ImageList`-Steuerelement einfügen, indem Sie im Eigenschaftenfenster die Eigenschaft *Images* anklicken und den Bildauflistungs-Editor öffnen (Abbildung 3.11).

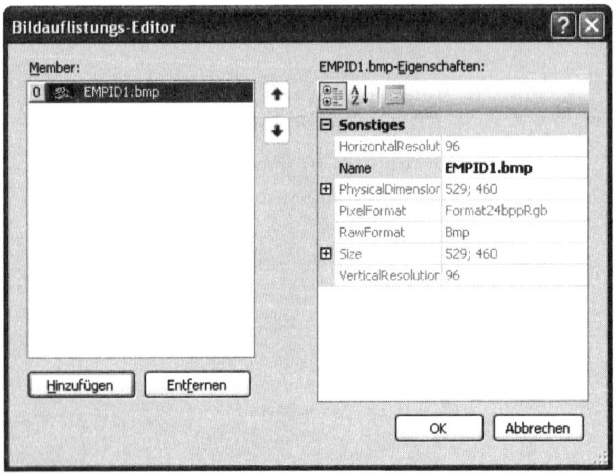

Abbildung 3.11 Der Bildauflistungs-Editor

Bilder können im Bildauflistungs-Editor hinzugefügt, entfernt oder in eine andere Reihenfolge gebracht werden. Nachdem die Bilder zur `ImageList`-Komponente hinzugefügt wurden, können Sie mit der Eigenschaft `ColorDepth` die Farbtiefe der Bilder einstellen und mit der Eigenschaft `ImageSize` alle Bilder auf eine bestimmte Größe bringen.

Zur Laufzeit erhalten Sie mit der `Images`-Auflistung Zugriff auf die Bilder, die in der `ImageList`-Komponente enthalten sind, wie im folgenden Beispiel:

```
' VB
PictureBox1.Image = ImageList1.Images(0)

// C#
pictureBox1.Image = imageList1.Images [0];
```

`ImageList`-Komponenten können dazu verwendet werden, andere Steuerelemente mit Bildern zu versorgen. Einige Steuerelemente, wie `Button`, `CheckBox`, `RadioButton` und andere, verfügen über die Eigenschaften `ImageList`, `ImageKey` und `ImageIndex`. Solche Steuerelemente können Sie durch eine `ImageList`-Komponente mit Bildern versorgen, indem Sie diese Eigenschaften entsprechend einstellen.

► **So versorgen Sie ein Steuerelement durch eine *ImageList*-Komponente mit Bildern**

1. Stellen Sie die Eigenschaft `ImageList` des Steuerelements auf die `ImageList`-Komponente ein, die das gewünschte Bild verwaltet.
2. Stellen Sie entweder die Eigenschaft `ImageIndex` oder die Eigenschaft `ImageKey` auf das gewünschte Bild aus der `ImageList`-Komponente ein.

Schnelltest

1. Was ist der wesentliche Unterschied zwischen `RadioButton`-Steuerelementen und `CheckBox`-Steuerelementen?
2. Welche Aufgabe hat ein `ImageList`-Steuerelement, und wie wird es verwendet?

Antworten zum Schnelltest

1. `RadioButton`-Steuerelemente werden verwendet, um dem Benutzer die Wahl einer einzigen Option aus einer Gruppe von mehreren, sich gegenseitig ausschließenden Optionen zu ermöglichen. `CheckBox`-Steuerelemente ermöglichen dem Benutzer die Wahl mehrerer Optionen, wobei die Wahl gewöhnlich ohne Auswirkung auf andere Optionen aus der Gruppe bleibt.
2. Ein `ImageList`-Steuerelement dient zur Verwaltung einer Gruppe zusammengehöriger Bilder. Gewöhnlich wird ein `ImageList`-Steuerelement dazu verwendet, um andere Steuerelemente eines Formulars mit Bildern zu versorgen. Sie können die `ImageList`-Eigenschaften der Steuerelemente eines Formulars auf eine Instanz des `ImageList`-Steuerelements einstellen und die gewünschten Bilder dann mit den Eigenschaften `ImageIndex` oder `ImageKey` auswählen.

Übung: Das Skilehrer-Buchungsformular von Adventure Works

In dieser Lösung bauen Sie das Projekt weiter aus, das Sie in Lektion 1 begonnen haben. Sie fügen eine Gruppe von `CheckBox`-Steuerelementen ein, mit denen der Benutzer die gewünschte Skiausrüstung mieten kann, sowie eine Gruppe von `RadioButton`-Steuerelementen, damit der Benutzer seine Fähigkeiten einstufen kann, und eine `ImageList`-Komponente für das `ListView`-Steuerelement, damit der Benutzer auch die Gesichter sieht, die hinter den Namen stehen.

► **Übung 1: Erweitern des Skilehrer-Buchungsformulars**

1. Öffnen Sie das Projekt, das Sie in Lektion 1 erstellt haben, oder öffnen Sie das Projekt für Lektion 1 von der Begleit-CD.
2. Öffnen Sie `Form1` im Designer. Ziehen Sie ein `GroupBox`-Steuerelement auf das Formular. Ändern Sie die *Text*-Eigenschaft des `GroupBox`-Steuerelements auf **Mietausrüstung**.
3. Ziehen Sie drei `CheckBox`-Steuerelemente in den Gruppenrahmen. Ändern Sie die *Text*-Eigenschaften der `CheckBox`-Steuerelemente auf **Skier**, **Stöcke** und **Stiefel**.
4. Ziehen Sie ein `GroupBox`-Steuerelement auf das Formular. Ändern Sie die *Text*-Eigenschaft des `GroupBox`-Steuerelements auf **Leistungsstufe**.
5. Ziehen Sie drei `RadioButton`-Steuerelemente in den Gruppenrahmen. Ändern Sie die *Text*-Eigenschaften der `RadioButton`-Steuerelemente auf **Anfänger**, **Grundkenntnisse** und **Fortgeschritten**.
6. Ziehen Sie ein `Label`-Steuerelement und ein `DateTimePicker`-Steuerelement auf das Formular. Ändern Sie die *Text*-Eigenschaft des `Label`-Steuerelements auf **Unterrichtsstunde auswählen**.
7. Stellen Sie die *Format*-Eigenschaft des `DateTimePicker`-Steuerelements auf *Time*.
8. Ziehen Sie eine `ImageList`-Komponente von der Toolbox auf das Formular.
9. Stellen Sie im Eigenschaftenfenster die Eigenschaft *ImageSize* der `ImageList`-Komponente auf **32;32** und die Eigenschaft *ColorDepth* auf *Depth16Bit*.
10. Fügen Sie im Eigenschaftenfenster vier Bilder in die `ImageList`-Komponente ein. Beispiele finden Sie auf der Begleit-CD im Unterordner *Images* des *Code*-Ordners.
11. Wählen Sie im Designer das `ListView`-Steuerelement. Stellen Sie im Eigenschaftenfenster die Eigenschaft *SmallImageList* auf *ImageList1*.
12. Klicken Sie im Eigenschaftenfenster auf *Items* und öffnen Sie den ListViewItem-Auflistungs-Editor. Stellen Sie im ListViewItem-Auflistungs-Editor die *ImageIndex*-Eigenschaften der `ListViewItem`-Objekte 0, 1, 2 und 3 auf *0*, *1*, *2* und *3*. Nun sollten im `ListView`-Steuerelement Bilder neben den Texten erscheinen.
13. Drücken Sie auf `F5`, um Ihre Anwendung zu erstellen und zu testen.

Zusammenfassung der Lektion

- Das `CheckBox`-Steuerelement ermöglicht Benutzern die nicht ausschließliche Auswahl von Optionen. Sie können Gruppen von `CheckBox`-Steuerelementen einsetzen, um einem Benutzer die Auswahl mehrerer Optionen zu ermöglichen.
- Mit dem `RadioButton`-Steuerelement können Sie dem Benutzer eine Gruppe sich gegenseitig ausschließender Optionen präsentieren. Sie können mehrere `RadioButton`-Steuerelemente zu einer Gruppe zusammenfassen, um dem Benutzer eine Liste von Optionen zu präsentieren, aus der er eine Option auswählen kann.
- Das `TrackBar`-Steuerelement erlaubt dem Benutzer die schnelle und grafische Auswahl eines numerischen Werts, und zwar durch das Verschieben eines Schiebers mit der Maus oder mit Tastaturbefehlen.
- Das `DateTimePicker`-Steuerelement ermöglicht dem Benutzer die Einstellung eines Datums oder der Zeit. Ist das `DateTimePicker`-Steuerelement auf `Time` eingestellt, kann die Zeit ins Textfeld des Steuerelements eingegeben werden. Tage lassen sich im Dropdownkalender auswählen.

- Das `MonthCalendar`-Steuerelement ist ein sehr weitgehend konfigurierbares Steuerelement, mit dem Benutzer in einer leicht verständlichen Benutzeroberfläche einen Datumsbereich auswählen können. Sie können festlegen, welche Tage in Fettschrift angezeigt werden sollen und wie viele Tage der Benutzer maximal auswählen darf.
- Das `PictureBox`-Steuerelement ist ein Allzwecksteuerelement zur Anzeige von Bildern auf der Benutzeroberfläche. Es beherrscht mehrere Bildformate.
- Die `ImageList`-Komponente verwaltet eine Gruppe aus Bildern und kann andere Steuerelemente mit Bildern in einer einstellbaren Größe und Farbtiefe versorgen.

Lernzielkontrolle

Die folgenden Fragen dienen dazu, die wichtigsten Lerninhalte dieser Lektion zu vertiefen. Die Fragen sind (in englischer Sprache) auch auf der Begleit-CD zu finden, falls Sie die elektronische Form der Fragen vorziehen.

Hinweis Die Antworten

Die Antworten auf die Fragen und Erläuterungen, warum die entsprechende Antwort richtig oder falsch ist, finden Sie im Abschnitt „Antworten" am Ende des Buchs.

---

1. Welche der folgenden Werte sind zulässige Werte für die Eigenschaft `Checked` eines `CheckBox`-Steuerelements? (Wählen Sie alle zutreffenden Antworten aus.)

   A. `Checked`

   B. `False`

   C. `Indeterminate`

   D. `Unchecked`

   E. `True`

   F. `NotChecked`

2. Sie entwerfen eine Anwendung, die den Benutzer auffordert, in einem bestimmten Monat einen Datumsbereich von einem bis sieben Tagen auszuwählen. Welche der folgenden Einstellungen des `MonthCalendar`-Steuerelements eignet sich dafür am besten? (Wählen Sie alle zutreffenden Antworten aus.)

   A. Stellen Sie die `MaxSelectionCount`-Eigenschaft auf `7`.

   B. Stellen Sie die `SelectionRange`-Eigenschaft auf den ersten und letzten Tag des fraglichen Monats ein.

   C. Stellen Sie die `MaxDate`-Eigenschaft auf den letzten Tag des fraglichen Monats ein.

   D. Stellen Sie die `MinDate`-Eigenschaft auf den ersten Tag des fraglichen Monats ein.

3. Welches der folgenden Codebeispiele zeigt eine korrekte Verknüpfung eines Bilds aus einer `ImageList`-Komponente mit einem `Button`-Steuerelement? Sie können eine `ImageList`-Komponente namens `ImageList1` und ein `Button`-Steuerelement namens `Button1` voraussetzen. (Wählen Sie alle zutreffenden Antworten aus.)

A.

```
' VB
Button1.Image = ImageList1

// C#
button1.Image = imageList1;
```

B.

```
' VB
Button1.ImageList = ImageList1
Button1.ImageKey = ImageList1.Images(0)

// C#
button1.ImageList1 = imageList1;
button1.ImageKey = imageList1.Images(0);
```

C.

```
' VB
Button1.ImageList = ImageList1
Button1.ImageIndex = 0

// C#
button1.ImageList = imageList1;
button1.ImageIndex = 0;
```

D.

```
' VB
Button1.ImageList = ImageList1
Button1.ImageKey = "myImage"

// C#
button1.ImageIndex = imageList1;
button1.ImageKey = "myImage";
```

Lektion 3: Konfigurieren von *WebBrowser* und *NotifyIcon* sowie Erstellen von Zugriffstasten

Visual Studio bietet mehrere Wege zur Erweiterung der Benutzeroberfläche. Das `WebBrowser`-Steuerelement ist ein Allzwecksteuerelement zur Anzeige von HTML-Dateien und zum Herunterladen von Inhalten aus dem World Wide Web. Die Komponente `NotifyIcon` ermöglicht Ihnen, Benutzer über Prozesse zu informieren, die im Hintergrund laufen, und Zugriffstasten bieten dem Benutzer zusätzliche Optionen für die Navigation unter den Steuerelementen.

Am Ende dieser Lektion werden Sie in der Lage sein, die folgenden Aufgaben auszuführen:

- Konfigurieren von Eigenschaften und Verwenden der Methoden des `WebBrowser`-Steuerelements
- Hinzufügen von Anwendungssymbolen zur Taskleiste mit der `NotifyIcon`-Komponente
- Verknüpfen eines Kontextmenüs mit einer `NotifyIcon`-Komponente
- Erstellen einer Zugriffstaste für ein Steuerelement

Veranschlagte Zeit für diese Lektion: 30 Minuten

Das *WebBrowser*-Steuerelement

Das `WebBrowser`-Steuerelement bietet alle Funktionen zum Laden und für die Anzeige von HTML-Dateien und anderen Dateiarten, sowie alle Funktionen, die zur Navigation im World Wide Web erforderlich sind. Sie können das `WebBrowser`-Steuerelement zur Anzeige von Hilfetexten für Ihre Anwendung verwenden, zum Laden und Drucken von Dokumenten oder zur Anzeige von Dateien in verschiedenen Formaten. Tabelle 3.17 zeigt wichtige Eigenschaften des `WebBrowser`-Steuerelements.

Tabelle 3.17 Wichtige Eigenschaften des `WebBrowser`-Steuerelements

Eigenschaft	Beschreibung
`AllowWebBrowserDrop`	Bestimmt, ob Dokumente, die auf dem `WebBrowser`-Steuerelement abgelegt werden, automatisch geöffnet werden.
`CanGoBack`	Gibt an, ob das `WebBrowser`-Steuerelement zu einer vorigen Seite zurückkehren kann.
`CanGoForward`	Gibt an, ob das `WebBrowser`-Steuerelement zu einer nachfolgenden Seite navigieren kann.
`Document`	Ruft das aktuelle HTML-Dokument aus dem `WebBrowser`-Steuerelement ab.
`DocumentStream`	Ruft den Stream ab, der mit dem aktuellen Dokument verknüpft ist.
`DocumentText`	Gibt das aktuelle Dokument als Zeichenfolge zurück.
`DocumentTitle`	Gibt den Titel des aktuellen Dokuments zurück.
`DocumentType`	Gibt den Typ des aktuellen Dokuments zurück.
`IsOffline`	Gibt an, ob sich das System im Offlinemodus befindet.
`IsWebBrowserContext-MenuEnabled`	Bestimmt, ob das Standardkontextmenü des Microsoft Internet Explorers für das `Web-Browser`-Steuerelement verwendet wird.
`ScriptErrors-Suppressed`	Bestimmt, ob Skriptfehler, die im Dokument auftreten, unterdrückt oder in einem Dialogfeld angezeigt werden.
`ScrollBarsEnabled`	Entscheidet, ob Bildlaufleisten für das Steuerelement aktiviert sind. ►

Eigenschaft	Beschreibung
URL	Gibt den URL des aktuellen Dokuments an oder legt ihn fest.
WebBrowserShortcuts-Enabled	Gibt an, ob die Standardzugriffstasten des Internet Explorers für das WebBrowser-Steuerelement aktiviert sind.

Das WebBrowser-Steuerelement bietet auch eine Reihe von Methoden, unter anderem zur Navigation im Web. Tabelle 3.18 beschreibt wichtige Methoden des WebBrowser-Steuerelements.

Tabelle 3.18 Wichtige Methoden des WebBrowser-Steuerelements

Methode	Beschreibung
GoBack	Bewirkt die Navigation zur vorigen Seite aus der Verlaufsliste, sofern eine verfügbar ist.
GoForward	Bewirkt die Navigation zur folgenden Seite aus der Verlaufsliste, sofern eine verfügbar ist.
GoHome	Bewirkt die Navigation zur Homepage des Browsers.
GoSearch	Bewirkt die Navigation zur Standardsuchseite des Browsers.
Navigate	Bewirkt die Navigation zum angegebenen URL.
Print	Druckt das aktuelle Dokument.
ShowPageSetupDialog	Zeigt das Dialogfeld *Seite einrichten* des Internet Explorers zur Seiteneinrichtung.
ShowPrintDialog	Zeigt das Dialogfeld *Drucken* des Internet Explorers für den Druck.
ShowPrintPreviewDialog	Zeigt das Dialogfeld *Druckvorschau* des Internet Explorers für die Druckvorschau.
ShowPropertiesDialog	Zeigt das Eigenschaftendialogfeld des Internet Explorers.
ShowSaveAsDialog	Zeigt das Dialogfeld *Speichern unter* des Internet Explorers, mit dem sich das Dokument unter einem einzugebenden Namen abspeichern lässt.
Stop	Bricht eine unvollständige Navigation ab und hält alle dynamischen Seitenelemente an.

Navigieren im Web mit dem *WebBrowser*-Steuerelement

Das WebBrowser-Steuerelement hat Methoden, die es Ihrer Anwendung ermöglichen, im Web zu navigieren. Die wichtigste Methode für die Navigation ist die Navigate-Methode. Diese Methode erwartet eine Zeichenfolge als Argument, die den URL des Dokuments darstellt, das ins WebBrowser-Steuerelement geladen werden soll. Das folgende Beispiel demonstriert die Anwendung der Navigate-Methode.

```
' VB
WebBrowser1.Navigate("www.microsoft.com")

// C#
webBrowser1.Navigate("www.microsoft.com");
```

Sobald die Navigation abgeschlossen ist, löst das WebBrowser-Steuerelement ein DocumentCompleted-Ereignis aus. Durch die Auswertung dieses Ereignisses können Sie Code zur Ausführung bringen, nachdem das Dokument geladen wurde.

Mit anderen Methoden des WebBrowser-Steuerelements können Sie auf die Verlaufsliste zugreifen. Die Methode GoBack navigiert zur vorigen Seite aus der Verlaufsliste, und die Methode GoForward navigiert zur nächsten Seite aus der Verlaufsliste. Sind die entsprechenden Seiten nicht vorhanden, haben die Methodenaufrufe keine Wirkung.

Arbeiten mit Dokumenten im *WebBrowser*-Steuerelement

Sie können mit der Navigate-Methode auch andere Dokumente ins WebBrowser-Steuerelement laden. Das folgende Beispiel zeigt, wie ein Microsoft Office Word-Dokument ins WebBrowser-Steuerelement geladen wird.

```
' VB
WebBrowser1.Navigate("C:\Test.doc")

// C#
webBrowser1.Navigate(@"C:\Test.doc");
```

Bei der Arbeit mit Dokumenten im WebBrowser-Steuerelement können Sie den Benutzern mit der Methode ShowSaveAsDialog ermöglichen, das Dokument zu speichern. Diese Methode öffnet das Dialogfeld *Speichern unter* und erlaubt dem Benutzer die Auswahl des Dateiformats, in dem das Dokument gespeichert werden soll.

Sie können das WebBrowser-Steuerelement auch zum Drucken von Dokumenten verwenden. Zum Drucken rufen Sie die Methoden ShowPrintDialog und ShowPrintPreviewDialog auf. Diese Methoden zeigen die Dialogfelder *Drucken* und *Druckvorschau* an und ermöglichen dem Benutzer den Druck des Dokuments.

Die *NotifyIcon*-Komponente

Die NotifyIcon-Komponente ist eigentlich kein Steuerelement, sondern ein Symbol, das auf der Taskleiste angezeigt wird. Gewöhnlich wird die NotifyIcon-Komponente von Anwendungen verwendet, die im Hintergrund laufen. Sie kann Informationen über die Programmausführung liefern, indem Sie QuickInfo-Sprechblasen anzeigt. Außerdem können Sie ein ContextMenuStrip-Steuerelement mit der NotifyIcon-Komponente verknüpfen, das es dem Benutzer ermöglicht, in einem Kontextmenü Befehle zu geben. Tabelle 3.19 zeigt wichtige Eigenschaften der NotifyIcon-Komponente.

Tabelle 3.19 Wichtige Eigenschaften der NotifyIcon-Komponente

Eigenschaft	Beschreibung
BalloonTipIcon	Das Symbol, das in der QuickInfo-Sprechblase angezeigt wird. Diese Eigenschaft kann auf None gestellt werden (Anzeige ohne Symbol) oder auf Info, Warning oder Error.
BalloonTipText	Legt den Text fest, der in der QuickInfo-Sprechblase angezeigt wird.
BalloonTipTitle	Legt den Titel der QuickInfo-Sprechblase fest.
ContextMenuStrip	Ruft das ContextMenuStrip-Steuerelement ab, das mit der NotifyIcon-Komponente verknüpft ist, oder legt es fest.
Icon	Das Symbol, das auf der Taskleiste angezeigt wird.
Text	Der Text, der angezeigt wird, wenn der Benutzer den Mauszeiger auf das Symbol in der Taskleiste bewegt.
Visible	Zeigt an, ob das Symbol auf der Taskleiste sichtbar ist.

Um eine NotifyIcon-Komponente auf der Taskleiste anzuzeigen, stellen Sie in der Eigenschaft Icon das gewünschte Symbol ein und stellen die Eigenschaft Visible auf True. Symbole können Sie zu Ihrem Projekt hinzufügen, indem Sie eine neue Instanz der Klasse System.Drawing.Icon erstellen oder mit dem Menüpunkt *Projekt*, *Vorhandenes Element hinzufügen* vorhandene Symboldateien zum Projekt hinzufügen.

Die NotifyIcon-Komponente verfügt über Eigenschaften, mit denen sich die Anzeige der QuickInfo-Sprechblasen konfigurieren lässt. Eine QuickInfo-Sprechblase eignet sich dazu, Informationen für den Benutzer anzuzeigen. Mit den Eigenschaften BalloonTipIcon, BalloonTipText und BalloonTipTitle können Sie Symbol, Text und Titel der QuickInfo-Sprechblase festlegen. Nach der Einstellung der gewünschten Eigenschaften können Sie die QuickInfo-Sprechblase mit der Methode ShowBaloonTip anzeigen. Die Methode ShowBaloonTip hat einen Parameter, mit dem sich festlegen lässt, wie lange die QuickInfo-Sprechblase angezeigt werden soll (in Sekunden). Der folgende Code ist ein Beispiel für den Aufruf der Methode ShowBaloonTip:

```
' VB
NotifyIcon1.ShowBalloonTip(12)

// C#
notifyIcon1.ShowBalloonTip(12);
```

Sie können ein ContextMenuStrip-Steuerelement mit der NotifyIcon-Komponente verknüpfen, damit Benutzer durch einen Klick mit der rechten Maustaste ein Kontextmenü öffnen und Befehle geben können. Zur Verknüpfung eines ContextMenuStrip-Steuerelements mit der NotifyIcon-Komponente klicken Sie im Eigenschaftenfenster die Eigenschaft *ContextMenuStrip* an und stellen ein ContextMenuStrip-Steuerelement aus Ihrem Projekt für die Eigenschaft ein. Die Erstellung von ContextMenuStrip-Steuerelementen wird ausführlich besprochen in Kapitel 4, „ToolStrips, Menüs und Ereignisse“.

Erstellen von Zugriffstasten

Zugriffstasten ermöglichen es dem Benutzer, den Fokus auf ein bestimmtes Steuerelement zu verlegen, indem er die ALT-Taste und die Zugriffstaste drückt, die Sie für das betreffende Steuerelement definiert haben. In Kapitel 2 haben Sie bereits erfahren, wie man mithilfe eines Label-Steuerelements eine Zugriffstaste für ein anderes Steuerelement definiert. Die folgende Prozedur beschreibt, wie man gewöhnlich Zugriffstasten für einzelne Steuerelemente definiert.

Hinweis Erstellen einer Zugriffstaste für ein Steuerelement

Um mit der nachfolgend beschriebenen Prozedur eine Zugriffstaste für ein Steuerelement definieren zu können, muss das Steuerelement in der Lage sein, den Fokus zu übernehmen. Außerdem braucht es eine Text-Eigenschaft und die Eigenschaft UseMnemonic. Wenn das Steuerelement, für das Sie eine Zugriffstaste definieren möchten, nicht über eine UseMnemonic-Eigenschaft verfügt, können Sie auf die Prozedur zurückgreifen, die in Kapitel 2 beschrieben wurde. Wenn das Steuerelement aber nicht den Fokus übernehmen kann, können Sie keine Zugriffstaste für das Steuerelement definieren.

▶ **So erstellen Sie eine Zugriffstaste für ein Steuerelement**

1. Stellen Sie die `Text`-Eigenschaft auf den Text ein, den das Steuerelement anzeigen soll.
2. Stellen Sie in der `Text`-Eigenschaft dem Buchstaben, den Sie zur Zugriffstaste machen möchten, ein Und-Symbol (&) voran.
3. Stellen Sie im Eigenschaftenfenster die Eigenschaft `UseMnemonic` auf `True`. Der Buchstabe, vor dem das Und-Symbol steht, wird unterstrichen angezeigt. Zur Laufzeit ist der Benutzer in der Lage, mit der Kombination von ALT-Taste und dem unterstrichenen Buchstaben den Fokus auf das Steuerelement zu verlegen.

Schnelltest

- Was ist die Aufgabe der Zugriffstasten?

Antworten zum Schnelltest

- Zugriffstasten ermöglichen die Navigation mit der Tastatur. Mit der Tastenkombination, die der Zugriffstaste entspricht, kann man den Fokus auf das dazugehörige Steuerelement verlegen.

Übung: Erstellen eines WebBrowsers

In dieser Übung erstellen Sie einen einfachen, aber funktionsfähigen Webbrowser. Sie fügen Steuerelemente für die Navigation zur vorigen und nachfolgenden Seite ein, und Sie ermöglichen dem Benutzer die Eingabe eines URLs und die Navigation zum angegebenen Ort.

▶ **Übung 1: Erstellen eines Webbrowsers**

1. Beginnen Sie in Visual Studio ein neues Windows-Anwendungsprojekt.
2. Stellen Sie im Eigenschaftenfenster von `Form1` die Eigenschaft *Size* auf **600**; **400**.
3. Ziehen Sie von der Toolbox ein `SplitContainer`-Steuerelement auf das Formular.
4. Ziehen Sie von der Toolbox ein `WebBrowser`-Steuerelement auf *Panel2*.
5. Ziehen Sie von der Toolbox drei `Button`-Steuerelemente und ein `TextBox`-Steuerelement auf *Panel1*.
6. Stellen Sie die *Text*-Eigenschaften der `Button`-Steuerelemente auf **&Zurück**, **&Vorwärts** und **&Navigieren**.
7. Stellen Sie die *UseMnemonic*-Eigenschaft jedes `Button`-Steuerelements auf *True*.
8. Wählen Sie das `SplitContainer`-Steuerelement. Stellen Sie im Eigenschaftenfenster die Eigenschaft *Orientation* auf *Horizontal* und stellen Sie die Größe von *Panel1* so ein, dass die Schaltflächen und das Textfeld gerade vollständig sichtbar sind. Stellen Sie die Eigenschaft *FixedPanel* auf *Panel1*.
9. Klicken Sie im Designer die Schaltfläche *Zurück* mit einem Doppelklick an, um den `Button.Click`-Ereignishandler für die Schaltfläche zu öffnen. Fügen Sie folgende Codezeile ein:

```
' VB
WebBrowser1.GoBack()

// C#
webBrowser1.GoBack();
```

10. Klicken Sie im Designer die Schaltfläche *Vorwärts* mit einem Doppelklick an, um den `Button.Click`-Ereignishandler für die Schaltfläche zu öffnen. Fügen Sie folgende Codezeile ein:

```
' VB
WebBrowser1.GoForward()

// C#
webBrowser1.GoForward();
```

11. Klicken Sie im Designer die Schaltfläche *Navigieren* mit einem Doppelklick an, um den `Button.Click`-Ereignishandler für die Schaltfläche zu öffnen. Fügen Sie folgende Codezeile ein:

```
' VB
WebBrowser1.Navigate(TextBox1.Text)

// C#
webBrowser1.Navigate(textBox1.Text);
```

12. Drücken Sie auf die Taste F5, um Ihre Anwendung zu erstellen und zu testen. Sie können damit zum Beispiel die Begleit-CD durchsuchen.

Zusammenfassung der Lektion

- Das `WebBrowser`-Steuerelement kapselt die Funktionen, die für den Zugriff auf das Internet und für das Laden von einer Auswahl von Dokumenttypen erforderlich sind. Es verfügt über Methoden zur Navigation im World Wide Web und im Dateisystem.
- Die `NotifyIcon`-Komponente ermöglicht die Anzeige eines Symbols auf der Taskleiste und von Informationen für den Benutzer, die Hintergrundprozesse betreffen. Mithilfe von QuickInfo-Sprechblasen können Sie Nachrichten für den Benutzer anzeigen und ihm mit einem Kontextmenü das Erteilen von Befehlen ermöglichen, indem Sie ein passendes `ContextMenuStrip`-Steuerelement mit der `NotifyIcon`-Komponente verknüpfen.
- Sie können mit den Eigenschaften `Text` und `UseMnemonic` Zugriffstasten für solche Steuerelemente definieren, die in der Lage sind, den Fokus zu übernehmen. Nur für Steuerelemente, die den Fokus übernehmen können, lassen sich Zugriffstasten definieren. Wenn ein Steuerelement den Fokus übernehmen kann, aber nicht über die Eigenschaften `Text` oder `UseMnemonic` verfügt, können Sie zur Definition von Zugriffstasten auf ein `Label`-Steuerelement zurückgreifen, wie in Kapitel 2 beschrieben.

Lernzielkontrolle

Die folgenden Fragen dienen dazu, die wichtigsten Lerninhalte dieser Lektion zu vertiefen. Die Fragen sind (in englischer Sprache) auch auf der Begleit-CD zu finden, falls Sie die elektronische Form der Fragen vorziehen.

Hinweis Die Antworten

Die Antworten auf die Fragen und Erläuterungen, warum die entsprechende Antwort richtig oder falsch ist, finden Sie im Abschnitt „Antworten" am Ende des Buchs.

---

1. Welche der folgenden Methoden lässt sich beim Druck des aktuellen Dokuments eines `WebBrowser`-Steuerelements verwenden? (Wählen Sie alle zutreffenden Antworten aus.)
   A. `WebBrowser.Print`
   B. `WebBrowser.ShowPrintDialog`
   C. `WebBrowser.ShowPrintPreviewDialog`
   D. `WebBrowser.ShowPropertiesDialog`
2. Sie entwickeln eine Anwendung, die im Hintergrund laufen soll. Die Anwendung soll den Benutzer informieren, wenn ein ernster Fehler auftritt. Welche der folgenden Eigenschaften der `NotifyIcon`-Komponente sind für diese Funktion von Nutzen? (Wählen Sie alle zutreffenden Antworten aus.)
   A. `BalloonTipIcon`
   B. `BalloonTipText`
   C. `BalloonTipTitle`
   D. `Text`
3. Was ist erforderlich, um ohne ein zusätzliches `Label`-Steuerelement eine Zugriffstaste für ein Steuerelement zu definieren? (Wählen Sie alle zutreffenden Antworten aus.)
   A. Die Eigenschaft `Enabled` muss auf `True` gestellt werden.
   B. Das Steuerelement muss über eine `Text`-Eigenschaft verfügen.
   C. Die `UseMnemonic`-Eigenschaft muss auf `True` gestellt werden.
   D. Das Steuerelement muss in der Lage sein, den Fokus zu übernehmen.

Rückblick auf dieses Kapitel

Zur weiteren Übung und Vertiefung der Lerninhalte dieses Kapitels können Sie Folgendes tun:

- Arbeiten Sie die Zusammenfassung des Kapitels durch.
- Arbeiten Sie die Liste der Schlüsselbegriffe durch, die in diesem Kapitel eingeführt wurden.
- Bearbeiten Sie die Übung mit Fallbeispiel. Diese Szenarien beschreiben anhand der Themen dieses Kapitels praxisnahe Situationen. Entwickeln Sie eine Lösung.
- Führen Sie die vorgeschlagenen Übungen durch.
- Machen Sie einen Übungstest.

Zusammenfassung des Kapitels

- Listensteuerelemente dienen zur Organisation und Präsentation von Informationen in Listenform. Einfache Listensteuerelemente wie `ListBox`, `ComboBox` und `CheckedListBox` verwalten ihre Inhalte in der Eigenschaft `Items`, für die es allgemeine Methoden zum Hinzufügen und Entfernen von Listenelementen und für andere Arbeiten gibt.
- Spezielle Listensteuerelemente wie `ListView` und `TreeView` haben besondere Aufgaben. Mit dem `ListView`-Steuerelement können Sie Symbole und andere Informationen über die enthaltenen Listenelemente anzeigen. Das `TreeView`-Steuerelement zeigt die enthaltenen Listenelemente in einer hierarchischen Struktur an, deren Zweige der Benutzer nach Bedarf erweitern oder reduzieren kann.
- Werteinstellungssteuerelemente ermöglichen dem Benutzer die Einstellung eines Werts, der später vom Programm aus der Benutzeroberfläche ausgelesen werden kann. `CheckBox`- und `RadioButton`-Steuerelemente verwenden für ihre `Checked`-Eigenschaften boolesche Werte. Der Benutzer kann die angebotenen Optionen daher im Prinzip mit ja oder nein beantworten.
- Die `ImageList`-Komponente verwaltet Bilder, mit denen sie andere Steuerelemente in der Anwendung versorgen kann. Steuerelemente, die über eine `ImageList`-Eigenschaft verfügen, können eine vorhandene `ImageList`-Komponente verwenden und die darin enthaltenen Bilder anzeigen.
- Das `WebBrowser`-Steuerelement ist ein Allzwecksteuerelement für die Navigation im Web oder in einem Dateisystem. Es ermöglicht Ihnen die Arbeit mit einer Reihe von Dokumenttypen und bietet Methoden für die Navigation, den Druck und die Speicherung von Dokumenten.
- Die `NotifyIcon`-Komponente kann Informationen über einen Prozess anzeigen, der im Hintergrund läuft. Sie können Informationen anzeigen, indem Sie die `BalloonTip`-Eigenschaften entsprechend einstellen und dann die QuickInfo-Sprechblase anzeigen. Durch die Verknüpfung der `NotifyIcon`-Komponente mit einem `ContextMenuStrip`-Steuerelement können Sie dem Benutzer ein Kontextmenü anbieten.
- Mit den Eigenschaften `Text` und `UseMnemonic` können Sie eine Zugriffstaste für ein Steuerelement definieren. Jedes Steuerelement, das den Fokus übernehmen kann und über die Eigenschaften `Text` und `UseMnemonic` verfügt, kann seine eigene Zugriffstaste haben. Kann ein Steuerelement zwar den Fokus übernehmen, verfügt aber nicht über die `Text`- und `UseMnemonic`-Eigenschaften, können Sie die Zugriffstaste mit einem `Label`-Steuerelement definieren, wie in Kapitel 2 beschrieben.

Schlüsselbegriffe

Wissen Sie, was die folgenden Schlüsselbegriffe bedeuten? Sie können Ihre Antworten überprüfen, indem Sie die Begriffe im Glossar am Ende des Buchs nachschlagen.

- Zugriffstasten
- Liste
- Listensteuerelemente
- Werteinstellungssteuerelement

Übung mit Fallbeispiel

In den folgenden Szenarien wenden Sie Ihr Wissen über die Verwendung von Steuerelementen beim Entwurf von Benutzeroberflächen an. Die Antworten auf die Fragen finden Sie im Abschnitt „Antworten" am Ende des Buchs.

Szenario 1: Einsatz von Listensteuerelementen in der Benutzeroberfläche

Humongous Insurance ist so gewachsen, dass Hilfe bei der Verwaltung der Angestellten gebraucht wird. Sie sind Mitglied des Teams, das die neue Personalverwaltungsanwendung entwerfen soll. Andere Entwickler sorgen für die Umsetzung der Darstellung der Organisationsstruktur in Software und für eine Datenbank mit den erforderlichen Daten zu den Angestellten. Ihre Aufgabe ist es, eine Benutzeroberfläche zu erstellen, mit der sich Benutzer die Organisationsstruktur ansehen und die gewünschten Informationen über die Angestellten anzeigen lassen können.

Fragen

Beantworten Sie Ihrem Manager folgende Fragen:

1. Welche Steuerelemente schlagen Sie für die Benutzeroberfläche vor? Wie können Sie die Organisationsstruktur in einer kompakten, leicht handhabbaren Weise anzeigen?
2. Wie können wir in dieser Anwendung Fotos unserer Angestellten anzeigen?

Szenario 2: Arbeiten mit Dateien und Hintergrundprozessen

Im Rahmen der Datensicherung hat Humongous Insurance ein Programm entwickelt, das automatisch die zu sichernden elektronischen Dokumente einliest, die in verschiedenen Formaten vorliegen können (wie *.doc*, *.txt* und *.htm*), sie auf dem vorgesehenen Sicherungsmedium speichert und die Dokumente auf einem Hochleistungsdrucker ausdruckt. Diese Anwendung kommt weitgehend ohne Interaktion durch einen Benutzer aus und zeigt keine Benutzeroberfläche an. Von Zeit zu Zeit ergibt sich aber ein Problem mit einem Dokument, zu dessen Lösung die Interaktion mit einem Benutzer erforderlich ist. Ihre Aufgabe ist es nun, eine Benutzeroberfläche für diese seltenen Fälle zu entwickeln, die anscheinend unvermeidlich sind.

Technische Anforderungen

- Die Benutzeroberfläche darf nur sichtbar werden, wenn sich ein Problem ergeben hat, und kann nicht ohne ausdrücklichen Befehl durch einen Benutzer gestartet werden.
- Der Benutzer muss in der Lage sein, das Dokument zu untersuchen und bei Bedarf manuell zu speichern und zu drucken.

Fragen

Beantworten Sie Ihrem Manager folgende Fragen:

1. Wie können wir den Benutzer auf ein Problem hinweisen, ohne ständig eine Benutzeroberfläche anzuzeigen? Wie ermöglichen wir dem Benutzer den Start einer Benutzeroberfläche, wenn sich ein Problem ergeben hat?
2. Wie konzipieren wir die Benutzeroberfläche so, dass der Benutzer einzelne Dateien untersuchen, drucken und speichern kann, falls sich ein Problem ergeben hat?

Vorgeschlagene Übungen

Um das Lernziel *Hinzufügen und Konfigurieren eines Windows Forms-Steuerelements* zu erreichen, sollten Sie die folgenden Übungen und die entsprechenden Übungen aus Kapitel 2 durchführen.

- **Übung 1** Erstellen Sie eine Anwendung, die den Windows Explorer nachbildet. Sie sollte in der Lage sein, die Verzeichnisstruktur in einer Anzeigefläche darzustellen und die Dateien eines bestimmten Verzeichnisses in einer anderen Fläche.
- **Übung 2** Erstellen Sie eine Anwendung, die wie ein Terminkalender funktioniert. Sie sollte dem Benutzer ermöglichen, ein Datum und eine bestimmte Uhrzeit zu wählen, Informationen über den Termin einzutragen und Einzelheiten über den Termin zu erfassen und anzuzeigen, und sie sollte den Benutzer mit einem `MonthCalendar`-Steuerelement darauf hinzuweisen, an welchen Tagen bereits Termine vorliegen.
- **Übung 3** Erweitern Sie den Webbrowser, den Sie in Lektion 3 erstellt haben, so, dass er die Schaltfläche *Vorwärts* und *Zurück* deaktiviert, wenn die Eigenschaften `webBrowser1.CanGoBack` oder `webBrowser1.CanGoForward` auf `False` stehen. Das können Sie durch die Auswertung der Eigenschaften `WebBrowser.CanGoBackChanged` und `WebBrowser.CanGoForwardChanged` erreichen. Ermöglichen Sie dem Benutzer außerdem die Navigation zu einer bestimmten Seite, wenn er die Adresse im `TextBox`-Steuerelement eingibt und dann die EINGABETASTE drückt.

Machen Sie einen Übungstest

Die Übungstests auf der Begleit-CD zu diesem Buch (in englischer Sprache) bieten zahlreiche Möglichkeiten. Zum Beispiel können Sie einen Test machen, der ausschließlich die Themen eines bestimmten Lernziels behandelt, oder Sie können sich selbst mit dem gesamten Inhalt der Prüfung 70-526 testen. Sie können den Test so konfigurieren, dass er dem Ablauf einer echten Prüfung entspricht, oder Sie können einen Lernmodus verwenden, in dem Sie sich nach dem Beantworten einer Frage jeweils sofort die richtige Antwort und die Erklärungen ansehen können.

Weitere Informationen Übungstests

Einzelheiten zu allen Optionen, die bei den Übungstests zur Verfügung stehen, finden Sie im Abschnitt „So benutzen Sie die Übungstests“ in der Einführung am Anfang dieses Buchs.

K A P I T E L 4

ToolStrips, Menüs und Ereignisse

Dieses Kapitel beschreibt weitere Wege zur Erweiterung der Benutzeroberfläche. ToolStrips ermöglichen die Erstellung von Symbolleisten, die in Aussehen und Verhalten den Symbolleisten von Microsoft Office gleichen. Menus erlauben die Definition von Befehlen, die der Benutzer geben kann. Ereignisse werden von Steuerelementen als Reaktion auf Aktionen des Benutzers oder als Reaktion auf Änderungen gemeldet oder ausgelöst, die in der Anwendung auftreten. Sie können Programmcode schreiben, der als Reaktion auf die Ereignisse ausgeführt wird.

In diesem Kapitel abgedeckte Prüfungsziele:

- Hinzufügen und Konfigurieren eines Windows Forms-Steuerelements
  - Anzeigen von Bildern mit Windows Forms-Steuerelementen
- Erstellen und Konfigurieren von Menüs
  - Erstellen und Konfigurieren einer `MenuStrip`-Komponente auf einem Windows-Formular
  - Ändern der angezeigten Menüstruktur durch Programmcode
  - Erstellen und Konfigurieren von `ContextMenuStrip`-Steuerelementen auf einem Windows-Formular
- Erstellen von Ereignishandlern für Windows-Formulare und Steuerelemente
  - Verwenden des Windows Forms-Designers zur Erstellung von Ereignishandlern
  - Bearbeiten von Maus- und Tastaturereignissen in Windows Forms-Anwendungen
  - Programmieren einer Windows Forms-Anwendung zur Erkennung von Zusatztasten (modifier keys)
  - Verwenden des Windows Forms-Designers zur Erstellung von Standardereignishandlern
  - Hinzufügen von Ereignishandlern zur Laufzeit, um dynamisch auf System- oder Benutzerereignisse reagieren zu können
  - Verbinden von mehreren Ereignissen mit demselben Ereignishandler
  - Verwenden des Code-Editors zum Überschreiben von Methoden, die in der Basisklasse definiert werden

Lektionen in diesem Kapitel:

Bevor Sie beginnen

Die Bearbeitung der Lektionen dieses Kapitels setzt Folgendes voraus:

- Einen Computer, der den Mindestanforderungen an die Hardware entspricht, wie sie am Anfang des Buchs im Abschnitt „Einführung“ beschrieben wurden.
- Visual Studio 2005 Professional Edition ist auf Ihrem Computer installiert.
- Sie verfügen über Grundkenntnisse der Syntax von Microsoft Visual Basic oder C# und über das .NET Framework.
- Sie haben Kapitel 3, „Anspruchsvolle Windows Forms-Steuerelemente“, durchgearbeitet oder kennen sich bereits gut mit Windows Forms-Steuerelementen und der Visual Studio-IDE aus.

Praxistipp

Matt Stoecker

Die neuen Steuerelemente `ToolStrip` und `MenuStrip` von .NET Framework 2.0 haben die Geschwindigkeit beträchtlich erhöht, in der ich eine Benutzeroberfläche entwickeln kann. Mit dem `ToolStrip`-Steuerelement kann ich Benutzeroberflächen entwickeln, die zu Microsoft Office-Anwendungen passen, sodass sich der Benutzer nicht an eine andere Oberfläche gewöhnen muss. Das verbessert die Akzeptanz und führt letztlich zu höherer Produktivität.

Lektion 1: Konfigurieren von ToolStrips

Das ToolStrip-Steuerelement ist ein neues Steuerelement von .NET Framework 2.0. Es ist für die Erstellung von benutzerdefinierten Symbolleisten vorgesehen, die in Aussehen und Verhalten den Symbolleisten von Microsoft Office und Microsoft Internet Explorer ähneln. Mit dem ToolStrip-Steuerelement können Sie sehr schnell Symbolleisten entwickeln, die sehr weitgehend konfigurierbar sind, professionell aussehen und die gewünschten benutzerdefinierten Funktionen anbieten.

Am Ende dieser Lektion werden Sie in der Lage sein, die folgenden Aufgaben auszuführen:

- Konfigurieren eines ToolStrips für eine Symbolleiste
- Konfigurieren eines StatusStrips für eine Statusleiste
- Hinzufügen von verschiedenen ToolStripItem-Objekten zu einem ToolStrip-Steuerelement
- Hinzufügen eines Bilds zu einem ToolStripItem-Objekt
- Ermöglichen der Neuanordnung der ToolStripItem-Objekte durch den Benutzer
- Hinzufügen eines ToolStrip-Steuerelements zu einem ToolStripContainer-Steuerelement
- Zusammenführen von zwei ToolStrips

Veranschlagte Zeit für diese Lektion: 30 Minuten

Überblick über das *ToolStrip*-Steuerelement

Das ToolStrip-Steuerelement ermöglicht Ihnen die Erstellung von Symbolleisten mit einem professionellen und einheitlichen Aussehen und Verhalten. ToolStrip-Steuerelemente sind Container für ToolStrip-Elemente (ToolStripItem-Objekte). Dabei handelt es sich um spezielle Steuerelemente, die sich zu einem ToolStrip hinzufügen lassen. Solche ToolStrip-Elemente bieten dem Benutzer eine Vielfalt von Optionen und Funktionen.

ToolStrip-Steuerelemente kapseln einen großen Teil der Funktionen, die zur Verwaltung einer Symbolleiste erforderlich sind. Sie verwalten Layout und Positionierung der enthaltenen Steuerelemente, ermöglichen eine Änderung der Steuerelementanordnung durch den Benutzer, kümmern sich um die Darstellung auf dem Bildschirm und erstellen Überlaufschaltflächen, wenn mehr Steuerelemente zum ToolStrip hinzugefügt wurden, als angezeigt werden können. Tabelle 4.1 zeigt einige wichtige Eigenschaften des ToolStrip-Steuerelements.

Tabelle 4.1 Wichtige Eigenschaften des ToolStrip-Steuerelements

Eigenschaft	Beschreibung
AllowItemReorder	Gibt an, ob Elemente durch den Benutzer neu angeordnet werden können. Wenn die Eigenschaft auf True steht, können die enthaltenen ToolStrip-Elemente neu angeordnet werden, indem der Benutzer die ALT-Taste gedrückt hält und die Elemente mit der Maus verschiebt.
AllowMerge	Gibt an, ob der ToolStrip mit einem anderen ToolStrip zusammengeführt werden kann.
CanOverflow	Gibt an, ob Elemente bei Bedarf automatisch auf die Überlaufschaltfläche verschoben werden können.
Dock	Gibt an, wie der ToolStrip andockt. Obwohl ToolStrip-Steuerelemente frei im Formular angeordnet werden können, werden sie meistens an einem Rand des Formulars angedockt. ▶

Eigenschaft	Beschreibung
LayoutStyle	Zeigt an, wie die Steuerelemente auf dem ToolStrip angeordnet werden. Der Wert HorizontalStackWithOverFlow bedeutet, dass die Elemente horizontal angeordnet werden und bei Bedarf überlaufen. VerticalStackWithOverFlow ordnet die Elemente vertikal an und lässt sie bei Bedarf überlaufen. StackWithOverflow führt zur einer Ausrichtung, die zum eingestellten Wert in der Dock-Eigenschaft des ToolStrip-Steuerelements passt. Flow erlaubt den Elementen nach Bedarf eine horizontale oder vertikale Ausrichtung, und Table ordnet alle Elemente linksbündig an.
RenderMode	Bestimmt, wie die Elemente dargestellt werden. System bewirkt die Verwendung der Systemeinstellungen, Professional führt zu einem Erscheinungsbild nach Art von Microsoft Office, und ManagerRenderMode führt zu einer automatischen Einstellung.
ShowItemToolTips	Zeigt an, ob für die einzelnen Elemente QuickInfos angezeigt werden.
Stretch	Zeigt an, ob sich der ToolStrip auf die gesamte Länge des verfügbaren Bereichs ausdehnt, wenn er in ein ToolStripContainer-Steuerelement eingefügt wird.
TextDirection	Gibt die Laufrichtung der Texte der Steuerelemente an, die in den ToolStrip eingefügt wurden.

Das StatusStrip-Steuerelement ähnelt dem ToolStrip-Steuerelement und kann dieselben Steuerelemente aufnehmen wie ein ToolStrip-Steuerelement. Die wichtigsten Unterschiede zeigen sich in den Standardeinstellungen der Eigenschaften. StatusStrip-Steuerelemente sind für eine Ankopplung am unteren Rand des Formulars vorgesehen und zeigen Statusinformationen an. Die Standardwerte der Eigenschaften sind für diese Aufgabe ausgelegt. ToolStrip-Steuerelemente sind für eine ganze Reihe unterschiedlicher Aufgaben vorgesehen. Ihre Eigenschaften erhalten Standardwerte, die der allgemeineren Aufgabe entsprechen.

Hinzufügen von *Toolstrip*-Elementen zu einem ToolStrip

Zur Entwurfszeit können Sie Steuerelemente zu einem ToolStrip hinzufügen, indem Sie die gewünschten Elemente im Designer aus einem Dropdownmenü auswählen (Abbildung 4.1).

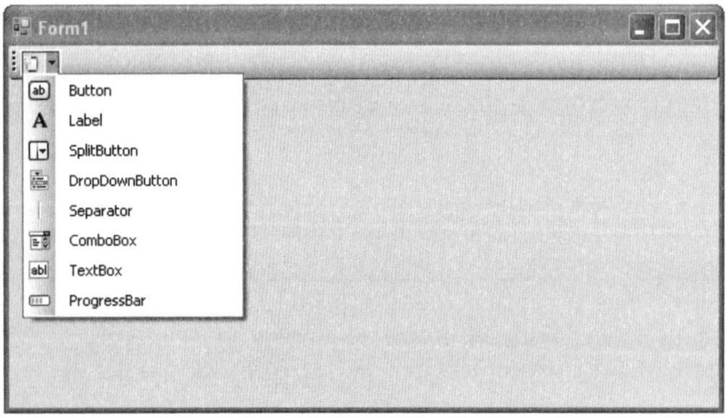

Abbildung 4.1 Einfügen eines ToolStrip-Elements zur Entwurfszeit

Das Element, das Sie aus dem Menü auswählen, wird zum ToolStrip hinzugefügt, und eine Instanz des Elements wird zu Ihrer Anwendung hinzugefügt. Sie können die Eigenschaften des Elements im Eigenschaftenfenster festlegen und im Code verwenden.

Zur Laufzeit können Sie Elemente mit der Methode `ToolStrip.Items.Add` dynamisch zu einem `ToolStrip`-Steuerelement hinzufügen. Sie rufen die Methode entweder mit einem Verweis auf ein vorhandenes Objekt auf und die Methode fügt das Element in die Symbolleiste ein, oder die Methode erstellt ein neues `ToolStripItem`-Objekt, falls Sie Text oder ein Bild angeben. Ein Beispiel:

```
' VB
Dim aToolStripItem As ToolStripItem
Dim bToolStripItem As ToolStripItem
aToolStripItem = myToolStrip.Items.Add("Neues Element")
bToolStripItem = myToolStrip.Items.Add(anImage)

// C#
ToolStripItem aToolStripItem;
ToolStripItem bToolStripItem;
aToolStripItem = myToolStrip.Items.Add("Neues Element");
bToolStripItem = myToolStrip.Items.Add(anImage);
```

In diesem Beispiel wird ein neues Element zum `ToolStrip` hinzugefügt, wenn Text oder ein Bild angegeben wird. Wenn Elemente auf diese Weise hinzugefügt werden, ist das resultierende Element immer ein `ToolStripButton`-Objekt. Die Methode `ToolStrip.Items.Add` gibt einen Verweis auf das neue Element zurück, sodass Sie dessen Eigenschaften und Ereignisse zur Laufzeit einstellen können.

Sie können auch direkt ein neues `ToolStrip`-Element erstellen und hinzufügen, wie in diesem Beispiel:

```
' VB
Dim aComboBox As New ToolStripComboBox()
myToolStrip.Items.Add(aComboBox)

// C#
ToolStripComboBox aComboBox = new ToolStripComboBox();
myToolStrip.Items.Add(aComboBox);
```

Nach diesem Beispiel können Sie zur Laufzeit ein beliebiges `ToolStrip`-Element erstellen und zum `ToolStrip`-Steuerelement hinzufügen.

ToolStrip-Elemente

Das .NET Framework 2.0 bietet einige Steuerelemente, die speziell für `ToolStrips` entworfen wurden. Die Steuerelemente `ToolStripLabel`, `ToolStripButton`, `ToolStripTextBox`, `ToolStripComboBox` und `ToolStripProgressBar` ähneln zwar den Steuerelementen `Label`, `Button`, `TextBox`, `ComboBox` und `ProgressBar`, aber sie wurden speziell für den Einsatz in `ToolStrips` ausgelegt. `ToolStripSplitButton`, `ToolStripDropDownButton` und `ToolStripSeparator` sind neue Steuerelemente mit speziellen Funktionen für `ToolStrips`.

Allgemeine Eigenschaften von *ToolStrip*-Elementen

`ToolStrip`-Elemente haben einige gemeinsame Eigenschaften, die ihr Verhalten im `ToolStrip` steuern. Tabelle 4.2 zeigt die wichtigsten Eigenschaften, über die alle `ToolStrip`-Elemente verfügen.

Tabelle 4.2 Wichtige Eigenschaften von ToolStrip-Elementen

Eigenschaft	Beschreibung
MergeAction	Bestimmt, wie sich ein ToolStrip-Element verhält, wenn der ToolStrip, zu dem es gehört, mit einem anderen ToolStrip zusammengeführt wird. Zulässige Werte sind Append, Insert, MatchOnly, Remove und Replace. Die Zusammenführung von ToolStrips wird im Verlauf der Lektion ausführlicher besprochen.
MergeIndex	Diese Eigenschaft zeigt an, wo ein ToolStrip-Element in einem zusammengeführten ToolStrip erscheint, wenn die Eigenschaft MergeAction auf Insert steht.
ToolTipText	Gibt den Text an, der als QuickInfo angezeigt wird, wenn sich die Maus über dem ToolStrip-Element bewegt und die Eigenschaft ToolStrip.ShowItemToolTips-Eigenschaft auf True steht. Beachten Sie bitte, dass das ToolStripSeparator-Steuerelement nicht über diese Eigenschaft verfügt.

ToolStripLabel

Das ToolStripLabel-Steuerelement vereint die Funktionen des Label-Steuerelements und des LinkLabel-Steuerelements. Wenn die Eigenschaft IsLink auf False steht, zeigt das ToolStripLabel-Steuerelement den Text aus der Text-Eigenschaft an und verhält sich so ähnlich wie ein einfaches Label-Steuerelement. Wenn die Eigenschaft IsLink auf True steht, verhält sich das Steuerelement wie ein LinkLabel-Steuerelement. Im ToolStripLabel.Click-Ereignishandler können Sie die Aktionen programmieren, die erfolgen sollen, wenn das Steuerelement angeklickt wird.

ToolStripButton

Das ToolStripButton-Steuerelement ähnelt dem bekannten Button-Steuerelement. Es präsentiert sich auf dem ToolStrip als Schaltfläche und zeigt gewöhnlich ein Symbol an, das auf seine Funktion hinweist. Der Benutzer kann die Schaltfläche anklicken, um eine Aktion einzuleiten. Nach einem Klick auf die Schaltfläche wird der Code des ToolStripButton.Click-Ereignishandlers ausgeführt.

ToolStripSeparator

Das ToolStripSeparator-Steuerelement ist im Wesentlichen ein sichtbares Trennzeichen, das die Elemente eines ToolStrips von den Elementen eines anderen ToolStrips abtrennt. Es kann zwar durch seinen ToolStripSeparator.Click-Ereignishandler auf Mausklicks reagieren, dient aber in erster Linie als Hinweiselement.

ToolStripComboBox

Das ToolStripComboBox-Steuerelement ähnelt dem ComboBox-Steuerelement, allerdings in der Version für ToolStrips. Wie beim ComboBox-Steuerelement kann seine DropDownStyle-Eigenschaft auf Simple, DropDown oder DropDownList eingestellt werden, und die Listenelemente sind in der Items-Auflistung zu finden. Wenn ein Listenelement ausgewählt oder im Textfeld des ToolStripComboBox-Steuerelements eingegeben wird, ist dieses Element über die Text-Eigenschaft zugänglich.

ToolStripTextBox

Das ToolStripTextBox-Steuerelement ähnelt dem einfachen TextBox-Steuerelement. Der Benutzer kann einen Text ins Textfeld eingeben. Im Programm ist der eingegebene Text in der Eigenschaft ToolStripTextBox.Text verfügbar. Der wichtigste Unterschied im Funktionsumfang liegt darin, dass das `ToolStripTextBox`-Steuerelement nicht über eine `Multiline`-Eigenschaft verfügt und daher nur eine Zeile anzeigen kann.

ToolStripProgressBar

Das `ToolStripProgressBar`-Steuerelement hat zur Aufgabe, dem Benutzer eine sichtbare Rückmeldung zu geben, wenn eine zeitintensive Arbeit durchgeführt wird. Es ähnelt dem Standardsteuerelement `ProgressBar`. Die Eigenschaften `Minimum` und `Maximum` legen den gewünschten Wertebereich fest, und die Eigenschaft `Value` enthält den aktuellen Wert. Das Erscheinungsbild wird durch die Eigenschaft `Style` festgelegt. Wenn `Style` auf `Blocks` oder `Continuous` steht, stellt das Steuerelement durch die Länge des ausgefüllten Bereichs grafisch dar, wo sich der aktuelle Wert ungefähr im Wertebereich befindet. Steht die Eigenschaft auf `Marquee`, bewegen sich kontinuierlich Grafikblöcke über das Steuerelement, mit einer Geschwindigkeit, die mit der Eigenschaft `MarqueeAnimationSpeed` einstellbar ist. Zur Laufzeit können Sie den Wert des Steuerelements erhöhen, indem Sie entweder `Value` direkt einstellen oder die Methoden `Increment` und `PerformStep` benutzen.

ToolStripDropDownButton

Das `ToolStripDropDownButton`-Steuerelement ermöglicht Ihnen die Erstellung eines Dropdownmenüs, das nach einem Klick auf das Steuerelement angezeigt wird. Zur Entwurfszeit können Sie das Menü mit seinen Menüpunkten im Menüdesigner festlegen (Abbildung 4.2).

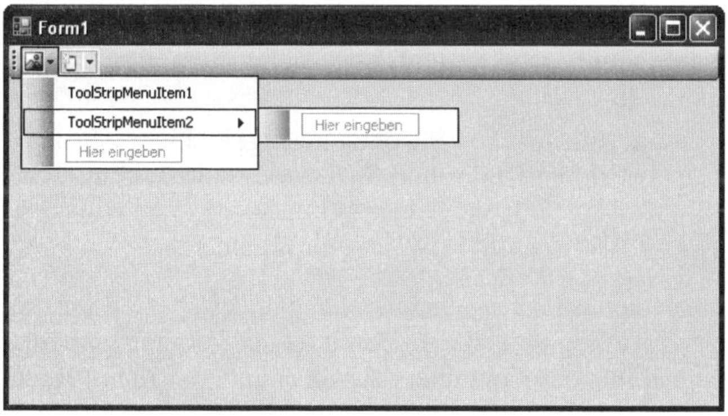

Abbildung 4.2 Erstellen eines Menüs mit dem `ToolStripDropDownButton`-Steuerelement

Jeder Menüpunkt hat sein eigenes `ToolStripMenuItem.Click`-Ereignis, auf das Ihre Anwendung reagieren kann.

ToolStripSplitButton

Das `ToolStripSplitButton`-Steuerelement vereint die Funktionen der Steuerelemente `ToolStripButton` und `ToolStripDropDownButton`. Dieses Steuerelement zeigt eine Schaltfläche, die der Benutzer anklicken kann, um den dazugehörigen Code zur Ausführung zu bringen. Außerdem bietet es ein Dropdownmenü nach Art des `ToolStripDropDownButton`-Steuerelements. Sie können im Handler für das `ToolStripSplitButton.Click`-Ereignis den Code für Klicks auf die Schaltfläche schreiben, oder Sie schreiben für jedes `ToolStripMenuItem.Click`-Ereignis den entsprechenden Code, der dann ausgeführt werden soll.

Anzeigen von Bildern auf *ToolStrip*-Elementen

Die Steuerelemente `ToolStripButton`, `ToolStripDropDownButton` und `ToolStripSplitButton` können Text oder Bilder anzeigen, oder eine Kombination von beidem. Tabelle 4.3 zeigt, wie sich die Eigenschaften dieser Steuerelemente auf die Anzeige von Bildern auswirken.

Tabelle 4.3 Eigenschaften für die Bildanzeige der `ToolStrip`-Elemente

Eigenschaft	**Beschreibung**
`DisplayStyle`	Bestimmt, ob das Steuerelement mit Text oder mit Bild angezeigt wird, oder mit beidem.
`Image`	Ruft das Bild ab, das auf dem Steuerelement angezeigt wird, oder legt es fest.
`ImageAlign`	Zeigt an, wie das Bild im Steuerelement ausgerichtet wird.
`ImageScaling`	Gibt an, ob die Größe des Bilds ans Steuerelement angepasst wird.
`ImageTransparentColor`	Gibt die Farbe der Pixel an, die bei der Darstellung auf der Benutzeroberfläche durchsichtig bleiben.

Fügen Sie ein `ToolStripButton`, ein `ToolStripSplitButton` oder ein `ToolStripDropDownButton` zur Symbolleiste hinzu.

► **So zeigen Sie ein Bild auf einem *ToolStrip*-Element an**

1. Wählen Sie das Steuerelement aus. Stellen Sie im Eigenschaftenfenster sicher, dass die Eigenschaft *DisplayStyle* auf *Image* oder *ImageAndText* steht.
2. Wählen Sie das Bild aus, das angezeigt werden soll. Klicken Sie dazu im Eigenschaftenfenster auf die Eigenschaft *Image* und wählen Sie das Bild im Dialogfeld *Ressource auswählen* aus.

Das *ToolStripContainer*-Steuerelement

Das `ToolStripContainer`-Steuerelement ist ein spezielles Containersteuerelement, das speziell für die Aufnahme von `ToolStrips` entwickelt wurde und Rafting unterstützt. Damit ist der Vorgang gemeint, bei dem ein Benutzer einen `ToolStrip` von einer Kante des Containers zur einer anderen Kante zieht.

Das `ToolStripContainer`-Steuerelement enthält fünf Bereiche, nämlich vier `ToolStrip`-Bereiche (einen an jeder Kante des Formulars) und einen Bereich für andere Inhalte. Das gebräuchlichste Szenario für den Einsatz des `ToolStripContainer`-Steuerelements besteht darin, es zu einem Formular hinzuzufügen und seine `Dock`-Eigenschaft auf `Fill` zu stellen. Dann füllt das `ToolStripContainer`-Steuerelement das gesamte Formular aus, und an allen Seiten sind `ToolStrip`-Bereiche verfügbar.

Zur Entwurfszeit können Sie einen `ToolStrip` zum `ToolStripContainer`-Steuerelement hinzufügen, indem Sie es von der Toolbox auf einen der `ToolStrip`-Bereiche ziehen. Welche `ToolStrip`-Bereiche dem Benutzer zur Verfügung stehen, können Sie mit den Eigenschaften `TopToolStripPanelVisible`, `BottomToolStripPanelVisible`, `LeftToolStripPanelVisible` und `RightToolStripPanelVisible` einstellen. Wenn diese Eigenschaften auf `True` stehen, ist der entsprechende Bereich zur Laufzeit für das `ToolStrip`-Rafting verfügbar. Stehen sie auf `False`, sind die entsprechenden Bereiche nicht verfügbar.

Zusammenführen von *ToolStrips*

ToolStrip-Steuerelemente können zur Laufzeit zusammengeführt werden, wobei ihre Elemente auf einem einzigen ToolStrip zusammengefasst werden. Die Zusammenführung von ToolStrips erfolgt durch den Aufruf der Methode ToolStripManager.Merge, wie im folgenden Beispiel:

```
' VB
ToolStripManager.Merge(sourceToolStrip, targetToolStrip)

// C#
ToolStripManager.Merge(sourceToolStrip, targetToolStrip);
```

Bei der Klasse ToolStripManager handelt es sich um eine statische Klasse, deren Aufgabe die Anzeige und das Layout der ToolStrips auf einem Formular ist. Da es sich um eine statische Klasse handelt, brauchen keine Instanzen dieser Klasse angelegt zu werden. Sie können ihre Methoden direkt aufrufen.

Das obige Beispiel führt den ersten ToolStrip (sourceToolStrip) mit dem zweiten ToolStrip (targetToolStrip) zusammen. Die ToolStrip-Elemente von sourceToolStrip werden dann mit den Elementen von targetToolStrip zusammengefasst, wie es die Werte in ihren MergeAction-Eigenschaften vorgeben. Tabelle 4.4 beschreibt die zulässigen Werte der MergeAction-Eigenschaft.

Tabelle 4.4 Die zulässigen Einstellungen der Eigenschaft ToolStripItem.MergeAction

***MergeAction*-Wert**	**Aktion**
Append	Hängt das Element ans Ende der Elementliste an.
Insert	Fügt das Element an der Position ein, die von der Eigenschaft MergeIndex angegeben wird.
MatchOnly	Überprüft auf Übereinstimmung, unternimmt aber nichts.
Remove	Wird ein übereinstimmendes ToolStrip-Element gefunden, wird es aus dem ToolStrip entfernt.
Replace	Wird ein übereinstimmendes ToolStrip-Element gefunden, wird es durch dieses ToolStrip-Element ersetzt.

Wenn ToolStrips zusammengeführt werden, wird jedes ToolStrip-Element des Quelltoolstrips mit jedem ToolStrip-Element des Zieltoolstrips verglichen. Der Vergleich erfolgt anhand der Text-Eigenschaften der ToolStrip-Elemente. Wenn also zwei ToolStrip-Elemente dieselbe Text-Eigenschaft haben, werden sie als gleich angesehen, selbst wenn sie verschiedenen Typs sind (steht beispielsweise in der Text-Eigenschaft eines ToolStripLabel-Steuerelements und eines ToolStripButton-Steuerelements jeweils der Text „Ausführen“, werden beide als gleich bewertet). Gibt es eine Übereinstimmung und steht die MergeAction-Eigenschaft des Quelltoolstripelements auf MatchOnly, Remove oder Replace, wird die entsprechende Aktion durchgeführt. In den anderen Fällen wird das ToolStrip-Element an die Liste angehängt oder in der vorgesehenen Position eingefügt, wie es die MergeAction-Eigenschaft vorschreibt.

Damit ToolStrips erfolgreich zusammengeführt werden können, müssen ihre AllowMerge-Eigenschaften auf True stehen.

Schnelltest

1. Welche Aufgabe hat das ToolStrip-Steuerelement?
2. Welche Arten von ToolStrip-Elementen können in ein ToolStrip-Steuerelement eingefügt werden?

Antworten zum Schnelltest

1. Das ToolStrip-Steuerelement hat die Aufgabe, ToolStrip-Elemente aufzunehmen, die in einer weitgehend zur Laufzeit konfigurierbaren Umgebung dazu dienen, häufig benutzte Befehle und oft benutzte Funktionen leicht zugänglich zu machen.
2. Der ToolStrip kann jede Art von ToolStrip-Elementen aufnehmen, zum Beispiel auch ToolStripMenuItem-Steuerelemente.

Übung: Erstellen eines Webbrowsers mit *ToolStrips*

In dieser Übung untersuchen Sie die Funktionalität von ToolStrip- und ToolStripItem-Steuerelementen. Zu diesem Zweck erstellen Sie einen einfachen Webbrowser, der seine Funktionen mit ToolStripItem-Steuerelementen anbietet. In der ersten Übung fügen Sie einen ToolStrip hinzu, der die Grundfunktionen eines Webbrowsers implementiert. In der zweiten Übung fügen Sie einen ToolStrip hinzu, der dem Benutzer die Suche im Web ermöglicht.

► **Übung 1: Erstellen eines Webbrowsers**

1. Beginnen Sie ein neues Windows-Anwendungsprojekt.
2. Ziehen Sie von der Toolbox ein ToolStripContainer-Steuerelement auf das Formular. Stellen Sie die *Dock*-Eigenschaft auf *Fill*.
3. Vergrößern Sie das Formular, bis es eine gute Größe für einen Webbrowser hat.
4. Ziehen Sie von der Toolbox ein WebBrowser-Steuerelement in den mittleren Bereich des ToolStripContainer-Steuerelements.
5. Ziehen Sie von der Toolbox ein ToolStrip-Steuerelement in den oberen Bereich des ToolStripContainer-Steuerelements.
6. Fügen Sie mit dem ToolStrip-Designer folgende Steuerelemente in der angegebenen Reihenfolge in den ToolStrip ein: zwei ToolStripButton-Steuerelemente, ein ToolStripComboBox-Steuerelement und zwei weitere ToolStripButton-Steuerelemente.
7. Stellen Sie im Eigenschaftenfenster die Eigenschaften *Name*, *Image* und *ToolTipText* der ToolStripButton-Steuerelemente so ein wie in der folgenden Tabelle. Die Bilddateien finden Sie auf der Begleit-CD im *Code*-Ordner.

Standardname	Neuer Name	Image	ToolTipText
ToolStripButton1	**BackButton**	*Back.bmp*	**Zurück**
ToolStripButton2	**ForwardButton**	*Forward.bmp*	**Vorwärts**
ToolStripButton3	**GoButton**	*Go.bmp*	**Navigieren**
ToolStripButton4	**StopButton**	*Stop.bmp*	**Navigation abbrechen**

8. Klicken Sie `BackButton` mit einem Doppelklick an und fügen Sie folgenden Code in den `BackButton.Click`-Ereignishandler ein:

```
' VB
WebBrowser1.GoBack()

// C#
webBrowser1.GoBack();
```

9. Klicken Sie `ForwardButton` mit einem Doppelklick an und fügen Sie folgenden Code in den `ForwardButton.Click`-Ereignishandler ein:

```
' VB
WebBrowser1.GoForward()

// C#
webBrowser1.GoForward();
```

10. Klicken Sie `GoButton` mit einem Doppelklick an und fügen Sie folgenden Code in den Ereignishandler `GoButton_Click` ein:

```
' VB
If Not ToolStripComboBox1.Text = "" Then
   WebBrowser1.Navigate(ToolStripComboBox1.Text)
   ToolStripComboBox1.Items.Add(ToolStripComboBox1.Text)
   If ToolStripComboBox1.Items.Count = 11 Then
      ToolStripComboBox1.Items.RemoveAt(0)
   End If
End If

// C#
if (!(toolStripComboBox1.Text == ""))
{
   webBrowser1.Navigate(toolStripComboBox1.Text);
   toolStripComboBox1.Items.Add(toolStripComboBox1.Text);
   if (toolStripComboBox1.Items.Count == 11)
   {
      toolStripComboBox1.Items.RemoveAt(0);
   }
}
```

11. Klicken Sie `StopButton` mit einem Doppelklick an und fügen Sie folgenden Code in den Ereignishandler `StopButton_Click` ein:

```
' VB
WebBrowser1.Stop()

// C#
webBrowser1.Stop();
```

12. Drücken Sie auf die Taste F5, um Ihre Anwendung zu testen.

▶ **Übung 2: Hinzufügen eines Suchtoolstrips**

1. Ziehen Sie von der Toolbox ein zweites `ToolStrip`-Steuerelement auf den oberen Bereich des `ToolStripContainer`-Steuerelements.
2. Fügen Sie im ToolStrip-Designer ein `ToolStripTextBox`-Steuerelement und ein `ToolStripButton`-Steuerelement in den neuen `ToolStrip` ein.
3. Geben Sie im Eigenschaftenfenster für die Eigenschaft *Text* des `ToolStripButton`-Steuerelements **Suche in MSN** ein und stellen Sie die Eigenschaft *DisplayStyle* auf *Text*.
4. Klicken Sie die Schaltfläche mit einem Doppelklick an und fügen Sie im Ereignishandler der Schaltfläche folgenden Code ein:

```
' VB
WebBrowser1.Navigate("http://search.msn.com/results.aspx?q=" & ToolStripTextBox1.Text)

// C#
webBrowser1.Navigate(@"http://search.msn.com/results.aspx?q=" + toolStripTextBox1.Text);
```

5. Drücken Sie auf die Taste F5, um Ihre Anwendung zu testen. Beachten Sie bitte, dass die beiden `ToolStrips` unabhängig voneinander positioniert und in andere Bereiche des `ToolStripContainer`-Steuerelements verschoben werden können.

Zusammenfassung der Lektion

- Das `ToolStrip`-Steuerelement ist ein Container für *ToolStripItem*-Steuerelemente, mit denen Sie eine Symbolleiste für Ihre Formulare erstellen können. `ToolStrips` unterstützen die Neuanordnung der Elemente, Rafting und den Überlauf von Elementen auf die Überlaufschaltfläche.
- Viele `ToolStrip`-Steuerelemente ahmen die Funktion von Standardsteuerelementen nach, wie beispielsweise `ToolStripLabel`, `ToolStripButton`, `ToolStripTextBox`, `ToolStripComboBox` und `ToolStripProgressBar`. Zu den `ToolStrip`-Steuerelementen, für die es keine Windows Forms-Entsprechungen gibt, gehören `ToolStripSeparator`, `ToolStripDropDownButton` und `ToolStripSplitButton`.
- Mithilfe der Eigenschaft `Image` können Sie Bilder auf den `ToolStripItem`-Steuerelementen anzeigen.
- Das `ToolStripContainer`-Steuerelement ermöglicht Ihnen die Erstellung von Formularen, in denen ein Rafting der Symbolleisten möglich ist.
- Die Klasse `ToolStripManager` ist eine statische Klasse, die Methoden für die Verwaltung von `ToolStrip` enthält. Mit der Methode `ToolStripManager.Merge` können Sie `ToolStrips` zusammenführen.

Lernzielkontrolle

Mit den folgenden Fragen können Sie Ihr Wissen über den Stoff dieser Lektion überprüfen. Die Fragen sind (in englischer Sprache) auch auf der Begleit-CD zu finden, falls Sie die elektronische Form der Fragen vorziehen.

Hinweis Die Antworten

Die Antworten auf die Fragen und Erläuterungen, warum die entsprechende Antwort richtig oder falsch ist, finden Sie im Abschnitt „Antworten“ am Ende des Buchs.

1. Welcher Beispielcode führt zwei `ToolStrips` mit den Namen `aToolStrip` und `bToolStrip` korrekt zusammen?

   A.

```
' VB
aToolStrip.Merge(bToolStrip)

// C#
aToolStrip.Merge(bToolStrip);
```

   B.

```
' VB
ToolStripManager.Merge(aToolStrip, bToolStrip)

// C#
ToolStripManager.Merge(aToolStrip, bToolStrip);
```

   C.

```
' VB
Dim aManager As New ToolStripManager()
aManager.Merge(aToolStrip, bToolStrip)

// C#
ToolStripManager aManager = new ToolStripManager();
aManager.Merge(aToolStrip, bToolStrip);
```

   D.

```
' VB
ToolStrip.Merge(aToolStrip, bToolStrip)

// C#
ToolStrip.Merge(aToolStrip, bToolStrip);
```

2. Welcher Beispielcode fügt ein neues `ToolStripButton`-Steuerelement in einen `ToolStrip` namens `aToolStrip` ein?

   A.

```
' VB
aToolStrip.Items.Add(New ToolStripButton("Klick mich an"))

// C#
aToolStrip1.Items.Add(new ToolStripButton("Klick mich an"));
```

B.

```
' VB
ToolStripManager.Add(aToolStrip, New ToolStripButton("Klick mich an"))

// C#
ToolStripManager.Add(aToolStrip, new ToolStripButton("Klick mich an"));
```

C.

```
' VB
aToolStrip.Buttons.Add(New ToolStripButton("Klick mich an"))

// C#
aToolStrip.Buttons.Add(new ToolStripButton("Klick mich an"));
```

D.

```
' VB
aToolStrip.Items.NewItem(Items.ToolStripButton("Klick mich an"))

// C#
aToolStrip.Items.NewItem(Items.ToolStripButton("Klick mich an"));
```

Lektion 2: Erstellen und Konfigurieren von Menüs

Menüs gehörten schon immer zu Windows Forms-Anwendungen. Sie geben dem Benutzer in einer einfach verständlichen und leicht zu überschauenden Benutzeroberfläche einen schnellen und einfachen Zugriff auf wichtige Befehle der Anwendung. Das .NET Framework 2.0 hat MenuStrips eingeführt, die eine schnelle Entwicklung von Menüs für Formulare ermöglichen, wie auch die schnelle Entwicklung von Kontextmenüs, die nach dem Klick mit der rechten Maustaste auf ein Objekt angezeigt werden. In dieser Lektion erfahren Sie, wie man Menüs und Kontextmenüs erstellt und sie für die Anwendung konfiguriert.

Am Ende dieser Lektion werden Sie in der Lage sein, die folgenden Aufgaben auszuführen:

- Erstellen und Konfigurieren von einer MenuStrip-Komponente auf einem Windows-Formular
- Ändern der angezeigten Menüstruktur per Programmcode
- Erstellen und Konfigurieren der ContextMenuStrip-Komponente auf einem Windows-Formular

Veranschlagte Zeit für diese Lektion: 30 Minuten

Überblick über das *MenuStrip-Steuerelement*

Das MenuStrip-Steuerelement ist im Wesentlichen ein ToolStrip-Steuerelement, das für die Anzeige von ToolStripMenuItem-Steuerelementen optimiert wurde. Das MenuStrip-Steuerelement ist von ToolStrip abgeleitet und kann alle ToolStrip-Elemente aufnehmen, die in der vorigen Lektion beschrieben wurden. Seine wichtigste Aufgabe ist aber die Aufnahme von ToolStripMenuItem-Steuerelementen.

ToolStripMenuItem-Steuerelemente sind die Steuerelemente, die für die visuelle Darstellung von Elementen in einem Menü sorgen. Sie können als Text, als Bild oder als Kombination von beidem dargestellt werden, und sie können nach einem Klick den Code ausführen, der in ihren ToolStripMenuItem.Click-Ereignishandlern steht. Jedes ToolStripMenuItem-Steuerelement kann wiederum seine eigene Gruppe von Menüelementen enthalten, sodass sich Menüs auch ineinander schachteln lassen.

Tabelle 4.5 Wichtige Eigenschaften des MenuStrip-Steuerelements

Eigenschaft	Beschreibung
AllowItemReorder	Gibt an, ob Elemente durch den Benutzer neu angeordnet werden können. Wenn die Eigenschaft auf True steht, können die enthaltenen Elemente neu angeordnet werden, indem der Benutzer die ALT-Taste gedrückt hält und die Elemente mit der Maus verschiebt.
AllowMerge	Gibt an, ob der MenuStrip mit einem anderen ToolStrip zusammengeführt werden kann.
Dock	Gibt an, wie der MenuStrip andockt. Obwohl MenuStrip-Steuerelemente frei im Formular angeordnet werden können, werden sie meistens an einem Rand des Formulars angedockt.
LayoutStyle	Zeigt an, wie die Steuerelemente auf dem MenuStrip angeordnet werden. Der Wert HorizontalStackWithOverFlow bedeutet, dass die Elemente horizontal angeordnet werden und bei Bedarf überlaufen. VerticalStackWithOverFlow ordnet die Elemente vertikal an und lässt sie bei Bedarf überlaufen. StackWithOverflow führt zur einer Ausrichtung, die zum eingestellten Wert in der Dock-Eigenschaft des MenuStrip-Steuerelements passt. Flow erlaubt den Elementen nach Bedarf eine horizontale oder vertikale Ausrichtung, und Table ordnet alle Elemente linksbündig an. ▶

Eigenschaft	Beschreibung
RenderMode	Bestimmt, wie die Elemente dargestellt werden. System bewirkt die Verwendung der Systemeinstellungen, Professional führt zu einem Erscheinungsbild nach Art von Microsoft Office, und ManagerRenderMode führt zu einer automatischen Einstellung.
ShowItemToolTips	Zeigt an, ob für die einzelnen MenuStrip-Elemente QuickInfos angezeigt werden.
Stretch	Zeigt an, ob sich der MenuStrip auf die gesamte Länge des verfügbaren Bereichs ausdehnt, wenn er in ein ToolStripContainer-Steuerelement eingefügt wird.
TextDirection	Gibt die Laufrichtung der Texte von den Steuerelementen an, die in den MenuStrip eingefügt wurden.

Der MenuStrip hat viele Eigenschaften, die das Verhalten der in ihm enthaltenen ToolStripMenuItem-Steuerelemente beeinflussen. Tabelle 4.5 zeigt wichtige Eigenschaften des MenuStrip-Steuerelements.

Beachten Sie bitte, dass die Eigenschaften des MenuStrip-Steuerelements den Eigenschaften des ToolStrip-Steuerelements ähneln. Da MenuStrip von ToolStrip abgeleitet wird, verfügt ein MenuStrip-Steuerelement weitgehend über dieselben Eigenschaften wie ein ToolStrip-Steuerelement und bietet auch weitgehend dieselben Funktionen.

ToolStripMenuItem-Steuerelemente bieten die Funktionen, die man von Menüs erwartet. Tabelle 4.6 beschreibt einige wichtige Eigenschaften des ToolStripMenuItem-Steuerelements.

Tabelle 4.6 Wichtige Eigenschaften des ToolStripMenuItem-Steuerelements

Eigenschaft	Beschreibung
AutoSize	Bestimmt, ob die Größe des Menüelements automatisch so eingestellt wird, dass der Text hineinpasst.
Checked	Bestimmt, ob das Menüelement mit Markierung (Häkchen) dargestellt wird.
CheckOnClick	Bestimmt, ob das Menüelement bei einem Klick automatisch markiert wird.
CheckState	Gibt den CheckState des Menüelements zurück. Der CheckState kann Checked, Unchecked oder Indeterminate sein.
DisplayStyle	Bestimmt, wie das Menüelement angezeigt wird. Diese Eigenschaft kann auf None gestellt werden, wobei es keine sichtbare Darstellung mehr gibt, auf Text, was die Darstellung auf Text beschränkt, auf Image, wodurch das Element nur mit einem Bild dargestellt wird, und auf ImageAndText, was zur Anzeige des Bilds neben dem Text führt.
DoubleClickEnabled	Bestimmt, ob das DoubleClick-Ereignis gemeldet wird.
DropDownItems	Enthält eine Auflistung von ToolStrip-Elementen (gewöhnlich ToolStripMenuItem-Elemente, aber nicht zwangsläufig), die in der Dropdownliste erscheinen, wenn dieses Element ausgewählt wird.
Enabled	Bestimmt, ob das ToolStripMenuItem-Element aktiviert ist.
Image	Gibt das Bild an, das mit dem ToolStripMenuItem-Element verknüpft ist.
MergeAction	Bestimmt die Aktion, die von diesem ToolStripMenuItem-Element durchgeführt wird, wenn Menüs zusammengeführt werden.
MergeIndex	Bestimmt die Reihenfolge der Elemente im resultierenden Menü, nachdem Menüs zusammengeführt wurden. ▶

Eigenschaft	Beschreibung
ShortcutKey-DisplayString	Legt eine benutzerdefinierte Zeichenfolge für die Anzeige der Tastenkombination neben dem Menüelement fest. Sind Tastenkombinationen aktiviert und bleibt diese Eigenschaft leer, wird die aktuelle Tastenkombination angezeigt.
ShortcutKeys	Legt die Tastenkombination fest, mit der sich der Befehl erteilen lässt.
ShowShortcutKeys	Gibt an, ob Tastenkombinationen aktiviert sind.
Text	Ruft den Text ab, der im Menüelement angezeigt wird, oder legt ihn fest.
TextImageRelation	Bestimmt, wie Text und Bild zusammen angezeigt werden, wenn die Eigenschaft DisplayStyle auf ImageAndText steht.

Erstellen von MenuStrips und *ToolStripMenuItem*-Steuerelementen

Sie können einen MenuStrip zur Entwurfszeit in derselben Weise erstellen wie jedes andere Steuerelement: Sie ziehen es von der Toolbox auf die Designoberfläche. Nachdem es zur Designoberfläche hinzugefügt wurde, erscheint eine Schnittstelle zur Erstellung von ToolStripMenuItem-Steuerelementen. Sie können einen Text ins Eingabefeld des MenuStrips eingeben, um ein neues ToolStripMenuItem-Steuerelement zu erstellen. Nachdem ein neues Element erstellt wurde, erscheinen neue Eingabefelder unter und rechts neben dem neu erstellten Menüelement, mit denen Sie weitere Elemente oder untergeordnete Elemente des ersten Elements erstellen können. Diese Schnittstelle verschwindet, wenn Sie den Fokus in einen anderen Bereich des Designers verlegen. Aber sie erscheint wieder, wenn Sie das Menüelement anklicken. Abbildung 4.3 zeigt die Designschnittstelle für ToolStripMenuItem-Steuerelemente.

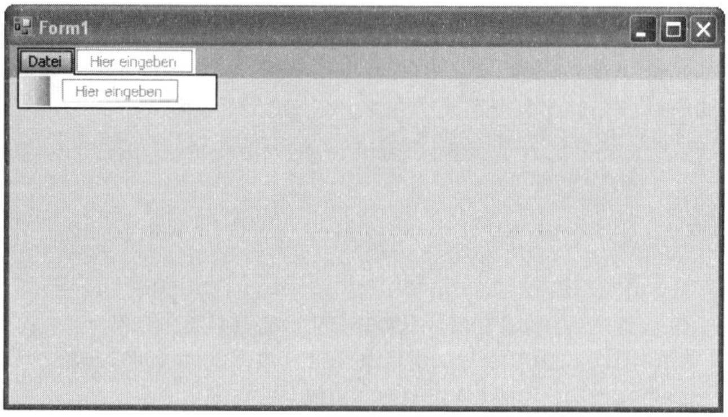

Abbildung 4.3 Die Designschnittstelle für ToolStripMenuItem-Steuerelemente

Beachten Sie bitte, dass sich das Standardnamensschema für ToolStripMenuItem-Steuerelemente vom Standardnamensschema für andere Steuerelemente unterscheidet. Wird ein gewöhnliches Steuerelement wie Button zum Formular hinzugefügt, wird eine Zahl an den Namen angehängt (beispielsweise Button1). Bei ToolStripMenuItem-Steuerelementen wird dagegen der für das Menüelement eingegebene Text dem Namen vorangestellt. Wenn Sie zum Beispiel ein Menüelement mit der Beschriftung *Datei* erstellen, lautet der Standardname DateiToolStripMenuItem. Sie können ein Menüelement umbenennen, indem Sie die Name-Eigenschaft im Eigenschaftenfenster ändern.

Ändern der Eigenschaften von mehreren Menüelementen gleichzeitig

Gelegentlich kommt es vor, dass man die Eigenschaften von mehreren Menüelementen (oder beliebigen Steuerelementen) gleichzeitig ändern möchte. Meistens geschieht dies, um sicherzustellen, dass alle Steuerelemente dieselbe Einstellung für eine bestimmte Eigenschaft haben. Wenn Sie die Eigenschaften von verschiedenen Steuerelementtypen bearbeiten, zeigt das Eigenschaftenfenster nur die Eigenschaften und Ereignisse an, die in allen Steuerelementen verfügbar sind.

► So ändern Sie die Eigenschaften mehrerer Menüelemente gleichzeitig

1. Halten Sie die STRG-Taste gedrückt und klicken Sie jedes Menüelement an, das Sie bearbeiten möchten. Auf diese Weise wählen Sie die gewünschten Menüelemente aus.
2. Führen Sie im Eigenschaftenfenster die erforderlichen Änderungen durch. Die Änderungen erfolgen an allen ausgewählten Menüelementen.

Mit dem entsprechenden Programmcode können Sie die Menüelemente auch zur Laufzeit zu den `MenuStrips` hinzufügen. Dabei können Sie entweder ein bereits vorhandenes Menüelement hinzufügen (zum Beispiel ein Menüelement aus einem anderen `MenuStrip`) oder ein neues Menüelement anlegen und zum `MenuStrip` hinzufügen. Der folgende Code zeigt Beispiele für beide Vorgehensweisen:

```
' VB
' Füge ein vorhandenes ToolStripMenuItem in den MenuStrip ein.
MenuStrip1.Items.Add(ÖffnenToolStripMenuItem)
' Erstelle ein neues ToolStripMenuItem und füge es in den MenuStrip ein.
Dim HilfeToolStripMenuItem As New ToolStripMenuItem("Hilfe")
MenuStrip1.Items.Add(HilfeToolStripMenuItem)

// C#
// Füge ein vorhandenes ToolStripMenuItem in den MenuStrip ein.
menuStrip1.Items.Add(ÖffnenToolStripMenuItem);
// Erstelle ein neues ToolStripMenuItem und füge es in den MenuStrip ein.
ToolStripMenuItem HilfeToolStripMenuItem = new
    ToolStripMenuItem("Hilfe");
menuStrip1.Items.Add(HilfeToolStripMenuItem);
```

Sie können mit der Methode `MenuStrip.Items.Add` auch dann neue Menüelemente in einen `MenuStrip` einfügen, wenn Sie nicht über einen Verweis auf ein vorhandenes Menüelement verfügen. Wie das folgende Beispiel zeigt, kann der Aufruf mit einem Text oder einem Bild als Argument erfolgen. Die Methode gibt jeweils einen Verweis auf das neue `ToolStripMenuItem`-Objekt zurück.

```
' VB
Dim newMenuItem1 As ToolStripMenuItem
Dim newMenuItem2 As ToolStripMenuItem
' Füge unter Angabe eines Textes ein neues Menüelement ein.
newMenuItem1 = MenuStrip1.Items.Add("Datei")
' Füge unter Angabe eines Bilds ein neues Menüelement ein.
newMenuItem2 = MenuStrip1.Items.Add(anImage)
```

```
// C#
ToolStripMenuItem newMenuItem1;
ToolStripMenuItem newMenuItem2;
// Füge unter Angabe eines Textes ein neues Menüelement ein.
newMenuItem1 = MenuStrip1.Items.Add("Datei");
// Füge unter Angabe eines Bilds ein neues Menüelement ein.
newMenuItem2 = MenuStrip1.Items.Add(anImage);
```

Mit denselben Methoden können Sie neue oder vorhandene Menüelemente zu einem vorhandenen Menüelement hinzufügen. Dadurch entstehen neue Menüelemente in einem Untermenü. Das folgende Beispiel zeigt, wie man ein `ToolStripMenuItem`-Objekt zur Auflistung `DropDownItems` eines vorhandenen Menüelements hinzufügt:

```
' VB
Dim newMenuItem1 As ToolStripMenuItem
Dim newMenuItem2 As ToolStripMenuItem
' Füge ein vorhandenes ToolStripMenuItem zu einem anderen vorhandenen ToolStripMenuItem hinzu.
DateiToolStripMenuItem.DropDownItems.Add(ÖffnenToolStripMenuItem)
' Erstelle ein neues ToolStripMenuItem und füge es in den MenuStrip ein.
Dim HilfeToolStripMenuItem As New ToolStripMenuItem("Hilfe")
DateiToolStripMenuItem.DropDownItems.Add(HilfeToolStripMenuItem)
' Füge unter Angabe eines Textes ein neues Menüelement ein.
newMenuItem1 = DateiToolStripMenuItem.DropDownItems.Add("Öffnen")
' Füge unter Angabe eines Bilds ein neues Menüelement ein.
newMenuItem2 = DateiToolStripMenuItem.DropDownItems.Add(anImage)

// C#
ToolStripMenuItem newMenuItem1;
ToolStripMenuItem newMenuItem2;
// Füge ein vorhandenes ToolStripMenuItem zu einem anderen vorhandenen ToolStripMenuItem hinzu.
DateiToolStripMenuItem.DropDownItems.Add(ÖffnenToolStripMenuItem);
// Erstelle ein neues ToolStripMenuItem und füge es in den MenuStrip ein.
ToolStripMenuItem HilfeToolStripMenuItem = new ToolStripMenuItem("Hilfe");
DateiToolStripMenuItem.DropDownItems.Add(HilfeToolStripMenuItem);
// Füge unter Angabe eines Textes ein neues Menüelement ein.
newMenuItem1 = (ToolStripMenuItem)DateiToolStripMenuItem.DropDownItems.Add("Öffnen");
// Füge unter Angabe eines Bilds ein neues Menüelement ein.
newMenuItem2 = (ToolStripMenuItem)DateiToolStripMenuItem.DropDownItems.Add(anImage);
```

Kopieren von Menüelementen zur Entwurfszeit

Manchmal möchten Sie vielleicht Menüelemente von einem Ort an einen anderen kopieren. Wenn Sie zum Beispiel verschiedene Menüs erstellen, die aber zum Teil gemeinsame Menüpunkte haben, können Sie die Menüelemente im Designer leicht kopieren und einfügen.

► **So kopieren Sie Menüelemente zur Entwurfszeit**

1. Klicken Sie im Designer das gewünschte Menüelement mit der rechten Maustaste an und wählen Sie im Kontextmenü *Kopieren*.

2. Klicken Sie im Designer das Menüelement mit der rechten Maustaste an, das an der Zielposition des zu kopierenden Menüelements steht, und wählen Sie im Kontextmenü *Einfügen*. Das Menüelement wird an die neue Position kopiert.

Beachten Sie bitte, dass Sie auf diese Weise Menüelemente von der obersten Ebene auf eine untergeordnete Ebene kopieren können, von einer untergeordneten Ebene auf die oberste Ebene, von der obersten Ebene auf die oberste Ebene und von einer untergeordneten Ebene auf eine untergeordnete Ebene.

Hinzufügen von Erweiterungen zu Menüs

Menüs können einige Erweiterungen aufweisen, mit denen sich die Bedienung vereinfachen und die Nutzbarkeit erhöhen lässt. Dieser Abschnitt beschreibt, wie man Häkchen, Zugriffstasten, Trennleisten und Tastenkombinationen für Menüelemente definiert.

Hinzufügen von Häkchen zu Menüelementen

Sie können neben jedem Menüelement ein Häkchen anzeigen, nur nicht neben Menüelementen der obersten Ebene. Auf diese Weise können Sie den Benutzer darauf hinweisen, dass ein bestimmter Menüpunkt ausgewählt oder aktiviert wurde. Sie erreichen, dass ein Häkchen neben einem Menüpunkt angezeigt wird, indem Sie die Eigenschaft `Checked` auf `True` stellen, wie im folgenden Beispiel:

```
' VB
OptionToolStripMenuItem.Checked = True

// C#
optionToolStripMenuItem.Checked = true;
```

Oder Sie legen mit der Eigenschaft `CheckState` fest, ob der Menüpunkt mit einem Häkchen versehen wird, indem Sie die Eigenschaft auf `Checked` stellen:

```
' VB
OptionToolStripMenuItem.CheckState = CheckState.Checked

// C#
optionToolStripMenuItem.CheckState = CheckState.Checked;
```

Die Eigenschaft `Checked` ist vom Typ `Boolean` und gibt an, ob ein Element mit einem Häkchen versehen ist. Ist dies der Fall, gibt die `Checked`-Eigenschaft `True` zurück. Befindet sich das Menüelement in einem anderen Zustand, gibt die `Checked`-Eigenschaft `False` zurück. Die Eigenschaft `CheckState` zeigt dagegen den aktuellen Zustand des Menüelements an und gibt entweder `CheckState.Checked`, `CheckState.UnChecked` oder `Checkstate.Indeterminate` zurück.

Wenn ein Menüelement mit Häkchen dargestellt werden soll, nachdem der Benutzer das Menüelement angeklickt hat, können Sie die Eigenschaft `CheckOnClick` auf `True` stellen. Diese Einstellung bewirkt, dass die Anzeige des Häkchens bei jedem Klick des Benutzers auf das Menüelement umgeschaltet wird. Ob das Menüelement mit Häkchen dargestellt wird und in welchem Zustand es sich befindet, können Sie im Programmcode mit den Eigenschaften `ToolStripMenuItem.CheckState` oder `ToolStripMenuItem.Checked` ermitteln.

Hinzufügen von Trennleisten zu Menüs

Es kann sinnvoll sein, an bestimmten Stellen des Menüs Trennleisten einzufügen, um zusammengehörige Menüelemente zu Gruppen zusammenzufassen und von anderen Gruppen abzugrenzen. Zur Entwurfszeit können Sie eine Trennleiste in ein beliebiges Untermenü einfügen, indem Sie im Dropdownfeld der Menüdesignoberfläche den Menüpunkt *Separator* wählen, wie in Abbildung 4.4.

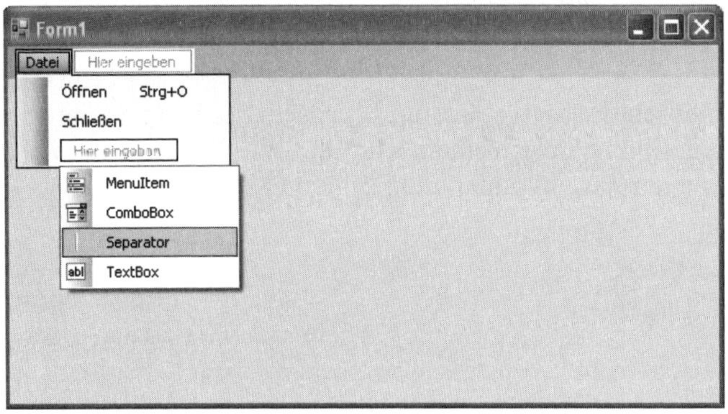

Abbildung 4.4 Auswählen einer Trennleiste in der Menüdesignoberfläche

Wenn Sie auf der obersten Ebene eine Trennleiste einfügen möchten, müssen Sie das per Programmcode erledigen, indem Sie eine neue Instanz des `ToolStripSeparator`-Steuerelements erstellen und diese an der gewünschten Position in die Auflistung `MenuStrip.Items` einfügen:

```
' VB
Dim aSeparator As New ToolStripSeparator
MenuStrip1.Items.Insert(1, aSeparator)

// C#
ToolStripSeparator aSeparator = new ToolStripSeparator();
menuStrip1.Items.Insert(1, aSeparator);
```

Erstellen von Zugriffstasten

Zugriffstasten ermöglichen den Zugriff auf Menüelemente durch die Definition von bestimmten Tasten, mit denen sich die betreffenden Menübefehle geben lassen, wenn sie zusammen mit der ALT-Taste betätigt werden. Definiert ein Dateimenü zum Beispiel die Taste D als Zugriffstaste, öffnet sich das Menü *Datei*, wenn die Tastenkombination ALT+D gedrückt wird. Gehört zum betreffenden Menüpunkt ein Untermenü, öffnet sich das Untermenü, wenn die Zugriffstastenkombination gedrückt wird. Wird durch einen Menüpunkt ein Befehl gegeben, dann lässt sich der betreffende Befehl auch mit der Zugriffstaste geben. Beachten Sie bitte, dass das Menüelement sichtbar sein muss, damit die Zugriffstaste funktioniert. Wenn Sie also eine Zugriffstaste für einen Menüpunkt *Öffnen* definieren, der im Untermenü von *Datei* steht, müssen Sie zuerst das *Datei*-Menü öffnen, damit die Zugriffstastenkombination funktioniert.

Sie definieren eine Zugriffstaste für ein Menüelement, indem Sie dem Buchstaben, der als Zugriffstaste dienen soll, ein Und-Symbol (&) voranstellen. Wenn Sie beispielsweise für das *Datei*-Menü die Zugriffstastenkombination ALT+D definieren möchten, ändern Sie die `Text`-Eigenschaft des Menüelements `DateiToolStripMenuItem` auf `&Datei`.

Erstellen von Tastenkombinationen

Im Gegensatz zu den Zugriffstasten ermöglichen Tastenkombinationen (shortcut keys) den direkten Aufruf eines Menüelements, und zwar unabhängig davon, ob das Menüelement sichtbar ist oder nicht. Sie können beispielsweise die Tastenkombination STRG+E als Kürzel für den Befehl *Beenden* des *Datei*-Menüs definieren. Selbst wenn das *Datei*-Menü nicht geöffnet ist, bewirkt STRG+E dann die Ausführung des Menübefehls *Beenden*. Im Gegensatz zu Zugriffstasten können Sie keine Tastenkombinationen für Menüs der obersten Ebene definieren, sondern nur für Menüelemente in Untermenüs.

Durch die entsprechende Einstellung der Eigenschaft `ShortcutKeys` im Eigenschaftenfenster können Sie eine Tastenkombination zur Entwurfszeit definieren. Nach einem Klick auf *ShortcutKeys* können Sie die grafische Schnittstelle zur Definition einer Tastenkombination öffnen (Abbildung 4.5).

Abbildung 4.5 Die Benutzeroberfläche der `ShortcutKeys`-Eigenschaft

Wenn neben einem Menüpunkt die dazugehörige Tastenkombination angezeigt werden soll, stellen Sie die Eigenschaft `ShowShortcutKeys` des `ToolStripMenuItem`-Steuerelements auf `True`. Sie können auch selbst einen Text definieren, der statt der Tastenkombination angezeigt wird. Wenn Sie einen Text anzeigen möchten, legen Sie den Text mit der Eigenschaft `ShortcutKeyDisplayString` fest.

Verschieben von Menüelementen zwischen Menüs

Sie können zur Laufzeit Menüelemente von einem Menü in ein anderes verschieben. Auf diese Weise lassen sich Menüs für spezielle Zwecke dynamisch zusammenstellen. Sie können ein Menüelement auf einen anderen `MenuStrip` verschieben, indem Sie es mit der Methode `MenuStrip.Items.Add` zum neuen `MenuStrip` hinzufügen. Dabei wird es automatisch aus dem alten `MenuStrip` entfernt. Wenn Sie das Menüelement an einer bestimmten Stelle in den neuen `MenuStrip` einfügen möchten, können Sie das Menüelement mit der Methode `Insert` an einem bestimmten Index einfügen. Die folgenden Zeilen zeigen einige Beispiele:

```
' VB
' Füge DateiToolStripMenuItem hinzu.
MenuStrip2.Items.Add(DateiToolStripMenuItem)
' Füge DateiToolStripMenuItem bei Index 1 ein.
MenuStrip2.Items.Insert(1, DateiToolStripMenuItem)

// C#
// Füge DateiToolStripMenuItem hinzu.
menuStrip2.Items.Add(DateiToolStripMenuItem);
// Füge DateiToolStripMenuItem bei Index 1 ein.
menuStrip2.Items.Insert(1, DateiToolStripMenuItem);
```

Mit den entsprechenden Methoden der Eigenschaft `ToolStripMenuItem.DropDownItems` können Sie ebenfalls Menüelemente von einem Menü in ein anderes verschieben. Die folgenden Zeilen zeigen wieder ein paar Beispiele:

```
' VB
' Füge DateiToolStripMenuItem hinzu.
AppToolStripMenuItem.DropDownItems.Add(DateiToolStripMenuItem)
' Füge DateiToolStripMenuItem bei Index 1 ein.
AppToolStripMenuItem.DropDownItems.Insert(1, DateiToolStripMenuItem)

// C#
// Füge DateiToolStripMenuItem hinzu.
AppToolStripMenuItem.DropDownItems.Add(DateiToolStripMenuItem);
// Füge DateiToolStripMenuItem bei Index 1 ein.
AppToolStripMenuItem.DropDownItems.Insert(1, DateiToolStripMenuItem);
```

Deaktivieren, Verbergen und Löschen von Menüelementen

Manchmal ist es sinnvoll, bestimmte Optionen aus einem Menü zu entfernen. Vielleicht möchten Sie einen Menüpunkt deaktivieren, weil die Bedingungen für einen erfolgreichen Aufruf nicht mehr gegeben sind, oder Sie möchten ein Menüelement verbergen, das nicht mehr angezeigt werden soll. Vielleicht soll der Menüpunkt auch vollständig aus dem Menü verschwinden.

Sie können ein Menüelement deaktivieren, indem Sie seine Eigenschaft `Enabled` auf `False` stellen. Das Menüelement wird dann abgeblendet dargestellt. Es ist für den Benutzer zwar immer noch sichtbar, kann aber nicht mehr durch Mausklicks oder mit Tastenkombinationen aufgerufen werden.

Sie können ein Menüelement verbergen, indem Sie seine Eigenschaft `Visible` auf `False` stellen. Dann erscheint das Menüelement nicht mehr im Menü. Beachten Sie aber, dass das Menüelement dadurch nicht deaktiviert wird. Wenn die Eigenschaft `Enabled` auf `True` steht, kann das Menüelement trotzdem noch mit der passenden Tastenkombination aufgerufen werden, sofern eine Tastenkombination für das Menüelement definiert wurde. Verbergen Sie Menüpunkte nur in Ausnahmefällen. Wenn der Benutzer einen bestimmten Menüpunkt sucht, ist es besser, wenn nicht zugängliche Menüpunkte abgeblendet dargestellt werden, weil deren `Enabled`-Eigenschaft auf `False` gestellt wurde. Sonst durchsucht der Benutzer vielleicht sämtliche Menüs nach dem betreffenden Menüelement.

Wenn Sie ein Menüelement vollständig aus dem Menü löschen möchten, erreichen Sie das in den Menüs der obersten Ebene mit den Methoden `MenuStrip.Items.Remove` und `MenuStrip.Items.RemoveAt` und in den Untermenüs mit den Methoden `ToolStripMenuItem.DropDownItems.Remove` und `ToolStripMenuItem.DropDownItems.RemoveAt`, wie in folgenden Beispielen:

```
' VB
'Entferne DateiToolStripMenuItem aus MenuStrip1.
MenuStrip1.Items.Remove(DateiToolStripMenuItem)
' Entferne DateiToolStripMenuItem aus AppToolStripMenuItem.
AppToolStripMenuItem.DropDownItems.Remove(DateiToolStripMenuItem)
' Entferne das ToolStripMenuItem-Element bei Index 4 aus MenuStrip1.
MenuStrip1.Items.RemoveAt(4)
' Entferne das ToolStripMenuItem-Element bei Index 4 aus AppToolStripMenuItem.
AppToolStripMenuItem.DropDownItems.RemoveAt(4)

// C#
// Entferne DateiToolStripMenuItem aus MenuStrip1.
menuStrip1.Items.Remove(DateiToolStripMenuItem);
// Entferne DateiToolStripMenuItem aus AppToolStripMenuItem.
AppToolStripMenuItem.DropDownItems.Remove(DateiToolStripMenuItem);
// Entferne das ToolStripMenuItem-Element bei Index 4 aus menuStrip1.
menuStrip1.Items.RemoveAt(4);
// Entferne das ToolStripMenuItem-Element bei Index 4 aus AppToolStripMenuItem.
AppToolStripMenuItem.DropDownItems.RemoveAt(4);
```

Zusammenführen von Menüs

Menüs können zur Laufzeit zu einem Menü zusammengeführt werden, sodass die enthaltenen Menüelemente in einem einzigen Menü zusammengefasst werden. Sie können `MenuStrips` oder `ContextMenuStrips` zusammenführen (`ContextMenuStrips` werden im Verlauf des Kapitels noch besprochen), oder beides. Tatsächlich können Sie sogar `MenuStrip`-Steuerelemente mit `ToolStrip`-Steuerelementen zusammenführen. Wie bei der Zusammenführung von `ToolStrips` erfolgt die Zusammenführung auch bei `MenuStrips` durch den Aufruf der Methode `ToolStripManager.Merge` der statischen Klasse `ToolStripManager`, wie im folgenden Beispiel:

```
' VB
ToolStripManager.Merge(sourceMenuStrip, targetMenuStrip)

// C#
ToolStripManager.Merge(sourceMenuStrip, targetMenuStrip);
```

Das obige Beispiel führt den ersten `MenuStrip` (`sourceMenuStrip`) mit dem zweiten `MenuStrip` (`targetMenuStrip`) zusammen. Die Menüelemente von `sourceMenuStrip` werden dann mit den Menüelementen von `targetMenuStrip` zusammengeführt, wie es den jeweiligen Werten der `MergeAction`-Eigenschaft entspricht. Tabelle 4.7 beschreibt die zulässigen Werte der Eigenschaft `MergeAction`.

Wenn `MenuStrips` zusammengeführt werden, wird jedes Menüelement des Quellmenustrips mit jedem Menüelement des Zielmenustrips verglichen. Der Vergleich erfolgt anhand der `Text`-Eigenschaften der Menüelemente. Wenn also zwei Menüelemente dieselbe `Text`-Eigenschaft haben, werden sie als gleich angesehen. Gibt es eine Übereinstimmung und steht die `MergeAction`-Eigenschaft des Quellmenustripelements auf `MatchOnly`, `Remove` oder `Replace`, wird die entsprechende Aktion durchgeführt. In den anderen Fällen wird das Menüelement an die Liste angehängt oder in der vorgesehenen Position eingefügt, wie es die `MergeAction`-Eigenschaft vorschreibt.

Tabelle 4.7 Die zulässigen Einstellungen der Eigenschaft `MergeAction` von Menüelementen

***MergeAction*-Wert**	**Aktion**
`Append`	Hängt das Element ans Ende der Elementliste an.
`Insert`	Fügt das Element an der Position ein, die von der Eigenschaft `MergeIndex` angegeben wird.
`MatchOnly`	Überprüft auf Übereinstimmung, unternimmt aber nichts.
`Remove`	Wird ein übereinstimmendes `MenuStrip`-Element gefunden, wird es aus dem resultierenden `MenuStrip` entfernt.
`Replace`	Wird ein übereinstimmendes `MenuStrip`-Element gefunden, wird es durch dieses `MenuStrip`-Element ersetzt.

Damit `MenuStrips` erfolgreich zusammengeführt werden können, müssen ihre `AllowMerge`-Eigenschaften auf `True` stehen.

Automatisches Umschalten zwischen *MenuStrip*-Steuerelementen

Wenn sich die Bedingungen in der Anwendung ändern, reicht das Hinzufügen oder Entfernen von Menüelementen vielleicht nicht mehr aus, um den Anforderungen gerecht zu werden. Dann wird es Zeit, den `MenuStrip` durch einen völlig neuen `MenuStrip` zu ersetzen. Sie können ein `MenuStrip`-Steuerelement vollständig von einem Formular entfernen, indem Sie es aus der `Controls`-Auflistung des Formulars entfernen. Umgekehrt können Sie ein neues `MenuStrip`-Steuerelement zum Formular hinzufügen, indem Sie es zur `Controls`-Auflistung des Formulars hinzufügen. Das folgende Beispiel zeigt, wie man `MenuStrip1` zur Laufzeit vom Formular entfernt und durch `MenuStrip2` ersetzt.

```
' VB
Me.Controls.Remove(MenuStrip1)
Me.Controls.Add(MenuStrip2)

// C#
this.Controls.Remove(MenuStrip1);
this.Controls.Add(MenuStrip2);
```

Achten Sie darauf, dass der `MenuStrip`, den Sie hinzufügen möchten, nicht bereits in der `Controls`-Auflistung des Formulars vorhanden ist.

Kontextmenüs und das *ContextMenuStrip*-Steuerelement

Kontextmenüs sind wohl allen Benutzern von Windows Forms-Anwendungen bekannt. Diese Art von Menü wird angezeigt, wenn der Benutzer ein Objekt mit der rechten Maustaste anklickt. Das `ContextMenuStrip`-Steuerelement ermöglicht Ihnen, Kontextmenüs zu erstellen und mit dem gewünschten Objekt zu verknüpfen.

Das `ContextMenuStrip`-Steuerelement ähnelt dem `MenuStrip`-Steuerelement. Beide Steuerelemente haben eine einfache Designoberfläche, die Ihnen eine schnelle Erstellung der Menüs ermöglicht, und beide verfügen über eine Eigenschaft `Items` mit einer Auflistung der Menüelemente. Der wesentliche Unterschied zwischen den Steuerelementen `ContextMenuStrip` und `MenuStrip` besteht darin, dass ein `ContextMenuStrip`-Steuerelement kein Menü der obersten Ebene hat und zur Laufzeit erst sichtbar wird, wenn es durch einen Klick mit der rechten Maustaste auf das dazugehörige Steuerelement aufgerufen wird.

Hinzufügen und Entfernen von Kontextmenüelementen

Mit den Methoden `ContextMenuStrip.Items.Add` und `ContextMenuStrip.Items.Remove` können Sie leicht Menüelemente zu einem Kontextmenü hinzufügen und wieder entfernen, wie im folgenden Beispiel:

```
' VB
' Füge ein Menüelement zum ContextMenuStrip hinzu.
ContextMenuStrip1.Items.Add(BeendenToolStripMenuItem)
' Entferne ein Menüelement vom ContextMenuStrip.
ContextMenuStrip1.Items.Remove(BeendenToolStripMenuItem)

// C#
// Füge ein Menüelement zum ContextMenuStrip hinzu.
contextMenuStrip1.Items.Add(BeendenToolStripMenuItem);
// Entferne ein Menüelement vom ContextMenuStrip.
contextMenuStrip1.Items.Remove(BeendenToolStripMenuItem);
```

Verknüpfen eines ContextMenuStrips mit einem Steuerelement

Alle Steuerelemente, die ein Kontextmenü anzeigen können, verfügen über die Eigenschaft `ContextMenuStrip`, in der das Kontextmenü eingestellt wird, das mit dem betreffenden Steuerelement verknüpft ist. Wenn diese Eigenschaft auf ein gültiges `ContextMenuStrip`-Steuerelement eingestellt ist, erscheint das Kontextmenü, sobald der Benutzer zur Laufzeit das Steuerelement mit der rechten Maustaste anklickt. Sie können diese Eigenschaft zur Entwurfszeit im Eigenschaftenfenster einstellen.

Sie können die Eigenschaft `ContextMenuStrip` eines Steuerelements auch zur Laufzeit einstellen. Das folgende Beispiel demonstriert, wie man ein Kontextmenü dynamisch aus vorhandenen Menüelementen zusammenstellt und mit einem Steuerelement verknüpft.:

```
' VB
ContextMenuStrip1.Items.Add(BeendenToolStripMenuItem)
ContextMenuStrip1.Items.Add(ÖffnenToolStripMenuItem)
Button1.ContextMenuStrip = ContextMenuStrip1

// C#
contextMenuStrip1.Items.Add(BeendenToolStripMenuItem);
contextMenuStrip1.Items.Add(ÖffnenToolStripMenuItem);
button1.ContextMenuStrip = contextMenuStrip1;
```

Kopieren von Menüelementen aus vorhandenen MenuStrips zur Laufzeit

Oft ist es so, dass ein Kontextmenü dieselben Menüpunkte aufweisen soll wie ein normales Menü. Ein bestimmtes Toolstripmenüelement kann zwar nur zu einem einzigen Menü gehören, aber es ist leicht, zur Laufzeit eine Kopie des Menüelements herzustellen. Der `ToolStripMenuItem`-Konstruktor ist überladen. Es gibt auch eine Version, die mit dem Text, einem Bild und einem Ereignishandler aufgerufen wird. Das folgende Beispiel zeigt, wie man eine Kopie des vorhandenen Menüelements

BeendenToolStripMenuItem herstellt und zu einem ContextMenuStrip-Steuerelement namens ContextMenuStrip1 hinzufügt. Im Beispiel wird vorausgesetzt, dass es eine Methode namens BeendenToolStripMenuItem_Click gibt. Das ist der Ereignishandler für das Ereignis BeendenToolStripMenuItem.Click.

```
' VB
Dim anItem As ToolStripMenuItem
anItem = New ToolStripMenuItem(BeendenToolStripMenuItem.Text, _
   BeendenToolStripMenuItem.Image, New EventHandler(addressof _
   BeendenToolStripMenuItem_Click))
ContextMenuStrip1.Items.Add(anItem)

// C#
ToolStripMenuItem anItem;
anItem = new ToolStripMenuItem(BeendenToolStripMenuItem.Text, _
   BeendenToolStripMenuItem.Image, new
   EventHandler(BeendenToolStripMenuItem_Click));
ContextMenuStrip1.Items.Add(anItem);
```

Schnelltest

1. Was ist der Unterschied zwischen einem MenuStrip-Steuerelement und einem ContextMenuStrip-Steuerelement?
2. Wie verknüpfen Sie ein ContextMenuStrip-Steuerelement mit einem Steuerelement?

Antworten zum Schnelltest

1. Ein ContextMenuStrip-Steuerelement wird angezeigt, wenn der Benutzer ein Steuerelement mit der rechten Maustaste anklickt. Daher enthält es keine Menüelemente der obersten Ebene und ist auf dem Formular nicht zu sehen, bis das betreffende Steuerelement mit der rechten Maustaste angeklickt wird.
2. Die Verbindung des Kontextmenüs mit einem bestimmten Steuerelement erfolgt durch die Eigenschaft ContextMenuStrip des betreffenden Steuerelements.

Übung: Erweitern des Webbrowsers für die Dateisuche

In dieser Übung erweitern Sie den Webbrowser, den Sie in Lektion 1, „Konfigurieren von ToolStrips", erstellt haben. Sie fügen ein Menü hinzu, dessen Menüpunkte die Suche nach einer Datei, den Druck und die Speicherung der Datei ermöglichen.

► **Übung 1: Erweitern des Webbrowsers**

1. Öffnen Sie Ihr Webbrowserprojekt aus Lektion 1 oder laden Sie das entsprechende Projekt von der Begleit-CD.
2. Öffnen Sie Form1. Ziehen Sie im Designer ein MenuStrip-Steuerelement von der Toolbox in den oberen Bereich des ToolStripContainer-Steuerelements.
3. Fügen Sie ein Menüelement namens **&Datei** in die oberste Ebene des MenuStrips ein.
4. Fügen Sie folgende Untermenüelemente ins Menüelement DateiToolStripMenuItem ein: **Ö&ffnen**, **&Drucken**, **Seitenansic&ht**, **&Speichern** und **&Beenden**.

5. Ziehen Sie von der Toolbox eine `OpenFileDialog`-Komponente auf das Formular.
6. Klicken Sie im Designer das Menüelement `ÖffnenToolStripMenuItem` mit einem Doppelklick an, damit sich ein Codefenster mit dem Ereignishandler `ÖffnenToolStripMenuItem_Click` öffnet. Fügen Sie folgende Code in diese Methode ein:

```
' VB
Dim result As DialogResult
result = OpenFileDialog1.ShowDialog()
If result = System.Windows.Forms.DialogResult.OK Then
   WebBrowser1.Navigate(OpenFileDialog1.FileName)
End If

// C#
DialogResult result;
result = openFileDialog1.ShowDialog();
if (result == System.Windows.Forms.DialogResult.OK)
    webBrowser1.Navigate(openFileDialog1.FileName);
```

7. Klicken Sie das Menüelement `DruckenToolStripMenuItem` mit einem Doppelklick an, um den `Click`-Ereignishandler zu öffnen, und fügen Sie folgenden Code ein:

```
' VB
WebBrowser1.ShowPrintDialog()
// C#
webBrowser1.ShowPrintDialog();
```

8. Klicken Sie das Menüelement `SeitenansichtToolStripMenuItem` mit einem Doppelklick an und fügen Sie folgende Zeile in den `Click`-Ereignishandler ein:

```
' VB
WebBrowser1.ShowPrintPreviewDialog()
// C#
webBrowser1.ShowPrintPreviewDialog();
```

9. Klicken Sie das Menüelement `SpeichernToolStripMenuItem` mit einem Doppelklick an und fügen Sie folgende Zeile in den `Click`-Ereignishandler ein:

```
' VB
WebBrowser1.ShowSaveAsDialog()
// C#
webBrowser1.ShowSaveAsDialog();
```

10. Klicken Sie das Menüelement `BeendenToolStripMenuItem` mit einem Doppelklick an und fügen Sie folgende Zeile in den `Click`-Ereignishandler ein:

```
' VB
Application.Exit()
// C#
Application.Exit();
```

11. Stellen Sie im Eigenschaftenfenster die Eigenschaft *ShortcutKeys* des Steuerelements `BeendenToolStripMenuItem` auf *Strg+E*.
12. Drücken Sie auf die Taste F5, um Ihre Anwendung zu testen.

Zusammenfassung der Lektion

- Das `MenuStrip`-Steuerelement dient als Container für `ToolStripMenuItem`-Objekte, die jeweils einen Menüpunkt verwalten. In der `Items`-Auflistung sind die Menüelemente der obersten Ebene des `MenuStrips` enthalten.
- Die einzelnen Menüelemente können eigene Untermenüs enthalten, die in der Auflistung `DropDownItems` verwaltet werden.
- Einzelne Menüelemente können mit einem Häkchen angezeigt werden, das vor dem Text steht, und über Zugriffstasten und Tastenkombinationen (shortcut keys) verfügen, um die Navigation mit der Tastatur zu ermöglichen.
- Menüs können mit der Methode `ToolStripManager.Merge` zusammengeführt werden. Wie das resultierende Menü zusammengesetzt ist, hängt von den `ToolStripMenuItem`-Eigenschaften `MergeAction` und `MergeIndex` ab.
- Das `ContextMenuStrip`-Steuerelement ermöglicht Ihnen die Erstellung von Kontextmenüs für Ihre Anwendung. Menüs, die mit dem `ContextMenuStrip`-Steuerelement erstellt werden, bleiben zur Laufzeit unsichtbar, sofern sie nicht aufgerufen werden, und haben keine oberste Ebene im herkömmlichen Sinn, verhalten sich aber weitgehend wie `MenuStrip`-Steuerelemente. Die Verbindung des Kontextmenüs mit einem bestimmten Steuerelement erfolgt durch die Eigenschaft `ContextMenuStrip` des betreffenden Steuerelements.

Lernzielkontrolle

Mit den folgenden Fragen können Sie Ihr Wissen über den Stoff dieser Lektion überprüfen. Die Fragen sind (in englischer Sprache) auch auf der Begleit-CD zu finden, falls Sie die elektronische Form der Fragen vorziehen.

Hinweis Die Antworten

Die Antworten auf die Fragen und Erläuterungen, warum die entsprechende Antwort richtig oder falsch ist, finden Sie im Abschnitt „Antworten“ am Ende des Buchs.

---

1. Was ist erforderlich, um eine Zugriffstaste für ein Menüelement zu definieren?
   A. Die `UseMnemonic`-Eigenschaft des `ToolStripMenuItem`-Steuerelements muss auf `True` gestellt werden.
   B. Die Eigenschaft `AccessKeys` muss auf die richtige Taste eingestellt werden.
   C. Dem Buchstaben in der `Text`-Eigenschaft, der als Zugriffstaste vorgesehen ist, muss ein Und-Symbol (&) vorangestellt werden.
   D. Die Eigenschaft `ShortcutKeys` muss auf *Strg* und den Buchstaben für die Zugriffstaste eingestellt werden.

2. Welcher Beispielcode fügt zur Laufzeit ein Menü namens `Menu1` zu einem Formular hinzu?

   A.

```
' VB
ToolStripManager.Menus.Add(Menu1)

// C#
ToolStripManager.Menus.Add(Menu1);
```

   B.

```
' VB
ToolStripManager.Merge(Form1, Menu1)

// C#
ToolStripManager.Merge(Form1, Menu1);
```

   C.

```
' VB
ToolStripManager.Controls.Add(Menu1)

// C#
ToolStripManager.Controls.Add(Menu1);
```

   D.

```
' VB
Me.Controls.Add(Menu1)

// C#
this.Controls.Add(Menu1);
```

3. Was ist erforderlich, um ein Kontextmenü namens `ContextMenu1` mit einer Schaltfläche namens `Button1` zu verknüpfen und zu aktivieren?

   A. Die Eigenschaft `ContextMenuStrip` von `Button1` muss auf `ContextMenu1` eingestellt werden.

   B. Die Eigenschaft `ShowPopUp` von `Button1` muss auf `True` gestellt werden.

   C. `Button1` muss im `RightClick`-Ereignishandler die Methode `ContextMenu1.ShowPopUp` aufrufen.

   D. Die Eigenschaft `ContextMenu1.Control` muss auf `Button1` eingestellt werden.

Lektion 3: Verwenden von Ereignissen und Ereignishandlern

Ereignisse lösen Nachrichten aus, die versendet werden, wenn etwas Interessantes in Ihrer Anwendung geschieht. Tritt ein Ereignis auf, erhalten andere Teile Ihrer Anwendung die Gelegenheit, auf das Ereignis zu reagieren, indem eine spezielle Methode, der *Ereignishandler*, ausgeführt wird. In dieser Lektion erfahren Sie, wie man mit Formular- und Steuerelementereignissen arbeitet und zur Entwurfszeit und zur Laufzeit Ereignishandler zuweist.

Am Ende dieser Lektion werden Sie in der Lage sein, die folgenden Aufgaben auszuführen:

- Verwenden des Windows Forms-Designers zur Erstellung von Standardereignishandlern
- Verwenden des Windows Forms-Designers zur Erstellung von Ereignishandlern
- Verwenden von Maus- und Tastaturereignissen in Windows Forms-Anwendungen
- Programmieren einer Windows Forms-Anwendung zur Erkennung von Zusatztasten
- Hinzufügen von Ereignishandlern zur Laufzeit, um dynamisch auf System- oder Benutzerereignisse reagieren zu können
- Verbinden von mehreren Ereignissen mit einem einzigen Ereignishandler
- Verwenden des Code-Editors zur Überschreibung von Methoden, die in der Basisklasse definiert werden

Veranschlagte Zeit für diese Lektion: 30 Minuten

Überblick über Ereignisse

Ereignisse (events) sind Member der Klasse oder des Steuerelements, das die Ereignisse meldet oder auslöst. In den bisherigen Übungen dieses Buchs haben Sie bereits mit Ereignissen gearbeitet. Wenn Sie eine `OnClick`-Methode erstellen, dann ist diese Methode für die Reaktion auf das `Click`-Ereignis des Steuerelements gedacht. Ein Ereignis stellt in gewisser Weise eine Nachricht dar, die an den Rest der Anwendung gesendet wird. Wenn etwas Interessantes geschieht, kann ein Steuerelement oder eine Klasse das Ereignis melden, indem eine entsprechende Nachricht versendet wird. Diese Nachricht kann noch zusätzliche Informationen über das Ereignis enthalten. Eine Methode, deren Signatur mit der Signatur des Ereignisses übereinstimmt (die Anzahl und die Typen der Parameter sind gleich), kann das Ereignis bearbeiten. Anders gesagt, diese Methode wird immer dann aufgerufen, wenn das betreffende Ereignis eintritt. Ein Ereignis kann von mehreren Methoden bearbeitet werden, und eine bestimmte Methode kann für mehrere Ereignisse zuständig sein.

Steuerelemente und Formulare können als Reaktion auf die Aktionen des Benutzers eine Vielzahl von Ereignissen auslösen oder melden. Das bekannteste Ereignis ist das `Click`-Ereignis, das von nahezu allen Steuerelementen ausgelöst wird, wenn die Maus auf dem Steuerelement positioniert und die linke Maustaste gedrückt wird. Zu den weiteren Ereignissen, mit denen Steuerelemente arbeiten, gehören viele, die eine Reaktion auf Maus- und Tastatureingaben darstellen. Tabelle 4.8 beschreibt einige gebräuchliche Ereignisse.

Tabelle 4.8 Standardereignisse von Steuerelementen

Ereignis	Beschreibung
`Click`	Tritt auf, wenn die linke Maustaste gedrückt wird. Je nach Steuerelement kann das Ereignis auch bei bestimmten Tastatureingaben auftreten, zum Beispiel wenn das Steuerelement gewählt ist und die EINGABETASTE gedrückt wird.
`DoubleClick`	Tritt auf, wenn die linke Maustaste in schneller Folge zweimal gedrückt wird. Nicht alle Steuerelemente reagieren auf das `DoubleClick`-Ereignis.
`KeyDown`	Tritt auf, wenn eine Taste gedrückt wird, während ein Steuerelement den Fokus hat. Enthält andere Informationen als das `KeyPress`-Ereignis.
`KeyPress`	Tritt auf, wenn eine Taste gedrückt wird, während ein Steuerelement den Fokus hat. Enthält andere Informationen als das `KeyDown`-Ereignis.
`KeyUp`	Tritt auf, wenn eine gedrückte Taste losgelassen wird, während das Steuerelement den Fokus hat.
`MouseClick`	Tritt auf, wenn ein Steuerelement mit der Maus angeklickt wird.
`MouseDoubleClick`	Tritt auf, wenn ein Steuerelement mit einem Doppelklick mit der Maus angeklickt wird.
`MouseDown`	Tritt auf, wenn der Mauszeiger auf einem Steuerelement steht und die linke Maustaste gedrückt wird.
`MouseEnter`	Tritt auf, wenn sich der Mauszeiger in den Bereich des Steuerelements hineinbewegt.
`MouseHover`	Tritt auf, wenn der Mauszeiger auf dem Steuerelement steht.
`MouseLeave`	Tritt auf, wenn der Mauszeiger das Steuerelement verlässt.
`MouseMove`	Tritt auf, wenn sich der Mauszeiger auf einem Steuerelement bewegt.
`MouseUp`	Tritt auf, wenn eine Maustaste losgelassen wird, während sich der Mauszeiger auf dem Steuerelement befindet.
`MouseWheel`	Tritt auf, wenn das Mausrad gedreht wird, während das Steuerelement den Fokus hat.

Jedes Ereignis versorgt die bearbeitende Methode mit einigen Informationen. Ereignisse, die von Steuerelementen ausgelöst werden, haben gewöhnlich zwei Parameter, nämlich einen `Object`-Parameter, der das Steuerelement repräsentiert, von dem das Ereignis ausgelöst wurde, und einen Parameter, der von der Klasse `EventArgs` abgeleitet ist und zusätzliche Werte enthält. In einigen Fällen enthält der `EventArgs`-Parameter praktisch keine Informationen, zum Beispiel beim `Click`-Ereignis. In anderen Fällen, beispielsweise beim `MouseClick`-Ereignis, enthält der `MouseEventArgs`-Parameter sehr viele Angaben über den Zustand der Maus.

Erstellen von Ereignishandlern im Designer

Sie können Ereignishandler im Designer erstellen, und zwar mit dem Eigenschaftenfenster. Klicken Sie auf die Schaltfläche *Ereignisse* (das ist die Schaltfläche mit dem Blitz, siehe Abbildung 4.6).

Abbildung 4.6 Die *Ereignisse*-Schaltfläche aus dem Eigenschaftenfenster

Das Eigenschaftenfenster zeigt die Ereignisse an, die vom Steuerelement ausgelöst oder gemeldet werden können (Abbildung 4.7).

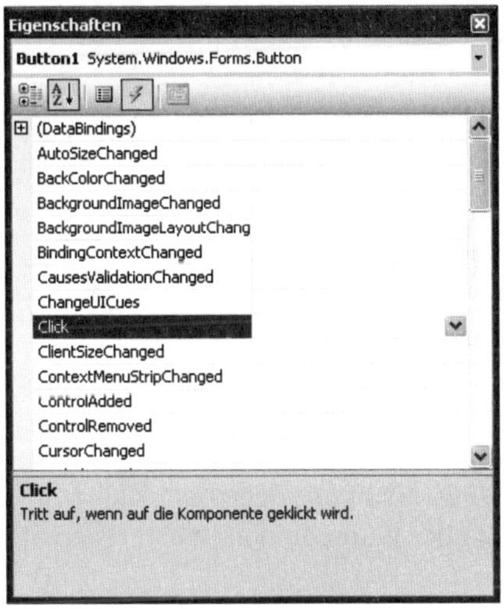

Abbildung 4.7 Das Eigenschaftenfenster lässt sich auf die Anzeige von Ereignissen einstellen

Erstellen von Standardereignishandlern

Sie können mithilfe des Eigenschaftenfensters Standardereignishandler erstellen. Ein Standardereignishandler ist eine Methode, die ein bestimmtes Ereignis für ein Steuerelement bearbeitet und nach einem bestimmten Schema entsprechend benannt wird. Der Standardereignishandler für das `Click`-Ereignis der Schaltfläche `Button1` heißt zum Beispiel `Button1_Click`. Die folgende Prozedur beschreibt die Schritte zur Erstellung eines Standardereignishandlers.

▶ **So erstellen Sie einen Standardereignishandler**

1. Wählen Sie im Designer das Steuerelement. Klicken Sie im Eigenschaftenfenster auf die Schaltfläche *Ereignisse* (der Blitz), damit die für das Steuerelement verfügbaren Ereignisse angezeigt werden.
2. Klicken Sie das Ereignis, für das Sie einen Standardereignishandler erstellen möchten, mit einem Doppelklick an. Die dazugehörige Methode wird mit der passenden Signatur erstellt, und der Code-Editor öffnet sich und zeigt die neue Methode.
3. Fügen Sie den Code ein, der ausgeführt werden soll, wenn das Ereignis eintritt.

Erstellen von Ereignishandlern im Designer

Außer Standardereignishandler können Sie mit dem Designer auch andere Methoden zur Bearbeitung von Ereignissen erstellen, die von Steuerelementen ausgelöst werden. Die folgende Prozedur beschreibt die Erstellung eines solchen Ereignishandlers.

1. Erstellen Sie im Code-Editor eine Methode, deren Signatur zu der Signatur des Ereignisses passt, das Sie bearbeiten möchten. Wenn Sie zum Beispiel das Ereignis `Button.Click` bearbeiten möchten, erstellen Sie eine `Sub`-Methode (`void` in C#) mit den `Object`- und `EventArgs`-Parametern.
2. Wählen Sie im Designer das Steuerelement, für das Sie einen Ereignishandler erstellen. Klicken Sie im Eigenschaftenfenster auf den Blitz, damit die für das Steuerelement verfügbaren Ereignisse aufgelistet werden.

3. Klicken Sie die Zelle neben dem Ereignis an, für das Sie einen Handler erstellen. Ein Dropdownpfeil erscheint.
4. Klicken Sie auf den Dropdownpfeil, damit eine Liste der Methoden angezeigt wird, deren Signaturen zur Signatur des Ereignisses passen. Wählen Sie die Methode aus, die Sie im Code-Editor erstellt haben.

Verwenden desselben Ereignishandlers für mehrere Ereignisse

Sie können mehrere Ereignisse mit demselben Ereignishandler bearbeiten. Erforderlich ist dafür nur, dass die Signatur der Methode zur Signatur des Ereignisses passt. Sie können mehrere Ereignisse desselben Steuerelements mit demselben Ereignishandler bearbeiten. Sie können auch mehrere Ereignisse von verschiedenen Steuerelementen mit demselben Ereignishandler bearbeiten. Ein Taschenrechner wäre beispielsweise eine Anwendung, in der dies sinnvoll sein könnte. Sie könnten denselben `Click`-Ereignishandler für die `Button`-Steuerelemente verwenden, mit denen die Zahlen eingegeben werden, und mit entsprechender Logik im Ereignishandler herausfinden, welche Schaltfläche angeklickt wurde.

Die Zuordnung von mehreren Ereignissen zu demselben Ereignishandler erfolgt wie bei Einzelereignissen. Sie wählen ein Steuerelement und wählen dann im Eigenschaftenfenster das Ereignis aus, für das Sie einen Handler vorsehen möchten. Aus der Dropdownliste wählen Sie die Methode aus, die Sie als Ereignishandler verwenden. Diesen Vorgang wiederholen Sie mit allen Ereignissen, für die Sie den Handler verwenden möchten.

Verwenden von Maus- und Tastaturereignissen

Die meisten Ereignisse, die bei der Interaktion mit dem Benutzer auftreten, sind Maus- und Tastaturereignisse. Steuerelemente lösen als Reaktion auf Mausklicks oder Tastatureingaben Ereignisse aus und können erkennen, ob Zusatztasten wie STRG, ALT oder UMSCHALT gedrückt sind. Dieser Abschnitt beschreibt, wie man Maus- und Tastaturereignisse auswertet.

Mausereignisse

Steuerelemente können auf verschiedene Weise auf die Maus reagieren. Steuerelemente lösen Ereignisse aus, wenn die Maus in den Bereich des Steuerelements eintritt, das Steuerelement verlässt, sich auf dem Steuerelement bewegt, klickt, auf dem Steuerelement steht, oder sich auf dem Steuerelement befindet, während das Mausrad gedreht wird.

Click und *DoubleClick*

Die bekanntesten Mausereignisse sind die Ereignisse `Click` und `DoubleClick`. Das `Click`-Ereignis wird von einem Steuerelement ausgelöst, wenn sich der Mauszeiger auf einem Steuerelement befindet und die linke Maustaste gedrückt und wieder losgelassen wird. Dieses Ereignis wird auch ausgelöst, wenn das Steuerelement den Fokus hat und die EINGABETASTE betätigt wird. Das Ereignis `DoubleClick` wird ausgelöst, wenn die linke Maustaste zweimal in schneller Folge betätigt wird. Beachten Sie bitte, dass nicht alle Steuerelemente auf das `DoubleClick`-Ereignis reagieren.

Die Ereignishandler für `Click` und `DoubleClick` haben eine ziemlich einfache Signatur. Es gibt zwei Parameter. Der erste ist ein `Object`-Parameter. Visual Studio nennt diesen Parameter `Sender`, wenn es einen Handler generiert. Der zweite ist eine Instanz der Klasse `EventArgs`, die in diesem Fall aber keine nützlichen Informationen über das Ereignis liefert. Das folgende Beispiel zeigt die passende Signatur für einen Ereignishandler, der das Ereignis `Click` oder `DoubleClick` bearbeitet.

```
' VB
Private Sub ClickHandler(ByVal sender As System. Object, ByVal e As _
    System.EventArgs)
   ' Fügen Sie hier den Code ein, der nach dem Ereignis ausgeführt werden soll.
End Sub

// C#
private void ClickHandler(object sender, EventArgs e)
{
   //  Fügen Sie hier den Code ein, der nach dem Ereignis ausgeführt werden soll.
}
```

Sie können jede Methode mit dieser Signatur zur Bearbeitung der Ereignisse `Click` oder `DoubleClick` einsetzen.

Mausbewegungsereignisse

Steuerelemente lösen Ereignisse aus, mit denen sich auch Bewegungen der Maus erfassen lassen, bei denen die Grenze des Steuerelements überschritten wird. Diese Ereignisse werden in Tabelle 4.9 beschrieben.

Tabelle 4.9 Mausbewegungsereignisse

Ereignis	Beschreibung
`MouseEnter`	Dieses Ereignis wird gemeldet, wenn sich der Mauszeiger in ein Steuerelement hineinbewegt.
`MouseHover`	Dieses Ereignis wird gemeldet, wenn der Mauszeiger auf einem Steuerelement steht.
`MouseLeave`	Dieses Ereignis wird gemeldet, wenn der Mauszeiger das Steuerelement verlässt.

Wie beim `Click`-Ereignis erhalten die Methoden, die diese Ereignisse bearbeiten sollen, relativ wenig Informationen. Auch diese Ereignishandler haben einen `Object`-Parameter, der den Auslöser des Ereignisses repräsentiert, und einen `EventArgs`-Parameter.

Andere Mausereignisse

Die bisher beschriebenen Ereignisse sind zwar schon sehr nützlich, wenn es um die Erfassung von Mausbewegungen und Mausklicks geht, aber sie bieten praktisch keine weiteren Informationen über das Ereignis. Wenn Sie mehr erfahren möchten, beispielsweise die Position der Maus, dann werten Sie besser eines der Mausereignisse aus, bei denen ein `MouseEventArgs`-Argument übergeben wird. Tabelle 4.10 beschreibt diese Ereignisse.

Tabelle 4.10 Mausereignisse mit `MouseEventArgs`-Parameter

Ereignis	Beschreibung
`MouseClick`	Dieses Ereignis wird ausgelöst, wenn eine Maustaste auf einem Steuerelement gedrückt und wieder losgelassen wird.
`MouseDoubleClick`	Dieses Ereignis wird ausgelöst, wenn eine Maustaste auf einem Steuerelement zweimal gedrückt wird.
`MouseDown`	Dieses Ereignis wird ausgelöst, wenn eine Maustaste auf einem Steuerelement gedrückt wird.
`MouseMove`	Dieses Ereignis wird ausgelöst, wenn sich die Maus auf dem Steuerelement bewegt. ▶

Ereignis	Beschreibung
MouseUp	Dieses Ereignis wird ausgelöst, wenn eine Maustaste auf einem Steuerelement losgelassen wird.
MouseWheel	Dieses Ereignis wird ausgelöst, wenn das Mausrad gedreht wird.

Alle in Tabelle 4.10 gezeigten Ereignisse brauchen einen Handler mit zwei Parametern: ein Object-Parameter, der das Steuerelement repräsentiert, von dem das Ereignis ausgelöst wurde, und eine Instanz von MouseEventArgs. Das folgende Beispiel zeigt das Grundgerüst einer Methode, die sich als Ereignishandler eignet.

```
' VB
Private Sub MouseHandler(ByVal sender As System.Object, ByVal e As _
   System.MouseEventArgs)
   ' Fügen Sie hier den Code ein, der nach dem Ereignis ausgeführt werden soll.
End Sub

// C#
private void MouseHandler(object sender, MouseEventArgs e)
{
   // Fügen Sie hier den Code ein, der nach dem Ereignis ausgeführt werden soll.
}
```

Die Instanz von MouseEventArgs, die an den Ereignishandler übergeben wird, enthält eine große Menge an Informationen über das Ereignis. Sie enthält Eigenschaften, die beschreiben, welche Tasten gedrückt wurden, wie oft sie gedrückt wurden, wo sich die Maus befindet und wie weit das Mausrad gedreht wurde. Tabelle 4.11 beschreibt die MouseEventArgs-Eigenschaften.

Tabelle 4.11 MouseEventArgs-Eigenschaften

Eigenschaft	Beschreibung
Button	Gibt an, welche Taste gedrückt wurde.
Clicks	Gibt an, wie oft die Taste gedrückt wurde.
Delta	Gibt die Zahl der Rastpunkte an, um die das Mausrad gedreht wurde.
Location	Gibt die aktuelle Position der Maus an.
X	Gibt die X-Koordinate der Maus an.
Y	Gibt die Y-Koordinate der Maus an.

Tastaturereignisse

Steuerelemente, die Eingaben von der Tastatur annehmen können, können drei Tastaturereignisse auslösen:

- KeyDown
- KeyPress
- KeyUp

KeyDown und *KeyUp*

Die Ereignisse `KeyDown` und `KeyUp` werden ausgelöst, wenn eine Taste gedrückt und wieder losgelassen wird. Das Steuerelement, das den Fokus hat, löst das Ereignis aus. Wenn eines dieser Ereignisse ausgelöst wird, erhält die Methode, die das Ereignis bearbeitet, in einer Instanz von `KeyEventArgs` Informationen darüber, welche Taste oder Tastenkombination gedrückt oder losgelassen wurde. Tabelle 4.12 beschreibt Eigenschaften von `KeyEventArgs`.

Tabelle 4.12 `KeyEventArgs`-Eigenschaften

Eigenschaft	Beschreibung
`Alt`	Ruft einen Wert ab, der angibt, ob die ALT-Taste gedrückt wurde.
`Control`	Ruft einen Wert ab, der angibt, ob die STRG-Taste gedrückt wurde.
`Handled`	Ruft einen Wert ab, der angibt, ob das Ereignis bearbeitet wurde, oder legt ihn fest.
`KeyCode`	Ruft einen Enumerationswert ab, der angibt, welche Taste betätigt wurde.
`KeyData`	Gibt Daten zurück, die einen Code für die gedrückte Taste darstellen, zusammen mit Angaben darüber, ob die ALT-, STRG- oder UMSCHALT-Taste gedrückt wurde.
`KeyValue`	Gibt eine `Integer`-Repräsentation der `KeyData`-Eigenschaft zurück.
`Modifiers`	Ruft die Modifiziererflags für das Ereignis ab, die angeben, welche Kombination der ALT-, STRG- und UMSCHALT-Tasten gedrückt wurde.
`Shift`	Ruft einen Wert ab, der angibt, ob die UMSCHALT-Taste gedrückt wurde.
`SuppressKeyPress`	Ruft einen Wert ab, der angibt, ob das Tastaturereignis an das zugrunde liegende Steuerelement weitergegeben werden soll.

Die Ereignisse `KeyUp` und `KeyDown` bestimmen, welche Taste und welche Zusatztasten gedrückt wurden. Diese Informationen sind durch die Eigenschaften des `KeyEventArgs`-Parameters im Ereignishandler zugänglich.

Ermitteln der gedrückten Zusatztasten

Die `KeyEventArgs`-Eigenschaften `Alt`, `Control` und `Shift` geben `Boolean`-Werte zurück, aus denen hervorgeht, ob die ALT-, STRG- und UMSCHALT-Tasten gedrückt wurden. `True` wird zurückgegeben, sofern die betreffende Taste gedrückt wurde, und `False`, wenn sie nicht gedrückt wurde. Der folgende Code zeigt einen `KeyUp`-Ereignishandler, der überprüft, ob die STRG-Taste gedrückt ist.

```
' VB
Private Sub TextBox1_KeyUp(ByVal sender As System.Object, ByVal e As _
   System.Windows.Forms.KeyEventArgs) Handles TextBox1.KeyUp
   If e.Control = True Then
      MsgBox("Die Strg-Taste ist immer noch gedrückt")
   End If
End Sub

// C#
private void textBox1_KeyUp(object sender,
   e System.Windows.Forms.KeyEventArgs)
{  if (e.Control == true)
      MessageBox.Show("Die Strg-Taste ist immer noch gedrückt");
}
```

KeyPress

Wenn ein Benutzer eine Taste drückt, für die es einen entsprechenden ASCII-Wert gibt, wird das Ereignis `KeyPress` ausgelöst. Einen entsprechenden ASCII-Wert gibt es für alle Zeichen des Alphabets und für alle numerischen Zeichen (alphanumerisch, a–z, A–Z und 0–9), sowie für einige spezielle Tasten wie die EINGABETASTE und die RÜCKTASTE. Wenn eine Taste oder Tastenkombination keinen ASCII-Wert liefert, wie zum Beispiel die ALT-, STRG- oder UMSCHALT-Tasten, löst sie kein `KeyPress`-Ereignis aus.

Dieses Ereignis ist am nützlichsten, wenn es um das Abfangen von Tastatureingaben und um ihre Auswertung geht. Wird dieses Ereignis ausgelöst, so wird eine Instanz von `KeyPressEventArgs` als Argument an den Ereignishandler übergeben. Das `KeyPressEventArgs`-Objekt bietet in seiner Eigenschaft `KeyPressEventArgs.KeyChar` das Zeichen an, das der gedrückten Taste entspricht. Sie können diese Eigenschaft verwenden, um in Ihrer Anwendung Tastatureingaben auszuwerten.

Hinzufügen von Ereignishandlern zur Laufzeit

Sie können Ereignishandler auch zur Laufzeit hinzufügen, indem Sie mit dem entsprechenden Programmcode ein vorhandenes Ereignis mit einer bereits vorhandenen Methode verknüpfen. Vielleicht möchten Sie zur Laufzeit die Art und Weise ändern, in der eine Anwendung auf Ereignisse reagiert. Die Verknüpfung von Ereignissen und Ereignishandlern erfolgt in Visual Basic und C# unterschiedlich. Daher beschreibt dieser Abschnitt für jede Sprache eine etwas andere Vorgehensweise.

▶ So verknüpfen oder entfernen Sie zur Laufzeit einen Ereignishandler in Visual Basic

1. Erstellen Sie eine `Sub`-Prozedur mit der Signatur, die für das Ereignis erforderlich ist. Verwenden Sie das Schlüsselwort `AddHandler`, um den Ereignishandler mit dem Ereignis zu verknüpfen. Der Operator `AddressOf` ist erforderlich, um zur Laufzeit einen Delegaten zu erstellen. Ein Beispiel:

```
' VB
AddHandler Button1.Click, AddressOf myEventHandler
```

2. Mit dem Schlüsselwort `RemoveHandler` können Sie zur Laufzeit einen Ereignishandler so entfernen:

```
' VB
RemoveHandler Button1.Click, AddressOf myEventHandler
```

▶ So verknüpfen oder entfernen Sie zur Laufzeit einen Ereignishandler in C#

1. Erstellen Sie eine Methode mit einer Signatur, die zum Ereignis passt. Im Gegensatz zu Visual Basic kann diese Methode einen Wert zurückgeben. Verwenden Sie den Operator += für die Verknüpfung der Methode mit dem Ereignis. Hier ist ein Beispiel:

```
// C#
button1.Click += myMethod;
```

2. Mit dem Operator `-=` können Sie den Ereignishandler zur Laufzeit wieder entfernen, wie hier gezeigt:

```
// C#
button1.Click -= myMethod;
```

Überschreiben von Methoden im Code-Editor

Wenn Sie eine neue Klasse von einer Basisklasse ableiten, erbt Ihre Klasse automatisch die Implementierung und Funktionalität dieser Basisklasse. In der Regel werden Sie einige Methoden ändern wollen, die in der Basisklasse definiert sind. Wenn Sie zum Beispiel das Aussehen eines Steuerelements ändern möchten, das von einem Windows Forms-Standardsteuerelement abgeleitet wird, müssen Sie die Methode `Paint` überschreiben. Außerdem müssen Sie virtuelle (`MustOverride`) Methoden von abstrakten Klassen überschreiben. Und Sie können Methoden überschreiben, wenn die Methoden anders als die Methoden aus der Basisklasse arbeiten sollen.

Mit dem Code-Editor können Sie die Methoden der Basisklasse leicht überschreiben. Geben Sie im Code-Editor innerhalb des Klassenrumpfs, aber außerhalb einer Methode `Overrides` (Visual Basic) oder `override` (C#) ein. Ein IntelliSense-Fenster erscheint, in dem alle überschreibbaren Methoden der Basisklasse aufgelistet werden. Wählen Sie in diesem Fenster die Methode aus, die Sie überschreiben möchten. Das Grundgerüst dieser Methode wird automatisch in den Code-Editor übernommen. Sie brauchen dann nur noch die Implementierung hinzuzufügen. Die Abbildungen 4.8 und 4.9 zeigen den Code-Editor und das IntelliSense-Fenster.

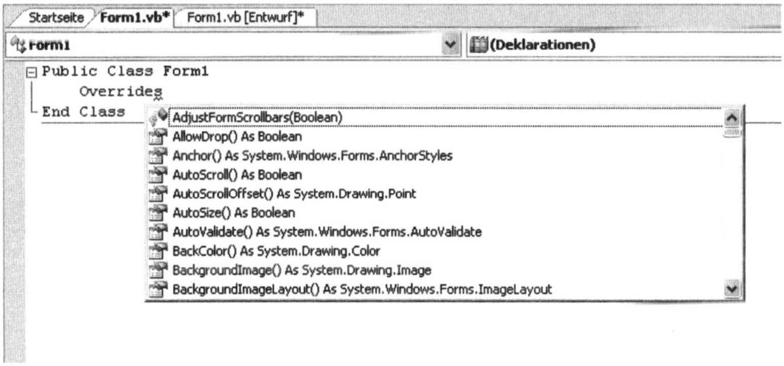

Abbildung 4.8 Überschreiben einer Methode in Visual Basic

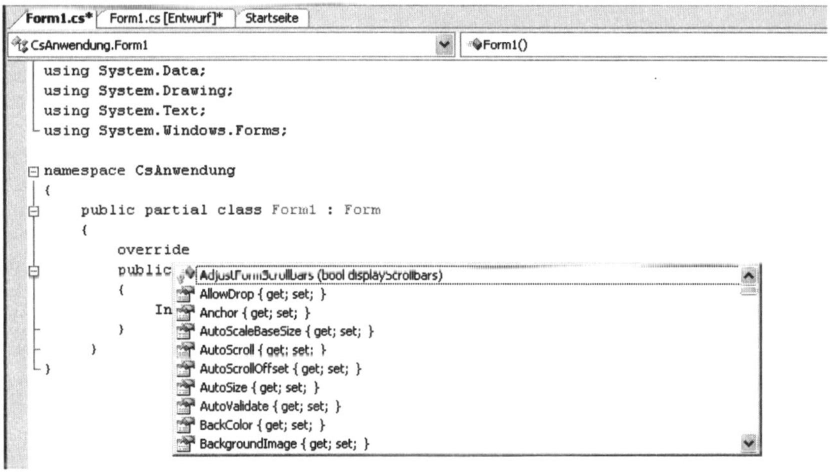

Abbildung 4.9 Überschreiben einer Methode in C#

Schnelltest

- Beschreiben Sie kurz, was ein Ereignis ist und wie es sich auf die Programmausführung auswirkt.

Antwort zum Schnelltest

- Ein Ereignis ist eine Benachrichtigung, die von einem Steuerelement oder einer Komponente an den Rest der Anwendung geschickt wird. Wenn ein Ereignis ausgelöst wird, werden alle Methoden ausgeführt, die für die Bearbeitung des Ereignisses registriert wurden.

Übung: Experimente mit Mausereignissen

In dieser Übung erstellen Sie eine einfache Anwendung, die Mausereignisse erfasst, die in einem bestimmten Steuerelement auftreten.

► Übung 1: Erstellen eines Ereignismonitors

Erstellen Sie in Visual Studio eine neue Windows Forms-Anwendung.

1. Ziehen Sie von der Toolbox ein `Label`-Steuerelement und ein `ListBox`-Steuerelement auf das Formular.
2. Stellen Sie im Eigenschaftenfenster die Eigenschaft `Label1.Text` auf **Hier ist die Maus!**
3. Wählen Sie `Label1`. Generieren Sie im Eigenschaftenfenster Standardereignishandler für `Click`, `DoubleClick`, `MouseClick`, `MouseDoubleClick`, `MouseDown`, `MouseEnter`, `MouseHover`, `MouseLeave`, `MouseMove` und `MouseUp`.
4. Fügen Sie im Code-Editor den Code in die Standardereignishandler ein, der in Tabelle 4.13 für die einzelnen Ereignisse beschrieben wird.

Tabelle 4.13 Code für Standardereignishandler

Ereignishandler	Visual Basic	C#
`Click`	`ListBox1.Items.Add ("Click")`	`listBox1.Items.Add ("Click");`
`DoubleClick`	`ListBox1.Items.Add ("DoubleClick")`	`listBox1.Items.Add ("DoubleClick");`
`MouseClick`	`ListBox1.Items.Add ("MouseClick")`	`listBox1.Items.Add ("MouseClick");`
`MouseDoubleClick`	`ListBox1.Items.Add ("MouseDoubleClick")`	`listBox1.Items.Add ("MouseDoubleClick");`
`MouseDown`	`ListBox1.Items.Add ("MouseDown")`	`listBox1.Items.Add ("MouseDown");`
`MouseEnter`	`ListBox1.Items.Add ("MouseEnter")`	`listBox1.Items.Add ("MouseEnter");`
`MouseHover`	`ListBox1.Items.Add ("MouseHover")`	`listBox1.Items.Add ("MouseHover");`
`MouseLeave`	`ListBox1.Items.Add ("MouseLeave")`	`listBox1.Items.Add ("MouseLeave");` ►

Ereignishandler	Visual Basic	C#
`MouseMove`	`ListBox1.Items.Add ("MouseMove")`	`listBox1.Items.Add ("MouseMove");`
`MouseUp`	`ListBox1.Items.Add ("MouseUp")`	`listBox1.Items.Add ("MouseUp");`

5. Drücken Sie auf die Taste F5, um Ihre Anwendung zu testen. Bewegen Sie den Mauszeiger auf das `Label`-Steuerelement und führen Sie verschiedene Mausoperationen durch. Beachten Sie bitte, dass jedes Mausereignis im `ListBox`-Steuerelement aufgezeichnet wird, und achten Sie auf die Reihenfolge, in der die Ereignisse auftreten.

Zusammenfassung der Lektion

- Ereignisse sind eine besondere Form der Benachrichtigung darüber, dass etwas Interessantes in der Anwendung geschieht. Zur Reaktion auf die Ereignisse können Sie spezielle Methoden vorsehen, die Ereignishandler genannt und nach einem Ereignis aufgerufen werden. Die Signatur eines Ereignishandlers muss zu der Signatur des Ereignisses passen, für das er vorgesehen ist.
- Mithilfe des Eigenschaftenfensters können Sie Ereignishandler im Designer erstellen. Sie können einen Standardereignishandler erstellen oder das Ereignis mit einer beliebigen Methode oder beliebigen Methoden verknüpfen, die über die passende Signatur verfügen.
- Steuerelemente können auf Ereignisse reagieren, die von der Maus oder der Tastatur ausgelöst werden. `MouseEventArgs`, `KeyEventArgs` und `KeyPressEventArgs` bieten ausführliche Informationen über den Zustand von Maus oder Tastatur zum Zeitpunkt des Ereignisses.
- Sie können zur Laufzeit Ereignishandler hinzufügen oder entfernen. In Visual Basic verwenden Sie zu diesem Zweck die Schlüsselwörter `AddHandler` und `RemoveHandler`, in C# die Operatoren += und -=.
- Sie können im Code-Editor Methoden der Basisklasse überschreiben, sofern diese Methoden überschreibbar sind. Das IntelliSense-Fenster zeigt eine Liste der verfügbaren Methoden an und kann automatisch das Grundgerüst der gewünschten Methode in den Code-Editor einfügen.

Lernzielkontrolle

Mit den folgenden Fragen können Sie Ihr Wissen über den Stoff dieser Lektion überprüfen. Die Fragen sind (in englischer Sprache) auch auf der Begleit-CD zu finden, falls Sie die elektronische Form der Fragen vorziehen.

Hinweis Die Antworten

Die Antworten auf die Fragen und Erläuterungen, warum die entsprechende Antwort richtig oder falsch ist, finden Sie im Abschnitt „Antworten" am Ende des Buchs.

1. Welche der folgenden Eigenschaften einer Instanz der Klasse `KeyEventArgs` kann in einem `KeyDown`-Ereignishandler verwendet werden, um zu ermitteln, ob die STRG-Taste gedrückt wurde? (Wählen Sie alle zutreffenden Antworten aus.)

A. `e.Control`

B. `e.KeyCode`

C. `e.KeyData`

D. `e.Modifiers`

2. Welches der folgenden Beispiele ordnet zur Laufzeit dem `Button1.Click`-Ereignis einen neuen Ereignishandler namens `ClickHandler` zu?

A.

```
' VB
Button1.Click.AddHandler(ClickHandler)

// C#
ClickHandler += Button1.Click;
```

B.

```
' VB
AddHandler(Button1.Click, ClickHandler)

// C#
AddHandler(Button1.Click, ClickHandler);
```

C.

```
' VB
AddHandler Button1.Click, AddressOf ClickHandler

// C#
Button1.Click += ClickHandler;
```

D.

```
' VB
Button1.Click += AddressOf ClickHandler

// C#
Button1.Click ++ ClickHandler;
```

Rückblick auf dieses Kapitel

Zur weiteren Übung und Vertiefung der Lerninhalte dieses Kapitels können Sie Folgendes tun:

- Arbeiten Sie die Zusammenfassung des Kapitels durch.
- Arbeiten Sie die Liste der Schlüsselbegriffe durch, die in diesem Kapitel eingeführt wurden.
- Bearbeiten Sie die Übung mit Fallbeispiel. Diese Szenarien beschreiben anhand der Themen dieses Kapitels praxisnahe Situationen. Entwickeln Sie eine Lösung.
- Führen Sie die vorgeschlagenen Übungen durch.
- Machen Sie einen Übungstest.

Zusammenfassung des Kapitels

- `ToolStrip`-Steuerelemente können sehr unterschiedliche Steuerelemente aufnehmen. `ToolStripItem`-Steuerelemente bieten dieselben Funktionen wie bestimmte herkömmliche Windows Forms-Steuerelementen, und verbinden in gewissem Umfang die Funktionalität von Windows-Formularen mit der Funktionalität von Menüs.
- `ToolStrips` unterstützen Rafting, die Zusammenführung, die Neuanordnung von Steuerelementen und den Überlauf von Steuerelementen.
- `MenuStrip`-Steuerelemente dienen zur Erstellung von Menüs für Formulare und können `ToolStripMenuItem`-Steuerelemente aufnehmen, die als Menüelemente und Befehle dienen.
- `MenuStrip`-Steuerelemente sind von `ToolStrip` abgeleitet und weisen eine ähnliche Funktionalität auf. Menüs können mithilfe der Klasse `ToolStripManager` zusammengeführt werden.
- Das `ContextMenuStrip`-Steuerelement wird zur Erstellung von Kontextmenüs verwendet. Durch die entsprechende Einstellung der Eigenschaft `ContextMenuStrip` können Sie ein Kontextmenü mit einem Steuerelement verknüpfen.
- Das Eigenschaftenfenster kann zur Erstellung von Standardereignishandlern und zur Zuordnung von vorhandenen Methoden zu bestimmten Ereignissen verwendet werden.
- Als Folge von Aktionen des Benutzers treten eine ganze Reihe von Maus- und Tastaturereignissen auf. Der `MouseEventArgs`-Parameter bietet bei vielen Mausereignissen ausführliche Informationen über den Zustand der Maus. Die `KeyEventArgs`- und `KeyPressEventArgs`-Parameter liefern Informationen über den Zustand der Tastatur.
- Ereignishandler können zur Laufzeit dynamisch mit Ereignissen verknüpft werden.

Schlüsselbegriffe

Wissen Sie, was die folgenden Schlüsselbegriffe bedeuten? Sie können Ihre Antworten überprüfen, indem Sie die Begriffe im Glossar am Ende des Buchs nachschlagen.

- Ereignis
- Ereignishandler
- `MenuStrip`
- `ToolStrip`
- `ToolStripItem`
- `ToolStripMenuItem`

Übung mit Fallbeispiel

In den folgenden Szenarien wenden Sie Ihr neu erworbenes Wissen über die Verwendung von Steuerelementen zur Entwicklung einer Benutzeroberfläche an. Die Antworten auf die Fragen finden Sie im Abschnitt „Antworten" am Ende des Buchs.

Szenario 1: Design einer komplexen Benutzeroberfläche

Sie machen Karriere in der Welt von Trey Research, Ihrem aktuellen Arbeitgeber. Sie werden mit dem Entwurf des Frontends einer Versicherungsanwendung für Humongous Insurance beauftragt, einem Ihrer Kunden. Der Kunde wünscht ein sehr umfangreiches Frontend mit sehr vielen Optionen und Befehlen. Ihre Aufgabe besteht darin, dem Kunden die gewünschte Funktionalität zu liefern, aber gleichzeitig eine Anwendung zu erstellen, die leicht zu erlernen und zu bedienen ist.

Fragen

Beantworten Sie Ihrem Manager folgende Fragen:

1. Wie machen wir die Befehle verfügbar, ohne die Benutzeroberfläche so zu überladen, dass sie praktisch unbrauchbar wird?
2. Wie erreichen wir es, dass die Bedienung leicht zu erlernen und zu beherrschen ist?

Szenario 2: Weitere Anforderungen von Humongous

Inzwischen haben Sie erfolgreich die Menüs und Symbolleisten für Humongous Insurance implementiert, jetzt sind die Tastaturbefehle an der Reihe.

Technische Anforderungen

- Alle Menüpunkte der obersten Ebene müssen über Zugriffstasten zugänglich sein.
- Für die wichtigsten Menüpunkte müssen Tastenkombinationen definiert werden, damit die Benutzer die Befehle auch direkt mit der Tastatur geben können.
- Bestimmte `TextBox`-Steuerelemente auf dem Formular müssen automatisch Werte erhalten, wenn bestimmte Tastenkombinationen mit der STRG-Taste gedrückt werden.

Frage

- Wie können Sie diese Anforderungen umsetzen?

Vorgeschlagene Übungen

- Erstellen Sie Symbolleisten mit ähnlichen Steuerelementen und versuchen Sie, die Symbolleisten zusammenzuführen. Ändern Sie bei Ihren Experimenten die Eigenschaften `MergeIndex` und `MergeAction` der Steuerelemente.
- Erstellen Sie eine Anwendung wie in Übung 3, „Experimente mit Mausereignissen", die Tastaturereignisse überwacht.
- Erstellen Sie eine Anwendung, die ein Formular mit einer einzigen Schaltfläche aufweist. Der Benutzer soll diese Schaltfläche zwar mit der Maus im Formular umherjagen, aber nie tatsächlich anklicken können.

Machen Sie einen Übungstest

Die Übungstests auf der Begleit-CD zu diesem Buch (in englischer Sprache) bieten zahlreiche Möglichkeiten. Zum Beispiel können Sie einen Test machen, der ausschließlich die Themen eines bestimmten Lernziels behandelt, oder Sie können sich selbst mit dem gesamten Inhalt der Prüfung 70-526 testen. Sie können den Test so konfigurieren, dass er dem Ablauf einer echten Prüfung entspricht, oder Sie können einen Lernmodus verwenden, in dem Sie sich nach dem Beantworten einer Frage jeweils sofort die richtige Antwort und die Erklärungen ansehen können.

Weitere Informationen Übungstests

Einzelheiten zu allen Optionen, die bei den Übungstests zur Verfügung stehen, finden Sie im Abschnitt „So benutzen Sie die Übungstests“ in der Einführung am Anfang dieses Buchs.

KAPITEL 5

Konfigurieren von Verbindungen und Verbinden mit Daten

Die meisten Anwendungen verwenden zur Speicherung von Daten Datenbanken. So speichern zum Beispiel Lagerverwaltungssysteme, Verwaltungssysteme für Kundendaten oder Reservierungssysteme für Fluggesellschaften ihre Daten in einer Datenbank und rufen die Datensätze nach Bedarf ab. Anders gesagt, die Daten, die von einer Anwendung verwendet werden, werden außerhalb der Anwendung in einer externen Datenbank gespeichert und dann bei Bedarf von der Anwendung wieder eingelesen.

Microsoft .NET Framework bietet viele Klassen für die Entwicklung von Datenbankanwendungen. Die Klassen für allgemeine Datenverwaltungsaufgaben wie Kommunikation mit der Datenbank, Speicherung, Abruf und Aktualisierung von Daten liegen alle im Namespace `System.Data`. Die Klassen aus dem Namespace `System.Data` sind die Basis der Datenzugriffsobjekte von .NET Framework. Diese Datenzugriffsklassen werden auch unter dem Begriff ADO.NET zusammengefasst.

Bevor Sie in einer Anwendung mit Daten arbeiten können, müssen Sie eine Verbindung zur gewünschten Datenquelle herstellen, die Datenquelle öffnen und die Kommunikation mit der Datenquelle sicherstellen. Dieses Kapitel beschreibt die Erstellung der Verbindungsobjekte, die für die Verbindung der Anwendungen mit verschiedenen Datenquellen verwendet werden, und bildet die Basis für die folgenden Kapitel, in denen es um die Arbeit mit Daten geht. Nachdem Sie in diesem Kapitel erfahren haben, wie Verbindungen zu Datenbanken hergestellt werden, fahren Sie fort mit Kapitel 6, „Arbeiten mit Daten in einer verbundenen Umgebung“. Es beschreibt die Durchführung von Abfragen, die Speicherung von Daten und die direkte Erstellung von Datenbankobjekten. Kapitel 7, „Erstellen, Hinzufügen, Löschen und Bearbeiten von Daten in einer nicht verbundenen Umgebung“, beschreibt die Erstellung von `DataSet`- und `DataTable`-Objekten, mit denen Daten temporär in einer Anwendung gespeichert werden können. Schließlich gibt Kapitel 8, „Implementieren von datengebundenen Steuerelementen“, Ihnen Informationen über die Bindung von Daten, die angezeigt und bearbeitet werden sollen, an Windows Forms-Steuerelemente.

Gewöhnlich handelt es sich bei den Datenquellen um relationale Datenbanken wie Microsoft SQL Server oder Oracle. Sie können aber auch Verbindungen zu Datendateien herstellen, beispielsweise zu den Datenbankdateien von Microsoft Office Access (*.mdb*) und SQL Server (*.mdf*). Welches Verbindungsobjekt Sie verwenden, hängt von der Art der Datenquelle ab, mit der Ihre Anwendung kommunizieren soll.

In diesem Kapitel abgedeckte Prüfungsziele:

- Verwalten von Verbindungen und Transaktionen
  - Konfigurieren einer Verbindung zu einer Datenbank mit dem Assistenten zum Konfigurieren von Datenquellen
  - Konfigurieren einer Verbindung zu einer Datenbank mit dem Server-Explorer
  - Konfigurieren einer Verbindung zu einer Datenbank mit der Klasse `Connection`
  - Verbinden mit einer Datenbank durch spezielle `Connection`-Objekte
  - Auflisten der Instanzen des SQL Servers
  - Öffnen einer ADO.NET-Verbindung zu einer Datenbank
  - Schließen einer ADO.NET-Verbindung zu einer Datenbank mit der `Close`-Methode des `Connection`-Objekts
  - Schützen der Verbindungsdetails einer Datenquelle vor Zugriff
  - Erstellen einer Verbindung, die zur Wiederverwendung vorgesehen ist, in einem Verbindungspool
  - Steuern eines Verbindungspools durch die Konfiguration von `ConnectionString`-Werten für die gewünschten Datenbanktypen
  - Verwenden des `Connection`-Ereignisses zur Erkennung von Datenbankinformationen
  - Behandlung von Ausnahmen, die bei der Verbindung zu einer Datenbank auftreten können

Lektionen in diesem Kapitel:

Bevor Sie beginnen

Die Bearbeitung der Lektionen dieses Kapitels setzt Folgendes voraus:

- Einen Computer, der den Mindestanforderungen an die Hardware entspricht, wie sie am Anfang des Buchs im Abschnitt „Einführung" beschrieben wurden.
- Visual Studio 2005 Professional Edition ist auf Ihrem Computer installiert.
- Sie verfügen über Grundkenntnisse der Syntax von Microsoft Visual Basic oder C# und über das .NET Framework.
- Sie verfügen über Grundkenntnisse über relationale Datenbanken.
- Es stehen Datenquellen zur Verfügung, wie SQL Server 2005 (auch SQL Server 2005 Express Edition ist in Ordnung), die *NorthWind*-Beispieldatenbank für SQL Server und die Access-Datenbankdatei *Nwind.mdb*. Anleitungen zur Einrichtung der Beispieldatenbanken stehen in der Datei *LiesMich – Installieren der Beispieldatenbanken.txt* auf der Begleit-CD.

Praxistipp

Steve Stein

Bei einem früheren Arbeitgeber war ich für die Übertragung von Daten aus einem uralten Datenbanksystem zuständig, zu dem man keine direkte Verbindung herstellen konnte. Daher wurden mit großem Zeitaufwand Berichte generiert, die zur weiteren Verarbeitung in ein funktionsfähiges Datenbanksystem importiert wurden. Denke ich daran zurück, wird mir klar, wie viel einfacher das Leben gewesen wäre, hätte ich ein Verbindungsobjekt einrichten und direkt mit der Datenquelle arbeiten können, ohne Berichte erstellen und die gewünschten Daten exportieren und importieren zu müssen.

Lektion 1: Erstellen und Konfigurieren von Verbindungsobjekten

Diese Lektion beschreibt die beiden Wege zum Erstellen und Konfigurieren von Verbindungsobjekten: visuell mit dem Dialogfeld *Verbindung hinzufügen* und automatisch durch die Erstellung der Objekte per Programmcode. Ob Sie die Verbindungen visuell oder automatisch erstellen, das Ergebnis ist dasselbe: ein konfiguriertes Verbindungsobjekt, das bereit ist, eine Verbindung zur Datenquelle herzustellen und mit der Datenquelle zu kommunizieren. In dieser Lektion konzentrieren wir uns auf die Erstellung der Verbindungsobjekte und stellen noch keine Verbindung mit einer Datenquelle her. In Lektion 2, „Mit Verbindungsobjekten eine Verbindung mit einer Datenquelle herstellen", wenden wir uns dem nächsten Schritt zu, öffnen die Verbindung und rufen Informationen von der Datenquelle ab.

Am Ende dieser Lektion werden Sie in der Lage sein, die folgenden Aufgaben auszuführen:

- Konfigurieren einer Verbindung zu einer Datenbank mit dem Server-Explorer
- Konfigurieren einer Verbindung zu einer Datenbank mit dem Assistenten zum Konfigurieren von Datenquellen
- Konfigurieren einer Verbindung zu einer Datenbank mit der Klasse `Connection`
- Verbinden mit einer Datenbank durch spezielle Datenbankverbindungsobjekte

Veranschlagte Zeit für diese Lektion: 30 Minuten

Was ist ein Verbindungsobjekt?

Ein Verbindungsobjekt ist einfach die Repräsentation einer offenen Verbindung zu einer Datenquelle. Am einfachsten lässt sich ein Verbindungsobjekt vielleicht erklären, wenn man beschreibt, was ein Verbindungsobjekt nicht ist! Ein Verbindungsobjekt ruft keine Daten ab und aktualisiert auch keine. Es führt keine Abfragen durch und es enthält auch keine Abfrageergebnisse. Es stellt einfach nur den Übertragungsweg dar, den Befehle und Abfragen zur Übertragung der SQL-Anweisung und zum Empfang der Ergebnisse benutzen. Man kann sich Verbindungsobjekte zwar als den Ort vorstellen, an dem man eine *Verbindungszeichenfolge* festlegt, aber Verbindungsobjekte verfügen auch über zusätzliche Methoden, beispielsweise zum Öffnen und Schließen von Verbindungen und für die Arbeit mit Verbindungspools und Transaktionen.

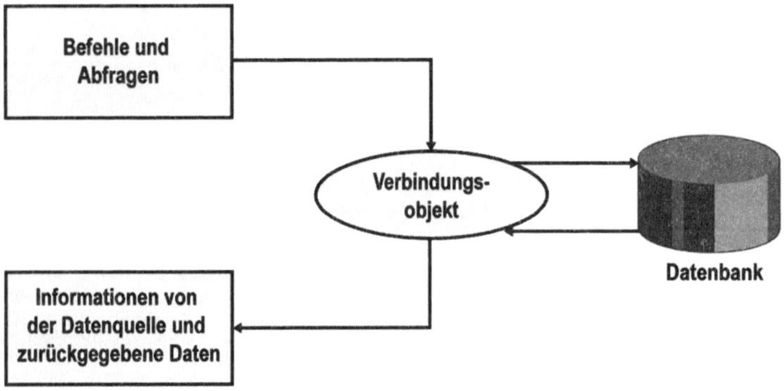

Abbildung 5.1 Verbindungsobjekte verbinden Ihre Anwendung mit einer Datenbank

Im Wesentlichen stellen Verbindungsobjekte eine Leitung oder einen Übertragungskanal für die Übertragung von Befehlen an eine Datenbank und für die Rücksendung von Daten und Informationen an die Anwendung bereit, wie in Abbildung 5.1 skizziert.

Erstellen von Verbindungen im Server-Explorer

Um die Erstellung von Datenbankanwendungen zu erleichtern, bietet Visual Studio das Fenster *Server-Explorer* als zentralen Ort für die Verwaltung von Datenverbindungen, und zwar unabhängig von Projekten. Anders gesagt, Sie können im Server-Explorer Datenverbindungen erstellen und diese Verbindungen in beliebigen Projekten verwenden. Die im Server-Explorer erstellten Datenverbindungen sind benutzerspezifische Einstellungen, die in Visual Studio vorgenommen wurden und bewirken, dass die Verbindungen bei jeder Öffnung von Visual Studio wieder angezeigt werden (im Gegensatz zur Erstellung von Verbindungen im Rahmen eines Projekts, bei dem die Einstellungen in der Anwendung gespeichert werden). Natürlich können Sie in jedem geöffneten Projekt im Zuge der Programmentwicklung Datenverbindungen definieren, aber das wird erst im nächsten Abschnitt besprochen.

Erstellen von Verbindungen mit Datenassistenten

Visual Studio bietet einige Assistenten, mit denen sich die Erstellung von Datenbankanwendungen vereinfachen lässt. Die Assistenten übernehmen die Erstellung der Datenverbindungen. Der wichtigste Assistent, mit dessen Hilfe Sie eine Anwendung mit Daten versorgen können, ist der *Assistent zum Konfigurieren von Datenquellen*. Wenn Sie den Assistenten zum Konfigurieren von Datenquellen starten und den Datenbankpfad auswählen, erhalten Sie ein konfiguriertes Verbindungsobjekt, das für den Einsatz in Ihrer Anwendung bereit ist. Außer der Erstellung eines konfigurierten Verbindungsobjekts ermöglicht der Assistent zum Konfigurieren von Datenquellen Ihnen auch noch die Auswahl des Datenbankobjekts, das Sie in Ihrer Anwendung verwenden möchten.

Erstellen von Verbindungsobjekten per Programmcode

Wenn Sie die beschriebenen visuellen Werkzeuge nicht verwenden möchten und Ihre Verbindungen manuell erstellen müssen, ist das kein Problem. Die Erstellung von Verbindungsobjekten ist mit dem entsprechenden Programmcode recht einfach. Zuerst wählen Sie den richtigen Typ des zu erstellenden Verbindungsprojekts aus. Die Wahl fällt nicht schwer, denn der Typ hängt von der Datenquelle ab, mit der Ihre Anwendung arbeiten soll.

Tabelle 5.1 beschreibt die wichtigsten Verbindungsobjekte, die in ADO.NET verfügbar sind, und die Datenquellen, für die sie vorgesehen sind.

Tabelle 5.1 Verbindungsobjekte

Name	Vorgesehene Datenquelle
`SqlConnection`	SQL Server 2000 und SQL Server 2005-Datenbanken
`OleDbConnection`	OLE DB-Datenquellen (wie Office Access-Datenbanken via Jet 4.0)
`OdbcConnection`	ODBC-Datenquellen (Open Database Connectivity) wie beispielsweise ein Datenquellenname (Data Source Name, DSN), der im Dialogfeld *ODBC-Datenquellen-Administrator* definiert wird.
`OracleConnection`	Oracle-Datenbanken 7.3, 8i oder 9i

Die Eigenschaften, Methoden und Ereignisse der Verbindungsobjekte aus dieser Tabelle können sich zwar voneinander unterscheiden, weil jedes Verbindungsobjekt für eine möglichst effiziente Verbindung und Interaktion mit der vorgesehenen Datenquelle ausgelegt ist, aber alle Verbindungsobjekte verfügen über dieselben Basiseigenschaften, Methoden und Ereignisse, die sie von der Klasse `System.Data.Common.DbConnection` geerbt haben.

Tabelle 5.2 beschreibt Eigenschaften, über die alle Verbindungsobjekte verfügen.

Tabelle 5.2 Verbindungseigenschaften

Name	Beschreibung
`ConnectionString`	Ruft die Zeichenfolge ab, mit der die Verbindung geöffnet wird, oder legt sie fest.
`ConnectionTimeout`	Schreibgeschützt. Ruft die Zeit ab, die beim Verbindungsaufbau gewartet werden soll, bis der Versuch beendet und ein Fehler generiert wird.
`Database`	Schreibgeschützt. Ruft den Namen der aktuellen Datenbank ab, nachdem eine Verbindung geöffnet wurde, oder den Namen aus der Verbindungszeichenfolge, bevor die Verbindung geöffnet wird.
`DataSource`	Schreibgeschützt. Ruft den Namen des Datenbankservers ab, mit dem eine Verbindung hergestellt werden soll.
`ServerVersion`	Schreibgeschützt. Ruft eine Zeichenfolge ab, in der die Version des Servers genannt wird, mit dem das Objekt verbunden ist.
`State`	Schreibgeschützt. Ruft eine Zeichenfolge ab, die den Zustand der Verbindung beschreibt.

Tabelle 5.3 beschreibt Methoden, über die alle Verbindungsobjekte verfügen.

Tabelle 5.3 Verbindungsmethoden

Name	Beschreibung
`BeginDbTransaction`	Startet eine neue Datenbanktransaktion.
`BeginTransaction`	Startet eine neue Datenbanktransaktion.
`ChangeDatabase`	Wechselt die aktuelle Datenbank für eine geöffnete Verbindung.
`Close`	Schließt die Verbindung mit der Datenbank. Das ist die empfohlene Vorgehensweise zum Schließen offener Verbindungen.
`CreateCommand`	Erstellt ein `System.Data.Common.DbCommand`-Objekt, das der aktuellen Verbindung zugeordnet ist, und gibt es zurück.
`CreateDbCommand`	Erstellt ein `System.Data.Common.DbCommand`-Objekt, das der aktuellen Verbindung zugeordnet ist, und gibt es zurück.
`EnlistTransaction`	Führt zu einem Eintrag in der angegebenen Transaktion.
`GetSchema`	Gibt Schemainformationen für die Datenquelle dieser `System.Data.Common.DbConnection`-Klasse zurück.
`New`	Initialisiert eine neue Instanz der Klasse `System.Data.Common.DbConnection`.
`OnStateChange`	Löst das Ereignis `System.Data.Common.DbConnection.StateChange` aus.
`Open`	Öffnet eine Datenbankverbindung mit den Einstellungen, die von `System.Data.Common.DbConnection.ConnectionString` angegeben werden.

Tabelle 5.4 beschreibt Ereignisse, die in allen Verbindungsobjekten auftreten können.

Tabelle 5.4 Verbindungsereignisse

Name	Beschreibung
`StateChange`	Tritt auf, wenn sich der Zustand der Verbindung ändert.
`InfoMessage`	Tritt auf, wenn der Server eine Warn- oder Informationsmeldung zurückgibt.

Wenn Sie in Ihrer Anwendung mit einem der vier wichtigsten Datenanbieter eine Verbindung herstellen möchten, legen Sie zuerst eine Instanz des gewünschten Verbindungsobjekts an und tragen dann in dessen `ConnectionString`-Eigenschaft den Wert ein, den Sie zum Öffnen der Verbindung verwenden möchten.

Hinweis Verweis auf *System.Data.OracleClient*

Windows-Anwendungen werden in Visual Studio standardmäßig mit Verweisen auf die Namespaces `System.Data.SqlClient`, `System.Data.OleDb` und `System.Data.Odbc` erstellt, sodass diese Namespaces direkt verfügbar sind und ohne weitere Vorbereitungen in IntelliSense erscheinen. Ein Verweis auf den Namespace `System.Data.OracleClient` wird nicht automatisch aufgenommen und muss bei Bedarf zur Anwendung hinzugefügt werden, wenn `OracleConnection`-Objekte erstellt werden sollen.

Erstellen von SQL Server-Verbindungsobjekten in Code

Sie erstellen `SqlConnection`-Objekte mit dem Schlüsselwort `New`. Sie können im selben Aufruf eine Instanz des Verbindungsobjekts erstellen und die Verbindungszeichenfolge festlegen, oder Sie legen zuerst das Verbindungsobjekt an und weisen die Verbindungszeichenfolge anschließend der Eigenschaft `SqlConnection.ConnectionString` des Objekts zu. Achten Sie darauf, dass Sie die Bezeichnungen *ServerName* und *DatabaseName* in den Beispielen durch gültige Werte aus Ihrer Umgebung ersetzen. Damit Sie das Objekt nicht mit Namespace angeben müssen, fügen Sie am Anfang Ihrer Codedatei die Anweisung `Imports System.Data.SqlClient` (Visual Basic) oder `using System.Data.SqlClient;` (C#) ein. Verwenden Sie das Schlüsselwort `WithEvents` (Visual Basic) oder erstellen Sie Ereignishandler in C#, falls Ihre Anwendung auf Verbindungsobjektereignisse reagieren muss.

```
' VB
Private WithEvents ConnectionToSql As New SqlConnection _
    ("Data Source=ServerName;Initial Catalog=DatabaseName;Integrated Security=True")

// C#
SqlConnection ConnectionToSql = new SqlConnection
    ("Data Source=ServerName;Initial Catalog=DatabaseName;Integrated Security=True");
```

Erstellen von OLE DB-Verbindungsobjekten in Code

Sie erstellen `OleDbConnection`-Objekte mit dem Schlüsselwort `New`. Sie können im selben Aufruf eine Instanz des Verbindungsobjekts erstellen und die Verbindungszeichenfolge festlegen, oder Sie legen zuerst das Verbindungsobjekt an und weisen die Verbindungszeichenfolge anschließend der Eigenschaft `OleDbConnection.ConnectionString` des Objekts zu. Achten Sie darauf, dass Sie die Angabe der Datenquelle im folgenden Beispiel durch einen gültigen Pfad ersetzen, wenn Sie eine Verbindung mit einer Office Access-Datenbank herstellen, oder dass Sie die Verbindungszeichenfolge durch eine gültige Verbindungszeichenfolge für die OLE DB-Datenbank ersetzen, mit der Sie eine Verbindung herstellen möchten. Damit Sie das Objekt nicht mit Namespace angeben müssen, fügen Sie am Anfang Ihrer Codedatei die Anweisung `Imports System.Data.OleDb` (Visual Basic) oder `using System.Data.OleDb;` (C#) ein.

```
' VB
Private WithEvents ConnectionToOleDb As New System.Data.OleDb.OleDbConnection _
   ("Provider=Microsoft.Jet.OLEDB.4.0;Data Source=c:\Nwind.mdb;Persist Security Info=False")

// C#
System.Data.OleDb.OleDbConnection ConnectionToOleDb = new System.Data.OleDb.OleDbConnection
   ("Provider=Microsoft.Jet.OLEDB.4.0;Data Source=c:\\Nwind.mdb;Persist Security Info=False");
```

Erstellen von ODBC-Verbindungsobjekten in Code

Sie erstellen `OdbcConnection`-Objekte mit dem Schlüsselwort `New`. Sie können im selben Aufruf eine Instanz des Verbindungsobjekts erstellen und die Verbindungszeichenfolge festlegen, oder Sie weisen die Verbindungszeichenfolge der Eigenschaft `OdbcConnection.ConnectionString` zu, nachdem Sie das Objekt erstellt haben. Achten Sie darauf, dass Sie die Verbindungszeichenfolge durch eine gültige Verbindungszeichenfolge für die ODBC-Datenquelle ersetzen, mit der Sie eine Verbindung herstellen möchten. Damit Sie das Objekt nicht mit Namespace angeben müssen, fügen Sie am Anfang Ihrer Codedatei die Anweisung `Imports System.Data.Odbc` (Visual Basic) oder `using System.Data.Odbc;` (C#) ein.

```
' VB
Private WithEvents ConnectionToOdbc As New OdbcConnection _
    ("Dsn=Microsoft Access-Datenbank;dbq=C:\Nwind.mdb;defaultdir=C:\DataSources;" & _
    "driverid=281;fil=MS Access;maxbuffersize=2048;pagetimeout=5;uid=admin")

// C#
OdbcConnection ConnectionToOdbc = new OdbcConnection
    ("Dsn=Microsoft Access-Datenbank;dbq=C:\\DataSources;" +
    "driverid=281;fil=MS Access;maxbuffersize=2048;pagetimeout=5;uid=admin");
```

Erstellen von Oracle-Verbindungsobjekten in Code

Auch `OracleConnection`-Objekte erstellen Sie mit dem Schlüsselwort `New`. Sie können im selben Aufruf eine Instanz des Verbindungsobjekts erstellen und die Verbindungszeichenfolge festlegen, oder Sie weisen die Verbindungszeichenfolge der Eigenschaft `OracleConnection.ConnectionString` zu, nachdem Sie das Objekt erstellt haben. Achten Sie darauf, dass Sie die Verbindungszeichenfolge durch eine gültige Verbindungszeichenfolge für die Oracle-Datenbank ersetzen, mit der Sie eine Verbindung herstellen möchten. Damit Sie das Objekt nicht mit Namespace angeben müssen, fügen Sie am Anfang Ihrer Codedatei die Anweisung `Imports System.Data.OracleClient` (Visual Basic) oder `using System.Data.OracleClient;` (C#) ein.

```
' VB
Private WithEvents ConnectionToOracle As New OracleConnection _
    ("Data Source=Oracle8i;Integrated Security=yes")

// C#
private OracleConnection ConnectionToOracle = new OracleConnection
    ("Data Source=Oracle8i;Integrated Security=yes");
```

Übung: Erstellen neuer Datenverbindungen

In dieser Übung erstellen Sie im Server-Explorer neue Datenverbindungen und verwenden den Assistenten zum Konfigurieren von Datenquellen.

▶ Übung 1: Erstellen von Verbindungen im Server-Explorer

Die folgenden Schritte beschreiben, wie man im Server-Explorer eine Datenverbindung (eine Verbindung zu einer Datenbank) erstellt.

1. Wenn das Fenster *Server-Explorer* nicht angezeigt wird, wählen Sie im *Ansicht*-Menü *Server-Explorer*.
2. Klicken Sie den Knoten *Datenverbindungen* mit der rechten Maustaste an und wählen Sie *Verbindung hinzufügen*.

   Wenn Sie das erste Mal eine Verbindung zu Visual Studio hinzufügen, öffnet sich das Dialogfeld *Datenquelle auswählen*.

   Hinweis Das Dialogfeld *Verbindung hinzufügen*

   Wenn sich das Dialogfeld *Verbindung hinzufügen* statt des Dialogfelds *Datenquelle auswählen* öffnet, klicken Sie im oberen Bereich des Dialogfelds *Verbindung hinzufügen* auf die Schaltfläche *Ändern*.

   Im Dialogfeld *Datenquelle auswählen* (oder im vergleichbaren Dialogfeld *Datenquelle wechseln*) wählen Sie den Typ der Datenquelle aus, mit der Sie eine Verbindung herstellen möchten, sowie den Datenanbieter, der für die Verbindung verwendet werden soll. Beachten Sie bitte, dass der passende Datenanbieter automatisch ausgewählt wird, wenn Sie eine andere Datenquelle wählen. Sie können für jede ausgewählte Datenquelle einen beliebigen geeigneten Datenanbieter auswählen, aber Visual Studio schlägt automatisch den Datenanbieter vor, der am besten zur ausgewählten Datenquelle passt.

   Für unsere erste Verbindung stellen wir eine Verbindung zur Beispieldatenbank *Northwind Traders* in SQL Server her.
3. Wählen Sie *Microsoft SQL Server* als *Datenquelle* und klicken Sie auf *OK*.

   Das Dialogfeld *Verbindung hinzufügen* präsentiert sich nun mit Microsoft SQL Server als ausgewählter Datenquelle.

   Hinweis .NET Framework-Datenanbieter

   Der .NET Framework-Datenanbieter für SQL Server ist für die Verbindung mit SQL Server 7 und höher vorgesehen. Wenn Sie eine Verbindung zu SQL Server 6 (oder älter) herstellen, markieren Sie die Datenquelle *<andere>* und wählen den *.NET Framework-Datenanbieter für OLE DB*. Im Dialogfeld *Verbindung hinzufügen* wählen Sie dann den *Microsoft OLE DB Provider for SQL Server*.

   ---
4. Geben Sie im Textfeld *Servername* den Namen Ihres SQL Servers ein.
5. Wählen Sie die passende Authentifizierungsmethode für den Zugriff auf Ihren SQL Server.

6. Wählen Sie die Option *Wählen Sie einen Datenbanknamen oder geben Sie ihn ein* und wählen Sie aus der Dropdownliste die *Northwind*-Datenbank.
7. Sie können die Verbindung überprüfen, indem Sie auf die Schaltfläche *Testverbindung* klicken. Klicken Sie auf *OK*, um das Dialogfeld zu schließen und die Verbindung im Server-Explorer zu erstellen.

   Nach der Erstellung der Verbindung liefert das Eigenschaftenfenster Informationen über die Verbindung und über die Datenbank, mit der eine Verbindung hergestellt wird.
8. Wählen Sie die Verbindung, die Sie gerade erstellt haben, im Server-Explorer aus und sehen Sie sich im Eigenschaftenfenster die verfügbaren Daten an.

Hinweis Verbindungseigenschaften

Welche Eigenschaften verfügbar sind, hängt von der Art der Datenquelle ab, mit der Sie verbunden sind, und vom Zustand der Verbindung. Wenn die Verbindung geschlossen ist, sehen Sie vielleicht nur eine sehr kurze Eigenschaftenliste mit der Verbindungszeichenfolge, dem verwendeten .NET Framework-Datenanbieter und dem Zustand der Verbindung. Zur Anzeige zusätzlicher Eigenschaften ist es erforderlich, die Verbindung zu öffnen. Das erreichen Sie, indem Sie den Verbindungsknoten im Server-Explorer erweitern. Ist die Verbindung geöffnet, sind weitere Eigenschaften zugänglich, beispielsweise der Datenbankbesitzer, die Art der Datenbank, eine Versionsnummer und die Angabe, ob die Groß-/Kleinschreibung eine Rolle spielt.

► Übung 2: Erstellen von Verbindungen mit dem Assistenten zum Konfigurieren von Datenquellen

Um mit dem Assistenten zum Konfigurieren von Datenquellen Datenverbindungen herzustellen, gehen Sie folgendermaßen vor:

1. Erstellen Sie eine Windows Forms-Anwendung.
2. Wählen Sie im *Daten*-Menü *Neue Datenquelle hinzufügen*.
3. Der vorgewählte Datenquellentyp ist *Datenbank*. Klicken Sie einfach auf *Weiter*.
4. Auf der Seite *Wählen Sie Ihre Datenverbindung aus* erstellen Sie Ihr Verbindungsobjekt.

Hinweis Verfügbare Verbindungen

Die Dropdownliste enthält die Verbindungen, die bereits im Server-Explorer verfügbar sind. Wenn Sie den vorigen Abschnitt durchgearbeitet und eine Datenverbindung zur Northwind-Datenbank hergestellt haben, ist diese Verbindung in der Dropdownliste verfügbar.

---

5. In dieser Übung erstellen wir eine neue Verbindung. Klicken Sie also auf die Schaltfläche *Neue Verbindung*, um das Dialogfeld *Verbindung hinzufügen* zu öffnen.

Hinweis Dialogfeld *Verbindung hinzufügen*

Wie beim Hinzufügen einer neuen Verbindung im Server-Explorer verwenden Sie auch in diesem Fall das Dialogfeld *Verbindung hinzufügen* zum Erstellen der Verbindung. Bei der visuellen Erstellung einer Verbindung, sei es mit einem Assistenten oder im Server-Explorer, wird immer das Dialogfeld *Verbindung hinzufügen* benutzt.

---

6. Wählen Sie *Microsoft SQL Server* als *Datenquelle* und geben Sie im Textfeld *Servername* den Namen Ihres SQL Servers ein.
7. Wählen Sie die passende Authentifizierungsmethode für den Zugriff auf Ihren SQL Server.
8. Wählen Sie die Option *Wählen Sie einen Datenbanknamen oder geben Sie ihn ein* und wählen Sie aus der Dropdownliste die *Northwind*-Datenbank.
9. Mit einem Klick auf die Schaltfläche *Testverbindung* können Sie überprüfen, ob eine Verbindung hergestellt werden kann. Schließen Sie dann mit einem Klick auf *OK* das Dialogfeld.

Hinweis Sensible Daten in der Verbindungszeichenfolge

Wenn Ihre Verbindung mit SQL Server-Authentifizierung arbeitet und die Eingabe eines Benutzernamens und eines Kennworts verlangt, damit eine Verbindung zur Datenbank hergestellt werden kann, ist die Option aktiviert, sensible Daten in die Verbindungszeichenfolge aufzunehmen oder nicht. Standardmäßig enthält die Verbindungszeichenfolge keine sensiblen Daten, und Sie müssen diese Angaben in Ihrer Anwendung machen, wenn Sie versuchen, eine Verbindung mit der Datenbank herzustellen. Sie können zwar die Option zur Aufnahme sensibler Daten in die Verbindungszeichenfolge aktivieren, aber das wird nicht empfohlen, weil Benutzer, die Zugriff auf die Verbindungszeichenfolge haben, das Kennwort lesen könnten. Die Verwendung der *integrierten Sicherheit* ist die empfohlene Option.

An diesem Punkt haben Sie Ihre Datenverbindung erfolgreich erstellt und können sich die Verbindungszeichenfolge ansehen, indem Sie im Assistenten den Knoten *Verbindungszeichenfolge* erweitern. Beenden Sie den Assistenten mit folgenden Schritten, damit die Verbindung in Ihr Projekt aufgenommen wird.

10. Klicken Sie auf *Weiter*. Sie erhalten dann die Gelegenheit, die Verbindungszeichenfolge in der Konfigurationsdatei der Anwendung zu speichern und der Verbindung einen Namen zu geben. Standardmäßig ist die Speicherung der Verbindung vorgewählt. In den meisten Anwendungen ist das wahrscheinlich auch sinnvoll. Die Speicherung der Verbindung in der Konfigurationsdatei der Anwendung ist von Vorteil, wenn Sie nach der Installation der Anwendung eine andere Datenquelle einstellen möchten. Dann können Sie (oder ein Systemadministrator) leicht die Konfiguration ändern und brauchen nicht die Verbindungszeichenfolge im Code zu ändern, den Code neu zu kompilieren und die Anwendung neu zu installieren. Wenn die Verbindungszeichenfolge in der Konfigurationsdatei der Anwendung gespeichert wurde, kann sie mit dem Projekt-Designer gelesen und geändert werden. Öffnen Sie den Projekt-Designer mit einem Doppelklick auf das Symbol *My Project* (VB) oder *Properties* (C#) im Projektmappen-Explorer. Nachdem sich der Projekt-Designer geöffnet hat, klicken Sie auf die Registerkarte *Einstellungen*. Dort finden Sie die Verbindungszeichenfolgen, die für Ihre Anwendung gespeichert wurden.
11. Die Seite *Datenbankobjekte auswählen* des Assistenten ermöglicht Ihnen die Auswahl der Tabellen, Ansichten, gespeicherten Prozeduren und so weiter, die in Ihrer Anwendung benutzt werden sollen. Erweitern Sie für diese Lektion den Knoten *Tabellen* und wählen Sie die Tabellen *Customers* und *Orders*.
12. Klicken Sie auf *Fertig stellen*. Ein typisiertes `DataSet` mit dem im Assistenten definierten Verbindungsobjekt wird zu Ihrem Projekt hinzugefügt.

Nun haben Sie die Arbeit im Assistenten abgeschlossen, und es stellt sich die Frage, wo die Verbindung ist und was sie enthält. Die Verbindung, die durch die Arbeit im Assistenten definiert wurde, liegt in einer `DataSet`-Codedatei, die der Designer generiert hat. Wenn Sie sich das Verbindungsobjekt ansehen möchten, öffnen Sie das `DataSet` im DataSet-Designer. Dazu klicken Sie das `DataSet`-Objekt im Projektmappen-Explorer mit einem Doppelklick an. (Das `DataSet`-Objekt ist der Knoten *NorthwindDataSet.xsd*.) Wählen Sie auf der Designoberfläche die Titelleiste eines Tabellenadapters an (wählen Sie zum Beispiel *CustomersTableAdapter*). Im Eigenschaftenfenster ist dann der Eintrag *Connection* zu finden. Sie können diesen Knoten erweitern und sehen dann die Angaben für *Name*, *Modifier* und *ConnectionString*.

Hinweis ***ConnectionString*-Eigenschaft**

Die `ConnectionString`-Eigenschaft zeigt die Verbindungszeichenfolge, die in der Konfigurationsdatei der Anwendung gespeichert wurde. Eine Änderung der Verbindungszeichenfolge im Eigenschaftenfenster wird in die Konfigurationsdatei der Anwendung übernommen und wirkt sich auf alle Verbindungen aus, die mit dieser Einstellung arbeiten.

Schnelltest

1. Wie entscheide ich, welches Verbindungsobjekt ich erstellen muss?
2. Welche Angabe ist mindestens erforderlich, um ein Verbindungsobjekt zu erstellen?

Antworten zum Schnelltest

1. Wählen Sie ein Verbindungsobjekt, indem Sie den .NET Framework-Datenanbieter auswählen, der sich am besten für die betreffende Datenquelle eignet.
2. Sie müssen zumindest die gültige Verbindungszeichenfolge kennen, die Sie für eine Verbindung mit der Datenquelle verwenden können.

Zusammenfassung der Lektion

- Verbindungsobjekte ermöglichen die Kommunikation zwischen Ihrer Anwendung und einer Datenquelle, und zwar in beide Richtungen.
- Verbindungsobjekte können zum Server-Explorer hinzugefügt werden. Von dort aus können sie leicht in zukünftige Projekte übernommen werden.
- Zur Erstellung eines Verbindungsobjekts brauchen Sie eine gültige Verbindungszeichenfolge und die Berechtigung für den Zugriff auf die Datenquelle.
- Verbindungsobjekte können visuell oder per Programmcode erstellt werden, je nach Vorliebe und Arbeitsweise der Entwickler.
- Es gibt vier primäre Verbindungsobjekte, eines für jeden .NET Framework-Datenanbieter.

Lernzielkontrolle

Die folgenden Fragen dienen dazu, die wichtigsten Lerninhalte dieser Lektion zu vertiefen. Die Fragen sind (in englischer Sprache) auch auf der Begleit-CD zu finden, falls Sie die elektronische Form der Fragen vorziehen.

Hinweis Die Antworten

Die Antworten auf die Fragen und Erläuterungen, warum die entsprechende Antwort richtig oder falsch ist, finden Sie im Abschnitt „Antworten" am Ende des Buchs.

---

1. Wo ist das Verbindungsobjekt gespeichert, das mit dem Assistenten zum Konfigurieren von Datenquellen erstellt wurde?
   A. In der Konfigurationsdatei der Anwendung
   B. Im Datenquellenfenster
   C. In einer vom Designer generierten `DataSet`-Codedatei
   D. Im generierten Formularcode
2. Wann sollten Sie das `OleDbConnection`-Objekt verwenden? (Wählen Sie alle zutreffenden Antworten aus.)
   A. Wenn eine Verbindung zu einer Oracle-Datenbank hergestellt werden soll
   B. Wenn eine Verbindung zu einer Office Access-Datenbank hergestellt werden soll
   C. Wenn eine Verbindung zu SQL Server 6.x hergestellt werden soll
   D. Wenn eine Verbindung zu SQL Server 2000 hergestellt werden soll
3. Welche Komponente der Benutzeroberfläche dient zum Erstellen von Verbindungen?
   A. Der Assistent zum Konfigurieren von Datenquellen
   B. Das Fenster *Server-Explorer*
   C. Das Dialogfeld *Verbindung hinzufügen*
   D. Das Eigenschaftenfenster

Lektion 2: Mit Verbindungsobjekten eine Verbindung mit einer Datenquelle herstellen

Sie haben in der vorigen Lektion erfahren, wie mit den primären .NET-Datenanbietern Verbindungsobjekte erstellt werden. Es wird Zeit, die Verbindungsobjekte zu benutzen und tatsächlich Verbindungen zu einigen Datenquellen herzustellen. Diese Lektion beschreibt, wie ein Verbindungsobjekt benutzt und eine Verbindung zu einer Datenquelle geöffnet wird. Nach dem Öffnen der Verbindung überprüfen Sie anhand der Eigenschaft `State`, ob die Verbindung tatsächlich geöffnet ist. Nach der Überprüfung, ob die Verbindung geöffnet ist, lösen Sie ein `InfoMessage`-Ereignis aus und zeigen die Nachricht an, die von der Datenquelle zurückgesendet wird.

Am Ende dieser Lektion werden Sie in der Lage sein, die folgenden Aufgaben auszuführen:

- Öffnen einer ADO.NET-Verbindung zu einer Datenbank
- Schließen einer ADO.NET-Verbindung zu einer Datenbank mit der `Close`-Methode des `Connection`-Objekts
- Verwenden von Verbindungsereignissen zum Abrufen von Datenbankinformationen

Veranschlagte Zeit für diese Lektion: 45 Minuten

Öffnen und Schließen von Datenverbindungen

Verbindungen öffnen und schließen Sie mit den entsprechend bezeichneten Methoden `Open` und `Close`. Um eine Verbindung mit einer Datenbank öffnen zu können, muss das Verbindungsobjekt über eine gültige Verbindungszeichenfolge verfügen, die auf eine Datenquelle verweist, und über genügend Informationen, um die entsprechenden Anmeldeinformationen an die Datenquelle übergeben zu können. Wenn Verbindungen geöffnet und geschlossen werden, können Sie den Zustand der Verbindung durch die Auswertung des Ereignisses `StateChange` überwachen. Das folgende Beispiel zeigt, wie Verbindungen geöffnet und geschlossen werden. Es zeigt die Zustandsänderungen, die es durch das `StateChange`-Ereignis erfährt, in einem `Label`-Steuerelement an. Das Beispiel demonstriert auch, wie das `InfoMessage`-Ereignis verwendet werden kann, um Hinweisnachrichten von einer Datenquelle abzurufen. Und schließlich zeigt das Beispiel noch, wie das Verbindungsobjekt durch das Abrufen von Metadaten (zum Beispiel die Serverversionsnummer) von einer offenen Verbindung Informationen über die Datenquelle liefern kann.

Verbindungsereignisse

Verbindungsobjekte können `StateChange`- und `InfoMessage`-Ereignisse auslösen, um Ihre Anwendung mit Informationen über den Zustand der Datenbank und über die Befehle zu versorgen, die mit einem bestimmten Verbindungsobjekt ausgeführt werden.

- ***StateChange*-Ereignis** Dieses Ereignis wird ausgelöst, wenn sich der aktuelle Zustand der Datenbank von geöffnet nach geschlossen ändert, und umgekehrt.
- ***InfoMessage*-Ereignis** Neben der Überwachung des Verbindungszustands bietet ein Verbindungsobjekt auch ein `InfoMessage`-Ereignis, das ausgelöst wird, wenn Meldungen oder Warnungen vom Server übermittelt werden. Solche Informationsmeldungen werden gewöhnlich übermittelt, wenn in der Datenquelle, mit der das Verbindungsobjekt verbunden ist, auf einer niedrigen Sicher-

heitsebene Fehler auftreten. Beispielsweise werden Fehlermeldungen von SQL Server mit einem Schweregrad von 10 oder kleiner als `InfoMessage`-Ereignis zugestellt.

Hinweis Sicherheitsebenen

Für jede Fehlermeldung erfolgt in SQL Server eine Einstufung des Schweregrads. Der Schweregrad gibt, wie der Name schon sagt, einen Hinweis auf die Art des Fehlers. Die Sicherheitsebenen reichen von 0 bis 25. Fehler mit einem Schweregrad von 0 bis 19 können gewöhnlich ohne Eingreifen des Benutzers behandelt werden, wogegen Fehler mit einem Schweregrad von 20 bis 25 gewöhnlich dazu führen, dass die Verbindung geschlossen wird. Weitere Informationen über SQL Server-Fehler und Sicherheitseinstufungen finden Sie in den *SQL Server 2005 Books Online* unter „Error Message Severity Levels" (nur auf Englisch verfügbar).

Übung: Öffnen und Schließen von Datenverbindungen

In dieser Übung geht es um die praktische Arbeit mit Verbindungsobjekten. Sie öffnen und schließen eine Verbindung und zeigen Informationen über die Verbindung an.

▶ Übung 1: Öffnen und Schließen von Datenverbindungen

Gehen Sie für diese Übung mit Verbindungsobjekten folgendermaßen vor:

1. Erstellen Sie eine neue Windows-Anwendung und nennen Sie die Anwendung **DataConnections**.
2. Da Windows-Anwendungen nicht automatisch mit einem Verweis auf den Namespace `System.Data.OracleClient` erstellt werden, wählen Sie im Menü *Projekt* den Befehl *Verweis hinzufügen*, suchen die Komponente *System.Data.OracleClient* heraus und klicken auf *OK*.
3. Fügen Sie zwölf Schaltflächen zum Formular hinzu. Tabelle 5.5 gibt die Werte für die Eigenschaften `Name` und `Text` an.

Hinweis Ähnliche Verbindungen

Unabhängig von den verwendeten Verbindungsobjekten sind die Methoden zum Öffnen und Schließen der Verbindung gleich, wie auch die Bearbeitung von Ereignissen und andere Dinge. Daher können Sie sich auch auf das Verbindungsobjekt für den Anbieter beschränken, an dem Sie besonders interessiert sind.

Tabelle 5.5 Schaltflächeneinstellungen für das Datenverbindungsformular

Name-Eigenschaft	Text-Eigenschaft
`OpenSqlButton`	**Öffne SQL**
`OpenOleDbButton`	**Öffne OLE DB**
`OpenOdbcButton`	**Öffne ODBC**
`OpenOracleButton`	**Öffne Oracle**
`CloseSqlButton`	**Schließe SQL**
`CloseOleDbButton`	**Schließe OLE DB**
`CloseOdbcButton`	**Schließe ODBC**
`CloseOracleButton`	**Schließe Oracle** ▶

Name-Eigenschaft	Text-Eigenschaft
`GetSqlInfoButton`	**SQL-Info**
`GetOleDbInfoButton`	**OLE DB-Info**
`GetOdbcInfoButton`	**ODBC-Info**
`GetOracleInfoButton`	**Oracle-Info**

4. Fügen Sie vier `Label`-Steuerelemente zum Formular hinzu und stellen Sie deren `Name`- und `Text`-Eigenschaften so ein, wie in Tabelle 5.6 angegeben. (Die Zustandsanzeige erfolgt in Englisch.)

Tabelle 5.6 Einstellungen für die `Label`-Steuerelemente des Datenverbindungsformulars

Name-Eigenschaft	Text-Eigenschaft
`SqlConnectionStateLabel`	**Closed**
`OleDbConnectionStateLabel`	**Closed**
`OdbcConnectionStateLabel`	**Closed**
`OracleConnectionStateLabel`	**Closed**

Ordnen Sie die Steuerelemente so an, wie Abbildung 5.2 es zeigt.

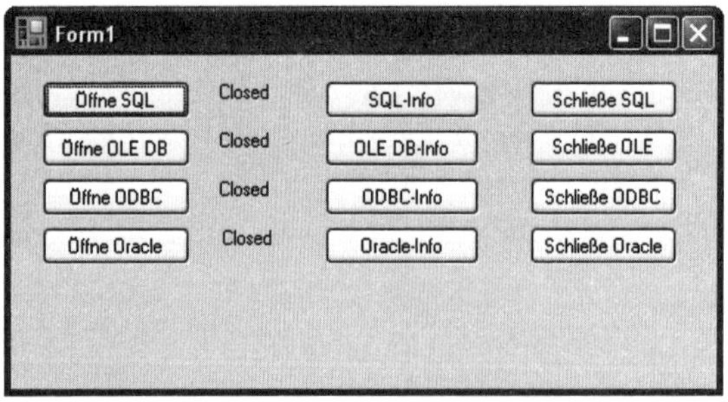

Abbildung 5.2 Das Datenverbindungsformular mit seinen Steuerelementen zum Erstellen von Verbindungsobjekten

Um die Verbindungsobjekte für diese Lektion zu erstellen, verwenden wir die Codebeispiele aus Lektion 1, „Erstellen und Konfigurieren von Verbindungsobjekten", und fügen sie in unser Formular ein, wie in den folgenden Schritten beschrieben.

5. Öffnen Sie das Formular, das Sie gerade erstellt haben, im Code-Editor.
6. Fügen Sie den Code für die Erstellung der vier Verbindungsobjekte ein, sodass das Ergebnis ungefähr wie die folgenden Codezeilen aussieht.

Wichtig Verbindungszeichenfolgen

Sorgen Sie dafür, dass die Verbindungszeichenfolgen für jeden Anbieter auf Ihren spezifischen Server und Ihre Datenbank verweisen.

```
' VB
Imports System.Data.SqlClient
Imports System.Data.OleDb
Imports System.Data.Odbc
Imports System.Data.OracleClient

Public Class Form1
    ' Definiere die Verbindungsobjekte für unsere vier Datenanbieter.
    Private WithEvents ConnectionToSql As New SqlConnection( _
      "Data Source=.\sqlexpress;Initial Catalog=Northwind;Integrated Security=True")
    Private WithEvents ConnectionToOleDb As New System.Data.OleDb.OleDbConnection( _
      "Provider=Microsoft.Jet.OLEDB.4.0;Data Source=C:\DataSources\Nwind.mdb;" & _
      "Persist Security Info=False")
    Private WithEvents ConnectionToOdbc As New OdbcConnection( _
      "Dsn=Microsoft Access-Datenbank;dbq=C:\DataSources\Nwind.mdb;" & _
      "defaultdir=C:\DataSources;" & _
      "driverid=281;fil=MS Access;maxbuffersize=2048;pagetimeout=5;uid=admin")
    Private WithEvents ConnectionToOracle As New OracleConnection( _
      "Data Source=MyOracleDB;Integrated Security=yes;")
End Class

// C#
using System;
using System.Collections.Generic;
using System.ComponentModel;
using System.Data;
using System.Drawing;
using System.Text;
using System.Windows.Forms;
using System.Data.SqlClient;
using System.Data.OleDb;
using System.Data.Odbc;
using System.Data.OracleClient;

namespace DataConnections
{
   public partial class Form1 : Form
   {
      public Form1()
      {
         InitializeComponent();
      }
      // Definiere die Verbindungsobjekte für unsere vier Datenanbieter.
      private SqlConnection ConnectionToSql = new SqlConnection(
         "Data Source=.\\sqlexpress;Initial Catalog=Northwind;Integrated Security=True");
      private OleDbConnection ConnectionToOleDb = new System.Data.OleDb.OleDbConnection(
         "Provider=Microsoft.Jet.OLEDB.4.0;Data Source=C:\\DataSources\\Nwind.mdb");
      private OdbcConnection ConnectionToOdbc = new OdbcConnection(
         "Dsn=Microsoft Access-Datenbank;dbq=C:\\DataSources\\Nwind.mdb;" +
         "defaultdir=C:\\DataSources;driverid=281;fil=MS Access;maxbuffersize=2048;" +
         "pagetimeout=5;uid=admin");
```

```
        private OracleConnection ConnectionToOracle = new OracleConnection(
            "Data Source=MyOracleDB;Integrated Security=yes;");

    }
}
```

Zum Öffnen der Verbindung zu einer Datenbank verwenden Sie die Methode `Open` des Verbindungsobjekts. Um das zu demonstrieren, rufen wir die `Open`-Methode des betreffenden Verbindungsobjekts auf, wenn eine *Öffnen*-Schaltfläche angeklickt wird.

7. Erstellen Sie Ereignishandler für die *Öffnen*-Schaltflächen der verschiedenen Anbieter und fügen Sie folgenden Code ein. Der Code öffnet die Verbindung zur Datenbank, wenn die betreffende *Öffnen*-Schaltfläche angeklickt wird.

```
' VB
Private Sub OpenSqlServerButton_Click(ByVal sender As System.Object, _
      ByVal e As System.EventArgs) Handles OpenSqlServerButton.Click
    ConnectionToSql.Open()
End Sub

Private Sub OpenOleDbButton_Click(ByVal sender As System.Object, _
    ByVal e As System.EventArgs) Handles OpenOleDbButton.Click
   ConnectionToOleDb.Open()
End Sub

Private Sub OpenOdbcButton_Click(ByVal sender As System.Object, _
    ByVal e As System.EventArgs) Handles OpenOdbcButton.Click
   ConnectionToOdbc.Open()
End Sub

Private Sub OpenOracleButton_Click(ByVal sender As System.Object, _
    ByVal e As System.EventArgs) Handles OpenOracleButton.Click
   ConnectionToOracle.Open()
End Sub

// C#
private void OpenSqlServerButton_Click(object sender, EventArgs e)
{
    ConnectionToSql.Open();
}
private void OpenOleDbButton_Click(object sender, EventArgs e)
{
    ConnectionToOleDb.Open();
}
private void OpenOdbcButton_Click(object sender, EventArgs e)
{
    ConnectionToOdbc.Open();
}
private void OpenOracleButton_Click(object sender, EventArgs e)
{
    ConnectionToOracle.Open();
}
```

Zum Schließen einer Datenbankverbindung verwenden Sie die `Close`-Methode des Verbindungsobjekts. Aus technischer Sicht könnten Sie auch die `Dispose`-Methode des Verbindungsobjekts aufrufen, um die Verbindung zu schließen, aber die bevorzugte Vorgehensweise ist der Aufruf der `Close`-Methode. Erwähnenswert ist übrigens, dass durch den Aufruf der `Close`-Methode alle anhängigen Transaktionen zurückgenommen werden (Rollback) und die Verbindung wieder in den Verbindungspool überführt wird. Damit das funktioniert, erstellen Sie Ereignishandler für die *Schließen*-Schaltflächen der verschiedenen Anbieter und fügen in die Ereignishandler jeweils einen Aufruf der `Close`-Methode ein.

8. Fügen Sie die Aufrufe der `Close`-Methode in die Ereignishandler ein, damit die Verbindungen zur Datenbank geschlossen werden, wenn die Schaltflächen angeklickt werden.

```
' VB
Private Sub CloseSqlButton_Click(ByVal sender As System.Object, _
    ByVal e As System.EventArgs) Handles CloseSqlButton.Click
   ConnectionToSql.Close()
End Sub

Private Sub CloseOleDbButton_Click(ByVal sender As System.Object, _
    ByVal e As System.EventArgs) Handles CloseOleDbButton.Click
   ConnectionToOleDb.Close()
End Sub

Private Sub CloseOdbcButton_Click(ByVal sender As System.Object, _
    ByVal e As System.EventArgs) Handles CloseOdbcButton.Click
   ConnectionToOdbc.Close()
End Sub

Private Sub CloseOracleButton_Click(ByVal sender As System.Object, _
    ByVal e As System.EventArgs) Handles CloseOracleButton.Click
   ConnectionToOracle.Close()
End Sub
```

```
// C#
private void CloseSqlButton_Click(object sender, EventArgs e)
{
    ConnectionToSql.Close();
}

private void CloseOleDbButton_Click(object sender, EventArgs e)
{
    ConnectionToOleDb.Close();
}

private void CloseOdbcButton_Click(object sender, EventArgs e)
{
    ConnectionToOdbc.Close();
}

private void CloseOracleButton_Click(object sender, EventArgs e)
{
    ConnectionToOracle.Close();
}
```

Wenn sich der Zustand einer Verbindung ändert, wird der Wert in der `State`-Eigenschaft des Verbindungsobjekts aktualisiert und gibt den aktuellen Zustand der Verbindung an. Beim Öffnen oder Schließen einer Verbindung können Sie den Wert in dieser Eigenschaft untersuchen und auf diese Weise überprüfen, ob die Verbindung tatsächlich offen oder geschlossen ist. Jedes Verbindungsobjekt löst ein `StateChange`-Ereignis aus, das man zur Überwachung des Verbindungszustands benutzen kann. Damit die `Label`-Steuerelemente immer die aktuellen Zustände der Verbindungen anzeigen, erstellen Sie für jeden Anbieter einen Ereignishandler für `StateChange`-Ereignisse. Im `StateChange`-Ereignishandler fügen Sie den Code ein, der das betreffende `Label`-Steuerelemente mit dem Wert der `State`-Eigenschaft der Verbindung versorgt. Dieser Wert wird als Argument an den Ereignishandler übergeben.

9. Fügen Sie folgenden Code zum bisher erstellten Code hinzu. Er aktualisiert die `Label`-Steuerelemente, wenn sich der Zustand einer Verbindung ändert. Erstellen Sie den Handler `Form1_Load` für C#, damit Sie die `StateChange`-Ereignishandler hinzufügen können.

```
' VB
Private Sub ConnectionToSql_StateChange(ByVal sender As Object, _
    ByVal e As System.Data.StateChangeEventArgs) Handles ConnectionToSql.StateChange
    SqlConnectionStateLabel.Text = e.CurrentState.ToString
End Sub

Private Sub ConnectionToOleDb_StateChange(ByVal sender As Object, _
    ByVal e As System.Data.StateChangeEventArgs) Handles ConnectionToOleDb.StateChange
    OleDbConnectionStateLabel.Text = e.CurrentState.ToString
End Sub

Private Sub ConnectionToOdbc_StateChange(ByVal sender As Object, _
    ByVal e As System.Data.StateChangeEventArgs) Handles ConnectionToOdbc.StateChange
    OdbcConnectionStateLabel.Text = e.CurrentState.ToString
End Sub

Private Sub ConnectionToOracle_StateChange(ByVal sender As Object, _
    ByVal e As System.Data.StateChangeEventArgs) Handles _
    ConnectionToOracle.StateChange
    OracleConnectionStateLabel.Text = e.CurrentState.ToString
End Sub

// C#
private void Form1_Load(object sender, EventArgs e)
{
    ConnectionToSql.StateChange += new
        System.Data.StateChangeEventHandler(this.ConnectionToSql_StateChange);
    ConnectionToOleDb.StateChange += new
        System.Data.StateChangeEventHandler(this.ConnectionToOleDb_StateChange);
    ConnectionToOdbc.StateChange += new
        System.Data.StateChangeEventHandler(this.ConnectionToOdbc_StateChange);
    ConnectionToOracle.StateChange += new
        System.Data.StateChangeEventHandler(this.ConnectionToOracle_StateChange);
}
```

```
private void ConnectionToSql_StateChange(object sender, StateChangeEventArgs e)
{
    SqlConnectionStateLabel.Text = e.CurrentState.ToString();
}

private void ConnectionToOleDb_StateChange(object sender, StateChangeEventArgs e)
{
    OleDbConnectionStateLabel.Text = e.CurrentState.ToString();
}

private void ConnectionToOdbc_StateChange(object sender, StateChangeEventArgs e)
{
    OdbcConnectionStateLabel.Text = e.CurrentState.ToString();
}

private void ConnectionToOracle_StateChange(object sender, StateChangeEventArgs e)
{
    OracleConnectionStateLabel.Text = e.CurrentState.ToString();
}
```

10. Drücken Sie auf die Taste F5, um die Anwendung zu starten, und überprüfen Sie im Formular, was bereits alles funktioniert.
11. Wenn sich das Formular öffnet, klicken Sie auf die Schaltfläche *Öffne SQL* und überprüfen, ob sich die Anzeige des Verbindungszustands ändert und darauf hinweist, dass die Verbindung geöffnet ist.
12. Klicken Sie auf die Schaltfläche *Schließe SQL* und überprüfen Sie, ob sich die Anzeige des Verbindungszustands wieder ändert und nun darauf hinweist, dass die Verbindung geschlossen ist.

    Zur Auswertung der `InfoMessage`-Ereignisse erstellen Sie einen Ereignishandler, der die Meldungen bearbeitet. Damit wir uns nicht auf geringe Schweregrade beschränken müssen, nutzen wir eine Funktion des `SqlConnection`-Objekts aus, die es uns erlaubt, Fehler bis zum Schweregrad 16 abzufangen, indem wir die Eigenschaft `FireInfoMessageEventOnUserErrors` des Verbindungsobjekts auf `True` stellen, bevor wir eine Methode aufrufen, die ein Ereignis auslöst.
13. Fügen Sie den folgenden Code ein. Er behandelt das `Click`-Ereignis der Schaltfläche `GetSqlInfoButton` und das `InfoMessage`-Ereignis des `SqlConnection`-Objekts.

    Wenn Sie sich den Code für das `Click`-Ereignis näher ansehen, werden Sie feststellen, dass wir versuchen, zu einer ungültigen Datenbank zu wechseln. Das bewirkt eine Fehlermeldung des Schweregrads 11 und löst ein `InfoMessage`-Ereignis aus. Wenn dieses Ereignis eintritt, öffnet der Code aus dem `InfoMessage`-Ereignishandler ein Meldungsfeld mit einer Fehlermeldung.

```
' VB
Private Sub GetSqlInfoButton_Click(ByVal sender As System.Object, _
    ByVal e As System.EventArgs) Handles GetSqlInfoButton.Click
   ConnectionToSql.FireInfoMessageEventOnUserErrors = True
   ConnectionToSql.ChangeDatabase("Northwind1")
End Sub
```

```
Private Sub ConnectionToSql_InfoMessage(ByVal sender As Object, _
    ByVal e As System.Data.SqlClient.SqlInfoMessageEventArgs) Handles _
    ConnectionToSql.InfoMessage
    MsgBox(e.Message)
End Sub

// C#
// Fügen Sie diese Codezeile in den Formularlader ein, um den InfoMessage-Handler
// zu verbinden.
ConnectionToSql.InfoMessage += new System.Data.SqlClient.SqlInfoMessageEventHandler(
    this.ConnectionToSql_InfoMessage);

private void GetSqlInfoButton_Click(object sender, EventArgs e)
{
    ConnectionToSql.FireInfoMessageEventOnUserErrors = true;
    ConnectionToSql.ChangeDatabase("Northwind1");
}

private void ConnectionToSql_InfoMessage(object sender, SqlInfoMessageEventArgs e)
{
    MessageBox.Show(e.Message);
}
```

Außer den Informationen, die Sie bisher von Verbindungsobjekten abgerufen haben, können Sie auch Metadaten von der Datenquelle abrufen, mit der Sie verbunden sind. In Lektion 1 haben Sie die Verbindungseigenschaften der Verbindungen, die im Server-Explorer verfügbar waren, im Eigenschaftenfenster untersucht. Diese Informationen sind auch zur Laufzeit abrufbar. Fügen Sie als Beispiel ein paar weitere Zeilen in Ihre Anwendung ein und implementieren Sie die *Info*-Schaltflächen der restlichen Verbindungen, damit sie die Anzeige der Serverversionen der Datenquellen bewirken, mit denen sie verbunden sind.

Schnelltest

1. Wie öffnen Sie eine Verbindung zu einer Datenquelle?
2. Wie schließen Sie eine Verbindung zu einer Datenquelle?
3. Woher wissen Sie, dass eine Datenquelle Warnungen oder Informationen übermittelt?

Antworten zum Schnelltest

1. Sie rufen die `Open`-Methode eines Verbindungsobjekts auf.
2. Sie rufen die `Close`-Methode eines Verbindungsobjekts auf.
3. Sie überwachen und bearbeiten `InfoMessage`-Ereignisse.

14. Fügen Sie am Ende des bereits implementierten Codes den folgenden Code ein.

```
' VB
Private Sub GetOleDbInfoButton_Click(ByVal sender As System.Object, ByVal e As System.EventArgs)
Handles GetOleDbInfoButton.Click
   MsgBox(ConnectionToOleDb.ServerVersion.ToString, "Server Version")
End Sub

Private Sub GetOdbcInfoButton_Click(ByVal sender As System.Object, ByVal e As System.EventArgs)
Handles GetOdbcInfoButton.Click
   MsgBox(ConnectionToOdbc.ServerVersion.ToString, "Server Version")
End Sub

Private Sub GetOracleInfoButton_Click(ByVal sender As System.Object, ByVal e As System.EventArgs)
Handles GetOracleInfoButton.Click
   MsgBox(ConnectionToOracle.ServerVersion.ToString, "Server Version")
End Sub

// C#
private void GetOleDbInfoButton_Click(object sender, EventArgs e)
{
    MessageBox.Show(ConnectionToOleDb.ServerVersion.ToString(), "Server Version");
}

private void GetOdbcInfoButton_Click(object sender, EventArgs e)
{
    MessageBox.Show(ConnectionToOdbc.ServerVersion.ToString(), "Server Version");
}

private void GetOracleInfoButton_Click(object sender, EventArgs e)
{
    MessageBox.Show(ConnectionToOracle.ServerVersion.ToString(), "Server Version");
}
```

Starten Sie die Anwendung erneut und überprüfen Sie die bisher erstellten Funktionen. Überprüfen Sie, ob die Informationsmeldungen bei den Verbindungsobjekten eintreffen und die gewünschten Metadaten liefern.

15. Drücken Sie auf die Taste F5, um die Anwendung zu starten.
16. Klicken Sie auf die Schaltfläche *Öffne SQL*, um die Verbindung zu SQL Server zu öffnen und die Anzeige des Verbindungszustands zu aktualisieren.
17. Drücken Sie auf die Schaltfläche *SQL-Info*, um den Versuch zu machen, auf eine ungültige Datenbank zu wechseln und dadurch ein `InfoMessage`-Ereignis auszulösen, das zur Anzeige eines Meldungsfelds führt.

Wichtig Mögliche Ausnahmen

Die Verbindung muss offen sein, oder es wird eine Ausnahme des Typs `InvalidOperationException` ausgelöst und es tritt kein `InfoMessage`-Ereignis ein.

---

18. Klicken Sie auf die Schaltfläche *Schließe SQL*, um die Verbindung zu SQL Server zu schließen und die Anzeige des Verbindungszustands zu aktualisieren.
19. Klicken Sie auf die Schaltfläche *Öffne OLE DB*, um die Verbindung zur OLE DB-Datenquelle zu öffnen und die Anzeige des Verbindungszustands zu aktualisieren.
20. Klicken Sie auf die Schaltfläche *OLE DB-Info*, um die Serverversion von der OLE DB-Datenquelle abzufragen.
21. Klicken Sie auf die Schaltfläche *Schließe OLE DB*, um die Verbindung zu schließen und die Anzeige des Verbindungszustands zu aktualisieren.
22. Speichern Sie die Anwendung.

Wichtig Speichern Sie die Anwendung

Speichern Sie diese Anwendung, denn wir brauchen sie noch in Lektion 4, „Behandeln von Verbindungsfehlern".

Zusammenfassung der Lektion

- Sie öffnen Verbindungen durch den Aufruf der `Open`-Methode eines Verbindungsobjekts.
- Sie schließen Verbindungen durch den Aufruf der `Close`-Methode eines Verbindungsobjekts.
- Ob eine Verbindung offen oder geschlossen ist, finden Sie durch die Überwachung des `StateChange`-Ereignisses heraus.
- Durch die Auswertung des `InfoMessage`-Ereignisses können Sie Warnungen und Informationsmeldungen bearbeiten, die vom Server zurückgegeben werden.

Lernzielkontrolle

Die folgenden Fragen dienen dazu, die wichtigsten Lerninhalte dieser Lektion zu vertiefen. Die Fragen sind (in englischer Sprache) auch auf der Begleit-CD zu finden, falls Sie die elektronische Form der Fragen vorziehen.

Hinweis Die Antworten

Die Antworten auf die Fragen und Erläuterungen, warum die entsprechende Antwort richtig oder falsch ist, finden Sie im Abschnitt „Antworten" am Ende des Buchs.

---

1. Welche Information muss eine Verbindungszeichenfolge mindestens enthalten, um eine Verbindung mit einer SQL Server 2000- oder SQL Server 2005-Datenbank öffnen zu können? (Wählen Sie alle zutreffenden Antworten aus.)

   A. Eine gültige Datenquelle

   B. Einen gültigen Anbieternamen

   C. Einen gültigen Dateipfad

   D. Passende Anmeldeinformationen oder entsprechende Einstellungen der integrierten Sicherheit

2. Was geschieht, wenn Sie die `Close`-Methode eines Verbindungsobjekts aufrufen? (Wählen Sie alle zutreffenden Antworten aus.)
   A. Die Verbindung wird zerstört.
   B. Die Verbindung wird in den Verbindungspool überführt.
   C. Das Ereignis `StateChange` wird ausgelöst.
   D. Alle anstehenden und nicht mit einem `Commit` abgeschlossenen Transaktionen werden zurückgenommen (Rollback).
3. Welche Informationen stehen bei der Auswertung des `InfoMessage`-Ereignisses zur Verfügung?
   A. Informationen über den aktuellen Zustand einer Verbindung
   B. Schwere SQL Server-Fehler (Schweregrad 17 und höher)
   C. Leichte SQL Server-Fehler (Schweregrad 10 und niedriger)
   D. Netzwerkfehler, die beim Versuch auftreten, eine Verbindung zu öffnen

Lektion 3: Arbeiten mit Verbindungspools

Diese Lektion handelt von Verbindungspools und erklärt, was sie sind und wie man sie bei der Erstellung und Konfiguration von Verbindungsobjekten steuert.

Am Ende dieser Lektion werden Sie in der Lage sein, die folgenden Aufgaben auszuführen:

- Konfigurieren einer Verbindung für das Pooling in der Verbindungszeichenfolge

Veranschlagte Zeit für diese Lektion: 30 Minuten

Was ist Verbindungspooling?

Verbindungspools ermöglichen die Wiederverwendung existierender Verbindungen. Damit lässt sich der Verwaltungsaufwand verringern, der sonst durch die ständige Erstellung und Beseitigung von Verbindungen entsteht, die zudem noch dieselbe Konfiguration haben. Anders gesagt, wenn eine Verbindung mit derselben Verbindungszeichenfolge und denselben Anmeldeinformationen einer Verbindung erstellt werden soll, die bereits im Pool vorhanden ist, kann die Verbindung aus dem Pool wiederverwendet werden. Gewöhnlich benutzen Anwendungen immer wieder dieselben Verbindungsobjekte, um Daten von einer Datenbank anzufordern oder zu aktualisieren. Verbindungspools steigern die Leistung, weil die Datenbank nicht ständig neue Verbindungen erstellen und entsorgen muss.

Verbindungspools sind durch Prozessgrenzen, Anwendungsdomänen und Verbindungszeichenfolgen getrennt. Verwenden Verbindungszeichenfolgen die integrierte Sicherheit, wird für jede eindeutige Identität ein separater Pool erstellt.

Optionen zur Steuerung des Verbindungspoolings

Verbindungspools werden bei der Erstellung von ADO.NET-Verbindungsobjekten standardmäßig aktiviert. Sie können das Pooling der Verbindungen durch Angabe bestimmter Schlüsselwörter in der Verbindungszeichenfolge steuern oder das Pooling deaktivieren. Um beispielsweise das Pooling für eine Verbindung zu deaktivieren, geben Sie in der Verbindungszeichenfolge `Pooling=False` an. Tabelle 5.7 zeigt eine Liste mit Schlüsselwörtern, mit denen Sie das Verhalten einer bestimmten Verbindung in Bezug auf Verbindungspools in der Verbindungszeichenfolge steuern können. Nicht alle Schlüsselwörter sind für jeden Anbieter verfügbar. Der OLE DB-Anbieter zum Beispiel steuert das Pooling von Verbindungen (auch als Ressourcen- oder Sitzungspooling bekannt) anhand der Werte, die in der Verbindungszeichenfolge mit dem Schlüsselwort `OLE DB Services` angegeben werden.

Tabelle 5.7 Schlüsselwörter zur Steuerung von Verbindungspools in Verbindungszeichenfolgen

Schlüsselwörter	Standardwert	Beschreibung
`Connection Lifetime`	`0`	Wenn eine Verbindung in den Pool zurückgegeben wird und der Zeitpunkt ihrer Erstellung länger als *x* Sekunden zurückliegt, wobei *x* der Wert dieser Eigenschaft ist, dann wird die Verbindung aufgelöst. Die Werte werden in Sekunden angegeben, und der Wert 0 bedeutet die maximal zulässige Zeit.
`Connection Reset`	`True`	Bestimmt, ob die Datenbankverbindung zurückgesetzt wird, wenn sie aus dem Pool entnommen wird. Bei SQL Server 7.0 vermeidet die Einstellung auf `False` einen zusätzlichen Kommunikationsvorgang mit dem Server, wenn eine Verbindung angefordert wird, aber der Verbindungszustand, wie zum Beispiel der Datenbankkontext, wird nicht zurückgesetzt.
`Enlist`	`True`	Wenn Sie eine Verbindung im Rahmen einer Transaktion einsetzen möchten, können Sie diesen Wert auf `True` stellen und der Pooler wird die Verbindung in den aktuellen Transaktionskontext des Erstellerthreads eintragen.
`Load Balance Timeout`	`0`	Die Mindestzahl von Sekunden, die eine Verbindung im Verbindungspool verbleiben kann, bevor sie aufgelöst wird.
`Max Pool Size`	`100`	Die Höchstzahl an Verbindungen mit der betreffenden Verbindungszeichenfolge, die in den Pool aufgenommen werden dürfen. Anders gesagt, wenn Ihre Anwendung häufig Verbindung zur Datenbank aufnimmt, müssen Sie `Max Pool Size` vielleicht vergrößern. Wenn Ihre Anwendung von vielen Benutzern eingesetzt wird, die alle dieselbe Verbindungszeichenfolge verwenden, und somit die Möglichkeit besteht, dass mehr als 100 Verbindungen gebraucht werden, kann es ebenfalls sinnvoll sein, `Max Pool Size` zu vergrößern. Diese Situation kann sich zum Beispiel ergeben, wenn viele Benutzer über einen viel benutzten Client oder über eine Webseite auf den Datenbankserver greifen.
`Min Pool Size`	`0`	Die minimale Anzahl an Verbindungen, die im Pool verbleiben.
`Pooling`	`True`	Bei der Einstellung `True` wird das `SqlConnection`-Objekt aus dem zuständigen Pool entnommen oder bei Bedarf erstellt und zum zuständigen Pool hinzugefügt. Zulässige Werte sind `True`, `False`, `Yes` und `No`.

Außer den Eigenschaften, mit denen sich Verbindungspools durch Verbindungszeichenfolgen steuern lassen, gibt es auch Verbindungsobjektmethoden, die sich auf den Pool auswirken. Gewöhnlich werden die Methoden verwendet, wenn die Verbindungen in der Anwendung geschlossen werden sollen und nicht mehr gebraucht werden. Die Verbindungen werden aufgelöst und nicht in den Pool zurückgegeben. Dadurch schrumpft der Vorrat an Verbindungen, die sich im Pool befinden. Verbindungen, die sich bereits im Pool befinden und geöffnet werden, werden entsorgt, sobald sie wieder geschlossen werden. Tabelle 5.8 beschreibt Methoden, die sich auf Verbindungspools auswirken.

Tabelle 5.8 Methoden für Verbindungspools

Methode	Objekt	Beschreibung
`ClearAllPools`	`SqlConnection` und `OracleConnection`	Leert alle Verbindungspools eines bestimmten Anbieters.
`ClearPool`	`SqlConnection` und `OracleConnection`	Leert den Verbindungspool, der für die angegebene Verbindung zuständig ist.
`ReleaseObjectPool`	`OleDbConnection` und `OdbcConnection`	Gibt an, dass der Objektpool freigegeben werden kann, wenn die letzte Verbindung aufgelöst wird, für die der Pool zuständig ist.

Einstellen des Verbindungspoolings

Standardmäßig ist das Verbindungspooling bei allen .NET Framework-Datenanbietern aktiviert, die in ADO.NET verfügbar sind. In welchem Umfang das Verbindungspooling konfigurierbar ist, hängt vom verwendeten Anbieter ab.

Einstellen des Verbindungspoolings für SQL Server-Verbindungen

Das `SqlConnection`-Objekt verwendet automatisch Verbindungspooling. Jedes Mal, wenn Sie mit einer neuen Verbindungszeichenfolge `SqlConnection.Open` aufrufen, wird ein neuer Pool erstellt. Sie können das Pooling mit den entsprechenden Schlüsselwörtern steuern, die Sie in der Verbindungszeichenfolge angeben, wie in Tabelle 5.7 beschrieben. Denken Sie zum Beispiel an eine Verbindung, bei der Sie eine Mindestgröße für den Pool festlegen möchten. Durch das Einstellen einer Mindestpoolgröße mit dem Schlüsselwort `Min Pool Size`, die größer als 0 ist, können Sie dafür sorgen, dass der Pool erst aufgelöst wird, wenn die Anwendung beendet wird. Wenn Sie die Mindestpoolgröße auf 5 stellen möchten, sieht die Verbindungszeichenfolge zum Beispiel so aus:

```
Data Source=SqlServerName;Initial Catalog=DatabaseName;Integrated Security=True;Min Pool Size=5
```

Standardmäßig ist die Mindestpoolgröße 0. Das bedeutet, dass eine Verbindung erstellt und initialisiert wird, wenn sie angefordert wird. Durch die Vergrößerung der Mindestpoolgröße in der Verbindungszeichenfolge wird die angegebene Anzahl von Verbindungen erstellt und vorbereitet. Das kann den Zeitaufwand verringern, der anschließend erforderlich ist, um die von der Anwendung angeforderten Verbindungen bereitzustellen.

Einstellen des Verbindungspoolings für OLE DB-Verbindungen

Das OLE DB-Verbindungsobjekt (`OleDbConnection`) poolt Verbindungen im Rahmen des OLE DB-Sitzungspoolings automatisch. Wie OLE DB-Verbindungen gepoolt werden, können Sie mit dem Schlüsselwort `OLE DB Services` in der Verbindungszeichenfolge steuern, mit dessen Wert Sie die Kombination der Dienste angeben, die für die Verbindung aktiviert oder deaktiviert werden sollen. Die folgende Verbindungszeichenfolge aktiviert das Verbindungspooling explizit, indem `OLE DB Services` auf –1 gestellt wird.

Die folgende OLE DB-Verbindungszeichenfolge ist für eine Office Access-Datenbank vorgesehen (dabei wird vorausgesetzt, dass die Datei *Nwind.mdb* unter folgendem Pfadnamen zu finden ist: *C:\DataSources\Nwind.mdb*):

```
Provider=Microsoft.Jet.OLEDB.4.0;Data Source=C:\DataSources\Nwind.mdb;
    OLE DB Services=-1
```

Die OLE DB-Verbindungszeichenfolge für eine SQL Server-Datenbank (ersetzen Sie `ServerName` und `DatabaseName` durch die Werte, die für Ihre Datenquelle gelten):

```
Provider=SQLOLEDB;Data Source=ServerName;OLE DB Services=-1;
    Integrated Security=SSPI;Initial Catalog=DatabaseName
```

Die folgende Verbindungszeichenfolge deaktiviert das Verbindungspooling und die automatische Registrierung bei Transaktionen durch die Einstellung von `OLE DB Services` auf –4:

```
Provider=Microsoft.Jet.OLEDB.4.0;Data Source=C:\DataSources\Nwind.mdb;OLE DB Services=-4
```

Tabelle 5.9 zeigt die `OLE DB Services`-Werte, die in einer OLE DB-Verbindungszeichenfolge zulässig sind.

Tabelle 5.9 Werte für `OLE DB Services` in OLE DB-Verbindungszeichenfolgen

OLE DB-Dienste	Schlüsselwort/Wert in Verbindungszeichenfolge
Alle Dienste aktivieren	`"OLE DB Services = -1;"`
Alle Dienste mit Ausnahme von Pooling und automatischer Registrierung bei Transaktionen	`"OLE DB Services = -4;"`
Alle Dienste mit Ausnahme von Clientcursor	`"OLE DB Services = -5;"`
Alle Dienste mit Ausnahme von Pooling, automatischer Registrierung bei Transaktionen und Clientcursor	`"OLE DB Services = -8;"`
Keine Dienste (alle Dienste deaktiviert)	`"OLE DB Services = 0;"`

Einstellen des Verbindungspoolings für ODBC-Verbindungen

Zur Aktivierung oder Deaktivierung des Verbindungspoolings für Verbindungen, die mit dem ODBC-Verbindungsobjekt (`OdbcConnnection`) erstellt werden, verwenden Sie das Dialogfeld *ODBC-Datenquellen-Administrator* von Windows.

Zugriff auf das Dialogfeld *ODBC-Datenquellen-Administrator* erhalten Sie mit folgenden Schritten:

1. Wählen Sie im *Start*-Menü das Menü *Verwaltung* und dann *Datenquellen (ODBC)*. (Das Menü *Verwaltung* wird nicht automatisch angezeigt, sondern nur, wenn Sie die Anzeige der *Systemverwaltung* für das Startmenü konfigurieren. Sie können den ODBC-Datenquellenadministrator aber auch über das Hilfe- und Supportcenter starten. Suchen Sie nach „ODBC".)
2. Wählen Sie die Registerkarte *Verbindungs-Pooling*.
3. Klicken Sie den Treiber, für den Sie das Verbindungspooling einstellen möchten, in der Liste der verfügbaren ODBC-Treiber mit einem Doppelklick an.
4. Treffen Sie im Dialogfeld *Attribute für das Verbindungspooling festlegen* Ihre Wahl, ob Verbindungen gepoolt werden sollen oder nicht. Wenn Sie die Option wählen, Verbindungen zu poolen, können Sie außerdem die Zahl der Sekunden festlegen, die unbenutzte Verbindungen im Pool verbleiben sollen (die Verbindungslebensdauer).
5. Klicken Sie auf *OK*, um die Einstellungen zu speichern, und wiederholen Sie den Vorgang bei Bedarf für alle gewünschten Treiber.

Wichtig ODBC-Einstellungen

Diese Einstellungen, die für einen bestimmten ODBC-Treiber vorgenommen werden, wirken sich auf alle Anwendungen und Verbindungen aus, die diesen Treiber verwenden.

Einstellen des Verbindungspoolings für Oracle-Verbindungen

Verbindungen, die mit dem .NET Framework-Datenanbieter für Oracle hergestellt werden, verwenden automatisch Verbindungspooling. Wie die Verbindung das Pooling verwendet, können Sie mit entsprechenden Schlüsselwörtern in der Verbindungszeichenfolge steuern.

Tabelle 5.10 beschreibt Schlüsselwörter, mit denen sich das Verbindungspooling in der Verbindungszeichenfolge steuern lässt.

Tabelle 5.10 Werte für die Einstellung des Verbindungspoolings für Oracle-Verbindungen in der Verbindungszeichenfolge

Schlüsselwörter	Standardwert	Beschreibung
`Connection Lifetime`	`0`	Wenn eine Verbindung in den Pool zurückgegeben wird, wird ihre Erstellungszeit mit der aktuellen Zeit verglichen. Die Verbindung wird aufgelöst, wenn die hier angegebene Zeitspanne überschritten ist. Der Wert wird in Sekunden angegeben. Der Wert 0 bedeutet die maximal zulässige Lebensdauer.
`Enlist`	`True`	Wenn dieser Wert auf `True` steht, trägt der Pooler die Verbindung automatisch in den aktuellen Transaktionskontext des Erstellerthreads ein. Zulässige Werte sind `True`, `False`, `Yes` und `No`.
`Max Pool Size`	`100`	Die maximale Anzahl an Verbindungen, die der Pool aufnehmen kann.
`Min Pool Size`	`0`	Die minimale Anzahl an Verbindungen, die im Pool verbleiben.
`Pooling`	`True`	Wenn dieser Wert auf `True` steht, wird das `OracleConnection`-Objekt dem zuständigen Pool entnommen. Bei Bedarf wird es neu angelegt und zum zuständigen Pool hinzugefügt.

Zusammenfassung der Lektion

- Verbindungspooling ist standardmäßig aktiviert.
- Optionen für das Verbindungspooling werden in der Verbindungszeichenfolge angegeben außer bei ODBC-Anbietern. Für ODBC-Anbieter wird das Verbindungspooling im Dialogfeld *ODBC-Datenquellen-Administrator* von Windows eingestellt.

Lernzielkontrolle

Die folgenden Fragen dienen dazu, die wichtigsten Lerninhalte dieser Lektion zu vertiefen. Die Fragen sind (in englischer Sprache) auch auf der Begleit-CD zu finden, falls Sie die elektronische Form der Fragen vorziehen.

Hinweis Die Antworten

Die Antworten auf die Fragen und Erläuterungen, warum die entsprechende Antwort richtig oder falsch ist, finden Sie im Abschnitt „Antworten" am Ende des Buchs.

1. Was entscheidet, welcher Pool für eine bestimmte Verbindung verwendet wird? (Wählen Sie alle zutreffenden Antworten aus.)
   A. Eine Verbindungszeichenfolge
   B. Die Identität oder Anmeldeinformationen des Benutzers, der die Verbindung öffnet
   C. Die Datenbank, mit der eine Verbindung hergestellt werden soll
   D. Das Verbindungsobjekt, das für die Verbindung mit der Datenbank verwendet wird
2. Was sind die empfohlenen Methoden zur Aktivierung des Verbindungspoolings für eine SQL Server 2000- oder SQL Server 2005-Datenbank? (Wählen Sie alle zutreffenden Antworten aus.)
   A. Angabe des Schlüsselworts `OLE DB Services` in der Verbindungszeichenfolge mit dem Wert `-4`
   B. Öffnen einer Verbindung ohne explizites Deaktivieren des Poolings
   C. Angabe von `Pooling = True` in der Verbindungszeichenfolge
   D. Verwenden der Registerkarte *Verbindungs-Pooling* des Dialogfelds *ODBC-Datenquellen-Administrator*
3. Wie schalte ich Verbindungspooling für eine OLE DB-Datenquelle explizit ein?
   A. Durch Angabe des Schlüsselworts `OLE DB Services` in der Verbindungszeichenfolge mit dem Wert `0`
   B. Durch Angabe des Schlüsselworts `OLE DB Services` in der Verbindungszeichenfolge mit dem Wert `-4`
   C. Durch Angabe des Schlüsselworts `OLE DB Services` in der Verbindungszeichenfolge mit dem Wert `-1`
   D. Durch Angabe des Schlüsselworts `OLE DB Services` in der Verbindungszeichenfolge mit dem Wert `-8`

Lektion 4: Behandeln von Verbindungsfehlern

In dieser Lektion geht es um die Behandlung von Fehlern, die während der Arbeit mit SQL Server auftreten. ADO.NET bietet zwei Klassen, die speziell für die Bearbeitung dieser Fehler entwickelt wurden: die Klasse `SqlException` und die Klasse `SqlError`. Sehen wir uns an, wie man diese Klassen verwendet und wie man Fehler abfängt und behandelt, die von der Datenquelle gemeldet werden.

Am Ende dieser Lektion werden Sie in der Lage sein, die folgenden Aufgaben auszuführen:

- Behandeln von Fehlern, die bei der Verbindung mit einer Datenbank auftreten
- Verwenden der Klasse `SqlException` zur Erkennung von Verbindungsfehlern
- Verwenden der Klasse `SqlError` zur Erkennung von Verbindungsfehlern

Veranschlagte Zeit für diese Lektion: 20 Minuten

Wenn SQL Server eine Warnung oder eine Fehlermeldung zurückgibt, löst der .NET Framework-Datenanbieter für SQL Server eine `SqlException` aus, die Sie in Ihrer Anwendung abfangen können, um das Problem zu beheben. Wenn eine `SqlException` ausgelöst wird, können Sie die Eigenschaft `SqlException.Errors` untersuchen und die Auflistung der Fehler auswerten, die von SQL Server zurückgegeben wurden. Bei der Eigenschaft `SqlException.Errors` handelt es sich um eine Instanz der Klasse `SqlErrorCollection` (eine Auflistung von `SqlError`-Instanzen), die mindestens ein `SqlError`-Objekt enthält.

Weitere Informationen SQL Server-Fehler

Die `SqlConnection`-Verbindung bleibt geöffnet, solange die Meldungen nur den Schweregrad 19 erreichen oder darunter bleiben. Gewöhnlich wird die Verbindung aber bei Fehlern des Schweregrads 20 und höher automatisch geschlossen.

Übung: Behandeln von Datenbankverbindungsfehlern

Im Rahmen dieser Übung fangen Sie in Ihrer Anwendung eine `SqlException` ab.

▶ **Übung 1: Behandeln von Datenbankverbindungsfehlern**

In dieser Übung arbeiten Sie mit Datenbankverbindungsfehlern, genauer gesagt, mit `SqlException`- und `SqlError`-Objekten. Erstellen Sie dafür eine Windows-Anwendung.

1. Erstellen Sie eine neue Windows-Anwendung und nennen Sie die Anwendung **HandlingConnectionErrors**.
2. Fügen Sie drei Schaltflächen ins Formular ein und stellen Sie folgende Eigenschaften ein:

   Button1:
   - □ *Name* = **GoodConnectButton**
   - □ *Text* = **Verbinden (gültige Verbindungszeichenfolge)**

   Button2:
   - □ *Name* = **ConnectToInvalidUserButton**
   - □ *Text* = **Verbinden mit ungültigem Benutzer**

Button3:

- *Name* = **ConnectToInvalidDatabaseButton**
- *Text* = **Verbinden mit ungültiger Datenbank**

3. Klicken Sie der Reihe nach jede Schaltfläche an, damit der entsprechende `Click`-Ereignishandler erstellt und die Anzeige auf die Codedarstellung umgeschaltet wird.
4. Fügen Sie eine `Imports`-Anweisung (`using` in C#) für den Namespace `System.Data.SqlClient` ein.
5. Der folgende Code erstellt anhand der übergebenen Verbindungszeichenfolge eine neue Verbindung und versucht, die Verbindung zu öffnen. Tritt ein Fehler auf, wird eine entsprechende Fehlermeldung angezeigt. Fügen Sie den folgenden Code nach den `Click`-Ereignishandlern für die Schaltflächen ein.

```
' VB
Private Sub ConnectToDatabase(ByVal connectionString As String)

    Dim connection As New SqlConnection(connectionString)

    Try
        connection.Open()
    Catch ex As SqlException
        Dim errorMessage As String = ""

        ' Werte alle zurückgegebenen Fehlerbeschreibungen aus.
        ' Sie können die Fehlernummer überprüfen, um bestimmte Fehler
        ' gesondert zu behandeln.
        For Each ConnectionError As SqlError In ex.Errors
            errorMessage += ConnectionError.Message & " (Fehler: " & _
                ConnectionError.Number.ToString & ")" & Environment.NewLine
            If ConnectionError.Number = 18452 Then
                MessageBox.Show("Ungültige Anmeldung. Geben Sie gültige " + _
                                "Anmeldeinformationen an!")
            End If
        Next
        MessageBox.Show(errorMessage)
    Finally
        connection.Close()
    End Try
End Sub

// C#
private void ConnectToDatabase(string connectionString)
{
    SqlConnection connection = new SqlConnection(connectionString);
    try
    {
        connection.Open();
    }
    catch (SqlException ex)
    {
        string errorMessage = "";
```

```
        // Werte alle zurückgegebenen Fehlerbeschreibungen aus.
        // Sie können die Fehlernummer überprüfen, um bestimmte Fehler
        // gesondert zu behandeln.
        foreach (SqlError ConnectionError in ex.Errors)
        {
            errorMessage += ConnectionError.Message + " (Fehler: " +
                ConnectionError.Number.ToString() + ")" + Environment.NewLine;
            if (ConnectionError.Number == 18452)
            {
                MessageBox.Show("Ungültige Anmeldung. Geben Sie gültige " +
                                "Anmeldeinformationen an!");
            }
        }
        MessageBox.Show(errorMessage);
    }
    finally
    {
        connection.Close();
    }
}
```

6. Fügen Sie den erforderlichen Code in die Ereignishandler ein, sodass die `Click`-Ereignishandler folgendermaßen aussehen:

```
' VB
Private Sub GoodConnectButton_Click _
    (ByVal sender As System.Object, ByVal e As System.EventArgs) _
    Handles GoodConnectButton.Click
    ' Das ist eine gültige Verbindungszeichenfolge.
    Dim GoodConnection As String = _
        "Data Source=.\sqlexpress;Initial Catalog=Northwind;Integrated Security=True;"
    ConnectToDatabase(GoodConnection)
End Sub

Private Sub ConnectToInvalidUserButton_Click _
    (ByVal sender As System.Object, ByVal e As System.EventArgs) _
    Handles ConnectToInvalidUserButton.Click
    ' Diese Verbindungszeichenfolge enthält ungültige Anmeldeinformationen.
    Dim InvalidUserConnection As String = _
        "Data Source=.\sqlexpress;Initial Catalog=Northwind;User ID = InvalidUser"
    ConnectToDatabase(InvalidUserConnection)
End Sub

Private Sub ConnectToInvalidDatabaseButton_Click _
    (ByVal sender As System.Object, ByVal e As System.EventArgs) _
    Handles ConnectToInvalidDatabaseButton.Click
    ' Diese Verbindungszeichenfolge gibt eine falsche Datenbank an.
    Dim InvalidDatabaseConnection As String = _
        "Data Source=.\sqlexpress;Initial Catalog=InvalidDatabase;Integrated Security=True"
    ConnectToDatabase(InvalidDatabaseConnection)
End Sub
```

```
// C#
private void GoodConnectButton_Click(object sender, EventArgs e)
{
    // Das ist eine gültige Verbindungszeichenfolge.
    String GoodConnection =
        "Data Source=.\\sqlexpress;Initial Catalog=Northwind;Integrated Security=True;";
    ConnectToDatabase(GoodConnection);
}

private void ConnectToInvalidUserButton_Click(object sender, EventArgs e)
{
    // Diese Verbindungszeichenfolge enthält ungültige Anmeldeinformationen.
    String InvalidUserConnection =
        "Data Source=.\\sqlexpress;Initial Catalog=Northwind;User ID = InvalidUser";
    ConnectToDatabase(InvalidUserConnection);
}

private void ConnectToInvalidDatabaseButton_Click(object sender, EventArgs e)
{
    // Diese Verbindungszeichenfolge gibt eine falsche Datenbank an.
    String InvalidDatabaseConnection =
    "Data Source=.\\sqlexpress;Initial Catalog=InvalidDatabase;Integrated Security=True";
    ConnectToDatabase(InvalidDatabaseConnection);
}
```

7. Starten Sie die Anwendung.
8. Klicken Sie auf die Schaltfläche *Verbinden (gültige Verbindungszeichenfolge)*. Es sollten keine Fehler auftreten.
9. Klicken Sie auf die Schaltfläche *Verbinden mit ungültigem Benutzer*. Der Code, der den betreffenden Anmeldefehler (Fehler 18452) bearbeitet, wird ausgeführt.
10. Klicken Sie auf die Schaltfläche *Verbinden mit ungültiger Datenbank*; Sie können beobachten, dass ein Fehler auftritt und im Meldungsfeld angezeigt wird.

Zusammenfassung der Lektion

- Ein `SqlException`-Objekt wird erstellt, wenn SQL Server einen Fehler erkennt und die entsprechende Fehlermeldung übermittelt.
- Jede Instanz der Klasse `SqlException` enthält mindestens ein `SqlError`-Objekt, das die Fehlerinformationen des Servers enthält.

Lernzielkontrolle

Die folgenden Fragen dienen dazu, die wichtigsten Lerninhalte dieser Lektion zu vertiefen. Die Fragen sind (in englischer Sprache) auch auf der Begleit-CD zu finden, falls Sie die elektronische Form der Fragen vorziehen.

Hinweis Die Antworten

Die Antworten auf die Fragen und Erläuterungen, warum die entsprechende Antwort richtig oder falsch ist, finden Sie im Abschnitt „Antworten“ am Ende des Buchs.

1. Welche Fehlerarten führen dazu, dass ein `SqlConnection`-Objekt die Verbindung schließt? (Wählen Sie alle zutreffenden Antworten aus.)
   A. Fehler mit dem Schweregrad 1 bis 9
   B. Fehler mit dem Schweregrad 10 bis 19
   C. Fehler mit dem Schweregrad 20 bis 29
   D. Fehler mit dem Schweregrad 30 oder höher
2. Welche Eigenschaft enthält die Fehlermeldung, die SQL Server übermittelt hat? (Wählen Sie alle zutreffenden Antworten aus.)
   A. `SqlException.Source`
   B. `SqlException.Message`
   C. `SqlError.Class`
   D. `SqlError.Message`

Lektion 5: Auflisten der im Netzwerk verfügbaren SQL Server

Diese Lektion beschreibt, wie man eine Liste der im Netzwerk verfügbaren Server erstellt, wie sie in ähnlicher Form in der Dropdownliste *Servername* des Dialogfelds *Verbindung hinzufügen* zu sehen ist.

Am Ende dieser Lektion werden Sie in der Lage sein, die folgenden Aufgaben auszuführen:

- Auflisten der Instanzen von SQL Server

Veranschlagte Zeit für diese Lektion: 20 Minuten

Das .NET Framework gibt Anwendungen die Möglichkeit zur Ermittlung der SQL Server-Instanzen, die in einem Netzwerk verfügbar sind, sodass Ihre Anwendungen diese Information bei Bedarf auswerten können. Um eine Liste der verfügbaren SQL Server zu erstellen, verwenden Sie die Eigenschaft `Instance` der Klasse `SqlDataSourceEnumerator` und rufen die Methode `GetDataSources` auf. Die `GetDataSources`-Methode gibt ein `DataTable`-Objekt zurück, das Informationen über alle SQL Server enthält, die im Netzwerk zu finden sind. Tabelle 5.11 beschreibt die Spalten des `DataTable`-Objekts.

Tabelle 5.11 Das Tabellenschema des `DataTable`-Objekts, das von der Methode `GetDataSources` zurückgegeben wird

Spalte	Beschreibung
`ServerName`	Name des Servers, auf dem die SQL Server-Instanz ausgeführt wird.
`InstanceName`	Name der SQL Server-Instanz oder leer, falls auf dem Server die Standardinstanz ausgeführt wird.
`IsClustered`	Gibt an, ob der Server Teil eines Clusters ist.
`Version`	Die Versionsnummer von SQL Server.

Warum werden nicht alle SQL Server in meiner Liste angezeigt?

Ob die Liste der verfügbaren Server vollständig ist, hängt von der Konfiguration Ihres Netzwerks oder Ihres Computers ab. Neben solchen Aspekten wie der Netzwerkbelastung und Timeoutproblemen spielt es auch eine Rolle, wie die Sicherheit im Netzwerk konfiguriert ist. Wenn Sie SQL Server 2005 verwenden, gibt es einen Dienst namens *SQL Browser*, der laufen muss, damit SQL Server-Instanzen zu sehen sind. Und selbst wenn Ihr *SQL Browser*-Dienst läuft, blockiert Ihre Firewall vielleicht die Anforderungen von SQL-Informationen. Die Firewall blockiert wahrscheinlich Kommunikationsanforderungen über Anschluss 1433. Das ist der Standardanschluss, den Standardinstanzen von SQL Server verwenden. Das Einschalten des Dienstes *SQL Browser* hat offensichtlich Auswirkungen auf die Sicherheit wie auch das Freischalten der Kommunikation über bestimmte Anschlüsse durch die Firewall, aber eine Besprechung dieser Aspekte geht über den Rahmen dieses Buchs hinaus. Der Abschnitt „SQL Server-Browser-Dienst“ der SQL Server 2005-Dokumentation ist eine gute Informationsquelle, die Sie lesen sollten, bevor Sie Einstellungen der Firewall oder des SQL Servers ändern.

Übung: Aufstellen einer Liste der sichtbaren SQL Server

In dieser Übung listen Sie die SQL Server auf, die in Ihrem Netzwerk vorhanden sind.

▶ Übung 1: Auflisten der SQL Server eines Netzwerks

Erstellen Sie zur Demonstration, wie man eine Liste der verfügbaren SQL Server aufstellt, eine kleine Anwendung, welche die von der Methode `GetDataSources` abgerufenen Informationen in einem `DataGridView`-Steuerelement anzeigt.

1. Erstellen Sie eine Windows-Anwendung namens **SqlServerEnumerator**.
2. Fügen Sie ein `DataGridView`-Steuerelement namens **VisibleSqlServers** zum Formular hinzu.

> **Hinweis** ***DataGridView***
>
> Das `DataGridView`-Steuerelement ist das Steuerelement, das gewöhnlich zur Anzeige von Daten verwendet wird. Es wird ausführlicher in Kapitel 8 besprochen.

3. Fügen Sie ein `Button`-Steuerelement zum Formular hinzu, ordnen Sie es unter dem `DataGridView`-Steuerelement an und ändern Sie seine *Name*-Eigenschaft auf **GetDataSourcesButton**.
4. Ändern Sie die *Text*-Eigenschaft der Schaltfläche in **Sichtbare Server abrufen**.
5. Klicken Sie die Schaltfläche *Sichtbare Server abrufen* mit einem Doppelklick an, damit der `Click`-Ereignishandler erstellt und der Code-Editor angezeigt wird.
6. Fügen Sie folgenden Code in den Handler ein:

```
' VB
Dim instance As System.Data.Sql.SqlDataSourceEnumerator = _
    System.Data.Sql.SqlDataSourceEnumerator.Instance
VisibleSqlServers.DataSource = instance.GetDataSources

// C#
System.Data.Sql.SqlDataSourceEnumerator instance =
    System.Data.Sql.SqlDataSourceEnumerator.Instance;
VisibleSqlServers.DataSource = instance.GetDataSources();
```

Starten Sie nun die Anwendung und klicken Sie auf die Schaltfläche *Sichtbare Server abrufen*. Alle Server, die in Ihrem Netzwerk zu sehen sind, erscheinen in der Tabelle (Abbildung 5.3).

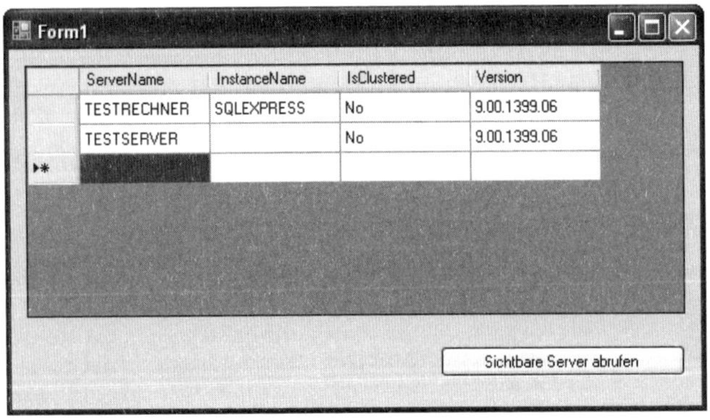

Abbildung 5.3 Die Tabelle zeigt alle SQL Server, die in Ihrem Netzwerk zu sehen sind

Zusammenfassung der Lektion

- Sie können mit dem SqlDataSourceEnumerator-Objekt eine Liste der SQL Server aufstellen, die in einem Netzwerk sichtbar sind.
- Die Serverliste ist vielleicht nicht vollständig. Welche Server sichtbar sind, hängt von verschiedenen Faktoren ab, beispielsweise von den Einstellungen der Firewall und der SQL Server-Dienste.

Lernzielkontrolle

Die folgenden Fragen dienen dazu, die wichtigsten Lerninhalte dieser Lektion zu vertiefen. Die Fragen sind (in englischer Sprache) auch auf der Begleit-CD zu finden, falls Sie die elektronische Form der Fragen vorziehen.

Hinweis Die Antworten

Die Antworten auf die Fragen und Erläuterungen, warum die entsprechende Antwort richtig oder falsch ist, finden Sie im Abschnitt „Antworten" am Ende des Buchs.

1. Welches Objekt gibt eine Liste der sichtbaren SQL Server zurück?
   A. `VisibleSqlServers`
   B. `GetDataSources`
   C. `SqlDataSourceEnumerator`
   D. `ServerName`
2. Welche Faktoren können dazu führen, dass SQL Server nicht im Netzwerk zu sehen sind? (Wählen Sie alle zutreffenden Antworten aus.)
   A. Die Firewalleinstellungen des Computers
   B. Die Auslastung des Netzwerks
   C. Die Verfügbarkeit des *SQL Browser*-Dienstes
   D. Die `Visible`-Eigenschaft von SQL Server
3. Welche Informationen sind durch das `SqlServerEnumerator`-Objekt verfügbar? (Wählen Sie alle zutreffenden Antworten aus.)
   A. Der Name des Servers
   B. Die Zahl der Datenbanken, die auf dem Server vorhanden sind
   C. Die Versionsnummer des Servers
   D. Der Name der SQL Server-Instanz, sofern es sich nicht um eine Standardinstanz handelt

Lektion 6: Sichern sensibler Verbindungszeichenfolgedaten

Wegen der sensiblen Natur vieler Daten in realen Szenarien ist es sehr wichtig, Ihre Server und Datenbanken vor nichtautorisiertem Zugriff zu schützen. Um den Zugriff auf Ihre Datenquellen zu beschränken, empfiehlt es sich, Informationen wie Benutzer-IDs, Datenquellennamen und natürlich Kennwörter geheimzuhalten. Die Speicherung solcher Informationen als Klartext wird wegen der offensichtlichen Sicherheitsrisiken nicht empfohlen. Außerdem sei an dieser Stelle erwähnt, dass sich Klartext, der in kompilierten Anwendungen gespeichert wird, leicht wieder dekompilieren lässt. Dadurch würden Ihre Daten auch Leuten zugänglich, die fragwürdige Absichten haben.

Am Ende dieser Lektion werden Sie in der Lage sein, die folgenden Aufgaben auszuführen:

- Schützen des Zugriffs auf Details der Datenquellenverbindungen

Veranschlagte Zeit für diese Lektion: 45 Minuten

Praxistipp

Steve Stein

In einem anderen meiner früheren Jobs (okay, ich hatte einige!) arbeitete ich als Systemadministrator für eine Hypothekenbank. Meine erste Aufgabe war, mich in die Infrastruktur des lokalen Firmennetzwerks einzuarbeiten. Mir wurde schnell klar, dass praktisch jeder Angestellte über ein Administratorkonto verfügte und Zugriff auf das gesamte Netzwerk hatte. Dieses Beispiel handelt zwar nicht speziell von der Sicherung von Verbindungszeichenfolgen, aber es zeigt, wie wichtig es ist, sensible Daten zu schützen!

Die empfohlene Methode zur Verbesserung der Sicherheit in Anwendungen, die auf Daten zugreifen, ist die Verwendung der Windows-Authentifizierung (auch integrierte Sicherheit genannt). Um sensible Verbindungsdaten bei Verwendung der integrierten Sicherheit noch besser zu schützen, wird empfohlen, in der Verbindungszeichenfolge das Schlüsselwort `Persist Security Information` anzugeben und als Wert `False` anzugeben. Dadurch wird dafür gesorgt, dass die Anmeldeinformationen, die zum Öffnen der Verbindung verwendet werden, verworfen werden und nicht irgendwo gespeichert werden, wo jemand die Daten abrufen könnte.

Tabelle 5.12 nennt die Schlüsselwort/Wert-Paare, mit denen sich in den Verbindungszeichenfolgen für die vier .NET Framework-Datenanbieter die integrierte Sicherheit angeben lässt.

Tabelle 5.12 Schlüsselwörter zur Aktivierung der integrierten Sicherheit in Verbindungszeichenfolgen

Datenanbieter	Schlüssel/Wert-Paar
`SqlClient`	`Integrated Security=True`
`SqlClient` und `OleDb`	`Integrated Security=SSPI`
`Odbc`	`Trusted_Connection=Yes`
`OracleClient`	`Integrated Security=Yes`

Wenn Sie unbedingt eine Verbindungszeichenfolge verwenden müssen, die sensible Daten enthält, dann speichern Sie die Verbindungszeichenfolge, wie bereits erwähnt, nicht in der kompilierten

Anwendung. Als Alternative bietet sich die Konfigurationsdatei (*app.config*) der Anwendung an. Die Datei *app.config* speichert Verbindungszeichenfolgen als XML. Ihre Anwendung ruft die Verbindungsinformationen zur Laufzeit aus dieser Datei ab. Die Verbindungszeichenfolge wird also nicht fest in die Anwendung eingebunden. Standardmäßig speichert die Anwendungskonfigurationsdatei ihre Daten unverschlüsselt, wie Abbildung 5.4 zeigt.

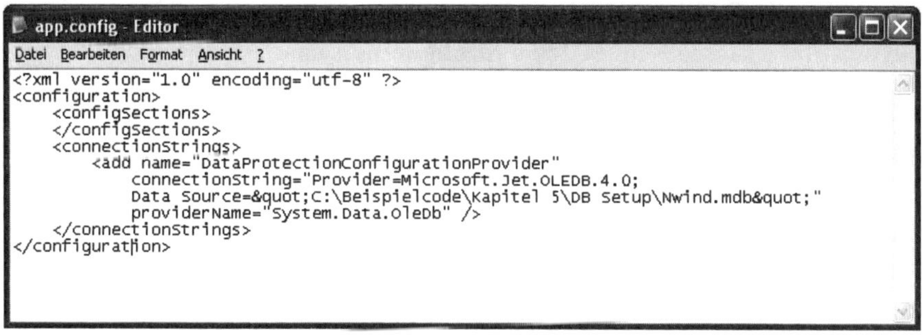


```
<?xml version="1.0" encoding="utf-8" ?>
<configuration>
    <configSections>
    </configSections>
    <connectionStrings>
        <add name="DataProtectionConfigurationProvider"
            connectionString="Provider=Microsoft.Jet.OLEDB.4.0;
            Data Source=&quot;C:\Beispielcode\Kapitel 5\DB Setup\Nwind.mdb&quot;"
            providerName="System.Data.OleDb" />
    </connectionStrings>
</configuration>
```

Abbildung 5.4 Eine unverschlüsselte Konfigurationsdatei

Sichern von Daten in Konfigurationsdateien

Nun haben Sie zwar dafür gesorgt, dass die sensiblen Verbindungszeichenfolgedaten nicht in der kompilierten Anwendung erscheinen, sondern in der Anwendungskonfigurationsdatei liegen, aber die Verbindungszeichenfolge ist immer noch unverschlüsselt und kann von jedem eingesehen werden, der die Berechtigung zum Öffnen der Konfigurationsdatei hat. Daher brauchen Sie noch eine Methode, um nichtautorisierte Personen davon abzuhalten, irgendwie Zugriff auf Ihre Konfigurationsdatei zu erhalten, falls die Verbindungsinformationen zu lesen sind. Die empfohlene Methode zur Sicherung von Konfigurationsdateien besteht darin, die Abschnitte zu verschlüsseln, in denen sensible Daten liegen (Abbildung 5.5).

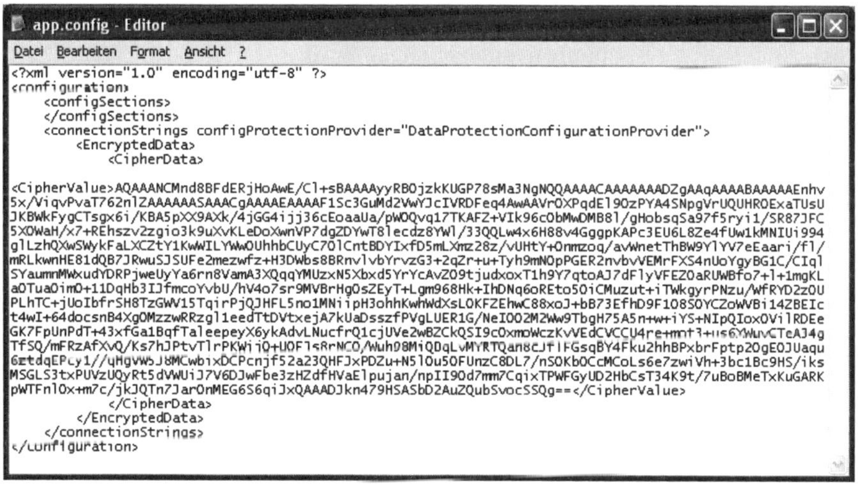


```
<?xml version="1.0" encoding="utf-8" ?>
<configuration>
    <configSections>
    </configSections>
    <connectionStrings configProtectionProvider="DataProtectionConfigurationProvider">
        <EncryptedData>
            <CipherData>

<CipherValue>AQAAANCMnd8BFdERjHoAwE/Cl+sBAAAAyyRBOjzkKUGP78sMa3NgNQQAAAACAAAAAAADZgAAqAAAABAAAAAEnhv
5x/ViqvPvaT762nlZAAAAAASAAACgAAAAEAAAAF1Sc3GuMd2VwYJcIVRDFeq4AwAAVrOXPqdEl9OzPYA4SNpgVrUQUHROExaTUsU
JKBWkFygCTsgx6i/KBA5pXX9AXk/4jGG4ijj36cEoaaUa/pWOQvq17TKAFZ+VIk96cObMwDMB8l/gHobsqSa97f5ryi1/SR87JFC
5XOWaH/x7+REhszv2zgio3k9uXvKLeDoXwnVP7dgZDYwT8lecdz8YWl/33QQLw4x6H88v4GggpKAPc3EU6L8Ze4fUw1kMNIUi994
glLzhQXwSWykFaLXCZtY1KwWILYWwOUhhbCUyC7OlCntBDYIxfD5mLXmz28z/vUHtY+Onmzoq/avWnetThBW9YlYV7eEaari/fl/
mRLkwnHE81dQB7JRwuSJSUFe2mezwfz+H3DWbs8BRnvlvbYrvzG3+2qZr+u+Tyh9mNOpPGER2nvbvVEMrFXS4nUoYgyBG1C/CIql
SYaumnMWxudYDRPjweUyYa6rn8VamA3XQqqYMUzxN5Xbxd5YrYcAvZO9tjudxoxT1h9Y7qtoAJ7dFlyVFEZOaRUWBfo7+l+1mgKL
aOTuaOimO+11DqHb3IJfmcoYvbU/hV4o7sr9MVBrHgOsZEyT+Lgm968Hk+IhDNq6oREto5OiCMuzut+iTWkgyrPNzu/WfRYD2zOU
PLhTC+jUoIbfrSH8TzGWV15TqirPjQJHFL5no1MNiipH3ohhKwhWdXsLOKFZEhwC88xoJ+bB73EfhD9F1O8SOYCZoWVBi14ZBEIc
t4wI+64docsnB4XgOMzzwRRzgl1eedTtDVtxejA7kUaDsszfPVgLUER1G/NeIOO2M2Ww9TbgH75A5n+w+iYS+NIpQIoxOVilRDEe
GK7FpUnPdT+43xfGa1BqfTaleepeyX6ykAdvLNucfrQ1cjUVe2wBZCkQSI9cOxmoWczKvVEdCVCCU4re+mnt3+us6YWuvCTeAJ4g
TfSQ/mFRzAfXvQ/Ks7hJPtvTlrPKWijQ+UOFls8rNCO/Wuh98MiQDqLvMYRTQan8cJfIFGsqBY4Fku2hhBPxbrFptp2OgEOJUaqu
6ztdqEPcy1//qHgVW5J8MCwbixDCPcnjf52a23QHFJxPDZu+N5lOu5OFUnzC8DL7/nSOKbOCcMCoLs6e7zwiVh+3bc1Bc9HS/iks
MSGLS3txPUVzUQyRt5dVWUiJ7V6DJwFbe3zHZdfHVaElpujan/npII9Od7mm7CqixTPWFGyUD2HbCsT34K9t/7uBoBMeTxKuGARK
pWTFnlOx+m7c/jkJQTn7JarOnMEG6S6qiJxQAAADJkn479HSASbD2AuZQubSvocSSQg==</CipherValue>
            </CipherData>
        </EncryptedData>
    </connectionStrings>
</configuration>
```

Abbildung 5.5 Eine verschlüsselte Konfigurationsdatei

Die empfohlene Methode zur Verschlüsselung von Konfigurationsdaten ist die Verwendung eines Anbieters für geschützte Konfigurationen. In .NET Framework sind zwei Anbieter für geschützte Konfigurationen verfügbar, sowie eine Basisklasse, mit der Sie Ihren eigenen Anbieter implementieren können, falls die beiden verfügbaren Anbieter nicht für Ihre Anwendung ausreichen.

Übung: Sichern einer Konfigurationsdatei

In dieser Übung verschlüsseln und entschlüsseln Sie eine Konfigurationsdatei.

▶ Übung 1: Verschlüsseln und Entschlüsseln einer Konfigurationsdatei

In dieser Übung verwenden Sie den Anbieter `DpapiProtectedConfigurationProvider` für geschützte Konfigurationen zur Verschlüsselung des Abschnitts `ConnectionStrings` der *app.config*-Datei.

1. Erstellen Sie eine neue Windows-Anwendung und nennen Sie die Anwendung **SecuringConnectionStrings**.
2. Fügen Sie einen Verweis auf den Namespace `System.Configuration` hinzu.
3. Fügen Sie zwei Schaltflächen ins Formular ein und stellen Sie deren `Name`- und `Text`-Eigenschaften folgendermaßen ein:

Name-Eigenschaft	*Text*-Eigenschaft
EncryptButton	**Verschlüsseln**
DecryptButton	**Entschlüsseln**

4. Erstellen Sie mit dem Assistenten zum Konfigurieren von Datenquellen eine Datenquelle und speichern Sie die Verbindungszeichenfolge in der Anwendungskonfigurationsdatei ab.
5. Erstellen Sie Ereignishandler für die `Click`-Ereignisse der Schaltflächen.
6. Wechseln Sie in die Codeansicht und fügen Sie im Editor den folgenden Code ein.

   Der folgende Code sucht die Verbindungszeichenfolgeneinstellung aus der Anwendungskonfigurationsdatei heraus. Die Verbindungszeichenfolgeneinstellung wird durch den Aufruf der Methode `ProtectSection` für die Verschlüsselung gekennzeichnet. Die Einstellung der Eigenschaft `ForceSave` auf `True` sorgt dafür, dass die Konfigurationsdatei gespeichert wird, und zwar unabhängig davon, ob Änderungen vorgenommen wurden oder nicht. Und der Aufruf von `Configuration.Save` speichert die verschlüsselte Datei.

```
' VB
Imports System
Imports System.Configuration

Public Class Form1
    Private Sub EncryptConnectionString()
        ' Öffne die Konfigurationsdatei.
        Dim config As System.Configuration.Configuration = _
        ConfigurationManager.OpenExeConfiguration(ConfigurationUserLevel.None)

        ' Erstelle den Anbieternamen.
        Dim provider As String = _
            "DataProtectionConfigurationProvider"
```

```
        ' Verschlüssel die Verbindungszeichenfolgen.
        Dim connStrings As ConfigurationSection = _
        config.ConnectionStrings
        connStrings.SectionInformation.ProtectSection(provider)
        connStrings.SectionInformation.ForceSave = True
        config.Save(ConfigurationSaveMode.Full)
    End Sub

    Private Sub DecryptConnectionString()
        ' Öffne die Konfigurationsdatei.
        Dim config As System.Configuration.Configuration = _
        ConfigurationManager.OpenExeConfiguration(ConfigurationUserLevel.None)

        ' Entschlüssel die Verbindungszeichenfolgen.
        Dim connStrings As ConfigurationSection = _
        config.ConnectionStrings
        connStrings.SectionInformation.UnprotectSection()
        connStrings.SectionInformation.ForceSave = True
        config.Save(ConfigurationSaveMode.Full)
    End Sub

    Private Sub EncryptButton_Click(ByVal sender As System.Object, _
        ByVal e As System.EventArgs) Handles EncryptButton.Click
        EncryptConnectionString()
    End Sub

    Private Sub DecryptButton_Click(ByVal sender As System.Object, _
        ByVal e As System.EventArgs) Handles DecryptButton.Click
        DecryptConnectionString()
    End Sub
End Class

// C#
using System;
using System.Collections.Generic;
using System.ComponentModel;
using System.Data;
using System.Drawing;
using System.Text;
using System.Windows.Forms;
using System.Configuration;

namespace SecuringConnectionsCS
{
    public partial class Form1 : Form
    {
        public Form1()
        {
            InitializeComponent();
        }
```

```
        private void EncryptConnectionString()
        {
            // Öffne die Konfigurationsdatei.
            System.Configuration.Configuration config =
                ConfigurationManager.OpenExeConfiguration(
                ConfigurationUserLevel.None);

            // Erstelle den Anbieternamen.
            string provider = "DataProtectionConfigurationProvider";

            // Verschlüssle die Verbindungszeichenfolgen.
            ConfigurationSection connstrings = config.ConnectionStrings;
            connstrings.SectionInformation.ProtectSection(provider);
            connstrings.SectionInformation.ForceSave = true;
            config.Save(ConfigurationSaveMode.Full);
        }

        private void DecryptConnectionString()
        {
            // Öffne die Konfigurationsdatei.
            System.Configuration.Configuration config =
                ConfigurationManager.OpenExeConfiguration(
                ConfigurationUserLevel.None);

            // Entschlüssle die Verbindungszeichenfolgen.
            ConfigurationSection connstrings = config.ConnectionStrings;
            connstrings.SectionInformation.UnprotectSection();
            connstrings.SectionInformation.ForceSave = true;
            config.Save(ConfigurationSaveMode.Full);
        }

        private void EncryptButton_Click(object sender, EventArgs e)
        {
            EncryptConnectionString();
        }

        private void DecryptButton_Click(object sender, EventArgs e)
        {
            DecryptConnectionString();
        }
    }
}
```

7. Starten Sie die Anwendung und klicken Sie die Schaltfläche *Verschlüsseln* an.
8. Navigieren Sie, während die Anwendung noch läuft, zum Projektordner und suchen Sie die Konfigurationsdatei (*SecuringConnectionStrings.vshost.exe.config*).
9. Öffnen Sie die Datei und überprüfen Sie, ob der Abschnitt `ConnectionStrings` verschlüsselt ist.
10. Wechseln Sie ins Formular und klicken Sie auf die *Entschlüsseln*-Schaltfläche.
11. Öffnen Sie die *.config*-Datei erneut und überprüfen Sie, ob die Verbindungszeichenfolge wieder in Klartext zu lesen ist.

Zusammenfassung der Lektion

- Windows-Authentifizierung (auch integrierte Sicherheit genannt) ist die empfohlene Methode für eine sichere Verbindung zu Datenquellen.
- Speichern Sie Verbindungszeichenfolgen, die sensible Daten enthalten, in der Anwendungskonfigurationsdatei und verschlüsseln Sie alle Einstellungen, die vertrauliche Informationen enthalten.

Lernzielkontrolle

Die folgenden Fragen dienen dazu, die wichtigsten Lerninhalte dieser Lektion zu vertiefen. Die Fragen sind (in englischer Sprache) auch auf der Begleit-CD zu finden, falls Sie die elektronische Form der Fragen vorziehen.

Hinweis Die Antworten

Die Antworten auf die Fragen und Erläuterungen, warum die entsprechende Antwort richtig oder falsch ist, finden Sie im Abschnitt „Antworten" am Ende des Buchs.

1. Welches Schlüssel/Wert-Paar wird in der Verbindungszeichenfolge für SQL Server 2000 und SQL Server 2005 angegeben, wenn die Windows-Authentifizierung verwendet werden soll? (Wählen Sie alle zutreffenden Antworten aus.)

   A. `Integrated security = yes`

   B. `Integrated Security = SSPI`

   C. `Integrated Security = True`

   D. `Trusted_Connection = Yes`

2. Wenn Sie einen Benutzernamen und ein Kennwort verwenden müssen, um eine Verbindung zu einer Datenbank herzustellen, wo sollten Sie diese sensiblen Daten dann speichern?

   A. Fest in die kompilierte Anwendung eingebunden

   B. In einer verschlüsselten Anwendungskonfigurationsdatei

   C. In einer Ressourcendatei, die zum Lieferumfang der Anwendung gehört

   D. In der Registrierung

3. Was ist die empfohlene Methode zur Sicherung sensibler Verbindungszeichenfolgedaten?

   A. Verschlüsseln der Daten in der Anwendungskonfigurationsdatei

   B. Verwenden eines „Codeverneblers" (code obfuscator)

   C. Verwenden der integrierten Sicherheit (Windows-Authentifizierung)

   D. Anforderung des Benutzernamens und Kennworts zur Laufzeit

Rückblick auf dieses Kapitel

Zur weiteren Übung und Vertiefung der Lerninhalte dieses Kapitels können Sie Folgendes tun:

- Arbeiten Sie die Zusammenfassung des Kapitels durch.
- Bearbeiten Sie die Übung mit Fallbeispiel. Diese Szenarien beschreiben anhand der Themen dieses Kapitels praxisnahe Situationen. Entwickeln Sie eine Lösung.
- Bearbeiten Sie die zusätzlichen Übungen.
- Machen Sie einen Übungstest.

Zusammenfassung des Kapitels

- Verbindungsobjekte werden für die Kommunikation zwischen Ihrer Anwendung und einer Datenquelle erstellt und mit einer gültigen Verbindungszeichenfolge konfiguriert. ADO.NET bietet vier primäre Verbindungsobjekte, mit deren Hilfe sich eine Verbindung zu praktisch jeder Standarddatenbank herstellen lässt.
- Verbindungsobjekte haben eine Reihe von Eigenschaften, Methoden und Ereignisse, die zum Öffnen und Schließen einer Verbindung zu einer Datenquelle dienen, Informationen über den aktuellen Zustand der Verbindung liefern und Warnmeldungen oder Informationsmeldungen von einer Datenquelle verfügbar machen.
- Verbindungsobjekte aktivieren standardmäßig Verbindungspooling. Durch die Angabe bestimmter Schlüsselwörter und Werte in der Verbindungszeichenfolge können Sie das Verbindungspooling steuern.
- Durch die Einbindung von Verbindungsmethodenaufrufen in einen `try-catch`-Block können Sie mithilfe der Klassen `SqlException` und `SqlError` Fehler bearbeiten, die SQL Server meldet.
- Durch die Verwendung von Windows-Authentifizierung und Anwendungskonfigurationsdateien können Sie sensible Informationen schützen, wie beispielsweise Kennwörter.

Schlüsselbegriffe

Wissen Sie, was die folgenden Schlüsselbegriffe bedeuten? Sie können Ihre Antworten überprüfen, indem Sie die Begriffe im Glossar am Ende des Buchs nachschlagen.

- Verbindungsobjekt
- Verbindungszeichenfolge
- Verbindungspool
- Verschlüsselung
- Integrierte Sicherheit

Übung mit Fallbeispiel

In den folgenden Übungen wenden Sie an, was Sie über das Konfigurieren von Verbindungen und Verbinden mit Daten erfahren haben. Die Antworten auf die Fragen finden Sie im Abschnitt „Antworten" am Ende des Buchs.

Szenario 1: Beheben von Problemen mit SQL-Verbindungen

Sie haben einen verlockenden Auftrag vom Alpine Ski House übernommen und sollen sich um die Anwendung zur Inventarverwaltung des Skihotels kümmern. Die Clientanwendung stellt eine Verbindung zu einer SQL Server-Datenbank her, in der das Inventar verwaltet wird. Sie haben beschlossen, die Anwendung vor Saisonbeginn zu testen. Als Sie die Anwendung zum ersten Mal starten und das Inventar überprüfen wollen, gibt es eine nicht behandelte Ausnahme, die ihren Ursprung beim SQL Server hat.

Wie können Sie die Anwendung so ändern, dass Benutzer Verbindungsprobleme leichter erkennen und gegebenenfalls beheben können?

Szenario 2: Sichern sensibler Daten

Sie arbeiten als Anwendungsentwickler bei Contoso Pharmaceuticals und sollen eine Anwendung neu schreiben, die im Haus für Forschung und Entwicklung verwendet wird. Das Erste, was Ihnen geradezu ins Auge springt, sind die Benutzernamen und Kennwörter, die im Klartext in der Codebasis gespeichert werden.

Erstellen Sie eine Liste der Maßnahmen, die Sie dem Management vorschlagen.

Vorgeschlagene Übungen

Bearbeiten Sie folgende Übungen, um Ihr Wissen über Datenverbindungen weiter zu vertiefen.

- **Übung 1** Erstellen Sie eine Anwendung, die mit verschiedenen Datenbanken arbeiten kann. Beim Start der Anwendung kann der Benutzer die Datenbank auswählen, die verwendet werden soll.
- **Übung 2** Entwerfen Sie einen wiederverwendbaren Codeblock, der zur Behandlung von SQL Server-Fehlern jedes Schweregrads verwendet werden kann.
- **Übung 3** Erstellen Sie eine Komponente, die jedes Mal, wenn eine Verbindung zu einer Datenbank geöffnet wird, einen entsprechenden Protokolleintrag schreibt.

Machen Sie einen Übungstest

Die Übungstests auf der Begleit-CD zu diesem Buch (in englischer Sprache) bieten zahlreiche Möglichkeiten. Zum Beispiel können Sie einen Test machen, der ausschließlich die Themen eines bestimmten Lernziels behandelt, oder Sie können sich selbst mit dem gesamten Inhalt der Prüfung 70-526 testen. Sie können den Test so konfigurieren, dass er dem Ablauf einer echten Prüfung entspricht, oder Sie können einen Lernmodus verwenden, in dem Sie sich nach dem Beantworten einer Frage jeweils sofort die richtige Antwort und die Erklärungen ansehen können.

Weitere Informationen Übungstests

Einzelheiten zu allen Optionen, die bei den Übungstests zur Verfügung stehen, finden Sie im Abschnitt „So benutzen Sie die Übungstests" in der Einführung am Anfang dieses Buchs.

KAPITEL 6

Arbeiten mit Daten in einer verbundenen Umgebung

Dieses Kapitel beschreibt, wie Befehlsobjekte eingesetzt werden, um in einer Anwendung SQL-Anweisungen auszuführen, gespeicherte Prozeduren aufzurufen und Operationen mit dem Katalog einer Datenbank durchzuführen. Außer der Beschreibung, wie Befehle ausgeführt werden, werden wir auch noch die Verwendung des `DataReader`-Objekts besprechen, das den Zugriff auf die Daten ermöglicht, die durch die Ausführung der Befehle von der Datenbank zurückgegeben werden.

In diesem Kapitel abgedeckte Prüfungsziele:

- Erstellen, Hinzufügen, Löschen und Bearbeiten von Daten in einer verbundenen Umgebung
  - Abrufen von Daten mithilfe eines `DataReader`-Objekts
  - Zusammenstellen von SQL-Befehlen im Server-Explorer
  - Zusammenstellen von SQL-Befehlen im Programmcode
  - Erstellen von Parametern für ein Befehlsobjekt
  - Durchführen von Datenbankoperationen mit einem Befehlsobjekt
  - Abrufen von Daten aus einer Datenbank mithilfe eines Befehlsobjekts
  - Durchführen von asynchronen Operationen mit einem Befehlsobjekt
  - Durchführen von Massenkopieoperationen
  - Speichern und Abrufen von großen Binärobjekt-Datentypen (BLOB) in einer Datenbank
- Verwalten von Verbindungen und Transaktionen
  - Durchführen von Transaktionen mit dem `Transaction`-Objekt

Lektionen in diesem Kapitel:

Bevor Sie beginnen

Die Bearbeitung der Lektionen dieses Kapitels setzt Folgendes voraus:

- Einen Computer, der den Mindestanforderungen an die Hardware entspricht, wie sie am Anfang des Buchs im Abschnitt „Einführung" beschrieben wurden.
- Visual Studio 2005 Professional Edition ist auf Ihrem Computer installiert.
- Sie verfügen über Grundkenntnisse der Syntax von Microsoft Visual Basic oder C# und über das .NET Framework.
- Es stehen Datenquellen zur Verfügung, wie SQL Server 2005 (auch SQL Server 2005 Express Edition ist in Ordnung), die NorthWind-Traders-Beispieldatenbank für SQL Server und die Access-Datenbankdatei *Nwind.mdb*.
- Sie verfügen über Grundkenntnisse über relationale Datenbanken.
- Sie haben die Übungen von Kapitel 5, „Konfigurieren von Verbindungen und Verbinden mit Daten" abgeschlossen oder die Konzepte verstanden.

Praxistipp

Steve Stein

Als ich mit der ersten Version von ADO.NET begann, mich in die Programmierung von Datenbankanwendungen einzuarbeiten, fiel es mir nicht leicht, die Zusammenhänge zwischen den vielen verschiedenen Objekten des Namensraums `System.Data` zu verstehen. Später wurde mir klar, dass ich versuchte, die komplexen Objekte `DataSet` und `DataAdapter` zu verstehen, ohne über das erforderliche Grundwissen über die Objekte zu verfügen, aus denen sich `DataSet` und `DataAdapter` zusammensetzen. Damit sind insbesondere Verbindungs-, Befehls- und Parameterobjekte gemeint. Erst als ich begriff, wie diese Dateninfrastrukturobjekte funktionieren, konnte ich die Arbeitsweise der komplexeren Objekte verstehen, die man gewöhnlich in den meisten Windows-Anwendungen verwendet.

Lektion 1: Erstellen und Ausführen von Befehlsobjekten

Diese Lektion beschreibt, wie man mithilfe von Befehlsobjekten SQL-Anweisungen auf einer Datenbank ausführt, gespeicherte Prozeduren aufruft und Katalogoperationen durchführt (indem man zum Beispiel Datenbankobjekte wie Tabellen und gespeicherte Prozeduren erstellt). Außerdem beschreibt diese Lektion die Verwendung des `DataReader`-Objekts, das die Daten enthält, die durch die Ausführung der Befehle abgerufen wurden. Sie erfahren, wie man die ermittelten Daten auflistet und auf die Daten zugreift.

Am Ende dieser Lektion werden Sie in der Lage sein, die folgenden Aufgaben auszuführen:

- Zusammenstellen von SQL-Befehlen im Programmcode
- Durchführen von Datenbankoperationen mit einem Befehlsobjekt
- Durchführen von asynchronen Operationen mit einem Befehlsobjekt
- Abrufen von Daten aus einer Datenbank mithilfe eines Befehlsobjekts
- Abrufen von Daten mithilfe eines `DataReader`-Objekts

Veranschlagte Zeit für diese Lektion: 60 Minuten

Was sind Befehlsobjekte?

Zur Ausführung von SQL-Anweisungen und gespeicherten Prozeduren auf einer Datenbank (von Ihrer Anwendung aus) verwenden Sie *Befehlsobjekte*. Befehlsobjekte enthalten die Informationen, die zur Ausführung von SQL-Anweisungen, gespeicherten Prozeduren, Funktionen und so weiter auf einer Datenquelle erforderlich sind, wie auch zur Rückgabe der ermittelten Daten an die Anwendung und zur Durchführung von Datenbankkatalogoperationen, beispielsweise zur Erstellung, Änderung und Löschung von Datenbankobjekten. Anders gesagt, Sie können Befehlsobjekte verwenden, um beliebige gültige SQL-Anweisungen auszuführen.

Hinweis SQL-Anweisungen und gespeicherte Prozeduren

SQL-Anweisungen (SQL bedeutet übrigens Structured Query Language) sind die eigentlichen Befehle, die zur Ausführung an einen SQL-Server gesendet werden. Mit solchen Befehlen kann man Daten bearbeiten oder die Definition der Datenbank ändern. Gespeicherte Prozeduren sind SQL-Anweisungen, die in der Datenbank gespeichert werden und bei Bedarf wiederverwendet und ausgeführt werden können. Wenn Sie zum Beispiel feststellen, dass Sie immer wieder dieselben SQL-Anweisungen geben (oder dieselbe Folge von SQL-Anweisungen), könnten Sie überprüfen, ob es nicht sinnvoll wäre, entsprechende gespeicherte Prozeduren zu erstellen, um die Datenzugriffslogik zu vereinfachen.

Wie bei den Verbindungsobjekten gibt es für jeden .NET Framework-Datenanbieter auch ein passendes Befehlsobjekt. Wählen Sie das Befehlsobjekt, das zu dem .NET Framework-Datenanbieter passt, den Sie für die Kommunikation mit der Datenquelle verwenden. Wenn Sie den .NET Framework-Datenanbieter für SQL Server verwenden, wählen Sie ein `SqlCommand`-Objekt. Verwenden Sie stattdessen den .NET Framework-Datenanbieter für OLE DB, wäre ein `OleDbCommand`-Objekt die richtige Wahl.

Die wichtigsten Eigenschaften eines Befehlsobjekts sind die Eigenschaften `CommandText`, `CommandType` und `Connection`. Legen Sie für die Eigenschaft `CommandType` den Wert fest, der dem Befehl entspricht, der auf der Datenquelle ausgeführt werden soll. Zur Ausführung einer Standard-SQL-Anweisung stellen Sie die Eigenschaft `CommandType` auf `Text` (mit der Zuweisung `SqlCommand.CommandType = ComandType.Text`) und legen für die Eigenschaft `CommandText` dann eine Zeichenfolge mit der SQL-Anweisung fest, die ausgeführt werden soll. Zur Ausführung einer gespeicherten Prozedur stellen Sie die Eigenschaft `CommandType` auf `StoredProcedure` (mit der Zuweisung `SqlCommand.CommandType = CommandType.StoredProcedure`) und legen für die Eigenschaft `CommandText` dann den Namen der gespeicherten Prozedur fest. Außerdem können Sie Befehlsobjekte so konfigurieren, dass sie asynchron oder in einem bestimmten Transaktionskontext ausgeführt werden.

Tabelle 6.1 beschreibt die wichtigsten Befehlsobjekte, die in ADO.NET verfügbar sind, und die Datenquellen, für die sie vorgesehen sind.

Tabelle 6.1 Befehlsobjekte

Name	**Vorgesehene Datenquelle**
`SqlCommand`	SQL Server 2000- und SQL Server 2005-Datenbanken
`OleDbCommand`	OLE DB-Datenquellen (wie Access-Datenbanken via Jet 4.0)
`OdbcCommand`	ODBC-Datenquellen (Open Database Connectivity), beispielsweise ein Datenquellenname (DSN), wie im Dialogfeld *ODBC-Datenquellen-Administrator* definiert.
`OracleCommand`	Oracle 7.3-, 8i- oder 9i-Datenbanken

Tabelle 6.2 beschreibt die wichtigsten Eigenschaften der Befehlsobjekte.

Tabelle 6.2 Wichtige Eigenschaften der Befehlsobjekte

Name	**Beschreibung**
`CommandText`	Geben Sie hier eine beliebige gültige SQL-Anweisung an oder den Namen einer gültigen gespeicherten Prozedur. Der Wert in `CommandType` bestimmt die Art der Ausführung.
`CommandTimeout`	Die Zahl der Sekunden, bis der Versuch abgebrochen wird, einen Befehl auszuführen.
`CommandType`	Wird gewöhnlich auf `Text` gestellt (führe `CommandText` als eine SQL-Anweisung aus) oder auf `StoredProcedure` (führe die gespeicherte Prozedur aus, die in der Eigenschaft `CommandText` genannt wird).
`Connection`	Legen Sie hier das Verbindungsobjekt fest, das zur Übermittlung des Befehls benutzt werden soll.
`Parameters`	Die Parameterauflistung des Befehlsobjekts. Wenn parametrisierte Abfragen oder gespeicherte Prozeduren ausgeführt werden, müssen Sie die benötigten Parameterobjekte zu dieser Auflistung hinzufügen.
`Transaction`	Die `SqlTransaction`, in welcher der Befehl ausgeführt wird.

Tabelle 6.3 beschreibt wichtige Methoden der Befehlsobjekte.

Tabelle 6.3 Wichtige Methoden der Befehlsobjekte

Name	Beschreibung
Cancel	Versucht, die Ausführung eines Befehls abzubrechen.
ExecuteNonQuery	Führt SQL-Anweisungen oder gespeicherte Prozeduren aus, die keine Daten zurückgeben.
ExecuteReader	Führt Befehle aus, die Datentabellen (oder Datensätze) zurückgeben.
ExecuteScalar	Führt SQL-Anweisungen oder gespeicherte Prozeduren aus, die einen einzigen Wert zurückgeben. Wenn Sie ExecuteScalar mit einer Anweisung aufrufen, die mehrere Datensätze (Zeilen) ergibt, wird die Abfrage zwar ausgeführt, aber nur der erste Wert aus der ersten Zeile wird zurückgegeben. Alle weiteren Zeilen und Spalten werden ignoriert.
ExecuteXMLReader	Gibt XML-formatierte Daten zurück. Gibt ein System.Xml.XmlReader-Objekt zurück.

Tabelle 6.4 beschreibt wichtige Ereignisse von Befehlsobjekten.

Tabelle 6.4 Wichtige Ereignisse von Befehlsobjekten

Name	Beschreibung
Disposed	Wird ausgelöst, wenn das Befehlsobjekt verworfen wird.
StatementCompleted (nur SqlCommand)	Tritt auf, wenn die Ausführung einer SQL-Anweisung abgeschlossen wurde.

Erstellen und Konfigurieren von Befehlsobjekten

Sie erstellen Befehlsobjekte, indem Sie eine Instanz der gewünschten Befehlsklasse anlegen und die Eigenschaften CommandType und CommandText einstellen. Zur Ausführung des Befehls müssen Sie außerdem in der Eigenschaft Connection des Befehlsobjekts ein gültiges Verbindungsobjekt angeben.

Erstellen eines Befehlsobjekts, das eine SQL-Anweisung ausführt

Zur Ausführung von SQL-Anweisungen auf einer Datenbank stellen Sie die Eigenschaft CommandType des Befehlsobjekts auf Text und legen in der Eigenschaft CommandText die SQL-Anweisung fest, die ausgeführt werden soll.

Der folgende Code zeigt, wie man ein Befehlsobjekt erstellt, das eine SELECT-Abfrage nach allen Kunden aus der Beispieldatenbank *Northwind Traders* durchführt:

```
' VB
Dim CustomersCommand As New SqlCommand
CustomersCommand.Connection = NorthwindConnection
CustomersCommand.CommandType = CommandType.Text
CustomersCommand.CommandText = "SELECT CustomerID, CompanyName FROM Customers"

// C#
SqlCommand CustomersCommand = new SqlCommand();
CustomersCommand.Connection = NorthwindConnection;
CustomersCommand.CommandType = CommandType.Text;
CustomersCommand.CommandText = "SELECT CustomerID, CompanyName FROM Customers";
```

Erstellen eines Befehlsobjekts, das eine gespeicherte Prozedur ausführt

Zur Ausführung von Prozeduren, die in einer Datenbank gespeichert sind, stellen Sie die Eigenschaft `CommandType` auf `StoredProcedure` und geben in der Eigenschaft `CommandText` den Namen der gespeicherten Prozedur an, die ausgeführt werden soll.

Der folgende Code zeigt, wie man ein Befehlsobjekt erstellt, das eine gespeicherte Prozedur namens `Ten Most Expensive Products` in der *Northwind Traders*-Beispieldatenbank ausführt:

```
' VB
Dim TopTenCommand As New SqlCommand
TopTenCommand.Connection = NorthwindConnection
TopTenCommand.CommandType = CommandType.StoredProcedure
TopTenCommand.CommandText = "Ten Most Expensive Products"

// C#
SqlCommand TopTenCommand = new SqlCommand();
TopTenCommand.Connection = NorthwindConnection;
TopTenCommand.CommandType = CommandType.StoredProcedure;
TopTenCommand.CommandText = "Ten Most Expensive Products";
```

Erstellen eines Befehlsobjekts, das Katalogoperationen durchführt

Zur Durchführung von DML-Aktionen (Data Manipulation Language) auf einer Datenbank erstellen Sie ein Befehlsobjekt, das SQL-Anweisungen durchführt, und rufen die Methode `ExecuteNonQuery` des Befehlsobjekts auf. Um zum Beispiel mit einem Befehlsobjekt eine neue Tabelle in einer Datenbank anzulegen, können Sie Code wie den folgenden verwenden:

```
' VB
Dim CreateTableCommand As New SqlCommand

CreateTableCommand.Connection = NorthwindConnection
CreateTableCommand.CommandType = CommandType.Text
CreateTableCommand.CommandText = "CREATE TABLE SalesPersons (" & _
            "[SalesPersonID] [int] IDENTITY(1,1) NOT NULL, " & _
            "[FirstName] [nvarchar](50)  NULL, " & _
            "[LastName] [nvarchar](50)  NULL)"

// C#
SqlCommand CreateTableCommand = new SqlCommand();

CreateTableCommand.Connection = NorthwindConnection;
CreateTableCommand.CommandType = CommandType.Text;
CreateTableCommand.CommandText = "CREATE TABLE SalesPersons (" +
            "[SalesPersonID] [int] IDENTITY(1,1) NOT NULL, " +
            "[FirstName] [nvarchar](50)  NULL, " +
            "[LastName] [nvarchar](50)  NULL)";
```

Erstellen eines Befehlsobjekts, das einen einzelnen Wert zurückgibt

Zum Abrufen eines einzelnen Werts (skalarer Wert) aus einer Datenbank erstellen Sie ein Befehlsobjekt, das SQL-Anweisungen oder gespeicherte Prozeduren ausführt, die einen einzelnen Wert zurückgeben (im Gegensatz zu den Befehlen, die Datensätze oder Tabellen zurückgeben). Stellen

Sie die Eigenschaft `CommandText` auf eine SQL-Anweisung oder eine gespeicherte Prozedur ein, die einen einzelnen Wert liefert, und rufen Sie die Methode `ExecuteScalar` des Befehlsobjekts auf. Deklarieren Sie eine Variable mit dem Datentyp des Einzelwerts, der von der Datenbank angefordert wird, und konvertieren Sie den Ergebnistyp des `ExecuteScalar`-Aufrufs in den erwarteten Datentyp. (Die Methode `ExecuteScalar` gibt ein `Object` zurück, das Sie in den erwarteten Datentyp konvertieren müssen.) Im folgenden Beispiel gibt die SQL-Anweisung einen `Integer` zurück. Also konvertieren Sie das Ergebnis von `ExecuteScalar` in einen `Integer`. Vergessen Sie aber nicht, dass Sie den Rückgabewert von `ExecuteScalar` immer in den Typ konvertieren müssen, den Ihre spezielle Datenbankabfrage ergibt.

Um beispielsweise das Ergebnis einer SQL-Anweisung abzurufen, die eine Aggregatfunktion ausführt (sie ermittelt zum Beispiel die Zahl der Kunden), können Sie Code wie den folgenden verwenden:

```
' VB
Dim ExecuteScalarCommand As New SqlCommand
ExecuteScalarCommand.Connection = NorthwindConnection
ExecuteScalarCommand.CommandType = CommandType.Text
ExecuteScalarCommand.CommandText = "SELECT Count(*) FROM Customers"

' Öffne die Verbindung und führe den Befehl aus.
ExecuteScalarCommand.Connection.Open()
Dim CustomerCount As Integer = CInt(ExecuteScalarCommand.ExecuteScalar)
MessageBox.Show("Es gibt " & CustomerCount.ToString & " Kunden")
ExecuteScalarCommand.Connection.Close()

// C#
SqlCommand ExecuteScalarCommand = new SqlCommand();
ExecuteScalarCommand.Connection = NorthwindConnection;
ExecuteScalarCommand.CommandType = CommandType.Text;
ExecuteScalarCommand.CommandText = "SELECT Count(*) FROM Customers";

// Öffne die Verbindung und führe den Befehl aus.
ExecuteScalarCommand.Connection.Open();
int CustomerCount = (int)ExecuteScalarCommand.ExecuteScalar();
MessageBox.Show("Es gibt " + CustomerCount.ToString() + " Kunden");
ExecuteScalarCommand.Connection.Close();
```

Wenn der Befehl im obigen Beispiel ausgeführt wird, wird der Wert, den die Datenbank zurückgibt, der Variablen `CustomerCount` zugewiesen und zur Überprüfung in einem Meldungsfeld angezeigt.

Erstellen eines Befehlsobjekts, das XML-Daten zurückgibt

Sie können Befehlsobjekte auch so konfigurieren, dass die Daten im XML-Format zurückgegeben werden. Zum Abrufen von Daten im XML-Format erstellen Sie ein Befehlsobjekt, das SQL-Anweisungen ausführt, die XML zurückgeben oder auf der Datenbank im XML-Format vorliegende Daten liefern. Legen Sie in der Eigenschaft `CommandText` eine SQL-Anweisung fest, die XML zurückgibt, und rufen Sie die Methode `ExecuteXMLReader` des Befehlsobjekts auf. Die Methode `ExecuteXMLReader` gibt ein `System.Xml.XmlReader`-Objekt zurück, ähnlich dem `DataReader`, mit der Ausnahme, dass es für den Zugriff auf Daten ausgelegt ist, die im XML-Format vorliegen.

Um beispielsweise die Ergebnisse einer SQL-Abfrage als wohlgeformtes XML abzurufen, verwenden Sie Code wie den folgenden:

```
' VB
Dim ExecuteXMLCommand As New SqlCommand
ExecuteXMLCommand.Connection = NorthwindConnection
ExecuteXMLCommand.CommandType = CommandType.Text

' Fügen Sie die XML Auto-Klausel ein, damit die Daten als
' wohlgeformtes XML zurückgegeben werden.
ExecuteXMLCommand.CommandText = "SELECT CustomerID FROM Customers For XML Auto"

ExecuteXMLCommand.Connection.Open()
Dim reader As System.Xml.XmlReader = ExecuteXMLCommand.ExecuteXmlReader
' Fügen Sie hier den Code ein, der die Daten des XMLReaders ausliest.
reader.Close()
ExecuteXMLCommand.Connection.Close()

// C#
SqlCommand ExecuteXMLCommand = new SqlCommand();
ExecuteXMLCommand.Connection = NorthwindConnection;
ExecuteXMLCommand.CommandType = CommandType.Text;

// Fügen Sie die XML Auto-Klausel ein, damit die Daten als
// wohlgeformtes XML zurückgegeben werden.
ExecuteXMLCommand.CommandText = "SELECT CustomerID FROM Customers For XML Auto";

ExecuteXMLCommand.Connection.Open();
System.Xml.XmlReader reader = ExecuteXMLCommand.ExecuteXmlReader();
// Fügen Sie hier den Code ein, der die Daten des XMLReaders ausliest.
reader.Close();
ExecuteXMLCommand.Connection.Close();
```

Erstellen von SQL-Befehlen (SQL-Anweisungen) mit dem Abfrage-Designer

Zur Konfiguration von Befehlsobjekten können Sie auch den Abfrage-Designer verwenden. Er unterstützt Sie bei der Erstellung der SQL-Anweisungen für die Befehlsobjekte, die auf der Datenbank ausgeführt werden sollen.

Um mit dem Abfrage-Designer Abfragen zu erstellen, wählen Sie in Server-Explorer eine Datenbank und wählen im *Daten*-Menü *Neue Abfrage*. Der Abfrage-Designer öffnet sich und präsentiert eine Liste der Objekte, die in der Datenbank vorhanden sind (Tabellen, Ansichten und so weiter) und die Sie zu Ihrer Abfrage hinzufügen können.

Nachdem Sie die Tabellen hinzugefügt und die Spalten ausgewählt haben, können Sie die Abfrage noch vervollständigen, indem Sie eine Sortierung nach den gewünschten Spalten und die gewünschten Filter festlegen. Im Menü *Abfrage-Designer* stehen weitere Befehle zur Verfügung, zum Beispiel der Befehl, die Abfrage auszuführen.

Durchführen von Datenbankoperationen mit Befehlsobjekten

Nach der Konfiguration eines Befehlsobjekts mit der SQL-Anweisung oder der gespeicherten Prozedur, die ausgeführt werden soll, müssen Sie explizit den Befehl zur Ausführung geben, um Daten von der Datenbank zu erhalten. In einigen der gezeigten Codebeispiele war schon zu sehen, wie eine der verfügbaren Ausführungsmethoden eines Befehlsobjekts aufgerufen wird. Sehen wir uns die Methoden zur Ausführung von Befehlen etwas genauer an.

Jedes Befehlsobjekt verfügt über drei wichtige Ausführungsmethoden, die aufgerufen werden können, um Daten abzurufen, Daten zu aktualisieren, gespeicherte Prozeduren und Funktionen aufzurufen oder Katalogoperationen durchzuführen, wie beispielsweise die Ausführung von DDL-Befehlen (Data Definition Language) auf einer Datenquelle.

Tabelle 6.5 beschreibt die Ausführungsmethoden, die für .NET Framework-Datenanbieter verfügbar sind.

Hinweis Asynchrone Methoden

Im Verlauf dieses Kapitels werden weitere Methoden für die asynchrone Ausführung von Befehlen beschrieben.

Tabelle 6.5 Ausführungsmethoden von Befehlsobjekten

Methode	Beschreibung
`ExecuteReader`	Verwenden Sie diese Methode, wenn SQL-Anweisungen oder gespeicherte Prozeduren ausgeführt werden sollen, die Daten in Tabellenform zurückgeben (einen oder mehrere Datensätze).
`ExecuteScalar`	Verwenden Sie diese Methode, wenn SQL-Anweisungen ausgeführt werden sollen, die nur einen einzigen Wert zurückgeben.
`ExecuteNonQuery`	Verwenden Sie diese Methode, wenn Katalogoperationen durchgeführt werden sollen, wie zum Beispiel die Erstellung von Datenbankobjekten, die Ausführung von gespeicherten Prozeduren, die keine Daten zurückgeben, oder Befehle zum Einfügen, Aktualisieren oder Löschen, bei denen keine Daten zurückgegeben werden sollen.
`ExecuteXmlReader` (nur `SqlCommand`)	Verwenden Sie diese Methode zur Ausführung von SQL-Anweisungen oder gespeicherten Prozeduren, die Daten im XML-Format zurückgeben.

Schnelltest

1. Welche `CommandType`-Einstellung benutzen Sie zur Ausführung einer SQL-Anweisung, die in einer Datenbank eine neue Tabelle erstellt?
2. Welcher Datentyp wird von der Methode `ExecuteScalar` eines Befehlsobjekts zurückgegeben?
3. Welche sind die drei wichtigsten Eigenschaften, die Sie vor der Ausführung eines Befehlsobjekts einstellen müssen?

Antworten zum Schnelltest

1. Sie stellen CommandType auf CommandType.Text, weil Sie in der Eigenschaft CommandText die SQL-Standardanweisung CREATE TABLE angeben.
2. ExecuteScalar gibt ein Object zurück. Deswegen müssen Sie den Rückgabewert in einen Typ konvertieren, der dem abgerufenen Wert entspricht.
3. Connection, CommandType und CommandText.

Asynchrones Ausführen von Befehlen

Neben den Ausführungsbefehlen, die in Tabelle 6.5 beschrieben werden, gibt es noch einige andere Methoden, die speziell für die asynchrone Ausführung von Befehlen eingesetzt werden. Asynchrone Ausführung bedeutet, dass der Befehl in einem separaten Thread ausgeführt wird, damit die Benutzer nicht auf die Ausführung des Befehls warten müssen, sondern in anderen Bereichen der Anwendung weiterarbeiten können. Befehle, die nicht asynchron ausgeführt werden, können zum Beispiel dazu führen, dass ein Formular scheinbar „eingefroren" ist, bis die Ausführung des Befehls abgeschlossen ist. Es bietet sich an, einen Befehl asynchron auszuführen, wenn die Durchführung einige Zeit in Anspruch nehmen wird und in der Zwischenzeit andere Arbeiten in der Anwendung erledigt werden können.

Tabelle 6.6 beschreibt Methoden eines Befehlsobjekts, die für die asynchrone Ausführung von Befehlen verwendet werden.

Tabelle 6.6 Asynchrone Ausführungsmethoden der Befehlsobjekte

Methode	Beschreibung
BeginExecuteNonQuery	Leitet die Ausführung der asynchronen Version der Methode ExecuteNonQuery ein.
BeginExecuteReader	Leitet die Ausführung der asynchronen Version der Methode ExecuteReader ein.
BeginExecuteXmlReader	Leitet die Ausführung der asynchronen Version der Methode ExecuteXmlReader ein.
EndExecuteNonQuery	Rufen Sie diese Methode auf, nachdem das Ereignis StatementCompleted ausgelöst wurde, um die Ausführung des Befehls abzuschließen.
EndExecuteReader	Rufen Sie diese Methode auf, nachdem das Ereignis StatementCompleted ausgelöst wurde, um den DataReader mit den angeforderten Daten anzunehmen, der von der Methode zurückgegeben wird.
EndExecuteXMLReader	Rufen Sie diese Methode auf, nachdem das Ereignis StatementCompleted ausgelöst wurde, um den XmlReader mit den angeforderten Daten anzunehmen, der von der Methode zurückgegeben wird.

Wenn ein Befehl asynchron ausgeführt wird, rufen Sie explizit die Begin- und die End-Methode des betreffenden Befehlsobjekts auf. Durch den Aufruf der Begin-Methode wird der Befehl (eine SQL-Anweisung oder der Aufruf einer gespeicherten Prozedur) an die Datenbank übermittelt. Anschließend können Sie in der Anwendung andere Arbeiten durchführen. Wenn die Durchführung des Befehls abgeschlossen ist, wird das Ereignis StatementCompleted ausgelöst. Dadurch erfährt die Anwendung, dass sie nun die End-Methode des Befehlsobjekts aufrufen und die gewünschten Daten zur weiteren Bearbeitung in Empfang nehmen kann.

Der folgende Code zeigt, wie die Arbeit im Programm weitergeführt werden kann, während ein Befehl asynchron ausgeführt wird.

```
' VB
Dim results As New System.Text.StringBuilder

Dim NorthWindConnection As New SqlConnection("Data Source=.\;Initial Catalog=Northwind;" & _
    "Integrated Security=True; asynchronous processing = true")
Dim command1 As New SqlCommand("WAITFOR DELAY '00:00:05'; " & _
    "Select * From [Order Details]", NorthWindConnection)

NorthWindConnection.Open()
Dim r As IAsyncResult = command1.BeginExecuteReader

MessageBox.Show("Der Befehl wurde eingeleitet, aber die Anwendung kann diese " & _
                "Meldung anzeigen, bevor die Ergebnisse eintreffen!")

Dim reader As SqlDataReader = command1.EndExecuteReader(r)
While reader.Read
    For i As Integer = 0 To reader.FieldCount - 1
        results.Append(reader(i).ToString & vbTab)
    Next
    results.Append(Environment.NewLine)
End While

reader.Close()
command1.Connection.Close()
MessageBox.Show(results.ToString)

// C#
System.Text.StringBuilder results = new System.Text.StringBuilder();
SqlConnection NorthWindConnection = new SqlConnection(
    "Data Source=.\\;Initial Catalog=Northwind;" +
    "Integrated Security=True; asynchronous processing = true");
SqlCommand command1 = new SqlCommand("WAITFOR DELAY '00:00:05'; " +
    "Select * From [Order Details]", NorthWindConnection);
NorthWindConnection.Open();
IAsyncResult r  = command1.BeginExecuteReader();

MessageBox.Show("Der Befehl wurde eingeleitet, aber die Anwendung kann diese " +
    "Meldung anzeigen, bevor die Ergebnisse eintreffen!");

SqlDataReader reader =  command1.EndExecuteReader(r);
while (reader.Read())
{
    for (int i = 0; i< reader.FieldCount - 1; i++)
    {
        results.Append(reader[i].ToString() + "\t");
    }
    results.Append(Environment.NewLine);
}
```

```
reader.Close();
command1.Connection.Close();
MessageBox.Show(results.ToString());
```

Ausführen von mehreren SQL-Anweisungen mit einem *DataReader*

Sie können mit der Kombination von Befehlsobjekt und `DataReader` nicht nur eine einzelne SQL-Anweisung durchführen, sondern auch die Ergebnisse von mehreren SQL-Anweisungen abrufen. Zur Ausführung mehrerer SQL-Anweisungen geben Sie die gewünschten SQL-Anweisungen in der Eigenschaft `CommandText` eines Befehlsobjekts an, und zwar jeweils durch ein Semikolon (;) voneinander getrennt. Nach dem Aufruf der Methode `ExecuteReader` enthält der `DataReader` so viele Ergebnisse (Resultsets), wie es der Anzahl der ausgeführten SQL-Anweisungen entspricht. Für den Zugriff auf die Daten der zusätzlichen Anweisungen rufen Sie die Methode `NextResult` des `DataReader`-Objekts auf.

Der folgende Beispielcode erstellt ein `SqlCommand`-Objekt und richtet es so ein, dass zwei separate SQL-Anweisungen ausgeführt werden, die Daten aus verschiedenen Tabellen zurückgeben. Für den Zugriff auf die zusätzlichen Daten überprüfen Sie den Rückgabewert der Methode `DataReader.NextResult`. Gibt die Methode `True` zurück, liegt noch ein weiteres Ergebnis im `DataReader` vor. Gibt sie `False` zurück, liegt kein weiteres Ergebnis mehr vor.

Hinweis Erweitern eines Übungsprogramms

Sie können den Code im Ereignishandler `ExecuteSqlButton` des nachfolgenden Übungsprogramms erweitern, um das Abrufen von mehreren Ergebnissen auszuprobieren.

```
' VB
ExecuteSqlCommand.CommandText = "SELECT CustomerID, CompanyName" _
    & "FROM Customers; SELECT ProductName, UnitsInStock FROM Products"
Dim reader As SqlDataReader = ExecuteSqlCommand.ExecuteReader

Dim MoreResults As Boolean = True

Do While MoreResults
    While reader.Read
        For i As Integer = 0 To reader.FieldCount - 1
            results.Append(reader(i).ToString & vbTab)
        Next
        results.Append(Environment.NewLine)
    End While
    MoreResults = reader.NextResult()
Loop

// C#
ExecuteSqlCommand.CommandText = "SELECT CustomerID, CompanyName FROM " +
    "Customers; SELECT ProductName, UnitsInStock FROM Products";
SqlDataReader reader = ExecuteSqlCommand.ExecuteReader();

bool MoreResults = false;
```

```
do
{
    while (reader.Read())
    {
        for (int i = 0; i < reader.FieldCount; i++)
        {
            results.Append(reader[i].ToString() + "\t");
        }
        results.Append(Environment.NewLine);
    }
    MoreResults = reader.NextResult();
} while (MoreResults);
```

Übung: Ausführen von SQL-Anweisungen und Aufrufen von gespeicherten Prozeduren

In dieser Übung verwenden Sie Befehlsobjekte, um SQL-Anweisungen auszuführen und gespeicherte Prozeduren aufzurufen. Außerdem verwenden Sie zur Annahme und Auswertung der abgerufenen Daten ein `DataReader`-Objekt.

► **Übung 1: Ausführen von SQL-Anweisungen und Aufrufen von gespeicherten Prozeduren**

Erstellen Sie eine Windows-Anwendung mit Befehlsobjekten. Sie führen verschiedene Arten von Abfragen durch und rufen gespeicherte Prozeduren und Funktionen auf, wie man es auch in einer kommerziellen Anwendung tun würde.

1. Erstellen Sie eine Windows-Anwendung und nennen Sie die Anwendung **ExecutingCommands**.
2. Fügen Sie ein `TextBox`-Steuerelement zu `Form1` hinzu legen Sie folgende Eigenschaften fest:
   - *Name* = **ResultsTextBox**
   - *Multiline* = *True*
   - *ScrollBars* = *Both*
3. Fügen Sie unter dem `TextBox`-Steuerelement eine Schaltfläche ein und legen Sie folgende Eigenschaften fest:
   - *Name* = **ExecuteSqlButton**
   - *Text* = **SQL ausführen**
4. Fügen Sie eine zweite Schaltfläche hinzu und legen Sie folgende Eigenschaften fest:
   - *Name* = **ExecuteSprocButton**
   - *Text* = **Gespeicherte Prozedur ausführen**
5. Fügen Sie eine dritte Schaltfläche hinzu und legen Sie folgende Eigenschaften fest:
   - *Name* = **CreateTableButton**
   - *Text* = **Tabelle erstellen**

   Ordnen Sie die Steuerelemente wie in Abbildung 6.1 ein.

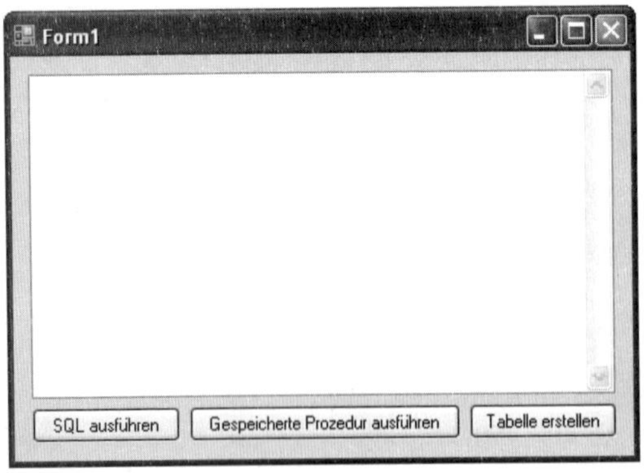

Abbildung 6.1 Ein Formular mit Steuerelementen für die Ausführung von SQL-Anweisungen und gespeicherten Prozeduren

Implementieren Sie nun den Code und die Funktionalität, die erforderlich ist, um eine einfache `SELECT`-Anweisung durchzuführen und das Textfeld mit einer Liste der *CustomerID*- und *CompanyName*-Werte aus der *Customers*-Tabelle der Datenbank *Northwind Traders* zu versorgen. Wie Sie bereits wissen, müssen Sie zur Ausführung von SQL-Anweisungen die Methode `ExecuteReader` des Befehlsobjekts aufrufen. Die Methode `ExecuteReader` gibt ein `DataReader`-Objekt zurück, in dem die Daten enthalten sind, die von der SQL-Anweisung ermittelt wurden. Das `DataReader` bietet den schreibgeschützten Zugriff auf eine Folge von Tabellenzeilen (Datensätzen), die der Reihe nach gelesen werden müssen. Anders gesagt, wenn Sie den `DataReader` erhalten haben, können Sie eigentlich nichts weiter tun, als die enthaltenen Daten auszulesen, bis der `DataReader` leer ist. Dann schließen Sie den `DataReader` und werfen ihn weg.

6. Klicken Sie die Schaltfläche *SQL ausführen* mit einem Doppelklick an, um den `Click`-Ereignishandler zu erstellen und in die Codeansicht zu wechseln.
7. Fügen Sie den folgenden Code in die Klasse `Form1` ein, damit der Namespace `SqlClient` verfügbar wird und eine formularweit gültige Verbindung zur *Northwind Traders*-Datenbank hergestellt wird.

Hinweis ***NorthwindConnection*-Verbindungszeichenfolge**

Ändern Sie die Verbindungszeichenfolge von `NorthwindConnection` so ab, dass sich auf Ihrem System eine Verbindung mit der *Northwind Traders*-Datenbank ergibt.

```
' VB
Imports System.Data
Imports System.Data.SqlClient

Public Class Form1
    Private NorthwindConnection As New SqlConnection _
        ("Data Source=.\sqlexpress;Initial Catalog=Northwind;" & _
         "Integrated Security=True")
```

```
    Private Sub ExecuteSqlButton_Click _
        (ByVal sender As System.Object, ByVal e As System.EventArgs) _
        Handles ExecuteSqlButton.Click
    End Sub
End Class

// C#
using System;
using System.Collections.Generic;
using System.ComponentModel;
using System.Data;
using System.Drawing;
using System.Text;
using System.Windows.Forms;
using System.Data.SqlClient;

namespace ExecutingCommands
{
    public partial class Form1 : Form
    {
        private SqlConnection NorthwindConnection = new SqlConnection(
             "Data Source=.\\sqlexpress;Initial Catalog=Northwind;" +
             "Integrated Security=True");
    }
}
```

8. Fügen Sie folgenden Code in den Ereignishandler `ExecuteSqlButton_Click` ein:

```
' VB
' Erstelle einen StringBuilder zur Speicherung der Abfrageergebnisse.
Dim results As New System.Text.StringBuilder

' Erstelle eine Instanz des Befehlsobjekts.
Dim ExecuteSqlCommand As New SqlCommand

' Stelle die Verbindung des Befehlsobjekts zur Northwind-Datenbank her.
ExecuteSqlCommand.Connection = NorthwindConnection

' Die Ausführung von SQL-Anweisungen erfolgt mit CommandType = Text.
ExecuteSqlCommand.CommandType = CommandType.Text

' In CommandText steht die auszuführende SQL-Anweisung.
ExecuteSqlCommand.CommandText = "SELECT CustomerID, CompanyName FROM Customers"

' Vor der Ausführung des Befehls müssen Sie die Verbindung öffnen.
ExecuteSqlCommand.Connection.Open()

' Weise die Ergebnisse der SQL-Anweisung einem DataReader zu.
Dim reader As SqlDataReader = ExecuteSqlCommand.ExecuteReader
```

```
While reader.Read
    For i As Integer = 0 To reader.FieldCount - 1
        results.Append(reader(i).ToString & vbTab)
    Next
    results.Append(Environment.NewLine)
End While

' Schließe den DataReader und die Verbindung.
reader.Close()
ExecuteSqlCommand.Connection.Close()

ResultsTextBox.Text = results.ToString
```

```
// C#
//Erstelle einen StringBuilder zur Speicherung der Abfrageergebnisse.
System.Text.StringBuilder results = new System.Text.StringBuilder();

// Erstelle eine Instanz des Befehlsobjekts.
SqlCommand ExecuteSqlCommand = new SqlCommand();

// Stelle die Verbindung des Befehlsobjekts zur Northwind-Datenbank her.
ExecuteSqlCommand.Connection = NorthwindConnection;

// Die Ausführung von SQL-Anweisungen erfolgt mit CommandType = Text.
ExecuteSqlCommand.CommandType = CommandType.Text;

// In CommandText steht die auszuführende SQL-Anweisung.
ExecuteSqlCommand.CommandText = "SELECT CustomerID, CompanyName FROM Customers";

// Vor der Ausführung des Befehls müssen Sie die Verbindung öffnen.
ExecuteSqlCommand.Connection.Open();

// Weise die Ergebnisse der SQL-Anweisung einem DataReader zu.
SqlDataReader reader = ExecuteSqlCommand.ExecuteReader();

while (reader.Read())
{
    for (int i = 0; i < reader.FieldCount; i++)
    {
        results.Append(reader[i].ToString() + "\t");
    }
    results.Append(Environment.NewLine);
}

// Schließe den DataReader und die Verbindung.
reader.Close();
ExecuteSqlCommand.Connection.Close();

ResultsTextBox.Text = results.ToString();
```

9. Starten Sie die Anwendung und klicken Sie auf die Schaltfläche *SQL ausführen* (Abbildung 6.2).

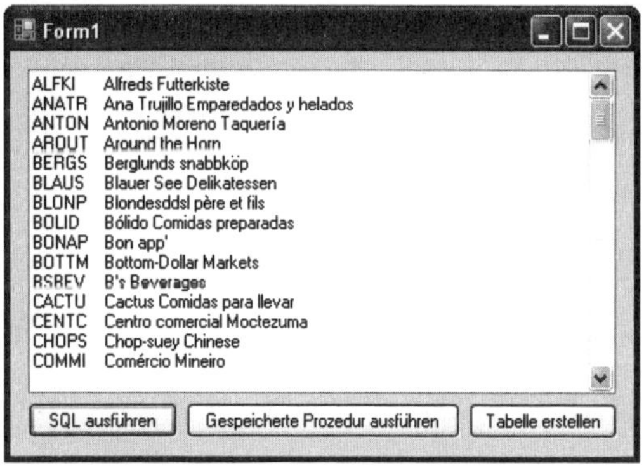

Abbildung 6.2 Nach der Ausführung der SQL-Anweisung zeigt das Formular Daten an

Implementieren Sie nun den Code und die Funktionalität, die erforderlich ist, um eine gespeicherte Prozedur auszuführen. Wie aus der Beschreibung der Ausführungsmethoden in Tabelle 6.5 hervorgeht, rufen Sie zur Ausführung von gespeicherten Prozeduren, die Tabellen (Datensätze) zurückgeben, wieder die Methode `ExecuteReader` des Befehlsobjekts auf.

10. Klicken Sie die Schaltfläche *Gespeicherte Prozedur ausführen* mit einem Doppelklick an, um den `Click`-Ereignishandler zu erstellen und in die Codeansicht zu wechseln.

    Für diesen Handler können Sie einen Teil des Codes aus dem vorigen Beispiel kopieren und wiederverwenden. In einer effizienten kommerziellen Anwendung würde man ähnlichen Code in einer eigenen Methode unterbringen. Damit dieses Beispiel nicht zu komplex und unübersichtlich wird, kopieren Sie einfach den Code, den Sie verwenden möchten, in die zusätzlichen `Click`-Ereignishandler.

    Der wichtigste Unterschied zwischen der Ausführung einer Standard-SQL-Anweisung und dem Aufruf einer gespeicherten Prozedur besteht darin, dass Sie die Eigenschaft `CommandType` für den Aufruf einer gespeicherten Prozedur auf `StoredProcedure` stellen und in der `CommandText`-Eigenschaft den Namen der gespeicherten Prozedur angeben. Dann rufen Sie die Methode `ExecuteReader` auf, wie bei der Ausführung von SQL-Anweisungen, und lesen das Ergebnis aus dem `DataReader` aus, wie bereits beschrieben.

11. Fügen Sie folgenden Code in den Ereignishandler `ExecuteSprocButton_Click` ein:

```
' VB
Dim results As New System.Text.StringBuilder
Dim ExecuteSprocCommand As New SqlCommand

ExecuteSprocCommand.Connection = NorthwindConnection
ExecuteSprocCommand.CommandType = CommandType.StoredProcedure
ExecuteSprocCommand.CommandText = "Ten Most Expensive Products"

ExecuteSprocCommand.Connection.Open()
Dim reader As SqlDataReader = ExecuteSprocCommand.ExecuteReader
```

```
While reader.Read
    For i As Integer = 0 To reader.FieldCount - 1
        results.Append(reader(i).ToString & vbTab)
    Next
    results.Append(Environment.NewLine)
End While

reader.Close()
ExecuteSprocCommand.Connection.Close()

ResultsTextBox.Text = results.ToString

// C#
System.Text.StringBuilder results = new System.Text.StringBuilder();

SqlCommand ExecuteSprocCommand = new SqlCommand();

ExecuteSprocCommand.Connection = NorthwindConnection;
ExecuteSprocCommand.CommandType = CommandType.StoredProcedure;
ExecuteSprocCommand.CommandText = "Ten Most Expensive Products";

ExecuteSprocCommand.Connection.Open();
SqlDataReader reader = ExecuteSprocCommand.ExecuteReader();

while (reader.Read())
{
    for (int i = 0; i<reader.FieldCount;i++)
    {
        results.Append(reader[i].ToString() + "\t");
    }
    results.Append(Environment.NewLine);
}
reader.Close();
ExecuteSprocCommand.Connection.Close();

ResultsTextBox.Text = results.ToString();
```

Implementieren Sie nun die Funktionalität für die Durchführung von Katalogoperationen und die Ausführung eines Befehls, der in der Datenbank eine neue Tabelle erstellt. Wie Tabelle 6.5 besagt, rufen Sie für die Durchführung von Katalogoperationen die Methode `ExecuteNonQuery` des Befehlsobjekts auf. Für diese Methode brauchen Sie keinen `DataReader`, weil keine Daten zurückgegeben werden. Untersuchen Sie einfach die Datenbank nach der Erstellung der Tabelle im Server-Explorer und überprüfen Sie, ob der Befehl erfolgreich war.

12. Klicken Sie die Schaltfläche *Tabelle erstellen* mit einem Doppelklick an, um den Click-Ereignishandler zu erstellen und in die Codeansicht zu wechseln.

13. Fügen Sie folgenden Code in den Ereignishandler `CreateTableButton_Click` ein:

```
' VB
Dim CreateTableCommand As New SqlCommand

CreateTableCommand.Connection = NorthwindConnection
CreateTableCommand.CommandType = CommandType.Text
CreateTableCommand.CommandText = "CREATE TABLE SalesPersons (" & _
            "[SalesPersonID] [int] IDENTITY(1,1) NOT NULL, " & _
            "[FirstName] [nvarchar](50)  NULL, " & _
            "[LastName] [nvarchar](50)  NULL)"

CreateTableCommand.Connection.Open()
CreateTableCommand.ExecuteNonQuery()
CreateTableCommand.Connection.Close()

// C#
SqlCommand CreateTableCommand = new SqlCommand();

CreateTableCommand.Connection = NorthwindConnection;
CreateTableCommand.CommandType = CommandType.Text;
CreateTableCommand.CommandText = "CREATE TABLE SalesPersons (" +
            "[SalesPersonID] [int] IDENTITY(1,1) NOT NULL, " +
            "[FirstName] [nvarchar](50)  NULL, " +
            "[LastName] [nvarchar](50)  NULL)";

CreateTableCommand.Connection.Open();
CreateTableCommand.ExecuteNonQuery();
CreateTableCommand.Connection.Close();
```

14. Starten Sie die Anwendung und klicken Sie auf die Schaltfläche *Tabelle erstellen*. Wechseln Sie in den Server-Explorer und aktualisieren Sie die Darstellung des Knotens *Tabellen* der *Northwind Traders*-Datenbank. Überprüfen Sie, ob es die neue Tabelle *SalesPersons* tatsächlich gibt.

Zusammenfassung der Lektion

- *Befehlsobjekte* dienen zur Ausführung von SQL-Anweisungen und gespeicherten Prozeduren auf einer Datenbank.
- Für jeden .NET Framework-Datenanbieter gibt es ein spezielles Befehlsobjekt.
- Die Eigenschaft `CommandType` bestimmt, ob eine SQL-Anweisung oder eine gespeicherte Prozedur ausgeführt wird.
- Befehlsobjekte eignen sich auch zur Durchführung von Katalogoperationen auf Datenbanken.
- Befehlsobjekte können Befehle asynchron ausführen.
- `DataReader`-Objekte nehmen die Ergebnisse auf, wenn die Ausführung eines Befehls Daten in Tabellenform ergibt.

Lernzielkontrolle

Die folgenden Fragen dienen dazu, die wichtigsten Lerninhalte dieser Lektion zu vertiefen. Die Fragen sind (in englischer Sprache) auch auf der Begleit-CD zu finden, falls Sie die elektronische Form der Fragen vorziehen.

Hinweis Die Antworten

Die Antworten auf die Fragen und Erläuterungen, warum die entsprechende Antwort richtig oder falsch ist, finden Sie im Abschnitt „Antworten" am Ende des Buchs.

---

1. Welche Einstellungen der Befehlsobjekteigenschaften sind zur Ausführung einer gespeicherten Prozedur erforderlich? (Wählen Sie alle zutreffenden Antworten aus.)
   A. `CommandType = ` *`Text`*`, CommandText = ` *`Name der gespeicherten Prozedur`*
   B. `CommandType = ` *`Text`*`, CommandText = ` *`SQL-Syntax zur Ausführung der gespeicherten Prozedur`*
   C. `CommandType = ` *`StoredProcedure`*`, CommandText = ` *`SQL-Syntax zur Ausführung der gespeicherten Prozedur`*
   D. `CommandType = ` *`StoredProcedure`*`, CommandText = ` *`Name der gespeicherten Prozedur`*
2. Wie erhalten Sie nach der Einleitung eines asynchron ausgeführten Befehls Zugriff auf die zurückgegebenen Tabellendaten? (Wählen Sie alle zutreffenden Antworten aus.)
   A. Sie rufen die Methode `EndExecuteNonQuery` auf.
   B. Sie rufen die Methode `EndExecuteReader` auf.
   C. Sie warten auf das Ereignis `StatementCompleted` und lesen die Daten aus dem `DataReader` aus.
   D. Sie warten auf das Ereignis `StatementCompleted`, rufen die Methode `EndExecuteReader` auf und lesen die Daten aus dem `DataReader` aus.
3. Wie können Sie mehrere SQL-Anweisungen zur Ausführung bringen, wenn Sie einen `DataReader` benutzen?
   A. Sie rufen die `ExecuteReader`-Methode von zwei Befehlsobjekten auf und weisen die Ergebnisse derselben `DataReader`-Instanz zu.
   B. Sie rufen die `ExecuteReader`-Methode desselben Befehlsobjekts zweimal auf.
   C. Sie tragen die gewünschten SQL-Anweisungen in die Eigenschaft `Command.CommandText` ein, wobei die Anweisungen jeweils durch ein Semikolon voneinander getrennt sind.
   D. Sie stellen die Eigenschaft `Command.CommandType` auf mehrere Ergebnisse ein.

Lektion 2: Arbeiten mit Parametern in SQL-Anweisungen

Diese Lektion beschreibt, wie man in Befehlsobjekten Parameter erstellt. Sie erfahren, wie SQL-Anweisungen und gespeicherte Prozeduren mit Parametern ausgestattet werden, wie man Werte an Parameter zuweist, die an die Datenquelle übergeben werden, und wie man Parameterwerte ausliest, die von der Datenquelle zurückgegeben werden.

Am Ende dieser Lektion werden Sie in der Lage sein, die folgenden Aufgaben auszuführen:

- Erstellen von Parametern für ein Befehlsobjekt

Veranschlagte Zeit für diese Lektion: 60 Minuten

Was ist ein Parameter und wofür ist er gut?

Ein Parameter kann man sich als eine Art Variable vorstellen, die Sie verwenden können, um Werte zwischen Ihrer Anwendung und einer Datenbank auszutauschen. Wie eine Variable in Ihrer Anwendung haben auch Parameter einen bestimmten Typ. Parameterdatentypen werden mit den vordefinierten Typen aus der Enumeration `System.Data.SqlDbType` festgelegt. Die Enumeration `SqlDbType` enthält eine Liste der Typen, die in SQL Server verfügbar sind. Es handelt sich also nicht um die üblichen Variablen in einer Anwendung, die einen der Basisdatentypen von .NET Framework erhalten.

Sie übergeben Parameterwerte an SQL-Anweisungen (und gespeicherte Prozeduren), wenn Sie die Abfragekriterien schnell ändern wollen. Ein typisches Einsatzgebiet für Parameter ist die `WHERE`-Klausel einer SQL-Anweisung. Mit Parametern können Sie außerdem steuern, wie Benutzereingaben in eine Abfrage übertragen werden. Wenn Sie das richtig machen, können Sie Angriffe durch potenzielle Injektionen von SQL-Anweisungen weitgehend verhindern.

Weitere Informationen SQL-Parametersyntax

SQL Server verwendet das @-Symbol als Präfix zur Kennzeichnung benannter Parameter. Ein Gebilde wie `@City` bedeutet in einer SQL-Anweisung also einen Parameter. Andere Datenbanken wie zum Beispiel Microsoft Office Access und OLE DB-Datenquellen verwenden keine benannten Parameter, sondern stellen Parameter stattdessen mit einem Fragezeichen (?) dar. Wenn Sie mit solchen Datenquellen arbeiten, wird die Reihenfolge der Parameter wichtig. Sie entscheidet, welcher Wert welchem Parameter zugeordnet wird.

Sie können einen Parameter zum Beispiel verwenden, um einen Wert für die Spalte *City* zu übergeben. Das Ergebnis Ihrer Abfrage können Sie dann leicht ändern, indem Sie den Parameterwert ändern. Anders gesagt, durch die Zuweisung verschiedener Werte an die Parameter und die erneute Abfrage der Datenbank mit den neuen Werten ändert sich das Ergebnis der Abfrage. Die folgenden SQL-Anweisungen verdeutlichen dies:

```
--SQL-Anweisung mit benanntem Parameter
SELECT CustomerID, CompanyName, City
FROM Customers
WHERE City = @City
```

```
--SQL-Anweisung mit unbenanntem Parameter
SELECT CustomerID, CompanyName, City
FROM Customers
WHERE City = ?
```

Parameterarten

Wenn Sie mit einem Befehlsobjekt eine Abfrage durchführen, verwenden Sie gewöhnlich Parameter, deren Werte an die Datenbank übermittelt werden. Diese Art von Parametern wird *Eingabeparameter* (Input Parameter) genannt. Sie werden Parameter aber nicht nur für Eingaben einsetzen wollen, sondern auch, um Informationen abzurufen, die aus der Datenbank herauskommen. Diese Art von Parametern wird *Ausgabeparameter* (Output Parameter) genannt. Es gibt noch eine dritte Art von Parametern, die *Ein-/Ausgabeparameter* genannt wird. Ein-/Ausgabeparameter dienen bei der Ausführung von Befehlen sowohl zum Senden als auch zum Empfangen von Daten. Die Art eines Parameters wird in seiner Eigenschaft `Direction` festgelegt, und zwar durch einen Wert aus der Enumeration `ParameterDirection`. Mit anderen Worten, wenn Sie einen Parameter erstellen, können Sie seine `Direction`-Eigenschaft auf `Input`, `Output`, `InputOutput` oder `ReturnValue` stellen.

Hinweis Standardparameterrichtung

Parameter sind standardmäßig Eingabeparameter, sofern das nicht explizit geändert wird.

Erstellen von Parametern

Sie erstellen einen Parameter durch die Deklaration einer Instanz der passenden `Parameter`- Klasse und legen seinen Namen und Datentyp so fest, dass er mit dem Parameternamen und Datentyp übereinstimmt, den die Datenquelle erwartet. Sie können auch die Eigenschaft `Direction` festlegen und so die Art des Parameters bestimmen.

Der folgende Code erstellt einen Eingabeparameter:

```
' VB
Dim TotalCostParameter as New SqlParameter
TotalCostParameter.ParameterName = "@TotalCost"
TotalCostParameter.SqlDbType = SqlDbType.Money

// C#
SqlParameter TotalCostParameter = new SqlParameter();
TotalCostParameter.ParameterName = "@TotalCost";
TotalCostParameter.SqlDbType = SqlDbType.Money;
```

Der folgende Code erstellt einen Ausgabeparameter:

```
' VB
Dim TotalCostParameter As New SqlParameter("@TotalCost", SqlDbType.Money)
TotalCostParameter.Direction = ParameterDirection.Output

// C#
SqlParameter TotalCostParameter = new SqlParameter("@TotalCost", SqlDbType.Money);
TotalCostParameter.Direction = ParameterDirection.Output;
```

Hinzufügen von Parametern zu Befehlsobjekten

Befehlsobjekte haben eine `Parameters`-Eigenschaft, die eine Auflistung der Parameter des Befehls darstellt (zum Beispiel die Eigenschaft `SqlCommand.Parameters`). Nachdem Sie einen Parameter erstellt haben, fügen Sie ihn in die `Parameters`-Auflistung des Befehlsobjekts ein, das die SQL-Anweisung oder gespeicherte Prozedur ausführt, für die der Parameter verwendet werden soll.

Der folgende Code zeigt, wie man einen Parameter zu einem Befehlsobjekt hinzufügt (dabei wird die Existenz des Objekts `GetCostCommand` vorausgesetzt):

```
' VB
GetCostCommand.Parameters.Add(TotalCostParameter)

// C#
GetCostCommand.Parameters.Add(TotalCostParameter);
```

Übung: Arbeiten mit Parametern

In dieser Übung verwenden Sie Befehle mit Parametern. Sie übergeben Parameterwerte an gespeicherte Prozeduren und an SQL-Anweisungen.

► **Übung 1: Erstellen und Ausführen einer parametrisierten SQL-Anweisung**

Für diese Übung erstellen Sie ein Formular, das eine parametrisierte Abfrage durchführt. Der Benutzer kann in einem Textfeld einen Wert eingeben, der als Parameterwert für die Abfrage an die Datenbank übergeben wird.

1. Erstellen Sie eine neue Windows-Anwendung und nennen Sie die Anwendung **ParameterizedQueries**.
2. Fügen Sie ein `TextBox` Steuerelement zum Formular hinzu und legen Sie folgende Eigenschaften fest:
   - *Name* = **CityTextBox**
   - *Text* = **London**

Abbildung 6.3 Ein Formular mit Steuerelementen für die Ausführung von parametrisierten SQL-Anweisungen

3. Fügen Sie ein zweites TextBox-Steuerelement hinzu und legen Sie folgende Eigenschaften fest:
   - *Name* = **ResultsTextBox**
   - *Multiline* = *True*
4. Fügen Sie eine Schaltfläche hinzu und legen Sie folgende Eigenschaften fest. Das Formular sollte nun so ähnlich wie Abbildung 6.3 aussehen:
   - *Name* = **ExecuteSqlButton**
   - *Text* = **SQL ausführen**
5. Klicken Sie mit einem Doppelklick auf die Schaltfläche *SQL ausführen*, um den Click-Ereignishandler zu erstellen und in die Codeansicht zu wechseln.
6. Fügen Sie Imports-Anweisungen (using in C#) für die Namespaces System.Data und System.Data.SqlClient ein.
7. Fügen Sie folgenden Code ins Formular ein, um eine Verbindung zu erstellen.

   An diesem Punkt sollte Ihr Formularcode folgendermaßen aussehen (setzen Sie für NorthwindConnection eine gültige Verbindungszeichenfolge ein):

```
' VB
Imports System.Data
Imports System.Data.SqlClient

Public Class Form1
    Private NorthwindConnection As New SqlConnection _
        ("Data Source=.\sqlexpress;Initial Catalog=Northwind;Integrated Security=True")

    Private Sub ExecuteSqlButton_Click _
        (ByVal sender As System.Object, ByVal e As System.EventArgs) _
        Handles ExecuteSqlButton.Click
    End Sub
End Class

// C#
using System;
using System.Collections.Generic;
using System.ComponentModel;
using System.Data;
using System.Drawing;
using System.Text;
using System.Windows.Forms;
using System.Data.SqlClient;

namespace ParameterizedQueries
{
    public partial class Form1 : Form
    {
        private SqlConnection NorthwindConnection = new SqlConnection
        ("Data Source=.\\sqlexpress;Initial Catalog=Northwind;Integrated Security=True");
```

```
        public Form1()
        {
            InitializeComponent();
        }

        private void ExecuteSqlButton_Click(object sender, EventArgs e)
        {

        }
    }
}
```

8. Fügen Sie folgenden Code in die Methode `ExecuteSqlButton_Click` ein, um ein neues Befehlsobjekt zu erstellen und für die parametrisierte Abfrage vorzubereiten:

```
' VB
' Erstelle ein neues Befehlsobjekt.
Dim CustomersByCityCommand As New SqlCommand

' Lege die Eigenschaften des Befehlsobjekts fest.
CustomersByCityCommand.Connection = NorthwindConnection
CustomersByCityCommand.CommandType = CommandType.Text
CustomersByCityCommand.CommandText = _
        "SELECT CustomerID, CompanyName, City " & _
        "FROM Customers " & _
        "WHERE City = @City"

// C#
// Erstelle ein neues Befehlsobjekt.
SqlCommand CustomersByCityCommand = new SqlCommand();

// Lege die Eigenschaften des Befehlsobjekts fest.
CustomersByCityCommand.Connection = NorthwindConnection;
CustomersByCityCommand.CommandType = CommandType.Text;
CustomersByCityCommand.CommandText = "SELECT CustomerID, CompanyName, City " +
                                     "FROM Customers " +
                                     "WHERE City = @City";
```

9. Fügen Sie folgenden Code unter dem vorigen Code ein (aber immer noch im selben Ereignishandler), um den Parameter zu erstellen und dem Befehl zuzuordnen:

```
' VB
' Erstelle den  @City-Parameter.
Dim CityParameter As New SqlParameter

' Lege seinen Namen und Datentyp fest.
CityParameter.ParameterName = "@City"
CityParameter.SqlDbType = SqlDbType.NVarChar

' Da die Spalte City in der Datenbank Nullwerte zulässt,
' können wir die Eigenschaft IsNullable auf True stellen,
' um Nullen zuzulassen.
```

```
CityParameter.IsNullable = True

' Füge den Parameter zum Befehlsobjekt hinzu.
CustomersByCityCommand.Parameters.Add(CityParameter)

// C#
// Erstelle den  @City-Parameter.
SqlParameter CityParameter = new SqlParameter();

// Lege seinen Namen und Datentyp fest.
CityParameter.ParameterName = "@City";
CityParameter.SqlDbType = SqlDbType.NVarChar;

// Da die Spalte City in der Datenbank Nullwerte zulässt,
// können wir die Eigenschaft IsNullable auf True stellen,
// um Nullen zuzulassen.
CityParameter.IsNullable = true;

// Füge den Parameter zum Befehlsobjekt hinzu.
CustomersByCityCommand.Parameters.Add(CityParameter);
```

10. Fügen Sie nun den folgenden Code ein. Er legt den Wert, der im Textfeld eingegeben wurde, als Parameterwert fest, führt die Abfrage durch und zeigt das Ergebnis im Textfeld `ResultsTextBox` an. (Fügen Sie diesen Code unter dem zuvor eingefügten Code ein, aber immer noch im Ereignishandler.)

```
' VB
' Verwende den Text aus CityTextBox als Parameterwert.
CityParameter.Value = CityTextBox.Text

' Erstelle einen StringBuilder zur Speicherung der Abfrageergebnisse.
Dim results As New System.Text.StringBuilder

' Vor der Ausführung des Befehls müssen Sie die Verbindung öffnen.
CustomersByCityCommand.Connection.Open()

' Weise die Ergebnisse der SQL-Anweisung einem DataReader zu.
Dim reader As SqlDataReader = CustomersByCityCommand.ExecuteReader

While reader.Read
    For i As Integer = 0 To reader.FieldCount - 1
        results.Append(reader(i).ToString & vbTab)
    Next
    results.Append(Environment.NewLine)
End While

' Schließe den DataReader und die Verbindung.
reader.Close()
CustomersByCityCommand.Connection.Close()

ResultsTextBox.Text = results.ToString
```

```
// C#
// Verwende den Text aus CityTextBox als Parameterwert.
CityParameter.Value = CityTextBox.Text;

// Erstelle einen StringBuilder zur Speicherung der Abfrageergebnisse.
System.Text.StringBuilder results =new System.Text.StringBuilder();

// Vor der Ausführung des Befehls müssen Sie die Verbindung öffnen.
CustomersByCityCommand.Connection.Open();

// Weise die Ergebnisse der SQL-Anweisung einem DataReader zu.
SqlDataReader reader = CustomersByCityCommand.ExecuteReader();

while (reader.Read())
{
    for (int i=0; i< reader.FieldCount; i++)
    {
        results.Append(reader[i].ToString() + "\t");
    }
    results.Append(Environment.NewLine);
}

// Schließe den DataReader und die Verbindung.
reader.Close();
CustomersByCityCommand.Connection.Close();

ResultsTextBox.Text = results.ToString();
```

11. Starten Sie die Anwendung und klicken Sie auf die Schaltfläche *SQL ausführen*. Wie in Abbildung 6.4 zu sehen ist, zeigt die Anwendung das Ergebnis des Befehls an.

Abbildung 6.4 Nach der Ausführung der parametrisierten SQL-Anweisung zeigt das Formular Daten an

12. Geben Sie **Madrid** ein und wiederholen Sie die Abfrage (klicken Sie auf die Schaltfläche *SQL ausführen*).
13. Überprüfen Sie, ob nur Kunden aus der Stadt angezeigt werden, die Sie im Textfeld eingegeben haben.

► Übung 2: Erstellen und Ausführen einer parametrisierten gespeicherten Prozedur

1. Erstellen Sie eine neue Windows-Anwendung und geben Sie ihr den Namen **Parameterized-StoredProcedure**.
2. Fügen Sie ein `TextBox`-Steuerelement zum Formular hinzu und legen Sie folgende Eigenschaften fest:
   - *Name* = **CategoryNameTextBox**
   - *Text* = **Beverages**
3. Fügen Sie ein zweites `TextBox`-Steuerelement hinzu und legen Sie folgende Eigenschaften fest:
   - *Name* = **OrdYearTextBox**
   - *Text* = **1997**
4. Fügen Sie ein drittes `TextBox`-Steuerelement hinzu und legen Sie folgende Eigenschaften fest:
   - *Name* = **ResultsTextBox**
   - *Multiline* = *True*
   - *ScrollBars* = **Both**
5. Fügen Sie eine Schaltfläche hinzu und legen Sie folgende Eigenschaften fest. Das Formular sollte nun so ähnlich wie in Abbildung 6.5 aussehen:
   - *Name* = **ExecuteStoredProcedureButton**
   - *Text* = **Gespeicherte Prozedur ausführen**

Abbildung 6.5 Ein Formular mit Steuerelementen für die Ausführung der parametrisierten gespeicherten Prozedur

6. Klicken Sie die Schaltfläche *Gespeicherte Prozedur ausführen* mit einem Doppelklick an, um den `Click`-Ereignishandler zu erstellen und in die Codeansicht zu wechseln.
7. Fügen Sie `Imports`-Anweisungen (`using` in C#) für die Namespaces `System.Data` und `System.Data.SqlClient` ein.
8. Fügen Sie den Code zur Definition eines Verbindungsobjekts in die Formularklasse ein.

   An diesem Punkt sollte Ihr Formularcode folgendermaßen aussehen (setzen Sie für `NorthwindConnection` eine gültige Verbindungszeichenfolge ein):

```
' VB
Imports System.Data
Imports System.Data.SqlClient

Public Class Form1
    Private NorthwindConnection As New SqlConnection _
        ("Data Source=.\sqlexpress;Initial Catalog=Northwind;Integrated Security=True")

    Private Sub ExecuteStoredProcedureButton_Click _
        (ByVal sender As System.Object, ByVal e As System.EventArgs) _
        Handles ExecuteStoredProcedureButton.Click

    End Sub
End Class

// C#
using System;
using System.Collections.Generic;
using System.ComponentModel;
using System.Data;
using System.Drawing;
using System.Text;
using System.Windows.Forms;
using System.Data.SqlClient;

namespace ParameterizedStoredProcedureCS
{
    public partial class Form1 : Form
    {
        public Form1()
        {
            InitializeComponent();
        }
        private SqlConnection NorthwindConnection = new SqlConnection
            ("Data Source=<ValidServerName>;Initial Catalog=Northwind;" +
             "Integrated Security=True");

        private void ExecuteStoredProcedureButton_Click(object sender, EventArgs e)
        {

        }
    }
}
```

9. Fügen Sie den folgenden Code in die `ExecuteStoredProcedureButton_Click`-Methode ein, um ein neues Befehlsobjekt zu erstellen und auf die gespeicherte Prozedur `SalesByCategory` einzustellen:

```
' VB
' Erstelle ein neues Befehlsobjekt.
Dim SalesByCategoryCommand As New SqlCommand

' Lege die Eigenschaften des Befehlsobjekts fest.
SalesByCategoryCommand.Connection = NorthwindConnection
SalesByCategoryCommand.CommandType = CommandType.StoredProcedure
SalesByCategoryCommand.CommandText = "SalesByCategory"

// C#
// Erstelle ein neues Befehlsobjekt.
SqlCommand SalesByCategoryCommand = new SqlCommand();

// Lege die Eigenschaften des Befehlsobjekts fest.
SalesByCategoryCommand.Connection = NorthwindConnection;
SalesByCategoryCommand.CommandType = CommandType.StoredProcedure;
SalesByCategoryCommand.CommandText = "SalesByCategory";
```

10. Diese gespeicherte Prozedur hat zwei Parameter. Fügen Sie also den folgenden Code unter dem zuvor eingefügten Code ein, um die Parameter zu erstellen und zum Befehlsobjekt hinzuzufügen:

```
' VB
' Erstelle den @CategoryName-Parameter.
Dim CategoryNameParameter As New SqlParameter

' Lege seinen Namen und Datentyp fest.
CategoryNameParameter.ParameterName = "@CategoryName"
CategoryNameParameter.SqlDbType = SqlDbType.NVarChar

' Erstelle den @OrdYear-Parameter.
Dim OrdYearParameter As New SqlParameter("@OrdYear", SqlDbType.NVarChar)

' Füge die Parameter zum Befehlsobjekt hinzu.
SalesByCategoryCommand.Parameters.Add(CategoryNameParameter)
SalesByCategoryCommand.Parameters.Add(OrdYearParameter)

// C#
// Erstelle den @CategoryName-Parameter.
SqlParameter CategoryNameParameter = new SqlParameter();

// Lege seinen Namen und Datentyp fest.
CategoryNameParameter.ParameterName = "@CategoryName";
CategoryNameParameter.SqlDbType = SqlDbType.NVarChar;

// Erstelle den @OrdYear-Parameter.
SqlParameter OrdYearParameter =new SqlParameter("@OrdYear", SqlDbType.NVarChar);

// Füge die Parameter zum Befehlsobjekt hinzu.
SalesByCategoryCommand.Parameters.Add(CategoryNameParameter);
SalesByCategoryCommand.Parameters.Add(OrdYearParameter);
```

11. Fügen Sie nun den Code ein, der die in den beiden Textfeldern eingegebenen Werte als Parameterwerte festlegt, die Abfrage durchführt und das Ergebnis im Textfeld `ResultsTextBox` anzeigt.

```
' VB
' Verwende die Werte aus CategoryNameTextBox
' und OrdYearTextBox als Parameterwerte.

CategoryNameParameter.Value = CategoryNameTextBox.Text
OrdYearParameter.Value = OrdYearTextBox.Text

' Erstelle einen StringBuilder zur Speicherung der Abfrageergebnisse.
Dim results As New System.Text.StringBuilder

' Öffne vor der Ausführung des Befehls die Verbindung.
SalesByCategoryCommand.Connection.Open()

' Weise die Ergebnisse der SQL-Anweisung einem DataReader zu.
Dim reader As SqlDataReader = SalesByCategoryCommand.ExecuteReader

While reader.Read
    For i As Integer = 0 To reader.FieldCount - 1
        results.Append(reader(i).ToString & vbTab)
    Next
    results.Append(Environment.NewLine)
End While

' Schließe den DataReader und die Verbindung.
reader.Close()
SalesByCategoryCommand.Connection.Close()

ResultsTextBox.Text = results.ToString

// C#
// Verwende die Werte aus CategoryNameTextBox
// und OrdYearTextBox als Parameterwerte.

CategoryNameParameter.Value = CategoryNameTextBox.Text;
OrdYearParameter.Value = OrdYearTextBox.Text;

// Erstelle einen StringBuilder zur Speicherung der Abfrageergebnisse.
System.Text.StringBuilder results = new System.Text.StringBuilder();

// Öffne vor der Ausführung des Befehls die Verbindung.
SalesByCategoryCommand.Connection.Open();

// Weise die Ergebnisse der SQL-Anweisung einem DataReader zu.
SqlDataReader reader = SalesByCategoryCommand.ExecuteReader();

while (reader.Read())
{
```

```
        for(int i = 0; i< reader.FieldCount; i++)
        {
        results.Append(reader[i].ToString() + "\t");
        }
        results.Append(Environment.NewLine);
    }

    // Schließe den DataReader und die Verbindung.
    reader.Close();
    SalesByCategoryCommand.Connection.Close();

    ResultsTextBox.Text = results.ToString();
```

12. Starten Sie die Anwendung und klicken Sie auf die Schaltfläche *Gespeicherte Prozedur ausführen* (Abbildung 6.6).

Abbildung 6.6 Nach der Ausführung der parametrisierten gespeicherten Prozedur zeigt das Formular Daten an

13. Probieren Sie nun eine andere Kategoriebezeichnung aus und führen Sie die gespeicherte Prozedur erneut aus. Überprüfen Sie, ob das angezeigte Ergebnis tatsächlich eine Liste von Produkten aus der gewählten Kategorie ist. (Geben Sie als Kategorie beispielsweise **Condiments**, **Seafood** oder **Produce** ein.)

► Übung 3: Verwenden von Ein-/Ausgabe- und Ausgabeparametern

1. Erstellen Sie eine neue Windows-Anwendung und nennen Sie die Anwendung **InputOutputParameters**.
2. Fügen Sie ein `TextBox`-Steuerelement zum Formular hinzu und legen Sie folgende Eigenschaften fest:
   - *Name* = **OrderIDTextBox**
   - *Text* = **10250**
3. Fügen Sie ein zweites `TextBox`-Steuerelement hinzu und legen Sie **FreightCostTextBox** für seine *Name*-Eigenschaft fest.

4. Fügen Sie eine Schaltfläche hinzu und legen Sie folgende Eigenschaften fest:
   - *Name* = **GetFreightCostButton**
   - *Text* = **Frachtkosten ermitteln**

   Fügen Sie unterhalb der Schaltfläche eine zweite Gruppe von Steuerelementen hinzu.
5. Fügen Sie ein `TextBox`-Steuerelement hinzu und legen Sie folgende Eigenschaften fest:
   - *Name* = **CompanyNameTextBox**
   - *Text* = **Alfreds Futterkiste**
6. Fügen Sie ein weiteres `TextBox`-Steuerelement hinzu und legen Sie als *Name*-Eigenschaft **ContactNameTextBox** fest.
7. Fügen Sie eine Schaltfläche hinzu und legen Sie folgende Eigenschaften fest. Das Formular sollte nun so ähnlich wie in Abbildung 6.7 aussehen:
   - *Name* = **GetContactNameButton**
   - *Text* = **Ansprechpartner ermitteln**

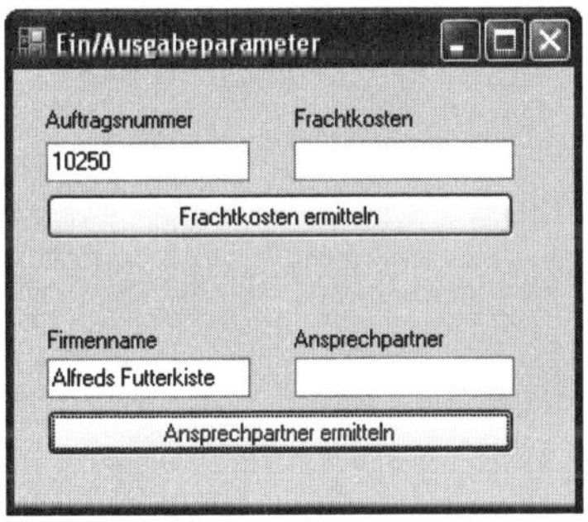

Abbildung 6.7 Ein Formular mit Steuerelementen für die Demonstration der Ein-/Ausgabeparameter

8. Klicken Sie die Schaltfläche *Frachtkosten ermitteln* mit einem Doppelklick an, um den Ereignishandler zu erstellen.
9. Fügen Sie `Imports`-Anweisungen (`using` in C#) für die Namespaces `System.Data` und `System.Data.SqlClient` ein.
10. Fügen Sie Code für die Definition der Verbindung in die Formularklasse ein.

    An diesem Punkt sollte Ihr Formularcode folgendermaßen aussehen (setzen Sie für `NorthwindConnection` eine gültige Verbindungszeichenfolge ein):

```
' VB
Imports System.Data
Imports System.Data.SqlClient

Public Class Form1
    Private NorthwindConnection As New SqlConnection _
        ("Data Source=.\sqlexpress;Initial Catalog=Northwind;Integrated Security=True")
```

```
    Private Sub GetFreightCostButton_Click _
        (ByVal sender As System.Object, ByVal e As System.EventArgs) _
        Handles GetFreightCostButton.Click

    End Sub
End Class

// C#
using System;
using System.Collections.Generic;
using System.ComponentModel;
using System.Data;
using System.Drawing;
using System.Text;
using System.Windows.Forms;
using System.Data.SqlClient;

namespace InputOutputParametersCS
{
    public partial class Form1 : Form
    {
        public Form1()
        {
            InitializeComponent();
        }

        private SqlConnection NorthwindConnection = new SqlConnection
            ("Data Source=<ValidServerName>;Initial Catalog=Northwind;" +
             "Integrated Security=True");

        private void GetFreightCostButton_Click(object sender, EventArgs e)
        {

        }
    }
}
```

11. Fügen Sie den folgenden Code in den `GetFreightCostButton`-Ereignishandler ein:

```
' VB
' Erstelle ein neues Befehlsobjekt.
Dim GetFreightCost As New SqlCommand

' Lege die Eigenschaften des Befehlsobjekts fest.
GetFreightCost.Connection = NorthwindConnection
GetFreightCost.CommandType = CommandType.StoredProcedure
GetFreightCost.CommandText = "GetFreightCost"

' Erstelle den Ausgabeparameter für die ermittelten Frachtkosten.
Dim FreightCostParameter As New SqlParameter
FreightCostParameter.Direction = ParameterDirection.Output
```

```
' Lege seinen Namen und Datentyp fest.
FreightCostParameter.ParameterName = "@Freight"
FreightCostParameter.SqlDbType = SqlDbType.Money

' Erstelle den Parameter OrderID und lege seinen Wert fest.
Dim OrderIDParameter As New SqlParameter("@OrderID", SqlDbType.Int)
OrderIDParameter.Value = OrderIDTextBox.Text

' Füge beide Parameter zum Befehlsobjekt hinzu.
GetFreightCost.Parameters.Add(FreightCostParameter)
GetFreightCost.Parameters.Add(OrderIDParameter)

' Öffne vor der Ausführung des Befehls die Verbindung.
GetFreightCost.Connection.Open()

' Führe die gespeicherte Prozedur aus. Da wir das Ergebnis
' mit Ausgabeparametern abholen, können wir ExecuteNonQuery
' statt ExecuteReader verwenden.
GetFreightCost.ExecuteNonQuery()
GetFreightCost.Connection.Close()
FreightCostTextBox.Text = Format(FreightCostParameter.Value, "c")

// C#
// Erstelle ein neues Befehlsobjekt.
SqlCommand GetFreightCost = new SqlCommand();

// Lege die Eigenschaften des Befehlsobjekts fest.
GetFreightCost.Connection = NorthwindConnection;
GetFreightCost.CommandType = CommandType.StoredProcedure;
GetFreightCost.CommandText = "GetFreightCost";

// Erstelle den Ausgabeparameter für die ermittelten Frachtkosten.
SqlParameter FreightCostParameter = new SqlParameter();
FreightCostParameter.Direction = ParameterDirection.Output;

// Lege seinen Namen und Datentyp fest.
FreightCostParameter.ParameterName = "@Freight";
FreightCostParameter.SqlDbType = SqlDbType.Money;

// Erstelle den Parameter OrderID und lege seinen Wert fest.
SqlParameter OrderIDParameter =new SqlParameter("@OrderID", SqlDbType.Int);
OrderIDParameter.Value = OrderIDTextBox.Text;

// Füge beide Parameter zum Befehlsobjekt hinzu.
GetFreightCost.Parameters.Add(FreightCostParameter);
GetFreightCost.Parameters.Add(OrderIDParameter);

// Öffne vor der Ausführung des Befehls die Verbindung.
GetFreightCost.Connection.Open();
```

```
// Führe die gespeicherte Prozedur aus. Da wir das Ergebnis
// mit Ausgabeparametern abholen, können wir ExecuteNonQuery
// statt ExecuteReader verwenden.
GetFreightCost.ExecuteNonQuery();
GetFreightCost.Connection.Close();
FreightCostTextBox.Text = FreightCostParameter.Value.ToString();
```

12. Starten Sie die Anwendung und klicken Sie auf die Schaltfläche *Frachtkosten ermitteln.*

    Das Textfeld *Frachtkosten* zeigt 65,83 € an, die Kosten für den Versand von Auftrag 10250. Geben Sie im Textfeld *Frachtkosten* eine andere gültige Auftragsnummer ein und wiederholen Sie die Abfrage, um zu überprüfen, ob der Ausgabeparameter die korrekten Frachtkosten für diese Bestellungen enthält.

    Nun haben Sie gesehen, wie man mithilfe von Ausgabeparametern Daten von einer Datenbank erhalten kann. Implementieren Sie jetzt die Ermittlung des Ansprechpartners und sehen Sie sich an, wie man mithilfe eines Ein-/Ausgabeparameters Daten an die Datenbank übermitteln und Daten von ihr zurückerhalten kann.

13. Klicken Sie die Schaltfläche *Ansprechpartner ermitteln* mit einem Doppelklick an, um den Ereignishandler zu erstellen.

14. Fügen Sie den folgenden Code in den `GetContactName`-Ereignishandler ein.

```
' VB
' Erstelle ein neues Befehlsobjekt.
Dim GetContactNameCommand As New SqlCommand

' Lege die Eigenschaften des Befehlsobjekts fest.
GetContactNameCommand.Connection = NorthwindConnection
GetContactNameCommand.CommandType = CommandType.StoredProcedure
GetContactNameCommand.CommandText = "GetContactName"

' Erstelle den InputOutput-Parameter für den Datenaustausch.
Dim NameParameter As New SqlParameter
NameParameter.Direction = ParameterDirection.InputOutput

' Lege seinen Namen, Datentyp und Wert fest.
NameParameter.ParameterName = "@Name"
NameParameter.SqlDbType = SqlDbType.NVarChar
NameParameter.Value = CompanyNameTextBox.Text

' Füge den Parameter zum Befehlsobjekt hinzu.
GetContactNameCommand.Parameters.Add(NameParameter)

' Öffne vor der Ausführung des Befehls die Verbindung.
GetContactNameCommand.Connection.Open()

' Führe die gespeicherte Prozedur aus.
GetContactNameCommand.ExecuteNonQuery()
GetContactNameCommand.Connection.Close()
ContactNameTextBox.Text = NameParameter.Value.ToString
```

```
// C#
// Erstelle ein neues Befehlsobjekt.
SqlCommand GetContactNameCommand = new SqlCommand();

// Lege die Eigenschaften des Befehlsobjekts fest.
GetContactNameCommand.Connection = NorthwindConnection;
GetContactNameCommand.CommandType = CommandType.StoredProcedure;
GetContactNameCommand.CommandText = "GetContactName";

// Erstelle den InputOutput-Parameter für den Datenaustausch.
SqlParameter NameParameter = new SqlParameter();
NameParameter.Direction = ParameterDirection.InputOutput;

// Lege seinen Namen, Datentyp und Wert fest.
NameParameter.ParameterName = "@Name";
NameParameter.SqlDbType = SqlDbType.NVarChar;
NameParameter.Value = CompanyNameTextBox.Text;

// Füge den Parameter zum Befehlsobjekt hinzu.
GetContactNameCommand.Parameters.Add(NameParameter);

// Öffne vor der Ausführung des Befehls die Verbindung.
GetContactNameCommand.Connection.Open();

// Führe die gespeicherte Prozedur aus.
GetContactNameCommand.ExecuteNonQuery();
GetContactNameCommand.Connection.Close();
ContactNameTextBox.Text = NameParameter.Value.ToString();
```

15. Starten Sie die Anwendung und klicken Sie auf die Schaltfläche *Ansprechpartner ermitteln*.

    Das Textfeld *Ansprechpartner* zeigt den Ansprechpartner für Alfreds Futterkiste, Maria Anders. Geben Sie einen anderen Firmennamen aus der Tabelle *Customers* ein und wiederholen Sie die Abfrage. Das *Ansprechpartner*-Textfeld zeigt den entsprechenden Ansprechpartner.

Zusammenfassung der Lektion

- *Befehlsobjekte* enthalten Auflistungen von Parameterobjekten, mit denen Daten zwischen der Anwendung und der Datenbank ausgetauscht werden können.
- Bei den Parametern kann es sich um Eingabeparameter, Ausgabeparameter oder Ein-/Ausgabeparameter handeln.
- Parameter erhalten Datentypen, die zu den Datentypen der Datenbanken passen (im Gegensatz zu den Datentypen von .NET Framework).
- Damit Benutzer Eingaben für SQL-Anweisungen machen können, die Parameter haben, kann der Parameter zur Laufzeit einen Wert erhalten, der von einem Steuerelement stammt, beispielsweise aus einem Textfeld.

Lernzielkontrolle

Die folgenden Fragen dienen dazu, die wichtigsten Lerninhalte dieser Lektion zu vertiefen. Die Fragen sind (in englischer Sprache) auch auf der Begleit-CD zu finden, falls Sie die elektronische Form der Fragen vorziehen.

Hinweis Die Antworten

Die Antworten auf die Fragen und Erläuterungen, warum die entsprechende Antwort richtig oder falsch ist, finden Sie im Abschnitt „Antworten" am Ende des Buchs.

1. Was ist der typische Anwendungsfall für einen Eingabeparameter? (Wählen Sie alle zutreffenden Antworten aus.)
   A. Wenn der Parameterwert aus einer Benutzereingabe erstellt wird.
   B. Wenn der Parameter dazu dient, Daten von der Anwendung zur Datenbank zu übermitteln.
   C. Wenn eine SQL-Anweisung mit einer `WHERE`-Klausel ausgeführt werden soll.
   D. Wenn der Parameterwert in einer `INSERT`-Anweisung verwendet wird.
2. Was sind die drei wichtigsten Parameterarten?
   A. `Input`, `Integer`, `String`
   B. `Integer`, `String`, `DateTime`
   C. `int`, `varchar`, `nvarchar`
   D. `Input`, `Output`, `InputOutput`
3. Wie finden Sie den SQL-Datentyp eines `SqlParameter`-Objekts heraus (der Typ, der von SQL Server erwartet wird)?
   A. Es ist der .NET Framework-Datentyp, den der Parameter in Ihrer Anwendung hat.
   B. Es ist der Typ der Spalte oder des Datenelements in SQL Server, für das der Parameter vorgesehen ist.
   C. Es ist der Typ der Spalte in einer `DataTable`, die er repräsentiert.
   D. Es ist ein beliebiger Typ aus der Enumeration `SqlDbType`.

Lektion 3: Speichern und Abrufen von BLOB-Werten in/aus einer Datenbank

Diese Lektion beschreibt, wie man mit BLOBs (Binary Large Objects) arbeitet. Die BLOBs in einer Datenbank sind größer und komplexer als einfache Zeichenfolgen mit Namen und Adressen oder numerische Werte mit ganzen Zahlen oder Geldbeträgen. Unter BLOBs versteht man beispielsweise Grafiken und Fotos, binär gespeicherte Dokumente oder sogar ganze Assemblys oder ausführbare Dateien, die in einer Datenbank gespeichert werden sollen. Im Vergleich mit der Ausführung von Abfragen oder gespeicherten Prozeduren, die „einfache" Datentypen zurückgeben, ist die Arbeit mit solchen Binärobjekten ein wenig komplizierter.

Am Ende dieser Lektion werden Sie in der Lage sein, die folgenden Aufgaben auszuführen:

- Abrufen von BLOB-Werten aus einer Datenbank mithilfe eines `DataReader`-Objekts

Veranschlagte Zeit für diese Lektion: 45 Minuten

Arbeiten mit BLOBs

Das Speichern und Abrufen von Binärdaten wirft interessante Fragen auf, die sich bei der Abfrage von Standarddatentabellen gewöhnlich gar nicht erst stellen. Die Probleme tauchen zum Beispiel auf, wenn Sie nicht das ganze BLOB in einem Stück bewegen, sondern es in kleinere Stücke zerlegen möchten. Nehmen wir zum Beispiel an, Sie möchten eine große Binärdatei bewegen, die mehrere Megabyte groß ist. Laden Sie das ganze BLOB in eine Variable, beansprucht dies sehr viel Speicher und kann sich stark auf die Leistung Ihrer Anwendung auswirken. Und wenn Sie sich nun vorstellen, dass Sie es mit einer ganzen Tabelle solcher BLOBs zu tun haben, wird das Ausmaß des Problem sehr schnell deutlich.

Die gute Nachricht lautet, dass es in .NET Framework Klassen gibt, die speziell für die Bearbeitung großer Binärdatenblöcke entwickelt wurden. Diese Klassen, wie zum Beispiel die Klassen `BinaryReader` und `BinaryWriter` oder die Klassen `FileStream` und `MemoryStream`, liegen im Namespace `System.IO`. In dieser Lektion werden zwar nicht alle verfügbaren Streams verwendet, aber Sie erfahren zumindest in den Grundzügen, wie man Binärdaten in einer Datenbank speichert und wieder abruft.

BLOBs und der *DataReader*

In den bisherigen Lektionen haben Sie bereits feststellen können, dass das wichtigste ADO.NET-Objekt für den Zugriff auf von einer Datenbank abgerufene Daten der `DataReader` ist. Der `DataReader` bietet nicht nur ein einfaches Modell für die Arbeit mit Datensätzen, bei denen die Zahl der Spalten und der Aufbau der Daten bekannt ist (man kann die Daten also leicht aus dem `DataReader` auslesen und anzeigen), er ist auch in der Lage, BLOB-Daten zurückzugeben. Wenn Sie sein Verhalten auf `CommandBehavior.SequentialAccess` einstellen, können Sie die Methode `GetBytes` aufrufen, die es Ihnen ermöglicht, die Daten in kleineren Stückchen zu lesen, deren Größe Sie selbst festlegen können. Die Bytes, aus denen ein BLOB zusammengesetzt ist, werden in Form von Bytearrays zwischen Ihrer Anwendung und der Datenbank übertragen.

Die folgende Übung demonstriert, wie man Binärdaten in eine Datenbank schreibt und wieder ausliest. Dazu stehen Ihnen zwei verschiedene Modelle zur Verfügung. Beim ersten Modell wissen Sie, wie umfangreich die Daten sind, und können die Daten daher in einem Durchgang speichern. Das geschieht in der Methode `SaveBlobToDatabase`. In der zweiten Methode `FetchBlobFromDatabase` lesen

Sie die Daten aus und übertragen sie in eine Datei, allerdings nicht in einem Stück, sondern in kleineren Abschnitten, deren Größe von der Variablen `BufferSize` festgelegt wird.

► Übung 1: Speichern und Abrufen von BLOB-Werten

Dieses Beispielprogramm demonstriert einige der Konzepte, die in diesem Kapitel erläutert werden. Es speichert nicht einfach nur BLOB-Werte ab und liest sie wieder aus, sondern richtet auch eine gewisse Infrastruktur für die Anwendung ein, die mithilfe von Befehlsobjekten eine neue Tabelle in der Datenbank anlegt (für die BLOB-Werte) und parametrisierte Abfragen durchführt, um die Liste der verfügbaren BLOBs aufzustellen und einen BLOB-Wert abzurufen. Der Code wurde so aufgeteilt, dass Sie die Abschnitte, an denen Sie besonderes Interesse haben, leicht verstehen werden.

1. Erstellen Sie eine neue Windows-Anwendung und nennen Sie die Anwendung **BLOBSample**.
2. Fügen Sie ein `ComboBox`-Steuerelement zum Formular hinzu und legen Sie für seine *Name*-Eigenschaft **BlobList** fest.
3. Fügen Sie eine Schaltfläche unter dem Kombinationsfeld ein und legen Sie folgende Eigenschaften fest:
   - *Name* = **RefreshBlobListButton**
   - *Text* = **Aktualisiere Liste**
4. Fügen Sie eine zweite Schaltfläche hinzu und legen Sie folgende Eigenschaften fest:
   - *Name* = **SaveBlobButton**
   - *Text* = **Speichere BLOB in Datenbank**
5. Fügen Sie eine dritte Schaltfläche hinzu und legen Sie folgende Eigenschaften fest (Abbildung 6.8):
   - *Name* = **FetchBlobButton**
   - *Text* = **Rufe BLOB aus Datenbank ab**

Abbildung 6.8 Ein Formular mit Steuerelementen für die Arbeit mit BLOBs

6. Klicken Sie das Formular mit einem Doppelklick an, um einen `Form.Load`-Ereignishandler zu erstellen.

   Da es der Sinn dieser Lektion ist, die Arbeit mit BLOB-Werten zu erläutern, fügen Sie einfach die gesamte Infrastruktur ein und machen das Formular anzeigebereit. Die Analyse des Codes überlassen wir Ihnen, er ist nicht kompliziert.

7. Ersetzen Sie den Code von `Form1` durch folgenden Code:

```
' VB
Imports System.Data
Imports System.Data.SqlClient
Imports System.IO

Public Class Form1
    Private NorthwindConnection As New SqlConnection _
        ("Data Source=.\sqlexpress;Initial Catalog=Northwind;Integrated Security=True")
    Private CompleteFilePath As String = ""
    Private SavePath As String = ""

Private Sub GetCompleteFilePath()
    Dim OpenDialog As New OpenFileDialog
    OpenDialog.Title = "Wählen Sie das zu speichernde Dokument aus"
    OpenDialog.ShowDialog()
    CompleteFilePath = OpenDialog.FileName
End Sub

Private Sub GetSavePath()
    Dim SavePathDialog As New FolderBrowserDialog
    SavePathDialog.Description = "Wählen Sie einen Ordner für die BLOB-Datei aus"
    SavePathDialog.ShowDialog()
    SavePath = SavePathDialog.SelectedPath
End Sub

' Erstelle eine Tabelle für die BLOB-Werte.
Private Sub CreateDocumentStorageTable()
    Dim CreateTableCommand As New SqlCommand
    CreateTableCommand.Connection = NorthwindConnection
    CreateTableCommand.CommandType = CommandType.Text
    CreateTableCommand.CommandText = "IF OBJECT_ID ( 'DocumentStorage' " & _
                            ") IS NOT NULL " & _
                            "DROP TABLE DocumentStorage; " & _
                            "CREATE TABLE DocumentStorage(" & _
                            "DocumentID int IDENTITY(1,1) NOT NULL, " & _
                            "FileName nvarchar(255) NOT NULL, " & _
                            "DocumentFile varbinary(max) NOT NULL)"
    CreateTableCommand.Connection.Open()
    CreateTableCommand.ExecuteNonQuery()
    CreateTableCommand.Connection.Close()
End Sub

Private Sub Form1_Load(ByVal sender As System.Object, _
                ByVal e As System.EventArgs) Handles MyBase.Load
    Dim response As DialogResult = _
        MessageBox.Show("DocumentStorage-Tabelle erstellen?" & _
        Environment.NewLine & "Klicken Sie auf Ja, um eine neue DocumentStorage" &
        " Tabelle zu erstellen. Klicken Sie auf Nein, wenn Sie bereits eine " & _
        "Tabelle haben!", "Erstelle DocumentStorage-Tabelle", _
        MessageBoxButtons.YesNo, _
        MessageBoxIcon.Question, MessageBoxDefaultButton.Button2)
```

```
    Select Case response
        Case Is = Windows.Forms.DialogResult.Yes
            CreateDocumentStorageTable()
        Case Is = Windows.Forms.DialogResult.No
            refreshBlobList()
        End Select
End Sub

Private Sub refreshBlobList()
    Dim GetBlobListCommand As New SqlCommand _
        ("SELECT FileName FROM DocumentStorage", NorthwindConnection)
    Dim reader As SqlDataReader

    BlobList.Items.Clear()
    GetBlobListCommand.Connection.Open()
    reader = GetBlobListCommand.ExecuteReader
    While reader.Read
        BlobList.Items.Add(reader(0))
    End While

    reader.Close()
    GetBlobListCommand.Connection.Close()

    BlobList.SelectedIndex = 0
End Sub
End Class
```

```
// C#
using System;
using System.Collections.Generic;
using System.ComponentModel;
using System.Data;
using System.Drawing;
using System.Text;
using System.Windows.Forms;
using System.Data.SqlClient;
using System.IO;

namespace BlobSampleCS
{
    public partial class Form1 : Form
    {
        public Form1()
        {
            InitializeComponent();
        }

        private SqlConnection NorthwindConnection = new SqlConnection
        ("Data Source=.\\sqlexpress;Initial Catalog=Northwind;Integrated Security=True");
        private String CompleteFilePath = "";
        private String SavePath = "";
```

```
private void GetCompleteFilePath()
{
    OpenFileDialog OpenDialog = new OpenFileDialog();
    OpenDialog.Title = "Wählen Sie das zu speichernde Dokument aus";
    OpenDialog.ShowDialog();
    CompleteFilePath = OpenDialog.FileName;
}

private void GetSavePath()
{
    FolderBrowserDialog SavePathDialog = new FolderBrowserDialog();
    SavePathDialog.Description = "Wählen Sie einen Ordner für die BLOB-Datei aus";
    SavePathDialog.ShowDialog();
    SavePath = SavePathDialog.SelectedPath;
}

// Erstelle eine Tabelle für die BLOB-Werte.
private void CreateDocumentStorageTable()
{
    SqlCommand CreateTableCommand = new SqlCommand();
    CreateTableCommand.Connection = NorthwindConnection;
    CreateTableCommand.CommandType = CommandType.Text;
    CreateTableCommand.CommandText =
                "IF OBJECT_ID ( 'DocumentStorage' ) IS NOT NULL " +
                "DROP TABLE DocumentStorage; " +
                "CREATE TABLE DocumentStorage(" +
                "DocumentID int IDENTITY(1,1) NOT NULL, " +
                "FileName nvarchar(255) NOT NULL, " +
                "DocumentFile varbinary(max) NOT NULL)";

    CreateTableCommand.Connection.Open();
    CreateTableCommand.ExecuteNonQuery();
    CreateTableCommand.Connection.Close();
}

private void Form1_Load(object sender, EventArgs e)
{
  DialogResult response = MessageBox.Show(
  "DocumentStorage-Tabelle erstellen?" +
  Environment.NewLine +
  "Klicken Sie auf Ja, um eine neue DocumentStorage-Tabelle zu erstellen." +
  "Klicken Sie auf Nein, wenn Sie bereits eine Tabelle haben!",
  "Erstelle DocumentStorage-Tabelle", MessageBoxButtons.YesNo,
  MessageBoxIcon.Question,
  MessageBoxDefaultButton.Button2);
    switch (response)
    {
        case DialogResult.Yes:
            CreateDocumentStorageTable();
            break;
```

```
                case DialogResult.No:
                    RefreshBlobList();
                    break;
            }

        }

        private void RefreshBlobList()
        {
            SqlCommand GetBlobListCommand = new SqlCommand
               ("SELECT FileName FROM DocumentStorage", NorthwindConnection);
            SqlDataReader reader;

            BlobList.Items.Clear();
            GetBlobListCommand.Connection.Open();
            reader = GetBlobListCommand.ExecuteReader();
            while (reader.Read())
            {
                BlobList.Items.Add(reader[0]);
            }
            reader.Close();
            GetBlobListCommand.Connection.Close();
            BlobList.SelectedIndex = 0;
        }

    }
}
```

8. Fügen Sie den folgenden Code für die Speicherung eines BLOBs in der Datenbank ein:

```
' VB
Private Sub SaveBlobToDatabase()

    ' Mit diesem Aufruf können Sie die Binärdatei auswählen,
    ' die als BLOB in der Datenbank gespeichert werden soll.
    GetCompleteFilePath()

    ' Das BLOB enthält das zu speichernde Bytearray.
    Dim BLOB() As Byte

    ' Der FileStream ist der Byte-Datenstrom, der die Binärdatei darstellt.
    Dim FileStream As New IO.FileStream _
        (CompleteFilePath, IO.FileMode.Open, IO.FileAccess.Read)
    ' Der Reader liest die Binärdaten aus dem FileStream.
    Dim reader As New IO.BinaryReader(FileStream)

    ' Das BLOB erhält die Bytes aus dem Reader.
    ' Die Dateilänge wird an die Methode ReadBytes übergeben, damit
    ' sie erfährt, wie viele Bytes zu lesen sind.
    BLOB= reader.ReadBytes(CInt(My.Computer.FileSystem.GetFileInfo(CompleteFilePath).Length))
```

```
    FileStream.Close()
    reader.Close()

    ' Erstelle ein Befehlsobjekt zur Speicherung des BLOB-Werts.
    Dim SaveDocCommand As New SqlCommand
    SaveDocCommand.Connection = NorthwindConnection
    SaveDocCommand.CommandText = "INSERT INTO DocumentStorage" & _
                                 "(FileName, DocumentFile)" & _
                                 "VALUES (@FileName, @DocumentFile)"
    ' Erstelle die Parameter für den Dateinamen und die BLOB-Daten.
    Dim FileNameParameter As New SqlParameter("@FileName", SqlDbType.NChar)
    Dim DocumentFileParameter As New SqlParameter("@DocumentFile", SqlDbType.Binary)
    SaveDocCommand.Parameters.Add(FileNameParameter)
    SaveDocCommand.Parameters.Add(DocumentFileParameter)

    ' Trenne den Dateinamen aus dem vollständigen Pfadnamen ab
    ' und weise ihn dem Parameter zu.
    FileNameParameter.Value = _
        CompleteFilePath.Substring(CompleteFilePath.LastIndexOf("\") + 1)

    ' Trage den BLOB-Wert in den DocumentFile-Parameter ein.
    DocumentFileParameter.Value = BLOB

    ' Trage das BLOB in die Datenbank ein.
    Try
        SaveDocCommand.Connection.Open()
        SaveDocCommand.ExecuteNonQuery()
        MessageBox.Show(FileNameParameter.Value.ToString & _
            " wurde gespeichert.", "BLOB gespeichert!", MessageBoxButtons.OK, _
            MessageBoxIcon.Information)
    Catch ex As Exception
        MessageBox.Show(ex.Message, "Speicherung ist fehlgeschlagen", _
            MessageBoxButtons.OK, MessageBoxIcon.Error)
    Finally
        SaveDocCommand.Connection.Close()
    End Try
End Sub

// C#
private void SaveBlobToDatabase()
{
    // Mit diesem Aufruf können Sie die Binärdatei auswählen,
    // die als BLOB in der Datenbank gespeichert werden soll.
    GetCompleteFilePath();

    // Das BLOB enthält das zu speichernde Bytearray.
    byte[] BLOB;

    // Der FileStream ist der Byte-Datenstrom, der die Binärdatei darstellt.
    System.IO.FileStream FileStream = new System.IO.FileStream
        (CompleteFilePath, System.IO.FileMode.Open, System.IO.FileAccess.Read);
```

```
// Der Reader liest die Binärdaten aus dem FileStream.
System.IO.BinaryReader reader = new System.IO.BinaryReader(FileStream);

// Das BLOB erhält die Bytes aus dem Reader.
// Die Dateilänge wird an die Methode ReadBytes übergeben, damit
// sie erfährt, wie viele Bytes zu lesen sind.

System.IO.FileInfo file = new FileInfo(CompleteFilePath);

BLOB = reader.ReadBytes((int)(file.Length));

FileStream.Close();
reader.Close();

// Erstelle ein Befehlsobjekt zur Speicherung des BLOB-Werts.
SqlCommand SaveDocCommand = new SqlCommand();
SaveDocCommand.Connection = NorthwindConnection;
SaveDocCommand.CommandText = "INSERT INTO DocumentStorage" +
                "(FileName, DocumentFile)" +
                "VALUES (@FileName, @DocumentFile)";

// Erstelle die Parameter für den Dateinamen und die BLOB-Daten.
SqlParameter FileNameParameter = new SqlParameter("@FileName", SqlDbType.NChar);
SqlParameter DocumentFileParameter = new SqlParameter
    ("@DocumentFile", SqlDbType.Binary);
SaveDocCommand.Parameters.Add(FileNameParameter);
SaveDocCommand.Parameters.Add(DocumentFileParameter);

// Trenne den Dateinamen aus dem vollständigen Pfadnamen ab
// und weise ihn dem Parameter zu.
FileNameParameter.Value = CompleteFilePath.Substring
    (CompleteFilePath.LastIndexOf("\\")+ 1);

// Trage den BLOB-Wert in den DocumentFile-Parameter ein.
DocumentFileParameter.Value = BLOB;

// Trage das BLOB in die Datenbank ein.
try
{
    SaveDocCommand.Connection.Open();
    SaveDocCommand.ExecuteNonQuery();
    MessageBox.Show(FileNameParameter.Value.ToString() + " wurde gespeichert.",
        "BLOB gespeichert!", MessageBoxButtons.OK, MessageBoxIcon.Information);
}
catch (Exception ex)
{
    MessageBox.Show(ex.Message, "Speicherung ist fehlgeschlagen",
        MessageBoxButtons.OK, MessageBoxIcon.Error);
}
```

```
    finally
    {
        SaveDocCommand.Connection.Close();
    }
}
```

9. Fügen Sie den folgenden Code ein. Er ruft ein BLOB aus der Datenbank ab und speichert die Daten in einer Datei.

```
' VB
Private Sub FetchBlobFromDatabase()

    ' Überprüfe, ob ein BLOB ausgewählt wurde.
    If BlobList.Text = "" Then
        MessageBox.Show("Wählen Sie im Kombinationsfeld ein BLOB aus, " & _
                        "der abgerufen werden soll")
        Exit Sub
    End If

    ' Frage nach dem Pfad für die Speicherung des BLOBs.
    GetSavePath()

    ' Erstelle ein Befehlsobjekt, um das ausgewählte BLOB abzurufen.
    Dim GetBlobCommand As New SqlCommand("SELECT FileName, DocumentFile " & _
        "FROM DocumentStorage " & _
        "WHERE FileName = @DocName", NorthwindConnection)
    GetBlobCommand.Parameters.Add("@DocName", SqlDbType.NVarChar).Value = _
        BlobList.Text

    ' Aktueller Schreibindex für die Bytes
    Dim CurrentIndex As Long = 0

    ' Zahl der Bytes, die für das BLOB zu speichern sind.
    Dim BufferSize As Integer = 100

    ' Zahl der Bytes, die GetBytes zurückgegeben hat.
    Dim BytesReturned As Long

    ' Das Bytearray, das als Datenpuffer dient.
    Dim Blob(BufferSize - 1) As Byte

    GetBlobCommand.Connection.Open()

    Dim reader As SqlDataReader = _
        GetBlobCommand.ExecuteReader(CommandBehavior.SequentialAccess)

    Do While reader.Read
        ' Erstelle oder öffne die ausgewählte Datei.
        Dim FileStream As New IO.FileStream(SavePath & "\" & _
            reader("FileName").ToString, IO.FileMode.OpenOrCreate, IO.FileAccess.Write)
```

```
        ' Richte writer für Schreibzugriffe auf die BLOB-Datei ein.
        Dim writer As New IO.BinaryWriter(FileStream)

        ' Stelle den Index auf den Anfang der Datei.
        CurrentIndex = 0

        ' Weise BytesReturned die Zahl zu, die GetBytes zurückgibt.
        BytesReturned = reader.GetBytes(1, CurrentIndex, Blob, 0, BufferSize)

        ' Solange BytesReturned der Puffergröße entspricht, kommen noch Daten.
        Do While BytesReturned = BufferSize
            writer.Write(Blob)
            writer.Flush()

            CurrentIndex += BufferSize
            BytesReturned = reader.GetBytes(1, CurrentIndex, Blob, 0, BufferSize)
        Loop

        ' Das war's. Schreibe die restlichen Daten in die Datei.
        writer.Write(Blob, 0, CInt(BytesReturned - 1))
        writer.Flush()

        writer.Close()
        FileStream.Close()
    Loop

    reader.Close()
    GetBlobCommand.Connection.Close()
End Sub

// C#
private void FetchBlobFromDatabase()
{
    // Überprüfe, ob ein BLOB ausgewählt wurde.
    if (BlobList.Text == "")
    {
        MessageBox.Show(
        "Wählen Sie im Kombinationsfeld ein BLOB aus, der abgerufen werden soll");
        return;
    }

    // Frage nach dem Pfad für die Speicherung des BLOBs.
    GetSavePath();

    // Erstelle ein Befehlsobjekt, um das ausgewählte BLOB abzurufen.
    SqlCommand GetBlobCommand = new SqlCommand("SELECT FileName, DocumentFile " +
        "FROM DocumentStorage " + "WHERE FileName = @DocName", NorthwindConnection);

    GetBlobCommand.Parameters.Add("@DocName", SqlDbType.NVarChar).Value = BlobList.Text;
```

```
    // Aktueller Schreibindex für die Bytes
    long CurrentIndex = 0;

    // Zahl der Bytes, die für das BLOB zu speichern sind.
    int BufferSize = 100;

    // Zahl der Bytes, die GetBytes zurückgegeben hat.
    long BytesReturned ;

    // Das Bytearray, das als Datenpuffer dient.
    byte[] Blob = new byte[BufferSize];

    GetBlobCommand.Connection.Open();

    SqlDataReader reader = GetBlobCommand.ExecuteReader(
                                       CommandBehavior.SequentialAccess);

    while(reader.Read())
    {
        // Erstelle oder öffne die ausgewählte Datei.
        System.IO.FileStream FileStream = new System.IO.FileStream(SavePath + "\\" +
            reader["FileName"].ToString(), System.IO.FileMode.OpenOrCreate,
            System.IO.FileAccess.Write);

        // Richte writer für Schreibzugriffe auf die BLOB-Datei ein.
        System.IO.BinaryWriter writer= new System.IO.BinaryWriter(FileStream);

        // Stelle den Index auf den Anfang der Datei.
        CurrentIndex = 0;

        // Weise BytesReturned die Zahl zu, die GetBytes zurückgibt.
        BytesReturned = reader.GetBytes(1, CurrentIndex, Blob, 0, BufferSize);

        // Solange BytesReturned der Puffergröße entspricht, kommen noch Daten.
        while (BytesReturned == BufferSize)
        {
            writer.Write(Blob);
            writer.Flush();
            CurrentIndex += BufferSize;
            BytesReturned = reader.GetBytes(1, CurrentIndex, Blob, 0, BufferSize);
        }

        // Das war's. Schreibe die restlichen Daten in die Datei.
        writer.Write(Blob, 0, (int)(BytesReturned));
        writer.Flush();
        writer.Close();
        FileStream.Close();
    }
    reader.Close();
    GetBlobCommand.Connection.Close();
}
```

10. Klicken Sie jede der drei Schaltflächen mit einem Doppelklick an, um die Ereignishandler zu erstellen, und fügen Sie den folgenden Code in die Handler ein:

```
' VB
Private Sub SaveBlobButton_Click(ByVal sender As System.Object, _
    ByVal e As System.EventArgs) Handles SaveBlobButton.Click
        SaveBlobToDatabase()
End Sub

Private Sub FetchBlobButton_Click(ByVal sender As System.Object, _
    ByVal e As System.EventArgs)_
    Handles FetchBlobButton.Click
        FetchBlobFromDatabase()
End Sub

Private Sub RefreshBlobListButton_Click(ByVal sender As System.Object, _
    ByVal e As System.EventArgs) Handles RefreshBlobListButton.Click
        refreshBlobList()
End Sub

// C#
private void RefreshBlobListButton_Click(object sender, EventArgs e)
{
    RefreshBlobList();
}

private void SaveBlobButton_Click(object sender, EventArgs e)
{
    SaveBlobToDatabase();
}

private void FetchBlobButton_Click(object sender, EventArgs e)
{
    FetchBlobFromDatabase();
}
```

11. Starten Sie die Anwendung. Nach dem Start der Anwendung können Sie eine Tabelle für die Speicherung von BLOB-Werten erstellen. Wenn Sie *Ja* wählen, wird die Tabelle erstellt, wobei eine *DocumentStorage*-Tabelle, die vielleicht bereits vorhanden ist, gelöscht und durch die neue Tabelle ersetzt wird.

Vorsicht Vorhandene *DocumentStorage*-Tabelle wird gelöscht

Wenn es in Ihrer Datenbank bereits eine Tabelle namens *DocumentStorage* gibt und Sie *Ja* wählen, um eine neue Tabelle zu erstellen, wird die vorhandene Tabelle gelöscht, und zwar mit allen darin enthaltenen Datensätzen.

---

12. Klicken Sie auf die Schaltfläche *Speichere BLOB in Datenbank* und suchen Sie auf Ihrer Festplatte ein Word-Dokument heraus (aber sicherheitshalber kein wichtiges Dokument). Nachdem Sie eine Datei ausgewählt haben, wird die Datei in der Datenbank gespeichert und es erscheint eine Bestätigungsmeldung.

13. Klicken Sie auf die Schaltfläche *Aktualisiere Liste,* erscheint die Datei, die Sie gerade gespeichert haben, im Kombinationsfeld.
14. Klicken Sie nun auf die Schaltfläche *Rufe BLOB aus Datenbank ab* und wählen Sie einen Ordner aus, in dem die Datei (die BLOB-Daten) gespeichert werden soll.

Hinweis Speicherort

Wählen Sie einen anderen Ordner aus als den, in dem die Originaldatei liegt.

---

15. Klicken Sie auf *OK.* Das BLOB wird aus der Datenbank abgerufen und im angegebenen Ordner gespeichert. Navigieren Sie zu diesem Ordner und überprüfen Sie, ob die Datei tatsächlich vorhanden ist.

Hinweis Binärdateitypen

Das Beispielprogramm legt zwar die Vermutung nahe, man könne nur Dokumente speichern, aber Sie können jede beliebige Binärdatei auswählen und in der Datenbank speichern.

Zusammenfassung der Lektion

- BLOBs sind große binäre Objekte, die in einer Datenbank gespeichert und wieder abgerufen werden können.
- BLOBs werden gewöhnlich nicht in einem Stück übertragen, sondern bei Bedarf in mehrere Abschnitte aufgeteilt.
- `DataReader` können nicht nur Standarddatentypen lesen, sondern auch BLOBs.

Lernzielkontrolle

Die folgenden Fragen dienen dazu, die wichtigsten Lerninhalte dieser Lektion zu vertiefen. Die Fragen sind (in englischer Sprache) auch auf der Begleit-CD zu finden, falls Sie die elektronische Form der Fragen vorziehen.

Hinweis Die Antworten

Die Antworten auf die Fragen und Erläuterungen, warum die entsprechende Antwort richtig oder falsch ist, finden Sie im Abschnitt „Antworten“ am Ende des Buchs.

---

1. Warum ist die Übermittlung von BLOB-Daten an eine Datenbank und das Abrufen dieser Daten komplizierter als bei Standarddatentypen? (Wählen Sie alle zutreffenden Antworten aus.)
   A. Weil BLOB-Daten gewöhnlich mit einem Streamobjekt übertragen werden.
   B. Weil BLOB-Daten nicht in einem lesbaren Format vorliegen.
   C. Weil BLOB-Daten meistens sehr umfangreich sind und dann in mehreren kleineren Stücken übertragen werden müssen.
   D. Weil BLOB-Daten nicht mit einem `DataReader` gelesen werden können.

2. Wie konfigurieren Sie ein Befehlsobjekt, damit es große Binärobjekte zurückgibt?
   A. Durch das Einstellen der `Connection`-Eigenschaft auf das Lesen von binären Daten
   B. Durch den Aufruf der Methode `ExecuteNonQuery` und die Zuweisung der Daten an einen `BinaryReader`
   C. Durch den Aufruf der Methode `ExecuteReader` und die Konvertierung des `DataReader` in einen `BufferedStream`
   D. Durch den Aufruf der Methode `ExecuteReader` mit dem Argument `CommandBehavior.SequentialAccess`
3. Wie übertragen Sie die Binärdaten, die in einem `DataReader` vorliegen, in kleineren Abschnitten in ein Bytearray?
   A. Sie rufen die Methode `DataReader.GetData` auf und addieren die Ergebnisse zum Bytearray.
   B. Sie rufen die Methode `DataReader.Read` auf und greifen über die Spaltennummer auf die Bytes zu.
   C. Sie rufen die Methode `DataReader.GetBytes` mit dem Bytearray als Argument auf.
   D. Sie rufen die Methode `DataReader.GetSqlByte` auf und addieren die Ergebnisse zum Bytearray.

Lektion 4: Ausführen von Massenkopieroperationen

Diese Lektion beschreibt, wie man große Datenmengen mit dem `SqlBulkCopy`-Objekt aus dem Namespace `System.Data.SqlClient` und der SQL-Anweisung `BULK INSERT` von SQL Server schnell kopieren kann. Sie erfahren nicht nur, wie man einzelne Massekopieraktionen durchführt, sondern auch, wie man mehrere solcher Operationen im Rahmen einer Transaktion durchführt.

Am Ende dieser Lektion werden Sie in der Lage sein, die folgenden Aufgaben auszuführen:

- Durchführen von Massenkopieraktionen zum Kopieren von Daten zu SQL Server
- Durchführen von Massenkopieraktionen in Transaktionen
- Ausführen der Transact-SQL-Anweisung `BULK INSERT` von SQL Server mithilfe des `SqlCommand`-Objekts

Veranschlagte Zeit für diese Lektion: 45 Minuten

Was ist der Sinn von Massenkopieroperationen?

Das Kopieren von umfangreichen Datenmengen von einer Datenbanktabelle in eine andere (oder von einer Datei in eine Datenbanktabelle) kann sehr viel Zeit und Ressourcen beanspruchen, wenn Sie dafür eine Anwendung erstellen, die einfach nur einzelne Datensätze von der Ursprungsdatenquelle einliest und diese Datensätze einzeln zur Zieldatenquelle überträgt. Wenn Sie viele Datensätze oder ganze Tabellen bewegen müssen, verwenden Sie die Massenkopierfunktionen von .NET Framework und SQL Server. Damit lassen sich Massenkopieroperationen effizienter durchführen als durch die Übertragung einzelner Datensätze.

Übung: Massenkopieren

In dieser Übung kopieren Sie größere Datenmengen von einer Tabelle in eine andere.

Erstellen der neuen Tabellen

Für eine Demonstration der Massenkopieroperationen brauchen Sie Tabellen, in die Daten hineinkopiert werden können. Sie können diese Tabellen mit den Visual Database Tools sehr schnell im Server-Explorer erstellen, indem Sie vorhandene Tabellen kopieren. Erstellen Sie mit den folgenden Schritten die Tabellen *CustomerHistory* und *OrderHistory*. Die Tabellen erhalten später durch Massenkopieroperationen Daten aus den Tabellen *Customers* und *Order*.

1. Erweitern Sie im Server-Explorer den Knoten *Tabellen* der *Northwind*-Datenbank.
2. Klicken Sie die Tabelle *Customers* mit der rechten Maustaste an und wählen Sie *Tabellendefinition öffnen*.
3. Markieren Sie die erste Zeile, indem Sie das Feld mit dem Schlüsselsymbol anklicken.
4. Drücken Sie STRG+A, um alle Zeilen zu markieren.
5. Drücken Sie STRG+C, um die Zeilen in die Zwischenablage zu kopieren.
6. Klicken Sie den Knoten *Tabellen* im Server-Explorer mit der rechten Maustaste an und wählen Sie *Neue Tabelle hinzufügen*.
7. Markieren Sie die leere Zeile (keine einzelne Zelle, sondern die gesamte Zeile) und drücken Sie STRG+V, um die Tabellendefinition einzufügen.

8. Markieren Sie nur die Zeile *CustomerID*. Klicken Sie die Zeile *CustomerID* mit der rechten Maustaste an und wählen Sie *Primärschlüssel festlegen*.
9. Speichern Sie die Tabelle und nennen Sie die Tabelle **CustomerHistory**.
10. Wiederholen Sie diese Schritte mit der *Orders*-Tabelle, legen Sie *OrderID* als Primärschlüssel fest und speichern Sie die Tabelle unter dem Namen **OrderHistory**.

► Übung 1: Durchführen von Massenkopieraktionen zum Kopieren von Daten zu SQL Server

In dieser ersten Massenkopierübung laden Sie alle Datensätze der Tabelle *Customers* in einen `DataReader` und kopieren sie dann mit dem `SqlBulkCopy`-Objekt in die Tabelle *CustomerHistory*.

1. Erstellen Sie eine neue Windows-Anwendung und nennen Sie die Anwendung **BulkCopySample**.
2. Fügen Sie eine Schaltfläche zum Formular hinzu und legen Sie folgende Eigenschaften fest:
   - *Name* = **CopyCustomersButton**
   - *Text* = **Kopiere Kunden**
3. Fügen Sie eine zweite Schaltfläche zum Formular hinzu und legen Sie folgende Eigenschaften fest:
   - *Name* = **CopyOrdersButton**
   - *Text* = **Kopiere Aufträge**
4. Klicken Sie die Schaltfläche *Kopiere Kunden* mit einem Doppelklick an, um einen Ereignishandler zu erstellen.
5. Fügen Sie `Imports`-Anweisungen (`using` in C#) für die Namespaces `System.Data` und `System.Data.SqlClient` ein.
6. Fügen Sie den Code für zwei Verbindungen in die Formularklasse ein, eine `SourceConnection` und eine `DestinationConnection`. Für dieses Beispiel können beide Verbindungen mit derselben *Northwind*-Datenbank hergestellt werden.

   An diesem Punkt sollte Ihr Formularcode ungefähr wie der folgende Code aussehen (tragen Sie für die Objekte `SourceConnection` und `DestinationConnection` gültige Verbindungszeichenfolgen ein):

```
' VB
Imports System.Data
Imports System.Data.SqlClient

Public Class Form1
    Private SourceConnection As New SqlConnection _
        ("Data Source=.\sqlexpress;Initial Catalog=Northwind;Integrated Security=True")
    Private DestinationConnection As New SqlConnection _
        ("Data Source=.\sqlexpress;Initial Catalog=Northwind;Integrated Security=True")
    Private Sub CopyCustomersButton_Click(ByVal sender As System.Object, _
        ByVal e As System.EventArgs) Handles CopyCustomersButton.Click
    End Sub
End Class
```

```
// C#
using System;
using System.Collections.Generic;
using System.ComponentModel;
using System.Data;
using System.Drawing;
using System.Text;
using System.Windows.Forms;
using System.Data.SqlClient;

namespace BulkCopySampleCS
{
    public partial class Form1 : Form
    {
        public Form1()
        {
            InitializeComponent();
        }

        private SqlConnection SourceConnection = new SqlConnection
            ("Data Source=.\\sqlexpress;Initial Catalog=Northwind;" +
             "Integrated Security=True");
        private SqlConnection DestinationConnection = new SqlConnection
            ("Data Source=.\\sqlexpress;Initial Catalog=Northwind;" +
             "Integrated Security=True");

        private void CopyCustomersButton_Click(object sender, EventArgs e)
        {
        }
    }
}
```

7. Fügen Sie nun den Code für das Massenkopieren der Daten aus der *Customers*-Tabelle in die *CustomerHistory*-Tabelle ein. Fügen Sie den folgenden Code unter dem Ereignishandler `CopyCustomersButton_Click` ein:

```
' VB
Private Sub BulkCopyCustomers()
    Dim GetCustomersCommand As New SqlCommand("SELECT * FROM Customers", _
        SourceConnection)

    SourceConnection.Open()
    Dim reader As SqlDataReader = GetCustomersCommand.ExecuteReader

    Dim BulkCopier As New SqlBulkCopy(DestinationConnection)

    DestinationConnection.Open()
    BulkCopier.DestinationTableName = "CustomerHistory"
    BulkCopier.WriteToServer(reader)
```

```
    reader.Close()
    SourceConnection.Close()
    DestinationConnection.Close()
End Sub

// C#
private void BulkCopyCustomers()
{
    SqlCommand GetCustomersCommand = new SqlCommand
         ("SELECT * FROM Customers", SourceConnection);

    SourceConnection.Open();
    SqlDataReader reader = GetCustomersCommand.ExecuteReader();

    SqlBulkCopy BulkCopier = new SqlBulkCopy(DestinationConnection);

    DestinationConnection.Open();
    BulkCopier.DestinationTableName = "CustomerHistory";
    BulkCopier.WriteToServer(reader);

    reader.Close();
    SourceConnection.Close();
    DestinationConnection.Close();
}
```

8. Fügen Sie eine Zeile mit dem Aufruf der Methode `BulkCopyCustomers` in den Ereignishandler `CopyCustomersButton_Click` ein.
9. Fügen Sie nun den Code hinzu, der Daten von der Tabelle *Orders* in die Tabelle *OrderHistory* kopiert. Fügen Sie den folgenden Code unter der Methode `BulkCopyCustomers` ein:

```
' VB
Private Sub BulkCopyOrders()
    Dim GetOrdersCommand As New SqlCommand("SELECT * FROM Orders", SourceConnection)

    SourceConnection.Open()
    Dim reader As SqlDataReader = GetOrdersCommand.ExecuteReader

    Dim BulkCopier As New SqlBulkCopy(DestinationConnection)

    DestinationConnection.Open()
    BulkCopier.DestinationTableName = "OrderHistory"
    BulkCopier.WriteToServer(reader)

    reader.Close()
    SourceConnection.Close()
    DestinationConnection.Close()
End Sub
```

```
// C#
private void BulkCopyOrders()
{
    SqlCommand GetOrdersCommand = new SqlCommand
        ("SELECT * FROM Orders", SourceConnection);

    SourceConnection.Open();
    SqlDataReader reader = GetOrdersCommand.ExecuteReader();

    SqlBulkCopy BulkCopier = new SqlBulkCopy(DestinationConnection);

    DestinationConnection.Open();
    BulkCopier.DestinationTableName = "OrderHistory";
    BulkCopier.WriteToServer(reader);

    reader.Close();
    SourceConnection.Close();
    DestinationConnection.Close();
}
```

10. Klicken Sie die Schaltfläche *Kopiere Aufträge* mit einem Doppelklick an und fügen Sie eine Zeile mit dem Aufruf der Methode `BulkCopyOrders` in den Ereignishandler `CopyOrdersButton_Click` ein.
11. Starten Sie die Anwendung.
12. Klicken Sie auf die Schaltfläche *Kopiere Kunden.*
13. Klicken Sie auf die Schaltfläche *Kopiere Aufträge.*
14. Schließen Sie das Formular und wechseln Sie in den Server-Explorer.
15. Klicken Sie die Tabellen *CustomerHistory* und *OrderHistory* mit der rechten Maustaste an und wählen Sie jeweils *Tabellendaten anzeigen.*

Überprüfen Sie, ob die Daten aus den Tabellen *Customers* und *Orders* erfolgreich in die Tabellen *CustomerHistory* und *OrderHistory* kopiert wurden.

Wichtig Speichern Sie die Anwendung!

Speichern Sie das Beispielprogramm. Im nächsten Abschnitt wird es noch gebraucht.

Massenkopieroperation mit der SQL-Anweisung *BULK INSERT*

Zum Kopieren großer Datenmengen können Sie nicht nur das `SqlBulkCopy`-Objekt verwenden, sondern auch Befehlsobjekte einrichten, die zum effizienten Massenkopieren Funktionen von SQL Server verwenden. SQL Server bietet die Anweisung `BULK INSERT`, mit der sich Daten aus Datendateien in Tabellen übertragen lassen. Entsprechende Datendateien können Sie mit dem Dienstprogramm bcp von SQL Server erstellen. Die Erstellung von Daten- und Formatdateien geht zwar über den Rahmen dieses Buchs hinaus, aber Sie finden die Dateien für dieses Beispiel auf der Begleit-CD.

Kopieren Sie die Dateien *Customers.fmt* und *NorthwindCustomers.txt* von der CD ins Verzeichnis *C:\DataSources*. (Sie können die Dateien an einen beliebigen Ort auf Ihrer Festplatte kopieren, solange Sie im Beispielprogramm den richtigen Pfad angeben.)

Hinweis Speicherort der Datendatei

Denken Sie bei der Programmierung der Methode `BulkInsertStatement` im folgenden Beispiel bitte daran, dass der Pfad auf Ihrem Computer gelten muss. Sorgen Sie also dafür, dass die gewünschte Datei auf Ihrem Computer an dem Ort vorhanden ist, den Sie angeben, bevor Sie den Befehl zur Ausführung geben.

Die Datei *NorthwindCustomers.txt* enthält alle 91 Datensätze aus der Tabelle *Customers,* und die SQL-Anweisung `BULK INSERT` trägt sie in die Tabelle *CustomerHistory* ein, die im vorigen Abschnitt erstellt wurde.

1. Löschen Sie alle Datensätze aus der Tabelle *CustomerHistory*, damit die Tabelle leer ist.
2. Fügen Sie eine Schaltfläche zum Formular hinzu (unter der Schaltfläche *Kopiere Aufträge*) und legen Sie folgende Eigenschaften fest:
   - *Name* = **ExecuteBulkInsertButton**
   - *Text* = **BULK INSERT**
3. Klicken Sie die Schaltfläche *BULK INSERT* mit einem Doppelklick an und fügen Sie folgenden Code in den `Click`-Ereignishandler ein (ändern Sie den Pfad, falls erforderlich):

```
' VB
Dim BulkInsertStatement As String = "BULK INSERT CustomerHistory " & _
    "FROM 'C:\DataSources\NorthwindCustomers.txt'"

Dim BulkInsertCommand As New SqlCommand(BulkInsertStatement, SourceConnection)

Try
    SourceConnection.Open()
    BulkInsertCommand.ExecuteNonQuery()
Catch ex As Exception
    MessageBox.Show(ex.Message)
Finally
    SourceConnection.Close()
End Try

// C#
string BulkInsertStatement = "BULK INSERT CustomerHistory " +
    "FROM 'C:\\DataSources\\NorthwindCustomers.txt'";

SqlCommand BulkInsertCommand = new SqlCommand(BulkInsertStatement, SourceConnection);

try
{
    SourceConnection.Open();
    BulkInsertCommand.ExecuteNonQuery();
}
```

```
catch (Exception ex)
{
    MessageBox.Show(ex.Message);
}
finally
{
    SourceConnection.Close();
}
```

4. Starten Sie die Anwendung.
5. Klicken Sie auf die Schaltfläche *BULK INSERT*.
6. Untersuchen Sie die Tabelle *CustomerHistory* und überprüfen Sie, ob die Daten erfolgreich eingefügt wurden. Falls die Tabelle während des Massenladens im Dokumentfenster geöffnet war, werden Sie die Darstellung aktualisieren müssen, um die Änderung zu sehen.

▶ Übung 2: Durchführen von Massenkopieraktionen in einer Transaktion

In dieser Massenkopierübung führen Sie im Wesentlichen dieselbe Massenkopieroperation wie in der letzten Übung durch, wenn auch nur mit den *Customers*-Daten, diesmal allerdings im Rahmen einer Transaktion. Sie stellen die Batchgröße auf 50 Datensätze pro Durchgang ein. Das führt dazu, das zwei separate Datensatzgruppen kopiert werden, denn die *Customers*-Tabelle enthält 91 Datensätze.

1. Erstellen Sie eine neue Windows-Anwendung und nennen Sie die Anwendung **BulkCopyTransaction**.
2. Fügen Sie eine Schaltfläche zum Formular hinzu und legen Sie folgende Eigenschaften fest:
   - *Name* = **PrepareTableButton**
   - *Text* = **Bereite Tabelle vor**
3. Fügen Sie eine zweite Schaltfläche zum Formular hinzu und legen Sie folgende Eigenschaften fest:
   - *Name* = **BulkCopyButton**
   - *Text* = **Führe Massenkopie durch**
4. Klicken Sie die Schaltfläche *Führe Massenkopie durch* mit einem Doppelklick an, um einen Ereignishandler zu erstellen.
5. Fügen Sie `Imports`-Anweisungen (`using` in C#) für die Namespaces `System.Data` und `System.Data.SqlClient` ein.
6. Für dieses Beispiel ist nur eine Verbindung erforderlich. Fügen Sie also eine `SourceConnection` in die Formularklasse ein. Wenn Sie eine interne Transaktion verwenden, erstellt das `SqlBulkCopy`-Objekt die Zielverbindung, wenn es selbst erstellt wird.

   An diesem Punkt sollte Ihr Formularcode ungefähr wie der folgende Code aussehen (tragen Sie für das `SourceConnection`-Objekt eine gültige Verbindungszeichenfolge ein):

```
' VB
Imports System.Data
Imports System.Data.SqlClient

Public Class Form1

    Private SourceConnection As New SqlConnection _
        ("Data Source=.\sqlexpress;Initial Catalog=Northwind;Integrated Security=True")

    Private Sub BulkCopyButton _Click(ByVal sender As System.Object, _
        ByVal e As System.EventArgs) Handles BulkCopyButton.Click

    End Sub
End Class
```

```
// C#
using System;
using System.Collections.Generic;
using System.ComponentModel;
using System.Data;
using System.Drawing;
using System.Text;
using System.Windows.Forms;
using System.Data.SqlClient;

namespace BulkCopyTransactionCS
{
    public partial class Form1 : Form
    {
        public Form1()
        {
            InitializeComponent();
        }

        private SqlConnection SourceConnection = new SqlConnection
            ("Data Source=.\\SqlExpress;Initial Catalog=Northwind;" +
             "Integrated Security=True");

        private void BulkCopyButton_Click(object sender, EventArgs e)
        {

        }
    }
}
```

Um zu überprüfen, ob die Transaktion wie erwartet funktioniert, könnte man dafür sorgen, dass der Kopiervorgang fehlschlägt. Das erreichen Sie zum Beispiel, indem Sie einen Datensatz in der Tabelle *CustomerHistory* belassen. Dann würde durch das Kopieren ein primärer Schlüssel doppelt eingefügt werden. Weil das verboten ist, wird die ganze Transaktion zurückgenommen und es werden keine Datensätze aktualisiert. Damit dieser „Bremsklotz" in der Datenbank verbleibt, erstellen Sie eine Methode zur Vorbereitung der Tabelle, die alle Datensätze aus der

Tabelle *CustomerHistory* löscht, mit Ausnahme des Datensatzes für White Clover Markets *(WHITC)*.

7. Klicken Sie die Schaltfläche *Bereite Tabelle vor* mit einem Doppelklick an und fügen Sie den folgenden Code in den Ereignishandler ein:

```
' VB
Dim GetCustomersCommand As New SqlCommand _
    ("DELETE FROM CustomerHistory WHERE CustomerID <> 'WHITC'", SourceConnection)
SourceConnection.Open()
GetCustomersCommand.ExecuteNonQuery()
SourceConnection.Close()

// C#
SqlCommand GetCustomersCommand = new SqlCommand(
    "DELETE FROM CustomerHistory WHERE CustomerID <> 'WHITC'", SourceConnection);
SourceConnection.Open();
GetCustomersCommand.ExecuteNonQuery();
SourceConnection.Close();
```

8. Fügen Sie folgenden Code zur Formularklasse hinzu:

   Diese Methoden führen die eigentliche Massenkopieroperation mithilfe eines `SqlBulkCopy`-Objekts durch. Die Quell- und Zielverbindungen werden zur Übertragung der Daten verwendet, mit jeweils 50 Datensätzen pro Durchgang (`BatchSize`-Eigenschaft). Die von `DestinationTableName` angegebene Tabelle ist die Tabelle, in der die Daten eingefügt werden.

```
' VB
Private Sub BulkCopyCustomers()
    Dim GetCustomersCommand As New SqlCommand _
        ("SELECT * FROM Customers", SourceConnection)

    SourceConnection.Open()
    Dim reader As SqlDataReader = GetCustomersCommand.ExecuteReader

    Dim BulkCopier As New SqlBulkCopy _
        (SourceConnection.ConnectionString, SqlBulkCopyOptions.UseInternalTransaction)
    BulkCopier.BatchSize = 50

    BulkCopier.DestinationTableName = "CustomerHistory"
    Try
        BulkCopier.WriteToServer(reader)
    Catch ex As Exception
        MessageBox.Show(ex.Message)
    Finally
        BulkCopier.Close()
        reader.Close()
        SourceConnection.Close()
    End Try
End Sub
```

```
// C#
private void BulkCopyCustomers()
{
    SqlCommand GetCustomersCommand = new SqlCommand
        ("SELECT * FROM Customers", SourceConnection);

    SourceConnection.Open();
    SqlDataReader reader = GetCustomersCommand.ExecuteReader();

    SqlBulkCopy BulkCopier = new SqlBulkCopy(SourceConnection.ConnectionString,
                              SqlBulkCopyOptions.UseInternalTransaction);
    BulkCopier.BatchSize = 50;
    BulkCopier.DestinationTableName = "CustomerHistory";

    try
    {
        BulkCopier.WriteToServer(reader);
    }
    catch (Exception ex)
    {
        MessageBox.Show(ex.Message);
    }
    finally
    {
        BulkCopier.Close();
        reader.Close();
        SourceConnection.Close();
    }
}
```

9. Fügen Sie in den Ereignishandler für `BulkCopyButton.Click` den Aufruf der Methode `BulkCopyCustomers` ein.
10. Starten Sie die Anwendung und klicken Sie auf die Schaltfläche *Bereite Tabelle vor*.
11. Wechseln Sie bei laufender Anwendung in den Server-Explorer, klicken Sie die Tabelle *CustomerHistory* mit der rechten Maustaste an und wählen Sie *Tabellendaten anzeigen*.
12. Wenn in der Tabelle *CustomerHistory* noch die Daten von der letzten Übung standen, sollte jetzt nur noch ein einziger Datensatz zu sehen sein, nämlich der Datensatz für White Clover Markets. *Markieren Sie diesen Datensatz und löschen Sie ihn!* (Falls Sie die vorige Übung nicht durchgeführt haben und die Tabelle noch leer ist, brauchen Sie natürlich nichts zu löschen.)
13. Wechseln Sie zur laufenden Beispielanwendung und klicken Sie auf die Schaltfläche *Führe Massenkopie durch*. Die Operation sollte erfolgreich durchgeführt und die ganze *Customers*-Tabelle in die Tabelle *CustomerHistory* kopiert werden.
14. Wechseln Sie in den Server-Explorer und überprüfen Sie die Daten in der Tabelle *CustomerHistory*. Die Tabelle sollte alle 91 Datensätze enthalten.
15. Wechseln Sie in die laufende Beispielanwendung und klicken Sie wieder auf die Schaltfläche *Bereite Tabelle vor*.

16. Untersuchen Sie die Tabelle. Nun sollte nur noch der Datensatz für *White Clover Markets* in der Tabelle stehen.
17. Wechseln Sie in die laufende Beispielanwendung und klicken Sie wieder auf die Schaltfläche *Führe Massenkopie durch*.

    Diesmal sollte ein Meldungsfeld erscheinen, das darauf hinweist, dass Primärschlüssel nicht doppelt eingefügt werden dürfen. Ursache ist der Versuch, den bereits vorhandenen Datensatz von White Clover Markets erneut einzufügen.
18. Klicken Sie im Meldungsfeld auf *OK* und untersuchen Sie wieder die in der Tabelle enthaltenen Daten.

    Die Tabelle sollte 51 Datensätze enthalten, nämlich den ursprünglichen *WHITC*-Datensatz und die 50 Datensätze (die Batchgröße, die Sie im Code eingestellt haben) vom ersten Kopierdurchgang. Beachten Sie bitte, dass die Datensätze, die zwischen dem fünfzigsten Datensatz und *WHITC* (den neunundachtzigsten Datensatz in der Tabelle) liegen, nicht eingefügt wurden. Die Transaktion hat ihre Einfügung rückgängig gemacht, weil sie alle zum selben Batch (zum selben Durchgang) der internen Transaktion gehören.

Zusammenfassung der Lektion

- Massenkopieroperationen bieten einen effizienten Weg zum Kopieren großer Datenmengen.
- Das `SqlBulkCopy`-Objekt ist eine .NET Framework-Klasse für die Durchführung von Massenkopieroperationen in Ihrer Anwendung.
- Die SQL-Anweisung `BULK INSERT` bietet die Möglichkeit, Massenkopien mit den Mitteln von SQL Server durchzuführen.
- Massenkopieroperationen können auch in einer Transaktion durchgeführt werden.

Lernzielkontrolle

Die folgenden Fragen dienen dazu, die wichtigsten Lerninhalte dieser Lektion zu vertiefen. Die Fragen sind (in englischer Sprache) auch auf der Begleit-CD zu finden, falls Sie die elektronische Form der Fragen vorziehen.

Hinweis Die Antworten

Die Antworten auf die Fragen und Erläuterungen, warum die entsprechende Antwort richtig oder falsch ist, finden Sie im Abschnitt „Antworten“ am Ende des Buchs.

---

1. Wie viele Verbindungsobjekte sind erforderlich, um mit dem `SqlBulkCopy`-Objekt eine Massenkopieroperation durchzuführen? (Wählen Sie alle zutreffenden Antworten aus.)
   A. Eine Verbindung für jede Datenbank, mit der die Anwendung eine Verbindung herstellen muss
   B. Zwei Verbindungen für jede Datenbank, mit der die Anwendung eine Verbindung herstellen muss
   C. Zwei Verbindungen insgesamt, eine Verbindung für die Quelldatenbank und eine Verbindung für die Zieldatenbank

2. Woher erhält die SQL-Anweisung `BULK INSERT` gewöhnlich die Daten, die zu kopieren sind?
   A. Aus einer Datei, die mit dem Dienstprogramm bcp erstellt wurde
   B. Von einer Abfrage, die mit einem Befehlsobjekt durchgeführt wird
   C. Von einem `DataReader`
   D. Von einer Datenbanktabelle aus derselben oder einer anderen Datenbank
3. Wie viele Datensätze werden kopiert, wenn eine Massenkopieroperation in einer internen Transaktion fehlschlägt?
   A. Alle Datensätze bis zu dem Zeitpunkt, an dem die Transaktion fehlschlägt.
   B. Das hängt von der Batchgröße ab und davon, wie viele erfolgreiche Durchgänge es gibt (wie viele Batches kopiert werden können), bevor die Transaktion fehlschlägt.
   C. Alle Datensätze von allen Durchgängen, bis auf den Durchgang, in dem die Transaktion fehlschlägt.
   D. Kein einziger Datensatz wird kopiert, denn schließlich ist die Transaktion ja fehlgeschlagen!

Lektion 5: Durchführen von Transaktionen mit einem Transaktionsobjekt

Diese Lektion beschreibt, wie Datenbankoperationen mithilfe des Transaktionsobjekts in Transaktionen durchgeführt werden können.

Am Ende dieser Lektion werden Sie in der Lage sein, die folgenden Aufgaben auszuführen:

- Durchführen von Transaktionen mit dem `Transaction`-Objekt

Veranschlagte Zeit für diese Lektion: 30 Minuten

Was ist eine Transaktion?

Transaktionen sind Befehle, die unter der Bedingung zu einer Gruppe zusammengefasst werden, dass die gesamte Transaktion abgebrochen und sämtliche Änderungen, die von den Befehlen der Gruppe durchgeführt wurden, rückgängig gemacht werden können, als sei keiner der Befehle ausgeführt worden, falls bei einem der Befehle aus der Gruppe ein Fehler auftritt. Transaktionen sind für die Erhaltung der Integrität einer Datenbank unverzichtbar.

Praxistipp

Steve Stein

Ich arbeitete einmal mit einem firmenintern entwickelten Warensystem, das auch dann die Eingabe von Wareneingängen ins System zuließ, wenn die Lieferantendatenbank nicht verfügbar war. In der Praxis führte dies dazu, dass die Bezahlung der Rechnungen verweigert wurde, wenn die Rechnungen für die Ware aus den „nicht verbundenen" Wareneingängen eintrafen. Das war zwar nur selten der Fall und trat nur auf, wenn bestimmte ungünstige Umstände zusammentrafen, aber es war offensichtlich ein Fehler in dem Vorgang, bei dem Waren als eingetroffen und zu bezahlen gekennzeichnet werden sollten.

So werden Transaktionen eingeleitet

Wie Verbindungsobjekte und Befehlsobjekte bietet jeder .NET Framework-Datenanbieter auch ein Transaktionsobjekt zur Durchführung von Transaktionen an. Sie leiten Transaktionen ein, indem Sie ein anbieterspezifisches Transaktionsobjekt erstellen und ihm die Transaktion zuweisen, die von der Methode `BeginTransaction` des Verbindungsobjekts zurückgegeben wird.

Der folgende Code zeigt, wie man eine Transaktion einleitet:

```
' VB
Dim transaction As SqlTransaction
transaction = NorthwindConnection.BeginTransaction()

// C#
SqlTransaction transaction;
transaction = NorthwindConnection.BeginTransaction();
```

Einstellen der Isolationsstufe einer Transaktion

Die Isolationsstufe einer Transaktion bestimmt, ob andere Threads auf die Daten zugreifen können, während die Daten noch von den Prozessen benutzt werden, die an Ihrer Transaktion beteiligt sind. Es liegt in der Natur einer Transaktion, dass in ihrem Verlauf mehrere Datensätze in Tabellen geändert werden, die in bestimmten Beziehungen zueinander stehen. Durch die Einstellung der Isolationsstufe können Sie einen sinnvollen Kompromiss zwischen Datenintegritätsproblemen und dem gleichzeitigen Zugriff auf die Daten finden, die im Rahmen der Transaktion benutzt werden.

Die Eigenschaft `IsolationLevel` eines Transaktionsobjekts wird durch die Übergabe eines der Werte aus Tabelle 6.7 an die Methode `BeginTransaction` des Verbindungsobjekts eingestellt. Wenn Sie zum Beispiel die Isolationsstufe im vorigen Beispiel auf `Snapshot` einstellen möchten, würden Sie die Transaktion mit folgender Zeile beginnen:

Hinweis Isolationsstufen

Nicht jede Datenbank unterstützt alle vorgesehenen Isolationsstufen. Daher ist die folgende Codezeile auf dem Datenbankserver, den Sie verwenden, vielleicht nicht anwendbar.

```
' VB
transaction = NorthwindConnection.BeginTransaction(IsolationLevel.Snapshot)

// C#
transaction = NorthwindConnection.BeginTransaction(IsolationLevel.Snapshot);
```

Tabelle 6.7 beschreibt die zulässigen Werte für die `IsolationLevel`-Eigenschaft des Transaktionsobjekts.

Tabelle 6.7 Isolationsstufen

Name	Beschreibung
`Chaos`	Anstehende Änderungen von hoch isolierten Transaktionen können nicht überschrieben werden.
`ReadCommitted`	Beim Lesen der Daten werden gemeinsame Sperren verwendet, um das Lesen geänderter Daten zu verhindern. Die Daten können aber vor dem Ende der Transaktion geändert werden, was zu nicht wiederholbaren Lesevorgängen oder Phantomdaten führen kann.
`ReadUncommitted`	Das Lesen geänderter Daten ist möglich, aber es werden keine gemeinsamen Sperren verwendet und keine exklusiven Sperren respektiert.
`RepeatableRead`	Benutzer werden durch entsprechende Sperren auf allen Daten, die an einer Abfrage beteiligt sind, daran gehindert, die Daten zu ändern. Dadurch werden nicht wiederholbare Lesevorgänge verhindert, aber Phantomdaten sind weiterhin möglich.
`Serializable`	Für die `DataSet`-Klasse wird eine Bereichssperre festgelegt. Dadurch wird verhindert, dass andere Benutzer vor dem Abschluss der Transaktion Zeilen in das `DataSet` einfügen oder darin aktualisieren.
`Snapshot`	Verringert das gegenseitige Blockieren durch die Speicherung einer Datenversion, die eine Anwendung lesen kann, während eine andere Anwendung dieselben Daten ändert. Das bedeutet, dass Sie innerhalb einer Transaktion nicht die Änderungen sehen können, die von anderen Transaktionen vorgenommen werden, auch nicht durch erneute Abfragen. ▶

Name	Beschreibung
`Unspecified`	Es wird eine andere Isolationsstufe als die angegebene verwendet, aber die Stufe lässt sich nicht bestimmen. Wenn Sie `OdbcTransaction` verwenden und `IsolationLevel` nicht auf `Unspecified` einstellen, erfolgt die Transaktion entsprechend der Standardisolationsstufe des verwendeten ODBC-Treibers.

Eintragen in einer verteilten Transaktion

Sie können nicht nur neue Transaktionen einleiten und die Isolationsstufe einer Transaktion festlegen, sondern Ihre Transaktion auch so einrichten, dass sie sich in eine vorhandene verteilte Transaktion einträgt. Eine verteilte Transaktion ist eine Transaktion, an der mehrere Ressourcen beteiligt sind, beispielsweise mehrere SQL Server-Datenbanken (im Gegensatz zu einer lokalen Transaktion, in der gewöhnlich nur eine einzelne Datenbank verwendet wird).

Der folgende Code zeigt, wie die Eintragung in einer verteilten Transaktion erfolgt. Dabei wird vorausgesetzt, dass die Variable `activeTransaction` auf ein Transaktionsobjekt verweist, das eine vorhandene verteilte Transaktion steuert.

```
' VB
NorthwindConnection.EnlistTransaction(activeTransaction)

// C#
NorthwindConnection.EnlistTransaction(activeTransaction);
```

Übung: Durchführen von Transaktionen

In dieser Übung arbeiten Sie mit einem Transaktionsobjekt und rufen dessen Methoden `Commit` und `Rollback` auf.

▶ Übung 1: Durchführen von Transaktionen mit dem Transaktionsobjekt

Um die Verwendung von Transaktionen zu demonstrieren, versucht das folgende Beispielprogramm, zwei verschiedene Befehle auszuführen und Datensätze in zwei verschiedene Tabellen einfügen. Damit das Beispiel nicht zu unübersichtlich wird, wird die Transaktion durch entsprechende Benutzereingaben abgeschlossen oder rückgängig gemacht. In der Praxis würde man die Aufrufe der Methoden `Commit` und `Rollback` von Fehlerbedingungen oder von der Geschäftslogik der Anwendung abhängig machen. Aber der eigentliche Vorgang, die Transaktion anzunehmen oder abzubrechen, ist genau derselbe.

1. Erstellen Sie eine Windows-Anwendung namens **PerformingTransactions**.
2. Fügen Sie eine Schaltfläche zum Formular hinzu und legen Sie folgende Eigenschaften fest:
   - *Name* = **PerformTransactionButton**
   - *Text* = **Ausführen der Transaktion**
3. Klicken Sie die Schaltfläche *Ausführen der Transaktion* mit einem Doppelklick an.
4. Fügen Sie `Imports`-Anweisungen (`using` in C#) für die Namespaces `System.Data` und `System.Data.SqlClient` ein.
5. Fügen Sie den Code zur Definition einer Northwind-Verbindung in die Formularklasse ein.

6. An diesem Punkt sollte Ihr Formularcode ungefähr wie der folgende Code aussehen:

```
' VB
Imports System.Data
Imports System.Data.SqlClient

Public Class Form1
    Private NorthwindConnection As New SqlConnection _
        ("Data Source=.\sqlexpress;Initial Catalog=Northwind;Integrated Security=True")

    Private Sub PerformTransactionButton_Click(ByVal sender As System.Object, _
        ByVal e As System.EventArgs) Handles PerformTransactionButton.Click

    End Sub
End Class

// C#
using System;
using System.Collections.Generic;
using System.ComponentModel;
using System.Data;
using System.Drawing;
using System.Text;
using System.Windows.Forms;
using System.Data.SqlClient;

namespace PerormingTransactionsCS
{
    public partial class Form1 : Form
    {
        public Form1()
        {
            InitializeComponent();
        }

        private SqlConnection NorthwindConnection = new SqlConnection
            ("Data Source=.\\sqlexpress;Initial Catalog=Northwind;" +
             "Integrated Security=True");

        private void PerformTransactionButton_Click(object sender, EventArgs e)
        {

        }
    }
}
```

7. Fügen Sie den folgenden Code in die Formularklasse ein, damit Ihre Anwendung auf Klicks auf die Schaltfläche reagieren kann:

```
' VB
Private Sub DeleteExtraRecords()
    ' Wenn Sie die Anwendung bereits ausgeführt haben, löschen Sie die 2 Datensätze,
    ' damit es keine Probleme mit doppelten Primärschlüsseln gibt.
    Dim Command1 As New SqlCommand( _
        "DELETE FROM Territories WHERE TerritoryID = 98012; " _
        & "DELETE FROM Region WHERE RegionID = 10", NorthwindConnection)
    NorthwindConnection.Open()
    Command1.ExecuteNonQuery()
    NorthwindConnection.Close()
End Sub

// C#
private void DeleteExtraRecords()
{
    // Wenn Sie die Anwendung bereits ausgeführt haben, löschen Sie die 2 Datensätze,
    // damit es keine Probleme mit doppelten Primärschlüsseln gibt.
    SqlCommand Command1 = new SqlCommand(
        "DELETE FROM Territories WHERE TerritoryID = 98012; " +
        "DELETE FROM Region WHERE RegionID = 10", NorthwindConnection);
    NorthwindConnection.Open();
    Command1.ExecuteNonQuery();
    NorthwindConnection.Close();
}
```

8. Der folgende Code erstellt das Transaktionsobjekt und zwei Befehlsobjekte, die in der Transaktion verwendet werden. Fügen Sie folgenden Code in die Formularklasse ein:

```
' VB
Private Sub PerformTransaction()
    ' Entferne die Datensätze dieses Beispiels, damit das Programm
    ' bei jedem Klick funktioniert!
    DeleteExtraRecords()

    ' Erstelle die Transaktion.
    Dim transaction As SqlTransaction

    ' Erstelle 2 Befehlsobjekte, die in der Transaktion verwendet werden.
    Dim Command1 As New SqlCommand("INSERT INTO Region" & _
        "(RegionID, RegionDescription)" & _
        "VALUES (10,'Northwest')", NorthwindConnection)
    Dim Command2 As New SqlCommand("INSERT INTO Territories" & _
        "(TerritoryID, TerritoryDescription, RegionID)" & _
        "VALUES (98012, 'Bothell', 10)", NorthwindConnection)

    ' Öffne die Verbindung und leite die Transaktion ein.
    NorthwindConnection.Open()
    transaction = NorthwindConnection.BeginTransaction
```

```
    ' Bereite die Befehlsobjekte für die Arbeit in der Transaktion vor.
    Command1.Transaction = transaction
    Command2.Transaction = transaction

    ' Führe die Befehle aus.
    Command1.ExecuteNonQuery()
    Command2.ExecuteNonQuery()

    ' Zeige nach der Ausführung der Befehle ein Dialogfeld an,
    ' das dem Benutzer den Abschluss oder Abbruch der
    ' Transaktion ermöglicht.
    Dim response As DialogResult = MessageBox.Show( _
        "Die Befehle wurden bereits ausgeführt." & _
        Environment.NewLine & "Soll die Transaktion fortgesetzt werden?", _
        "Ausführen der Transaktion", MessageBoxButtons.YesNo)

    ' Werte die Antwort aus und schließe die Transaktion ab
    ' oder brich sie ab.
    Select Case response
        Case Windows.Forms.DialogResult.Yes
            transaction.Commit()
        Case Windows.Forms.DialogResult.No
            transaction.Rollback()
    End Select

    NorthwindConnection.Close()
End Sub

// C#
private void PerformTransaction()
{
    // Entferne die Datensätze dieses Beispiels, damit das Programm
    // bei jedem Klick funktioniert!
    DeleteExtraRecords();

    // Erstelle die Transaktion.
    SqlTransaction transaction;

    // Erstelle 2 Befehlsobjekte, die in der Transaktion verwendet werden.
    SqlCommand Command1 = new SqlCommand("INSERT INTO Region" +
        "(RegionID, RegionDescription)" +
        "VALUES (10,'Northwest')", NorthwindConnection);
    SqlCommand Command2 = new SqlCommand("INSERT INTO Territories" +
        "(TerritoryID, TerritoryDescription, RegionID)" +
        "VALUES (98012, 'Bothell', 10)", NorthwindConnection);

    // Öffne die Verbindung und leite die Transaktion ein.
    NorthwindConnection.Open();
    transaction = NorthwindConnection.BeginTransaction();
```

```
    // Bereite die Befehlsobjekte für die Arbeit in der Transaktion vor.
    Command1.Transaction = transaction;
    Command2.Transaction = transaction;

    // Führe die Befehle aus.
    Command1.ExecuteNonQuery();
    Command2.ExecuteNonQuery();

    // Zeige nach der Ausführung der Befehle ein Dialogfeld an,
    // das dem Benutzer den Abschluss oder Abbruch der
    // Transaktion ermöglicht.
    DialogResult response = MessageBox.Show("Die Befehle wurden bereits ausgeführt." +
        Environment.NewLine +
        "Soll die Transaktion fortgesetzt werden?", "Ausführen der Transaktion",
        MessageBoxButtons.YesNo);

    // Werte die Antwort aus und schließe die Transaktion ab
    // oder brich sie ab.
    switch (response)
    {
        case DialogResult.Yes:
            transaction.Commit();
            break;
        case DialogResult.No:
            transaction.Rollback();
            break;
    }

    NorthwindConnection.Close();
}
```

9. Fügen Sie in den Ereignishandler für die Schaltfläche *Ausführen der Transaktion* den Code für den Aufruf der Methode `PerformTransaction` ein.
10. Starten Sie die Anwendung und klicken Sie auf die Schaltfläche *Ausführen der Transaktion*.
11. Wählen Sie *Ja*, um die Transaktion abzuschließen.
12. Untersuchen Sie die Tabellen *Region* und *Territories* und überprüfen Sie, ob die neuen Datensätze für *Northwest* und *Bothell* eingefügt wurden.
13. Klicken Sie erneut auf die Schaltfläche *Ausführen der Transaktion* (dadurch werden zuerst die Datensätze wieder gelöscht, die im Schritt 11 eingefügt wurden). Diesmal klicken Sie im Dialogfeld aber auf *Nein*, um die Transaktion abzubrechen.
14. Untersuchen Sie erneut die Tabelle *Region* und *Territories* und überprüfen Sie, ob keine Datensätze eingefügt wurden. Wenn Sie die Datensätze immer noch sehen, müssen Sie vielleicht die Anzeige der Tabellendaten aktualisieren.

Zusammenfassung der Lektion

- Transaktionen bieten die Möglichkeit, die Datenintegrität in einer Datenbank zu schützen, indem alle Befehle rückgängig gemacht werden, falls einer der Befehle nicht erfolgreich durchgeführt werden kann.
- Transaktionen sind anbieterspezifisch.
- Transaktionen werden mit der Methode `BeginTransaction` eines Verbindungsobjekts eingeleitet.
- Die Zugänglichkeit der Daten (die im Rahmen einer Transaktion geändert werden) kann durch die Einstellung der Isolationsstufe einer Transaktion kontrolliert werden.
- Befehlsobjekte können so eingerichtet werden, dass sie sich in lokale oder verteilte Transaktionen eintragen.

Lernzielkontrolle

Die folgenden Fragen dienen dazu, die wichtigsten Lerninhalte dieser Lektion zu vertiefen. Die Fragen sind (in englischer Sprache) auch auf der Begleit-CD zu finden, falls Sie die elektronische Form der Fragen vorziehen.

Hinweis Die Antworten

Die Antworten auf die Fragen und Erläuterungen, warum die entsprechende Antwort richtig oder falsch ist, finden Sie im Abschnitt „Antworten“ am Ende des Buchs.

---

1. Wie erstellen Sie eine neue Transaktion?
   A. Sie weisen einer Transaktionsvariablen den Rückgabewert der Methode `Connection.BeginTransaction` zu.
   B. Sie deklarieren eine neue Instanz der `Transaction`-Klasse.
   C. Sie rufen die Methode `Command.CreateTransaction` auf.
   D. Sie deklarieren ein neues `Command.Transaction`-Objekt.
2. Welchen Hauptzweck hat eine Transaktion?
   A. Die Überprüfung, ob mehrere Befehle erfolgreich ausgeführt wurden
   B. Die Behandlung von Ausnahmen, die bei der Ausführung von Befehlen in der Datenbank auftreten könnten
   C. Den Abbruch eines ausgeführten Befehls und die Rückführung der Daten in einen Zustand, in dem sie sich vor der Transaktion befanden
   D. Die Möglichkeit zu schaffen, ausgeführte Befehle abzubrechen und die Daten in einen Zustand zurückzuführen, in dem sie sich vor der Transaktion befanden
3. Was ist der Unterschied zwischen einer lokalen Transaktion und einer verteilten Transaktion?
   A. Lokale Transaktionen werden mit einer einzigen Datentabelle durchgeführt, während verteilte Transaktionen mit mehreren Datenbanktabellen durchgeführt werden.
   B. Lokale Transaktionen werden mit einer einzigen Datenbank durchgeführt, während verteilte Transaktionen mit mehreren Datenbanken durchgeführt werden, die auf demselben Server liegen.

C. Lokale Transaktionen werden auf einem einzigen Datenbankserver durchgeführt, während verteilte Transaktionen mehrere Datenbankserver umfassen können.

D. Lokale Transaktionen werden in einer einzigen Datenbank auf dem lokalen Computer durchgeführt, während verteilte Transaktionen auf einer Datenbank durchgeführt werden, die auf einem Remotecomputer liegt.

Rückblick auf dieses Kapitel

Zur weiteren Übung und Vertiefung der Lerninhalte dieses Kapitels können Sie Folgendes tun:

- Arbeiten Sie die Zusammenfassung des Kapitels durch.
- Bearbeiten Sie die Übung mit Fallbeispiel. Diese Szenarien beschreiben anhand der Themen dieses Kapitels praxisnahe Situationen. Entwickeln Sie eine Lösung.
- Führen Sie die zusätzlichen Übungen durch.
- Machen Sie einen Übungstest.

Zusammenfassung des Kapitels

- SQL-Anweisungen und gespeicherte Prozeduren können mithilfe von anbieterspezifischen Befehlsobjekten ausgeführt werden.
- Daten, die von Befehlsobjekten zurückgegeben werden, können mit anbieterspezifischen `DataReader`-Objekten ausgelesen werden.
- Befehlsobjekte verfügen über Parameterauflistungen, die einen oder mehrere Parameter für die Ausführung von parametrisierten Abfragen oder gespeicherten Prozeduren enthalten können.
- BLOB-Daten können mit `Datareader`- und `Stream`-Objekten in einer Datenbank gespeichert oder abgerufen werden.
- Massenkopieroperationen können mithilfe des `SqlBulkCopy`-Objekts oder mit der SQL-Anweisung `BULK INSERT` durchgeführt werden.
- Befehlsobjekte können im Kontext einer lokalen Transaktion arbeiten oder in eine verteilte Transaktion eingetragen werden.

Schlüsselbegriffe

- BLOB
- Parameter
- Transaktion

Übung mit Fallbeispiel

In den folgenden Fallbeispielen wenden Sie an, was Sie über die Arbeit mit Daten in einer verbundenen Umgebung gelernt haben. Die Antworten auf die Fragen finden Sie im Abschnitt „Antworten" am Ende des Buchs.

Szenario 1: Ursachenforschung bei schwacher Anwendungsleistung

Sie wurden von The Phone Company beauftragt, herauszufinden, warum deren Customer Relationship Management-Anwendung so entsetzlich langsam läuft. Die Support-Leute verschwenden sehr viel Zeit damit, auf das Ergebnis ihrer Abfragen zu warten. Nachdem Sie einige Tage lang den Code durchforstet und die Datenbank überprüft haben, kommen Sie zu dem Schluss, dass die schwache Leistung am anscheinend exponentiellen Wachstum der Kundschaft liegt. Es werden einfach zu viele Datensätze erfasst, wenn die alten Abfragen ausgeführt werden, die anscheinend ohne Vorkehrungen für eine bessere Skalierbarkeit entwickelt wurden. Außerdem fällt Ihnen auf, dass ständig das Archivprogramm läuft und Datensätze vom aktuellen Bestand ins Archiv verschiebt.

Erstellen Sie eine Liste mit Verbesserungsvorschlägen.

Szenario 2: Wie hindert man ein Warensystem daran, Produkte zu verkaufen, die nicht verfügbar sind?

Ihr größter Kunde, Wide World Importers, verkauft nun Waren von vielen neuen Herstellern rund um den Globus. Die Firma geht so vor, Bestellungen an die entsprechenden Hersteller zu schicken, wenn die Ware im lokalen Kaufhaus ausverkauft ist, damit die Ware direkt an die Kunden geliefert werden kann. Das Hauptproblem scheint zu sein, dass Ware bestellt wird, die gar nicht auf Lager ist oder deren Lieferzeit zu lang ist. Sie können sich vorstellen, was die Kunden davon halten.

Wenn Sie davon ausgehen, dass jeder Hersteller seinen Lagerbestand und die geplanten Fertigungstermine bekannt gibt, welche Änderungen können Sie dann an der Verkaufsanwendung von Wide World Importers vornehmen, um das Problem zu lösen?

Vorgeschlagene Übungen

Führen Sie folgende Übungen durch, um Ihr Wissen über die Arbeit mit Daten in einer verbundenen Umgebung zu vertiefen:

- **Übung 1** Erstellen Sie eine Anwendung, die Daten in der *Northwind*-Tabelle *Employees* speichert und die Auswahl eines auf der Festplatte gespeicherten Fotos ermöglicht, das in der Spalte *Photo* gespeichert wird.
- **Übung 2** Erstellen Sie eine Anwendung, die Daten aus der *Northwind*-Tabelle *Customers* abruft und separate Befehle für die Abfrage von Daten anhand der Spalten *CompanyName*, *City* oder *PostalCode* aufweist.
- **Übung 3** Erstellen Sie eine Anwendung, die ein Massenkopieren aller *Northwind*-Bestellungen, die bereits ausgeliefert wurden, in eine Tabelle namens *ShippedOrders* durchführen kann.

Machen Sie einen Übungstest

Die Übungstests auf der Begleit-CD zu diesem Buch (in englischer Sprache) bieten zahlreiche Möglichkeiten. Zum Beispiel können Sie einen Test machen, der ausschließlich die Themen eines bestimmten Lernziels behandelt, oder Sie können sich selbst mit dem gesamten Inhalt der Prüfung 70-526 testen. Sie können den Test so konfigurieren, dass er dem Ablauf einer echten Prüfung entspricht, oder Sie können einen Lernmodus verwenden, in dem Sie sich nach dem Beantworten einer Frage jeweils sofort die richtige Antwort und die Erklärungen ansehen können.

Weitere Informationen Übungstests

Einzelheiten zu allen Optionen, die bei den Übungstests zur Verfügung stehen, finden Sie im Abschnitt „So benutzen Sie die Übungstests“ in der Einführung am Anfang dieses Buchs.

K A P I T E L 7

Erstellen, Hinzufügen, Löschen und Bearbeiten von Daten in einer nicht verbundenen Umgebung

Dieses Kapitel beschreibt die Arbeit mit Daten, die von einer Datenbank oder aus einem XML-Dokument in die Anwendung eingelesen werden. ADO.NET bietet einige Objekte wie `DataSet` und `DataTable`, mit denen man Daten in Anwendungen zwischenspeichern kann. Sie können also nach dem Einlesen der Daten die Verbindung zur Datenbank trennen, mit den lokalen Daten in Ihrer Anwendung arbeiten und anschließend wieder eine Verbindung zur Datenbank herstellen, um die Änderungen in der Datenquelle zu speichern.

In diesem Kapitel abgedeckte Prüfungsziele:

- Erstellen, Hinzufügen, Löschen und Bearbeiten von Daten in einer nicht verbundenen Umgebung
  - Grafisches Erstellen eines `DataSets`
  - Programmgesteuertes Erstellen eines `DataSets`
  - Hinzufügen einer `DataTable` zu einem `DataSet`
  - Herstellen einer Beziehung zwischen den Tabellen eines `DataSets`
  - Suchen nach Datensätzen anhand der Beziehungen zwischen den Tabellen
  - Zusammenführen von `DataSets`
  - Kopieren von `DataSet`-Inhalten
  - Erstellen eines typisierten `DataSets`
  - Erstellen von `DataTables`
  - Verwalten von Daten in einer `DataTable`
  - Erstellen und Anwenden von `DataViews`
  - Darstellen der Daten aus einem `DataSet` mit XML
  - Verwenden des `OleDbDataAdapter`-Objekts für den Zugriff auf ein ADO-Recordset oder Record
  - Automatisches Generieren von Datenadapterbefehlen mit dem `CommandBuilder`-Objekt
  - Generieren von Datenadapterbefehlen per Programmcode
  - Beschaffen von Daten für ein `DataSet` mit einem Datenadapter
  - Aktualisieren einer Datenbank mit einem Datenadapter
  - Lösen von Konflikten zwischen einem `DataSet` und einer Datenbank mit einem Datenadapter

- Reagieren auf Datenänderungen in der Datenquelle mithilfe von `DataAdapter`-Ereignissen
- Durchführen von Batchoperationen mithilfe eines Datenadapters

Lektionen in diesem Kapitel:

Bevor Sie beginnen

Die Bearbeitung der Lektionen dieses Kapitels setzt Folgendes voraus:

- Einen Computer, der den Mindestanforderungen an die Hardware entspricht, wie sie am Anfang des Buchs im Abschnitt „Einführung“ beschrieben wurden.
- Visual Studio 2005 Professional Edition ist auf Ihrem Computer installiert.
- Sie verfügen über Grundkenntnisse der Syntax von Microsoft Visual Basic oder C# und über das .NET Framework.
- Es stehen Datenquellen zur Verfügung wie SQL Server 2005 (auch SQL Server 2005 Express Edition ist in Ordnung), die NorthWind-Traders-Beispieldatenbank für SQL Server und die Access-Datenbankdatei *Nwind.mdb*.
- Sie verfügen über Grundkenntnisse über relationale Datenbanken.
- Sie haben die Übungen von Kapitel 5, „Konfigurieren von Verbindungen und Verbinden mit Daten“, und Kapitel 6, „Arbeiten mit Daten in einer verbundenen Umgebung“ abgeschlossen oder die Konzepte verstanden.

Praxistipp

Steve Stein

Ich habe immer viel zu viel Zeit verschwendet, wenn ich Objekte erstellen musste, die Daten in meiner Anwendung zwischenspeichern sollten. Mit `DataSet`-Objekten stehen die Standarddatenstrukturen bereits zur Verfügung. Es ist ziemlich einfach geworden, schnell ein vorzeigbares Objektmodell für meine Daten zu erstellen.

Lektion 1: Erstellen von *DataSet*-Objekten

DataSet-Objekte sind im Namespace System.Data verfügbar und werden in der Anwendung als Zwischenspeicher für Daten verwendet. DataSet-Objekte enthalten DataTable-Objekte, die über DataRelation-Objekte miteinander verknüpft sein können. Die Struktur, die sich ergibt, ähnelt einer relationalen Datenbank.

Am Ende dieser Lektion werden Sie in der Lage sein, die folgenden Aufgaben auszuführen:

- Grafisches Erstellen eines DataSets
- Erstellen eines typisierten DataSets
- Programmgesteuertes Erstellen eines DataSets
- Hinzufügen einer DataTable zu einem DataSet
- Herstellen einer Beziehung zwischen den Tabellen eines DataSets
- Suchen nach Datensätzen anhand der Beziehungen zwischen den Tabellen

Veranschlagte Zeit für diese Lektion: 45 Minuten

DataSet-Objekte

DataSets sind Objekte, in denen Sie temporär Daten speichern, die in Ihrer Anwendung benutzt werden. Es gibt zwei verschiedene Arten von DataSets, nämlich typisierte DataSets und nicht typisierte DataSets. Nicht typisierte DataSets sind die generischen Standardinstanzen der Klasse DataSet, für die Sie manuell eine DataSet-Definition (ein Schema) aufbauen, indem Sie DataTable-Objekte (nicht typisierte DataTables) erstellen und sie zur Tables-Auflistung des DataSet-Objekts hinzufügen. Sie können über ihre Auflistungsindizes auf nicht typisierte DataTable- und DataColumn-Objekte zugreifen. Typisierte DataSet-Objekte erhalten ihr Schema aus einer *.xsd*-Datei und enthalten explizit typisierte Auflistungen (zum Beispiel ein bestimmtes CustomersTable-Objekt).

Es gibt in Visual Studio drei verschiedene Wege, DataSet-Objekte zu erstellen:

- Deklarieren Sie im Code-Editor ein neues DataSet-Objekt. Dadurch erhalten Sie ein leeres DataSet. Außerdem müssen Sie noch DataTable- und bei Bedarf DataRelation-Objekte erstellen und zum DataSet hinzufügen.
- Verwenden Sie Werkzeuge wie den DataSet-Designer und den Assistenten zum Konfigurieren von Datenquellen, der Ihnen bei der Erstellung von typisierten DataSet-Objekten hilft, indem er Sie durch den Prozess der Auswahl oder Erstellung einer Datenverbindung führt und Ihnen dann die Auswahl der Datenbankobjekte ermöglicht, die über diese Verbindung zugänglich sind, um ein typisiertes DataSet zu erstellen. Diese Werkzeuge stehen zur Entwurfszeit zur Verfügung und generieren je nach den Gegebenheiten einen großen Teil oder den gesamten erforderlichen Code für Sie.
- Ziehen Sie ein DataSet-Objekt von der Toolbox auf ein Formular und verwenden Sie die Editoren der Auflistungen, um ein Schema für Ihr DataSet aufzubauen.

Diese Lektion beschreibt die Erstellung von DataSet-Objekten mit den genannten Methoden.

Hinweis Generieren von *DataSet*-Objekten

Sie können `DataSet`-Objekte auch anhand konfigurierter `DataAdapter`-Objekte erstellen. Das wird beschrieben in Lektion 3 dieses Kapitels, „Erstellen von DataAdapter-Objekten".

Erstellen von *DataSet*-Objekten per Programmcode

Sie erstellen `DataSet`-Objekte, indem Sie Instanzen der Klasse `DataSet` erstellen. Bei Bedarf können Sie den Konstruktor mit dem Namen des `DataSets` aufrufen. Der folgende Code erstellt zum Beispiel ein neues `DataSet` mit dem Namen `NorthwindDataset`:

```
' VB
Dim NorthwindDataset As New DataSet ("NorthwindDataset")

// C#
DataSet NorthwindDataset = new DataSet ("NorthwindDataset");
```

Hinzufügen von *DataTable*-Objekten zu einem DataSet

Nach der Deklaration eines neuen `DataSets` fügen Sie `DataTable`-Objekte hinzu, in denen die Daten gespeichert werden. Das folgende Codebeispiel zeigt, wie man die Objekte `CustomersTable` und `OrdersTable` zum `NorthwindDataset`-Objekt hinzufügt:

```
' VB
' Erstelle ein paar DataTables.
Dim CustomersTable As New DataTable
Dim OrdersTable As New DataTable

' Füge DataTables zur Tables-Auflistung des DataSet-Objekts hinzu.
NorthwindDataset.Tables.Add(CustomersTable)
NorthwindDataset.Tables.Add(OrdersTable)

// C#
// Erstelle ein paar DataTables.
DataTable CustomersTable = new DataTable ();
DataTable OrdersTable = new DataTable ();

// Füge DataTables zur Tables-Auflistung des DataSet-Objekts hinzu.
NorthwindDataset.Tables.Add(CustomersTable);
NorthwindDataset.Tables.Add(OrdersTable);
```

Herstellen einer Beziehung zwischen den Tabellen eines *DataSets*

Nachdem Sie ein `DataSet` mit Tabellen ausgestattet haben, können Sie mit `DataRelation`-Objekten die Beziehungen festlegen, die zwischen den `DataTable`-Objekten herrschen, ähnlich den Beziehungen zwischen den Tabellen in einer Datenbank. Sie definieren die Beziehungen in `DataSet`-Objekten, indem Sie `DataRelation`-Objekte erstellen und beim Aufruf des `DataRelation`-Konstruktors die betreffenden Spalten aus den übergeordneten und untergeordneten Tabellen angeben. Nach der Erstellung des `DataRelation`-Objekts fügen Sie es zur `Relations`-Auflistung des `DataSet`-Objekts hinzu.

Der folgende Beispielcode erstellt im NorthwindDataset eine Beziehung und geht davon aus, dass die Objekte CustomersTable und OrdersTable jeweils über eine *CustomerID*-Spalte verfügen, die zur Verknüpfung der Tabellendaten verwendet wird:

```
' VB
' Definiere die neue Beziehung.
Dim CustomersOrders As New DataRelation ("CustomersOrders", _
    CustomersTable.Columns("CustomerID"), OrdersTable.Columns("CustomerID"))

' Füge das DataRelation-Objekt zum DataSet hinzu.
NorthwindDataset.Relations.Add(CustomersOrders)

// C#
// Definiere die neue Beziehung.
DataRelation CustomersOrders = new DataRelation ("CustomersOrders",
    CustomersTable.Columns["CustomerID"], OrdersTable.Columns["CustomerID"]);

// Füge das DataRelation-Objekt zum DataSet hinzu.
NorthwindDataset.Relations.Add(CustomersOrders);
```

Suchen nach Datensätzen anhand der Beziehungen zwischen den Tabellen

Um über bestimmte Beziehungen auf Datensätze in DataTable-Objekten zugreifen zu können, müssen Sie zuerst in der über- oder untergeordneten Tabelle ein DataRow-Objekt auswählen und dann die Methode GetParentRow oder GetChildRows des DataRow-Objekts aufrufen. Die Methode GetParentRow gibt ein einzelnes DataRow-Objekt zurück, das den übergeordneten Datensatz repräsentiert, während die Methode GetChildRows ein Array mit DataRow-Objekten zurückgibt, die alle Datensätze repräsentieren, die zum ausgewählten übergeordneten Datensatz gehören.

Ermittlung des übergeordneten Datensatzes eines ausgewählten untergeordneten Datensatzes

Das folgende Beispiel liefert das Customer-Objekt, das zu einem ausgewählten Order-Objekt gehört:

```
' VB
Dim Customer As DataRow = SelectedOrdersRow.GetParentRow("FK_Orders_Customers")

// C#
DataRow Customer = SelectedOrdersRow.GetParentRow("FK_Orders_Customers");
```

Ermittlung der verknüpften untergeordneten Datensätze eines übergeordneten Datensatzes

Das folgende Beispiel liefert die Order-Objekte, die zu einem ausgewählten Customer-Objekt gehören.

```
' VB
Dim Orders() As DataRow = SelectedCustomersRow.GetChildRows("FK_Orders_Customers")

// C#
DataRow[] Orders = SelectedCustomersRow.GetChildRows("FK_Orders_Customers");
```

Zusammenführen von *DataSet*-Inhalten

Sie können den Inhalt eines `DataSets` (das Quelldataset) mit der Methode `DataSet.Merge` mit dem Inhalt eines weiteren `DataSets` (das Zieldataset) zusammenführen.

Wie die Zusammenführung der Daten erfolgt, hängt davon ab, ob im Zieldataset bereits ähnliche Datensätze vorhanden sind. Wenn Sie zum Beispiel zwei `DataSets` zusammenführen, die beide einen Datensatz mit demselben primären Schlüssel enthalten, werden die Werte im Zieldataset durch die neuen Werte aus dem Quelldataset überschrieben. Sie können die Zusammenführung steuern und die Änderungen beschränken, die im Zieldataset erfolgen, indem Sie die `Merge`-Methode mit dem Wert `True` oder `False` für das Flag `PreserveChanges` aufrufen. Wenn Sie zwei `DataSets` zusammenführen, deren Schemas voneinander abweichen, können Sie die `Merge`-Methode mit einem Wert für den optionalen Parameter `MissingSchemaAction` aufrufen. Dieser Parameter steuert die Zusammenführung, wenn der Quelldataset Objekte enthält, die es im Zieldataset nicht gibt. Für den `MissingSchemaAction`-Parameter sind folgende Werte zulässig:

- `Add` **(Standardwert)** Alle Schemaelemente des Quelldatasets werden ins Zieldataset übernommen und verwendet.
- `AddWithKey` Alle Schemaelemente und Primärschlüsseleinstellungen werden zum Zieldataset hinzugefügt.
- `Error` Eine Ausnahme wird ausgelöst, wenn die Schemas von Quell- und Zieldataset nicht übereinstimmen.
- `Ignore` Abweichungen zwischen Quell- und Zielschema werden ignoriert.

Im folgenden Beispielcode wird der Inhalt von `OldSalesDataSet` zum Inhalt von `SalesHistoryDataSet` hinzugefügt. Der Wert für den Parameter `PreserveChanges` ist `True` und Schemaabweichungen werden ignoriert.

```
' VB
SalesHistoryDataSet.Merge(OldSalesDataSet, True, MissingSchemaAction.Ignore)

// C#
SalesHistoryDataSet.Merge(OldSalesDataSet, true, MissingSchemaAction.Ignore);
```

Kopieren des *DataSet*-Inhalts

Es kann sich die Situation ergeben, dass Sie eine Kopie der Daten eines `DataSets` erstellen müssen. Vielleicht möchten Sie eine Kopie der Daten bearbeiten und verändern, während das Original unverändert bleibt. Um eine Kopie eines `DataSets` anzufertigen, erstellen Sie einfach ein neues `DataSet`-Objekt und weisen ihm den Rückgabewert der Methode `DataSet.Copy` zu. Ein Beispiel:

```
' VB
Dim CopyOfDataSet As New DataSet
CopyOfDataSet = OriginalDataSet.Copy

// C#
DataSet CopyOfDataSet = new DataSet();
CopyOfDataSet = OriginalDataSet.Copy();
```

Übung: Erstellen von *DataSet*-Objekten

In dieser Übung erstellen Sie typisierte und nicht typisierte `DataSet`-Objekte.

► Übung 1: Erstellen eines DataSets mit dem DataSet-Designer

Der DataSet-Designer unterstützt Sie zur Entwurfszeit bei der Erstellung von typisierten `DataSet`-Objekten, wobei er es Ihnen ermöglicht, Datenbanktabellen vom Server-Explorer auf die Designoberfläche zu ziehen. Wenn Sie Tabellen auf der Oberfläche ablegen, werden die Tabellen als typisierte Objekte zum `DataSet` hinzugefügt. Wenn Sie bei der anschließenden Programmierung auf Spalten zugreifen möchten, schreiben Sie einfach den Namen der Tabelle und der Spalte.

1. Erstellen Sie eine Windows-Anwendung und nennen Sie die Anwendung **DataSetDesigner-Example**.
2. Wählen Sie im *Projekt*-Menü *Neues Element hinzufügen*.
3. Wählen Sie die Vorlage *DataSet* und geben Sie ihr den Namen **NorthwindDataSet.xsd**.
4. Suchen Sie im Server-Explorer die Tabelle *Customers* heraus und ziehen Sie die Tabelle auf die Designoberfläche.
5. Suchen Sie im Server-Explorer die Tabelle *Orders* heraus und ziehen Sie die Tabelle auf die Designoberfläche. Nach der Ablage der Tabellen *Customers* und *Orders* auf dem DataSet-Designer sollte die Designoberfläche so ähnlich wie in Abbildung 7.1 aussehen.

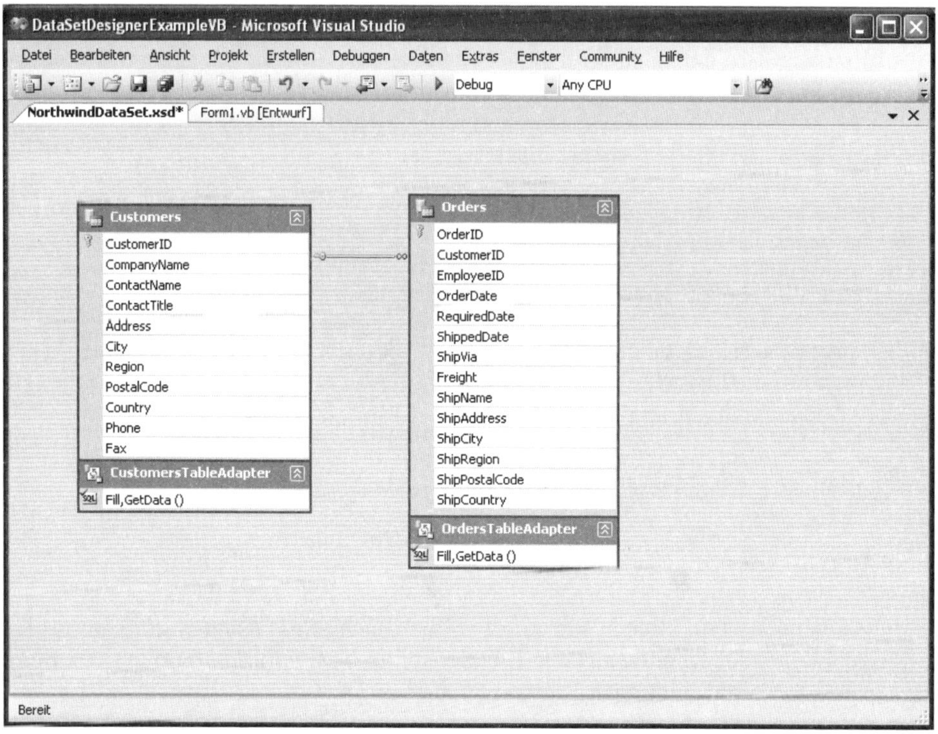

Abbildung 7.1 Der DataSet-Designer zeigt die `DataTable`-Objekte und `TableAdapter`-Objekte für die Tabellen *Customers* und *Orders*

6. Erstellen Sie das Projekt, bevor Sie zum nächsten Schritt übergehen.
7. Ziehen Sie ein `ListBox`-Steuerelement auf *Form1* und nennen Sie das Steuerelement **CustomersListBox**.
8. Ziehen Sie eine Schaltfläche auf *Form1* und legen Sie folgende Eigenschaften fest:
   - *Name* = **GetCustomersButton**
   - *Text* = **Rufe Kunden ab**
9. Klicken Sie die Schaltfläche *Rufe Kunden ab* mit einem Doppelklick an und fügen Sie den folgenden Code in den Ereignishandler `GetCustomersButton_Click` ein:

```
' VB
' Lege eine Instanz des typisierten Northwind-DataSets an.
Dim NorthwindDataSet1 As New NorthwindDataSet

' Lege eine Instanz von CustomersTableAdapter an.
Dim CustomersTableAdapter1 As New NorthwindDataSetTableAdapters.CustomersTableAdapter

' Rufe die Standardmethode Fill auf, um alle Kunden in die DataTable Customers zu laden.
CustomersTableAdapter1.Fill(NorthwindDataSet1.Customers)

' Gehe in einer Schleife über die Zeilen der Customers-Tabelle und füge den Wert
' aus der Spalte CompanyName ins ListBox-Steuerelement ein.
For Each NWCustomer As NorthwindDataSet.CustomersRow In NorthwindDataSet1.Customers.Rows
    CustomersListBox.Items.Add(NWCustomer.CompanyName)
Next

// C#
// Lege eine Instanz des typisierten Northwind-DataSets an.
NorthwindDataSet NorthwindDataSet1 = new NorthwindDataSet ();

// Lege eine Instanz von CustomersTableAdapter an.
NorthwindDataSetTableAdapters.CustomersTableAdapter CustomersTableAdapter1 =
    new NorthwindDataSetTableAdapters.CustomersTableAdapter();

// Rufe die Standardmethode Fill auf, um alle Kunden in die DataTable Customers zu laden.
CustomersTableAdapter1.Fill(NorthwindDataSet1.Customers);

// Gehe in einer Schleife über die Zeilen der Customers-Tabelle und füge den Wert
// aus der Spalte CompanyName ins ListBox-Steuerelement ein.
foreach (NorthwindDataSet.CustomersRow NWCustomer in NorthwindDataSet1.Customers.Rows)
{
    CustomersListBox.Items.Add(NWCustomer.CompanyName);
}
```

10. Starten Sie die Anwendung und klicken Sie auf die Schaltfläche *Rufe Kunden ab*. Überprüfen Sie, ob die Firmennamen der Kunden aus der Tabellenspalte *CompanyName* im `ListBox`-Steuerelement angezeigt werden (Abbildung 7.2).

Abbildung 7.2 Der *CompanyName* aller Kunden erscheint nach einem Klick auf die Schaltfläche *Rufe Kunden ab* im `ListBox`-Steuerelement `CustomersListBox`.

► Übung 2: Erstellen eines typisierten DataSets mit dem Assistenten zum Konfigurieren von Datenquellen

In dieser Übung erstellen Sie mit dem Assistenten zum Konfigurieren von Datenquellen ein stark typisiertes `DataSet`.

1. Erstellen Sie eine Windows-Anwendung und nennen Sie die Anwendung **DataSourceWizard-Example**.
2. Starten Sie den Assistenten zum Konfigurieren von Datenquellen, indem Sie im *Daten*-Menü *Neue Datenquelle hinzufügen* wählen.

Hinweis *Daten*-Menü

Wenn das *Daten*-Menü nicht verfügbar ist, öffnen Sie das Formular im Designer.

---

3. Behalten Sie die vorgegebene Auswahl von *Datenbank* auf der Seite *Datenquellentyp auswählen* bei, wie in Abbildung 7.3 gezeigt. Klicken Sie auf *Weiter*.
4. Das Listenfeld zeigt die Datenverbindungen an, die im Server-Explorer verfügbar sind. Wählen Sie eine Verbindung zur *Northwind*-Beispieldatenbank oder erstellen Sie auf der Seite *Wählen Sie Ihre Datenverbindung aus* eine neue Datenverbindung (Abbildung 7.4). Klicken Sie dann auf *Weiter*. Sofern Sie dazu aufgefordert werden, klicken Sie auf *Ja*, um die Datenbank in Ihr Projekt aufzunehmen.
5. Nach der Auswahl der gewünschten Datenverbindung erhalten Sie die Gelegenheit, die Verbindung in der Anwendungskonfigurationsdatei zu speichern. Lassen Sie die vorgewählte Option unverändert (Abbildung 7.5). Klicken Sie auf *Weiter*.

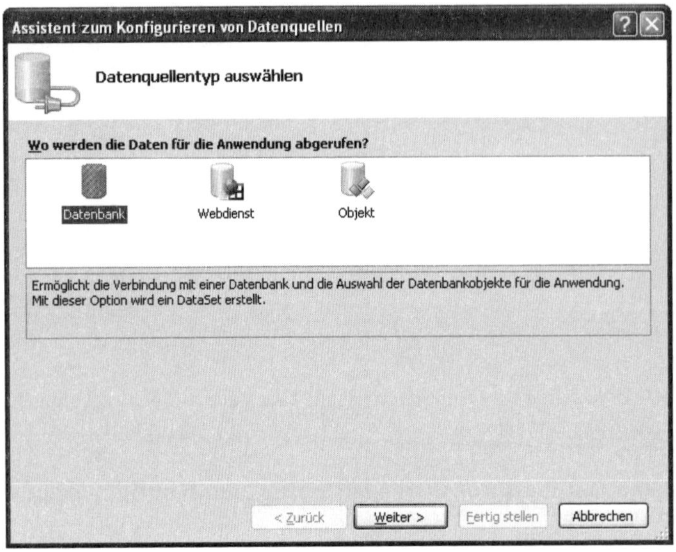

Abbildung 7.3 Die Seite *Datenquellentyp auswählen* des Assistenten zum Konfigurieren von Datenquellen

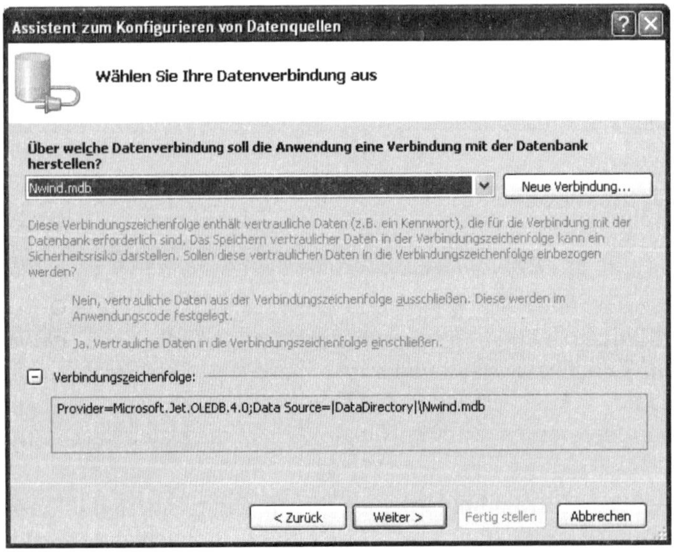

Abbildung 7.4 Die Seite *Wählen Sie Ihre Datenverbindung aus* des Assistenten zum Konfigurieren von Datenquellen

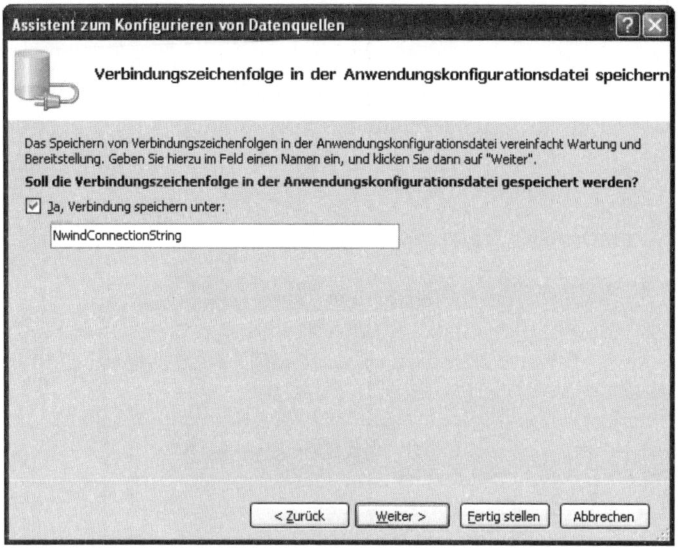

Abbildung 7.5 Die Seite *Verbindungszeichenfolge in der Anwendungskonfigurationsdatei speichern* des Assistenten zum Konfigurieren von Datenquellen

6. Erweitern Sie auf der Seite *Datenbankobjekte auswählen* den Knoten *Tabellen* und wählen Sie die Tabelle *Customers* (Abbildung 7.6).

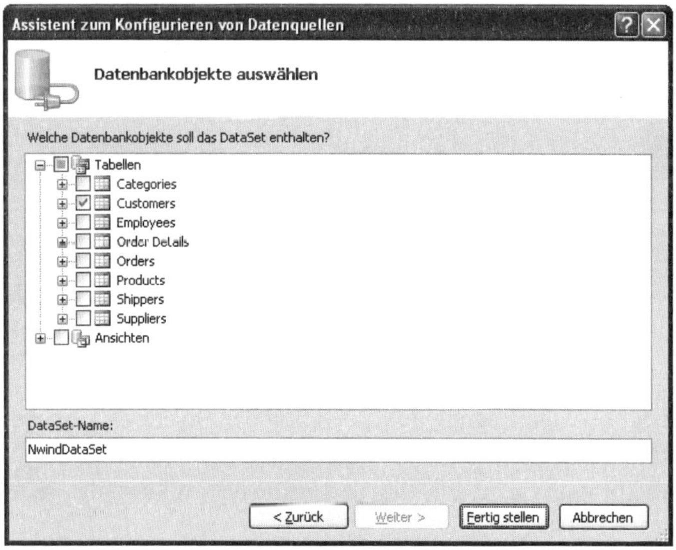

Abbildung 7.6 Die Seite *Datenbankobjekte auswählen* des Assistenten zum Konfigurieren von Datenquellen

7. Klicken Sie auf *Fertig stellen*, um den Assistenten zu beenden und das typisierte `DataSet` zu Ihrem Projekt hinzuzufügen.

   Nach der Beendigung des Assistenten ist die Datenquelle im Datenquellenfenster verfügbar. Das ermöglicht die schnelle Konstruktion von datengebundenen Formularen.

8. Sorgen Sie dafür, dass *Form1* im Designer zu sehen ist. Wählen Sie im *Daten*-Menü *Datenquellen anzeigen*.
9. Ziehen Sie den Knoten *Customers* vom Fenster *Datenquellen* auf *Form1* (Abbildung 7.7).

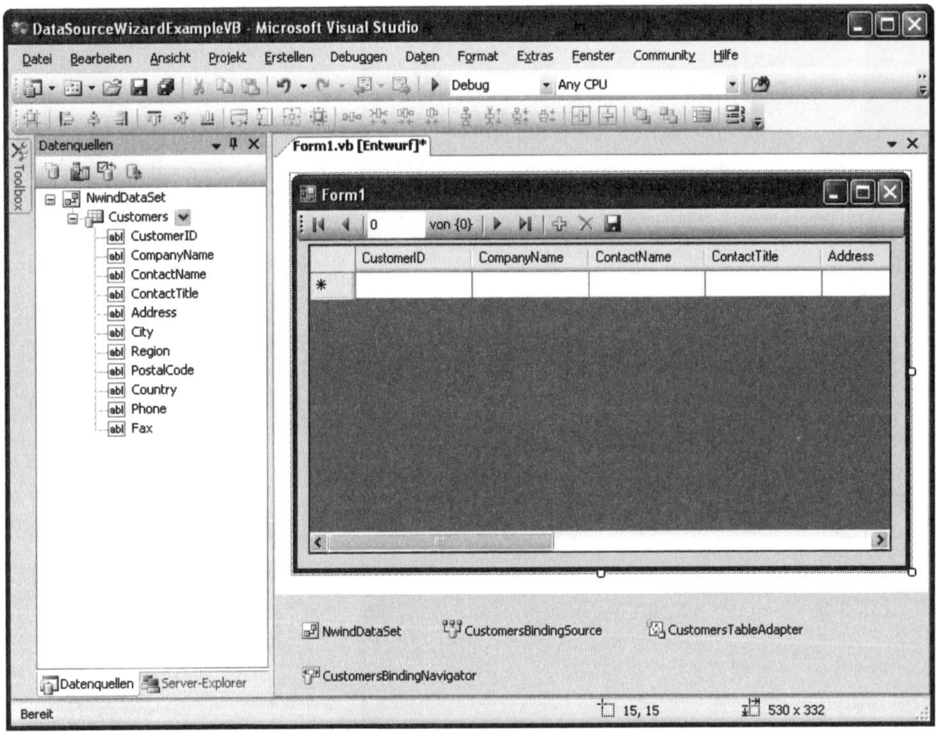

Abbildung 7.7 *Form1* in der IDE von Visual Studio nach der Ablage des Knotens *Customers* aus dem Fenster *Datenquellen*

Als Sie die Tabelle *Customers* vom Fenster *Datenquellen* auf das Formular zogen, hat Visual Studio den Code hinzugefügt, der für die Übertragung der Daten von der Tabelle *Customers* ins entsprechende `DataTable`-Objekt erforderlich ist.

10. Starten Sie die Anwendung und überprüfen Sie, ob die Tabelle *Customers* im Formular angezeigt wird, wie in Abbildung 7.8 zu sehen ist.

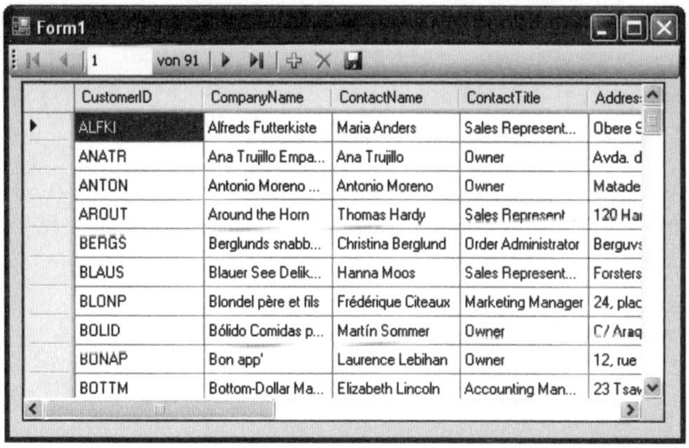

Abbildung 7.8 Die *Customers*-Daten werden in *Form1* angezeigt

► Übung 3: Konfigurieren nicht typisierter *DataSet*-Objekte

Sie erstellen nicht typisierte `DataSet`-Objekte, indem Sie `DataSet`-Objekte von der Toolbox auf ein Formular ziehen.

1. Erstellen Sie eine Windows-Anwendung und nennen Sie die Anwendung **UntypedDataSet**.
2. Ziehen Sie aus dem Abschnitt *Daten* der Toolbox ein `DataSet`-Objekt auf *Form1*.
3. Wählen Sie im Dialogfeld *DataSet hinzufügen* ein *Nicht typisiertes DataSet* und klicken Sie auf *OK*.
4. Ziehen Sie ein `DataGridView`-Objekt auf das Formular.
5. Wählen Sie im Komponentenfach die Instanz *DataSet1* und wechseln Sie zur Eigenschaft *Tables* im Eigenschaftenfenster. Klicken Sie die drei Punkte in der *Tables*-Eigenschaft an, um den Tabellenauflistungs-Editor zu öffnen.
6. Fügen Sie eine Tabelle hinzu und legen Sie für ihre Eigenschaften *Name* und *TableName* jeweils **Categories** fest.
7. Wählen Sie die Eigenschaft *Columns* und klicken Sie die drei Punkte an, um den Spaltenauflistungs-Editor zu öffnen.
8. Fügen Sie eine Spalte hinzu und legen Sie folgende Eigenschaften fest:
   - *AllowDBNull = False*
   - *AutoIncrement = True*
   - *ColumnName =* **CategoryID**
   - *DataType = System.Int32*
   - *Name =* **CategoryID**
9. Fügen Sie eine zweite Spalte hinzu und legen Sie folgende Eigenschaften fest:
   - *AllowDBNull = False*
   - *ColumnName =* **CategoryName**
   - *Name =* **CategoryName**

10. Schließen Sie den Spaltenauflistungs-Editor, wählen Sie die Eigenschaft *Constraints* und fügen Sie eine *Unique-Einschränkung* hinzu.
11. Markieren Sie die Spalte *CategoryID* und das Kontrollkästchen *Primärschlüssel* und klicken Sie auf *OK*.
12. Schließen Sie den Einschränkungsauflistungs-Editor und den Tabellenauflistungs-Editor.
13. Fügen Sie eine Schaltfläche zum Formular hinzu und legen Sie folgende Eigenschaften fest:
    - *Name* = **FillDataSetButton**
    - *Text* = **Fülle DataSet**
14. Erstellen Sie den Ereignishandler `Form1_Load` und fügen Sie folgenden Code ein:

```
' VB
DataGridView1.DataSource = DataSet1.Tables("Categories")
DataGridView1.SelectionMode = DataGridViewSelectionMode.FullRowSelect

// C#
dataGridView1.DataSource = dataSet1.Tables["Categories"];
dataGridView1.SelectionMode = DataGridViewSelectionMode.FullRowSelect;
```

15. Erstellen Sie den Ereignishandler `FillDatasetButton_Click` und fügen Sie folgenden Code in den Handler ein:

```
' VB
Dim newRow As DataRow = DataSet1.Tables("Categories").NewRow()
newRow.Item("CategoryName") = "Beverages"
DataSet1.Tables("Categories").Rows.Add(newRow)

Dim newRow2 As DataRow = DataSet1.Tables("Categories").NewRow()
newRow2.Item("CategoryName") = "Condiments"
DataSet1.Tables("Categories").Rows.Add(newRow2)

Dim newRow3 As DataRow = DataSet1.Tables("Categories").NewRow()
newRow3.Item("CategoryName") = "Seafood"
DataSet1.Tables("Categories").Rows.Add(newRow3)

// C#
DataRow newRow  = dataSet1.Tables["Categories"].NewRow();
newRow["CategoryName"] = "Beverages";
dataSet1.Tables["Categories"].Rows.Add(newRow);

DataRow newRow2 = dataSet1.Tables["Categories"].NewRow();
newRow2["CategoryName"] = "Condiments";
dataSet1.Tables["Categories"].Rows.Add(newRow2);

DataRow newRow3 = dataSet1.Tables["Categories"].NewRow();
newRow3["CategoryName"] = "Seafood";
dataSet1.Tables["Categories"].Rows.Add(newRow3);
```

16. Wechseln Sie zur Designeransicht von *Form1* und wählen Sie im Komponentenfach *DataSet1*.

17. Öffnen Sie im Eigenschaftenfenster den Tabellenauflistungs-Editor für die Eigenschaft *Tables* und fügen Sie eine weitere Tabelle zum `DataSet` hinzu.
18. Legen Sie für deren Eigenschaften *Name* und *TableName* jeweils **Products** fest.
19. Fügen Sie eine Spalte hinzu und legen Sie folgende Eigenschaften fest:
    - *AllowDBNull = False*
    - *AutoIncrement = True*
    - *ColumnName* = **ProductID**
    - *DataType = System.Int32*
    - *Name* = **ProductID**
20. Fügen Sie eine Spalte hinzu und legen Sie folgende Eigenschaften fest:
    - *AllowDBNull = False*
    - *ColumnName* = **ProductName**
    - *DataType = System.String*
    - *Name* = **ProductName**
21. Fügen Sie eine Spalte hinzu und legen Sie folgende Eigenschaften fest:
    - *AllowDBNull = False*
    - *ColumnName* = **CategoryID**
    - *DataType = System.Int32*
    - *Name* = **CatID**
22. Klicken Sie auf *Schließen*. Wählen Sie die *Constraints*-Eigenschaft für die Tabelle *Products* und fügen Sie eine *Unique-Einschränkung* hinzu.
23. Markieren Sie die Spalte *ProductID* und das Kontrollkästchen *Primärschlüssel* und klicken Sie auf *OK*.
24. Fügen Sie eine *Fremdschlüsseleinschränkung* hinzu und legen Sie folgende Werte fest:
    - *Übergeordnete Tabelle* = **Categories**
    - *Untergeordnete Tabelle* = **Products**
    - *Schlüsselspalten* = **CategoryID**
    - *Fremdschlüsselspalten* = **CategoryID**
25. Klicken Sie auf *OK*.
26. Schließen Sie die Auflistungs-Editoren und schließen Sie dann den Tabellenauflistungs-Editor.
27. Wählen Sie im Komponentenfach *DataSet1* und fügen Sie eine Beziehung hinzu. Dazu öffnen Sie den Beziehungsauflistungs-Editor, indem Sie die drei Punkte in der Eigenschaft *Relations* von *DataSet1* anklicken.
28. Klicken Sie im Beziehungsauflistungs-Editor auf *Hinzufügen*. Legen Sie im Dialogfeld *Beziehung* folgende Werte fest:
    - *Name* = **CategoriesProducts**
    - *Übergeordnete Tabelle* = **Categories**
    - *Untergeordnete Tabelle* = **Products**

- *Schlüsselspalten* = **CategoryID**
- *Fremdschlüsselspalten* = **CategoryID**

29. Schließen Sie die Dialogfelder.
30. Fügen Sie den folgenden Code in den Ereignishandler `FillDatasetButton_Click` ein, unter dem bereits vorhandenen Code:

```
' VB
Dim newRow4 As DataRow = DataSet1.Tables("Products").NewRow()
newRow4.Item("CategoryID") = 1
newRow4.Item("ProductName") = "Chai"
DataSet1.Tables("Products").Rows.Add(newRow4)
Dim newRow5 As DataRow = DataSet1.Tables("Products").NewRow()
newRow5.Item("CategoryID") = 2
newRow5.Item("ProductName") = "Aniseed Syrup"
DataSet1.Tables("Products").Rows.Add(newRow5)
Dim newRow6 As DataRow = DataSet1.Tables("Products").NewRow()
newRow6.Item("CategoryID") = 3
newRow6.Item("ProductName") = "Ikura"
DataSet1.Tables("Products").Rows.Add(newRow6)
Dim newRow7 As DataRow = DataSet1.Tables("Products").NewRow()
newRow7.Item("CategoryID") = 1
newRow7.Item("ProductName") = "Chang"
DataSet1.Tables("Products").Rows.Add(newRow7)
Dim newRow8 As DataRow = DataSet1.Tables("Products").NewRow()
newRow8.Item("CategoryID") = 2
newRow8.Item("ProductName") = "Chef Anton's Gumbo Mix"
DataSet1.Tables("Products").Rows.Add(newRow8)
Dim newRow9 As DataRow = DataSet1.Tables("Products").NewRow()
newRow9.Item("CategoryID") = 3
newRow9.Item("ProductName") = "Boston Crab Meat"
DataSet1.Tables("Products").Rows.Add(newRow9)

// C#
DataRow newRow4 = dataSet1.Tables["Products"].NewRow();
newRow4["CategoryID"] = 1;
newRow4["ProductName"] = "Chai";
dataSet1.Tables["Products"].Rows.Add(newRow4);
DataRow newRow5  = dataSet1.Tables["Products"].NewRow();
newRow5["CategoryID"] = 2;
newRow5["ProductName"] = "Aniseed Syrup";
dataSet1.Tables["Products"].Rows.Add(newRow5);
DataRow newRow6 = dataSet1.Tables["Products"].NewRow();
newRow6["CategoryID"] = 3;
newRow6["ProductName"] = "Ikura";
dataSet1.Tables["Products"].Rows.Add(newRow6);
DataRow newRow7 = dataSet1.Tables["Products"].NewRow();
newRow7["CategoryID"] = 1;
```

```
newRow7["ProductName"] = "Chang";
dataSet1.Tables["Products"].Rows.Add(newRow7);

DataRow newRow8 = dataSet1.Tables["Products"].NewRow();
newRow8["CategoryID"] = 2;
newRow8["ProductName"] = "Chef Anton's Gumbo Mix";
dataSet1.Tables["Products"].Rows.Add(newRow8);

DataRow newRow9 = dataSet1.Tables["Products"].NewRow();
newRow9["CategoryID"] = 3;
newRow9["ProductName"] = "Boston Crab Meat";
dataSet1.Tables["Products"].Rows.Add(newRow9);
```

31. Erstellen Sie einen Ereignishandler für das Ereignis `DataGridView1.CellDoubleClick` und fügen Sie folgenden Code ein:

```
' VB
' Ermittle die CategoryID der ausgewählten Zeile.
Dim Category As Integer = CInt(DataGridView1.SelectedRows(0).Cells("CategoryID").Value)

' Ermittle die DataRow, die dazu gehört.
Dim rows() As DataRow = DataSet1.Tables("Categories").Select("CategoryID = " & Category)

' Ermittle mit der Methode GetChildRows die dazugehörigen
' untergeordneten Datensätze.
Dim ProductList As String = ""
For Each r As DataRow In rows(0).GetChildRows("CategoriesProducts")
    ProductList += r.Item("ProductName").ToString & Environment.NewLine
Next

' Zeige die Produkte in einem Meldungsfeld an.
MessageBox.Show(ProductList)

// C#
// Ermittle die CategoryID der ausgewählten Zeile.
int Category  = (int)dataGridView1.SelectedRows[0].Cells["CategoryID"].Value;

// Ermittle die DataRow, die dazu gehört.
DataRow[] rows = dataSet1.Tables["Categories"].Select("CategoryID = " + Category);

// Ermittle mit der Methode GetChildRows die dazugehörigen
// untergeordneten Datensätze.
string ProductList = "";
foreach (DataRow r in rows[0].GetChildRows("CategoriesProducts"))
{
ProductList += r["ProductName"].ToString() + Environment.NewLine;
}

// Zeige die Produkte in einem Meldungsfeld an.
MessageBox.Show(ProductList);
```

32. Starten Sie die Anwendung und klicken Sie auf die Schaltfläche *Fülle DataSet*.

33. Klicken Sie nun in der Tabelle mit einem Doppelklick auf eine der Kategorien. Dann öffnet sich ein Meldungsfeld und zeigt die dazugehörigen Produkte an.

Zusammenfassung der Lektion

- Im Programmcode erstellen Sie `DataSet`-Objekte, indem Sie neue Instanzen der `DataSet`-Objekte anlegen und `DataTable`- und `DataRelation`-Objekte hinzufügen, ähnlich den Tabellen und Beziehungen in einer Datenbank.
- Typisierte `DataSet`-Objekte erstellen Sie mit dem DataSet-Designer und dem Assistenten zum Konfigurieren von Datenquellen.
- Typisierte `DataSet`-Objekte werden automatisch mit `TableAdapter`-Objekten erstellt, die über Methoden zum Füllen und Aktualisieren der Datentabellen des `DataSets` verfügen.
- Nicht typisierte und typisierte `DataSet`-Objekte können auch durch das Ziehen eines `DataSet`-Objekts von der Toolbox auf ein Formular erstellt werden.

Lernzielkontrolle

Die folgenden Fragen dienen dazu, die wichtigsten Lerninhalte dieser Lektion zu vertiefen. Die Fragen sind (in englischer Sprache) auch auf der Begleit-CD zu finden, falls Sie die elektronische Form der Fragen vorziehen.

Hinweis Die Antworten

Die Antworten auf die Fragen und Erläuterungen, warum die entsprechende Antwort richtig oder falsch ist, finden Sie im Abschnitt „Antworten" am Ende des Buchs.

1. Was ist ein `DataSet`? (Wählen Sie alle zutreffenden Antworten aus.)
   A. Ein Zeiger auf eine Remotedatenbank
   B. Eine Auflistung von `DataTable`- und `DataRelation`-Objekten
   C. Ein speicherinterner Zwischenspeicher für Daten
   D. Eine Auflistung von Datensätzen aus einer Datenbank
2. Welche sind die drei Hauptobjekte für die Arbeit mit `DataSets`?
   A. `DataTable`, `DataRelation` und `DataAdapter`
   B. `DataTable`, `DataColumn` und `DataRelation`
   C. `DataTable`, `DataRelation` und `Constraint`
   D. `DataTable`, `DataColumn` und `Type`
3. Wie greifen Sie im Programmcode auf Datensätze zu, die in einem `DataSet` vorliegen und über Beziehungen (Relationen) miteinander verknüpft sind?
   A. Durch Aufrufe der Methoden `GetParentRow` und `GetChildRows` eines `DataSet`-Objekts
   B. Durch Aufrufe der Methoden `GetParentRow` und `GetChildRows` eines `DataTable`-Objekts
   C. Durch Aufrufe der Methoden `GetParentRow` und `GetChildRows` eines `DataRow`-Objekts
   D. Durch Zugriffe auf die Eigenschaften `ParentColumns` und `ChildColumns` eines `DataRelation`-Objekts

Lektion 2: Erstellen von *DataTable*-Objekten

Diese Lektion beschreibt, wie DataTable-Objekte erstellt werden. Dabei handelt es sich um ADO.NET-Objekte aus dem Namespace System.Data, die Sie zur Speicherung von Daten im Arbeitsspeicher verwenden können, in ähnlicher Weise wie in einer Datenbanktabelle. DataTable-Objekte können zu DataSet-Objekten hinzugefügt werden und durch DataRelation-Objekte mit anderen DataTable-Objekten verknüpft werden. Oder Sie verwenden DataTable-Objekte als eigenständige Objekte, unabhängig von DataSet-Objekten.

Wenn das DataTable-Objekt erstellt ist, definieren Sie das Tabellenschema, indem Sie Spalten hinzufügen und Beschränkungen festlegen, wie bei den Tabellen einer Datenbank. Diese Lektion beschränkt sich darauf, wie man DataTables erstellt, konfiguriert und auf die Aufnahme von Daten vorbereitet. Die eigentliche Übertragung von Daten in die Tabelle und die Bearbeitung der Daten in der Tabelle werden in diesem Kapitel später behandelt.

Am Ende dieser Lektion werden Sie in der Lage sein, die folgenden Aufgaben auszuführen:

- Erstellen von DataTable-Objekten
  - Erstellen einer DataTable
  - Hinzufügen einer DataTable zu einem DataSet
  - Definieren des Schemas einer DataTable
  - Hinzufügen von Spalten zu einer Tabelle
  - Erstellen von Ausdrucksspalten (berechneten Spalten)
  - Erstellen von AutoIncrementing-Spalten
  - Definieren eines Primärschlüssels für eine Tabelle
  - Hinzufügen von Beschränkungen zu einer Tabelle

Veranschlagte Zeit für diese Lektion: 45 Minuten

So erstellen Sie *DataTable*-Objekte

Zur Erstellung von Datentabellen deklarieren Sie eine Instanz des DataTable-Objekts. Bei dieser Gelegenheit können Sie optional auch den Namen des DataTable-Objekts und den Namespace angeben, der bei der Ausgabe der Daten in XML benutzt wird. Der folgende Beispielcode erstellt ein neues DataTable-Objekt namens SalesData:

```
' VB
Private SalesDataTable As New DataTable ("SalesData")

// C#
Private DataTable SalesDataTable = new DataTable("SalesData");
```

So fügen Sie eine Datentabelle zu einem *DataSet* hinzu

DataTable-Objekte können zwar auch als eigenständige Objekte benutzt werden, aber zur Nachbildung von relationalen Datenstrukturen ist es wesentlich sinnvoller, DataTable-Objekte zu DataSet-Objekten hinzuzufügen und die Beziehungen zwischen den Tabellen mit DataRelation-Objekten zu definieren. Anschließend können Sie so ähnlich wie in einer Datenbank auf die durch Relationen verknüpften Datensätze zugreifen. Der folgende Beispielcode erstellt ein neues `DataTable`-Objekt und fügt es zu einem `DataTable`-Objekte hinzu:

```
' VB
 ' Erstelle ein neues DataSet.
Dim NorthwindDataset As New DataSet("NorthwindData")

' Erstelle eine neue Datentabelle.
Dim CustomersTable As New DataTable("Customers")

' Füge die DataTable zur Tables-Auflistung des DataSets hinzu.
   NorthwindDataset.Tables.Add(CustomersTable)

// C#
// Erstelle ein neues DataSet.
DataSet NorthwindDataset = new DataSet("NorthwindData");

// Erstelle eine neue Datentabelle.
DataTable CustomersTable = new DataTable("Customers");

// Füge die DataTable zur Tables-Auflistung des DataSets hinzu.
NorthwindDataset.Tables.Add(CustomersTable);
```

So erstellen Sie in *DataTable*-Objekten Ausdrucksspalten

Ausdrucksspalten (Spalten mit Werten, die durch Ausdrücke berechnet werden) können zu einem `DataTable`-Objekt hinzugefügt werden, wenn Sie das Ergebnis von Berechnungen, die mit den vorhandenen Spalten erfolgen, als zusätzliche Spalte in die Tabelle aufnehmen möchten. Anders gesagt, Sie können mit den vorhandenen Spalten Berechnungen durchführen und die Ergebnisse in einer zusätzlichen Spalte (der Ausdrucksspalte) speichern. Denken Sie zum Beispiel an die *Order Details*-Tabelle aus der *Northwind*-Datenbank. In der Tabelle gibt es eine Spalte *UnitPrice* und eine Spalte *Quantity*. Was der Tabelle noch fehlt, ist eine *TotalPrice*-Spalte (manche nennen sie eine *ExtendedPrice*-Spalte). Wenn Sie eine Spalte zur Tabelle hinzufügen möchten, die den Gesamtpreis einer Zeile aus der Tabelle *Order Details* anzeigt (oder speichert), dann wählen Sie eine Ausdrucksspalte. Der folgende Beispielcode zeigt, wie man eine Ausdrucksspalte erstellt und zur Tabelle *NorthwindDataSet.Order_Details* hinzufügt.

```
' VB
' Erstelle eine neue DataColumn und lege ihren Namen und Datentyp fest.
Dim TotalPriceColumn As New DataColumn("TotalPrice", GetType(System.Double))

' Lege für die Eigenschaft Expression der Spalte den gewünschten Ausdruck fest.
' In diesem Fall ist es UnitPrice * Quantity. Das Ergibt den Gesamtpreis des
' Datensatzes (der Zeile).
TotalPriceColumn.Expression = ("UnitPrice * Quantity")

' Füge die Spalte zur DataTable hinzu.
NorthwindDataSet.Order_Details.Columns.Add(TotalPriceColumn)
```

```
// C#
// Erstelle eine neue DataColumn und lege ihren Namen und Datentyp fest.
DataColumn TotalPriceColumn = new DataColumn
    ("TotalPrice", System.Type.GetType("System.Double"));

// Lege für die Eigenschaft Expression der Spalte den gewünschten Ausdruck fest.
// In diesem Fall ist es UnitPrice * Quantity. Das Ergibt den Gesamtpreis des
// Datensatzes (der Zeile).
TotalPriceColumn.Expression = ("UnitPrice * Quantity");

// Füge die Spalte zur DataTable hinzu.
northwindDataSet.Order_Details.Columns.Add(TotalPriceColumn);
```

So erstellen Sie *AutoIncrement*-Spalten in *DataTable*-Objekten

Die `DataTable` weist einer `AutoIncrement`-Spalte der Tabelle selbst Werte zu. Das ist für eine Tabelle typisch, die zum Beispiel Informationen über eine Bestellung enthält. Dabei ist es wichtig, eine eindeutige *OrderID* vergeben zu können. Der tatsächliche Wert in der Spalte *OrderID* ist im Grunde völlig unwichtig. Wichtig ist nur, dass der Wert eindeutig ist. `DataColumn`-Objekte haben spezielle Eigenschaften, mit denen man `AutoIncrement`-Spalten erstellen kann. Damit können Sie den Startwert vorgeben (in der Eigenschaft `AutoIncrementSeed`) und das Inkrement festlegen (in der Eigenschaft `AutoIncrementStep`), also die Zahl, die zum letzten Wert addiert wird.

Der folgende Beispielcode zeigt, wie man eine `AutoIncrement`-Spalte erstellt, die Datensätze mit einem *SalesOrderID*-Wert versieht, der bei 100 beginnt und in jeder neuen Zeile um 5 höher ist als in der vorigen Zeile. Anders gesagt, im ersten erstellten Datensatz steht in der Spalte *SalesOrderID* der Wert 100, im zweiten Datensatz 105, im nächsten Datensatz 110 und so weiter.

```
' VB
' Erstelle die Spalte SalesOrderID und gib ihr den Datentyp Integer.
SalesTable.Columns.Add("SalesOrderID", Type.GetType("System.Int32"))

' Stelle die Eigenschaft AutoIncrement auf True, damit dies eine
' AutoIncrement-Spalte wird.
SalesTable.Columns("SalesOrderID").AutoIncrement = True

' Lege in der Eigenschaft AutoIncrementSeed den Anfangswert fest.
SalesTable.Columns("SalesOrderID").AutoIncrementSeed = 100

' Die Eigenschaft AutoIncrementStep legt den Wert fest, um den der Wert
' in der Spalte für den nächsten Datensatz erhöht wird.
SalesTable.Columns("SalesOrderID").AutoIncrementStep = 5

// C#
// Erstelle die Spalte SalesOrderID und gib ihr den Datentyp Integer.
SalesTable.Columns.Add("SalesOrderID", Type.GetType("System.Int32"));

// Stelle die Eigenschaft AutoIncrement auf True, damit dies eine
// AutoIncrement-Spalte wird.
SalesTable.Columns["SalesOrderID"].AutoIncrement = true;
```

```
// Lege in der Eigenschaft AutoIncrementSeed den Anfangswert fest.
SalesTable.Columns["SalesOrderID"].AutoIncrementSeed = 100;

// Die Eigenschaft AutoIncrementStep legt den Wert fest, um den der Wert
// in der Spalte für den nächsten Datensatz erhöht wird.
SalesTable.Columns["SalesOrderID"].AutoIncrementStep = 5;
```

So fügen Sie Beschränkungen zu einem *DataTable*-Objekt hinzu

`DataTable`-Objekte können mit Beschränkungen erstellt werden, wie es auch bei Datenbanktabellen möglich ist. So können Sie Spalten eines `DataTable`-Objekts beispielsweise für Fremdschlüssel vorsehen. Oder Sie legen fest, dass eine bestimmte Spalte nur eindeutige Werte enthalten darf, wenn in dieser Spalte keine doppelten Werte vorkommen dürfen.

So erstellen Sie eine Fremdschlüsseleinschränkung

Fremdschlüsseleinschränkungen erstellen Sie, indem Sie eine Instanz der Klasse `ForeignKey` erstellen und dabei die gewünschte Spalte oder Spalten der übergeordneten oder untergeordneten Tabellen angeben. Das folgende Codebeispiel erstellt eine neue Fremdschlüsseleinschränkung für die *OrderID*-Spalten der Tabellen *Orders* und *OrderDetails* in *Northwind*:

```
' VB
Dim ForeignKey As New ForeignKeyConstraint("FK_Orders_OrderDetails", _
    NorthwindDataset.Orders.Columns("OrderID"), _
    NorthwindDataset.Order_Details.Columns("OrderID"))
NorthwindDataset.Orders.Constraints.Add(ForeignKey)

// C#
ForeignKeyConstraint ForeignKey = new ForeignKeyConstraint("FK_Orders_OrderDetails",
    NorthwindDataset.Orders.Columns["OrderID"],
    NorthwindDataset.Order_Details.Columns["OrderID"]);
NorthwindDataset.Orders.Constraints.Add(ForeignKey);
```

So erstellen Sie eine Unique-Einschränkung

Unique-Einschränkungen erstellen Sie, indem Sie eine Instanz der Klasse `UniqueConstraint` anlegen und dabei den Konstruktor unter Angabe der betreffenden Spalte aufrufen. Das folgende Codebeispiel belegt die Spalte *OrderID* der *Northwind*-Tabelle *Orders* mit einer `Unique`-Einschränkung:

```
' VB
Dim Unique As New UniqueConstraint(NorthwindDataSet.Orders.OrderIDColumn)
NorthwindDataSet.Orders.Constraints.Add(Unique)

// C#
UniqueConstraint unique = new UniqueConstraint(NorthwindDataSet.Orders.OrderIDColumn);
northwindDataSet.Orders.Constraints.Add(unique);
```

Schnelltest

1. Wie fügen Sie `DataTables` zu einem `DataSet` hinzu?
2. Wie zeigen Sie das Ergebnis von Berechnungen, die mit Werten aus vorhandenen Spalten durchgeführt werden, in einer Tabelle an?

Antworten zum Schnelltest

1. Fügen Sie die Tabelle zur `DataSet.Tables`-Auflistung hinzu.
2. Durch die Erstellung einer Ausdrucksspalte.

Übung: Erstellen von *DataTable*-Objekten

In dieser Übung erstellen Sie `DataTable`-Objekte.

► Übung 1: Erstellen einer DataTable

Das folgende Beispielprogramm zeigt, wie ein `DataTable`-Objekt erstellt wird. Außerdem beschreibt es, wie eine neue Datenzeile erstellt und zur Tabelle hinzugefügt wird. Zu Demonstrationszwecken wird die Datentabelle mit einem `DataGridView`-Steuerelement angezeigt.

1. Erstellen Sie eine Windows-Anwendung und nennen Sie die Anwendung **CreatingDataTables**.
2. Fügen Sie ein `DataGridView`-Steuerelement zu *Form1* hinzu und nennen Sie es **TableGrid**.
3. Fügen Sie eine Schaltfläche zum Formular hinzu und legen Sie folgende Eigenschaften fest:
   - *Name* = **CreateTableButton**
   - *Text* = **Erstelle Tabelle**
4. Fügen Sie eine zweite Schaltfläche zum Formular hinzu und legen Sie folgende Eigenschaften fest:
   - *Name* = **AddRowButton**
   - *Text* = **Füge Zeile hinzu**
5. Klicken Sie jede Schaltfläche mit einem Doppelklick an, um die `Click` Ereignishandler zu erstellen.
6. Fügen Sie folgenden Code zur Formularklasse hinzu (innerhalb der Klasse, aber außerhalb der Methoden):

```
' VB
'Lege eine neue Tabelle an (als Datenelement der Formularklasse).
Private CustomersTable As New DataTable("Customers")
```

```
// C#
// Lege eine neue Tabelle an (als Datenelement der Formularklasse).
private DataTable CustomersTable = new DataTable("Customers");
```

7. Fügen Sie den folgenden Code in den Ereignishandler `CreateTableButton_Click` ein:

```
' VB
' Bereite den DataGridView auf die Anzeige der Tabelle vor
TableGrid.DataSource = CustomersTable
```

```
' Definiere das Schema der Tabelle. Füge DataColumn-Objekte in die
' Columns-Auflistung des Tabellenobjekts ein.
CustomersTable.Columns.Add("CustomerID", Type.GetType("System.String"))
CustomersTable.Columns.Add("CompanyName", Type.GetType("System.String"))
CustomersTable.Columns.Add("ContactName", Type.GetType("System.String"))
CustomersTable.Columns.Add("ContactTitle", Type.GetType("System.String"))
CustomersTable.Columns.Add("Address", Type.GetType("System.String"))
CustomersTable.Columns.Add("City", Type.GetType("System.String"))
CustomersTable.Columns.Add("Region", Type.GetType("System.String"))
CustomersTable.Columns.Add("PostalCode", Type.GetType("System.String"))
CustomersTable.Columns.Add("Country", Type.GetType("System.String"))
CustomersTable.Columns.Add("Phone", Type.GetType("System.String"))
CustomersTable.Columns.Add("Fax", Type.GetType("System.String"))

' Lege die Spalte CustomerID als Primärschlüssel fest.
Dim KeyColumns(1) As DataColumn
KeyColumns(0) = CustomersTable.Columns("CustomerID")
CustomersTable.PrimaryKey = KeyColumns

' Verbiete Nullwerte für die Spalten CustomerID und CompanyName.
CustomersTable.Columns("CustomerID").AllowDBNull = False
CustomersTable.Columns("CompanyName").AllowDBNull = False

// C#
// Bereite den DataGridView auf die Anzeige der Tabelle vor.
TableGrid.DataSource = CustomersTable;

// Definiere das Schema der Tabelle. Füge DataColumn-Objekte in die
// Columns-Auflistung des Tabellenobjekts ein.
CustomersTable.Columns.Add("CustomerID", Type.GetType("System.String"));
CustomersTable.Columns.Add("CompanyName", Type.GetType("System.String"));
CustomersTable.Columns.Add("ContactName", Type.GetType("System.String"));
CustomersTable.Columns.Add("ContactTitle", Type.GetType("System.String"));
CustomersTable.Columns.Add("Address", Type.GetType("System.String"));
CustomersTable.Columns.Add("City", Type.GetType("System.String"));
CustomersTable.Columns.Add("Region", Type.GetType("System.String"));
CustomersTable.Columns.Add("PostalCode", Type.GetType("System.String"));
CustomersTable.Columns.Add("Country", Type.GetType("System.String"));
CustomersTable.Columns.Add("Phone", Type.GetType("System.String"));
CustomersTable.Columns.Add("Fax", Type.GetType("System.String"));

// Lege die Spalte CustomerID als Primärschlüssel fest.
DataColumn[] KeyColumns = new DataColumn[1];
KeyColumns[0] = CustomersTable.Columns["CustomerID"];
CustomersTable.PrimaryKey = KeyColumns;

// Verbiete Nullwerte für die Spalten CustomerID und CompanyName.
CustomersTable.Columns["CustomerID"].AllowDBNull = false;
CustomersTable.Columns["CompanyName"].AllowDBNull = false;
```

8. Fügen Sie den folgenden Code in den Ereignishandler `AddRowButton_Click` ein:

```
' VB
' Erstelle einen Datensatz (DataRow), der zur Tabelle hinzugefügt wird.
Dim CustRow As DataRow = CustomersTable.NewRow
With CustRow
    .Item("CustomerID") = "ALFKI"
    .Item("CompanyName") = "Alfreds Futterkiste"
    .Item("ContactName") = "Maria Anders"
    .Item("ContactTitle") = "Sales Representative"
    .Item("Address") = "Obere Str. 57"
    .Item("City") = "Berlin"
    .Item("Region") = Nothing
    .Item("PostalCode") = "12209"
    .Item("Country") = "Germany"
    .Item("Phone") = "030-0074321"
    .Item("Fax") = "030-0076545"
End With

' Füge den Datensatz zur Tabelle hinzu.
CustomersTable.Rows.Add(CustRow)

// C#
// Erstelle einen Datensatz (DataRow), der zur Tabelle hinzugefügt wird.
DataRow CustRow = CustomersTable.NewRow();
Object[] CustRecord =  {"ALFKI", "Alfreds Futterkiste", "Maria Anders",
    "Sales Representative", "Obere Str. 57", "Berlin",
      null, "12209", "Germany", "030-0074321","030-0076545"};
CustRow.ItemArray = CustRecord;

// Füge den Datensatz zur Tabelle hinzu.
CustomersTable.Rows.Add(CustRow);
```

9. Starten Sie die Anwendung und klicken Sie auf die Schaltfläche *Erstelle Tabelle*.

   Das `DataGridView`-Steuerelement zeigt eine leere Datentabelle mit einigen Spalten an (Abbildung 7.9).

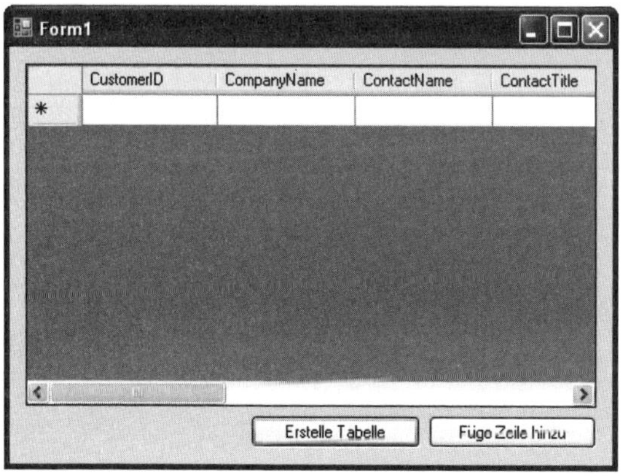

Abbildung 7.9 Das Formular nach einem Klick auf die Schaltfläche *Erstelle Tabelle*

10. Klicken Sie auf die Schaltfläche *Füge Zeile hinzu*. Ein neuer Datensatz wird in die Tabelle eingetragen (Abbildung 7.10).

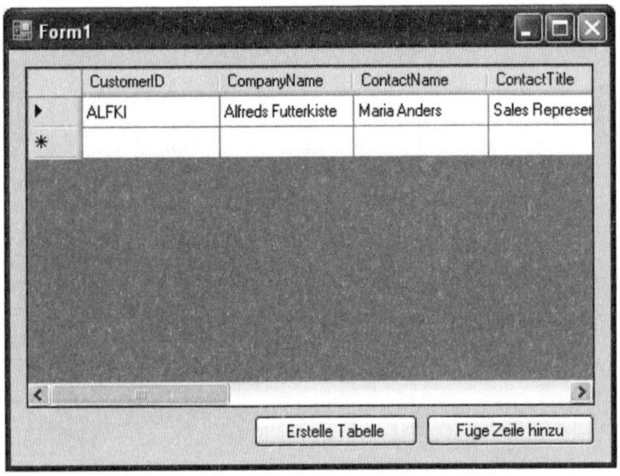

Abbildung 7.10 Das Formular nach einem Klick auf die Schaltfläche *Füge Zeile hinzu*

11. Klicken Sie erneut auf die Schaltfläche *Füge Zeile hinzu*. Beachten Sie die Ausnahme, die dann auftritt.

Zusammenfassung der Lektion

- `DataTable`-Objekte enthalten Spalten (`DataColumn`-Objekte) und Beschränkungen, wie die Tabellen einer Datenbank.
- `DataColumn`- und `Constraint`-Objekte definieren das Schema einer `DataTable`.
- Beschränkungen werden wie Objekte erstellt und zur Auflistung `DataTable.Constraints` hinzugefügt.

Lernzielkontrolle

Die folgenden Fragen dienen dazu, die wichtigsten Lerninhalte dieser Lektion zu vertiefen. Die Fragen sind (in englischer Sprache) auch auf der Begleit-CD zu finden, falls Sie die elektronische Form der Fragen vorziehen.

Hinweis Die Antworten

Die Antworten auf die Fragen und Erläuterungen, warum die entsprechende Antwort richtig oder falsch ist, finden Sie im Abschnitt „Antworten“ am Ende des Buchs.

1. Wie erstellt man im Programmcode eine `DataTable`?
   A. Verwenden Sie den Assistenten zum Konfigurieren von Datenquellen.
   B. Legen Sie eine neue Instanz einer `DataTable` an und fügen Sie `DataColumn`-Objekte zur Auflistung `DataTable.Columns` hinzu.
   C. Fügen Sie ein neues `DataSet`-Objekt zu Ihrem Projekt hinzu.
   D. Legen Sie eine neue `DataSet`-Instanz an.

2. Welches Objekt verfügt über die Eigenschaften, um einen Primärschlüssel für eine `DataTable` festzulegen?
   A. `DataSet`
   B. `DataTable`
   C. `DataColumn`
   D. `DataRelation`
3. Wie geben Sie an, dass eine `DataColumn` in einer `DataTable` Teil eines Fremdschlüssels ist?
   A. Sie stellen die Eigenschaft `DataColumn.ForeignKey` auf `True`.
   B. Sie geben in der Eigenschaft `DataTable.ForeignKey` die gewünschte `DataColumn` an.
   C. Sie legen ein Objekt der `ForeignKey`-Klasse an und fügen es zur Auflistung `DataTable.Constraints` hinzu.
   D. Sie definieren den Fremdschlüssel im `DataRelation`-Objekt.

Lektion 3: Erstellen von *DataAdapter*-Objekten

DataAdapter-Objekte verfügen über die Verbindungsinformationen und über Befehle wie Select, Update, Insert und Delete, die sie brauchen, um Daten von einer Datenbank anzufordern und in DataTable- und DataSet-Objekte zu übertragen. Diese Lektion beschreibt, wie man DataAdapter-Objekte in ADO.NET erstellt und verwendet.

Am Ende dieser Lektion werden Sie in der Lage sein, die folgenden Aufgaben auszuführen:

- Erstellen eines stark typisierten DataSets
- Verwenden des OleDbDataAdapter-Objekts für den Zugriff auf ein ADO-Recordset oder Record
- Automatisches Generieren von Datenadapterbefehlen mit dem CommandBuilder-Objekt
- Generieren von Datenadapterbefehlen per Programmcode
- Versorgen eines DataSets mit Daten, unter Verwendung eines Datenadapters
- Aktualisieren der Datenbank mit einem Datenadapter
- Auflösen von Konflikten zwischen einem DataSet und einer Datenbank unter Verwendung des Datenadapters
- Reagieren auf Datenänderungen in der Datenquelle mithilfe von DataAdapter-Ereignissen
  - Erkennen und Behandeln des Ereignisses RowUpdating
  - Erkennen und Behandeln des Ereignisses RowUpdated
  - Erkennen und Behandeln des Ereignisses FillError
- Durchführen von Batchoperationen mit DataAdapter-Objekten
  - Durchführen von Batchaktualisierungen mit einem Datenadapter
  - Behandeln von Ereignissen und Fehlern, die bei der Batchaktualisierung auftreten können

Veranschlagte Zeit für diese Lektion: 45 Minuten

Was ist ein Datenadapter?

DataAdapter-Objekte sind anbieterspezifische Objekte. Das bedeutet, dass es für jeden Anbieter einen speziellen Datenadapter gibt, beispielsweise SqlDataAdapter- und OleDbDataAdapter-Objekte. Diese Objekte enthalten Informationen, wie die Datenverbindung, und Befehle, mit deren Hilfe Ihre Anwendung mit einer Datenbank kommunizieren und Daten für die DataTable-Objekte eines DataSets anfordern kann. Außerdem kann die Anwendung mit einem Datenadapter aktualisierte Daten zur Datenbank zurücksenden, nachdem die Änderungen in den DataTable-Objekten Ihrer Anwendung durchgeführt wurden.

So erstellen Sie *DataAdapter*-Objekte

Sie können DataAdapter-Objekte grafisch mit dem Datenadapter-Konfigurations-Assistenten erstellen, oder per Programmcode, indem Sie eine Instanz der anbieterspezifischen Adapterklasse anlegen, wobei Sie beim Aufruf des Konstruktors eine SELECT-Anweisung und ein gültiges Verbindungsobjekt übergeben. In den Übungen dieser Lektion wird die grafische Erstellung von Adaptern und die Erstellung durch Programmcode genauer beschrieben.

Der folgende Code zeigt, wie man eine neue Datenadapterinstanz erstellt. Der Konstruktor wird mit einer Zeichenfolge, die eine SELECT-Anweisung enthält, und mit einem gültigen Verbindungsobjekt aufgerufen.

```
' VB
' Erstelle den SqlDataAdapter.
Dim SqlDataAdapter1 as New SqlDataAdapter("SELECT * FROM Shippers", NorthwindConnection)

// C#
// Erstelle den SqlDataAdapter.
private SqlDataAdapter SqlDataAdapter1 = new SqlDataAdapter
    ("SELECT * FROM Shippers", NorthwindConnection);
```

Datenadapterbefehle

DataAdapter-Objekte werden gewöhnlich mit einer einzelnen SELECT-Anweisung konfiguriert. Der Datenadapter benutzt sie, um Daten von der Datenquelle anzufordern und an eine Datentabelle im DataSet zu übertragen. Wichtig ist, dass der Datenadapter die SELECT-Anweisung als Ausgangsbasis für die automatische Erstellung der Insert-, Update- und Delete-Anweisungen verwendet, die nach dem Aufruf der Update-Methode des Datenadapters zur Speicherung von Änderungen in der Datenbank gebraucht werden. Der Datenadapter generiert diese zusätzlichen Befehle im Rahmen des Datenadapter-Konfigurations-Assistenten (oder des Assistenten zum Konfigurieren von Datenquellen, je nach ihrer Datenobjektkonfigurationsmethode).

Wenn Sie Datenadapter per Programmcode erstellen, möchten Sie vielleicht auch diese Befehle selbst definieren. Auch bei der Verwendung von komplexen Abfragen müssen Sie die zur Aktualisierung verwendeten Befehle vielleicht selbst festlegen. Befehle für einen Datenadapter kann man auf zwei Arten konfigurieren: Sie können Befehlsobjekte erstellen und den entsprechenden DataAdapter-Eigenschaften zuweisen, oder Sie verwenden ein CommandBuilder-Objekt.

Erstellen von Befehlsobjekten für einen Datenadapter

Sie erstellen die Befehle Select, Insert, Update und Delete für den Datenadapter, indem Sie die einzelnen gültigen Befehlsobjekte für Ihre spezielle Datenbank kodieren und den entsprechenden Datenadaptereigenschaften zuweisen. Der folgende Code zeigt zum Beispiel, wie die Befehle für einen Datenadapter namens SqlDataAdapter1 festgelegt werden. Dieses Beispiel setzt ein gültiges NorthwindConnection-Objekt und gültige SQL-Anweisungen für die einzelnen Befehle voraus.

```
' VB
' Erstelle den SqlDataAdapter.
Dim SqlDataAdapter1 As New SqlDataAdapter("SELECT * FROM Shippers", NorthwindConnection)

Dim InsertCommand As New SqlCommand("Gültige SQL-Insert-Anweisung", NorthwindConnection)
' Geben Sie hier die erforderlichen Parameter für Ihren Befehl an.

Dim UpdateCommand As New SqlCommand("Gültige SQL-Update-Anweisung", NorthwindConnection)
' Geben Sie hier die erforderlichen Parameter für Ihren Befehl an.

Dim DeleteCommand As New SqlCommand("Gültige SQL-Delete-Anweisung", NorthwindConnection)
' Geben Sie hier die erforderlichen Parameter für Ihren Befehl an.
```

```
' Füge die Befehle zum Datenadapter hinzu.
SqlDataAdapter1.InsertCommand = InsertCommand
SqlDataAdapter1.UpdateCommand = UpdateCommand
SqlDataAdapter1.DeleteCommand = DeleteCommand

// C#
// Erstelle den SqlDataAdapter.
private SqlDataAdapter SqlDataAdapter1 = new SqlDataAdapter
    ("SELECT * FROM Shippers", NorthwindConnection);

SqlCommand InsertCommand = new SqlCommand("Gültige SQL-Insert-Anweisung", NorthWindConnection);
// Geben Sie hier die erforderlichen Parameter für Ihren Befehl an.

SqlCommand UpdateCommand = new SqlCommand("Gültige SQL-Update-Anweisung", NorthWindConnection);
// Geben Sie hier die erforderlichen Parameter für Ihren Befehl an.

SqlCommand DeleteCommand = new SqlCommand("Gültige SQL-Delete-Anweisung", NorthWindConnection);
// Geben Sie hier die erforderlichen Parameter für Ihren Befehl an.

// Füge die Befehle zum Datenadapter hinzu.
SqlDataAdapter1.InsertCommand = InsertCommand;
Sql1.UpdateCommand = UpdateCommand;
SqlDataAdapter1.DeleteCommand = DeleteCommand;
```

Verwenden eines *CommandBuilder*-Objekts zum Generieren von Befehlen für einen Datenadapter

Wenn Ihr Datenadapter mit einer `SELECT`-Anweisung Daten von einer einzigen Tabelle abruft, können Sie zur automatischen Erstellung der `Insert`-, `Update`- und `Delete`-Anweisungen für den Adapter ein `CommandBuilder`-Objekt verwenden. Als weitere Voraussetzung für die Verwendung eines `CommandBuilder`-Objekts ist zu beachten, dass Ihre `Select`-Anweisung zumindest einen Primärschlüssel oder eine Spalte mit eindeutigen Werten von der Tabelle zurückgeben muss.

Um Befehle mit einem `CommandBuilder`-Objekt automatisch zu generieren, legen Sie im Code ein neues `CommandBuilder`-Objekt an und übergeben dabei an den Konstruktor das `DataAdapter`-Objekt, für das die Befehle erzeugt werden sollen.

Der folgende Beispielcode zeigt, wie man mit einem `CommandBuilder`-Objekt Befehle für einen Datenadapter namens `SqlDataAdapter1` generiert:

```
' VB
' Lege einen Datenadapter mit einer gültigen SELECT-Anweisung an.
Dim SqlDataAdapter1 As New SqlDataAdapter("Gültige SELECT-Anweisung für eine Tabelle")
' Lege einen CommandBuilder für SqlDataAdapter1 an.
Dim commands As New SqlCommandBuilder(SqlDataAdapter1)

// C#
// Lege einen Datenadapter mit einer gültigen SELECT-Anweisung an.
SqlDataAdapter SqlDataAdapter1 = new SqlDataAdapter(
    "Gültige SELECT-Anweisung für eine Tabelle");
// Lege einen CommandBuilder für SqlDataAdapter1 an.
SqlCommandBuilder commands = new SqlCommandBuilder(SqlDataAdapter1);
```

Generieren von typisierten *DataSet*-Objekten aus *DataAdapter*-Objekten

Anhand der Informationen, die in einem konfigurierten Datenadapter enthalten sind, können Sie stark typisierte `DataSet`-Objekte generieren, indem Sie im *Daten*-Menü *Dataset generieren* wählen. Sie brauchen einen Datenadapter, der mit einem `SelectCommand`-Befehl konfiguriert ist, um mit dem Befehl *Dataset generieren* erfolgreich ein typisiertes `DataSet` generieren zu können.

Auflösen von Konflikten zwischen einem *DataSet* und einer Datenbank mithilfe eines Datenadapters

`DataAdapter`-Objekte haben zwei bestimmte Eigenschaften für die Auflösung von Konflikten, die auftreten können, wenn ein `DataSet` von einem Datenadapter mit Daten versorgt werden soll: die Eigenschaft `MissingMappingAction` und die Eigenschaft `MissingSchemaAction`. Solche Konflikte treten gewöhnlich auf, wenn Änderungen am Datenbankschema oder am `DataSet`-Schema erfolgt sind. Wenn zum Beispiel zu einer Datenbanktabelle neue Spalten hinzugefügt worden sind und Sie rufen mit `SELECT *` Daten von dieser Tabelle ab, entscheidet der Adapter anhand dieser Eigenschaften, was mit den zusätzlichen Spalten und Daten geschehen soll.

MissingMappingAction

Die Eigenschaft `MissingMappingAction` bestimmt, was Ihre Anwendung tun soll, wenn sie versucht, ein `DataSet` mit Daten zu versorgen, und das `DataSet` keine passenden Tabellen- oder Spalten aufweist, die der Datenadapter mit Daten füllen will. Legen Sie für die Eigenschaft `MissingMappingAction` einen der Werte aus der `MissingMappingAction`-Enumeration fest, die in Tabelle 7.1 beschrieben wird.

Tabelle 7.1 `MissingMappingAction`-Enumeration

Name	Beschreibung
`Error`	Die Einstellung von `MissingMappingAction` auf `Error` führt zur Ausnahme `InvalidOperationException`, wenn der Datenadapter versucht, Daten in eine Tabelle oder Spalte zu übertragen, die es nicht gibt.
`Ignore`	Es wird nichts unternommen. Daten, die für eine nicht vorhandene Tabelle oder Spalte vorgesehen sind, werden verworfen.
`Passthrough`	Die Spalte oder Tabelle wird im `DataSet` angelegt und mit den verfügbaren Daten versorgt.

MissingSchemaAction

Die Eigenschaft `MissingSchemaAction` bestimmt, was Ihre Anwendung tun soll, wenn sie versucht, ein `DataSet` mit Daten zu versorgen, und das `DataSet` nicht das erwartete Schema aufweist, das der Datenadapter mit Daten versorgen will. Legen Sie für die Eigenschaft `MissingSchemaAction` einen der Werte aus der `MissingSchemaAction`-Enumeration fest, die in Tabelle 7.2 beschrieben wird.

Tabelle 7.2 MissingSchemaAction-Enumeration

Name	Beschreibung
Add	Die Spalte oder Tabelle wird im DataSet erstellt und mit den verfügbaren Daten versorgt.
AddWithKey	Die Spalte wird im DataSet erstellt (einschließlich der Primärschlüsselinformationen, sofern vorhanden) und mit den verfügbaren Daten versorgt.
Error	Die Einstellung von MissingSchemaAction auf Error löst eine InvalidOperationException aus, wenn der Datenadapter versucht, Daten in eine Spalte oder Tabelle zu übertragen, die es nicht gibt.
Ignore	Es wird nichts unternommen. Daten, die für eine nicht vorhandene Tabelle oder Spalte vorgesehen sind, werden verworfen.

Durchführen von Batchoperationen mit Datenadaptern

Datenadapter bieten mit der Eigenschaft UpdateBatchSize die Möglichkeit, Befehle zu größeren Gruppen zusammenzufassen. Führen Sie Befehle in solchen Gruppen (oder „Batches") aus, wenn Sie eine große Zahl von Datensätzen aktualisieren und die Anzahl der Kommunikationszyklen mit der Datenbank reduzieren möchten.

Durchführen von Batchaktualisierungen mit einem DataAdapter

Geben Sie für die Eigenschaft UpdateBatchSize des Datenadapters eine ganze Zahl an, mit der Sie festlegen, wie viele Befehle in einer Gruppe ausgeführt werden sollen. Wenn Sie zum Beispiel Gruppen mit jeweils fünf Befehlen übertragen möchten, stellen Sie UpdateBatchSize auf 5. Wenn Sie UpdateBatchSize auf 0 stellen, wird die größte Gruppengröße vorgegeben, die der Server bearbeiten kann.

Behandeln von Ereignissen und Fehlern, die bei der Batchaktualisierung auftreten können

Wenn Sie Batchaktualisierungen durchführen, löst der Datenadapter ein RowUpdating-Ereignis für jeden Datensatz aus, der aktualisiert wird, aber nur ein RowUpdated-Ereignis für den gesamten Batch.

Praxistipp

Steve Stein

Eine der ersten Anwendungen, an der ich je arbeitete, hatte eine Backend-Datenbank mit ungefähr 20 Tabellen. Die Zahl der benutzerdefinierten Objekte aber, die für die Durchführung von Abfragen und Datenaktualisierungen an diesen verschiedenen Tabellen eingesetzt wurden, war geradezu lächerlich hoch! Datenadapter hätten mir eine besser organisierte Infrastruktur geboten und mir die Erstellung der Aktualisierungslogik weitgehend abgenommen, vielleicht sogar vollständig.

Übung: Arbeiten mit *DataAdapter*-Objekten

In dieser Übung erstellen Sie Datenadapter.

► **Übung 1: Erstellen eines Datenadapters mit dem Datenadapter-Konfigurations-Assistenten**

1. Erstellen Sie eine Windows-Anwendung und nennen Sie die Anwendung **DataAdapterWizard-Example**.

   In dieser Version von Visual Studio wurden `DataAdapter`-Objekte von der Toolbox entfernt und durch Designer-generierte Tabellenadapter ersetzt. Bauen Sie also für dieses Beispiel zuerst das `SqlDataAdapter`-Objekt wieder in die Toolbox ein.
2. Klicken Sie den *Daten*-Abschnitt der Toolbox mit der rechten Maustaste an und wählen Sie *Elemente auswählen.*
3. Markieren Sie im Dialogfeld *Toolboxelemente auswählen* auf der Registerkarte *.NET Framework-Komponenten* das Element *SqlDataAdapter* und klicken Sie auf *OK.*

   Dadurch wird das *SqlDataAdapter*-Element zur Toolbox hinzugefügt.
4. Ziehen Sie das *SqlDataAdapter*-Objekt auf *Form1*, um den Datenadapter-Konfigurations-Assistenten zu starten.
5. Wählen Sie auf der Seite *Wählen Sie Ihre Datenverbindung aus* eine Verbindung zur *Northwind*-Datenbank aus (oder erstellen Sie eine neue Verbindung, falls erforderlich).
6. Übernehmen Sie auf der Seite *Wählen Sie einen Befehlstyp aus* die vorgegebene Einstellung *SQL-Anweisungen verwenden* und klicken Sie auf *Weiter.*
7. Geben Sie auf der Seite *SQL-Anweisungen generieren* folgende SQL-Anweisung ein:

   ```
   SELECT * FROM Customers
   ```
8. Klicken Sie auf *Fertig stellen*, um den Assistenten zu beenden und eine Instanz des konfigurierten `SqlDataAdapter`-Objekts ins Formular einzufügen.
9. Erstellen Sie nun anhand des konfigurierten Adapters ein stark typisiertes `DataSet`. Wählen Sie im *Daten*-Menü *Dataset generieren.* Das Dialogfeld *DataSet generieren* öffnet sich.

   Sie werden feststellen, dass *SqlDataAdapter1* im Dialogfeld vorgewählt ist. Das ist die Information, die zur Erstellung des stark typisierten `DataSets` erforderlich ist.
10. Ersetzen Sie den Namen *DataSet1* im Dialogfeld *DataSet generieren* durch **NorthwindDataSet** und klicken Sie auf *OK*, um das neue `DataSet` zu erstellen und zum Projekt hinzuzufügen.
11. Ziehen Sie ein *DataGridView* auf *Form1.*
12. Klicken Sie das Formular auf einer freien Fläche mit einem Doppelklick an, um einen `Form.Load`-Ereignishandler zu erstellen.
13. Fügen Sie den folgenden Code in den Ereignishandler `Form1_Load` ein:

    ```
    ' VB
    ' Richte das DataGridView-Objekt für die Anzeige der Customers-Tabelle ein.
    DataGridView1.DataSource = NorthwindDataSet1.Customers
    ```

```
' Rufe die Fill-Methode des Datenadapters auf, um die Customers-Tabelle
' mit Daten zu versorgen.
SqlDataAdapter1.Fill(NorthwindDataSet1.Customers)

// C#
// Richte das DataGridView-Objekt für die Anzeige der Customers-Tabelle ein.
dataGridView1.DataSource = northwindDataSet1.Customers;

// Rufe die Fill-Methode des Datenadapters auf, um die Customers-Tabelle
//  mit Daten zu versorgen.
sqlDataAdapter1.Fill(northwindDataSet1.Customers);
```

14. Starten Sie die Anwendung und überprüfen Sie, ob die Tabelle *Customers* im `DataGridView`-Steuerelement angezeigt wird.
15. Fügen Sie eine Schaltfläche zum Formular hinzu und legen Sie folgende Eigenschaften fest:
    - *Name* = **UpdateButton**
    - *Text* = **Änderungen speichern**
16. Klicken Sie die Schaltfläche *Änderungen speichern* mit einem Doppelklick an, um den `Click`-Ereignishandler zu erstellen.
17. Fügen Sie folgenden Code in den Ereignishandler `UpdateButton_Click` ein:

```
' VB
' Rufe die Update-Methode des Datenadapters auf, um Änderungen
' in der Datenbank zu speichern.
SqlDataAdapter1.Update(NorthwindDataSet1)

// C#
// Rufe die Update-Methode des Datenadapters auf, um Änderungen
// in der Datenbank zu speichern.
sqlDataAdapter1.Update(northwindDataSet1);
```

18. `DataAdapter`-Objekte bieten Ereignisse, die bei Datenbankoperationen ausgewertet werden können, wie zum Beispiel die Ereignisse `RowUpdating`, `RowUpdated` und `FillError`. Um die Arbeit mit diesen Ereignissen zu demonstrieren, wird das Beispielprogramm mit den folgenden Schritten um den entsprechenden Code erweitert.
19. Wählen Sie in der Dropdownliste *Klassenname* (das linke Kombinationsfeld über dem Code-Editor) den *SqlDataAdapter1*. (Bei C#-Projekten wählen Sie den *SqlDataAdapter* im Komponentenfach und benutzen die *Ereignisse*-Schaltfläche im Eigenschaftenfenster, um Ereignishandler zu erstellen).
20. Erstellen Sie einen Ereignishandler für das Ereignis `RowUpdating`, indem Sie in der *Methodenname*-Dropdownliste *RowUpdating* wählen.
21. Fügen Sie den folgenden Code in den `RowUpdating`-Ereignishandler ein:

```
' VB
' Erstelle ein Zeilenobjekt und weise es der zu ändernden Zeile zu.
Dim CustRow As NorthwindDataset.CustomersRow = CType(e.Row, NorthwindDataset.CustomersRow)
```

```
' Zeige ein Dialogfeld an, in dem der Benutzer zur Bestätigung aufgefordert wird.
Dim response As DialogResult = MessageBox.Show("Aktualisieren von " & _
    CustRow.CustomerID.ToString & "?", "Aktualisieren fortsetzen?", _
    MessageBoxButtons.YesNo)

' Aktualisieren abbrechen, falls der Benutzer Nein sagt.
If response = Windows.Forms.DialogResult.No Then
    e.Status = UpdateStatus.SkipCurrentRow
End If

// C#
// Erstelle ein Zeilenobjekt und weise es der zu ändernden Zeile zu.
NorthwindDataSet.CustomersRow CustRow = (NorthwindDataSet.CustomersRow)e.Row;

// Zeige ein Dialogfeld an, in dem der Benutzer zur Bestätigung aufgefordert wird.
DialogResult response = MessageBox.Show("Aktualisieren von " +
    CustRow.CustomerID.ToString() + "?", "Aktualisieren fortsetzen?",
    MessageBoxButtons.YesNo);

// Aktualisieren abbrechen, falls der Benutzer Nein sagt.
if (response == DialogResult.No)
{
    e.Status = UpdateStatus.SkipCurrentRow;
}
```

22. Erstellen Sie einen Ereignishandler für das Ereignis `RowUpdated`, indem Sie in der *Methodenname*-Dropdownliste *RowUpdated* wählen. (Bei C#-Projekten wählen Sie den *SqlDataAdapter* im Komponentenfach und benutzen die *Ereignisse*-Schaltfläche im Eigenschaftenfenster, um Ereignishandler zu erstellen.)
23. Fügen Sie folgenden Code in den `RowUpdated`-Ereignishandler ein:

```
' VB
' Erstelle ein Zeilenobjekt und weise es der zu ändernden Zeile zu.
Dim CustRow As NorthwindDataSet.CustomersRow = CType(e.Row, NorthwindDataSet.CustomersRow)
MessageBox.Show(CustRow.CustomerID.ToString & " wurde aktualisiert")

' Lies die Tabelle nach der Aktualisierung neu ein, um die Änderungen zu übernehmen.
NorthwindDataSet1.Customers.Clear()
SqlDataAdapter1.Fill(NorthwindDataSet1.Customers)

// C#
// Erstelle ein Zeilenobjekt und weise es der zu ändernden Zeile zu.
NorthwindDataSet.CustomersRow CustRow = (NorthwindDataSet.CustomersRow)e.Row;
MessageBox.Show(CustRow.CustomerID.ToString() + " wurde aktualisiert");

// Lies die Tabelle nach der Aktualisierung neu ein, um die Änderungen zu übernehmen.
northwindDataSet1.Customers.Clear();
sqlDataAdapter1.Fill(northwindDataSet1.Customers);
```

24. Erstellen Sie einen Ereignishandler für das Ereignis `FillError`, indem Sie in der *Methodenname*-Dropdownliste *FillError* auswählen. (Bei C#-Projekten wählen Sie den *SqlDataAdapter* im

Komponentenfach und benutzen die *Ereignisse*-Schaltfläche im Eigenschaftenfenster, um Ereignishandler zu erstellen.)

25. Fügen Sie den folgenden Code in den `FillError`-Ereignishandler ein:

```
' VB
' Zeige den Fehler in einem Meldungsfeld an.
Dim response As DialogResult = MessageBox.Show _
    ("Folgender Fehler ist beim Füllen des DataSets aufgetreten: " _
    & e.Errors.Message.ToString & " Versuch fortsetzen?", _
    "Fehler beim Füllen des DataSets", MessageBoxButtons.YesNo)

' Führe den Versuch fort, wenn der Benutzer Ja sagt.
If response = Windows.Forms.DialogResult.Yes Then
    e.Continue = True
Else
    e.Continue = False
End If

// C#
// Zeige den Fehler in einem Meldungsfeld an.
DialogResult response = MessageBox.Show
    ("Folgender Fehler ist beim Füllen des DataSets aufgetreten: " +
    e.Errors.Message.ToString() + " Versuch fortsetzen?",
    "Fehler beim Füllen des DataSets", MessageBoxButtons.YesNo);

// Führe den Versuch fort, wenn der Benutzer Ja sagt.
if (response == DialogResult.Yes)
{
  e.Continue = true;
}
else
{
    e.Continue = false;
}
```

26. Starten Sie die Anwendung und ändern Sie in mindestens zwei verschiedenen Datensätzen ein paar Werte.
27. Klicken Sie auf die Schaltfläche *Änderungen speichern.*

    An dieser Stelle ermöglicht Ihnen der Datenadapter mit einem Meldungsfeld die Entscheidung, ob die Aktualisierung fortgesetzt werden soll. Beachten Sie bitte, dass Sie durch die relativ simple Programmlogik immer nur Änderungen aus einem einzelnen Datensatz speichern können.

► Übung 2: Erstellen von Datenadaptern mit Programmcode

1. Erstellen Sie eine Windows-Anwendung und nennen Sie die Anwendung **ProgrammingDataAdapters**.
2. Fügen Sie ein `DataGridView`-Steuerelement zum Formular hinzu.
3. Fügen Sie eine `Imports`-Anweisung (`using` in C#) für den Namespace `System.Data.SqlClient` ein.
4. Fügen Sie ein Verbindungsobjekt für die *Northwind*-Datenbank hinzu.

5. An diesem Punkt sollte Ihr Code folgendermaßen aussehen:

```
' VB
Imports System.Data.SqlClient

Public Class Form1
    Private NorthwindConnection As New SqlConnection( _
    "Data Source=.\sqlexpress;Initial Catalog=Northwind;Integrated Security=True")

End Class

// C#
using System;
using System.Collections.Generic;
using System.ComponentModel;
using System.Data;
using System.Drawing;
using System.Text;
using System.Windows.Forms;
using System.Data.SqlClient;

namespace ProgrammingDataAdaptersCS
{
    public partial class Form1 : Form
    {
        public Form1()
        {
            InitializeComponent();
        }

        private SqlConnection NorthwindConnection = new SqlConnection(
            "Data Source=.\\sqlexpress;Initial Catalog=Northwind;" +
            "Integrated Security=True");
    }
}
```

6. Fügen Sie unter der `NorthwindConnection` folgende Deklaration eines Datenadapters ein:

```
' VB
Private SqlDataAdapter1 As New SqlDataAdapter("SELECT * FROM Customers", _
    NorthwindConnection)

// C#
private SqlDataAdapter SqlDataAdapter1;
```

7. Weil Datenadapter zur Datenversorgung von `DataSets` verwendet werden, fügen Sie unter den bisherigen Zeilen folgenden Code ein, um ein neues `NorthwindDataSet` mit einer *Customers*-Tabelle zu definieren:

```
' VB
Private NorthwindDataSet As New DataSet("Northwind")
Private CustomersTable As New DataTable("Customers")
```

```
// C#
private DataSet NorthwindDataSet = new DataSet("Northwind");
private DataTable CustomersTable = new DataTable("Customers");
```

8. Erstellen Sie einen `Form.Load`-Ereignishandler und fügen Sie folgenden Code ein:

```
' VB
NorthwindDataset.Tables.Add(CustomersTable)
SqlDataAdapter1.Fill(NorthwindDataset.Tables("Customers"))
DataGridView1.DataSource = NorthwindDataset.Tables("Customers")

// C#
SqlDataAdapter1 = new SqlDataAdapter("SELECT * FROM Customers", NorthwindConnection);
NorthwindDataSet.Tables.Add(CustomersTable);
SqlDataAdapter1.Fill(NorthwindDataSet.Tables["Customers"]);
dataGridView1.DataSource = NorthwindDataSet.Tables["Customers"];
```

An diesem Punkt enthält der Datenadapter nur einen `Select`-Befehl. Erstellen Sie nun ein `CommandBuilder`-Objekt, das die zusätzlichen Befehle `Insert`, `Update` und `Delete` definiert, die für die Aktualisierung der Datenbank erforderlich sind, wenn die Methode `DataAdapter.Update` aufgerufen wird.

9. Fügen Sie folgenden Code unter dem bereits in den `Form.Load`-Ereignishandler eingefügten Code ein:

```
' VB
Dim commands As New SqlCommandBuilder(SqlDataAdapter1)

// C#
SqlCommandBuilder commands = new SqlCommandBuilder(SqlDataAdapter1);
```

10. Fügen Sie eine Schaltfläche zum Formular hinzu und legen Sie folgende Eigenschaften fest:
    - *Name* = **UpdateButton**
    - *Text* = **Änderungen speichern**
11. Klicken Sie die Schaltfläche *Änderungen speichern* mit einem Doppelklick an und fügen Sie folgenden Code in den Ereignishandler `UpdateButton_Click` ein:

```
' VB
NorthwindDataset.EndInit()
SqlDataAdapter1.Update(NorthwindDataset.Tables("Customers"))

// C#
NorthwindDataSet.EndInit();
SqlDataAdapter1.Update(NorthwindDataSet.Tables["Customers"]);
```

12. Starten Sie die Anwendung und ändern Sie einen Wert in einem der Datensätze.
13. Klicken Sie auf die Schaltfläche *Änderungen speichern*, um die aktualisierten Werte zur Datenbank zu übermitteln.
14. Überprüfen Sie, ob die Änderungen in der Datenbank gespeichert wurden.

► Übung 3: Zugreifen auf ein ADO-Recordset oder Record mit einem Datenadapter

1. Erstellen Sie eine neue Windows-Anwendung und nennen Sie die Anwendung **Accessing-Recordsets**.

   Fügen Sie einen Verweis auf die ADO-Objekte hinzu:

2. Wählen Sie im *Projekt*-Menü *Verweis hinzufügen*.
3. Wählen Sie die *COM*-Registerkarte.
4. Wählen Sie die *Microsoft ActiveX Data Objects 2.8 Library* und klicken Sie auf *OK*.
5. Fügen Sie ein `DataGridView`-Steuerelement zum Formular hinzu.
6. Fügen Sie eine Schaltfläche zum Formular hinzu und legen Sie folgende Eigenschaften fest:
   - *Name* = **FillRecordSetButton**
   - *Text* = **Fülle Recordset**
7. Wechseln Sie zur Codeansicht und fügen Sie folgende Methode in die Formularklasse ein:

```
' VB
Private Function GetRecordset() As ADODB.Recordset
    ' Erstelle ein Verbindungsobjekt für die Northwind-Datenbank.
    Dim NorthwindOleDbConnection As String = _
        "Provider=SQLOLEDB;Data Source=.\sqlexpress;" & _
        "Integrated Security=SSPI;Initial Catalog=Northwind"

    ' Erstelle das neue Recordset.
    Dim rs As New ADODB.Recordset()
    rs.Open("SELECT * FROM Customers", NorthwindOleDbConnection, _
        ADODB.CursorTypeEnum.adOpenStatic, ADODB.LockTypeEnum.adLockBatchOptimistic)

    Return rs
End Function

// C#
private ADODB.Recordset GetRecordset()
{
    // Erstelle ein Verbindungsobjekt für die Northwind-Datenbank.
    String NorthwindOleDbConnection = "Provider=SQLOLEDB;Data Source=.\\sqlexpress;" +
        "Integrated Security=SSPI;Initial Catalog=Northwind";

    // Erstelle das neue Recordset.
    ADODB.Recordset rs = new ADODB.Recordset();
    rs.Open("SELECT * FROM Customers", NorthwindOleDbConnection,
        ADODB.CursorTypeEnum.adOpenStatic, ADODB.LockTypeEnum.adLockBatchOptimistic, 0);
    return rs;
}
```

8. Klicken Sie die Schaltfläche *Fülle Recordset* mit einem Doppelklick an und fügen Sie folgenden Code in den `Click`-Ereignishandler ein:

```
' VB
' Erstelle eine neue Datentabelle für unsere Daten.
Dim CustomersTable As New DataTable("Customers")

' Erstelle einen neuen Datenadapter, der die Tabelle mit Daten versorgt.
Dim Adapter As New OleDb.OleDbDataAdapter

' Fülle die CustomersTable mit dem ADO-Recordset.
Adapter.Fill(CustomersTable, GetRecordset())

' Zeige die Customers-Tabelle im DataGridView an.
DataGridView1.DataSource = CustomersTable

// C#
// Erstelle eine neue Datentabelle für unsere Daten.
DataTable CustomersTable = new DataTable("Customers");

// Erstelle einen neuen Datenadapter, der die Tabelle mit Daten versorgt.
System.Data.OleDb.OleDbDataAdapter Adapter = new System.Data.OleDb.OleDbDataAdapter();

// Fülle die CustomersTable mit dem ADO-Recordset.
Adapter.Fill(CustomersTable, GetRecordset());

// Zeige die Customers-Tabelle im DataGridView an.
dataGridView1.DataSource = CustomersTable;
```

9. Starten Sie die Anwendung und klicken Sie die Schaltfläche *Fülle Recordset* an.
10. Die Tabelle `CustomersTable` wird vom `OleDbDataAdapter` gefüllt, der das `DataTable`-Objekt aus dem Recordset versorgt.

Zusammenfassung der Lektion

- `DataAdapter`-Objekte enthalten ein Verbindungsobjekt.
- `DataAdapter`-Objekte enthalten neben dem `Select`-Befehl auch die Befehle `Insert`, `Update` und `Delete`, um Änderungen in der Datenbank speichern zu können.
- Sie können auf der Basis des `Select`-Befehls eines konfigurierten Datenadapters ein typisiertes `DataSet` generieren.
- Mit einem `CommandBuilder`-Objekt lassen sich die `Insert`-, `Update`- und `Delete`-Befehle eines Datenadapters automatisch generieren, wobei allerdings ein gültiger `Select`-Befehl vorliegen muss, der sich auf eine einzige Tabelle bezieht.
- Konflikte, die beim Füllen einer Tabelle auftreten, lösen Sie mithilfe der Eigenschaften `Missing-SchemaAction` und `MissingMappingAction`.
- Sie können einen `OleDbDataAdapter` verwenden, um `DataSet`-Objekte mit Daten aus ADO-Recordsets zu versorgen.

Lernzielkontrolle

Die folgenden Fragen dienen dazu, die wichtigsten Lerninhalte dieser Lektion zu vertiefen. Die Fragen sind (in englischer Sprache) auch auf der Begleit-CD zu finden, falls Sie die elektronische Form der Fragen vorziehen.

Hinweis Die Antworten

Die Antworten auf die Fragen und Erläuterungen, warum die entsprechende Antwort richtig oder falsch ist, finden Sie im Abschnitt „Antworten" am Ende des Buchs.

---

1. Aus welchen Hauptobjekten setzt sich ein Datenadapter zusammen?
   A. `Connection`- und `DataTable`-*Objekte*
   B. `Connection`- und `Command`-Objekte
   C. `DataTable`- und `DataSet`-Objekte
   D. `Command`- und `DataSet`-Objekte
2. Wie konfigurieren Sie einen Datenadapter, damit er Änderungen in der Datenbank speichert? (Wählen Sie alle zutreffenden Antworten aus.)
   A. Sie legen ein `CommandBuilder`-Objekt an und übergeben ihm einen Datenadapter mit einem konfigurierten `Select`-Befehl.
   B. Sie rufen die Methode `DataAdapter.Update` auf.
   C. Sie weisen den Eigenschaften `InsertCommand`, `UpdateCommand` und `DeleteCommand` des Datenadapterobjekts jeweils ein gültiges `Command`-Objekt zu.
   D. Sie rufen die Methode `DataAdapter.Fill` auf.
3. Wie greifen Sie mit einem Datenadapter auf ein ADO-Recordset zu?
   A. Sie erstellen ein Recordset und rufen die Methode `DataSet.Fill` auf.
   B. Sie erstellen ein `DataSet` und tragen das Recordset in dessen `DataSource`-Eigenschaft ein.
   C. Sie rufen die Methode `DataAdapter.Fill` mit einem Recordset als Argument auf.
   D. Sie tragen den Namen des Recordsets in die Eigenschaft `CommandText` der Befehlsobjekte des Datenadapters ein.

Lektion 4: Arbeiten mit Daten in *DataTable*-Objekten

Diese Lektion beschreibt, wie man Daten in eine `DataTable` überträgt und Zeilen in eine `DataTable` einfügt, sie aktualisiert oder löscht. Außerdem erläutern wir, wie man den Zustand und die Version eines Datensatzes ermittelt, um herauszufinden, welche Änderungen seit der letzten Aktualisierung an den Daten vorgenommen wurden.

Am Ende dieser Lektion werden Sie in der Lage sein, die folgenden Aufgaben auszuführen:

- Verwalten von Daten in einer `DataTable`
  - Hinzufügen von Daten zu einer Tabelle
  - Anzeigen der Tabelle
  - Bearbeiten der Daten aus einer Zeile
  - Verwenden von Zeilenzuständen und Zeilenversionen
  - Hinzufügen einer Zeile zu einer Tabelle
  - Löschen einer Zeile aus einer Tabelle
  - Hinzufügen und Lesen von Zeilenfehlerinformationen
  - Akzeptieren oder Ablehnen von Änderungen in einer Zeile einer Tabelle
- Behandeln von `DataTable`-Ereignissen

Veranschlagte Zeit für diese Lektion: 30 Minuten

Hinzufügen von Daten zu einem *DataTable*-Objekt

Um Daten zu einer Datentabelle hinzuzufügen, erstellen Sie ein neues `DataRow`-Objekt. Für typisierte `DataSet`-Objekte erstellen Sie eine Zeile der typisierten Tabelle, beispielsweise ein neues `CustomersRow`-Objekt. Nach der Erstellung der neuen Zeile legen Sie die gewünschten Werte für die einzelnen Spalten fest. Nachdem Sie eine neue Zeile definiert und die Werte festgelegt haben, müssen Sie die Zeile in die Datentabelle einfügen, indem Sie das `DataRow`-Objekt zur Auflistung `DataTable.Rows` hinzufügen.

Der folgende Beispielcode erstellt eine neue Zeile, trägt einige Werte ein und fügt die Zeile zur Tabelle `Customers` hinzu. Weil die Methode `NewRow` ein nicht typisiertes `DataRow`-Objekt zurückgibt, wird es in ein typisiertes `CustomersRow`-Objekt konvertiert.

```
' VB
Dim NewRow As NorthwindDataset.CustomersRow = _
    CType(NorthwindDataset1.Customers.NewRow, NorthwindDataset.CustomersRow)
NewRow.CustomerID = "WINGT"
NewRow.CompanyName = "Wingtip Toys"
NewRow.ContactName = "Steve Lasker"

NorthwindDataset1.Customers.Rows.Add(NewRow)
```

```
// C#
NorthwindDataset.CustomersRow NewRow =
    (NorthwindDataset.CustomersRow)NorthwindDataset1.Customers.NewRow;
NewRow.CustomerID = "WINGT";
NewRow.CompanyName = "Wingtip Toys";
NewRow.ContactName = "Steve Lasker";
...
NorthwindDataset1.Customers.Rows.Add(NewRow);
```

Bearbeiten von Daten in einem *DataTable*-Objekt

Die Werte einzelner Spalten eines `DataTable`-Objekts können Sie ändern, indem Sie das betreffende `DataRow`-Objekt auswählen und den neuen Wert an die gewünschte Spalte zuweisen.

Der folgende Code ändert beispielsweise die Spalte *CompanyName* der `SelectedRow` auf den zugewiesenen Wert, in diesem Fall „Contoso“:

```
' VB
SelectedRow("CompanyName") = "Contoso"

// C#
SelectedRow["CompanyName"] = "Contoso";
```

Löschen von Daten aus einem *DataTable*-Objekt

Um Zeilen aus einer Tabelle zu löschen, rufen Sie die Methode `DataRow.Delete` auf. Sie setzt die Eigenschaft `RowState` der betreffenden Zeile auf `Deleted`. Das macht es möglich, die gelöschten Zeilen vor dem Abschluss der Löschung (durch den Aufruf der Methoden `DataAdapter.Update` oder `AcceptChanges`) noch einmal durchzugehen.

Der folgende Code kennzeichnet die ausgewählte Zeile in der Tabelle als gelöscht. Beim nächsten Aufruf von `AcceptChanges` wird die Zeile dauerhaft aus der Tabelle gelöscht.

```
' VB
SelectedRow.Delete

// C#
SelectedRow.Delete();
```

Verwalten der Änderungen an *DataRow*-Objekten

Änderungen an `DataRow`-Objekten, die noch nicht übernommen oder zurückgewiesen wurden, werden durch Werte aus den Enumerationen `RowState` und `DataRowVersion` gekennzeichnet.

Der `RowState`-Wert wird verwendet, um den Zustand einer Zeile anzugeben. Wenn sie erstmals Werte erhalten haben, liegen die Zeilen einer `DataTable` im Zeilenzustand `Unchanged` vor. Tabelle 7.3 beschreibt die verschiedenen Werte der `RowState`-Enumeration.

Tabelle 7.3 RowState-Enumeration

Wert	Beschreibung
Unchanged	Seit der Erstellung der Zeile durch DataAdapter.Fill oder seit dem letzten Aufruf von AcceptChanges wurden keine Änderungen vorgenommen.
Added	Diese Zeile wurde seit dem letzten Aufruf von AcceptChanges hinzugefügt.
Modified	Diese Zeile wurde seit dem letzten Aufruf von AcceptChanges geändert.
Deleted	Diese Zeile wurde seit dem letzten Aufruf von AcceptChanges aus dem DataTable-Objekt gelöscht.
Detached	Diese Zeile wurde noch nicht zu einer DataTable.Rows-Auflistung hinzugefügt.

Neben dem Zeilenzustand verwaltet jede Zeile auch verschiedene Versionen, sofern Änderungen vorgenommen wurden. Der Zugriff auf diese verschiedenen Versionen erfolgt wie der normale Zugriff mit einem bestimmten Spaltenindex, allerdings unter Angabe eines Werts aus der DataRowVersion-Enumeration als zusätzliches Argument. So können Sie zum Beispiel den aktuellen Wert und den Originalwert einer Spalte von einer bestimmten Zeile abrufen, bevor Sie AcceptChanges aufrufen.

Übernehmen oder Verwerfen von Änderungen an einem *DataTable*-Objekt

Wenn alle Änderungen, die an einer Zeile erfolgt sind, als gültig eingestuft werden, können Sie die Änderungen durch den Aufruf von DataRow.AcceptChanges übernehmen. Durch den Aufruf der Methode AcceptChanges wird der Zeilenzustand der Zeile auf Unchanged geändert, und alle aktuellen Werte werden als Originalwerte eingestuft. AcceptChanges können Sie für eine Zeile aufrufen, für eine Tabelle oder für ein ganzes DataSet. Wenn Sie sich dazu entschließen, die Änderungen zu verwerfen, statt sie zu übernehmen, rufen Sie die Methode RejectChanges des DataRow-, DataTable- oder DataSet-Objekts auf.

DataTable-Ereignisse

DataTable-Objekte bieten verschiedene Ereignisse, die ausgelöst werden, wenn Änderungen an den Tabellendaten erfolgen. Tabelle 7.4 beschreibt die wichtigsten Ereignisse, die bei der Arbeit mit DataTable-Objekten zur Verfügung stehen.

Tabelle 7.4 DataTable-Ereignisse

Ereignis	Beschreibung
ColumnChanged	Tritt ein, wenn ein Wert in eine Spalte eingefügt wurde.
ColumnChanging	Tritt ein, wenn sich der Wert einer Spalte ändert.
RowChanged	Tritt ein, wenn eine Zeile der Tabelle geändert wurde.
RowChanging	Tritt ein, wenn sich eine Zeile der Tabelle ändert.
RowDeleted	Tritt ein, nachdem eine Zeile als gelöscht gekennzeichnet wurde.
RowDeleting	Tritt ein, wenn eine Zeile als gelöscht gekennzeichnet wird.

RowError-Eigenschaft

Wenn bei der Bearbeitung von `DataRow`-Objekten Fehler auftreten, wird ein Wert zur Eigenschaft `RowError` hinzugefügt. Die `RowError`-Eigenschaft ist eine Zeichenfolge, die gewöhnlich eine Fehlermeldung mit einer Beschreibung des Fehlers enthält. Aber sie kann eine beliebige Zeichenfolge aufnehmen und nach Bedarf in der Anwendung eingesetzt werden. Wenn der Eigenschaft `DataRow.RowError` ein Wert zugewiesen wird, wird die Eigenschaft `DataTable.HasErrors` automatisch auf `True` gestellt und weist darauf hin, dass ein Fehler in der Tabelle vorliegt. Wenn feststeht, dass Fehler vorliegen, können Sie mit der Methode `DataTable.GetErrors` ein Array mit `DataRow`-Objekten abrufen, das alle fehlerhaften Zeilen enthält. Genauer gesagt, das Array enthält alle Zeilen, deren `RowError`-Wert von null (nichts, oder eine leere Zeichenfolge) abweicht.

Um die Fehlerkennzeichnung aufzuheben, tragen Sie in der Eigenschaft `DataRow.RowError` eine leere Zeichenfolge ein.

Schnelltest

1. Wie fügen Sie Daten zu einem `DataTable`-Objekt hinzu?
2. Wie übernehmen Sie die Änderungen, die an den Daten eines `DataTable`-Objekts vorgenommen wurden?

Antworten zum Schnelltest

1. Sie erstellen ein neues `DataRow`-Objekt und fügen es zur Auflistung `DataTable.Rows` hinzu.
2. Durch den Aufruf der Methode `AcceptChanges` des `DataRow`-, `DataTable`- oder `DataSet`-Objekts.

Übung: Arbeiten mit Daten in einem *DataTable*-Objekt

In dieser Übung bearbeiten Sie Daten, die in einem `DataTable`-Objekt enthalten sind.

► Übung 1: Arbeiten mit *DataTable*-Objekten

Im Verlauf dieser Übung entsteht ein Beispielprogramm, das demonstriert, wie Daten zu einer Tabelle hinzugefügt, die Zeilen einer Tabelle gelöscht, vorhandene Werte in einer Zeile bearbeitet und Zeilenzustände sowie Zeilenversionen angezeigt werden. Nach der Änderung einiger Daten wird auch die Verwendung der Methoden `AcceptChanges` und `RejectChanges` vorgeführt.

1. Erstellen Sie eine Windows-Anwendung und nennen Sie die Anwendung **WorkingWithDataTables**.
2. Fügen Sie ein *DataGridView* zum Formular hinzu und ändern Sie dessen *Name*-Eigenschaft auf **CustomersDataGridView**.
3. Fügen Sie eine Schaltfläche zum Formular hinzu und legen Sie folgende Eigenschaften fest:
   - *Name* = **FillTableButton**
   - *Text* = **Fülle Tabelle**
4. Ziehen Sie einen *SqlDataAdapter* von der Toolbox auf das Formular, um den Datenadapter-Konfigurations-Assistenten zu starten.

Hinweis ***SqlDataAdapter*** **in der Toolbox**

Wenn sich das *SqlDataAdapter*-Objekt nicht in der Toolbox befindet, klicken Sie den *Daten*-Abschnitt der Toolbox mit der rechten Maustaste an, wählen *Elemente auswählen* und wählen auf der Registerkarte *.NET Framework-Komponenten* das Element *SqlDataAdapter* aus. Klicken Sie dann auf *OK*.

5. Wählen oder erstellen Sie eine Verbindung zur *Northwind*-Datenbank und klicken Sie auf *Weiter*.
6. Übernehmen Sie die vorgegebene Auswahl der Option *SQL-Anweisungen verwenden* und klicken Sie auf *Weiter*.
7. Geben Sie auf der Seite *SQL-Anweisungen generieren* **SELECT * FROM Customers** ein und klicken Sie auf *Fertig stellen*.

   Der Adapter und das dazugehörige Verbindungsobjekt werden zum Formular hinzugefügt und erscheinen im Komponentenfach.
8. Klicken Sie *SqlDataAdapter1* im Komponentenfach mit der rechten Maustaste an und wählen Sie *Dataset generieren*.
9. Ersetzen Sie im Dialogfeld *DataSet generieren* die Vorgabe *DataSet1* durch **NorthwindDataSet** und klicken Sie auf *OK*. Eine Instanz von `NorthwindDataSet` wird zum Formular hinzugefügt und erscheint im Komponentenfach.

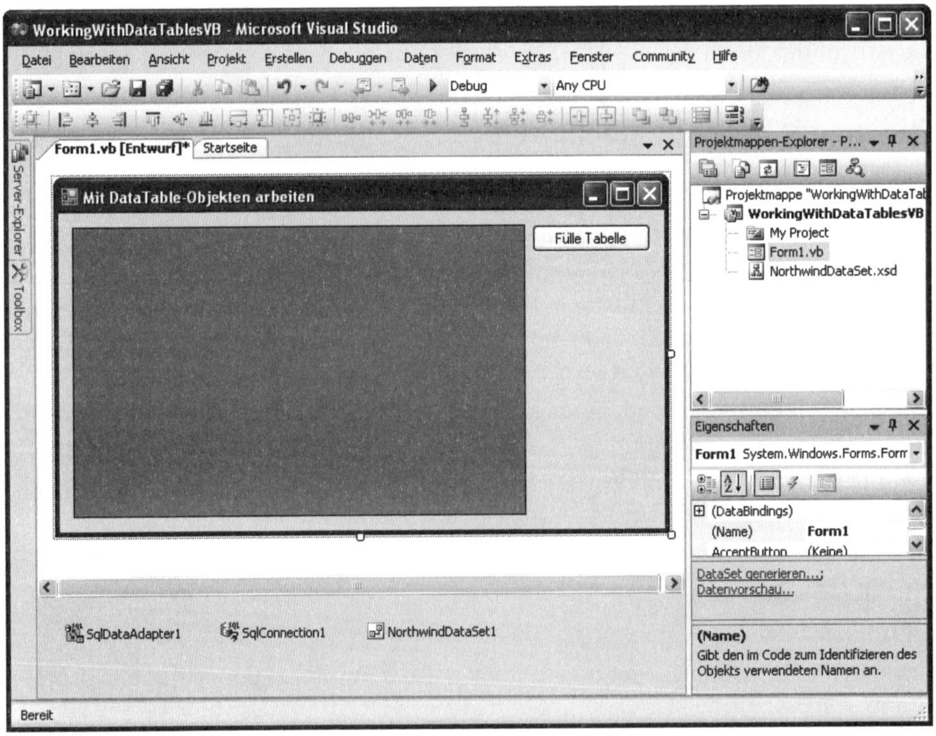

Abbildung 7.11 *Form1* in der IDE von Visual Studio nach der Konfiguration eines Datenadapters und dem Erstellen eines `DataSets`

10. Fügen Sie eine `Imports`-Anweisung (`using` in C#) für den Namespace `System.Data.SqlClient` ein.
11. Erstellen Sie einen `Form.Load`-Ereignishandler und fügen Sie den folgenden Code in den Ereignishandler `Form1_Load` ein:

```
' VB
CustomersDataGridView.DataSource = NorthwindDataset1.Customers
' Für dieses Beispiel sperren wir die Möglichkeit, eine Zelle direkt zu bearbeiten.
CustomersDataGridView.MultiSelect = False
CustomersDataGridView.SelectionMode = DataGridViewSelectionMode.CellSelect
CustomersDataGridView.EditMode = DataGridViewEditMode.EditProgrammatically

// C#
CustomersDataGridView.DataSource = northwindDataset1.Customers;
// Für dieses Beispiel sperren wir die Möglichkeit, eine Zelle direkt zu bearbeiten.
CustomersDataGridView.MultiSelect = false;
CustomersDataGridView.SelectionMode = DataGridViewSelectionMode.CellSelect;
CustomersDataGridView.EditMode = DataGridViewEditMode.EditProgrammatically;
```

12. Erstellen Sie einen `Button.Click`-Ereignishandler für die Schaltfläche `FillTableButton` und fügen Sie folgenden Code ein:

```
' VB
SqlDataAdapter1.Fill(NorthwindDataset1.Customers)
// C#
sqlDataAdapter1.Fill(northwindDataset1.Customers);
```

13. Fügen Sie eine Schaltfläche zum Formular hinzu und legen Sie folgende Eigenschaften fest:
    - *Name* = **AddRowButton**
    - *Text* = **Füge Zeile hinzu**
14. Erstellen Sie einen `Button.Click`-Ereignishandler für die Schaltfläche `AddRowButton` und fügen Sie folgenden Code hinzu:

```
' VB
' Erstelle eine neue Instanz einer Customers-Zeile.
Dim NewRow As NorthwindDataset.CustomersRow = _
    CType(NorthwindDataset1.Customers.NewRow, NorthwindDataset.CustomersRow)
' Lege die Werte für die einzelnen Spalten der Zeile fest.
With NewRow
    .CustomerID = "WINGT"
    .CompanyName = "Wingtip Toys"
    .ContactName = "Steve Lasker"
    .ContactTitle = "CEO"
    .Address = "1234 Main Street"
    .City = "Buffalo"
    ._Region = "NY"
    .PostalCode = "98052"
    .Country = "USA"
    .Phone = "206-555-0111"
    .Fax = "206-555-0112"
End With
```

```
' Füge die neue Zeile zur Rows-Auflistung der Tabelle Customers hinzu.
Try
    NorthwindDataset1.Customers.Rows.Add(NewRow)
Catch ex As Exception
    MessageBox.Show(ex.Message, "Das Hinzufügen der Zeile ist fehlgeschlagen")
End Try

// C#
// Erstelle eine neue Instanz einer Customers-Zeile.
NorthwindDataSet.CustomersRow NewRow =
    (NorthwindDataSet.CustomersRow)northwindDataSet1.Customers.NewRow();

// Lege die Werte für die einzelnen Spalten der Zeile fest.
NewRow.CustomerID = "WINGT";
NewRow.CompanyName = "Wingtip Toys";
NewRow.ContactName = "Steve Lasker";
NewRow.ContactTitle = "CEO";
NewRow.Address = "1234 Main Street";
NewRow.City = "Buffalo";
NewRow.Region = "NY";
NewRow.PostalCode = "98052";
NewRow.Country = "USA";
NewRow.Phone = "206-555-0111";
NewRow.Fax = "206-555-0112";

// Füge die neue Zeile zur Rows-Auflistung der Tabelle Customers hinzu.
try
{
    northwindDataSet1.Customers.Rows.Add(NewRow);
}
catch (Exception ex)
{
    MessageBox.Show(ex.Message, "Das Hinzufügen der Zeile ist fehlgeschlagen");}
```

15. Fügen Sie folgenden Code in die Formularklasse ein. Die Funktion gibt die in der Tabelle ausgewählte Zeile zurück:

```
' VB
Private Function GetSelectedRow() As NorthwindDataset.CustomersRow
    ' Beschaffe die ausgewählte Zeile.
    Dim SelectedCustomerID As String = _
        CustomersDataGridView.CurrentRow.Cells("CustomerID").Value.ToString
    ' Verwende SelectedCustomerID zum Abrufen der gewählten Zeile.
    Dim SelectedRow As NorthwindDataset.CustomersRow = _
        NorthwindDataset1.Customers.FindByCustomerID(SelectedCustomerID)

    Return SelectedRow
End Function
```

```
// C#
private NorthwindDataSet.CustomersRow GetSelectedRow()
{
    // Beschaffe die ausgewählte Zeile.
    String SelectedCustomerID =
        CustomersDataGridView.CurrentRow.Cells["CustomerID"].Value.ToString();
    // Verwende SelectedCustomerID zum Abrufen der gewählten Zeile.
    NorthwindDataSet.CustomersRow SelectedRow =
        northwindDataSet1.Customers.FindByCustomerID(SelectedCustomerID);

    return SelectedRow;
}
```

16. Fügen Sie eine Schaltfläche zum Formular hinzu und legen Sie folgende Eigenschaften fest:
    - *Name* = **DeleteRowButton**
    - *Text* = **Lösche Zeile**
17. Erstellen Sie einen `Button.Click`-Ereignishandler für die Schaltfläche `DeleteRowButton` und fügen Sie folgenden Code hinzu:

```
' VB
' Rufe die Delete-Methode der ausgewählten Zeile auf, um die Zeile
' in der DataTable als gelöscht zu kennzeichnen.
GetSelectedRow.Delete()

// C#
// Rufe die Delete-Methode der ausgewählten Zeile auf, um die Zeile
// in der DataTable als gelöscht zu kennzeichnen.
GetSelectedRow().Delete();
```

18. Fügen Sie drei Schaltflächen zum Formular hinzu und legen Sie folgende Eigenschaften fest:
    - *Name* = **UpdateValueButton**
    - *Text* = **Aktualisiere Wert**
    - *Name* = **AcceptChangesButton**
    - *Text* = **Änderungen übernehmen**
    - *Name* = **RejectChangesButton**
    - *Text* = **Änderungen verwerfen**
19. Fügen Sie über der Schaltfläche `UpdateValueButton` ein `TextBox`-Steuerelement ein und legen Sie für dessen `Name`-Eigenschaft **CellValueTextBox** fest.
20. Fügen Sie drei weitere `TextBox`-Steuerelemente ein und legen Sie deren `Name`-Eigenschaften folgendermaßen fest:
    - **OriginalDRVTextBox**
    - **CurrentDRVTextBox**
    - **RowStateTextBox**

    Das Formular sollte nun so ähnlich wie in Abbildung 7.12 aussehen.

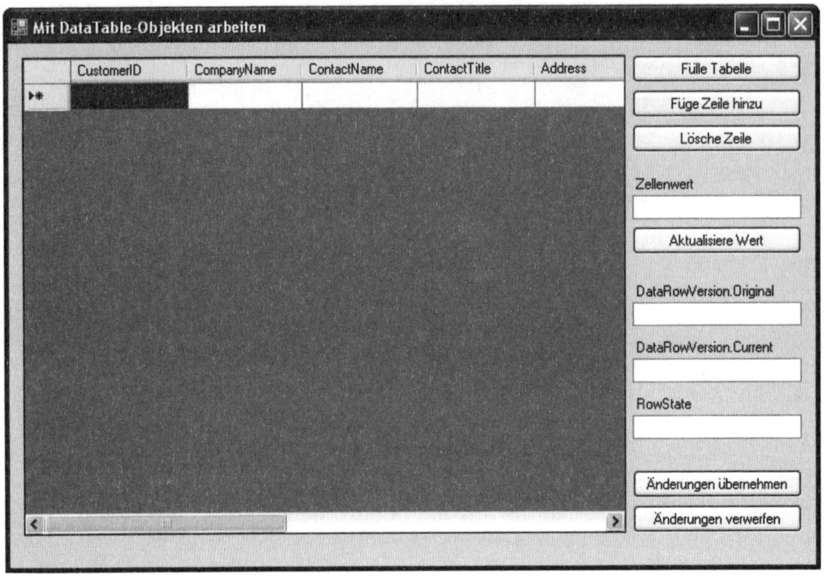

Abbildung 7.12 Das Formular

21. Fügen Sie folgenden Code zur Formularklasse hinzu. Er aktualisiert die Textfelder mit den Zeilenversionen und dem Zeilenzustand:

```
' VB
Private Sub UpdateRowVersionDisplay()
    ' Zeige die Originalversion und die aktuelle Version der ausgewählten Zelle an.
    Try
        CurrentDRVTextBox.Text = GetSelectedRow.Item _
            (CustomersDataGridView.CurrentCell.OwningColumn.Name, _
             DataRowVersion.Current).ToString
    Catch ex As Exception
        CurrentDRVTextBox.Text = ex.Message
    End Try

    Try
        OriginalDRVTextBox.Text = GetSelectedRow.Item _
            (CustomersDataGridView.CurrentCell.OwningColumn.Name, _
             DataRowVersion.Original).ToString
    Catch ex As Exception
        OriginalDRVTextBox.Text = ex.Message
    End Try

    ' Zeige den Zustand der ausgewählten Zeile an.
    RowStateTextBox.Text = GetSelectedRow.RowState.ToString
End Sub
```

```
// C#
private void UpdateRowVersionDisplay()
{
    // Zeige die Originalversion und die aktuelle Version der ausgewählten Zelle an.
    try
    {
        CurrentDRVTextBox.Text = GetSelectedRow()
            [CustomersDataGridView.CurrentCell.OwningColumn.Name,
             DataRowVersion.Current].ToString();
    }
    catch (Exception ex)
    {
        CurrentDRVTextBox.Text = ex.Message;
    }

    try
    {
        OriginalDRVTextBox.Text = GetSelectedRow()
             [CustomersDataGridView.CurrentCell.OwningColumn.Name,
              DataRowVersion.Original].ToString();
    }
    catch (Exception ex)
    {
        OriginalDRVTextBox.Text = ex.Message;
    }

    // Zeige den Zustand der ausgewählten Zeile an.
    RowStateTextBox.Text = GetSelectedRow().RowState.ToString();
}
```

22. Erstellen Sie einen Ereignishandler für das Ereignis `UpdateValueButton.Click` und fügen Sie folgende Code hinzu:

```
' VB
GetSelectedRow(CustomersDataGridView.CurrentCell.OwningColumn.Name) = CellValueTextBox.Text
UpdateRowVersionDisplay()

// C#
GetSelectedRow()[CustomersDataGridView.CurrentCell.OwningColumn.Name] =
    CellValueTextBox.Text;
UpdateRowVersionDisplay();
```

23. Erstellen Sie einen Ereignishandler für das Ereignis `CustomersDataGridView.CellClick` und fügen Sie folgenden Code hinzu:

```
' VB
' Versorge CellValueTextBox mit dem Wert der ausgewählten Zelle.
CellValueTextBox.Text = CustomersDataGridView.CurrentCell.Value.ToString
' Aktualisiere die anderen Textfelder.
UpdateRowVersionDisplay()
```

```
// C#
// Versorge CellValueTextBox mit dem Wert der ausgewählten Zelle.
CellValueTextBox.Text = CustomersDataGridView.CurrentCell.Value.ToString();
// Aktualisiere die anderen Textfelder.
UpdateRowVersionDisplay();
```

24. Erstellen Sie einen Ereignishandler für das Ereignis `AcceptChangesButton.Click` und fügen Sie folgenden Code hinzu:

```
' VB
GetSelectedRow().AcceptChanges()
UpdateRowVersionDisplay()

// C#
GetSelectedRow().AcceptChanges();
UpdateRowVersionDisplay();
```

25. Erstellen Sie einen Ereignishandler für die Schaltfläche `RejectChangesButton` und fügen Sie folgenden Code hinzu:

```
' VB
GetSelectedRow().RejectChanges()
UpdateRowVersionDisplay()

// C#
GetSelectedRow().RejectChanges();
UpdateRowVersionDisplay();
```

26. Starten Sie die Anwendung und klicken Sie auf die Schaltfläche *Fülle Tabelle*.
27. Klicken Sie in verschiedene Zellen der Tabelle und überprüfen Sie, ob der aktuelle Wert jeweils mit dem Originalwert übereinstimmt und der Zeilenzustand *Unchanged* ist.
28. Klicken Sie nun in die Zelle, in der *Maria Anders* steht (in der ersten Zeile), und geben Sie im Textfeld `CellValueTextBox` **Maria Anders geändert** ein.
29. Klicken Sie auf die Schaltfläche *Aktualisiere Wert* und überprüfen Sie, ob der Wert in der Tabelle aktualisiert wird. Die Textfelder für den aktuellen Wert und den Originalwert müssen nun die verschiedenen Versionen der Zelle anzeigen, und der Zeilenzustand hat sich auf *Modified* geändert.
30. Klicken Sie nun auf die Schaltfläche *Füge Zeile hinzu*.
31. Wechseln Sie in den neuen Datensatz (*WINGT*) am unteren Ende der Tabelle und wählen Sie eine der Zellen des neuen Satzes aus.

    Beachten Sie bitte den Zeilenzustand *Added*, aus dem hervorgeht, dass es sich um eine neue Zeile handelt. Das Textfeld für die Originaldaten gibt an, dass keine Originaldaten vorliegen. Auch dafür ist der Grund, dass es sich um eine neue Zeile handelt.

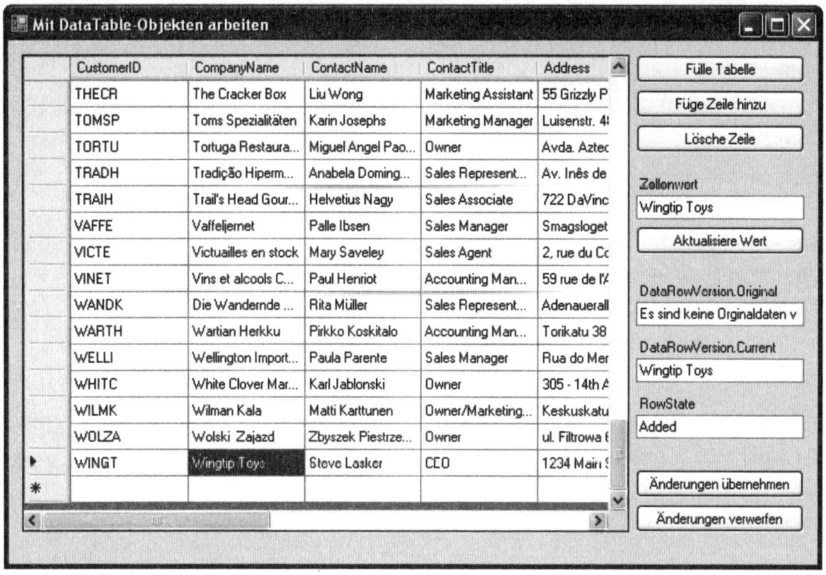

Abbildung 7.13 Das Formular nach einem Klick auf die Schaltfläche *Füge Zeile hinzu*

32. Suchen Sie wieder die Zeile mit *Maria Anders geändert* heraus und wählen Sie die betreffende Zelle aus.
33. Klicken Sie auf die Schaltfläche *Änderungen verwerfen* und überprüfen Sie die Werte für die Zeilenversionen und den Zeilenzustand.
34. Suchen Sie wieder den *WINGT*-Datensatz heraus und wählen Sie eine Zelle.
35. Klicken Sie auf die Schaltfläche *Änderungen übernehmen* und überprüfen Sie die Werte für die Zeilenversionen und den Zeilenzustand.

Zusammenfassung der Lektion

- Sie fügen Daten zu einem `DataTable`-Objekt hinzu, indem Sie ein neues `DataRow`-Objekt erstellen und zur Auflistung `DataTable.Rows` hinzufügen.
- Sie verändern Daten in einem `DataTable`-Objekt, indem Sie die Werte der einzelnen `DataColumn`-Objekte in einem `DataRow`-Objekt verändern.
- Sie löschen Zeilen aus einem `DataTable`-Objekt, indem Sie die `Delete`-Methode eines `DataRow`-Objekts aufrufen.
- Mit den Enumerationen `RowState` und `DataRowVersion` können Sie Änderungen an `DataRow`-Objekten überwachen und nachverfolgen.
- `DataTable`-Ereignisse treten auf, wenn Daten in bestimmten `DataColumn`-Objekten oder ganzen `DataRow`-Objekten geändert werden.
- Wenn Sie eine Zeile als fehlerhaft kennzeichnen möchten, legen Sie einen Wert für die Eigenschaft `RowError` eines `DataRow`-Objekts fest.

Lernzielkontrolle

Die folgenden Fragen dienen dazu, die wichtigsten Lerninhalte dieser Lektion zu vertiefen. Die Fragen sind (in englischer Sprache) auch auf der Begleit-CD zu finden, falls Sie die elektronische Form der Fragen vorziehen.

Hinweis Die Antworten

Die Antworten auf die Fragen und Erläuterungen, warum die entsprechende Antwort richtig oder falsch ist, finden Sie im Abschnitt „Antworten" am Ende des Buchs.

1. Was tun Sie, um eine neue Zeile zu einem `DataTable`-Objekt hinzuzufügen:
   A. Sie erstellen eine `DataRow`-Instanz und rufen die `Update`-Methode des Datenadapters auf.
   B. Sie erstellen eine `DataRow`-Instanz (oder eine Instanz eines typisierten Zeilenobjekts) und fügen sie zur `Rows`-Auflistung des `DataTable`-Objekts hinzu.
   C. Sie rufen die Methode `DataTable.NewRow` auf.
   D. Sie erstellen eine `DataRow`-Instanz.
2. Wie greifen Sie auf den Originalwert der Spalte *CustomerId* zu?
   A. `OriginalValue = DataRow("CustomerID").DataRowVersion.Original`
   B. `OriginalValue = DataColumn("CustomerID").Original`
   C. `OriginalValue = DataRow("CustomerID", DataRowVersion.Original)`
   D. `OriginalValue = DataRow("CustomerID")`
3. Welches `DataTable`-Ereignis würden Sie verwenden, um einen neuen Wert für eine Spalte zu überprüfen? (Wählen Sie alle zutreffenden Antworten aus.)
   A. `ColumnChanged`
   B. `ColumnChanging`
   C. `RowChanged`
   D. `RowChanging`

Lektion 5: Arbeiten mit XML in *DataSet*-Objekten

Diese Lektion beschreibt, wie man `DataSet`-Objekte mit Daten verwendet, die als XML vorliegen. `DataSet`-Objekte können ihre Daten aus einem XML-Dokument oder einem XML-Stream erhalten, und sie können ihre Schemainformationen einlesen oder schreiben. `DataSet`-Objekte verfügen über mehrere Methoden für die Arbeit mit XML-Daten, die in den nächsten Beispielen näher beschrieben werden.

Am Ende dieser Lektion werden Sie in der Lage sein, die folgenden Aufgaben auszuführen:

- Darstellen der Daten eines `DataSets` mit XML
  - Laden eines `DataSets` aus einem XML-Stream oder XML-Dokument
  - Schreiben der `DataSet`-Daten als XML
  - Laden des `DataSet`-Schemas aus einem XML-Stream oder XML-Dokument
  - Schreiben des `DataSet`-Schemas als XML-Schema (XSD)
  - Synchronisieren eines `DataSets` mit einem `XmlDataDocument`
  - Durchführen einer `XPath`-Abfrage auf einem `DataSet`
  - Anwenden einer XSLT-Transformation auf ein `DataSet`
  - Erstellen geschachtelter `DataRelation`-Objekte in einem `DataSet` zur Darstellung von XML-Daten
  - Generieren von relationalen `DataSet`-Strukturen aus einem XML-Schema (XSD)
  - Umsetzungen von Beschränkungen des XML-Schemas (XSD) auf `DataSet`-Beschränkungen
  - Ableiten von `DataSet`-Strukturen aus einem XML-Stream oder XML-Dokument

Veranschlagte Zeit für diese Lektion: 60 Minuten

Schreiben der *DataSet*-Daten als XML

Um die Daten eines `DataSets` im XML-Format zu schreiben, rufen Sie die Methode `WriteXml` des `DataSet`-Objekts auf. Sie können die XML-Daten direkt in einer Datei speichern oder sie in einen Stream schreiben. Rufen Sie die Methode `WriteXml` eines `DataSet`-Objekts auf, wenn Sie den Inhalt aller Tabellen des `DataSets` als XML speichern möchten, oder die `WriteXml`-Methode einer einzelnen `DataTable`, wenn Sie nur die Daten der betreffenden Tabelle schreiben möchten.

Der folgende Beispielcode speichert die Daten von `NorthwindDataSet` in einer Datei namens *Northwind.xml*.

```
' VB
NorthwindDataset.WriteXml("Northwind.xml")

// C#
NorthwindDataset.WriteXml("Northwind.xml");
```

Schreiben des *DataSet*-Schemas als XML-Schema

Zur Speicherung des Schemas eines `DataSet`-Objekts verwenden Sie die `DataSet`-Methode `WriteXml-Schema`. Sie können das XML-Schema direkt in eine Datei oder in einen Stream schreiben. Rufen Sie die Methode `WriteXmSchema` eines `DataSet`-Objekts auf, wenn Sie das Schema des gesamten `DataSets` speichern möchten, oder die Methode `WriteXmlSchema` eines einzelnen `DataTable`-Objekts, wenn Sie nur das Schema der betreffenden Tabelle speichern möchten.

Der folgende Beispielcode speichert das Schema des `NorthwindDataSet`-Objekts in einer Datei namens *Northwind.xsd*.

```
' VB
NorthwindDataset.WriteXmlSchema("Northwind.xsd")

// C#
NorthwindDataset.WriteXmlSchema("Northwind.xsd");
```

Laden eines *DataSets* aus einem XML-Stream oder einem XML-Dokument

Um XML-Daten in ein `DataSet` zu laden, verwenden Sie die `DataSet`-Methode `ReadXml`. Sie können die XML-Daten direkt aus einer Datei oder aus einem Stream lesen. Rufen Sie die Methode `ReadXml` eines `DataSet`-Objekts auf, wenn Sie die Daten des gesamten `DataSets` einlesen möchten, oder rufen Sie die `ReadXml`-Methode eines einzelnen `DataTable`-Objekts auf, wenn Sie nur die Daten dieser Tabelle einlesen möchten.

Der folgende Beispielcode lädt die Daten des `NorthwindDataSet`-Objekts aus einer Datei namens *Northwind.xml*.

```
' VB
NorthwindDataset.ReadXml("Northwind.xml")

// C#
NorthwindDataset.ReadXml("Northwind.xml");
```

Laden eines *DataSet*-Schemas aus einem XML-Stream oder einem XML-Dokument

Um ein Datenbankschema in ein `DataSet`-Objekt zu laden, verwenden Sie die Methode `ReadXmlSchema` des `DataSet`-Objekts. Laden Sie das XML-Schema direkt aus einer *.xsd*-Datei oder von einem Stream. Rufen Sie die `ReadXmlSchema`-Methode eines `DataSet`-Objekts auf, um die Daten des gesamten `DataSets` zu laden, oder die Methode `ReadXmlSchema` eines bestimmten `DataTable`-Objekts, wenn Sie nur das Schema dieser Tabelle laden möchten. Der folgende Beispielcode liest das Schema des `NorthwindDataSet`-Objekts aus der Datei *Northwind.xsd* ein.

```
' VB
NorthwindDataset.ReadXmlSchema("Northwind.xsd")

// C#
NorthwindDataset.ReadXmlSchema("Northwind.xsd");
```

Synchronisieren eines *DataSets* mit einem *XmlDataDocument*

Wenn Sie mit XML-Daten und `DataSet`-Objekten arbeiten, werden Sie nicht nur die `DataSet`-Klassen, sondern auch die XML-Klassen verwenden, die in .NET Framework verfügbar sind. Wenn Sie Ihr `DataSet` und das `XmlDataDocument` synchronisieren, haben Sie die Wahl, die Daten mit der Methode zu bearbeiten, die Sie bevorzugen.

Der folgende Beispielcode zeigt, wie man ein neues `XmlDataDocument` erstellt und mit dem `Northwind-DataSet` synchronisiert.

```
' VB
Dim NwDataDocument As New XmlDataDocument(NorthwindDataset)

// C#
XmlDataDocument NwDataDocument = new XmlDataDocument(NorthwindDataset);
```

Durchführen einer *XPath*-Abfrage auf einem *DataSet*

Nach der Synchronisation eines `DataSets` mit einem `XmlDataDocument` können Sie mit den Daten aus dem `DataSet` XPath-Abfragen durchführen. Übergeben Sie eine XPath-Abfrage an die Methode `XmlDataDocument.DocumentElement.SelectNodes`. Die Methode `SelectNodes` gibt die Daten als Auflistung von `XmlNode`-Objekten zurück.

Der folgende Beispielcode zeigt, wie man eine XPath-Abfrage durchführt und die Ergebnisse durchgeht:

```
' VB
Dim row As DataRow
Dim NwDataDocument As New Xml.XmlDataDocument(NorthwindDataset)
Dim CustomerNodes As Xml.XmlNodeList = NwDataDocument.DocumentElement.SelectNodes("*")
For Each xmlNode As Xml.XmlNode In CustomerNodes
    row = NwDataDocument.GetRowFromElement(CType(xmlNode, Xml.XmlElement))
    If row IsNot Nothing Then
        ' Der Datenzugriff erfolgt zum Beispiel über den Zeilenindex:
        MessageBox.Show(row(1).ToString())
    End If
Next

// C#
DataRow row;
Xml.XmlDataDocument NwDataDocument = new Xml.XmlDataDocument(NorthwindDataset)
Xml.XmlNodeList CustomerNodes = NwDataDocument.DocumentElement.SelectNodes("*");
foreach (Xml.XmlNode xmlNode In CustomerNodes)
{
    row = NwDataDocument.GetRowFromElement(Xml.XmlElement)xmlNode;
    if (row != null)
    {
        // Der Datenzugriff erfolgt zum Beispiel über den Zeilenindex:
        MessageBox.Show(row[1].ToString());
    }
}
```

Übung: Arbeiten mit XML in *DataSets*

In dieser Übung laden Sie ein `DataSet` mit XML-Daten und speichern die Daten wieder als XML ab.

► Übung 1: Speichern eines *DataSet*-Objekts als XML

Dieses Beispiel speichert die Daten, die in einem `DataSet`-Objekt enthalten sind, im XML-Format in einer Datei namens *Northwind.xml* ab.

1. Erstellen Sie eine Windows-Anwendung und nennen Sie die Anwendung **SavingDataSetsAsXml**.
2. Ziehen Sie einen *SqlDataAdapter* auf das Formular, um den Datenadapter-Konfigurations-Assistenten zu starten.
3. Wählen (oder erstellen) Sie eine Verbindung zur *Northwind*-Beispieldatenbank.
4. Übernehmen Sie auf der Seite *Wählen Sie einen Befehlstyp aus* die vorgewählte Option *SQL-Anweisungen verwenden* und klicken Sie auf *Weiter*.
5. Geben Sie auf der Seite *SQL-Anweisungen generieren* die Anweisung **SELECT * FROM Customers** ein. Klicken Sie dann auf *Fertig stellen*.
6. Ändern Sie den Namen von `SqlDataAdapter1` in **CustomersAdapter**.
7. Ziehen Sie einen zweiten *SqlDataAdapter* auf das Formular. Der Datenadapter-Konfigurations-Assistent wird erneut gestartet.
8. Übernehmen Sie auf der Seite *Wählen Sie einen Befehlstyp aus* die vorgewählte Option *SQL-Anweisungen verwenden* und klicken Sie auf *Weiter*.
9. Geben Sie auf der Seite *SQL-Anweisungen generieren* die Anweisung **SELECT * FROM Orders** ein. Klicken Sie dann auf *Fertig stellen*.
10. Ändern Sie den Namen von `SqlDataAdapter1` in **OrdersAdapter**.
11. Klicken Sie den *CustomersAdapter* im Komponentenfach mit der rechten Maustaste an und wählen Sie *Dataset generieren*.
12. Nennen Sie das neue `DataSet` **NorthwindDataSet** (ersetzen Sie *DataSet1*). Markieren Sie beide Tabelle *Customers* und *Orders* und klicken Sie auf *OK*.
13. Ziehen Sie ein *DataGridView* auf das Formular und legen Sie für seine `Name`-Eigenschaft **CustomersGrid** fest.
14. Ziehen Sie eine Schaltfläche auf das Formular und legen Sie folgende Eigenschaften fest:
    - *Name* = **FillDataSetButton**
    - *Text* = **Fülle DataSet**
15. Ziehen Sie eine zweite Schaltfläche auf das Formular und legen Sie folgende Eigenschaften fest:
    - *Name* = **SaveXmlDataButton**
    - *Text* = **Speichere XML-Daten**
16. Ziehen Sie eine dritte Schaltfläche auf das Formular und legen Sie folgende Eigenschaften fest:
    - *Name* = **SaveXmlSchemaButton**
    - *Text* = **Speichere XML-Schema**

17. Klicken Sie die Schaltfläche *Fülle DataSet* mit einem Doppelklick an, um den `Button.Click`-Ereignishandler zu erstellen.

18. Fügen Sie den folgenden Code in den Ereignishandler `FillDataSetButton_Click` ein:

```
' VB
' Fülle die Tabellen Customers und Orders.
CustomersAdapter.Fill(NorthwindDataSet1.Customers)
OrdersAdapter.Fill(NorthwindDataSet1.Orders)

' Binde CustomersGrid an die Tabelle Customers.
CustomersGrid.DataSource = NorthwindDataSet1.Customers

// C#
// Fülle die Tabellen Customers und Orders.
CustomersAdapter.Fill(northwindDataSet1.Customers);
OrdersAdapter.Fill(northwindDataSet1.Orders);

// Binde CustomersGrid an die Tabelle Customers.
CustomersGrid.DataSource = northwindDataSet1.Customers;
```

19. Klicken Sie die Schaltfläche *Speichere XML*-Daten mit einem Doppelklick an, um den `Button.Click`-Ereignishandler zu erstellen.

20. Fügen Sie folgenden Code in den Ereignishandler `SaveXmlDataButton_Click` ein:

```
' VB
Try
    NorthwindDataset1.WriteXml("C:\DataSources\Northwind.xml")
    MessageBox.Show("Die Daten wurden in der Datei Northwind.xml gespeichert.")
Catch ex As Exception
    MessageBox.Show(ex.Message)
End Try

// C#
try
{
    northwindDataSet1.WriteXml(@"C:\DataSources\Northwind.xml");
    MessageBox.Show("Die Daten wurden in der Datei Northwind.xml gespeichert.");
}
catch (Exception ex)
{
    MessageBox.Show(ex.Message);
}
```

21. Klicken Sie die Schaltfläche *Speichere XML-Schema* mit einem Doppelklick an, um den `Button.Click`-Ereignishandler zu erstellen.

22. Fügen Sie folgenden Code in den Ereignishandler `SaveXmlSchemaButton_Click` ein:

```
' VB
Try
    NorthwindDataset1.WriteXmlSchema("C:\DataSources\Northwind.xsd")
    MessageBox.Show("Das Schema wurde in der Datei Northwind.xsd gespeichert.")
```

```
Catch ex As Exception
    MessageBox.Show(ex.Message)
End Try

// C#
try
{
    northwindDataSet1.WriteXmlSchema(@"C:\DataSources\Northwind.xsd");
    MessageBox.Show("Das Schema wurde in der Datei Northwind.xsd gespeichert.");
}
catch (Exception ex)
{
    MessageBox.Show(ex.Message);
}
```

23. Starten Sie die Anwendung und klicken Sie auf die Schaltfläche *Fülle DataSet*.

    Das `NorthwindDataSet` wird mit Daten gefüllt, und die Tabelle *Customers* wird im Formular angezeigt.

24. Klicken Sie auf die Schaltfläche *Speichere XML-Daten*.

    Die Datei *Northwind.xml* wird im Verzeichnis *C:\DataSources* gespeichert.

25. Klicken Sie auf die Schaltfläche *Speichere XML-Schema*.

    Die Datei *Northwind.xsd* wird im Verzeichnis *C:\DataSources* gespeichert.

26. Wechseln Sie ins Verzeichnis *C:\DataSources* und öffnen Sie die Dateien *Northwind.xml* und *Northwind.xsd*. Überprüfen Sie, ob die Dateien die Daten und das Schema enthalten.

Die Dateien *Northwind.xml* und *Northwind.xsd* werden für die nächste Übung gebraucht.

► Übung 2: Laden von DataSet-Objekten mit XML-Daten

In diesem Beispiel erstellen Sie ein nicht typisiertes `DataSet` und lesen seine Schemadefinition aus der Datei *Northwind.xsd* ein. Nach dem Laden des Schemas laden Sie das `DataSet` mit den Daten aus der Datei *Northwind.xml* und zeigen in einem Formular zwei Tabellen an. Diese Übung setzt voraus, dass die Dateien *Northwind.xml* und *Northwind.xsd* aus der vorigen Übung im Verzeichnis *C:\DataSources* verfügbar sind.

1. Erstellen Sie eine Windows-Anwendung und nennen Sie die Anwendung **LoadDataSetsWithXml**.
2. Fügen Sie ein `DataGridView`-Steuerelement zum Formular hinzu und nennen Sie es **CustomersGrid**.
3. Ziehen Sie ein weiteres `DataGridView`-Steuerelement auf das Formular und nennen Sie es **OrdersGrid**.
4. Ziehen Sie eine Schaltfläche auf das Formular und legen Sie folgende Eigenschaften fest:
   - *Name* = **LoadSchemaButton**
   - *Text* = **Lade Schema**
5. Ziehen Sie eine Schaltfläche auf das Formular und legen Sie folgende Eigenschaften fest:
   - *Name* = **LoadDataButton**
   - *Text* = **Lade Daten**

6. Fügen Sie folgenden Code mit der Definition von `NorthwindDataset` in die Formularklasse ein:

```
' VB
Private NorthwindDataset As New DataSet("Northwind")

// C#
private DataSet NorthwindDataset = new DataSet("Northwind");
```

7. Erstellen Sie einen Ereignishandler für das Ereignis `LoadSchemaButton.Click` (klicken Sie die Schaltfläche *Lade Schema* mit einem Doppelklick an) und fügen Sie folgenden Code hinzu:

```
' VB
' Lies die Schemadefinition (.xsd-Datei) ins DataSet ein.
NorthwindDataset.ReadXmlSchema("C:\DataSources\Northwind.xsd")

' Binde CustomersGrid und OrdersGrid für die Datenanzeige.
CustomersGrid.DataSource = NorthwindDataset.Tables("Customers")
OrdersGrid.DataSource = NorthwindDataset.Tables("Orders")

// C#
// Lies die Schemadefinition (.xsd Datei) ins DataSet ein.
NorthwindDataset.ReadXmlSchema(@"C:\DataSources\Northwind.xsd");

// Binde CustomersGrid und OrdersGrid für die Datenanzeige.
CustomersGrid.DataSource = NorthwindDataset.Tables["Customers"];
OrdersGrid.DataSource = NorthwindDataset.Tables["Orders"];
```

8. Erstellen Sie einen Ereignishandler für das Ereignis `LoadDataButton.Click` (klicken Sie die Schaltfläche *Lade Daten* mit einem Doppelklick an) und fügen Sie folgenden Code hinzu:

```
' VB
' Lies die XML-Daten ins DataSet ein.
NorthwindDataset.ReadXml ("C:\DataSources\Northwind.xml")

// C#
// Lies die XML-Daten ins DataSet ein.
NorthwindDataset.ReadXml(@"C:\DataSources\Northwind.xml");
```

9. Starten Sie die Anwendung und klicken Sie auf die Schaltfläche *Lade Schema*.

   Beide `DataGridView`-Steuerelemente zeigen die Spalten der entsprechenden Tabellen *Customers* und *Orders* an, deren Aufbau von dem Schema aus der Datei *Northwind.xsd* beschrieben wird.

10. Klicken Sie auf die Schaltfläche *Lade Daten*.

    Der Inhalt der Datei *Northwind.xml* wird ins `DataSet` geladen und erscheint in den entsprechenden `DataGridView`-Steuerelementen des Formulars.

Zusammenfassung der Lektion

- Die in einem `DataSet` enthaltenen Daten können im XML-Format gespeichert werden.
- Das Schema eines `DataSets` kann im XML-Format gespeichert werden (als *.xsd*-Datei).
- Die Daten, die in einer XML-Datei oder in einem XML-Dokument enthalten sind, können in ein `DataSet` geladen werden.
- Ein Schema, das in einer *.xsd*-Datei gespeichert ist, kann in ein `DataSet` geladen werden.
- Ein `DataSet`-Objekt und ein `XmlDataDocument`-Objekt können synchronisiert werden, sodass Änderungen, die an den Daten vorgenommen werden, sich auf beide Objekte auswirken.
- XPath-Abfragen können an `DataSet`-Daten durchgeführt werden.

Lernzielkontrolle

Die folgenden Fragen dienen dazu, die wichtigsten Lerninhalte dieser Lektion zu vertiefen. Die Fragen sind (in englischer Sprache) auch auf der Begleit-CD zu finden, falls Sie die elektronische Form der Fragen vorziehen.

Hinweis Die Antworten

Die Antworten auf die Fragen und Erläuterungen, warum die entsprechende Antwort richtig oder falsch ist, finden Sie im Abschnitt „Antworten" am Ende des Buchs.

1. Wie laden Sie ein Schema aus einer *.xsd*-Datei in ein `DataSet`?
   A. Sie rufen die Methode `GetXmlSchema` mit dem Pfad der betreffenden *.xsd*-Datei auf.
   B. Sie rufen die Methode `ReadXml` mit dem Pfad der betreffenden *.xsd*-Datei auf.
   C. Sie rufen die Methode `ReadXmlSchema` mit dem Pfadnamen der betreffenden *.xsd*-Datei auf.
   D. Sie geben den Namen der *.xsd*-Datei in der Eigenschaft `Name` des `DataSet`-Objekts an.
2. Wie synchronisieren Sie ein `DataSet`-Objekt mit einem `XmlDataDocument`-Objekt?
   A. Durch die Übergabe des `XmlDataDocument`-Objekts an die Methode `DataSet.GetXml`
   B. Durch die Deklaration eines neuen `XmlDataDocument`-Objekts unter Angabe des `DataSet`-Objekts, mit dem die Synchronisation erfolgen soll
   C. Durch den Aufruf der Methode `XmlDataDocument.Load`
   D. Durch den Aufruf der Methode `XmlDataDocument.Synch`
3. Wie führen Sie an einem `DataSet`-Objekt eine XPath-Abfrage durch?
   A. Sie schreiben die Daten in ein XML-Dokument und führen die XPath-Abfrage am reinen XML-Code durch.
   B. Sie übergeben die XPath-Abfrage als Zeichenfolge an die Methode `DataTable.Select`.
   C. Sie übergeben die XPath-Abfrage als Zeichenfolge an die Methode `DocumentElement.SelectNodes` eines synchronisierten `XmlDataDocument`-Objekts.
   D. Sie übergeben die XPath-Abfrage als Zeichenfolge an die Methode `DataTable.Find`.

Lektion 6: Erstellen und Verwenden von *DataView*-Objekten

Diese Lektion beschreibt den Umgang mit `DataView`-Objekten (`System.Data.DataView`). `DataView`-Objekte können mit `DataTable`-Objekten kombiniert und in datenbindungsfähigen Steuerelementen wie `DataGridView` angezeigt werden. `DataView`-Objekte bieten Sortier- und Filterfunktionen und sind in der Lage, Daten im dazugehörigen `DataTable`-Objekt zu ändern.

Am Ende dieser Lektion werden Sie in der Lage sein, die folgenden Aufgaben auszuführen:

- Erstellen und Verwenden von `DataView`-Objekten
  - Erstellen eines `DataView`-Objekts
  - Sortieren und Filtern von Daten mit einer `DataView`
  - Anzeigen von Daten mit einer `DataView`
  - Suchen nach Daten in einer `DataView`
  - Navigieren in relationalen Daten mit einer `DataView`
  - Ändern von Daten mit einer `DataView`
  - Behandeln von `DataView`-Ereignissen
  - Festlegen von Standardtabellenansichten mit einem `DataViewManager`.

Veranschlagte Zeit für diese Lektion: 45 Minuten

Erstellen von *DataView*-Objekten

Sie können neue `DataView`-Objekte oder Verweise auf vorhandene `DataView`-Objekte erstellen. Ein neues `DataView`-Objekt erstellen Sie, indem Sie eine Instanz einer `DataView`-Klasse anlegen und dabei den Namen eines `DataTable`-Objekts angeben, das vom `DataView`-Objekt dargestellt oder angezeigt werden soll. `DataTable`-Objekte verfügen über eine `DefaultView`-Eigenschaft, die das gewöhnlich von der Tabelle benutzte `DataView`-Objekt enthält. Sie können einen Verweis auf dieses vorhandene `DataView`-Objekt erstellen, indem Sie ein `DataView`-Objekt deklarieren und ihm die Eigenschaft `DataTable.DefaultView` zuweisen. `DataView`-Objekte haben den Vorteil, dass sich mehrere Steuerelemente an dieselbe Datenquelle binden lassen und unterschiedliche Datensätze anzeigen oder verschiedene Sortierreihenfolgen aufweisen können.

Der folgende Beispielcode zeigt, wie `DataView`-Objekte erstellt werden.

```
' VB
' Erstelle ein neues DataView-Objekt.
Dim CustomersDataView As New DataView(NorthwindDataset.Customers)

' Erstelle einen Verweis auf das Standard-DataView-Objekt der DataTable.
Dim CustomersDataView As DataView = Northwind.Customers.DefaultView

// C#
// Erstelle ein neues DataView-Objekt.
DataView CustomersDataView = new DataView(NorthwindDataset.Customers);

// Erstelle einen Verweis auf das Standard-DataView-Objekt der DataTable.
DataView CustomersDataView = Northwind.Customers.DefaultView;
```

Sortieren und Filtern von Datensätzen mit einer *DataView*

Sie sortieren Daten in einem `DataView`-Objekt, indem Sie in der Eigenschaft `DataView.Sort` den Namen der Spalte angeben, nach der die Datensätze sortiert werden sollen. Um eine Sortierung nach mehreren Spalten vorzunehmen, trennen Sie die Spaltennamen jeweils durch ein Komma voneinander ab. Vervollständigen Sie den Sortierausdruck mit `ASC` für eine Sortierung in aufsteigender Reihenfolge, oder mit `DESC` für eine Sortierung in absteigender Reihenfolge. (`ASC` ist das vorgegebene Standardverhalten.)

Der folgende Beispielcode sortiert die Datensätze im `DataView` nach der Spalte *ContactName* in absteigender Reihenfolge:

```
' VB
CustomersDataView.Sort = "ContactName DESC"

// C#
CustomersDataView.Sort = "ContactName DESC";
```

Anzeigen von Daten mit einer *DataView*

In den meisten Fällen werden Sie `DataView`-Objekte wahrscheinlich an Steuerelemente binden, beispielsweise an ein `DataGridView`-Steuerelement. Vielleicht binden Sie auch die Spalten einer `DataRowView` an einzelne Steuerelemente, zum Beispiel an `TextBox`-Steuerelemente. Falls Sie im Programmcode auf eine `DataView` zugreifen müssen, vergessen Sie bitte nicht, dass ein `DataView`-Objekt eine Zeile (einen Datensatz) als `DataRowView`-Objekt angibt. Eine `DataRowView` enthält ein Array, das die Spalten in der Zeile darstellt. Für den Zugriff auf die einzelnen Werte einer Spalte gehen Sie in einer Schleife durch das `DataRowView`-Objekt und lesen die betreffende Spalte über ihren Index oder ihren Namen ein.

Der folgende Beispielcode weist der Variablen `FullName` die Werte der ersten und zweiten Spalte zu (als Zeichenfolge):

```
' VB
' Greife unter Angabe des Spaltennamens auf die Spalte der DataRowView zu.
Dim FullName As String = DataRowView("FirstName").ToString() & " " & _
    DataRowView("LastName").ToString()

' Greife unter Angabe des Spaltenindex auf die Spalte der DataRowView zu.
Dim FullName As String = DataRowView(0).ToString() & " " & DataRowView(1).ToString()

// C#
// Greife unter Angabe des Spaltennamens auf die Spalte der DataRowView zu.
string FullName = DataRowView("FirstName").ToString() + " " +
DataRowView("LastName").ToString();

// Greife unter Angabe des Spaltenindex auf die Spalte der DataRowView zu.
string FullName = DataRowView(0).ToString() + " " + DataRowView(1).ToString();
```

Ändern der Daten in einer *DataView*

Werte in einer Zeile können Sie ändern, indem Sie auf die einzelnen Spaltenwerte einer `DataRowView` zugreifen und der Spalte (`Item`-Array der `DataRowView`) einen neuen Wert zuweisen.

Der folgende Beispielcode weist der Spalte *FirstName* der ausgewählten `DataRowView` den Wert „Steve" zu:

```
' VB
' Ändere den Spaltenwert durch die Angabe des Spaltennamens für den Zugriff
' auf die DataRowView-Spalte und die Zuweisung des neuen Werts.
DataRowView("FirstName") - "Steve"

' Ändere den Spaltenwert durch die Angabe des Spaltenindex für den Zugriff
' auf die DataRowView-Spalte und die Zuweisung des neuen Werts.
DataRowView(0) = "Steve"

// C#
// Ändere den Spaltenwert durch die Angabe des Spaltennamens für den Zugriff
// auf die DataRowView-Spalte und die Zuweisung des neuen Werts.
DataRowView("FirstName") = "Steve"

// Ändere den Spaltenwert durch die Angabe des Spaltenindex für den Zugriff
// auf die DataRowView-Spalte und die Zuweisung des neuen Werts.
DataRowView(0) = "Steve"
```

Suchen von Daten in einer *DataView*

Zur Suche nach Datensätzen in einer `DataView` verwenden Sie die Methoden `Find` und `FindRows`. Rufen Sie die Methoden `Find` oder `FindRows` mit einem Wert auf, suchen beide Methoden in derjenigen Spalte nach dem Wert, die in der Eigenschaft `Sort` genannt wird. Anders gesagt, wenn `DataView.Sort` auf `"CustomerID"` eingestellt ist, rufen Sie die Methoden `Find` und `FindRows` mit *CustomerID*-Werten auf. Ist die Eigenschaft `DataView.Sort` auf `"ContactName"` eingestellt, übergeben Sie *ContactName*-Werte an die Methoden `Find` und `FindRows`.

Der folgende Beispielcode legt die Spalte *CustomerID* als Sortierschlüssel fest und ruft dann die Methode `Find` mit der Kundenkennung `ALFKI` (als Zeichenfolge) auf.

```
' VB
CustomersDataView.Sort = "CustomerID"
Dim FoundRow As Integer
FoundRow = CustomersDataView.Find("ALFKI")
Dim s As String = CustomersDataView.Item(FoundRow)("CompanyName").ToString

// C#
CustomersDataView.Sort = "CustomerID";
int FoundRow;
FoundRow = CustomersDataView.Find("ALFKI");
string s = CustomersDataView.Item[FoundRow]["CompanyName"].ToString();
```

Navigieren in relationalen Daten mit einer *DataView*

Sie können mit DataView-Objekten Datensätze aus miteinander verknüpften Tabellen abrufen, sofern die DataTable, die mit der DataView verknüpft ist, über ein DataRelation-Objekt mit einer anderen DataTable verknüpft ist. Zur Anzeige der miteinander verknüpften Datensätze rufen Sie die Methode CreateChildView eines DataRowView-Objekts auf und übergeben ihr den Namen des DataRelation-Objekts, das die DataTable-Objekte miteinander verknüpft. Dadurch wird eine neue DataView erstellt, in der nur die verknüpften Datensätze zu sehen sind.

Der folgende Code erstellt ein DataView-Objekt, das die Bestellungen des ausgewählten Kunden anzeigt.

```
' VB
OrdersDataView = CustomersDataRowView.CreateChildView("FK_Orders_Customers")
OrdersDataGridView.DataSource = OrdersDataView

// C#
OrdersDataView = CustomersDataRowView.CreateChildView("FK_Orders_Customers");
OrdersDataGridView.DataSource = OrdersDataView;
```

Arbeiten mit *DataView*-Ereignissen

Das wichtigste DataView-Ereignis, das man im Programm auswerten kann, ist das Ereignis ListChanged. Das Ereignis ListChanged tritt auf, wenn in der zugrunde liegenden DataTable Änderungen auftreten oder wenn Änderungen an einem DataRelation-Objekt vorgenommen werden, das mit der Tabelle des DataView-Objekts verknüpft ist.

Einstellen der Standardview eines *DataTable*-Objekts mithilfe eines *DataViewManagers*

Ein DataViewManager besteht im Wesentlichen aus einer Reihe von DataViewSetting-Objekten, die zur Einstellung der Standardsortierung und Standardfilterung jeder DataTable in einem DataSet verwendet werden.

Sie können einen DataViewManager als Datenquelle für datengebundene Steuerelemente verwenden. Wenn Sie zum Beispiel einen DataViewManager zur Verwaltung einiger Tabellen aus dem NorthwindDataSet einsetzen, können Sie für die Bindung an die betreffenden Tabellen Code wie den folgenden verwenden:

```
' VB
Dim dvm As New DataViewManager(NorthwindDataSet1)
OrdersDataGridView.DataSource = dvm.DataViewSettings("Customers").Table

// C#
DataViewManager dvm = new DataViewManager(NorthwindDataSet1);
OrdersDataGridView.DataSource = dvm.DataViewSettings("Customers").Table;
```

Übung: Arbeiten mit *DataView*-Objekten

In dieser Übung setzen Sie `DataView`-Objekte ein, um die Daten aus einer `DataTable` für die Anzeige zu sortieren und zu filtern.

► Übung 1: Arbeiten mit *DataView*-Objekten

Dieses Beispiel demonstriert das Sortieren und Filtern von Datensätzen mit einer `DataView`.

1. Erstellen Sie eine Windows-Anwendung und nennen Sie die Anwendung **DataViewExample**.
2. Fügen Sie ein `DataGridView`-Steuerelement zum Formular hinzu und legen Sie als dessen `Name`-Eigenschaft **CustomersGrid** fest.
3. Fügen Sie ein `TextBox`-Steuerelement hinzu und legen Sie folgende Eigenschaften fest:
   - *Name* = **SortTextBox**
   - *Text* = **CustomerID**
4. Fügen Sie ein zweites `TextBox`-Steuerelement hinzu und legen Sie folgende Eigenschaften fest:
   - *Name* = **FilterTextBox**
   - *Text* = **City = 'London'**
5. Fügen Sie eine Schaltfläche zum Formular hinzu und legen Sie folgende Eigenschaften fest (und passen Sie die Größe der Schaltfläche an, damit der Text vollständig angezeigt wird):
   - *Name* = **SetDataViewPropertiesButton**
   - *Text* = **Lege DataView-Eigenschaften fest**
6. Fügen Sie eine zweite Schaltfläche hinzu und legen Sie folgende Eigenschaften fest. Ihr Formular sollte nun ungefähr wie in Abbildung 7.14 aussehen.
   - *Name* = **AddRowButton**
   - *Text* = **Füge Zelle hinzu**

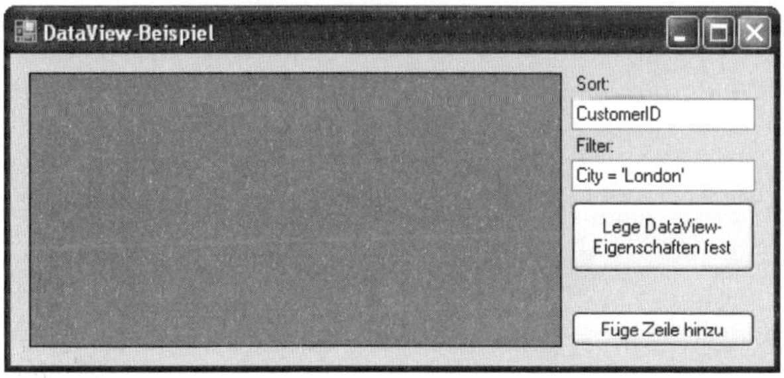

Abbildung 7.14 So könnte das Formular für ein `DataView`-Beispiel aussehen

7. Erstellen Sie eine neue Datenquelle, indem Sie im *Daten*-Menü *Neue Datenquelle hinzufügen* wählen.
8. Wählen Sie *Datenbank* und klicken Sie auf *Weiter*.
9. Wählen Sie eine gültige Datenverbindung zur *Northwind*-Beispieldatenbank.
10. Übernehmen Sie alle Vorgaben und klicken Sie auf *Weiter*, bis die Seite *Datenbankobjekte auswählen* erscheint.

11. Wählen Sie die Tabellen *Customers* und *Orders* und klicken Sie auf *Fertig stellen.*
12. Erstellen Sie das Projekt.
13. Suchen Sie in der Toolbox den *CustomersTableAdapter* und ziehen Sie ihn auf das Formular.
14. Suchen Sie in der Toolbox den *OrdersTableAdapter* und ziehen Sie ihn auf das Formular.
15. Suchen Sie in der Toolbox das *NorthwindDataSet* und ziehen Sie es auf das Formular.
16. Klicken Sie eine freie Fläche des Formulars mit einem Doppelklick an, um den Ereignishandler `Form1_Load` zu erstellen.
17. Fügen Sie folgenden Code in die Klasse `Form1` ein, aber außerhalb des Ereignishandlers `Form1_Load`.

```
' VB
' Erstelle eine DataView für die Tabellen Customers und Orders.
Private WithEvents CustomersDataView As DataView
Private WithEvents OrdersDataView As DataView

// C#
// Erstelle eine DataView für die Tabellen Customers und Orders.
DataView customersDataView;
DataView ordersDataView;
```

18. Fügen Sie den folgenden Code in den Ereignishandler `Form1_Load` ein:

```
' VB
' Lade die Tabellen Customers und Orders mit Daten.
CustomersTableAdapter1.Fill(NorthwindDataSet1.Customers)
OrdersTableAdapter1.Fill(NorthwindDataSet1.Orders)

' Richte die DataViews so ein, dass sie die Tabellen Customers und Orders verwenden.
CustomersDataView = New DataView (NorthwindDataSet1.Customers)
OrdersDataView = New DataView (NorthwindDataSet1.Orders)

' Lege die Sortierreihenfolge für die DataView fest.
CustomersDataView.Sort = "CustomerID"

' Richte das CustomersGrid so ein, dass es die CustomersDataView anzeigt.
CustomersGrid.DataSource = CustomersDataView

// C#
// Lade die Tabellen Customers und Orders mit Daten.
customersTableAdapter1.Fill(northwindDataSet1.Customers);
ordersTableAdapter1.Fill(northwindDataSet1.Orders);

// Richte die DataViews so ein, dass sie die Tabellen Customers und Orders verwenden.
customersDataView = new DataView (northwindDataSet1.Customers);
ordersDataView = new DataView (northwindDataSet1.Orders);

// Lege die Sortierreihenfolge für die DataView fest.
customersDataView.Sort = "CustomerID";
```

```
// Richte das CustomersGrid so ein, dass es die CustomersDataView anzeigt.
CustomersGrid.DataSource = customersDataView;
```

19. Starten Sie die Anwendung.

    Das Formular öffnet sich und zeigt die `CustomersDataView` (Abbildung 7.15).

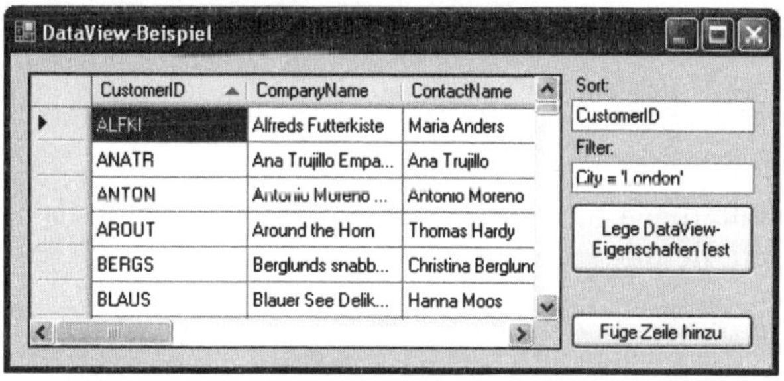

Abbildung 7.15 `CustomersGrid` zeigt die `CustomersDataView`

20. Schließen Sie die Anwendung.
21. Klicken Sie die Schaltfläche *Lege DataView-Eigenschaften fest* mit einem Doppelklick an und fügen Sie folgenden Code in den Ereignishandler `Button.Click`-Ereignishandler:

```
' VB
CustomersDataView.Sort = SortTextBox.Text
CustomersDataView.RowFilter = FilterTextBox.Text

// C#
customersDataView.Sort = SortTextBox.Text;
customersDataView.RowFilter = FilterTextBox.Text;
```

22. Starten Sie die Anwendung und überprüfen Sie, ob alle Kunden in der Tabelle angezeigt werden.
23. Klicken Sie auf die Schaltfläche *Lege DataView-Eigenschaften fest* und überprüfen Sie, ob nur Kunden angezeigt werden, in deren *City*-Feld *London* steht.
24. Ändern Sie das Filter (`FilterTextBox.Text`) auf **City = 'Madrid'**.
25. Klicken Sie auf die Schaltfläche *Lege DataView-Eigenschaften fest* und überprüfen Sie, ob nur noch Kunden aus Madrid angezeigt werden.
26. Schließen Sie die Anwendung.
27. Klicken Sie die Schaltfläche *Füge Zeile hinzu* mit einem Doppelklick an und fügen Sie folgenden Code in den `Button.Click`-Ereignishandler ein:

```
' VB
' Erstelle eine neue Zeile.
Dim newCustomerRow As DataRowView = CustomersDataView.AddNew()
' Lege ein paar Werte fest.
newCustomerRow("CustomerID") = "WINGT"
newCustomerRow("CompanyName") = "Wing Tip Toys"
' Schließe die Bearbeitung der Zeile explizit ab.
newCustomerRow.EndEdit()
```

```
// C#
// Erstelle eine neue Zeile.
DataRowView newCustomerRow = customersDataView.AddNew();

// Lege ein paar Werte fest.
newCustomerRow["CustomerID"] = "WINGT";
newCustomerRow["CompanyName"] = "Wing Tip Toys";

// Schließe die Bearbeitung der Zeile explizit ab.
newCustomerRow.EndEdit();
```

28. Vergrößern Sie das Formular nach unten und fügen Sie eine weitere Schaltfläche unter der Schaltfläche *Füge Zeile hinzu* hinzu. Legen Sie folgende Eigenschaften fest:
    - *Name* = **GetOrdersButton**
    - *Text* = **Rufe Bestellungen ab**
29. Fügen Sie unter dem `CustomersGrid` ein weiteres `DataGridView`-Steuerelement ein und legen Sie für dessen `Name`-Eigenschaft **OrdersGrid** fest.
30. Klicken Sie die Schaltfläche *Rufe Bestellungen ab* mit einem Doppelklick an und fügen Sie folgenden Code in den `Button.Click`-Ereignishandler ein:

```
' VB
' Ermittle die CustomerID der aktuellen Zeile.
Dim selectedCustomerID As String = _
    CStr(CustomersGrid.SelectedCells(0).OwningRow.Cells("CustomerID").Value)
' Erstelle eine DataRowView und weise ihr die aktuelle Zeile zu.
Dim selectedRow As DataRowView = CustomersDataView _
    (CustomersDataView.Find(selectedCustomerID))
' Rufe die Methode CreateChildView auf, um entlang der Verknüpfung zu navigieren
' und anhand der vernüpften Datensätze eine neue DataView zu erstellen.
OrdersDataView = selectedRow.CreateChildView(NorthwindDataSet1.Relations _
    ("FK_Orders_Customers"))

' Richte das OrdersGrid so ein, dass es die neue DataView anzeigt.
OrdersGrid.DataSource = OrdersDataView

// C#
// Ermittle die CustomerID der aktuellen Zeile.
string selectedCustomerID =
   (string)CustomersGrid.SelectedCells[0].OwningRow.Cells["CustomerID"].Value;

// Erstelle eine DataRowView und weise ihr die aktuelle Zeile zu.
DataRowView selectedRow = customersDataView [customersDataView.Find(selectedCustomerID)];
// Rufe die Methode CreateChildView auf, um entlang der Verknüpfung zu navigieren
// und anhand der vernüpften Datensätze eine neue DataView zu erstellen.
ordersDataView = selectedRow.CreateChildView
    (northwindDataSet1.Relations["FK_Orders_Customers"]);

// Richte das OrdersGrid so ein, dass es die neue DataView anzeigt.
OrdersGrid.DataSource = ordersDataView;
```

31. Starten Sie die Anwendung und klicken Sie auf die Schaltfläche *Rufe Bestellungen ab.*
32. Wählen Sie einen anderen Kunden und klicken Sie wieder auf die Schaltfläche *Rufe Bestellungen ab.* Nun sollten die Bestellungen des ausgewählten Kunden angezeigt werden.

Zusammenfassung der Lektion

- `DataView`-Objekte bieten den Zugriff auf `DataTable`-Objekte und Funktionen zum Sortieren und Filtern der Datensätze.
- Zum Sortieren und Filtern verwenden Sie die Eigenschaften `Sort` und `RowFilter` der `DataView`-Objekte.
- Eine `DataView` enthält eine `DataRowView`, die jede `DataRow` einer `DataTable` repräsentieren kann.
- Zur Suche nach bestimmten Datensätzen verwenden Sie die Methoden `Find` und `FindRows` des `DataView`-Objekts.
- `DataView`-Objekte können entlang von Verknüpfungen navigieren und die dazugehörigen Datensätze abrufen.
- `DataView`-Objekte lösen ein `ListChanged`-Ereignis aus, wenn die Daten in der dazugehörigen `DataTable` geändert wurden.

Lernzielkontrolle

Die folgenden Fragen dienen dazu, die wichtigsten Lerninhalte dieser Lektion zu vertiefen. Die Fragen sind (in englischer Sprache) auch auf der Begleit-CD zu finden, falls Sie die elektronische Form der Fragen vorziehen.

Hinweis Die Antworten

Die Antworten auf die Fragen und Erläuterungen, warum die entsprechende Antwort richtig oder falsch ist, finden Sie im Abschnitt „Antworten" am Ende des Buchs.

---

1. Wie greifen Sie in den Zeilen einer `DataView` auf die einzelnen Spalten zu? (Wählen Sie alle zutreffenden Antworten aus.)
   A. Durch die `DataColumn` in der `DataTable`
   B. Durch die `DataRow` des verknüpften `DataTable`-Objekts
   C. Durch den Indexer einer `DataRowView`
   D. Durch die `DataColumn` des verknüpften `DataTable`-Objekts
2. Was gibt die Methode `DataView.Find` zurück?
   A. Eine einzelne `DataRow`
   B. Den Index der „gefundenen" Zeile in der `DataView`
   C. Eine einzelne `DataRowView`
   D. Eine Auflistung mit `DataRow`-Objekten

3. Wie greifen Sie auf die Bestellungen eines bestimmten Kunden zu?
   A. Sie rufen die Methode `GetChildRows` der `DataView` auf.
   B. Sie rufen die Methode `CreateChildView` der `DataView` auf.
   C. Sie rufen die Methode `CreateChildView` der `DataRowView` auf.
   D. Sie rufen die Methode `GetParentRow` der `DataView` auf.

Rückblick auf dieses Kapitel

Zur weiteren Übung und Vertiefung der Lerninhalte dieses Kapitels können Sie Folgendes tun:

- Arbeiten Sie die Zusammenfassung des Kapitels durch.
- Bearbeiten Sie die Übung mit Fallbeispiel. Diese Szenarien beschreiben anhand der Themen dieses Kapitels praxisnahe Situationen. Entwickeln Sie eine Lösung.
- Führen Sie die zusätzlichen Übungen durch.
- Machen Sie einen Übungstest.

Zusammenfassung des Kapitels

- Im Programmcode erstellen Sie `DataSet`-Objekte, indem Sie neue `DataSet`-Objekte anlegen und `DataTable`- und `DataRelation`-Objekte hinzufügen. Die Struktur, die sich ergibt, ähnelt einer Datenbank mit ihren Tabellen und Relationen.
- Typisierte `DataSet`-Objekte können Sie mit dem DataSet-Designer und dem Assistenten zum Konfigurieren von Datenquellen erstellen.
- `DataTable`-Objekte enthalten Spalten (`DataColumn`-Objekte) und Beschränkungen, wie die Tabellen einer Datenbank.
- `DataAdapter`-Objekte enthalten ein `Connection`-Objekt.
- `DataAdapter`-Objekte verfügen neben dem `Select`-Befehl auch über die Befehle `Insert`, `Update` und `Delete`, mit denen Sie Änderungen in der Datenbank sichern können.
- Mithilfe eines `OleDbDataAdapter`-Objekts können Sie `DataSet`-Objekte mit Daten aus ADO-Recordsets versorgen.
- Neue Daten fügen Sie zu einer `DataTable` hinzu, indem Sie eine neue `DataRow` erstellen und zur Auflistung `DataTable.Rows` hinzufügen.
- Die Daten einer `DataTable` bearbeiten Sie, indem Sie die Werte der einzelnen `DataColumns` in einer `DataRow` bearbeiten.
- Zeilen löschen Sie aus einer `DataTable`, indem Sie die `Delete`-Methode der `DataRow` aufrufen.
- Eine fehlerhafte Zeile können Sie mithilfe der Eigenschaft `RowError` einer `DataRow` kennzeichnen.
- Die Daten eines `DataSets` können im XML-Format geschrieben oder gespeichert werden.
- Auch das Schema eines `DataSets` kann im XML-Format geschrieben oder gespeichert werden (als *.xsd*-Datei).
- Ein `DataSet`-Objekt und ein `XmlDataDocument`-Objekt können synchronisiert werden, sodass man die Daten in einem Objekt bearbeiten kann und die Änderungen in beiden Objekten sichtbar werden.
- XPath-Abfragen lassen sich auf `DataSet`-Daten durchführen.
- `DataView`-Objekte bieten neben dem Zugriff auf `DataTable`-Objekte auch Funktionen zum Sortieren und Filtern der Datensätze.
- Eine `DataView` enthält eine `DataRowView`, die jede `DataRow` in einer `DataTable` darstellt.
- Mit den Methoden `Find` und `FindRows` können Sie in einer `DataView` nach Datensätzen suchen.
- `DataView`-Objekte können Beziehungen zwischen den Tabellen auswerten und zusammengehörige Datensätze abrufen.

Schlüsselbegriffe

Wissen Sie, was die folgenden Schlüsselbegriffe bedeuten? Sie können Ihre Antworten überprüfen, indem Sie die Begriffe im Glossar am Ende des Buchs nachschlagen.

- `DataAdapter`
- `DataColumn`
- `DataSet`
- `DataTable`
- `DataView`

Übung mit Fallbeispiel

In den folgenden Fallbeispielen wenden Sie an, was Sie über die Arbeit mit Daten in einer nicht verbundenen Umgebung gelernt haben. Die Antworten auf die Fragen finden Sie im Abschnitt „Antworten" am Ende des Buchs.

Szenario 1: Aufrüsten einer alten Anwendung

Sie haben gerade von Humongous Insurance den Auftrag erhalten, ihre Datenbank für offene Forderungen zu aktualisieren. Das System ist alt, der Datenumfang astronomisch. Bei der ersten Untersuchung stellen Sie fest, dass viele temporäre Dateien als Textdateien angelegt werden (mit dem Komma als Trennzeichen) und dass die Daten im Speicher mit einem veralteten Objektmodell verwaltet werden.

Stellen Sie eine Liste der potenziellen Verbesserungen an der Anwendung auf.

Szenario 2: Schwache Systemleistung

Ihr technologisch etwas unbedarfter Schwager hat gerade fünf Southridge Video-Filialen geerbt. Irgendwie ist Ihnen nun die Aufgabe zugefallen, die Probleme mit der Rechnungserstellung für den Videoverleih zu beheben. Bei der Untersuchung des Systems wird Ihnen klar, dass bei jeder Transaktion der gesamte Videobestand des Geschäfts bearbeitet wird.

Stellen Sie eine Liste der potenziellen Verbesserungen an der Anwendung auf.

Vorgeschlagene Übungen

Um Ihr Wissen über die Arbeit mit Daten in einer nicht verbundenen Umgebung zu vertiefen, führen Sie folgende Übungen durch.

- **Übung 1** Erstellen Sie eine SQL Server-Datenbank und erstellen Sie auf Basis dieser Datenbank ein `DataSet`-Objekt und `DataTable`-Objekte.
- **Übung 2** Erstellen Sie eine Anwendung, die für die *Northwind*-Tabellen *Customers*, *Orders* und *OrderDetails* jeweils eine XML-Datei schreibt. Erstellen Sie eine zweite Anwendung, die diese drei XML-Dateien als Datenquelle benutzt, um ein `DataSet` mit Daten zu versorgen.
- **Übung 3** Erstellen Sie eine Anwendung, die mithilfe des `DataViewManager`-Objekts die Daten von mehreren `DataTable`-Objekten in einem Formular anzeigt.

Machen Sie einen Übungstest

Die Übungstests auf der Begleit-CD zu diesem Buch (in englischer Sprache) bieten zahlreiche Möglichkeiten. Zum Beispiel können Sie einen Test machen, der ausschließlich die Themen eines bestimmten Lernziels behandelt, oder Sie können sich selbst mit dem gesamten Inhalt der Prüfung 70-526 testen. Sie können den Test so konfigurieren, dass er dem Ablauf einer echten Prüfung entspricht, oder Sie können einen Lernmodus verwenden, in dem Sie sich nach dem Beantworten einer Frage jeweils sofort die richtige Antwort und die Erklärungen ansehen können.

Weitere Informationen Übungstests

Einzelheiten zu allen Optionen, die bei den Übungstests zur Verfügung stehen, finden Sie im Abschnitt „So benutzen Sie die Übungstests" in der Einführung am Anfang dieses Buchs.

KAPITEL 8

Implementieren von datengebundenen Steuerelementen

Dieses Kapitel beschreibt, wie man Daten in einem Windows-Formular anzeigt. Wenn die Steuerelemente eines Formulars datengebunden sind, bleibt die zugrunde liegende Datenquelle mit den Werten in den Steuerelementen synchron. Windows Forms bietet Klassen zur Datenbindung zwischen einem Windows Forms-Steuerelement, wie beispielsweise einem `TextBox`-Steuerelement, und Daten aus einer Datenquelle. Die Datenbindung ermöglicht es Ihnen, Daten in die Anwendung einzulesen, zum Beispiel in ein `DataSet`. Benutzer können die Daten dann in den betreffenden Steuerelementen bearbeiten, die an die Daten gebunden sind, und die Änderungen in die zugrunde liegende Datenbank übertragen. Die Datenbindungs-Infrastruktur kümmert sich im Hintergrund um die meisten Details, zum Beispiel um die Synchronisation eines Steuerelements mit der `DataTable`.

In diesem Kapitel abgedeckte Prüfungsziele:

- Implementieren von datengebundenen Steuerelementen
  - Verwenden des `DataGridView`-Steuerelements zur Anzeige und Aktualisierung von Datentabellen aus einer Datenquelle
  - Verwenden eines einfachen datengebundenen Steuerelements zur Anzeige eines einzelnen Datenelements auf einem Windows-Formular
  - Implementieren einer komplexen Datenbindung zur Integration von Daten aus mehreren Quellen
  - In einem Windows-Formular vorwärts und rückwärts durch die Datensätze eines `DataSets` navigieren
  - Erweitern der Navigationsmöglichkeiten in einem `DataSet` durch die Verwendung der DataNavigator-Komponente.
  - Definieren einer Datenquelle mit einer `DataConnector`-Komponente.
  - Erstellen von Datenformularen mit dem Assistenten zum Konfigurieren von Datenquellen und dem Datenquellenfenster.

Lektionen in diesem Kapitel:

Bevor Sie beginnen

Die Bearbeitung der Lektionen dieses Kapitels setzt Folgendes voraus:

- Einen Computer, der den Mindestanforderungen an die Hardware entspricht, wie sie am Anfang des Buchs im Abschnitt „Einführung" beschrieben wurden.
- Visual Studio 2005 Professional Edition ist auf Ihrem Computer installiert.
- Sie verfügen über Grundkenntnisse der Syntax von Microsoft Visual Basic oder C# und über das .NET Framework.
- Es stehen Datenquellen zur Verfügung wie SQL Server 2005 (auch SQL Server 2005 Express Edition ist in Ordnung), die NorthWind-Traders-Beispieldatenbank für SQL Server und die Access-Datenbankdatei *Nwind.mdb.*
- Sie verfügen über Grundkenntnisse über relationale Datenbanken.
- Sie haben die Übungen von Kapitel 5, „Konfigurieren von Verbindungen und Verbinden mit Daten" abgeschlossen oder die Konzepte verstanden.

Praxistipp

Steve Stein

In einer meiner ersten Datenbankanwendungen war der Codeanteil für die Anzeige der Daten in der Benutzeroberfläche wesentlich größer als der für das Abrufen, Überprüfen und Speichern der Daten in der Datenbank. Wenn Sie sich den Alptraum vorstellen, solche Anwendungen überarbeiten zu müssen, und ihn noch ein wenig mit den typischen Logikfehlern versüßen, die ich damals in Anwendungen einschleppte, können Sie sich auch die vielen langen Tage vorstellen. Die Datenbindung von Windows Forms ist eine ausgezeichnete Methode, den Benutzern Daten zu präsentieren.

Lektion 1: Erstellen eines datengebundenen Formulars mit dem Assistenten zum Konfigurieren von Datenquellen

Diese Lektion beschreibt die Erstellung eines Windows-Formulars, das Daten in einer `DataGridView` anzeigt, mit dem Assistenten zum Konfigurieren von Datenquellen und dem Datenquellenfenster.

Am Ende dieser Lektion werden Sie in der Lage sein, die folgenden Aufgaben auszuführen:

- Erstellen von Datenformularen mit dem Assistenten zum Konfigurieren von Datenquellen
- Erstellen von datengebundenen Windows-Formularen mit dem Assistenten zum Konfigurieren von Datenquellen

Veranschlagte Zeit für diese Lektion: 20 Minuten

Was erstellt der Assistent?

Der Assistent zum Konfigurieren von Datenquellen erstellt in Ihrer Anwendung ein typisiertes `DataSet` und trägt die im Assistenten ausgewählten oder erstellten Objekte ins Datenquellenfenster ein. Wenn der Assistent seine Arbeit beendet hat, müssen Sie trotzdem noch Elemente auf Ihr Formular ziehen, um die Objekte zu erstellen, die für den Datenzugriff erforderlich sind.

Übung 1: Erstellen eines datengebundenen Windows-Formulars

In dieser Übung erstellen Sie ein Windows-Formular mit Steuerelementen, die an Daten gebunden sind.

▶ **Übung 1: Erstellen eines datengebundenen Formulars mit dem Assistenten zum Konfigurieren von Datenquellen**

Erstellen Sie nun eine Windows-Anwendung und eine Datenquelle und binden Sie Steuerelemente an Daten, indem Sie Elemente vom Datenquellenfenster auf das Formular ziehen.

1. Erstellen Sie eine Windows-Anwendung und nennen Sie die Anwendung **DataSourcesWizard-Example**.
2. Starten Sie den Assistenten zum Konfigurieren von Datenquellen, indem Sie im *Daten*-Menü *Neue Datenquelle hinzufügen* wählen.
3. Übernehmen Sie auf der Seite *Datenquellentyp auswählen* die vorgegebene Auswahl *Datenbank* und klicken Sie auf *Weiter*.
4. Wählen Sie auf der Seite *Wählen Sie Ihre Datenverbindung aus* eine Verbindung zur *Northwind*-Beispieldatenbank oder erstellen Sie bei Bedarf eine neue Verbindung.
5. Klicken Sie auf *Weiter* und übernehmen Sie die Vorgaben, bis Sie zur Seite *Datenbankobjekte auswählen* gelangen. Wählen Sie dort aus dem Knoten *Tabellen* folgende Tabellen:
   - *Customers*
   - *Orders*
   - *Order Details*
6. Klicken Sie auf *Fertig stellen*, um das `DataSet` zu Ihrem Projekt hinzuzufügen.

7. Wählen Sie im *Daten*-Menü *Datenquellen anzeigen*, damit das Fenster *Datenquellen* angezeigt wird.

   Das Datenquellenfenster sollte so ähnlich wie in Abbildung 8.1 aussehen.

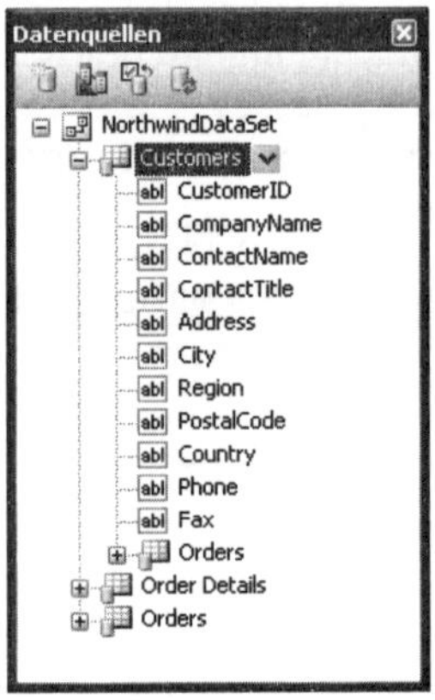

Abbildung 8.1 Das Fenster *Datenquellen* zeigt die Tabellen *Customers*, *Orders* und *Order Details* des `DataSets NorthwindDataSet` an.

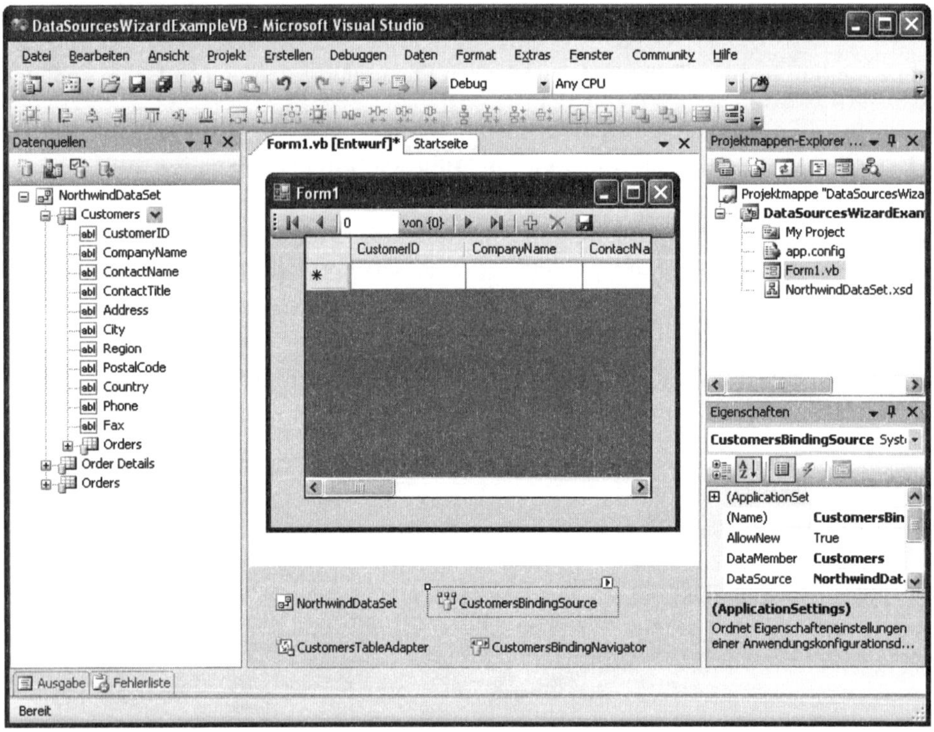

Abbildung 8.2 *Form1* und einige zusätzliche Komponenten, nachdem der Knoten *Customers* vom Datenquellenfenster aufs Formular gezogen wurde

8. Ziehen Sie den Knoten *Customers* vom Datenquellenfenster auf *Form1*.

   Ein `DataGridView` und ein `BindingNavigator` werden zum Formular hinzugefügt, und im Komponentenfach erscheinen einige Objekte, die mit der Datenverwaltung zu tun haben (Abbildung 8.2).

9. Starten Sie die Anwendung.

   An diesem Punkt haben Sie eine funktionierende Anwendung mit einer `DataGridView`, die an die Tabelle *Customers* gebunden ist. Wenn Sie in der IDE von Visual Studio in die Codeansicht wechseln, werden Sie feststellen, dass im Ereignishandler für das `Form.Load`-Ereignis Code eingefügt wurde, der die Daten von der Tabelle *Customers* abruft. Und für die Schaltfläche *Daten speichern* des `BindingNavigator` wurde Code eingefügt, der die Tabelle in der Datenbank aktualisiert.

   Die laufende Anwendung sollte Daten aus der Tabelle *Customers* anzeigen (Abbildung 8.3).

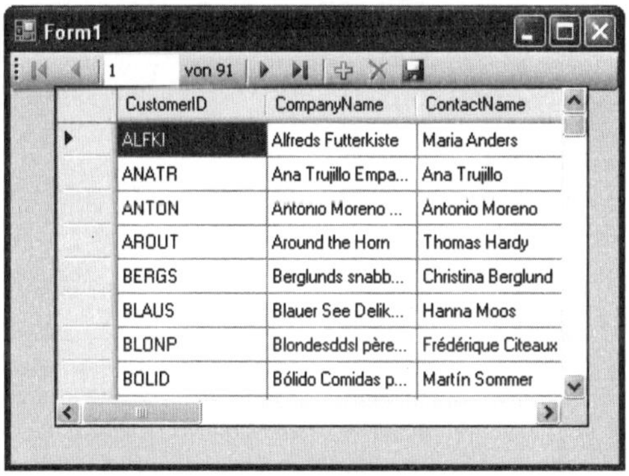

Abbildung 8.3 Das Formular zeigt Daten aus der *Customers*-Tabelle an

10. Beenden Sie die Anwendung und öffnen Sie das Formular in der Designeransicht.

11. Erweitern Sie den Knoten *Customers* im Fenster *Datenquellen*.

12. Ziehen Sie den Knoten *Orders* (der *Orders*-Knoten, der dem Knoten *Customers* untergeordnet ist) auf das Formular.

    Beachten Sie bitte, dass die Komponenten `OrdersBindingSource` und `OrdersTableAdapter` zum Komponentenfach hinzugefügt werden.

13. Starten Sie die Anwendung.

    Klicken Sie in der Tabelle *Customers* eine Zeile an. Beachten Sie bitte, dass in der `OrdersDataGridView` alle Bestellungen des betreffenden Kunden aufgelistet werden (Abbildung 8.4).

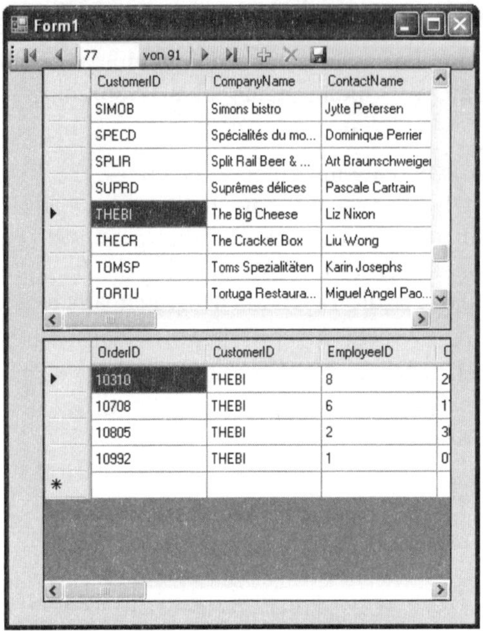

Abbildung 8.4 Das Formular zeigt die Bestellungen des ausgewählten Kunden an

Zusammenfassung der Lektion

- Sie versorgen das Datenquellenfenster mithilfe des Assistenten zum Konfigurieren von Datenquellen mit Elementen.
- Zur Erstellung von datengebundenen Steuerelementen ziehen Sie die gewünschten Elemente vom Datenquellenfenster auf ein Formular.
- Der Code, der ein Tabellenobjekt aus der Datenquelle mit Daten versorgt und Änderungen in der Datenquelle speichert, wird automatisch zum Formular hinzugefügt.
- Tabellen, zu denen Beziehungen (Relationen) bestehen, werden in der Strukturansicht des Datenquellenfensters als untergeordnete Knoten dargestellt.

Lernzielkontrolle

Die folgenden Fragen dienen dazu, die wichtigsten Lerninhalte dieser Lektion zu vertiefen. Die Fragen sind (in englischer Sprache) auch auf der Begleit-CD zu finden, falls Sie die elektronische Form der Fragen vorziehen.

Hinweis Die Antworten

Die Antworten auf die Fragen und Erläuterungen, warum die entsprechende Antwort richtig oder falsch ist, finden Sie im Abschnitt „Antworten" am Ende des Buchs.

---

1. Wie fügen Sie Elemente ins Datenquellenfenster ein? (Wählen Sie alle zutreffenden Antworten aus.)
   A. Sie wählen im Datenquellenfenster *Neue Datenquelle hinzufügen*.
   B. Sie ziehen ein `DataSet` von der Toolbox auf ein Formular.
   C. Sie wählen im *Daten*-Menü *Neue Datenquelle hinzufügen*.
   D. Sie starten den Assistenten zum Konfigurieren von Datenquellen.
2. Wie erstellen Sie in einem Windows-Formular datengebundene Steuerelemente?
   A. Sie ziehen Elemente vom Server-Explorer auf den DataSet-Designer.
   B. Sie ziehen Elemente vom Datenquellenfenster auf ein Formular.
   C. Sie ziehen Elemente von der Toolbox auf ein Formular.
   D. Sie legen im Eigenschaftenfenster datenbezogene Formulareigenschaften fest.
3. Wie binden Sie Steuerelemente, damit auf einem Windows-Formular Daten aus verknüpften Tabellen angezeigt werden?
   A. Indem Sie im Datenquellenfenster den Hauptknoten der verknüpften Tabelle auswählen und auf ein Formular ziehen.
   B. Indem Sie im Datenquellenfenster den entsprechenden untergeordneten Knoten wählen und auf ein Formular ziehen.
   C. Indem Sie ein `Relation`-Objekt auf den DataSet-Designer ziehen.
   D. Indem Sie eine Bindung an die untergeordnete `DataTable` des `DataSets` herstellen.

Lektion 2: Implementieren von datengebundenen Steuerelementen

Diese Lektion beschreibt, wie man Windows Forms-Steuerelemente an Daten bindet und vorwärts und rückwärts durch die Daten navigiert. Sie können einfache Steuerelemente wie `TextBox`, `Label` oder sogar `MonthCalendar` an Daten binden, oder Sie können komplexere Steuerelemente wie `DataGridView` und `ComboBox` an mehrere Datenelemente binden. Diese Lektion beschreibt auch, wie eine `BindingSource`-Komponente als Datenquelle verwendet wird. Mit `BindingSource`-Komponenten können Sie die zugrunde liegende Datenquelle leicht umleiten.

Am Ende dieser Lektion werden Sie in der Lage sein, die folgenden Aufgaben auszuführen:

- Verwenden eines einfachen datengebundenen Steuerelements zur Anzeige eines einzelnen Datenelements auf einem Windows-Formular
- Implementieren einer komplexen Datenbindung zur Integration von Daten aus mehreren Quellen
- In einem Windows-Formular vorwärts und rückwärts durch die Datensätze eines `DataSets` navigieren
- Erweitern der Navigationsmöglichkeiten in einem `DataSet` durch die Verwendung der `DataNavigator`-Komponente
- Definieren einer Datenquelle mit einer `DataConnector`-Komponente

Veranschlagte Zeit für diese Lektion: 45 Minuten

Binden von Steuerelementen an Daten

Mit dem Binden von Steuerelementen an Daten ist der Vorgang gemeint, mit dem Daten (zum Beispiel Daten aus einer Datenbank) in Windows Forms-Steuerelementen angezeigt werden.

Eine einfache Datenbindung ermöglicht die Anzeige eines einfachen Datenelements in einem Steuerelement. So kann beispielsweise ein `TextBox`-Steuerelement einen Wert aus einer Tabellenspalte anzeigen, zum Beispiel den Firmennamen.

Eine komplexe Datenbindung ist die Bindung eines Steuerelements an mehrere Datenelemente. Stellen Sie sich zum Beispiel ein Kombinationsfeld vor, das eine Liste mit Kategoriebezeichnungen anzeigt. Was ist, wenn in der Tabelle, die Sie anzeigen, nur eine Kategoriekennung steht, wie zum Beispiel in den Tabellen *Products* und *Categories* der *Northwind*-Beispieldatenbank? Mithilfe der komplexen Datenbindung können Sie auf der Grundlage eines Fremdschlüssels als Wert für eine `DataTable`-Spalte einen Wert aus einer anderen `DataTable` anzeigen.

Einfache Datenbindung

Die einfache Datenbindung bindet ein einzelnes Datenelement und eine einzelne Steuerelementeigenschaft, wie zum Beispiel bei einem `TextBox`-Steuerelement, das über seine `Text`-Eigenschaft die Tabellenspalte *ProductName* anzeigt.

Der folgende Code zeigt, wie man die Spalte *ProductName* aus einer `DataTable` an ein `TextBox`-Steuerelement namens `TextBox1` bindet.

```
' VB
TextBox1.DataBindings.Add("Text", productsBindingSource, "ProductName")

// C#
TextBox1.DataBindings.Add("Text", productsBindingSource, "ProductName");
```

Komplexe Datenbindung

Komplexe Datenbindung bedeutet, dass mehrere Datenelemente an mehrere Eigenschaften eines Steuerelements gebunden werden. So könnte beispielsweise ein `DataGridView`-Steuerelement eine ganze Tabelle anzeigen oder ein `ListBox`-Steuerelement mehrere Spalten.

Steuerelemente, die zu einer komplexen Datenbindung fähig sind, verfügen gewöhnlich über die Eigenschaften `DataSource` und `DataMember`. Die Eigenschaft `DataSource` ist meistens ein `BindingSource`- oder ein `DataSet`-Objekt. Die Eigenschaft `DataMember` ist gewöhnlich die Tabelle oder Auflistung, die angezeigt werden soll.

Der folgende Code zeigt, wie man ein `DataGridView`-Steuerelement mit einer `BindingSource`-Komponente an die *Northwind*-Tabelle *Customers* bindet:

```
' VB
Dim customersBindingSource As New BindingSource(NorthwindDataSet1, "Customers")
DataGridView1.DataSource = customersBindingSource

// C#
BindingSource customersBindingSource = new BindingSource(northwindDataSet1, "Customers");
DataGridView1.DataSource = customersBindingSource;
```

Der folgende Code zeigt, wie man ein `DataGridView`-Steuerelement mit einem `DataSet`-Objekt an die *Northwind*-Tabelle *Customers* bindet:

```
' VB
DataGridView1.DataSource = NorthwindDataSet1
DataGridView1.DataMember = "Customers"

// C#
DataGridView1.DataSource = northwindDataSet1;
DataGridView1.DataMember = "Customers";
```

Praxistipp

Steve Stein

Eines meiner ersten Projekte nach der Einführung von .NET Framework war die Erstellung eines Formulars zur Anzeige von Daten. Da sich nach der einzuhaltenden Spezifikation kein `DataGridView`-Steuerelement anbot, entwarf ich ein Formular mit entsprechend vielen einzelnen Steuerelementen. Meine Logik für die Datenbindung und Navigation war schon wegen der Komplexität der Arbeit mit dem `CurrencyManager` und anderen Datenbindungsobjekten ziemlich kompliziert. Durch die Einführung der Komponenten `BindingSource` und `BindingNavigator` wurde die Navigation in meinen Daten wesentlich einfacher. Es ist jetzt eine Sache von wenigen Mausklicks.

Navigieren in den Datensätzen eines *DataSets*

Zur Navigation in den Datensätzen einer Datenquelle verwenden Sie eine `BindingNavigator`-Komponente. Weisen Sie der Eigenschaft `BindingNavigator.BindingSource` eine gültige `BindingSource`-Komponente zu, kann der `BindingNavigator` zur Navigation in den Datensätzen der Datenquelle verwendet werden.

Der `BindingNavigator` verwendet zur Navigation die Navigationsmethoden, die in der `BindingSource`-Komponente zur Verfügung stehen. So bietet die `BindingSource`-Komponente beispielsweise die Methoden `MoveNext` und `MovePrevious` an.

Definieren einer Datenquelle unter Verwendung einer *BindingSource*-Komponente

Die `BindingSource`-Komponente enthält die Informationen, die Steuerelemente für die Bindung brauchen. Erstellt wird eine `BindingSource`-Komponente zum Beispiel unter Angabe einer `DataTable` in einem `DataSet`. Durch die Bindung an die `BindingSource`-Komponente statt einer direkten Bindung ans `DataSet` können Sie Ihre Anwendung leicht auf eine andere Datenquelle umstellen, ohne den ganzen Datenbindungscode auf die neue Datenquelle umstellen zu müssen.

Der folgende Code zeigt, wie eine `BindingSource`-Komponente für die *Northwind*-Tabelle *Customers* erstellt wird.

```
' VB
customersBindingSource = New BindingSource(NorthwindDataSet1, "Customers")

// C#
customersBindingSource = New BindingSource(northwindDataSet1, "Customers");
```

Schnelltest

1. Was ist der Unterschied zwischen einfacher und komplexer Bindung?
2. Wie navigieren Sie in den Datensätzen einer `DataTable`?

Antworten zum Schnelltest

1. Eine einfache Bindung bindet ein einzelnes Datenelement (Feld, Spalte und so weiter) an eine einzelne Eigenschaft des betreffenden Steuerelements, während eine komplexe Bindung mehrere Datenelemente an mehrere Eigenschaften eines Steuerelements bindet.
2. Durch den Aufruf der `Move`-Methoden einer `BindingSource`-Komponente oder unter Verwendung eines `BindingNavigator`.

Übung: Datenbindung von Steuerelementen

In dieser Übung binden Sie Daten an Windows Forms-Steuerelemente.

► **Übung 1: Einfache Datenbindung**

In dieser Übung erstellen Sie eine Windows-Anwendung und implementieren Steuerelemente mit einer einfachen Datenbindung. Das Beispielprogramm führt die Datenbindung mit Programmcode durch (also nicht durch die Übernahme von Elementen aus dem Datenquellenfenster).

1. Erstellen Sie eine Windows-Anwendung und nennen Sie die Anwendung **SimpleDataBindingExample**.
2. Klicken Sie im Datenquellenfenster auf *Neue Datenquelle hinzufügen* (dadurch wird der Assistent zum Konfigurieren von Datenquellen gestartet, mit dessen Hilfe Sie ein typisiertes `DataSet` erstellen).
3. Übernehmen Sie die vorgegebene Auswahl von *Database* (auf der Seite *Datenquellentyp auswählen*) und klicken Sie auf *Weiter*.
4. Wählen Sie auf der Seite *Wählen Sie Ihre Datenverbindung aus* eine Verbindung zur *Northwind*-Beispieldatenbank. Erstellen Sie zuvor eine Verbindung, falls erforderlich.
5. Klicken Sie auf *Weiter* und übernehmen Sie die Vorgaben, bis Sie auf die Seite *Datenbankobjekte auswählen* gelangen. Wählen Sie im Knoten *Tabellen* die Tabelle *Products*.
6. Klicken Sie auf *Fertig stellen*, um das `DataSet` zu Ihrem Projekt hinzuzufügen.
7. Erstellen Sie das Projekt.
8. Ziehen Sie ein *NorthwindDataSet*-Objekt von der Toolbox auf das Formular. (Sie müssen das Projekt erstellen, damit das `NorthwindDataSet` in der Toolbox erscheint.)
9. Ziehen Sie ein *ProductsTableAdapter*-Objekt von der Toolbox auf das Formular.

   Da Sie nun über ein `DataSet` verfügen und über einen TableAdapter, um das `DataSet` zu füllen, können Sie einige Steuerelemente einfügen, um Daten anzuzeigen und im `DataSet` `NorthwindDataSet` zu navigieren.
10. Fügen Sie ein `TextBox`-Steuerelement ins Formular ein und legen Sie als dessen `Name`-Eigenschaft **ProductIDTextBox** fest.
11. Fügen Sie ein weiteres `TextBox`-Steuerelement ins Formular ein und legen Sie als dessen `Name`-Eigenschaft **ProductNameTextBox** fest.

    Nun fehlen noch einige Schaltflächen für die Navigation in den Datensätzen.
12. Fügen Sie ein `Button`-Steuerelement hinzu und legen Sie folgende Eigenschaften fest:
    - *Name* = **PreviousButton**
    - *Text* = **Zurück**
13. Fügen Sie ein weiteres `Button`-Steuerelement hinzu und legen Sie folgende Eigenschaften fest:
    - *Name* = **NextButton**
    - *Text* = **Weiter**
14. Klicken Sie einen leeren Bereich des Formulars an, um den Ereignishandler `Form1_Load` zu erstellen.
15. Fügen Sie den Code für die Deklaration eines formularweit gültigen `BindingSource`-Objekts in die Formularklasse ein. Fügen Sie dann den Code für die Einstellung der Datenbindung in den Ereignishandler `Form1_Load` ein. Ihr Formularcode sollte folgende zusätzlichen Zeilen erhalten:

```
' VB
' Erstelle eine BindingSource für die Tabelle Products.
Private productsBindingSource As BindingSource

Private Sub Form1_Load(ByVal sender As System.Object, ByVal e As System.EventArgs) _
    Handles MyBase.Load
```

```
    ' Lade die Produkttabelle mit Daten.
    ProductsTableAdapter1.Fill(NorthwindDataSet1.Products)

    ' Erstelle eine BindingSource für die Produkttabelle.
    productsBindingSource = New BindingSource(NorthwindDataSet1, "Products")

    ' Führe die Datenbindung der Textfelder durch.
    ProductIDTextBox.DataBindings.Add("Text", productsBindingSource, "ProductID")
    ProductNameTextBox.DataBindings.Add("Text", productsBindingSource, "ProductName")
End Sub

// C#
// Erstelle eine BindingSource für die Tabelle Products.
private BindingSource productsBindingSource;

private void Form1_Load(object sender, EventArgs e)
{
    // Lade die Produkttabelle mit Daten.
    productsTableAdapter1.Fill(northwindDataSet1.Products);

    // Erstelle eine BindingSource für die Produkttabelle.
    productsBindingSource = new BindingSource(northwindDataSet1, "Products");

    // Führe die Datenbindung der Textfelder durch.
    ProductIDTextBox.DataBindings.Add("Text", productsBindingSource, "ProductID");
    ProductNameTextBox.DataBindings.Add("Text", productsBindingSource, "ProductName");
}
```

16. Klicken Sie mit einem Doppelklick auf die Schaltfläche *Zurück* und fügen Sie folgenden Code in den Ereignishandler ein, der zum vorigen Datensatz aus der Datenquelle der `BindingSource` navigiert.

```
' VB
productsBindingSource.MovePrevious()

// C#
productsBindingSource.MovePrevious();
```

17. Klicken Sie mit einem Doppelklick auf die Schaltfläche *Weiter* und fügen Sie folgenden Code in den Ereignishandler ein, der zum nächsten Datensatz aus der Datenquelle der `BindingSource` navigiert.

```
' VB
productsBindingSource.MoveNext()

// C#
productsBindingSource.MoveNext();
```

18. Starten Sie die Anwendung.

Klicken Sie auf die Schaltflächen *Weiter* und *Zurück* und blättern Sie ein wenig in den Daten der *Products*-Tabelle. Jedes Textfeld ist an eine einzelne Spalte der Datentabelle gebunden, und das BindingSource-Objekt kümmert sich um die Einzelheiten.

▶ Übung 2: Komplexe Datenbindung

In dieser Übung erstellen Sie eine Windows-Anwendung, die ein DataGridView-Steuerelement mit komplexer Datenbindung verwendet. Das Beispielprogramm führt die Datenbindung mit Programmcode durch (also nicht durch die Übernahme von Elementen aus dem Datenquellenfenster).

1. Erstellen Sie eine Windows-Anwendung und nennen Sie die Anwendung **ComplexDataBinding-Example**.
2. Klicken Sie im Datenquellenfenster auf *Neue Datenquelle hinzufügen* (dadurch wird der Assistent zum Konfigurieren von Datenquellen gestartet, mit dessen Hilfe Sie ein typisiertes DataSet erstellen).
3. Übernehmen Sie die vorgegebene Auswahl von *Database* (auf der Seite *Datenquellentyp auswählen*) und klicken Sie auf *Weiter*.
4. Wählen Sie auf der Seite *Wählen Sie Ihre Datenverbindung aus* eine Verbindung zur *Northwind*-Beispieldatenbank. Erstellen Sie zuvor eine Verbindung, falls erforderlich.
5. Klicken Sie auf *Weiter* und übernehmen Sie die Vorgaben, bis Sie auf die Seite *Datenbankobjekte auswählen* gelangen. Wählen Sie im Knoten *Tabellen* die Tabelle *Products*.
6. Klicken Sie auf *Fertig stellen*, um das DataSet zu Ihrem Projekt hinzuzufügen.
7. Erstellen Sie das Projekt.
8. Ziehen Sie ein *NorthwindDataSet*-Objekt von der Toolbox auf das Formular. (Sie müssen das Projekt erstellen, damit das NorthwindDataSet in der Toolbox erscheint.)
9. Ziehen Sie ein *ProductsTableAdapter*-Objekt von der Toolbox auf das Formular.
10. Ziehen Sie ein *DataGridView* auf das Formular und legen Sie als dessen Name-Eigenschaft **ProductsGrid** fest.
11. Ziehen Sie ein Button-Steuerelement auf das Formular und legen Sie folgende Eigenschaften fest:
    - *Name* = **BindGridButton**
    - *Text* = **Binde Tabelle**
12. Klicken Sie die Schaltfläche mit einem Doppelklick an und fügen Sie folgenden Code in den Button.Click-Ereignishandler ein.

```
' VB
' Lade die Produkttabelle mit Daten aus der Datenbank.
ProductsTableAdapter1.Fill(NorthwindDataSet1.Products)

' Erstelle ein neues BindingSource-Objekt.
Dim ProductsBindingSource As New BindingSource(NorthwindDataSet1, "Products")

' Binde die DataGridView an die BindingSource-Komponente.
ProductsGrid.DataSource = ProductsBindingSource
```

```
// C#
// Lade die Produkttabelle mit Daten aus der Datenbank.
productsTableAdapter1.Fill(northwindDataSet1.Products);

// Erstelle ein neues BindingSource-Objekt.
BindingSource productsBindingSource = new BindingSource(northwindDataSet1, "Products");

// Binde die DataGridView an die BindingSource-Komponente.
ProductsGrid.DataSource = productsBindingSource;
```

13. Ziehen Sie eine `BindingNavigator`-Komponente auf das Formular.
14. Fügen Sie am Ende des Codes, der bereits in den `Button.Click`-Ereignishandler eingefügt wurde, folgende Zeile ein:

```
' VB
' Hänge den Navigator in die BindingSource ein.
BindingNavigator1.BindingSource = ProductsBindingSource
```

```
// C#
// Hänge den Navigator in die BindingSource ein.
bindingNavigator1.BindingSource = productsBindingSource;
```

15. Starten Sie die Anwendung.
16. Klicken Sie auf die Schaltfläche *Binde Tabelle,* dann werden die Daten der Produkttabelle ins `DataGridView`-Steuerelement geladen. Sie können mit dem `BindingNavigator` in den Daten blättern, weil er so eingestellt wurde, dass er dasselbe `BindingSource`-Objekt wie die `DataGridView` benutzt. Weil das `BindingSource`-Objekt bereits auf die Tabelle *Products* eingestellt war, brauchen Sie nur die Eigenschaft `DataGridView.DataSource` auf das `ProductsBindingSource`-Objekt einzustellen, ohne die Eigenschaft `DataMember` festzulegen.

Zusammenfassung der Lektion

- Die einfache Datenbindung ermöglicht die Anzeige eines einzelnen Datenelements in einem Steuerelement.
- Die komplexe Datenbindung bindet mehrere Datenelemente an mehrere Eigenschaften eines Steuerelements.
- Zur Navigation in den Daten eines `DataSet`-Objekts können Sie eine `BindingNavigator`-Komponente verwenden.
- Die Verwendung von `BindingSource`-Komponenten ist eine Möglichkeit zur Abstraktion der Datenquellen im Code.

Lernzielkontrolle

Die folgenden Fragen dienen dazu, die wichtigsten Lerninhalte dieser Lektion zu vertiefen. Die Fragen sind (in englischer Sprache) auch auf der Begleit-CD zu finden, falls Sie die elektronische Form der Fragen vorziehen.

Hinweis Die Antworten

Die Antworten auf die Fragen und Erläuterungen, warum die entsprechende Antwort richtig oder falsch ist, finden Sie im Abschnitt „Antworten“ am Ende des Buchs.

1. Was bedeutet es für ein Steuerelement, eine „einfache“ Datenbindung zu implementieren?
   A. Das Steuerelement zeigt nur eine Datenspalte an.
   B. Das Steuerelement zeigt Daten nur als Zeichenfolgen an, wie in `TextBox`- oder `ListBox`-Steuerelementen.
   C. Das Steuerelement kann nur systemeigene Datentypen anzeigen.
   D. Eine einzige Eigenschaft des Steuerelements wird an eine einzelne Datenspalte gebunden.
2. Was sind die beiden wichtigsten Informationen, die Sie für eine komplexe Datenbindung eines Steuerelements brauchen?
   A. Der Name der Datenbank und der Name der Datentabelle
   B. Der Name der Datenbank und der Name des `DataSets`
   C. Das Datenquellenobjekt, beispielsweise eine `BindingSource` oder ein `DataSet`, und die anzuzeigende Liste, beispielsweise eine `DataTable`
   D. Der Name des `DataSets` und der Name des Steuerelements
3. Was spricht dafür, eine `BindingSource`-Komponente zu verwenden? (Wählen Sie alle zutreffenden Antworten aus.)
   A. Die `BindingSource`-Komponente führt eine Abstraktionsschicht zwischen den gebundenen Steuerelementen und einer Datenquelle ein, wodurch sich die Umleitung der Anwendung auf eine andere Datenquelle vereinfacht.
   B. Die `BindingSource`-Komponente bietet Methoden für die Navigation in einer `DataTable`.
   C. Die `BindingSource`-Komponente enthält die Methoden, die erforderlich sind, um Daten zwischen der Anwendung und der Datenbank auszutauschen.
   D. Die `BindingSource` bietet Ereignisse, die sich zur Implementierung einer Validierungslogik eignen.

Lektion 3: Arbeiten mit der *DataGridView*

Diese Lektion beschreibt, wie man ein `DataGridView`-Steuerelement einstellt und zur Anzeige von Daten verwendet. Die `DataGridView` kann zwar viele Datenarten anzeigen, wird aber gewöhnlich zur Anzeige einer `DataTable` aus einem `DataSet` eingesetzt.

Am Ende dieser Lektion werden Sie in der Lage sein, die folgenden Aufgaben auszuführen:

- Verwenden des `DataGridView`-Steuerelements zur Anzeige und Aktualisierung von Datentabellen aus einer Datenquelle
- Binden eines `DataGridView`-Steuerelements an eine Datenquelle
- Konfigurieren einer `DataGridView` für mehrere Datenquellen
- Bearbeiten der Spalten eines `DataGridView`-Steuerelements mit dem Dialogfeld *Spalten bearbeiten*
- Formatieren eines `DataGridView`-Steuerelements durch Stilangaben
- Formatieren eines `DataGridView`-Steuerelements mit benutzerdefinierter Zeichnung
- Konfigurieren der Spalten und Zellentypen eines `DataGridView`-Steuerelements
- Hinzufügen von Tabellen und Spalten zu einem `DataGridView`-Steuerelement
- Löschen von Spalten aus einem `DataGridView`-Steuerelement
- Reagieren auf Klicks, die auf ein `DataGridView`-Steuerelement erfolgen
- Überprüfen der Eingaben, die in einem `DataGridView`-Steuerelement erfolgen
- Einstellen der in einem `DataGridView`-Steuerelement angezeigten Daten zur Laufzeit

Veranschlagte Zeit für diese Lektion: 60 Minuten

Anzeigen eines *DataSets* im *DataGridView*-Steuerelement

Zur Anzeige eines `DataSets` in einem `DataGridView`-Steuerelement oder, genauer gesagt, zur Anzeige einer `DataTable` in einer `DataGridView` geben Sie in der Eigenschaft `DataSource` der `DataGridView` das `DataSet` an, und in der Eigenschaft `DataMember` der `DataGridView` den Namen der `DataTable`. Der folgende Code führt beispielsweise zur Anzeige der *Northwind*-Tabelle *Customers* in einer `DataGridView`.

```
' VB
DataGridView1.DataSource = NorthwindDataSet1
DataGridView1.DataMember = "Customers"

// C#
DataGridView1.DataSource = northwindDataSet1;
DataGridView1.DataMember = "Customers";
```

Sie können ein `DataGridView`-Steuerelement auch mithilfe der Smarttags mit einem `DataSet` versorgen. Klicken Sie auf den Smarttag des `DataGridView`-Steuerelements und wählen Sie im Kombinationsfeld *Datenquelle auswählen* des Smarttags das gewünschte `DataSet` aus. Der Befehl *Datenquelle auswählen* ermöglicht die Auswahl der anzuzeigenden Tabelle aus einem `DataSet`, das bereits in Ihrem Projekt definiert ist. Sie können auch ein neues `DataSet` anlegen, indem Sie in der Dropdownliste des Smarttags *Projektdatenquelle hinzufügen* wählen. Dadurch wird der Assistent zum Konfigurieren von Datenquellen gestartet.

Konfigurieren von *DataGridView*-Spalten

Es gibt sechs vordefinierte Spaltentypen, die Sie in einem DataGridView verwenden können (Tabelle 8.1). Wenn Sie neue Spalten zu einer DataGridView hinzufügen, wählen Sie den Spaltentyp so, dass er zu den Daten passt, die Sie anzeigen möchten.

Tabelle 8.1 DataGridView-Spaltentypen

Spaltentyp	Beschreibung
DataGridViewTextBoxColumn	Verwenden Sie diesen Spaltentyp zur Anzeige von Text und numerischen Werten. Eine datengebundene DataGridView verwendet diesen Spaltentyp bei der Bindung an Zeichenfolgen und numerische Werte automatisch.
DataGridViewCheckBoxColumn	Verwenden Sie diesen Spaltentyp zur Anzeige von booleschen Werten. Eine DataGridView verwendet diesen Spaltentyp bei der Bindung an boolesche Werte automatisch.
DataGridViewImageColumn	Verwenden Sie diesen Spaltentyp zur Anzeige von Bildern. Eine DataGridView verwendet diesen Spaltentyp bei der Bindung an Image- und Icon-Objekte automatisch. Sie können eine DataGridViewImageColumn auch an ein Bytearray binden.
DataGridViewButtonColumn	Verwenden Sie diese Spalte, wenn Sie dem Benutzer Schaltflächen bieten möchten.
DataGridViewComboBoxColumn	Verwenden Sie diesen Spaltentyp zur Anzeige von Auswahllisten. Gewöhnlich verwendet man diese zur Suche in anderen Tabellen.
DataGridViewLinkColumn	Verwenden Sie diesen Spaltentyp zur Anzeige von Verknüpfungen zu anderen Daten.
Benutzerdefinierte Spalte	Wenn keine der bisher beschriebenen Spaltentypen die gewünschten Funktionen bietet, können Sie selbst einen Spaltentyp definieren. Wenn Sie eine benutzerdefinierte Spalte erstellen möchten, leiten Sie Ihre Klasse von DataGridViewColumn ab, oder von einer anderen Klasse, die DataGridViewColumn zur Basisklasse hat. (Sie können eine Spalte beispielsweise von DataGridViewTextBoxColumn ableiten, um die Funktionalität dieses Typs zu erweitern.)

Hinzufügen von Tabellen und Spalten zu einer *DataGridView*

Um eine Tabelle in einer DataGridView anzuzeigen, definieren Sie die Spalten der Tabelle in der DataGridView. Sie können DataGridView-Spalten mit dem Dialogfeld *Spalte hinzufügen* des Designers definieren oder sie im Programmcode festlegen.

Zuerst wählen Sie den zu verwendenden Spaltentyp aus (siehe Tabelle 8.1). Dann fügen Sie die neue Spalte mit einer der folgenden Methoden zu Ihrer DataGridView hinzu.

Hinzufügen von Spalten zu einer DataGridView im Designer

Um im Designer Spalten zu einer DataGridView hinzuzufügen, gehen Sie folgendermaßen vor:

1. Wählen Sie die DataGridView auf Ihrem Formular aus.
2. Öffnen Sie den Smarttag der DataGridView.
3. Wählen Sie *Spalte hinzufügen*.

4. Im Dialogfeld *Spalte hinzufügen* definieren Sie die Spalte, indem Sie die gewünschten Werte festlegen.

Hinzufügen von Spalten zu einer *DataGridView* per Programmcode

Um im Programmcode Spalten zu einer `DataGridView` hinzuzufügen, legen Sie eine Instanz der gewünschten `DataGridView`-Spaltenklasse an, legen die gewünschten Eigenschaften fest und fügen die Spalte dann zur Auflistung `DataGridView.Columns` hinzu.

Der folgende Beispielcode erzeugt eine neue Textspalte namens *ProductName*:

```
' VB
Dim ProductNameColumn As New DataGridViewTextBoxColumn
ProductNameColumn.Name = "ProductName"
ProductNameColumn.HeaderText = "Product Name"
ProductNameColumn.ValueType = System.Type.GetType("System.String")
DataGridView1.Columns.Add(ProductNameColumn)

// C#
DataGridViewTextBoxColumn ProductNameColumn = new DataGridViewTextBoxColumn();
ProductNameColumn.Name = "ProductName";
ProductNameColumn.HeaderText = "Product Name";
ProductNameColumn.ValueType = System.Type.GetType("System.String");
DataGridView1.Columns.Add(ProductNameColumn); .
```

Löschen von Spalten in der *DataGridView*

Spalten können mit dem Designer in Visual Studio gelöscht werden, oder mit dem entsprechenden Programmcode.

Löschen von Spalten aus einer *DataGridView* mit dem Designer

Um mit dem Designer Spalten aus einer `DataGridView` zu löschen, gehen Sie folgendermaßen vor:

1. Wählen Sie die `DataGridView` auf Ihrem Formular aus.
2. Öffnen Sie den Smarttag der `DataGridView`.
3. Wählen Sie *Spalten bearbeiten*.
4. Wählen Sie im Dialogfeld *Spalten bearbeiten* die Spalte aus, die Sie aus der `DataGridView` entfernen möchten.
5. Klicken Sie auf die Schaltfläche *Entfernen*.

Löschen von Spalten aus einer *DataGridView* per Programmcode

Um im Programmcode Spalten aus einer `DataGridView` zu löschen, rufen Sie die `Remove`-Methode mit dem Namen der Spalte auf, die Sie löschen möchten. Der folgende Beispielcode löscht eine Spalte namens *ProductName* aus `DataGridView1`:

```
' VB
DataGridView1.Columns.Remove("ProductName")

// C#
DataGridView1.Columns.Remove["ProductName"];
```

Ermitteln der angeklickten Zelle in einer *DataGridView*

Um herauszufinden, welche Zelle angeklickt wurde, verwenden Sie die Eigenschaft `DataGridView.CurrentCell`. Das Objekt in `CurrentCell` verweist mit Angaben über Zeilen- und Spaltenindex auf die ausgewählte Zelle in der `DataGridView` und bietet den Zugriff auf die Daten in der betreffenden Zelle.

```
' VB
Dim CurrentCellValue As String
CurrentCellValue = CustomersDataGridView.CurrentCell.Value.ToString

// C#
String CurrentCellValue;
CurrentCellValue = CustomersDataGridView.CurrentCell.Value.ToString();
```

Überprüfen der *DataGridView*-Eingaben

Zur Überprüfung einer einzelnen Zelle einer `DataGridView` verwenden Sie das Ereignis `DataGridView.CellValidating` und brechen die Bearbeitung ab, falls der eingegebene Wert nicht akzeptabel ist. Das Ereignis `CellValidating` wird ausgelöst, wenn eine Zelle den Fokus verliert. Fügen Sie in den `CellValidating`-Ereignishandler den Code ein, der den eingegebenen Wert daraufhin überprüft, ob er der Programmlogik und den Geschäftsregeln entspricht. Unter den Argumenten, die an den Ereignishandler übergeben werden, finden Sie den fraglichen Wert aus der bearbeiteten Zelle sowie den Zeilen- und Spaltenindex der Zelle.

Der folgende Code überprüft beispielsweise, ob in der Spalte *ProductName* eine Eingabe erfolgt ist (dieses Beispiel eignet sich für eine `DataGridView`, die nicht datengebunden ist):

```
' VB
If DataGridView1.Columns(c.ColumnIndex).Name = "ProductName" Then
    If e.FormattedValue.ToString = "" Then
        dataGridView1.Rows(e.RowIndex).ErrorText = "Produktname, Eingabe erforderlich"
        e.Cancel = True
    Else
        dataGridView1.Rows(e.RowIndex).ErrorText = ""
    End If
End If

// C#
if (DataGridView1.Columns[e.ColumnIndex].Name == "ProductName")
{
     if (e.FormattedValue.ToString() == "")
     {
         DataGridView1.Rows[e.RowIndex].ErrorText = "Produktname, Eingabe erforderlich";
         e.Cancel = true;
     }
    else
    {
        DataGridView1.Rows[e.RowIndex].ErrorText = "";
    }
}
```

Auch der folgende Code überprüft, ob in der Spalte *ProductName* eine Eingabe erfolgt ist (dieses Beispiel eignet sich für eine datengebundene `DataGridView`):

```
' VB
If DataGridView1.Columns(e.ColumnIndex).DataPropertyName = "ProductName" Then
    If e.FormattedValue.ToString = "" Then
        dataGridView1.Rows(e.RowIndex).ErrorText = "Produktname, Eingabe erforderlich"
        e.Cancel = True
    Else
        dataGridView1.Rows(e.RowIndex).ErrorText = ""
    End If
End If

// C#
if (DataGridView1.Columns[e.ColumnIndex].DataPropertyName == "ProductName")
{
     if (e.FormattedValue.ToString() == "")
     {
         DataGridView1.Rows[e.RowIndex].ErrorText = "Produktname, Eingabe erforderlich";
         e.Cancel = true;
     }
    else
    {
        DataGridView1.Rows[e.RowIndex].ErrorText = "";
    }
}
```

Formatieren einer *DataGridView* mit Stilangaben

Legen Sie das Erscheinungsbild einer `DataGridView` durch entsprechende Stilangaben für die Zellen fest. Im Prinzip lässt sich zwar jede Zelle anders formatieren, aber es ist üblich, den Zellen ein einheitliches Aussehen zu geben.

Die `DataGridView` bietet einige vordefinierte Stilangaben, die Sie verwenden können. Oder Sie definieren neue Stilangaben und wenden sie auf Ihre `DataGridView`-Zellen an. Das Beispielprogramm aus der folgenden Übung zeigt, wie man Zeilen wechselnd mit unterschiedlichen Hintergrundfarben darstellt.

Formatieren einer *DataGridView* durch benutzerdefinierte Zeichnung

Um eine `DataGridView` mit benutzerdefinierter Zeichnung zu formatieren, können Sie das Ereignis `CellPainting` verwenden und Ihren eigenen Zeichnungscode einfügen.

Bei der Bearbeitung des `CellPainting`-Ereignisses stehen Ihnen im `DataGridViewCellPaintingEventArgs`-Parameter `e` viele Eigenschaften zur Verfügung, die eine benutzerdefinierte Zeichnung erleichtern. Achten Sie aber darauf, dass Sie `e.Handled` auf `True` stellen, wenn Sie das Ereignis `CellPainting` selbst bearbeiten, damit die `DataGridView` nicht ihre eigene Zellenzeichnungsroutine aufruft. Fügen Sie folgenden Code in den `CellPainting`-Ereignishandler ein, um alle Zellen `LightSkyBlue` zu malen:

```
' VB
' Male den Hintergrund in LightSkyBlue.
e.Graphics.FillRectangle(Brushes.LightSkyBlue, e.CellBounds)

' Stelle nun den Zelleninhalt dar.
If Not (e.Value Is Nothing) Then
    e.Graphics.DrawString(e.Value.ToString, e.CellStyle.Font, _
        Brushes.Black, e.CellBounds.X, e.CellBounds.Y)
End If
e.Handled = True
```

```
// C#
// Male den Hintergrund in LightSkyBlue.
e.Graphics.FillRectangle(Brushes.LightSkyBlue, e.CellBounds);
// Stelle nun den Zelleninhalt dar.
if (e.Value != null)
{
    e.Graphics.DrawString(e.Value.ToString(), e.CellStyle.Font,
        Brushes.Black, e.CellBounds.X, e.CellBounds.Y);
}
e.Handled = true;
```

Schnelltest

1. Welche Eigenschaften verwenden Sie in einer `DataGridView`, um eine bestimmte `DataTable` anzuzeigen?
2. Wie finden Sie heraus, welche Zelle einer `DataGridView` angeklickt wurde?

Antworten zum Schnelltest

1. Stellen Sie die Eigenschaft `DataSource` auf das `DataSet` ein und geben Sie in der Eigenschaft `DataMember` den Namen der `DataTable` an.
2. Fragen Sie die Eigenschaft `DataGridView.CurrentCell` ab.

Übung: Arbeiten mit der *DataGridView*

In dieser Übung arbeiten Sie in einem `DataGridView`-Steuerelement mit Daten.

► Übung 1: Arbeiten mit der *DataGridView*

Erstellen Sie nun eine Windows-Anwendung mit einem `DataGridView`-Steuerelement, in der Sie nicht nur mit Daten und Spalten arbeiten, sondern auch die Definition der Spalten ändern.

1. Erstellen Sie eine Windows-Anwendung und nennen Sie die Anwendung **DataGridView-Example**.
2. Öffnen Sie das Datenquellenfenster (wählen Sie im *Daten*-Menü *Datenquellen anzeigen*).
3. Klicken Sie auf *Neue Datenquelle hinzufügen*, um den Assistenten zum Konfigurieren von Datenquellen zu starten.
4. Behalten Sie die vorgegebene Auswahl *Datenbank* bei und klicken Sie auf *Weiter*.

5. Wählen (oder erstellen) Sie eine Verbindung zur *Northwind*-Beispieldatenbank und klicken Sie auf *Weiter*, bis Sie die Seite *Datenbankobjekte auswählen* erreichen.
6. Erweitern Sie den Knoten *Tabellen*. Markieren Sie die Tabelle *Customers* und klicken Sie auf *Fertig stellen*.
7. Ziehen Sie den Knoten *Customers* vom Datenquellenfenster auf das Formular.

   Nun können Sie die Anwendung starten. Das Formular präsentiert sich mit den Daten aus der Tabelle *Customers* in der `DataGridView`.
8. Ziehen Sie zwei Schaltflächen auf das Formular. Ordnen Sie die Schaltfläche unter der `DataGridView` an und legen Sie folgende Eigenschaften fest:

   Button1:
   - *Name* = **AddColumnButton**
   - *Text* = **Spalte hinzufügen**

   Button2:
   - *Name* = **DeleteColumnButton**
   - *Text* = **Spalte löschen**
9. Klicken Sie die Schaltfläche *Spalte hinzufügen* mit einem Doppelklick an, um den `Button.Click`-Ereignishandler zu erstellen und in die Codeansicht zu wechseln.
10. Fügen Sie folgenden Code in die Klasse `Form1` ein. Der Ereignishandler `Form1_Load` erhält Code zur Erstellung einer neuen Zeile in der `DataTable`. Der Ereignishandler `AddColumnButton_Click` erhält Code für das Hinzufügen einer neuen Spalte zur `DataGridView`.

```
' VB
Private Sub Form1_Load(ByVal sender As System.Object, ByVal e As System.EventArgs) _
    Handles MyBase.Load
    'TODO: Diese Codezeile lädt Daten in die Tabelle "NorthwindDataSet.Customers".
    ' Sie können sie bei Bedarf verschieben oder entfernen.
    Me.CustomersTableAdapter.Fill(Me.NorthwindDataSet.Customers)

    ' Füge eine neue Spalte in die Tabelle Customers ein.
    ' Sie dient in den folgenden Methoden zur Demonstration,
    ' wie Spalten hinzugefügt und entfernt werden.
    Dim Location As New DataColumn("Location")
    Location.Expression = "City + ', ' + Country"
    NorthwindDataSet.Customers.Columns.Add(Location)
End Sub

Private Sub AddColumnButton_Click(ByVal sender As System.Object, _
    ByVal e As System.EventArgs) Handles AddColumnButton.Click

    Dim LocationColumn As New DataGridViewTextBoxColumn
    LocationColumn.Name = "LocationColumn"
    LocationColumn.HeaderText = "Location"
    LocationColumn.DataPropertyName = "Location"
    CustomersDataGridView.Columns.Add(LocationColumn)
End Sub
```

```
// C#
private void Form1_Load(object sender, EventArgs e)
{
    // TODO: Diese Codezeile lädt Daten in die Tabelle "NorthwindDataSet.Customers".
    // Sie können sie bei Bedarf verschieben oder entfernen.
    this.customersTableAdapter.Fill(this.northwindDataSet.Customers);

    // Füge eine neue Spalte in die Tabelle Customers ein.
    // Sie dient in den folgenden Methoden zur Demonstration,
    // wie Spalten hinzugefügt und entfernt werden.
    DataColumn Location = new DataColumn("Location");
    Location.Expression = "City + ', ' + Country";
    northwindDataSet.Customers.Columns.Add(Location);
}

private void AddColumnButton_Click(object sender, EventArgs e)
{
    DataGridViewTextBoxColumn LocationColumn = new DataGridViewTextBoxColumn();
    LocationColumn.Name = "LocationColumn";
    LocationColumn.HeaderText = "Location";
    LocationColumn.DataPropertyName = "Location";
    customersDataGridView.Columns.Add(LocationColumn);
}
```

11. Klicken Sie die Schaltfläche *Spalte löschen* mit einem Doppelklick an, um den Ereignishandler `DeleteColumnButton_Click` zu erstellen. Fügen Sie den folgenden Code in den Ereignishandler `DeleteColumnButton_Click` ein:

```
' VB
Try
    CustomersDataGridView.Columns.Remove("LocationColumn")
Catch ex As Exception
    MessageBox.Show(ex.Message)
End Try

// C#
try
{
    customersDataGridView.Columns.Remove("LocationColumn");
}
catch (Exception ex)
{
    MessageBox.Show(ex.Message);
}
```

12. Ziehen Sie eine weitere Schaltfläche auf das Formular und legen Sie folgende Eigenschaften fest:

- *Name* = **GetClickedCellButton**
- *Text* = **Angeklickte Zelle abrufen**

13. Ziehen Sie ein `Label`-Steuerelement auf das Formular und ordnen Sie es neben der Schaltfläche `GetClickedCell` an.
14. Klicken Sie die Schaltfläche *Angeklickte Zelle abrufen* mit einem Doppelklick an und fügen Sie den folgenden Code in den Ereignishandler `GetClickedCellButton_Click` ein:

```
' VB
Dim CurrentCellInfo As String
CurrentCellInfo = CustomersDataGridView.CurrentCell.Value.ToString & Environment.NewLine
CurrentCellInfo += "Spalte: " & _
    CustomersDataGridView.CurrentCell.OwningColumn.DataPropertyName & Environment.NewLine
CurrentCellInfo += "Spaltenindex: " & _
    CustomersDataGridView.CurrentCell.ColumnIndex.ToString & Environment.NewLine
CurrentCellInfo += "Zeilenindex: " & CustomersDataGridView.CurrentCell.RowIndex.ToString

Label1.Text = CurrentCellInfo

// C#
string CurrentCellInfo;
CurrentCellInfo = customersDataGridView.CurrentCell.Value.ToString() + Environment.NewLine;
CurrentCellInfo += "Spalte: " +
    customersDataGridView.CurrentCell.OwningColumn.DataPropertyName + Environment.NewLine;
CurrentCellInfo += "Spaltenindex: " +
    customersDataGridView.CurrentCell.ColumnIndex.ToString() + Environment.NewLine;
CurrentCellInfo += "Zeilenindex: " + customersDataGridView.CurrentCell.RowIndex.ToString();

label1.Text = CurrentCellInfo;
```

15. Erstellen Sie für das Ereignis `CustomersDataGridView.CellValidating` einen Ereignishandler. (Wählen Sie auf dem Formular die `CustomersDataGridView`, klicken Sie im Eigenschaftenfenster auf die Schaltfläche *Ereignisse* und klicken Sie das Ereignis *CellValidating* mit einem Doppelklick an.)
16. Fügen Sie den folgenden Code in den `CellValidating`-Ereignishandler ein:

```
' VB
If CustomersDataGridView.Columns(e.ColumnIndex).DataPropertyName = "ContactName" Then
    If e.FormattedValue.ToString = "" Then
        CustomersDataGridView.Rows(e.RowIndex).ErrorText = _
            "ContactName, Eingabe erforderlich"
        e.Cancel = True
    Else
        CustomersDataGridView.Rows(e.RowIndex).ErrorText = ""
    End If
End If
```

```
// C#
if (customersDataGridView.Columns[e.ColumnIndex].DataPropertyName == "ContactName")
{
    if (e.FormattedValue.ToString() == "")
    {
        customersDataGridView.Rows[e.RowIndex].ErrorText =
        "ContactName, Eingabe erforderlich";
        e.Cancel = true;
    }
    else
    {
        customersDataGridView.Rows[e.RowIndex].ErrorText = "";
    }
}
```

17. Ziehen Sie eine weitere Schaltfläche auf das Formular und legen Sie folgende Eigenschaften fest:
    - *Name* = **ApplyStyleButton**
    - *Text* = **Stilangaben anwenden**
18. Klicken Sie die Schaltfläche *Stilangaben anwenden* mit einem Doppelklick an und fügen Sie den folgenden Code in den Ereignishandler `ApplyStyleButton_Click` ein:

```
' VB
CustomersDataGridView.AlternatingRowsDefaultCellStyle.BackColor = Color.LightGray

// C#
customersDataGridView.AlternatingRowsDefaultCellStyle.BackColor = Color.LightGray;
```

19. Starten Sie die Anwendung.
20. Klicken Sie auf die Schaltfläche *Spalte hinzufügen* und verschieben Sie die Tabelle so, dass Sie den rechten Rand sehen. Überprüfen Sie, ob die neue Spalte *Location* vorhanden ist.
21. Klicken Sie auf die Schaltfläche *Spalte löschen* und überprüfen Sie, ob die Spalte *Location* von der `DataGridView` gelöscht worden ist.
22. Wählen Sie eine beliebige Zelle der Tabelle aus und klicken Sie dann auf die Schaltfläche *Angeklickte Zelle abrufen*. Das `Label`-Steuerelement zeigt den Inhalt der Zelle und den Namen der Spalte an, zu der die Zelle gehört, sowie Spalten- und Zeilenindex der Zelle.
23. Klicken Sie schließlich auf die Schaltfläche *Stilangaben anwenden*. Die Eigenschaft `AlternatingRowsDefaultCellStyle` wird so eingestellt, dass jede zweite Zeile mit einem hellgrauen Hintergrund dargestellt wird.

Zusammenfassung der Lektion

- Die `DataGridView` ist das bevorzugte Steuerelement zur Anzeige von Tabellendaten, zum Beispiel von einer `DataTable`.
- Sie können im Designer Spalten zu einer `DataGridView` hinzufügen und löschen. Dafür verwenden Sie die Dialogfelder *Spalte hinzufügen* und *Spalten bearbeiten*, die im Smarttag der `DataGridView` verfügbar sind.

- Die Eigenschaft `DataGridView.CurrentCell` bietet Zugriff auf die aktuell gewählte Zelle einer `DataGridView`.
- Die `DataGridView` löst ein `CellValidating`-Ereignis aus, mit dessen Hilfe Sie überprüfen können, ob der neu eingegebene Wert Ihren Geschäftsregeln und der Anwendungslogik entspricht.
- Sie können das Erscheinungsbild einer `DataGridView` mit Stilangaben und benutzerdefinierter Zeichnung der Zellen ändern.

Lernzielkontrolle

Die folgenden Fragen dienen dazu, die wichtigsten Lerninhalte dieser Lektion zu vertiefen. Die Fragen sind (in englischer Sprache) auch auf der Begleit-CD zu finden, falls Sie die elektronische Form der Fragen vorziehen.

Hinweis Die Antworten

Die Antworten auf die Fragen und Erläuterungen, warum die entsprechende Antwort richtig oder falsch ist, finden Sie im Abschnitt „Antworten“ am Ende des Buchs.

---

1. Wie bestimmt man am besten, welche Zelle ein Benutzer in einer `DataGridView` angeklickt hat?
   A. Mit dem Spalten- und Zeilenindex der gewählten Zelle
   B. Mit der Eigenschaft `DataGridView.CurrentCell`
   C. Mit den `x`- und `y`-Koordinaten der Schreibmarke
   D. Mit der aktuell gewählten Zeile und Spalte der gebundenen `DataTable`
2. Wie überprüft man am besten den neuen Wert, der in einer `DataGridView` eingegeben wurde?
   A. Durch das Hinzufügen des entsprechenden Validierungscodes zum `CellPainting`-Ereignishandler
   B. Durch das Hinzufügen des entsprechenden Validierungscodes zum `DataGridView.CellClick`-Ereignishandler
   C. Durch das Hinzufügen des entsprechenden Validierungscodes zum `DataGridView.CellValidating`-Ereignishandler
   D. Durch das Hinzufügen von Code zur partiellen `DataGridView`-Klassendatei
3. Wie zeigt man einen booleschen Wert am besten in einer `DataGridView` an?
   A. Durch Konfigurieren einer `DataGridViewTextBoxColumn` zur Anzeige von *Wahr* oder *Falsch*
   B. Durch Konfigurieren einer `DataGridViewCheckBoxColumn` für die Anzeige eines Kontrollkästchens, das je nach Zustand ein Häkchen aufweist oder nicht
   C. Durch Konfigurieren einer `DataGridViewButtonColumn` für die Anzeige einer Schaltfläche, die je nach Zustand gedrückt ist oder nicht
   D. Durch Konfigurieren einer benutzerdefinierten Spalte, die *Ja* oder *Nein* anzeigt

Rückblick auf dieses Kapitel

Zur weiteren Übung und Vertiefung der Lerninhalte dieses Kapitels können Sie Folgendes tun:

- Arbeiten Sie die Zusammenfassung des Kapitels durch.
- Bearbeiten Sie die Übung mit Fallbeispiel. Diese Szenarien beschreiben anhand der Themen dieses Kapitels praxisnahe Situationen. Entwickeln Sie eine Lösung.
- Führen Sie die zusätzlichen Übungen durch.
- Machen Sie einen Übungstest.

Zusammenfassung des Kapitels

- Sie versorgen das Datenquellenfenster mithilfe des Assistenten zum Konfigurieren von Datenquellen mit Elementen.
- Zur Erstellung von datengebundenen Steuerelementen ziehen Sie die gewünschten Elemente vom Datenquellenfenster auf ein Formular.
- Der Code, der ein Tabellenobjekt aus der Datenquelle mit Daten versorgt und Änderungen in der Datenquelle speichert, wird automatisch zum Formular hinzugefügt.
- Tabellen, zu denen Beziehungen (Relationen) bestehen, werden in der Strukturansicht des Datenquellenfensters als untergeordnete Knoten dargestellt.
- Die einfache Datenbindung ermöglicht die Anzeige eines einzelnen Datenelements in einem Steuerelement.
- Die komplexe Datenbindung bindet mehrere Datenelemente an mehrere Eigenschaften eines Steuerelements.
- Zur Navigation in den Daten eines `DataSet`-Objekts können Sie eine `BindingNavigator`-Komponente verwenden.
- Die Verwendung von `BindingSource`-Komponenten ist eine Möglichkeit zur Abstraktion der Datenquellen im Code.
- Die `DataGridView` ist das bevorzugte Steuerelement zur Anzeige von Tabellendaten, zum Beispiel von einer `DataTable`.
- Sie können im Designer Spalten zu einer `DataGridView` hinzufügen und löschen. Dafür verwenden Sie die Dialogfelder *Spalte hinzufügen* und *Spalten bearbeiten*, die im Smarttag der `DataGridView` verfügbar sind.
- Die Eigenschaft `DataGridView.CurrentCell` bietet Zugriff auf die aktuell gewählte Zelle einer `DataGridView`.
- Die `DataGridView` löst ein `CellValidating`-Ereignis aus, mit dessen Hilfe Sie überprüfen können, ob der neu eingegebene Wert Ihren Geschäftsregeln und der Anwendungslogik entspricht.
- Sie können das Erscheinungsbild einer `DataGridView` mit Stilangaben und benutzerdefinierter Zeichnung der Zellen ändern.

Schlüsselbegriffe

Wissen Sie, was die folgenden Schlüsselbegriffe bedeuten? Sie können Ihre Antworten überprüfen, indem Sie die Begriffe im Glossar am Ende des Buchs nachschlagen.

- `BindingSource`
- Datenbindung

Übung mit Fallbeispiel

In dieser Übung wenden Sie an, was Sie über das Implementieren von datengebundenen Steuerelementen gelernt haben. Die Antworten auf die Fragen finden Sie im Abschnitt „Antworten" am Ende des Buchs.

Szenario 1: Aufrüsten einer alten Anwendung

Sie wurden vom Baldwin Museum of Science mit der Aktualisierung der Software beauftragt, mit der Spenden verwaltet werden. Bei der ersten Begutachtung fällt sofort auf, dass jeder Datensatz in einem eigenen Formular angezeigt wird. Sie können den Datenbestand nur sequenziell durchgehen. Neben den vielen Formularen weist die Anwendung auch eine separate Komponente auf, deren Aufgabe darin besteht, die Datenbank und die Formulare abzugleichen und zu synchronisieren.

Erstellen Sie eine Liste der potenziellen Verbesserungen, die Sie an dieser Anwendung vornehmen können.

Szenario 2: Verhindern des erneuten Kompilierens einer großen Anwendung

Sie haben von City Power and Light einen Auftrag erhalten, von dem jeder Entwickler träumt. Ihr nächstes großes Projekt besteht darin, die Next-Generation-Software zu entwickeln, mit der die Stromversorgung der ganzen Stadt gesteuert wird!

Sie wissen, dass die Entwicklung einige Zeit in Anspruch nehmen wird, bevor die Anwendung einsatzbereit ist. Die Hauptdatenbank ist also nicht verfügbar, bis die Anwendung tatsächlich zum Einsatz kommt. Sie müssen die Anwendung so konzipieren, dass sie sich leicht von den Entwicklungsdatenbanken auf die Produktionsdatenbanken umstellen lässt.

Was würden Sie tun, um diese Umstellung zu erleichtern?

Vorgeschlagene Übungen

Zur Vertiefung Ihres Wissens über die Arbeit mit Daten in einer verbundenen Umgebung können Sie folgende Übungen durchführen.

- **Übung 1** Erstellen Sie mithilfe des Datenquellenfensters eine Anwendung, die Daten aus den Tabellen *Categories* und *Products* anzeigt.
- **Übung 2** Erstellen Sie eine Anwendung, die in einer `DataGridView` Daten aus der Tabelle *Customers* anzeigt und die in derselben `DataGridView` die Bestellungen des ausgewählten Kunden anzeigt, wenn eine Schaltfläche angeklickt wird.

- **Übung 3** Erstellen Sie eine Anwendung, die Daten aus der Tabelle *Products* anzeigt. Sorgen Sie dafür, dass die Namen der Produkte, die nicht länger verfügbar sind, mit grauem Text angezeigt werden.

Machen Sie einen Übungstest

Die Übungstests auf der Begleit-CD zu diesem Buch (in englischer Sprache) bieten zahlreiche Möglichkeiten. Zum Beispiel können Sie einen Test machen, der ausschließlich die Themen eines bestimmten Lernziels behandelt, oder Sie können sich selbst mit dem gesamten Inhalt der Prüfung 70-526 testen. Sie können den Test so konfigurieren, dass er dem Ablauf einer echten Prüfung entspricht, oder Sie können einen Lernmodus verwenden, in dem Sie sich nach dem Beantworten einer Frage jeweils sofort die richtige Antwort und die Erklärungen ansehen können.

Weitere Informationen Übungstests

Einzelheiten zu allen Optionen, die bei den Übungstests zur Verfügung stehen, finden Sie im Abschnitt „So benutzen Sie die Übungstests“ in der Einführung am Anfang dieses Buchs.

KAPITEL 9

Arbeiten mit XML

XML ist ein weit verbreitetes Datenformat, das in der Kommunikation und zur Speicherung von Daten verwendet wird. XML ist erweiterbar und plattformunabhängig. Außerdem lässt es sich, da es sich um ein Textformat handelt, mit den üblichen Textbearbeitungsprogrammen lesen und schreiben. Dieses Kapitel beschreibt, wie XML mit den Klassen aus dem Microsoft .NET Framework gelesen und geschrieben werden kann.

In diesem Kapitel abgedeckte Prüfungsziele:

- Lesen, Schreiben und Überprüfen von XML mit den Klassen `XmlReader` und `XmlWriter`
  - Lesen von XML-Daten mit dem `XmlReader`
  - Lesen aller XML-Elemente und Attributinhalte
  - Lesen bestimmter Elemente und Attributinhalte
  - Lesen von XML-Daten mit der Klasse `XmlTextReader`
  - Lesen von Knotenstrukturen mit der Klasse `XmlNodeReader`
  - Überprüfen von XML-Daten mit der Klasse `XmlValidatingReader`
  - Schreiben von XML-Daten mit der Klasse `XmlWriter`
  - Verwalten von XML mit dem XML Document Object Model (DOM)
  - Lesen von XML-Daten ins DOM
  - Bearbeiten von XML-Dokumenten durch das Hinzufügen und Entfernen von Knoten
  - Ändern von Knoten in einem XML-Dokument
  - Schreiben von Daten aus dem DOM im XML-Format
  - Arbeiten mit Knoten im XML-DOM
  - Behandeln von DOM-Ereignissen
  - Ändern der XML-Deklaration

Lektionen in diesem Kapitel:

Bevor Sie beginnen

Die Bearbeitung der Lektionen dieses Kapitels setzt Folgendes voraus:

- Einen Computer, der den Mindestanforderungen an die Hardware entspricht, wie sie am Anfang des Buchs im Abschnitt „Einführung“ beschrieben wurden.
- Visual Studio 2005 Professional Edition ist auf Ihrem Computer installiert.
- Sie verfügen über Grundkenntnisse der Syntax von Microsoft Visual Basic oder C# und über das .NET Framework.
- Sie verstehen die Grundzüge der XML-Struktur.

Praxistipp

Matt Stoecker

XML hat sich in der Welt der Computer geradezu explosionsartig verbreitet. Wenn ich eine Anwendung entwickle, die Informationen aus den verschiedensten Quellen verarbeiten soll, führt praktisch kein Weg an XML vorbei. Die XML-Klassen von .NET Framework erleichtern Ihnen die Arbeit mit XML in Ihren Anwendungen.

Lektion 1: Lesen und Schreiben von XML mit den Klassen *XmlReader* und *XmlWriter*

Im Namespace `System.XML` liegen die Klassen `XmlReader` und `XmlWriter`, mit deren Hilfe sich XML lesen und schreiben lässt. Bei `XmlReader` und `XmlWriter` handelt es sich um abstrakte Klassen, die eine Basisschnittstelle für die Arbeit mit XML definieren und in einer Vielzahl von Klassen verwendet werden. Diese Lektion handelt davon, wie die Klassen `XmlReader` und `XmlWriter` verwendet werden, und beschreibt einige ihrer gebräuchlichsten Implementierungen.

Am Ende dieser Lektion werden Sie in der Lage sein, die folgenden Aufgaben auszuführen:

- Lesen von XML-Daten mit dem `XmlReader`
- Lesen aller XML-Elemente und Attributinhalte
- Lesen bestimmter Elemente und Attributinhalte
- Lesen von XML-Daten mit der Klasse `XmlTextReader`
- Lesen von Knotenstrukturen mit der Klasse `XmlNodeReader`
- Überprüfen von XML-Daten mit der Klasse `XmlValidatingReader`
- Schreiben von XML-Daten mit der Klasse `XmlWriter`

Veranschlagte Zeit für diese Lektion: 45 Minuten

Die Klasse *XmlReader*

Die Klasse `XmlReader` ist eine abstrakte Klasse. Sie ist die Basisklasse für die verschiedenen XML-Leser aus dem Namespace `System.Xml`. Die Klasse `XmlReader` und die davon abgeleiteten Klassen bieten den schnellen, nicht zwischengespeicherten sequenziellen Zugriff (nur vorwärts) auf ein XML-Dokument. Das bedeutet mit anderen Worten, dass Sie eine Instanz einer von `XmlReader` abgeleiteten Klasse dazu verwenden können, ein XML-Dokument vom Anfang bis zum Ende durchzulesen. Nachdem der Inhalt gelesen wurde, ist der Inhalt aber nicht mehr verfügbar, sofern er nicht gespeichert wurde oder Ihre Anwendung den Inhalt anderweitig verwendet. Tabelle 9.1 beschreibt einige wichtige Methoden der Klasse `XmlReader`, und Tabelle 9.2 nennt einige wichtige Eigenschaften.

Tabelle 9.1 Wichtige Methoden der Klasse `XmlReader`

Methode	Beschreibung
`Create`	Gibt eine neue Instanz einer `XmlReader`-Klasse zurück.
`GetAttribute`	Ruft den Wert des Attributs mit dem angegebenen Index oder Namen ab.
`IsStartElement`	Ruft `MoveToContent` auf und testet, ob der aktuelle Knoten ein Startelement oder ein leeres Element ist.
`MoveToAttribute`	Wechselt zu dem Attribut mit dem angegebenen Index oder Namen.
`MoveToContent`	Überprüft, ob es sich beim aktuellen Knoten um einen Inhaltsknoten handelt. Wechselt, sofern dies nicht der Fall ist, zum nächsten Inhaltsknoten oder zum Dateiende. ▶

Methode	Beschreibung
MoveToElement	Wechselt zu dem Element mit dem aktuellen Attribut. Diese Methode kann dazu dienen, den Leser auf den Knoten zurückzustellen, wenn er auf ein Attribut positioniert wurde.
MoveToFirstAttribute	Wechselt auf das erste Attribut im Knoten.
MoveToNextAttribute	Wechselt zum nächsten Attribut im Knoten.
Read	Liest den nächsten Knoten aus dem Stream.
ReadInnerXml	Gibt den gesamten XML-Inhalt des aktuellen Knotens und aller seiner untergeordneter Knoten zurück. Die Anfangs- und Endknoten sind nicht darin enthalten.
ReadOuterXml	Gibt den XML-Inhalt des aktuellen Knotens und aller seiner untergeordneten Knoten zurück.
Skip	Überspringt die untergeordneten Knoten des aktuellen Knotens.

Tabelle 9.2 Wichtige Eigenschaften von `XmlReader`

Eigenschaft	Beschreibung
AttributeCount	Ermittelt die Anzahl der Attribute des aktuellen Knotens.
EOF	Gibt `False` zurück, wenn der Leser das Ende der Datei noch nicht erreicht hat, oder `True`, wenn er das Ende der Datei erreicht hat.
HasAttributes	Gibt an, ob der aktuelle Knoten Attribute hat.
HasValue	Gibt an, ob der aktuelle Knoten einen Wert haben kann.
Item	Enthält eine Auflistung der Attribute des aktuellen Knotens. Sie können den Wert eines Attributs unter Angabe eines Indexwerts oder Namens abrufen.
Name	Ruft den vollständigen Namen des aktuellen Knotens ab.
NodeType	Ermittelt den Typ des aktuellen Knotens.
Value	Ruft den Wert des aktuellen Knotens ab.

Diese Methoden und Eigenschaften sind in allen `XmlReader`-Implementierungen zu finden, wie zum Beispiel in `XmlTextReader`, in `XmlNodeReader` und in den `XmlReader`-Standardimplementierungen, die von `XmlReader.Create` zurückgegeben werden.

Erstellen eines *XmlReader*-Objekts

Obwohl `XmlReader` eine abstrakte Klasse ist, bietet sie eine statische Methode namens `Create`, die eine `XmlReader`-Standardimplementierung zurückgibt. Dieses Objekt ist in der Lage, einen vorhandenen XML-Stream oder eine XML-Datei zu lesen. Das folgende Beispiel zeigt, wie man ein neues `XmlReader`-Objekt erstellt:

```
' VB
Dim aReader As XmlReader
' Erstelle einen Leser, der einen Datenstrom namens XmlStream liest.
aReader = XmlReader.Create(XmlStream)
' Erstelle einen Leser, der die Datei C:\SampleXml.xml liest.
aReader = XmlReader.Create("C:\SampleXml.xml")
```

```
// C#
XmlReader aReader;
// Erstelle einen Leser, der einen Datenstrom namens XmlStream liest.
aReader = XmlReader.Create(XmlStream);
// Erstelle einen Leser, der die Datei C:\SampleXml.xml liest.
aReader = XmlReader.Create(@"C:\SampleXml.xml");
```

Lesen des XML-Inhalts

Die wichtigste Methode zum Lesen des XML-Inhalts einer XML-Datei ist die Methode `Read`. Sie liest den aktuellen XML-Knoten und stellt den Leser auf den nächsten Knoten der Datei oder des Streams. Die `Read`-Methode gibt einen booleschen Wert zurück, der angibt, ob der Lesevorgang erfolgreich war. Sie können diese Methode verwenden, um alle Knoten aus einer XML-Datei der Reihe nach zu lesen, wie im folgenden Beispiel:

```
' VB
' Hier wird vorausgesetzt, dass es einen XmlReader namens myReader gibt.
While myReader.Read()
   ' Tu etwas mit den Knoten.
End While

// C#
// Hier wird vorausgesetzt, dass es einen XmlReader namens myReader gibt.
while (myReader.Read())
{
   // Tu etwas mit den Knoten.
}
```

Nach dem Lesen eines Knotens sind der Name und der Wert des aktuellen Knotens in den `XmlReader` Eigenschaften `Name` und `Value` verfügbar. Die Tabellen 9.3 und 9.4 beschreiben, was diese Eigenschaften bei den verschiedenen Knotentypen enthalten.

Tabelle 9.3 Werte der `Name`-Eigenschaft

Knotentyp	Wert
`Attribute`	Der Attributname
`DocumentType`	Die Bezeichnung des Dokumenttyps
`Element`	Der Elementname (Tagname)
`EntityReference`	Der Name der Entität, auf die verwiesen wird
`ProcessingInstruction`	Das Ziel der Verarbeitungsanweisung
`XmlDeclaration`	Die XML-Zeichenfolge
Alle anderen Knoten	Eine leere Zeichenfolge

Tabelle 9.4 Werte der `Value`-Eigenschaft

Knotentyp	Wert
`Attribute`	Der Attributwert
`CDATA`	Der Inhalt des `CDATA`-Abschnitts
`Comment`	Der Kommentar
`DocumentType`	Die interne Teilmenge
`ProcessingInstruction`	Der gesamte Inhalt mit Ausnahme des Ziels
`SignificantWhitespace`	Die Leerzeichen zwischen Markups bei einem Modell mit gemischtem Inhalt
`Text`	Der Inhalt des Textknotens
`Whitespace`	Der Leerraum zwischen Markups
`XmlDeclaration`	Der Inhalt der Deklaration
Alle anderen Knoten	Eine leere Zeichenfolge

Das folgende Beispiel demonstriert die Verwendung dieser Eigenschaften.

```
' VB
While myReader.Read()
    If myReader.NodeType = Xml.XmlNodeType.Element Then
       MsgBox(myReader.Name)
    ElseIf myReader.NodeType = Xml.XmlNodeType.Text Then
       MsgBox(myReader.Value)
    End If
End While

// C#
while (myReader.Read())
{
   if (myReader.NodeType == Xml.XmlNodeType.Element)
      MessageBox.Show(myReader.Name);
   else if (myReader.NodeType == Xml.XmlNodeType.Text)
      MessageBox.Show(myReader.Value);
}
```

Lesen des Attributinhalts

`XmlReader` kann auch zum Lesen der Attribute eines bestimmten Knotens und der dazugehörigen Attributwerte verwendet werden. Die Methoden `MoveToAttribute`, `MoveToFirstAttribute` und `MoveToNextAttribute` sind für die Navigation in den Attributen eines bestimmten Knotens vorgesehen. Wenn eine dieser Methoden aufgerufen wird, enthält die `XmlReader`-Eigenschaft `Name` den Namen des Attributs und die `XmlReader`-Eigenschaft `Value` den Wert.

Nur beim Lesen der Attribute kann sich der `XmlReader` rückwärts bewegen. Sie können zum Beispiel das fünfte Attribut eines Knotens lesen und dann zum ersten Attribut zurückgehen. Sobald Sie den nächsten Knoten untersuchen, können Sie aber nicht mehr zum vorigen Knoten zurückkehren.

Die Methode *MoveToAttribute*

Mit der Methode `MoveToAttribute` stellen Sie den Leser auf ein bestimmtes Attribut eines XML-Knotens ein. Die Methode erwartet die Angabe eines Attributnamens oder den Index eines Attributs und stellt die Leseposition des Lesers direkt auf dieses Attribut ein. Mit einem booleschen Rückgabewert zeigt sie an, ob die Einstellung erfolgreich war. Ist das gewünschte Attribut nicht zu finden oder liegt am angegebenen Index kein Attribut vor, gibt die Methode `False` zurück und die Leseposition bleibt unverändert. Gegeben sei folgender Knoten:

```
<Flowers Name="Rose" Varietal="Shiraz" Color="Red" Thorns="Yes">
```

Das folgende Beispiel zeigt, wie man die Methode `MoveToAttribute` auf diesen XML-Knoten anwendet:

```
' VB
' Setzt einen XmlReader namens myReader voraus, der auf
' den oben angegebenen Knoten eingestellt ist.
If myReader.MoveToAttribute("Color")
   MsgBox(myReader.Value)
End If

// C#
// Setzt einen XmlReader namens myReader voraus, der auf
// den oben angegebenen Knoten eingestellt ist.
if (myReader.MoveToAttribute("Color"))
   MessageBox.Show(myReader.Value);
```

ReadInnerXml und *ReadOuterXml*

Sie können die Methoden `ReadInnerXml` und `ReadOuterXml` benutzen, um Teile der XML-Datei als Zeichenfolge abzurufen. Die Methode `ReadInnerXml` gibt den Inhalt des aktuellen XML-Knotens zurück, einschließlich seiner untergeordneten Knoten, aber ohne Start- und Endknoten. Die Methode `ReadOuterXml` gibt den Inhalt des aktuellen XML-Knotens zurück, einschließlich seiner untergeordneten Knoten und der Start- und Endknoten. Betrachten Sie zum Beispiel folgendes XML-Fragment:

```
<text1>meintext<subtext1>meinteiltext</subtext1></text1><text2></text2>
```

Wenn `XmlReader` auf `<text1>` eingestellt ist, gibt `ReadInnerXml` folgende Zeichenfolge zurück:

```
meintext<subtext1>meinteiltext</subtext1>
```

Außerdem stellt die Methode die Leseposition von `XmlReader` auf `<text2>` ein. Unter denselben Bedingungen gibt `ReadOuterXml` folgende Zeichenfolge zurück:

```
<text1>meintext<subtext1>meinteiltext</subtext1></text1>
```

Auch `ReadOuterXml` stellt die Leseposition dabei auf `<text2>` ein.

Lesen von Attributen mit *ReadInnerXml* und *ReadOuterXml*

Wenn `XmlReader` auf ein Attribut eingestellt ist, können Sie mit `ReadInnerXml` und `ReadOuterXml` Zeichenfolgen mit dem Attributinhalt abrufen. Betrachten Sie zum Beispiel folgendes XML-Fragment:

```
<text1 length="12" color="blue">moo</text1>
```

Wenn der `XmlReader` auf das Attribut `length` positioniert ist, gibt `ReadInnerXml` folgende Zeichenfolge zurück:

```
12
```

Außerdem lässt `ReadInnerXml` die Leseposition unverändert. Unter denselben Bedingungen gibt `ReadOuterXml` folgende Zeichenfolge zurück:

```
length="12"
```

Auch `ReadOuterXml` ändert nicht die Leseposition.

MoveToContent

Sie können die Methode `MoveToContent` zum Überspringen von Knoten verwenden, die keinen Inhalt haben, wie zum Beispiel Leerräume, Kommentare oder Bearbeitungsbefehle. Die Methode `MoveToContent` überprüft, ob es sich beim aktuellen Knoten um einen Inhaltsknoten handelt. Ist dies der Fall, unternimmt sie nichts. Handelt es sich beim aktuellen Knoten nicht um einen Inhaltsknoten, stellt sie die Leseposition des Lesers auf den nächsten Inhaltsknoten weiter. `MoveToContent` bewertet folgende Knotentypen als Inhaltsknoten: `CDATA`, `Element`, `EndElement`, `EntityReference`, `EndEntity` sowie jeden Text, der nicht nur aus Leerräumen besteht. Wenn `MoveToContent` aufgerufen wird, stellt die Methode die Leseposition auf den ersten dieser Knoten, auf den sie trifft. Sie überspringt dabei folgende Knotentypen: `ProcessingInstruction`, `DocumentType`, `Comment`, `Whitespace` und `SignificantWhitespace`. Das folgende Beispiel zeigt, wie `MoveToContent` aufgerufen wird:

```
' VB
' Hier wird vorausgesetzt, dass es einen XmlReader namens myReader gibt.
myReader.MoveToContent()

// C#
// Hier wird vorausgesetzt, dass es einen XmlReader namens myReader gibt.
myReader.MoveToContent();
```

Skip

Der Aufruf der `Skip`-Methode veranlasst `XmlReader`, alle untergeordneten Knoten des aktuellen Knotens zu überspringen und zum nächsten Knoten auf derselben Ebene zu gehen. Betrachten Sie zum Beispiel folgendes XML-Fragment:

```
<text1>
   <text2>
   </text2>
</text1>
<text3>
</text3>
```

Wenn der Leser auf `<text1>` positioniert ist und die `Skip`-Methode aufgerufen wird, stellt die `Skip`-Methode den Leser auf den Knoten `<text3>` ein. Das folgende Beispiel zeigt einen Aufruf der `Skip`-Methode:

```
' VB
myReader.Skip()

// C#
myReader.Skip();
```

Die *XmlTextReader*-Klasse

Die Klasse `XmlTextReader` ist eine Implementierung einer `XmlReader`-Klasse. Sie können das, was in dieser Lektion bisher über die Methoden der Klasse `XmlReader` gesagt wurde, auch auf die Methoden der Klasse `XmlTextReader` anwenden. Die Klasse `XmlTextReader` wurde zum Lesen eines Textes entwickelt, der in einem Stream oder in einer Datei vorliegt. Sie können ein `XmlTextReader`-Objekt erstellen, das einen bestimmten Stream oder eine bestimmte Datei einliest, indem Sie den `XmlTextReader`-Konstruktor unter Angabe des betreffenden Streams oder der Datei aufrufen, wie im folgenden Beispielcode gezeigt:

```
' VB
Dim aReader As XmlTextReader
' Erstelle einen XmlTextReader, der einen Stream namens XmlStream einliest.
aReader = New XmlTextReader(XmlStream)
' Erstelle einen XmlTextReader, der die Datei C:\SampleXml.xml liest.
aReader = New XmlTextReader("C:\SampleXml.xml")

// C#
XmlTextReader aReader;
// Erstelle einen XmlTextReader, der einen Stream namens XmlStream einliest.
aReader = new XmlTextReader(XmlStream);
// Erstelle einen XmlTextReader, der die Datei C:\SampleXml.xml liest.
aReader = new XmlTextReader("C:\\SampleXml.xml");
```

XmlNodeReader

`XmlNodeReader` ist ebenfalls eine von `XmlReader` abgeleitete Klasse und hat die Aufgabe, den XML-Inhalt eines `XmlNode`-Objekts zu lesen, wie es in den untergeordneten Strukturen eines XML-Dokumentobjektmodells (DOM) zu finden ist. Sie können einen `XmlNodeReader` unter Angabe des betreffenden `XmlNode`-Objekts wie folgt erstellen:

```
' VB
Dim aReader As XmlNodeReader
' Erstelle einen XmlNodeReader, der einen XmlNode namens Node liest.
aReader = New XmlNodeReader(Node)

// C#
XmlNodeReader aReader;
// Erstelle einen XmlNodeReader, der einen XmlNode namens Node liest.
aReader = new XmlNodeReader(Node);
```

Überprüfen von XML mit *XmlValidatingReader*

Ein `XmlValidatingReader` ermöglicht Ihnen die Überprüfung von XML anhand eines bestimmten Schemas. Beim Einlesen wird das Dokument daraufhin überprüft, ob es das Schema einhält. `XmlValidatingReader` ist eine Art Hülle für eine vorhandene `XmlReader`-Instanz. Sie können eine `XmlValidatingReader`-Instanz wie folgt erstellen:

```
' VB
' Es wird ein XmlReader namens aReader vorausgesetzt.
Dim aValReader As XmlValidatingReader
aValReader = New XmlValidatingReader(aReader)

// C#
// Es wird ein XmlReader namens aReader vorausgesetzt.
XmlValidatingReader aValReader;
aValReader = new XmlValidatingReader(aReader);
```

Hinweis ***XmlValidatingReader* ist veraltet**

Die Ziele der Prüfung 70-526 wurden formuliert, als sich .NET Framework noch in der Entwicklung befand. Als .NET Framework veröffentlicht wurde, galt `XmlValidatingReader` inzwischen als veraltet (obsolet). Die entsprechenden Funktionen werden bereits von der `XmlReader`-Klasse geboten. Zur Vorbereitung auf die Prüfung beschreibt dieses Buch beide Klassen. In der Praxis sollten Sie Überprüfungen von XML-Dokumenten in neu entwickelten Programmen nur noch mit `XmlReader` durchführen.

`XmlValidatingReader` durchsucht das XML-Dokument nach einem Schema, wobei es im Dokument vorliegende Schemas sowie Verweise auf externe Schemas erkennt. Externe Schemas werden nach Bedarf geladen. Man kann sie auch vorab bereitstellen, indem man sie zur Eigenschaft `Schemas` hinzufügt.

Die Art der Überprüfung wird durch die Eigenschaft `ValidationType` festgelegt. Tabelle 9.5 zeigt zulässige Werte der Eigenschaft `ValidationType`.

Tabelle 9.5 Zulässige Werte der Eigenschaft `ValidationType`

Wert	Beschreibung
`None`	Keine Überprüfung. Wählen Sie diesen Wert für die Eigenschaft, wenn der Leser keine Überprüfung durchführen soll.
`Auto`	Untersucht den Inhalt des Dokuments und bestimmt den passenden Validierungstyp. (Dieser Wert ist in .NET Framework 2.0 veraltet und nur auf `XmlValidatingReader` anwendbar).
`DTD`	Die Überprüfung erfolgt anhand der angegebenen Dokumenttypdefinition (DTD).
`Schema`	Die Überprüfung erfolgt anhand des im Dokument vorliegenden oder angegebenen XSD-Schemas (XSD steht für Extensible Schema Definition).
`XDR`	Die Überprüfung erfolgt anhand des im Dokument vorliegenden oder angegebenen XDR-Schemas (XDR bedeutet XML Data Reduced). (Dieser Wert ist in .NET Framework 2.0 veraltet und nur auf `XmlValidatingReader` anwendbar).

Die Überprüfung des XML-Dokuments erfolgt durch den Aufruf der Read-Methode. Dadurch wird die Read-Methode des eingehüllten XmlReader-Objekts aufgerufen und stellt den Leser auf den nächsten Knoten weiter. Außerdem wird der gelesene Knoten entsprechend der angegebenen Validierungsart und des angegebenen Schemas überprüft. Wird dabei ein Fehler erkannt, so wird ein ValidationEvent-Ereignis gemeldet. Sofern dieses ValidationEvent-Ereignis behandelt wird, wird das Lesen des XML-Dokuments fortgesetzt. Ist kein Ereignishandler für ValidationEvent zu finden, wird eine Ausnahme des Typs XmlSchemaException ausgelöst. Ein ValidationEvent wird auch bei Warnungen gemeldet, die sich bei der Überprüfung ergeben. Aber in solchen Fällen wird keine Ausnahme ausgelöst, wenn das Ereignis unbehandelt bleibt.

Behandeln von Validierungsfehlern

Bei der Überprüfung von XML-Dokumenten kann das Ereignis ValidationEvent eintreten. Sie können einen Ereignishandler erstellen, der entsprechend reagiert, wenn bei der Validierung ein Fehler erkannt wird. Der ValidationEventArgs-Parameter des ValidationEvent-Ereignishandlers enthält einige Informationen über den Validierungsfehler oder die Warnung. Tabelle 9.6 fasst diese Informationen zusammen.

Tabelle 9.6 Eigenschaften der ValidationEventArgs-Klasse

Eigenschaft	Beschreibung
Exception	Die Ausnahme, die diesem Ereignis zugeordnet ist, sofern vorhanden. Wenn es zu einer Ausnahme kommt und dieses Ereignis nicht behandelt wird, wir die angegebene Ausnahme ausgelöst.
Message	Enthält eine Beschreibung des Validierungsereignisses.
Severity	Beschreibt den Schweregrad des Ereignisses, entweder Warning oder Error. Beim Schweregrad Error wird eine Ausnahme gemeldet, falls dieses Ereignis nicht behandelt wird.

Die Signatur des ValidationEvent-Ereignishandlers erfordert einen Objektparameter, der den Sender der Ereignismeldung repräsentiert, und einen ValidationEventArgs-Parameter. Der folgende Code zeigt ein Beispiel für einen ValidationEvent-Ereignishandler:

```
' VB
Private Sub ValidationHandler(ByVal sender As Object, ByVal e As _
   Xml.Schema.ValidationEventArgs)
   ' Hier folgt der Code zur Behandlung des Ereignisses.
End Sub

// C#
private void ValidationHandler(object sender,
   Xml.Schema.ValidationEventArgs e)
 {
  // Hier folgt der Code zur Behandlung des Ereignisses.
}
```

Nach der Erstellung der Methode müssen Sie die Methode noch als Handler für das Ereignis ValidationEvent eintragen, wie folgt:

```
' VB
AddHandler aReader.ValidationEventHandler, Addressof ValidationHandler

// C#
aReader.ValidationEventHandler += ValidationHandler;
```

Überprüfen von XML mit *XmlReader*

Seit der Einführung von .NET Framework 2.0 können Sie mit der Methode `XmlReader.Create` eine `XmlReader`-Instanz erstellen, die in der Lage ist, XML zu überprüfen. Die Methode `XmlReader.Create` kann mit einer Instanz der Klasse `XmlReaderSettings` aufgerufen werden, die es mit ihrer Eigenschaft `XmlReaderSettings.ValidationType` ermöglicht, die Validierungsart anzugeben. Die verfügbaren Typen sind im Wesentlichen dieselben wie in Tabelle 9.5. Sie können `ValidationEvents` behandeln, indem Sie einen Handler für `ValidationEventHandler` vorsehen. Das Verhalten ist mit dem Verhalten von `XmlValidatingReader` identisch. Das folgende Beispiel zeigt, wie man eine `XmlReader`-Instanz erstellt, die den XML-Code aus der angegebenen Datei überprüft und dabei den nachfolgend gezeigten Ereignishandler verwendet.

```
' VB
Dim aReader As Xml.XmlReader
Dim settings As New Xml.XmlReaderSettings()
settings.ValidationType = Xml.ValidationType.Schema
AddHandler settings.ValidationEventHandler, AddressOf settings_ValidationEventHandler
aReader = Xml.XmlReader.Create("C:\myfile.xml", settings)

// C#
System.Xml.XmlReader aReader;
System.Xml.XmlReaderSettings settings = new System.Xml.XmlReaderSettings();
settings.ValidationType = System.Xml.ValidationType.Schema;
settings.ValidationEventHandler += new
    System.Xml.Schema.ValidationEventHandler(settings_ValidationEventHandler);
aReader = System.Xml.XmlReader.Create(@"C:\myfile.xml", settings);
```

Die Signatur des Ereignishandlers muss mit der Signatur einer der folgenden Methoden übereinstimmen:

```
' VB
Sub settings_ValidationEventHandler _
    (ByVal sender As Object, ByVal e As System.Xml.Schema.ValidationEventArgs)
    ' TODO: Füge den Validierungscode ein.
End Sub

// C#
void settings_ValidationEventHandler(object sender, System.Xml.Schema.ValidationEventArgs e)
{
    // TODO: Füge den Validierungscode ein.
}
```

Sie können einen validierenden Leser auch erstellen, indem Sie einen vorhandenen XML-Leser entsprechend einhüllen. Dazu geben Sie beim `Create`-Aufruf den Leser an, statt einer URI-Zeichenfolge mit der Bezeichnung einer Datei. Das folgende Beispiel ersetzt die letzte Zeile des vorigen Beispiels und demonstriert, wie man eine vorhandene `XmlReader`-Instanz namens `theReader` angibt.

```
' VB
aReader = Xml.XmlReader.Create(theReader, settings)

// C#
aReader = System.Xml.XmlReader.Create(theReader, settings);
```

Schreiben von XML mit der Klasse *XmlWriter*

Die Klasse `XmlWriter` ermöglicht das Schreiben von XML-Daten in eine Datei, auf eine Konsole, in einen Stream und auf andere Ausgabegeräte. Es handelt sich um eine abstrakte Klasse, die als Basisklasse für abgeleitete Klassen dienen kann. Aber Sie können auch eine Instanz der Standardimplementierung von `XmlWriter` anlegen, indem Sie die statische Methode `XmlWriter.Create` aufrufen, wie hier gezeigt:

```
' VB
' Das Argument kann ein Stream sein, eine Datei, ein StringBuilder, ein TextWriter
' oder ein XmlWriter.
Dim aWriter As XmlWriter
aWriter = XmlWriter.Create(argument)

// C#
// Das Argument kann ein Stream sein, eine Datei, ein StringBuilder, ein TextWriter
// oder ein XmlWriter.
XmlWriter aWriter;
aWriter = XmlWriter.Create(argument);
```

Sie können die `Create`-Methode von `XmlWriter` auch mit einer Instanz von `XmlWriterSettings` aufrufen. Das `XmlWriterSettings`-Objekt bestimmt unter anderem das Format der XML-Daten, die von `XmlWriter` geschrieben werden. Das folgende Beispiel zeigt, wie man mit einer `XmlWriterSettings`-Instanz ein `XmlWriter`-Objekt erzeugt.

```
' VB
' Das Argument kann ein Stream sein, eine Datei, ein StringBuilder, ein TextWriter
' oder ein XmlWriter.
Dim aWriter As XmlWriter
Dim mySettings As New XmlWriterSettings()
' Konfguriere den Schreiber so, dass Elemente eingerückt werden.
mySettings.Indent = True
aWriter = XmlWriter.Create(argument, mySettings)

// C#
// Das Argument kann ein Stream sein, eine Datei, ein StringBuilder, ein TextWriter
// oder ein XmlWriter.
XmlWriter aWriter;
XmlWriterSettings mySettings = new XmlWriterSettings();
// Konfguriere den Schreiber so, dass Elemente eingerückt werden.
mySettings.Indent = true;
aWriter = XmlWriter.Create(argument, mySettings);
```

Formatieren der XML-Ausgabe

Wenn Sie mit einer Instanz von `XmlWriterSettings` ein `XmlWriter`-Objekt erstellen, können Sie eine Reihe von Eigenschaften angeben, mit denen sich das Formt der XML-Ausgabe steuern lässt. Tabelle 9.7 beschreibt die Eigenschaften der Klasse `XmlWriterSettings` für die XML-Formatierung.

Tabelle 9.7 Formatierungseigenschaften von `XmlWriterSettings`

Eigenschaft	Beschreibung
`Indent`	Gibt an, ob die Elemente einzurücken sind.
`IndentChars`	Enthält die Zeichenfolge, die für Einrückungen verwendet wird. Normalerweise handelt es sich um eine Zeichenfolge, die aus zwei Leerzeichen besteht. Solange `Indent` auf `False` steht, hat diese Eigenschaft keine Wirkung.
`NewLineChars`	Gibt die Zeichenfolge an, mit der das Zeilenende gekennzeichnet wird.
`NewLineHandling`	Gibt an, ob Zeilenwechsel in der Ausgabe normalisiert werden sollen.
`NewLineOnAttributes`	Gibt an, ob Attribute auf einer neuen Zeile geschrieben werden.

Um die Ausgabe eines `XmlWriter`-Objekts zu steuern, können Sie eine neue Instanz von `XmlWriterSettings` anlegen, die Einstellungen für das gewünschte Format vornehmen und dann mit der passenden Variante von `XmlWriter.Create` den neuen Schreiber erstellen.

Schreiben von Elementen

Die Klasse `XmlWriter` verfügt über Methoden, mit denen Sie Elemente in die Ausgabedatei oder den Ausgabestream schreiben können. Tabelle 9.8 beschreibt die Methoden der Klasse `XmlWriter`, die für das Schreiben von Elementen verwendet werden.

Tabelle 9.8 `XmlWriter`-Methoden zum Schreiben von Elementen

Methode	Beschreibung
`WriteComment`	Schreibt einen XML-Kommentar in die Ausgabe.
`WriteElementString`	Schreibt eine vollständige Elementzeichenfolge, einschließlich der Start- und Endelemente.
`WriteEndElement`	Schreibt das Endelement für ein Element. Falls das Element keinen Inhalt hat, wird ein kurzes Endelement („/>“) geschrieben. Andernfalls wird das vollständige Endelement geschrieben.
`WriteFullEndElement`	Schreibt immer das vollständige Endelement, unabhängig davon, ob das Element über einen Inhalt verfügt oder nicht.
`WriteStartDocument`	Schreibt das Startelement für ein XML-Dokument.
`WriteStartElement`	Schreibt ein Startelement.

Schreiben von einfachen Elementen

Sie können die Methode `WriteElementString` verwenden, um ein vollständiges Element mit Inhalt zu schreiben. Diese Methode sollte verwendet werden, wenn Sie keine Attribute in einen Knoten schreiben müssen. Sie geben den Namen des Knotens an, sowie den Text, der im Knoten enthalten sein soll. Das folgende Beispiel demonstriert die Verwendung dieser Methode.

```
' VB
myWriter.WriteElementString("Name", "Libby")

// C#
myWriter.WriteElementString("Name", "Libby");
```

Die Ausgabe dieser Methode ist folgendes Element:

```
<Name>Libby</Name>
```

Schreiben von komplexen Elementen

Zum Schreiben von komplexen Elementen können Sie zusätzlich die Methoden `WriteStartElement` und `WriteEndElement` verwenden. Mit diesen Methoden beginnen Sie einen Knoten, schreiben dann den gewünschten Inhalt (beispielsweise untergeordnete Knoten oder Attribute, wie in diesem Kapitel später noch besprochen wird), und schließen dann den Knoten. Das folgende Beispiel demonstriert, wie man `WriteStartElement` und `WriteEndElement` verwendet.

```
' VB
myWriter.WriteStartElement("FirstNames")
myWriter.WriteElementString("Name", "Libby")
myWriter.WriteEndElement()

// C#
myWriter.WriteStartElement("FirstNames");
myWriter.WriteElementString("Name", "Libby");
myWriter.WriteEndElement();
```

Dieser Beispielcode erzeugt folgende Ausgabe:

```
<FirstNames>
   <Name>Libby</Name>
</FirstNames>
```

Schreiben von Attributen

Mit der Methode `WriteAttributeString` können Sie Attribute in Elemente schreiben, die mit `WriteStartElement` begonnen wurden. Beim Aufruf der Methode geben Sie den Namen und den Wert des Attributs an. Das folgende Beispiel demonstriert, wie man die Methode `WriteAttributeString` verwendet.

```
' VB
myReader.WriteStartElement("FirstNames")
myReader.WriteAttributeString("Nicknames", "Ok")
myWriter.WriteElementString("Name", "Libby")
myReader.WriteEndElement()

// C#
myReader.WriteStartElement("FirstNames");
myReader.WriteAttributeString("Nicknames", "Ok");
myWriter.WriteElementString("Name", "Libby");
myReader.WriteEndElement();
```

Dieses Beispiel erzeugt folgende Ausgabe:

```
<FirstNames Nicknames="Ok">
  <Name>Libby</Name>
</FirstNames>
```

Schnelltest

1. Beschreiben Sie kurz die Klasse `XmlReader`.
2. Mit welchen beiden Klassen können Sie XML anhand eines vorhandenen Schemas überprüfen?

Antworten zum Schnelltest

1. Die Klasse `XmlReader` bietet den schnellen sequenziellen Lesezugriff (nur vorwärts) auf Daten, die im XML-Format vorliegen. Die Klasse `XmlReader` kann Zeichenfolgen lesen, Streams und andere Formen von XML.
2. Sie können XML mithilfe der beiden Klassen `XmlValidatingReader` und `XmlReader` anhand eines Schemas überprüfen. Wenn Sie `XmlReader` verwenden, müssen Sie den Leser mit einer Instanz von `XmlReaderSettings` entsprechend konfigurieren.

Übung: Erstellen einer Anwendung, die eine XML-Datei liest

In dieser Übung erstellen Sie eine Anwendung, die eine XML-Datei liest und die Elemente, Attribute und den Text aus der Datei anzeigt.

▶ Übung 1: Lesen von XML in eine *TreeView*

Erstellen Sie in Visual Studio ein neues Windows Forms-Projekt und nennen Sie es **ReadXml**. Gehen Sie dann folgendermaßen vor:

1. Ziehen Sie von der Toolbox je ein `TreeView`-, ein `Button`- und ein `OpenFileDialog`-Steuerelement auf das Formular.
2. Legen Sie die Eigenschaften des Formulars und der Steuerelemente folgendermaßen fest:

Steuerelement/Formular	Eigenschaft	Wert
`Form1`	`Text`	**Lies XML**
`Button1`	`Text`	**Lies XML**
`OpenFileDialog1`	`Filter`	**XML-Dateien | *.xml**

3. Klicken Sie den Designer mit der rechten Maustaste an und klicken Sie dann auf *Code anzeigen*, um das Codefenster zu öffnen.
4. Fügen Sie im Codefenster noch vor der Klasse folgende Codezeile ein:

```
' VB
Imports System.Xml

// C#
using System.Xml;
```

5. Klicken Sie `Button1` im Designer mit einem Doppelklick an, um den `Button.Click`-Ereignishandler zu öffnen. Fügen Sie den folgenden Code in den Ereignishandler `Button1_Click` ein.

```
' VB
' Lösche das TreeView-Steuerelement.
TreeView1.Nodes.Clear()
' Erstelle einen neuen XmlReader und lies die XML-Datei ein,
' die im Dateiöffnungsdialogfeld angezeigt wird.
Dim aReader As XmlReader
OpenFileDialog1.ShowDialog()
If Not OpenFileDialog1.FileName = "" Then
   aReader = XmlReader.Create(OpenFileDialog1.FileName)
End If
Dim aNode As TreeNode
Dim bNode As TreeNode
Dim parentNode As TreeNode
' Gehe in einer Schleife durch die Knoten der XML-Datei.
While aReader.Read
    Select Case aReader.NodeType
        ' Wenn ein Element gefunden wird, erstelle einen neuen Knoten,
        ' lies die Attribute und füge die Namen des Elements und der Attribute
        ' als neuen Knoten in das TreeView-Steuerelement ein.
        Case XmlNodeType.Element
            aNode = New TreeNode(aReader.Name)
            If aReader.AttributeCount > 0 Then
                Dim i As Integer
                aReader.MoveToFirstAttribute()
                aNode.Text &= " " & aReader.Name & "=" & aReader.Value
                For i = 1 To aReader.AttributeCount - 1
                   aReader.MoveToNextAttribute()
                   aNode.Text &= " " & aReader.Name & "=" & aReader.Value
                Next
            End If
            If parentNode Is Nothing Then
                TreeView1.Nodes.Add(aNode)
            Else
                parentNode.Nodes.Add(aNode)
            End If
            parentNode = aNode
        ' Wenn ein EndElement vorliegt, wird das übergeordnete Element
        ' eine Ebene heraufgesetzt.
        Case XmlNodeType.EndElement
            parentNode = parentNode.Parent
        ' Wenn ein Textknoten vorliegt, wird ein neuer Knoten als untergeordneter
        ' Knoten für den Text erstellt.
        Case XmlNodeType.Text
            bNode = New TreeNode(aReader.Value)
            aNode.Nodes.Add(bNode)
        Case Else
    End Select
End While
```

```
// C#
// Lösche das TreeView-Steuerelement.
treeView1.Nodes.Clear();
// Erstelle einen neuen XmlReader und lies die XML-Datei ein,
// die im Dateiöffnungsdialogfeld angezeigt wird.
XmlReader aReader;
openFileDialog1.ShowDialog();
aReader = XmlReader.Create(openFileDialog1.FileName);
TreeNode aNode = new TreeNode();
TreeNode bNode;
TreeNode parentNode = new TreeNode();
// Gehe in einer Schleife durch die Knoten der XML-Datei.
while (aReader.Read())
{
    switch (aReader.NodeType)
    {
        // Wenn ein Element gefunden wird, erstelle einen neuen Knoten,
        // lies die Attribute und füge die Namen des Elements und der Attribute
        // als neuen Knoten in das TreeView-Steuerelement ein.
        case XmlNodeType.Element:
           aNode = new TreeNode(aReader.Name);
           if (aReader.AttributeCount > 0)
           {
               aReader.MoveToFirstAttribute();
               aNode.Text += " " + aReader.Name + "=" + aReader.Value;
               for (int i = 1; i < aReader.AttributeCount; i++)
               {
                   aReader.MoveToNextAttribute();
                   aNode.Text += " " + aReader.Name + "=" + aReader.Value;
               }
           }
           if (parentNode.Text == "")
               treeView1.Nodes.Add(aNode);
           else
               parentNode.Nodes.Add(aNode);
           parentNode = aNode;
           // Wenn ein EndElement vorliegt, wird das übergeordnete Element
           // eine Ebene heraufgesetzt.
           break;
        case XmlNodeType.EndElement:
           parentNode = parentNode.Parent;
           break;
        // Wenn ein Textknoten vorliegt, wird ein neuer Knoten als untergeordneter
        // Knoten für den Text erstellt.
        case XmlNodeType.Text:
           bNode = new TreeNode(aReader.Value);
           aNode.Nodes.Add(bNode);
           break;
    }
}
```

6. Drücken Sie auf die Taste F5, um die Anwendung zu starten. Klicken Sie auf die Schaltfläche *Lies XML* und suchen Sie auf Ihrem Laufwerk eine XML-Datei heraus, beispielsweise *Bookstore.xml* (sie liegt im Beispielcode-Verzeichnis für Kapitel 9). Beachten Sie bitte, dass die XML-Datei eingelesen und für die Darstellung in TreeView-Knoten übersetzt wird.

Zusammenfassung der Lektion

- Die Klasse XmlReader ist eine abstrakte Klasse, die einen nicht gepufferten Lesezugriff (nur vorwärts) auf XML-Daten ermöglicht, die in einer Datei oder einem Stream vorliegen. XmlReader ist eine Basisklasse der Klassen XmlTextReader, XmlNodeReader und XmlValidatingReader. Sie können mit der Methode XmlReader.Create auch eine Instanz der Standardimplementierung von XmlReader abrufen.
- Die Read-Methode von XmlReader liest den aktuellen Knoten der XML-Daten und stellt den Leser auf den nächsten Knoten weiter. Nachdem ein Knoten gelesen wurde, kann er von derselben XmlReader-Instanz nicht noch einmal gelesen werden.
- Attribute können mit der Methode MoveToAttribute gelesen werden. Während Sie mit der Methode MoveToAttribute arbeiten, können Sie sich frei zwischen den Attributen eines Elements bewegen. Das ist die einzige Ausnahme von der Regel, dass die Klasse XmlReader nur den Lesezugriff in eine Richtung ermöglicht.
- Die Methode XmlReader.MoveToContent eignet sich dazu, Knoten zu überspringen, die keine Inhalte haben. Sie stellt den Leser auf den nächsten Knoten ein, der einen Inhalt hat.
- XmlValidatingReader überprüft die XML-Daten, die der XmlReader liest, anhand eines im Dokument oder extern vorliegenden Schemas. Wenn bei der Überprüfung ein Fehler festgestellt wird, wird ein ValidationError-Ereignis gemeldet, das Sie behandeln können. Die ValidationErrorEventArgs-Instanz, die an den Ereignishandler übergeben wird, enthält Informationen über den vorliegenden Validierungsfehler. Sie können ein XML-Dokument auch mit der Klasse XmlReader überprüfen.
- Die Klasse XmlWriter ist eine abstrakte Klasse, die Methoden für das Schreiben von XML bietet. Sie können mit der Methode XmlWriter.Create eine Instanz der Standardimplementierung von XmlWriter abrufen.

Lernzielkontrolle

Die folgenden Fragen dienen dazu, die wichtigsten Lerninhalte dieser Lektion zu vertiefen. Die Fragen sind (in englischer Sprache) auch auf der Begleit-CD zu finden, falls Sie die elektronische Form der Fragen vorziehen.

Hinweis Die Antworten

Die Antworten auf die Fragen und Erläuterungen, warum die entsprechende Antwort richtig oder falsch ist, finden Sie im Abschnitt „Antworten" am Ende des Buchs.

1. Welches der folgenden Codebeispiele erstellt eine neue Instanz der Klasse `XmlReader`?

   A.

```
' VB
Dim aReader As New XmlReader()

// C#
XmlReader aReader = new XmlReader();
```

   B.

```
' VB
Dim aReader As XmlReader
aReader = XmlReader.Create()

// C#
XmlReader aReader;
aReader = XmlReader.Create();
```

   C.

```
' VB
Dim aReader As XmlReader
aReader = XmlReader.Create("myXml.xml")

// C#
XmlReader aReader;
aReader = XmlReader.Create("myXml.xml");
```

   D.

```
' VB
Dim aReader As New XmlReader("myXml.xml")

// C#
XmlReader aReader = new XmlReader("myXml.xml");
```

2. Gegeben sei das folgende XML-Codefragment:

```
<text1 length="12" color="blue">moo</text1>
```

und eine `XmlReader`-Instanz namens `myReader`, die auf den Knoten `text1` positioniert ist. Welches der folgenden Codebeispiele kann zur Anzeige des Werts (aber nicht des Namens) des `length`-Attributs verwendet werden? (Wählen Sie alle zutreffenden Antworten aus.)

A.

```
' VB
myReader.MoveToAttribute("length")
MsgBox(myReader.Value)

// C#
myReader.MoveToAttribute("length");
MessageBox.Show(myReader.Value);
```

B.

```
' VB
myReader.MoveToAttribute(0)
MsgBox(myReader.Value)

// C#
myReader.MoveToAttribute(0);
MessageBox.Show(myReader.Value);
```

C.

```
' VB
myReader.MoveToAttribute("length")
MsgBox(myReader.InnerXml)

// C#
myReader.MoveToAttribute("length");
MessageBox.Show(myReader.ReadInnerXml);
```

D.

```
' VB
myReader.MoveToAttribute("length")
MsgBox(myReader.OuterXml)

// C#
myReader.MoveToAttribute("length");
MessageBox.Show(myReader.ReadOuterXml);
```

3. Gegeben sei eine `XmlWriter`-Instanz namens `myWriter`. Welches der folgenden Codebeispiele generiert das folgende XML-Fragment?

```
<colors>
   <color>blue</color>
</colors>
```

A.

```
' VB
myWriter.WriteStartElement("colors")
myWriter.WriteElementString("color", "blue")
myWriter.WriteEndElement()

// C#
myWriter.WriteStartElement("colors");
myWriter.WriteElementString("color", "blue");
myWriter.WriteEndElement();
```

B.

```
' VB
myWriter.WriteStartElement("colors")
myWriter.WriteElementString("color", "blue")
myWriter.WriteEndElement("colors")

// C#
myWriter.WriteStartElement("colors");
myWriter.WriteElementString("color", "blue");
myWriter.WriteEndElement("colors");
```

C.

```
' VB
myWriter.WriteElementString("colors")
myWriter.WriteElementString("color", "blue")
myWriter.WriteElementString("/colors")

// C#
myWriter.WriteElementString("colors");
myWriter.WriteElementString("color", "blue");
myWriter.WriteElementString("/colors");
```

D.

```
' VB
myWriter.WriteStartElement("colors")
myWriter.WriteStartElement("color", "blue")
myWriter.WriteEndElement()

// C#
myWriter.WriteStartElement("colors");
myWriter.WriteStartElement("color", "blue");
myWriter.WriteEndElement();
```

Lektion 2: Strukturieren von XML mit dem XML Document Object Model

Das XML Document Object Model (DOM) ist die hierarchische Darstellung einer linearen XML-Datei. Plattformspezifische Implementierungen des XML-Dokumentobjektmodells ermöglichen es Ihnen, sich im XML-Dokument zu bewegen, komplizierte Suchen durchzuführen und die XML-Struktur in nichtlinearer Weise zu ändern. Das .NET Framework ermöglicht Ihnen mit der Klasse `XmlDocument` die Arbeit mit dem XML-Dokumentobjektmodell.

Am Ende dieser Lektion werden Sie in der Lage sein, die folgenden Aufgaben auszuführen:

- Lesen von XML-Daten ins DOM
- Bearbeiten von XML-Dokumenten durch das Hinzufügen und Entfernen von Knoten
- Ändern von Knoten in einem XML-Dokument
- Schreiben von Daten aus dem DOM im XML-Format
- Arbeiten mit Knoten im XML-DOM
- Behandeln von DOM-Ereignissen
- Ändern der XML-Deklaration

Veranschlagte Zeit für diese Lektion: 45 Minuten

Die *XmlDocument*-Klasse

Das XML-DOM ist durch die Klasse `System.Xml.XmlDocument` zugänglich. Diese Klasse ermöglicht Ihnen mit einer Vielzahl von Methoden das Einlesen einer XML-Datei in den Arbeitsspeicher, die Bearbeitung der Struktur, die Suche nach und das Abrufen von Knoten.

Die Klasse `XmlDocument` modelliert ein XML-Dokument als hierarchische Ansammlung von `XmlNode`-Objekten. Da `XmlDocument` die Klasse `XmlNode` erweitert, kann man sich das `XmlDocument`-Objekt als den Stammknoten vorstellen. Der Zugriff auf die untergeordneten Knoten von `XmlDocument` ist über die Eigenschaft `ChildNodes` möglich. Auf spezifische Elemente können Sie aber auch über die Eigenschaft `XmlDocument.Item` zugreifen.

Einlesen von XML ins DOM

Sie können ein vorhandenes XML-Dokument ins DOM einlesen, indem Sie eine neue Instanz der Klasse `XmlDocument` erstellen und die XML-Daten dann von einem `Stream`, `String` (mit dem Dateinamen), `TextReader` oder `XmlReader` laden, wie im folgenden Beispiel.

```
' VB
Dim aDocument As New XmlDocument()
' Das Argument muss ein String, Stream, TextReader oder XmlReader sein.
aDocument.Load(argument)

// C#
XmlDocument aDocument = new XmlDocument();
// Das Argument muss ein String, Stream, TextReader oder XmlReader sein.
aDocument.Load(argument);
```

Die `Load`-Methode überprüft die XML-Daten aber nicht, die ins `XmlDocument` geladen werden. Wenn Sie die XML-Daten anhand eines Schemas überprüfen möchten, richten Sie das `XmlReader`-Objekt entsprechend für eine Überprüfung ein, wie in der vorigen Lektion beschrieben, oder Sie übergeben eine Instanz der Klasse `XmlValidatingReader` an die `Load`-Methode.

Die `Load`-Methode bewahrt alle *wichtigen* Leerräume. Sie bewahrt *sämtliche* Leerräume, wenn die Eigenschaft `XmlDocument.PreserveWhiteSpace` auf `True` steht. Wenn Sie die Leerräume nicht erhalten möchten, können Sie die Methode `LoadXml` verwenden.

Bearbeiten eines XML-Dokuments

Sie können mit den Methoden des `XmlDocument`-Objekts XML-Knoten hinzufügen, entfernen und kopieren.

Erstellen neuer Knoten

Die Klasse `XmlDocument` ermöglicht Ihnen das Erstellen und Einfügen von neuen Knoten ins XML-Dokument, an dem Sie arbeiten. Tabelle 9.9 beschreibt die Methoden zur Erstellung neuer Knoten.

Tabelle 9.9 `XmlDocument`-Methoden zum Erstellen neuer Knoten

Methode	Beschreibung
`CreateCDataSection`	Erstellt einen `CData`-Abschnitt.
`CreateComment`	Erstellt einen Kommentarknoten.
`CreateDocumentFragment`	Erstellt ein neues Dokumentfragment.
`CreateDocumentType`	Erstellt einen neuen Dokumenttypknoten.
`CreateElement`	Erstellt ein neues Element.
`CreateProcessingInstruction`	Erstellt einen neuen Knoten für Bearbeitungsbefehle.
`CreateSignificantWhitespace`	Erstellt ein neuen Knoten für wichtige Leerräume.
`CreateTextNode`	Erstellt einen neuen Textknoten.
`CreateWhitespace`	Erstellt einen neuen Leerraumknoten.
`CreateXmlDeclaration`	Erstellt einen neuen XML-Deklarationsknoten.

Jede dieser Methoden hat ihren eigenen Konstruktor und unterschiedliche Parameter. Nachdem ein neuer Knoten erstellt wurde, muss er noch mit einer der Methoden aus Tabelle 9.10 zum `XmlDocument`-Objekt hinzugefügt werden.

Tabelle 9.10 Knoteneinfügungsmethoden der `XmlDocument`-Klasse

Methode	Beschreibung
`InsertBefore`	Fügt den neuen Knoten vor dem angegebenen Knoten ins Dokument ein.
`InsertAfter`	Fügt den neuen Knoten hinter dem angegebenen Knoten ins Dokument ein.
`AppendChild`	Hängt den angegebenen Knoten ans Ende der Liste der untergeordneten Knoten des Knotens an, der diese Methode aufgerufen hat.
`PrependChild`	Stellt den angegebenen Knoten an den Anfang der Liste der untergeordneten Knoten des Knotens, der diese Methode aufgerufen hat.

Der folgende Beispielcode demonstriert, wie man einen neuen Element- und einen neuen Textknoten erstellt, den Elementknoten zu einer `XmlDocument`-Instanz hinzufügt und den Textknoten ins neu erstellte Element aufnimmt. Dabei wird vorausgesetzt, dass der Namespace `System.Xml` mit `Imports` (Visual Basic) oder `using` (C#) verfügbar gemacht wurde:

```
' VB
' Deklariere das neue XmlDocument, XmlElement und XmlText.
Dim aDocument As New XmlDocument
Dim anElement As XmlElement
Dim aText As XmlText
' Erstelle einen neuen Knoten.
anElement = aDocument.CreateElement("TestKnoten")
' Erstelle einen neuen Textknoten.
aText = aDocument.CreateTextNode("Dies ist der Testtext")
' Deklariere einen neuen Knoten für den Verweis auf den neuen Knoten, der
' zurückgegeben wird, wenn anElement ins XmlDocument eingefügt wird.
Dim node As XmlNode
' Füge anElement ins XmlDocument ein.
node = aDocument.AppendChild(anElement)
' Füge den Text in den neu erstellten Knoten ein.
node.AppendChild(aText)

// C#
// Deklariere das neue XmlDocument, XmlElement und XmlText.
XmlDocument aDocument = new XmlDocument();
XmlElement anElement;
XmlText aText;
// Erstelle einen neuen Knoten.
anElement = aDocument.CreateElement("TestKnoten");
// Erstelle einen neuen Textknoten.
aText = aDocument.CreateTextNode("Dies ist der Testtext");
// Deklariere einen neuen Knoten für den Verweis auf den neuen Knoten, der
// zurückgegeben wird, wenn anElement ins XmlDocument eingefügt wird.
XmlNode node;
// Füge anElement ins XmlDocument ein.
node = aDocument.AppendChild(anElement);
// Füge den Text in den neu erstellten Knoten ein.
node.AppendChild(aText);
```

Die Struktur, die im obigen Beispielcode aufgebaut wird, entspricht folgendem XML-Code:

```
<TestKnoten>Dies ist der Testtext</TestKnoten>
```

Kopieren vorhandener Knoten

Sie können vorhandene Knoten mit der Methode `XmlNode.CloneNode` kopieren. Diese Methode erstellt von einem vorhandenen Knoten eine Kopie, die anschließend zum `XmlDocument`-Objekt hinzugefügt werden kann. Das folgende Beispiel zeigt den Aufruf der `CloneNode`-Methode.

```
' VB
' Gegeben sei ein Knoten namens aNode.
Dim bNode As System.Xml.XmlNode
bNode = aNode.CloneNode(False)
' bNode kann nun ins XmlDocument eingefügt werden.

// C#
// Gegeben sei ein Knoten namens aNode.
System.Xml.XmlNode bNode;
bNode = aNode.CloneNode(false);
// bNode kann nun ins XmlDocument eingefügt werden.
```

Entfernen vorhandener Knoten

Vorhandene Knoten können Sie entfernen, indem Sie die Methode `RemoveChild` des übergeordneten Knotens des Knotens aufrufen, den Sie entfernen möchten. Ein Beispiel:

```
' VB
aNode.RemoveChild(ChildNode)

// C#
aNode.RemoveChild(ChildNode);
```

Ändern von Knoten in einer *XmlDocument*-Instanz

Mit den Methoden der Klassen `XmlDocument` und `XmlNode` können Sie vorhandene Knoten in einer `XmlDocument`-Instanz ändern. Sie können mit dem entsprechenden Programmcode die Werte solcher Knoten ändern, die Werte enthalten, oder vorhandene Knoten ersetzen, Inhalte ändern und Attributwerte festlegen.

Ändern der Werte von vorhandenen Knoten

Bei Knoten, die Werte enthalten (`Attribute`, `CDATA`, `Comment`, `DocumentType`, `ProcessingInstruction`, `SignificantWhitespace`, `Text`, `Whitespace`, `XmlDeclaration`), können Sie den Wert mit der Eigenschaft `XmlNode.Value` direkt ändern. Das folgende Beispiel demonstriert, wie man den Wert eines `XmlText`-Elements ändert.

```
' VB
' Gegeben sei ein Textelement aText.
' Ändere den Wert des Textelements auf 'Text2'.
aText.Value = "Text2"

// C#
// Gegeben sei ein Textelement aText.
// Ändere den Wert des Textelements auf 'Text2'.
aText.Value = "Text2";
```

Ersetzen einer ganzen Gruppe von untergeordneten Knoten

Wenn Sie alle untergeordneten Knoten eines Knotens durch einen anderen Satz an Knoten ersetzen möchten, können Sie das mit der Eigenschaft `XmlNode.InnerXml` tun. Die Eigenschaft `InnerXml` eines `XmlNode`-Objekts enthält eine Zeichenfolge, die den Inhalt und alle untergeordneten Knoten des Knotens beschreibt, allerdings ohne das Start- und das Endelement. Durch die Zuweisung einer anderen

Zeichenfolge an die Eigenschaft `InnerXml` können Sie die vorhandenen untergeordneten Knoten durch neue Knoten ersetzen. Ein Beispiel:

```
' VB
' Gegeben sei ein XmlNode namens aNode.
Dim aString As String = "<Test>TestChildNodes</Test>"
aNode.InnerXml = aString

// C#
// Gegeben sei ein XmlNode namens aNode.
String aString = "<Test>TestChildNodes</Test>"
aNode.InnerXml = aString;
```

Ersetzen bestimmter Knoten

Mit der Methode `XmlNode.ReplaceChild` können Sie einzelne Knoten ersetzen. Beim Aufruf dieser Methode geben Sie einen bestimmten untergeordneten Knoten Ihres Knotens an, sowie das neue `XmlNode`-Objekt, das ihn ersetzt. Das folgende Beispiel zeigt die Verwendung der Methode `ReplaceChild`.

```
' VB
' Dieses Beispiel ersetzt den untergeordneten Knoten OldNode durch einen
' Knoten namens NewNode. Der übergeordnete Knoten heißt aNode.
aNode.ReplaceChild(NewNode, OldNode)

// C#
// Dieses Beispiel ersetzt den untergeordneten Knoten OldNode durch einen
// Knoten namens NewNode. Der übergeordnete Knoten heißt aNode.
aNode.ReplaceChild(NewNode, OldNode);
```

Ersetzen oder Entfernen eines Zeichenfolgenabschnitts

In Knoten, die von der Klasse `XmlCharacterData` abgeleitet werden (dabei handelt es sich um `XmlCDataSection`, `XmlComment`, `XmlSignificantWhitespace`, `XmlText` und `XmlWhitespace`), können Sie mit der Methode `ReplaceData`, die drei Parameter hat, Zeichen ersetzen oder entfernen. Der erste Parameter ist die Position des ersten Zeichens in der vorhandenen Zeichenfolge, das ersetzt werden soll. Der zweite Parameter gibt die Länge der Zeichenfolge an, die ersetzt werden soll. Der dritte Parameter ist die Zeichenfolge, die stattdessen an der angegebenen Position eingefügt wird. Das folgende Beispiel zeigt die Verwendung der Methode `ReplaceData`.

```
' VB
' Gegeben sei ein Textknoten aText mit dem Wert 'meinText'.
aText.ReplaceData(0, 4, "dein")
' Der resultierende Wert von aText ist 'deinText'.

// C#
// Gegeben sei ein Textknoten aText mit dem Wert 'meinText'.
aText.ReplaceData(0, 4, "dein");
// Der resultierende Wert von aText ist 'deinText'.
```

Festlegen oder Aktualisieren eines Attributs

Mit der Methode SetAttribute können Sie ein Attribut zu einem Element hinzufügen oder den Wert eines vorhandenen Attributs ändern, wie folgt:

```
' VB
anElement.SetAttribute("Color", "Blue")

// C#
anElement.SetAttribute("Color", "Blue");
```

Dieser Beispielcode legt den Wert des Attributs Color von anElement auf Blue fest. Sollte anElement noch nicht über ein Color-Attribut verfügen, fügt die Methode ein neues Color-Attribut hinzu und legt dessen Wert auf Blue fest.

Schreiben von XML mit *XmlDocument*

Mit der Methode XmlDocument.WriteTo können Sie den Inhalt eines XmlDocument-Objekts in eine Datei, auf einen Stream, eine Konsole oder ein anderes Ausgabegerät schreiben. Diese Methode schreibt alle Knoten aus dem XmlDocument-Objekt auf den angegebenen XmlWriter. Das entspricht dem Schreiben der Eigenschaft OuterXml. Mit der Methode WriteContentTo können Sie auch den Inhalt des XmlDocument-Objekts ohne Start- und Endknoten schreiben. Das entspricht dem Schreiben der Eigenschaft InnerXml. Das folgende Beispiel demonstriert, wie man die Knoten eines XmlDocument-Objekts namens aDocument in eine Datei namens *myFile.xml* schreibt.

```
' VB
Dim aWriter As System.Xml.XmlWriter
aWriter = System.Xml.XmlWriter.Create("myFile.xml")
aDocument.WriteTo(aWriter)

// C#
XmlWriter aWriter;
aWriter = System.Xml.XmlWriter.Create("myFile.xml");
aDocument.WriteTo(aWriter);
```

Arbeiten mit *XmlNamedNodeMap*

Die Klasse XmlNamedNodeMap verwaltet eine Sammlung nicht hierarchischer XML-Knoten, wie zum Beispiel Attribute oder XmlEntity-Objekte. Die folgenden drei Eigenschaften geben ein XmlNamedNodeMap-Objekt zurück:

- XmlElement.Attributes
- XmlDocumentType.Entities
- XmlDocumentType.Notations

Die Klasse XmlNamedNodeMap ermöglicht den Zugriff auf XmlNodes, wobei der Name des gesuchten Knotens angegeben wird. Tabelle 9.11 beschreibt wichtige Methoden der Klasse XmlNamedNodeMap.

Tabelle 9.11 Wichtige Methoden der Klasse `XmlNamedNodeMap`

Methode	Beschreibung
`GetNamedItem`	Ruft den `XmlNode` mit dem angegebenen Namen ab.
`Item`	Ruft den Knoten am angegebenen Index ab.
`RemoveNamedItem`	Entfernt den angegebenen Knoten aus der `XmlNamedNodeMap`.
`SetNamedItem`	Fügt einen vorhandenen `XmlNode` zur `XmlNamedNodeMap` hinzu.

Arbeiten mit *XmlNodeList*

Die Klasse `XmlNodeList` stellt eine geordnete Liste von Knoten dar. Die folgenden Methoden und Eigenschaften geben eine `XmlNodeList` zurück.

- `XmlNode.ChildNodes`
- `XmlDocument.GetElementsByTagName`
- `XmlElement.GetElementsByTagName`
- `XmlNode.SelectNodes`

Die Klasse `XmlNodeList` ermöglicht mit ihrer Methode `Item` den Zugriff auf die enthaltenen Knoten mit einem Index. Die Eigenschaft `Count` gibt die Zahl der Knoten an, die sich im `XmlNodeList`-Objekt befinden. Der folgende Beispielcode zeigt, wie man mit einer Programmschleife die Knoten, die in einem `XmlNodeList`-Objekt enthalten sind, anzeigen kann.

```
' VB
Dim j As Integer
For j = 0 To xList.Count - 1
   MsgBox(xList.Item(j).InnerXml)
Next

// C#
for (int j = 0; j <xList.Count; j++)
{  MessageBox.Show(xList.Item(j).InnerXml);
}
```

Behandeln von DOM-Ereignissen

Die `XmlDocument`-Klasse gibt mit entsprechenden Ereignissen bekannt, wenn sich die Knotenstruktur ändert. Sie können diese Ereignisse behandeln und auf Änderungen im XML-Dokument entsprechend reagieren. Tabelle 9.12 beschreibt die Ereignisse, die in der Klasse `XmlDocument` auftreten.

Tabelle 9.12 Ereignisse, die von der Klasse `XmlDocument` ausgelöst werden

Ereignis	Beschreibung
`NodeInserting`	Tritt ein, wenn ein Knoten in einen anderen Knoten eingefügt werden soll.
`NodeInserted`	Tritt ein, wenn ein Knoten in einen anderen Knoten eingefügt worden ist.
`NodeRemoving`	Tritt ein, wenn ein Knoten aus dem Dokument entfernt werden soll.
`NodeRemoved`	Tritt ein, wenn ein Knoten aus dem Dokument entfernt worden ist.
`NodeChanging`	Tritt ein, wenn ein Knoten geändert werden soll.
`NodeChanged`	Tritt ein, wenn ein Knoten geändert worden ist.

Sie können Ereignishandler erstellen, die in Reaktion auf diese Ereignisse den vorgesehenen Code ausführen. Ereignishandler für XmlDocument-Ereignisse haben folgende Signatur:

```
' VB
Sub DocHandler(ByVal source As Object, ByVal e As XmlNodeChangedEventArgs)
End Sub

// C#
void DocHandler(object source, XmlNodeChangedEventArgs e)
{}
```

Sie können für jedes dieser Ereignisse einen Ereignishandler erstellen, wie in Kapitel 4, „ToolStrips, Menüs und Ereignisse", beschrieben.

Der XmlNodeChangedEventArgs-Parameter des Ereignishandlers liefert Informationen über das Ereignis, das aufgetreten ist. Tabelle 9.13 beschreibt Eigenschaften der Klasse XmlNodeChangedEventArgs.

Tabelle 9.13 Eigenschaften der Klasse XmlNodeChangedEventArgs

Eigenschaft	Beschreibung
Action	Ruft einen Wert ab, der angibt, welches Knotenänderungsereignis eingetreten ist.
NewParent	Ruft den Wert von ParentNode ab, nachdem die Operation abgeschlossen ist.
Node	Ruft den Knoten ab, der hinzugefügt, entfernt oder geändert werden soll.
OldParent	Ruft den Wert von ParentNode ab, bevor die Operation durchgeführt wird.

Ändern der XML-Deklaration

Der erste Knoten einer vollständigen XmlDocument-Instanz ist der XmlDeclaration-Knoten. Er gibt an, welche XML benutzt wurde, ob es sich um ein eigenständiges Dokument handelt und welche Kodierung von dem Dokument verwendet wird.

Sie können einen XmlDeclaration-Knoten mit der Methode XmlDocument.CreateXmlDeclaration erstellen. Die Methode CreateXmlDeclaration hat folgende Parameter:

- **Version** Derzeit muss als Argument immer „1.0" angegeben werden. Andere Versionsnummern sind noch nicht zulässig.
- **Encoding** Gibt die Kodierung an, die für die Zeichen im XmlDocument-Objekt benutzt wird. Die Kodierung bestimmt die Codeseite, die zur Anzeige der Zeichen aus dem Dokument verwendet wird. Da verschiedene Länder verschiedene Zeichensätze verwenden, geben Sie als Argument eine Kodierung an, die zum verwendeten Gebietsschema passt. Wenn als Argument null oder Nothing angegeben wird, dann wird zwar die Standardkodierung UTF-8 benutzt, aber es wird kein Wert in den Deklarationsknoten geschrieben.
- **Standalone** Gibt an, ob das Dokument von externen Quellen unabhängig ist. Als Argumente sind nur yes oder no zulässig. Wird für diesen Parameter null oder Nothing angegeben, wird kein Wert in die Deklaration geschrieben.

Der folgende Beispielcode demonstriert, wie man eine `XmlDeclaration`-Instanz erstellt und in ein `XmlDocument`-Dokument einfügt.

```
' VB
Dim aDoc As New System.Xml.XmlDocument()
Dim aDecl As System.Xml.XmlDeclaration
' Erstelle eine neue XmlDeclaration und lege als Kodierung ISO-8859-1 fest.
aDecl = aDoc.CreateXmlDeclaration("1.0", "ISO-8859-1", "yes")
' Füge die XmlDeclaration hinzu.
aDoc.AppendChild(aDecl)

// C#
System.Xml.XmlDocument aDoc = new System.Xml.XmlDocument();
System.Xml.XmlDeclaration aDecl;
// Erstelle eine neue XmlDeclaration und lege als Kodierung ISO-8859-1 fest.
aDecl = aDoc.CreateXmlDeclaration("1.0", "ISO-8859-1", "yes");
// Füge die XmlDeclaration hinzu.
aDoc.AppendChild(aDecl);
```

Beachten Sie bitte, dass ein `XmlDeclaration`-Knoten an der ersten Position in ein `XmlDocument`-Objekt eingefügt werden muss. Jeder Versuch, einen XmlDeclaration-Knoten an einer anderen Position einzufügen, löst eine Ausnahme aus.

Schnelltest

1. Welche Aufgabe hat die Klasse `XmlDocument`?
2. Wie können Sie alle vorhandenen untergeordneten Knoten in einem bestimmten `XmlNode` ersetzen?

Antworten zum Schnelltest

1. Die Klasse `XmlDocument` bietet dem Programmcode der Anwendung den Zugriff auf die Knoten und die Struktur eines vorhandenen XML-Dokuments.
2. Sie können alle untergeordneten Knoten eines bestimmten `XmlNode`-Objekts ersetzen, indem Sie der Eigenschaft `XmlNode.InnerXml` einen entsprechenden Wert zuweisen.

Übung: Verwenden der *XmlDocument*-Klasse

In dieser Übung erweitern Sie eine bereits vorhandene Partiallösung um `XmlDocument`-Funktionen. Sie laden die Datei *BookStore.xml* in eine `XmlDocument`-Instanz und fügen neue Elemente zu dieser `XmlDocument`-Instanz hinzu.

► **Übung 1: Hinzufügen von *XmlDocument*-Funktionen zu einer Partiallösung**

1. Laden Sie aus dem Verzeichnis mit den Beispielprogrammen für Kapitel 9 von Ihrer CD die Partiallösung *XmlDocumentPartial* für die Sprache, mit der Sie arbeiten.
2. Öffnen Sie im Designer *Form1*. Klicken Sie dann mit einem Doppelklick auf die Schaltfläche *XML laden*, um den Ereignishandler `btnLoadXml_Click` zu öffnen.

3. Fügen Sie folgenden Code unter dem Code ein, der sich bereits in dieser Methode befindet:

```
' VB
doc.Load(OpenFileDialog1.FileName)

// C#
doc.Load(openFileDialog1.FileName);
```

4. Klicken Sie im Designer mit einem Doppelklick auf die Schaltfläche *XML anzeigen*, um den Ereignishandler `btnViewXml_Click` zu öffnen.
5. Fügen Sie folgenden Code in diese Methode ein:

```
' VB
Dim aForm As New Form2
aForm.TextBox1.Text = doc.OuterXml
aForm.ShowDialog()

// C#
Form2 aForm = new Form2();
aForm.textBox1.Text = doc.OuterXml;
aForm.ShowDialog();
```

6. Klicken Sie im Designer mit einem Doppelklick auf die Schaltfläche *Buch hinzufügen*, um den Ereignishandler `btnAddBook_Click` zu öffnen.
7. Fügen Sie unterhalb der ersten Codezeile, die sich bereits in dieser Methode befindet (für Visual Basic), oder in den `if`-Block (für C#) folgenden Code ein:

```
' VB
If doc.OuterXml = "" Then
    MsgBox("Bitte laden Sie zuerst die XML-Datei")
    Exit Sub
End If
Dim aList As Xml.XmlNodeList
Dim aNode As Xml.XmlNode
Dim anElement As Xml.XmlElement
aList = doc.GetElementsByTagName("book")
aNode = aList.Item(aList.Count - 1)

' Erstelle ein neues Element.
anElement = doc.CreateElement("book")

' Lege einige Attribute des Elements fest.
anElement.SetAttribute("ISBN", txtISBN.Text)
anElement.SetAttribute("Title", txtTitle.Text)
anElement.SetAttribute("Price", txtPrice.Text)

' Wenn bereits Kapitel eingetragen wurden, erstelle die Elemente und füge sie hinzu.
If Not ListView1.Items.Count = 0 Then
    For Each j As ListViewItem In ListView1.Items
        Dim bElement As Xml.XmlElement
        bElement = doc.CreateElement("chapter")
```

```
        bElement.SetAttribute("num", j.SubItems(0).Text)
        bElement.SetAttribute("name", j.SubItems(1).Text)
        Dim atext As Xml.XmlText
        atext = doc.CreateTextNode(j.SubItems(2).Text)
        bElement.AppendChild(atext)
        anElement.AppendChild(bElement)
    Next
End If

' Füge den Knoten an der richtigen Stelle ein.
aNode.ParentNode.InsertAfter(anElement, aNode)

' Lösche die UI-Felder.
txtChapterName.Text = ""
txtChapterText.Text = ""
txtISBN.Text = ""
txtPrice.Text = ""
txtTitle.Text = ""
ListView1.Clear()
```

```
// C#
if (doc.OuterXml == "")
{
    MessageBox.Show("Bitte laden Sie zuerst die XML-Datei");
    return;
}
System.Xml.XmlNodeList aList;
System.Xml.XmlNode aNode;
System.Xml.XmlElement anElement;
aList = doc.GetElementsByTagName("book");
aNode = aList.Item(aList.Count - 1);

// Erstelle ein neues Element.
anElement = doc.CreateElement("book");

// Lege einige Attribute des Elements fest.
anElement.SetAttribute("ISBN", txtISBN.Text);
anElement.SetAttribute("Title", txtTitle.Text);
anElement.SetAttribute("Price", txtPrice.Text);

// Wenn bereits Kapitel eingetragen wurden, erstelle die Elemente und füge sie hinzu.
if (!(listView1.Items.Count == 0))
{
    System.Xml.XmlElement bElement;
    System.Xml.XmlText atext;
    foreach (ListViewItem j in listView1.Items)
    {
        bElement = doc.CreateElement("chapter");
        bElement.SetAttribute("num", j.SubItems[0].Text);
        bElement.SetAttribute("name", j.SubItems[1].Text);
        atext = doc.CreateTextNode(j.SubItems[2].Text);
```

```
            bElement.AppendChild(atext);
            anElement.AppendChild(bElement);
        }
    }

    // Füge den Knoten an der richtigen Stelle ein.
    aNode.ParentNode.InsertAfter(anElement, aNode);

    // Lösche die UI-Felder.
    txtChapterName.Text = "";
    txtChapterText.Text = "";
    txtISBN.Text = "";
    txtPrice.Text = "";
    txtTitle.Text = "";
    listView1.Clear();
```

8. Drücken Sie auf die Taste F5, um das Beispielprogramm zu kompilieren und zu starten.
9. Klicken Sie auf die Schaltfläche *XML laden* und navigieren Sie zu der Datei *BookStore.xml*, die auf der Begleit-CD im Verzeichnis mit den Beispielprogrammen dieses Kapitels liegt. Laden Sie diese Datei in die `XmlDocument`-Instanz.
10. Klicken Sie auf die Schaltfläche *XML anzeigen*, um den XML-Code anzuzeigen. Schließen Sie dann *Form2*.
11. Geben Sie in *Form1* Werte für *ISBN*, *Titel* und *Preis* ein.
12. Machen Sie auch in den Feldern *Kapiteltitel* und *Kapiteltext* Einträge und klicken Sie dann auf die Schaltfläche *Kapitel hinzufügen*. Wiederholen Sie dies, so oft Sie möchten.
13. Klicken Sie auf die Schaltfläche *Buch hinzufügen*, um die Angaben über das Buch in die `XmlDocument`-Instanz aufzunehmen.
14. Klicken Sie auf die Schaltfläche *XML anzeigen* und sehen Sie sich den aktualisierten XML-Code an. Beachten Sie bitte, dass das Buch, dessen Daten Sie eingegeben haben, am Ende der XML-Datei erscheint.

Zusammenfassung der Lektion

- Die Klasse `XmlDocument` bietet eine Darstellung der XML-Daten, die im Arbeitsspeicher vorliegt und ohne Einschränkungen der Bewegungsrichtung bearbeitet werden kann. XML-Daten können mit den Methoden `XmlDocument.Load` und `XmlDocument.LoadXml` in eine `XmlDocument`-Instanz eingelesen werden.
- Die Klasse `XmlDocument` enthält Methoden, mit denen sich die verschiedenen Arten von XML-Knoten erstellen lassen. Nachdem ein Knoten erstellt wurde, muss er noch mit einer anderen Methode in das XML-Dokument eingefügt werden, das durch das `XmlDocument`-Objekt repräsentiert wird.
- Die Klasse `XmlDocument` bietet einige Methoden und Eigenschaften, mit denen sich der enthaltene XML-Code direkt ändern lässt. Sie können die Werte von vorhandenen Knoten ändern, einzelne Knoten oder ganze Knotengruppen ersetzen, einen Zeichenfolgenabschnitt in einem Wert ersetzen oder Attributwerte festlegen.

- Das im XmlDocument-Objekt enthaltene XML-Dokument können Sie mit der Methode XmlDocument.WriteTo an eine Instanz der Klasse XmlWriter übergeben, die das Dokument zum Beispiel in eine Datei oder einen Stream schreibt.
- XmlNamedNodeMap besteht aus einer ungeordneten Menge von XmlNode-Instanzen, die über einen Index oder einen Namen zugänglich sind. XmlNodeList stellt eine geordnete Menge von XmlNode-Instanzen dar, die über einen Index zugänglich sind.
- In der Klasse XmlDocument treten Ereignisse auf, wenn sich die XML-Struktur ändert. Sie können die Ereignisse behandeln und dafür sorgen, dass der vorgesehene Code ausgeführt wird, wenn sich die XML-Struktur ändert.
- Die XML-Deklaration bietet Informationen über die XML-Version und die Kodierung, die für die XML-Daten verwendet wurde. Sie können die Kodierung so festlegen, dass sie zum verwendeten Gebietsschema passt.

Lernzielkontrolle

Die folgenden Fragen dienen dazu, die wichtigsten Lerninhalte dieser Lektion zu vertiefen. Die Fragen sind (in englischer Sprache) auch auf der Begleit-CD zu finden, falls Sie die elektronische Form der Fragen vorziehen.

Hinweis Die Antworten

Die Antworten auf die Fragen und Erläuterungen, warum die entsprechende Antwort richtig oder falsch ist, finden Sie im Abschnitt „Antworten" am Ende des Buchs.

1. Gegeben sei ein XmlDocument namens myDoc und ein darin enthaltener XmlNode namens myNode, Welches der folgenden Codebeispiele erstellt ein neues Element namens Test und fügt es als untergeordnetes Element von myNode ein?

   A.

```
' VB
Dim anElement As XmlElement
anElement = myDoc.CreateElement("Test")
myNode.AppendChild(anElement)

// C#
XmlElement anElement;
anElement = myDoc.CreateElement("Test");
myNode.AppendChild(anElement);
```

   B.

```
' VB
anElement = myDoc.CreateElement("Test")
myNode.AppendChild("Test")

// C#
anElement = myDoc.CreateElement("Test");
myNode.AppendChild("Test");
```

C.

```
' VB
Dim anElement As XmlElement
anElement = myDoc.CreateElement("Test")
myDoc.AppendChild(anElement)

// C#
XmlElement anElement;
anElement = myDoc.CreateElement("Test");
myDoc.AppendChild(anElement);
```

D.

```
' VB
Dim anElement As XmlElement
anElement = myNode.CreateElement("Test")
myNode.AppendChild(anElement)

// C#
XmlElement anElement;
anElement = myNode.CreateElement("Test");
myNode.AppendChild(anElement);
```

2. Gegeben sei eine `XmlNode`-Instanz namens `Node1`, die einen untergeordneten Knoten namens `childNode` enthält, und eine Zeichenfolge `aString`, in der eine Gruppe von XML-Knoten angegeben wird. Sie möchten nun alle untergeordneten Knoten von `Node1` durch den XML-Code aus `aString` ersetzen. Welches der folgenden Codebeispiele ist dafür eine korrekte Lösung?

A.

```
' VB
Node1.ReplaceChild(childNode, aString)

// C#
Node1.ReplaceChild(childNode, aString);
```

B.

```
' VB
Node1.InnerXml = aString

// C#
Node1.InnerXml = aString;
```

C.

```
' VB
Node1.Value = aString

// C#
Node1.Value = aString;
```

D.

```
' VB
Node1.OuterXml = aString

// C#
Node1.OuterXml = aString;
```

Rückblick auf dieses Kapitel

Zur weiteren Übung und Vertiefung der Lerninhalte dieses Kapitels können Sie Folgendes tun:

- Arbeiten Sie die Zusammenfassung des Kapitels durch.
- Arbeiten Sie die Liste der Schlüsselbegriffe durch, die in diesem Kapitel eingeführt wurden.
- Bearbeiten Sie die Übung mit Fallbeispiel. Diese Szenarien beschreiben anhand der Themen dieses Kapitels praxisnahe Situationen. Entwickeln Sie eine Lösung.
- Führen Sie die vorgeschlagenen Übungen durch.
- Machen Sie einen Übungstest.

Zusammenfassung des Kapitels

- Die Klasse `XmlReader` ist eine abstrakte Klasse. Implementierungen dieser Klasse bieten einen nicht zwischengespeicherten Lesezugriff (nur vorwärts) auf eine XML-Datei oder einen XML-Stream. `XmlTextReader`, `XmlNodeReader` und `XmlValidatingReader` sind Implementierungen der Klasse `XmlReader`. Die Methode `XmlReader.Read` stellt den Leser auf den nächsten XML-Knoten weiter und liest den Namen und Wert dieses Knotens. Mit der Methode `MoveToAttribute` können Sie in den Attributen eines Elements navigieren.
- Die Klasse `XmlWriter` ist eine abstrakte Klasse. Implementierungen dieser Klasse werden zum Schreiben von XML-Inhalten verwendet. Mit der Methode `XmlWriter.Create` können Sie eine Instanz der Standardimplementierung von `XmlWriter` anfordern.
- Die Klasse `XmlDocument` stellt XML-Dokumente im Arbeitsspeicher dar. Sie bietet Methoden zum Erstellen von Knoten, zum Einfügen von Knoten ins XML-Dokument sowie zum Kopieren, Entfernen und Ändern von Knoten.
- In der Klasse `XmlDocument` treten Ereignisse auf, wenn sich die XML-Struktur ändert. Sie können diese Ereignisse dazu verwenden, nach dem Eintreten der Ereignisse bestimmte Codeabschnitte auszuführen.

Schlüsselbegriffe

- `XmlDocument`
- `XmlNode`
- `XmlReader`
- `XmlWriter`

Übung mit Fallbeispiel

In den folgenden Szenarien wenden Sie an, was Sie über die Arbeit mit XML gelernt haben. Die Antworten auf die Fragen finden Sie im Abschnitt „Antworten" am Ende des Buchs.

Szenario 1: Berichtarchivierung

Sie machen weiter Karriere in der Welt von Humongous Insurance und haben ein weiteres sehr wichtiges Projekt erhalten. Was man bei Humongous Insurance überaus liebt, ist der „Papierkram". Kürzlich wurden alle Filialen weltweit in die Lage versetzt, wöchentliche Berichte in einem XML-

Format an die Zentrale zu schicken. Diese Berichte müssen gespeichert und archiviert werden. Außerdem werden die Berichte nach einem hausinternen Verfahren komprimiert. Ihre Aufgabe besteht darin, sicherzustellen, dass alle eintreffenden Berichte automatisch gelesen und an die Komprimierungsschnittstelle übergeben werden können.

Fragen

1. Wie können wir die eintreffenden Berichte automatisch lesen?
2. Wie können wir sicherstellen, dass die Berichte unser vorgeschriebenes Schema einhalten?
3. Wie erreichen wir, dass Fehler durch Mitarbeiter korrigiert werden können, sofern Fehler erkannt werden?

Szenario 2: Die Firmenübernahme

Humongous Insurance hat kürzlich Trey Research gekauft. Der wichtigste Grund für die Übernahme von Trey Research war der verlockende Bestand an wichtigen Daten und Unterlagen in benutzerdefinierten XML-Formaten. Die Übernahme ist nun abgeschlossen und Humongous Insurance muss den Namen Trey Research durch den eigenen Namen ersetzen und noch ein paar andere Dinge ändern. Leider kommt das bei Textformaten übliche Suchen-und-Ersetzen nicht in Frage, da der Inhalt zum Teil sehr stark variiert. Der Inhalt muss in Abhängigkeit von den Elementnamen ersetzt werden, die den Inhalt umgeben, und nicht anhand des eigentlichen Inhalts.

Frage

- Wie können wir eine einfache Anwendung entwickeln, die sehr schnell die Daten in diesen Knoten durch unsere Daten ersetzt, aber den Rest der Dokumente unverändert lässt?

Vorgeschlagene Übungen

- Erstellen Sie eine Anwendung, die es dem Benutzer erlaubt, Daten in eine Tabelle einzugeben und diese Daten dann mithilfe der Klasse `XmlWriter` in eine XML-Datei zu schreiben.
- Leiten Sie eine Klasse von `XmlDocument` ab, die bei Änderungen der XML-Struktur die XML-Struktur anhand eines im Dokument vorliegenden Schemas oder eines externen Schemas überprüft. Verwenden Sie Dokumentobjektmodellereignisse (DOM-Ereignisse), um den XML-Inhalt der `XmlDocument`-Instanz in einen Stream zu schreiben, der von einem `XmlValidatingReader` gelesen wird. Der `XmlValidatingReader` soll entsprechende Ereignisse auslösen, wenn er einen Fehler erkennt.

Machen Sie einen Übungstest

Die Übungstests auf der Begleit-CD zu diesem Buch (in englischer Sprache) bieten zahlreiche Möglichkeiten. Zum Beispiel können Sie einen Test machen, der ausschließlich die Themen eines bestimmten Lernziels behandelt, oder Sie können sich selbst mit dem gesamten Inhalt der Prüfung 70-526 testen. Sie können den Test so konfigurieren, dass er dem Ablauf einer echten Prüfung entspricht, oder Sie können einen Lernmodus verwenden, in dem Sie sich nach dem Beantworten einer Frage jeweils sofort die richtige Antwort und die Erklärungen ansehen können.

Weitere Informationen Übungstests

Einzelheiten zu allen Optionen, die bei den Übungstests zur Verfügung stehen, finden Sie im Abschnitt „So benutzen Sie die Übungstests" in der Einführung am Anfang dieses Buchs.

K A P I T E L 1 0

Drucken in Windows Forms

In den meisten Büros ist das Erstellen von gedruckten Dokumenten ein wesentlicher Teil der Arbeit. Die Programmierung des Druckens kann sich aber zu einer sehr komplexen und schwierigen Sache entwickeln. Microsoft Visual Studio 2005 bietet mehrere Klassen und Dialogfelder an, um die Programmierung des Druckens zu erleichtern. Dieses Kapitel beschreibt, wie man die verschiedenen Druckdialogfelder, die `PrintDocument`-Komponente und das `PrintPreview`-Steuerelement verwendet.

In diesem Kapitel abgedeckte Prüfungsziele:

- Steuern des Druckvorgangs mit Druckdialogfeldern
  - Einstellen der Windows Forms-Druckoptionen zur Laufzeit
  - Auswählen des zu verwendenden Druckers in Windows Forms
  - Konfigurieren des `PrintPreviewDialog`-Steuerelements
  - Anzeigen einer Seitenansicht in Windows-Anwendungen
  - Einstellen der Druckseiten mit der `PageSetupDialog`-Komponente
- Drucken der Dokumente
  - Einstellen der `PrintDocument`-Komponente
  - Drucken eines Textdokuments in einem Windows-Formular
  - Drucken von Grafik in einem Windows-Formular
  - Drucken eines Dokuments mithilfe der `PrintDialog`-Komponente
  - Hinweisen der Benutzer auf den Abschluss eines Druckauftrags
- Erstellen einer benutzerdefinierten PrintPreview-Komponente
  - Einstellen der `Document`-Eigenschaft auf das anzuzeigende Dokument
  - Einstellen der Eigenschaften `Columns` und `Rows` zur Festlegung der Anzahl der Seiten, die horizontal und vertikal im Steuerelement angezeigt werden
  - Einstellen der Eigenschaft `UseAntiAlias` auf `True`, damit der Text geglättet dargestellt wird
  - Verwenden der `Zoom`-Eigenschaft zur Einstellung der Vergrößerung für die Seitenansicht
  - Einstellen der Eigenschaft `StartPage` zur Festlegung der Seite, mit der die Seitenansicht beginnt
  - Einstellen weiterer Eigenschaften
  - Hinzufügen benutzerdefinierter Methoden und Ereignisse zu einem `PrintPreviewControl`

Lektionen in diesem Kapitel:

Bevor Sie beginnen

Die Bearbeitung der Lektionen dieses Kapitels setzt Folgendes voraus:

- Einen Computer, der den Mindestanforderungen an die Hardware entspricht, wie sie am Anfang des Buchs im Abschnitt „Einführung" beschrieben wurden.
- Visual Studio 2005 Professional Edition ist auf Ihrem Computer installiert.
- Sie verfügen über Grundkenntnisse der Syntax von Microsoft Visual Basic oder C# und über das .NET Framework.

Praxistipp

Matt Stoecker

Die Programmierung des Druckens kann schwierig und frustrierend sein. Vor der Einführung von .NET Framework fiel es mir so schwer, ein Dokument aufs Papier zu bekommen, dass ich diese Arbeit vermied, solange es nur ging. Seit der Einführung von .NET Framework ist das Drucken aber relativ leicht zu programmieren. Die Anwendungen, die ich jetzt erstelle, haben einfach einen höheren Gebrauchswert für den Benutzer.

Lektion 1: Steuern des Druckvorgangs mit Druckdialogfeldern

Gewöhnlich möchte ein Benutzer den Druckvorgang sehr genau steuern, wenn er ein Dokument druckt. Benutzer möchten zum Beispiel die Ausrichtung des Papiers festlegen, die Papiergröße einstellen und die Ränder festlegen können. Das .NET Framework enthält Klassen, mit denen Sie Ihren Benutzern viele Optionen zur Auswahl geben können und trotzdem noch die Kontrolle darüber behalten, welche Optionen Sie anbieten.

Am Ende dieser Lektion werden Sie in der Lage sein, die folgenden Aufgaben auszuführen:

- Einstellen der Windows Forms-Druckoptionen zur Laufzeit
- Auswählen des zu verwendenden Druckers in Windows Forms
- Konfigurieren des `PrintPreviewDialog`-Steuerelements
- Anzeigen einer Seitenansicht in Windows-Anwendungen
- Einstellen der Druckseiten mit der `PageSetupDialog`-Komponente

Veranschlagte Zeit für diese Lektion: 45 Minuten

Die *PrinterSettings*-Klasse

Die Klasse, die alle Informationen über einen Druckauftrag und die dazugehörigen Seiteneinstellungen enthält, ist die Klasse `PrinterSettings`. Jede `PrintDocument`-Komponente enthält eine Instanz der Klasse `PrinterSettings`, deren Einstellungen sie für den Druckauftrag verwendet. Das geschieht überwiegend automatisch, und der Entwickler braucht sich nicht um einen direkten Zugriff auf die `PrinterSettings` zu kümmern. Wenn der Benutzer für einen Druckauftrag Einstellungen vornehmen soll, können Sie ihm die Gelegenheit dazu geben, indem Sie die Komponenten `PrintDialog` und `PageSetupDialog` anzeigen.

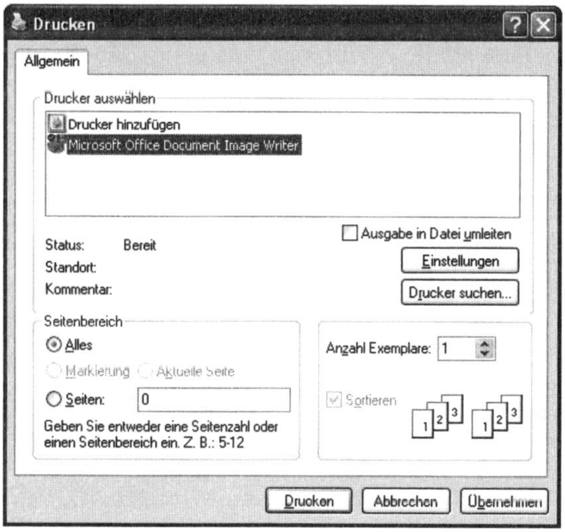

Abbildung 10.1 Die `PrintDialog`-Komponente zur Laufzeit

Die *PrintDialog*-Komponente

Die `PrintDialog`-Komponente kapselt das Dialogfeld *Drucken*. Dieses Dialogfeld kann zur Laufzeit angezeigt werden. Es bietet dem Benutzer eine Reihe von Einstellungsmöglichkeiten für den Druck und erlaubt ihm auch die Auswahl eines Druckers. Abbildung 10.1 zeigt, wie sich die `PrintDialog`-Komponente zur Laufzeit präsentiert.

Die `PrintDialog`-Komponente bietet auch dem Entwickler eine Reihe von Eigenschaften, mit denen er das Erscheinungsbild der `PrintDialog`-Komponente einstellen kann. Tabelle 10.1 zeigt wichtige Eigenschaften der `PrintDialog`-Komponente.

Tabelle 10.1 Wichtige Eigenschaften des `PrintDialog`-Komponente

Eigenschaft	Beschreibung
`AllowCurrentPage`	Legt fest, ob das Optionsfeld *Aktuelle Seite* angezeigt wird.
`AllowPrintToFile`	Legt fest, ob das Kontrollkästchen *Ausgabe in Datei umleiten* verwendet werden kann.
`AllowSelection`	Legt fest, ob das Optionsfeld *Markierung* verwendet werden kann.
`AllowSomePages`	Legt fest, ob das Optionsfeld *Seiten* verwendet werden kann.
`Document`	Das `PrintDocument`, das mit dem `PrintDialog` verknüpft ist.
`PrinterSettings`	Das `PrinterSettings`-Objekt, das mit dem ausgewählten Drucker verknüpft ist. Diese Einstellungen werden geändert, wenn der Benutzer die Einstellungen im Dialogfeld ändert.
`PrintToFile`	Legt fest, ob das Kontrollkästchen *Ausgabe in Datei umleiten* markiert ist.
`ShowHelp`	Legt fest, ob die *Hilfe*-Schaltfläche angezeigt wird.
`ShowNetwork`	Legt fest, ob die *Netzwerk*-Schaltfläche angezeigt wird.

Einstellen der Druckoptionen mit der *PrintDialog*-Komponente

Wenn das Dialogfeld *Drucken* angezeigt wird, kann der Benutzer die gewünschten Optionen für den Druckauftrag festlegen. Welche Optionen angezeigt werden, können Sie mit den entsprechenden Eigenschaften der `PrintDialog`-Komponente festlegen. Gewöhnlich stellt man eine der in Tabelle 10.1 beschriebenen booleschen Eigenschaften auf `True`, um die Option zugänglich zu machen, oder auf `False`, um die Option zu deaktivieren. Das folgende Beispiel zeigt, wie man dem Benutzer die Möglichkeit gibt, einen Seitenbereich für den Druck festzulegen.

```
' VB
PrintDialog1.AllowSomePages = True

// C#
printDialog1.AllowSomePages = true;
```

Durch die entsprechende Einstellung der in Tabelle 10.1 beschriebenen Eigenschaften können Sie Ihre `PrintDialog`-Komponente so konfigurieren, dass sie die betreffenden Optionen anbietet oder sperrt. Der folgende Beispielcode zeigt, wie man eine `PrintDialog`-Komponente so einrichtet, dass sie dem Benutzer den Druck aller Seiten, der aktuellen Seite, der ausgewählten Seiten oder des angegebenen Seitenbereichs ermöglicht:

```
' VB
PrintDialog1.AllowCurrentPage = True
PrintDialog1.AllowSomePages = True
PrintDialog1.AllowSelection = True

// C#
printDialog1.AllowCurrentPage = true;
printDialog1.AllowSomePages = true;
printDialog1.AllowSelection = true;
```

Ändern des ausgewählten Druckers zur Laufzeit

Die `PrintDialog`-Komponente ermöglicht dem Benutzer zur Laufzeit die Auswahl des Druckers, der für den Druckauftrag verwendet werden soll, aus einer Liste, die im Dialogfeld *Drucken* angezeigt wird. Wenn der Benutzer einen anderen Drucker wählt, wird die Eigenschaft `PrinterSettings` entsprechend aktualisiert.

Drucken einer *PrintDocument*-Komponente mit der *PrintDialog*-Komponente

Nach der Auswahl der gewünschten Optionen können Sie das `DialogResult`-Ergebnis überprüfen, das von der Methode `PrintDialog.ShowDialog` zurückgegeben wird. Lautet es `OK`, können Sie die betreffende `PrintDocument`-Komponente ausdrucken, indem Sie die Methode `PrintDocument.Print` aufrufen. Ein Beispiel:

```
' VB
Dim aResult As DialogResult
aResult = PrintDialog1.ShowDialog()
If aResult = Windows.Forms.DialogResult.OK Then
   PrintDialog1.Document.Print()
End If

// C#
DialogResult aResult;
aResult = PrintDialog1.ShowDialog();
if (aResult == DialogResult.OK)
   PrintDialog1.Document.Print();
```

Die *PageSetupDialog*-Komponente

Die `PageSetupDialog`-Komponente ermöglicht dem Benutzer die Einrichtung der Seiten für einen Druckauftrag. Abbildung 10.2 zeigt eine `PageSetupDialog`-Komponente zur Laufzeit.

Änderungen, die der Benutzer im `PageSetupDialog` vornimmt, werden automatisch in das `PrinterSettings`-Objekt der `PrintDocument`-Komponente übernommen, die mit dem `PageSetupDialog` verknüpft ist. Mit den Eigenschaften der `PageSetupDialog`-Komponente können Sie die Optionen festlegen, die dem Benutzer angezeigt werden. Tabelle 10.2 zeigt wichtige Eigenschaften der `PageSetupDialog`-Komponente.

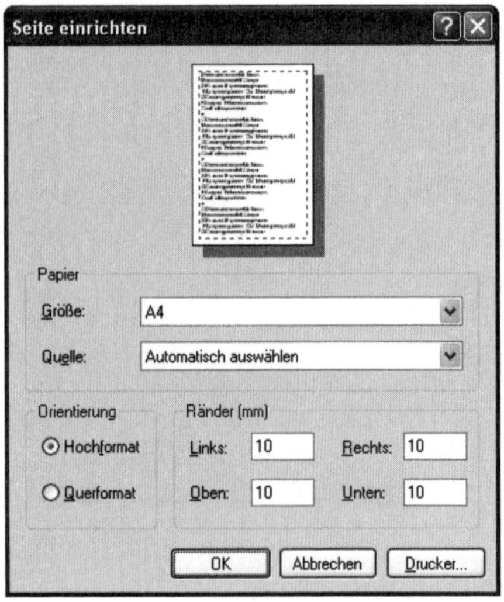

Abbildung 10.2 Die `PageSetupDialog`-Komponente zur Laufzeit

Tabelle 10.2 Wichtige Eigenschaften der `PageSetupDialog`-Komponente

Eigenschaft	Beschreibung
`AllowMargins`	Legt fest, ob der Bereich *Ränder* des Dialogfelds aktiviert ist.
`AllowOrientation`	Legt fest, ob der Bereich *Orientierung* des Dialogfelds (*Hochformat* oder *Querformat*) aktiviert ist.
`AllowPaper`	Legt fest, ob der *Papier*-Bereich des Dialogfelds (*Quelle* und *Größe*) aktiviert ist.
`AllowPrinter`	Legt fest, ob die Schaltfläche *Drucker* aktiviert ist.
`Document`	Das `PrintDocument`, das mit der Komponente verknüpft ist.
`EnableMetric`	Legt fest, ob die Randeinstellungen bei der Anzeige in Millimetern automatisch zwischen Millimetern und Hundertstel Zoll konvertiert werden.
`MinMargins`	Gibt den schmalsten Rand an (in Hundertstel Zoll), den ein Benutzer festlegen kann.
`ShowHelp`	Legt fest, ob die *Hilfe*-Schaltfläche sichtbar ist.
`ShowNetwork`	Legt fest, ob die *Netzwerk*-Schaltfläche sichtbar ist.

Um einen `PageSetupDialog` anzeigen zu können, muss die Komponente mit einer Instanz der Klasse `PageSettings` verknüpft sein. Der bevorzugte Weg, dies zu erreichen, ist die Festlegung der `Document`-Eigenschaft auf eine Instanz der Klasse `PrintDocument`, die der Eigenschaft `PageSetupDialog.PrinterSettings` automatisch die Instanz aus `PrintDocument.PrinterSettings` zuweist. Der folgende Beispielcode zeigt, wie man die `Document`-Eigenschaft der `PageSetupDialog`-Komponente einstellt und das Dialogfeld dann auf dem Bildschirm anzeigt.

```
' VB
' Gegeben sei eine PrintDocument-Instanz namens PrintDocument1 und
' eine PageSetupDialog-Instanz namens PageSetupDialog1.
PageSetupDialog1.Document = PrintDocument1
PageSetupDialog1.ShowDialog()
```

```
// C#
// Gegeben sei eine PrintDocument-Instanz namens printDocument1 und
// eine PageSetupDialog-Instanz namens pageSetupDialog1.
pageSetupDialog1.Document = printDocument1;
pageSetupDialog1.ShowDialog();
```

Die *PrintPreviewDialog*-Komponente

Die `PrintPreviewDialog`-Komponente ist ein eigenständiges Dialogfeld, das Ihnen eine Vorschau auf das zu druckende Dokument ermöglicht. Dazu ruft es die `Print`-Methode der `PrintDocument`-Komponente auf, die in der Eigenschaft `Document` der Komponente angegeben ist, und leitet die Ausgabe auf eine Darstellung der Seite im Dialogfeld um. Abbildung 10.3 zeigt, wie sich die `PrintPreviewDialog`-Komponente zur Laufzeit präsentiert.

Abbildung 10.3 Die `PrintPreviewDialog`-Komponente zur Laufzeit

Das Dialogfeld ermöglicht es dem Benutzer, sich jede Seite vor dem Druck anzusehen und die Anzahl der angezeigten Seiten und die Vergrößerung einzustellen, sodass jede Seite im Detail oder insgesamt angezeigt und überprüft werden kann. Nach der Vorschau kann der Benutzer das Dokument drucken, indem er auf die Schaltfläche *Drucken* klickt. Dadurch wird die `Print`-Methode der `PrintDocument`-Komponente aufgerufen, wobei die Ausgabe auf dem ausgewählten Drucker erfolgt. Der folgende Beispielcode zeigt, wie man zur Laufzeit eine `PrintDocument`-Komponente mit einer `PrintPreviewDialog`-Komponente verknüpft und auf dem Bildschirm anzeigt.

```
' VB
PrintPreviewDialog1.Document = PrintDocument1
PrintPreviewDialog1.ShowDialog()

// C#
printPreviewDialog1.Document = printDocument1;
printPreviewDialog1.ShowDialog();
```

Schnelltest

1. Welche Aufgabe hat die `PrintDialog`-Komponente?
2. Welche Aufgabe hat die `PrintPreview`-Komponente?

Antworten zum Schnelltest

1. Die `PrintDialog`-Komponente zeigt das Dialogfeld *Drucken* an, in dem der Benutzer Optionen für den Druck festlegen kann. Um welche Optionen es sich handelt, können Sie vorher festlegen. Um das Dialogfeld *Drucken* anzuzeigen, rufen Sie die Methode `PrintDialog.ShowDialog` auf.
2. Die `PrintPreviewDialog`-Komponente zeigt ein Dialogfeld mit einer Druckvorschau an. Der Benutzer kann sich das Dokument ansehen, bevor er es zum Drucker weiterleitet.

Übung: Verwenden der Druckdialogfelder

In dieser Übung erstellen Sie eine einfache Anwendung, die dem Benutzer die Verwendung der Komponenten `PageSetupDialog`, `PrintDialog` und `PrintPreviewDialog` zur Steuerung des Drucks eines Testdokuments ermöglicht.

► **Übung 1: Verwenden der Druckdialogfelder**

1. Öffnen Sie die Partiallösung für Kapitel 10, Übung 1 für die Sprache, die Sie verwenden. Öffnen Sie `Form1`. Beachten Sie bitte, dass es bereits eine `PrintDocument`-Komponente namens `PrintDocument1` gibt und dass der Ereignishandler für das `PrintPage`-Ereignis bereits Code enthält.
2. Ziehen Sie von der Toolbox einen `MenuStrip` auf das Formular. Tragen Sie das Hauptmenü **Datei** ein.
3. Fügen Sie im *Datei*-Menü die Menüelemente *Seite einrichten*, *Drucken* und *Seitenansicht* ein.
4. Ziehen Sie von der Toolbox eine `PageSetupDialog`-Komponente, eine `PrintDialog`-Komponente und eine `PrintPreviewDialog`-Komponente auf das Formular.
5. Stellen Sie im Eigenschaftenfenster die Eigenschaft *Document* jeder Dialogfeldkomponente auf *PrintDocument1*.
6. Stellen Sie im Eigenschaftenfenster die Eigenschaft *AllowSomePages* von *PrintDialog1* auf *True*.
7. Klicken Sie im Designer den Menüpunkt *Seite einrichten* mit einem Doppelklick an und fügen Sie folgenden Code hinzu:

```
' VB
PageSetupDialog1.ShowDialog()

// C#
pageSetupDialog1.ShowDialog();
```

8. Klicken Sie im Designer den Menüpunkt *Drucken* mit einem Doppelklick an und fügen Sie folgenden Code hinzu:

```
' VB
If PrintDialog1.ShowDialog() = Windows.Forms.DialogResult.OK Then
   PrintDocument1.Print()
End If

// C#
if (printDialog1.ShowDialog() == DialogResult.OK)
   printDocument1.Print();
```

9. Klicken Sie im Designer den Menüpunkt *Seitenansicht* mit einem Doppelklick an und fügen Sie folgenden Code hinzu:

```
' VB
PrintPreviewDialog1.ShowDialog()

// C#
printPreviewDialog1.ShowDialog();
```

10. Drücken Sie auf die Taste F5, um Ihre Anwendung zu starten. Wählen Sie alle Menüpunkte aus und überprüfen Sie, ob die gewünschten Druckdialogfelder erscheinen.

Zusammenfassung der Lektion

- Die PrintDialog-Komponente zeigt ein *Drucken*-Dialogfeld an. Indem Sie ein Dokument in die Document-Eigenschaft einer PrintDialog-Komponente eintragen, geben Sie dem Benutzer die Möglichkeit, die Einstellungen für den Druck dieses Dokuments zu ändern. Die PrintDialog-Komponente bietet eine Reihe von Eigenschaften, mit denen Sie festlegen können, welche Optionen dem Benutzer zur Verfügung stehen.
- Die PageSetupDialog-Komponente zeigt ein *Seite einrichten*-Dialogfeld an. Indem Sie das zu druckende Dokument in die Eigenschaft Document einer PageSetupDialog-Komponente eintragen, geben Sie dem Benutzer die Möglichkeit, die Seiteneinstellungen für das betreffende Dokument zu ändern. Auch die PageSetupDialog-Komponente bietet eine Reihe von Eigenschaften, mit denen Sie festlegen können, welche Optionen dem Benutzer zur Verfügung stehen.
- Die PrintPreviewDialog-Komponente zeigt ein *Seitenansicht*-Dialogfeld an. In der Document-Eigenschaft wird die PrintDocument-Komponente eingetragen, um deren Vorschau es geht. Mit Schaltflächen in der Benutzeroberfläche kann der Benutzer genauer einstellen, wie das betreffende Dokument von der PrintPreviewDialog-Komponente auf dem Bildschirm angezeigt werden soll.

Lernzielkontrolle

Die folgenden Fragen dienen dazu, die wichtigsten Lerninhalte dieser Lektion zu vertiefen. Die Fragen sind (in englischer Sprache) auch auf der Begleit-CD zu finden, falls Sie die elektronische Form der Fragen vorziehen.

Hinweis Die Antworten

Die Antworten auf die Fragen und Erläuterungen, warum die entsprechende Antwort richtig oder falsch ist, finden Sie im Abschnitt „Antworten" am Ende des Buchs.

1. Welche Komponente würden Sie verwenden, um es dem Benutzer zu ermöglichen, zur Laufzeit einen neuen Drucker hinzuzufügen?
   A. `PrintPreviewDialog`-Komponente
   B. `PageSetupDialog`-Komponente
   C. `PrintDialog`-Komponente
   D. `PrintPreviewControl`-Komponente
2. Was ist erforderlich, um ein `PrintDocument` in einer `PrintPreviewDialog`-Komponente anzuzeigen? (Wählen Sie alle zutreffenden Antworten aus.)
   A. Sie müssen die Eigenschaft `PrintPreviewDialog.Document` festlegen.
   B. Sie müssen die Methode `PrintPreviewDialog.Print` aufrufen.
   C. Sie müssen entweder die Methode `PrintPreviewDialog.Show` oder die Methode `PrintPreviewDialog.ShowDialog` aufrufen.
   D. Sie müssen das Ereignis `PrintPreviewDialog.PrintPage` auslösen.
3. Was kann ein Benutzer mit der `PageSetupDialog`-Komponente nicht tun?
   A. Die Seitenorientierung festlegen
   B. Den Papierschacht auswählen
   C. Einen Drucker hinzufügen
   D. Die Seitenränder einstellen

Lektion 2: Erstellen einer *PrintDocument*-Komponente

Die `PrintDocument`-Komponente stellt ein Dokument dar, das zu einem Drucker gesendet wird. Sie können die `PrintDocument`-Komponente für den Druck von Textdokumenten oder Grafikdokumenten verwenden. In dieser Lektion erfahren Sie, wie man die `PrintDocument`-Komponente vorbereitet und zur Erstellung von gedruckten Dokumenten verwendet.

Am Ende dieser Lektion werden Sie in der Lage sein, die folgenden Aufgaben auszuführen:

- Einstellen der `PrintDocument`-Komponente
- Drucken eines Textdokuments in einem Windows-Formular
- Drucken von Grafik in einem Windows-Formular
- Drucken eines Dokuments mithilfe der `PrintDialog`-Komponente
- Hinweisen der Benutzer auf den Abschluss eines Druckauftrags

Veranschlagte Zeit für diese Lektion: 45 Minuten

Die *PrintDocument*-Komponente

Der Dokumentdruck wird durch eine `PrintDocument`-Komponente dargestellt. Dabei handelt es sich um eine Komponente, die zur Laufzeit nicht sichtbar wird, aber zur Entwurfszeit im Komponentenfach zu sehen ist und von der Toolbox auf die Designoberfläche gezogen werden kann. Die `PrintDocument`-Komponente enthält alle Informationen, die für den Druck einer Seite erforderlich sind.

Überblick über das Drucken

Im Druckmodell von .NET Framework wird der zu druckende Inhalt direkt von der Anwendungslogik bereitgestellt. Ein Druckauftrag wird mit der Methode `PrintDocument.Print` erteilt. Diese Methode leitet den Druck ein und löst ein oder mehrere `PrintPage`-Ereignisse aus. Wenn der Client keine Methode zur Behandlung dieser Ereignisse bereitstellt, findet kein Druck statt. Mit der Methode, die dieses Ereignis behandelt, legen Sie fest, was gedruckt werden soll.

Wenn der Druckauftrag mehrere Seiten umfasst, wird für jede Seite ein `PrintPage`-Ereignis ausgelöst. Das wiederum führt dazu, dass die Methode, die das `PrintPage`-Ereignis behandelt, mehrfach aufgerufen wird. Die Methode muss also in der Lage sein, den Druckauftrag unter diesen Bedingungen zu steuern und dafür zu sorgen, dass bei jedem Aufruf jeweils die nächste Seite gedruckt wird, sonst wird die erste Seite des Auftrags mehrfach gedruckt.

Das *PrintPage*-Ereignis

Das `PrintPage`-Ereignis ist das wichtigste Ereignis, das beim Druck von Dokumenten stattfindet. Um tatsächlich Daten zum Drucker zu senden, müssen Sie dieses Ereignis behandeln und im `PrintPage`-Ereignishandler den Code für die Ausgabe des Inhalts bereitstellen. Alle Objekte und Informationen, die Sie brauchen, um Daten zum Drucker zu senden, sind im `PrintPageEventsArgs`-Objekt enthalten, das der Handler beim Aufruf als Argument erhält. Tabelle 10.3 beschreibt die Eigenschaften des `PrintPageEventArgs`-Objekts.

Tabelle 10.3 Eigenschaften des `PrintPageEventArgs`-Objekts

Eigenschaft	Beschreibung
`Cancel`	Gibt an, ob ein Druckauftrag abgebrochen werden soll. Sie können einen laufenden Druckauftrag abbrechen, indem Sie die Eigenschaft `Cancel` auf `True` stellen.
`Graphics`	Das `Graphics`-Objekt, das zur Ausgabe des Inhalts auf der Druckseite verwendet wird; es kapselt die Zeichenoberfläche (drawing surface) des Druckers.
`HasMorePages`	Ruft einen Wert ab oder legt ihn fest, der angibt, ob mehrere Seiten gedruckt werden sollen. Stellen Sie diese Eigenschaft im Ereignishandler auf `True`, wenn das Ereignis erneut ausgelöst werden soll.
`MarginBounds`	Ruft das `Rectangle`-Objekt ab, das den Bereich der Seite angibt, der innerhalb der gewünschten Ränder liegt.
`PageBounds`	Ruft das `Rectangle`-Objekt ab, das die gesamte Fläche einer Papierseite darstellt.
`PageSettings`	Ruft das `PageSettings`-Objekt für die aktuelle Seite ab oder legt es fest.

Der gewünschte Inhalt wird von dem `Graphics`-Objekt, das im `PrintPageEventArgs`-Objekt übergeben wird, auf der Druckseite ausgegeben. Die Druckseite verhält sich so ähnlich wie ein Formular, ein Steuerelement oder eine andere Zeichenoberfläche, die durch ein `Graphics`-Objekt dargestellt werden kann. Zur Ausgabe des Inhalts verwenden Sie dieselben Methoden, mit denen Sie Inhalte in einem Formular ausgeben. Der folgende Code zeigt ein einfaches Beispiel für den Druck auf einer Seite:

```
' VB
' Diese Methode zeichnet eine Ellipse auf die Seite. Damit der Inhalt auf dem
' Drucker ausgegeben wird, muss diese Methode das Ereignis PrintPage behandeln.
Public Sub PrintEllipse(ByVal sender As System.Object, ByVal e As _
System.Drawing.Printing.PrintPageEventArgs)
   e.Graphics.DrawEllipse(Pens.Black, e.MarginBounds)
End Sub

// C#
// Diese Methode zeichnet eine Ellipse auf die Seite. Damit der Inhalt auf dem
// Drucker ausgegeben wird, muss diese Methode das Ereignis PrintPage behandeln.
public void PrintEllipse(object sender, System.Drawing.Printing.PrintPageEventArgs e)
{
   e.Graphics.DrawEllipse(Pens.Black, e.MarginBounds);
}
```

Die Eigenschaften `MarginBounds` und `PageBounds` stellen Bereiche der Seitenoberfläche dar. Wenn Sie die Druckkoordinaten anhand des `MarginBounds`-Rechtecks berechnen, können Sie dafür sorgen, dass der Druck innerhalb der vorgesehenen Seitenränder stattfindet. Soll der Druck außerhalb dieser Ränder stattfinden, beispielsweise für Kopf- oder Fußzeilen, können Sie die Druckkoordinaten anhand des `PageBounds`-Rechtecks berechnen. Druckkoordinaten werden standardmäßig in Pixel angegeben.

Mit der Eigenschaft `HasMorePages` können Sie angeben, dass ein Druckauftrag mehrere Seiten umfasst. Die Standardeinstellung dieser Eigenschaft ist `False`. Wenn Ihre Anwendungslogik zu dem Schluss kommt, dass der Druckauftrag mehrere Seiten umfasst, sollten Sie diese Eigenschaft auf `True` stellen. Beim Druck der letzten Seite sollte diese Eigenschaft wieder auf `False` zurückgestellt werden. Beachten Sie bitte, dass der `PrintPage`-Ereignishandler die Zahl der Druckseiten berücksichtigen muss, die der Druckauftrag erfordert. Tut er das nicht, gibt es beim Druck unerwartete Ergebnisse. Wenn Sie zum Beispiel nach dem Druck der letzten Seite nicht die Eigenschaft `HasMorePages` auf `False` stellen, löst die Anwendung weiterhin `PrintPage`-Ereignisse aus.

Sie können einen laufenden Druckauftrag abbrechen, ohne ihn zu beenden, indem Sie die Eigenschaft `Cancel` auf `True` stellen. Das kann zum Beispiel erforderlich werden, wenn der Benutzer in Ihrem Formular auf die Schaltfläche *Abbrechen* klickt.

Das Grundgerüst für einen `PrintPage`-Ereignishandler können Sie erstellen, indem Sie im Designer mit einem Doppelklick auf die `PrintDocument`-Instanz klicken.

Drucken von Grafik

Der Druck von Grafik ist im Wesentlichen dasselbe wie die Anzeige von Grafik auf dem Bildschirm. Nur verwenden Sie das `Graphics`-Objekt, das im `PrintPageEventArgs`-Parameter übergeben wird, nicht für die Anzeige der Grafik auf dem Bildschirm, sondern für die Ausgabe der Grafik auf dem Drucker. Einfache Formen können direkt gedruckt werden, komplexe Formen können mit dem `GraphicsPath`-Objekt definiert und gedruckt werden. Der folgende Beispielcode zeigt, wie man mit einem `GraphicsPath`-Objekt eine komplexe Form druckt:

```
' VB
' Diese Methode muss das PrintPage-Ereignis behandeln.
Public Sub PrintGraphics(ByVal Sender As System.Object, _
   ByVal e As System.Drawing.Printing.PrintPageEventArgs)
   Dim myPath As New System.Drawing.Drawing2D.GraphicsPath()
   myPath.AddPolygon(New Point() {New Point(1,1), New Point(12, 55), _
      New Point(34, 8), New Point(52, 53), New Point(99, 5)})
   myPath.AddRectangle(New Rectangle(33, 43, 20, 20))
   e.Graphics.DrawPath(Pens.Black, myPath)
End Sub

// C#
// Diese Methode muss das PrintPage-Ereignis behandeln.
public void PrintGraphics(object sender, System.Drawing.Printing.PrintPageEventArgs e)
{
   System.Drawing.Drawing2D.GraphicsPath myPath = new
      System.Drawing.Drawing2D.GraphicsPath();
   myPath.AddPolygon(new Point[] {new Point(1,1),
      new Point(12, 55), new Point(34, 8), new Point(52, 53),  new Point(99, 5)});
   myPath.AddRectangle(new Rectangle(33, 43, 20, 20));
   e.Graphics.DrawPath(Pens.Black, myPath);
}
```

Um einen Druckauftrag durchzuführen, der mehrere Seiten umfasst, müssen Sie die Seiten einzeln ausdrucken und die dafür erforderliche Logik implementieren. Die folgende Methode zeichnet zum Beispiel eine Ellipse, die sechs Seiten lang und zwei Seiten breit ist, auf insgesamt 12 Seiten.

```
' VB
' Diese beiden Variablen werden zur Seitenverwaltung benutzt.
Private x As Integer
Private y As Integer
' Diese Methode muss das PrintPage-Ereignis behandeln.
Private Sub PrintDocument1_PrintPage(ByVal sender As System.Object, _
   ByVal e As System.Drawing.Printing.PrintPageEventArgs)
   ' Zeichne die Ellipse mit verschiedenen Ursprungskoordinaten. Das hat die Wirkung,
   ' dass unterschiedliche seitengroße Stücke der Ellipse zum Drucker gesendet
   ' werden, abhängig von den Koordinaten x und y.
   e.Graphics.FillEllipse(Brushes.Blue, New _
      RectangleF(-e.PageBounds.Width * x, -e.PageBounds.Height * y, _
      e.PageBounds.Width * 2, e.PageBounds.Height * 6))
   y += 1
   If y = 6 And x = 0 Then
      y = 0
      x += 1
      e.HasMorePages = True
   ElseIf y = 6 And x = 1 Then
      ' Der Druckauftrag ist durchgeführt.
      e.HasMorePages = False
   Else
      ' Es wird noch ein PrintPage-Ereignis gebraucht.
      e.HasMorePages = True
   End If
End Sub
```

```
// C#
// Diese beiden Variablen werden zur Seitenverwaltung benutzt.
int x;
int y;
// Diese Methode muss das PrintPage-Ereignis behandeln.
private void printDocument1_PrintPage(object sender,  System.Drawing.Printing.PrintPageEventArgs e)
{
   // Zeichne die Ellipse mit verschiedenen Ursprungskoordinaten. Das hat die Wirkung,
   // dass unterschiedliche seitengroße Stücke der Ellipse zum Drucker gesendet
   // werden, abhängig von den Koordinaten x und y.
   e.Graphics.FillEllipse(Brushes.Blue, new RectangleF(-e.PageBounds.Width
      * x, -e.PageBounds.Height * y, e.PageBounds.Width * 2,
      e.PageBounds.Height * 6));
   y += 1;
   if (y == 6 & x == 0)
   {
      y = 0;
      x ++;
      e.HasMorePages = true;
   }
   else if (y == 6 & x == 1)
   {  // Der Druckauftrag ist durchgeführt.
      e.HasMorePages = false;
   }
```

```
   else
   {
      // Es wird noch ein PrintPage-Ereignis gebraucht.
      e.HasMorePages = true;
   }
}
```

In diesem Beispiel zeichnet die Methode bei jedem Aufruf die gesamte Ellipse, allerdings jedes Mal mit einem anderen Ursprung. Daher wird bei jedem Aufruf ein anderer Teil der Ellipse ausgedruckt.

Drucken von Bildern

Sie können mit dem `Graphics`-Objekt aus dem `PrintPageEventsArgs`-Parameter auch Bilder ausdrucken. Dazu verwenden Sie die Methode `Graphics.DrawImage`, wie im folgenden Beispiel:

```
' VB
' Gegeben sei ein Bild namens myImage. Diese Methode muss das PrintPage-Ereignis behandeln.
Private Sub PrintDocument1_PrintPage(ByVal sender As System.Object, _
   ByVal e As System.Drawing.Printing.PrintPageEventArgs)
   e.Graphics.DrawImage(myImage, New PointF(0,0))
End Sub

// C#
// Gegeben sei ein Bild namens myImage. Diese Methode muss das PrintPage-Ereignis behandeln.
private void PrintDocument1_PrintPage(object sender,
   System.Drawing.Printing.PrintPageEventArgs e)
{
   e.Graphics.DrawImage(myImage, new PointF(0,0));
}
```

Beachten Sie bitte, dass Sie die Aufteilung des Bilds auf mehrere Seiten wie bei jedem anderen Druckauftrag selbst übernehmen müssen, wenn das Bild nicht auf eine einzige Seite passt.

Drucken von Text

Der Druck von Text ähnelt dem Grafikdruck. Text wird mit der Methode `Graphics.DrawString` gedruckt, die eine Zeichenfolge mit der angegebenen Schriftart auf dem Drucker ausgibt. Wie bei der Anzeige von Text auf dem Bildschirm müssen Sie eine Schriftart für die Textausgabe angeben, den auszugebenden Text, ein `Brush`-Objekt und die Koordinaten, an denen der Text erscheinen soll. Ein Beispiel:

```
' VB
Dim myFont As New Font("Tahoma", 12, FontStyle.Regular, GraphicsUnit.Pixel)
Dim Hello As String = "Hello World!"
e.Graphics.DrawString(Hello, myFont, Brushes.Black, 20, 20)

// C#
Font myFont = new Font("Tahoma", 12, FontStyle.Regular, GraphicsUnit.Pixel);
string Hello  = "Hello World!";
e.Graphics.DrawString(Hello, myFont, Brushes.Black, 20, 20);
```

Beachten Sie bitte, dass Sie beim Druck von Text dafür sorgen müssen, dass der Text nicht die Seitenbegrenzung überschreitet. Wenn Sie versuchen, außerhalb der Seitenbegrenzung zu drucken, wird der Inhalt, der außerhalb der Begrenzung liegen würde, nicht gedruckt.

Drucken von mehreren Zeilen

Wenn Sie mehrere Textzeilen drucken, beispielsweise ein Array mit Zeichenfolgen oder Textzeilen aus einer Textdatei, müssen Sie selbst für die richtigen Zeilenabstände sorgen. Sie können die Zahl der Zeilen berechnen, die auf einer Seite erscheinen, indem Sie die Höhe der Seitenbegrenzung durch die Höhe der Schriftart teilen. Die Position jeder einzelnen Zeile können Sie berechnen, indem Sie die Zeilennummer mit der Höhe der Schriftart multiplizieren. Der folgende Beispielcode zeigt, wie man ein `String`-Array namens `myStrings` ausdruckt.

```
' VB
Dim ArrayCounter As Integer = 0
' Diese Methode behandelt das PrintDocument.PrintPage-Ereignis. Sie setzt voraus,
' dass es ein Stringarray namens myStrings gibt, das bereits deklariert wurde und
' einige Strings enthält. Außerdem setzt sie voraus, dass eine Schriftart für den
' Druck initialisiert und myFont genannt wurde.

Private Sub PrintStrings(sender As Object, e As System.Drawing.Printing.PrintPageEventArgs)
' Deklariere Variablen für die Zeilen- und Seitenzählung.
  Dim LeftMargin As Single = e.MarginBounds.Left
  Dim TopMargin As Single = e.MarginBounds.Top
  Dim MyLines As Single = 0
  Dim YPosition As Single = 0
  Dim Counter As Integer = 0
  Dim CurrentLine As String

  ' Berechne die Zahl der Zeilen pro Seite.
  MyLines = e.MarginBounds.Height / myFont.GetHeight(e.Graphics)
  ' Drucke jede Arrayzeile aus, halte am Seitenende an.
  While Counter < MyLines And ArrayCounter < myStrings.Length
     CurrentLine = myStrings(ArrayCounter)
     YPosition = TopMargin + Counter * myFont.GetHeight(e.Graphics)
     e.Graphics.DrawString(CurrentLine, myFont, Brushes.Black, _
        LeftMargin, YPosition, New StringFormat())
     Counter += 1
     ArrayCounter += 1
  End While
  ' Wenn noch Zeilen übrig sind, beginne eine neue Seite.
  If (ArrayCounter < myStrings.Length) Then
     e.HasMorePages = True
  Else
     e.HasMorePages = False
  End If
End Sub
```

```
// C#
int ArrayCounter = 0;
private void PrintStrings(object sender, System.Drawing.Printing.PrintPageEventArgs e)
{
   // Deklariere Variablen für die Zeilen- und Seitenzählung.
   float LeftMargin = e.MarginBounds.Left;
   float TopMargin = e.MarginBounds.Top;
   float MyLines = 0;
   float YPosition = 0;
   int Counter = 0;
   string CurrentLine;

   // Berechne die Zahl der Zeilen pro Seite.
   MyLines = e.MarginBounds.Height / myFont.GetHeight(e.Graphics);
   // Drucke jede Arrayzeile aus, halte am Seitenende an.
   while (Counter < MyLines && ArrayCounter < myStrings.Length)
   {
      CurrentLine = myStrings[ArrayCounter];
      YPosition = TopMargin + Counter * myFont.GetHeight(e.Graphics);
      e.Graphics.DrawString(CurrentLine, myFont, Brushes.Black, LeftMargin,
         YPosition, new StringFormat());
      Counter ++;
      ArrayCounter++;
   }
   // Wenn noch Zeilen übrig sind, beginne eine neue Seite.
   if (ArrayCounter < myStrings.Length)
      e.HasMorePages = true;
   else
      e.HasMorePages = false;
}
```

Benachrichtigen des Benutzers, wenn der Druck abgeschlossen ist

Da der Druck von umfangreicheren Dokumenten einige Zeit in Anspruch nehmen kann und zudem asynchron durchgeführt wird, ist es sinnvoll, den Benutzer zu informieren, sobald ein Druckauftrag erledigt ist. Wenn Sie den Benutzer darüber informieren möchten, dass sein Dokument fertig gedruckt ist, verwenden Sie das Ereignis `PrintDocument.EndPrint`.

Das Ereignis `PrintDocument.EndPrint` wird ausgelöst, nachdem alle Seiten eines Druckauftrags gedruckt sind. Der Handler hat dieselbe Signatur wie beim `PrintPage`-Ereignis. Als Parameter hat er also ein Objekt, das den Absender der Ereignismeldung kennzeichnet, und eine Instanz der Klasse `System.Drawing.Printing.PrintPageEventArgs`. Das folgende Beispiel demonstriert, wie man den Benutzer mit einem Meldungsfeld darüber informieren könnte, dass sein Dokument fertig gedruckt ist:

```
' VB
' Diese Methode behandelt das PrintDocument.EndPrint-Ereignis.
Private Sub PrintDocument1_EndPrint(ByVal sender As System.Object, _
   ByVal e As System.Drawing.Printing.PrintEventArgs) Handles PrintDocument1.EndPrint
   MsgBox("Ihr Dokument ist fertig gedruckt")
End Sub
```

```
// C#
// Diese Methode behandelt das PrintDocument.EndPrint-Ereignis.
private void PrintDocument1_EndPrint(object sender, System.Drawing.Printing.PrintEventArgs e)
{
   MessageBox.Show("Ihr Dokument ist fertig gedruckt");
}
```

Drucken und Sicherheit

Drucken ist ein Vorgang, für den die Sicherheitsmechanismen gelten. Die Berechtigung für das Drucken wird durch die Klasse `PrintingPermission` definiert. Die Klasse `PrintingPermission` kann vier `PrintingPermissionLevel`-Werte für die vorliegende Berechtigung angeben. Diese Werte sind:

- **`AllPrinting`** Bietet unbeschränkten Zugriff auf den Drucker.
- **`DefaultPrinting`** Ermöglicht Anwendungen das Drucken auf dem Standarddrucker und ermöglicht über ein Druckerdialogfeld Zugriff auf andere Drucker.
- **`SafePrinting`** Lässt den Druck nur über ein Druckerdialogfeld zu.
- **`NoPrinting`** Sperrt den Zugriff auf alle Drucker.

Zum Schutz vor bösartigem Code erhalten Anwendungen, die in den Sicherheitszonen `Intranet` oder `Internet` laufen, standardmäßig die Berechtigung `DefaultPrinting`. Wenn Ihre Anwendung auf unbeschränkten Druckerzugang angewiesen ist, können Sie diese Berechtigung vorschreiben, indem Sie Ihre Klasse oder Methode mit einer entsprechenden Instanz des `PrintingPermission`-Attributs versehen:

```
' VB
<Assembly: System.Drawing.Printing.PrintingPermission( _
     Security.Permissions.SecurityAction.RequestMinimum, _
    level:=System.Drawing.Printing.PrintingPermissionLevel.AllPrinting)>
Public Class myPrintClass
   ' Klassenimplementierung ausgelassen
End Class

// C#
[class: System.Drawing.Printing.PrintingPermission(
    System.Security.Permissions.SecurityAction.RequestMinimum,
    Level=System.Drawing.Printing.PrintingPermissionLevel.AllPrinting)]
public class myPrintClass
{
   // Klassenimplementierung ausgelassen.
}
```

Schnelltest

1. Welches Objekt repräsentiert den Drucker und kann dazu verwendet werden, Text, Grafik und Bilder zum Drucker zu senden?
2. Mit welcher Methode wird Text ausgedruckt?

Antworten zum Schnelltest

1. Das Objekt PrintPageEventArgs.Graphics ist das Graphics-Objekt, das die zu bedruckende Seite darstellt. Es bietet alle Methoden, die zur Ausgabe von Text, Grafik und Bildern auf einer Druckseite erforderlich sind.
2. Die Methode Graphics.DrawString dient zum Drucken von Text auf einem Drucker. Verwenden Sie das Graphics-Objekt, das im PrintPage-Ereignishandler im PrintPageEventArgs-Parameter zur Verfügung steht.

Übung: Erstellen eines *PrintDocument*-Objekts

In dieser Übung erweitern Sie das Projekt, das Sie in Lektion 1, „Steuern des Druckvorgangs mit Druckdialogfeldern", erstellt haben, und machen daraus eine Anwendung, mit der ein Benutzer eine Textdatei öffnen und den Inhalt drucken kann.

▶ **Übung 1: Erstellen eines *PrintDocument*-Objekts**

1. Ziehen Sie von der Toolbox eine OpenFileDialog-Komponente auf das Formular.
2. Stellen Sie im Eigenschaftenfenster die Eigenschaft *Filter* von *OpenFileDialog1* auf **Textdateien | *.txt**.
3. Fügen Sie im *Datei*-Menü den Menüpunkt *Öffnen* hinzu.
4. Klicken Sie den Menüpunkt *Öffnen* mit einem Doppelklick an, um den Code-Editor mit dem Click-Ereignishandler zu öffnen.
5. Fügen Sie außerhalb des Click-Ereignishandlers folgenden Code in die Klasse ein:

```
' VB
Dim s As String
Dim strings As String() = {}
Dim ArrayCounter As Integer = 0

// C#
string s;
string[] strings = {};
int ArrayCounter = 0;
```

6. Fügen Sie folgenden Code in den Click-Ereignishandler für den Menüpunkt *Öffnen* ein:

```
' VB
Dim aResult As Windows.Forms.DialogResult
aResult = OpenFileDialog1.ShowDialog
If aResult = Windows.Forms.DialogResult.OK Then
   Dim aReader As New System.IO.StreamReader(OpenFileDialog1.FileName)
   s = aReader.ReadToEnd
   aReader.Close()
   strings = s.Split(ControlChars.CrLf)
End If
```

```
// C#
System.Windows.Forms.DialogResult aResult;
aResult = openFileDialog1.ShowDialog();
if (aResult == System.Windows.Forms.DialogResult.OK)
{
   System.IO.StreamReader aReader = new
      System.IO.StreamReader(openFileDialog1.FileName);
   s = aReader.ReadToEnd();
   aReader.Close();
   strings = s.Split('\n');
}
```

7. Ersetzen Sie im Ereignishandler `PrintDocument1_PrintPage` den vorhandenen Code durch folgenden Code:

```
' VB
Dim LeftMargin As Single = e.MarginBounds.Left
Dim TopMargin As Single = e.MarginBounds.Top
Dim MyLines As Single = 0
Dim YPosition As Single = 0
Dim Counter As Integer = 0
Dim CurrentLine As String
MyLines = e.MarginBounds.Height / _
   Me.Font.GetHeight(e.Graphics)
   While Counter < MyLines And ArrayCounter < strings.Length
      CurrentLine = strings(ArrayCounter)
      YPosition = TopMargin + Counter * Me.Font.GetHeight(e.Graphics)
      e.Graphics.DrawString(CurrentLine, Me.Font, Brushes.Black, _
         LeftMargin, YPosition, New StringFormat())
      Counter += 1
      ArrayCounter += 1
  End While
  If (ArrayCounter < strings.Length) Then
      e.HasMorePages = True
  Else
      e.HasMorePages = False
  End If

// C#
float LeftMargin = e.MarginBounds.Left;
float TopMargin = e.MarginBounds.Top;
float MyLines = 0;
float YPosition = 0;
int Counter = 0;
string CurrentLine;
MyLines = e.MarginBounds.Height /
   this.Font.GetHeight(e.Graphics);
while (Counter < MyLines && ArrayCounter < strings.Length)
{
    CurrentLine = strings[ArrayCounter];
    YPosition = TopMargin + Counter * this.Font.GetHeight(e.Graphics);
```

```
        e.Graphics.DrawString(CurrentLine, this.Font, Brushes.Black,
            LeftMargin, YPosition, new StringFormat());
        Counter++;
        ArrayCounter++;
    }
    if (ArrayCounter < strings.Length)
        e.HasMorePages = true;
    else
        e.HasMorePages = false;
```

8. Fügen Sie in den Ereignishandlern für die `Click`-Ereignisse der Menüpunkte *Drucken* und *Seitenansicht* noch folgende Codezeile vor dem vorhandenen Code ein, um den Schleifenzähler `ArrayCounter` wieder auf null zu stellen:

```
' VB
ArrayCounter = 0

// C#
ArrayCounter = 0;
```

9. Drücken Sie auf die Taste F5, um die Anwendung zu starten. Wählen Sie im *Datei*-Menü *Öffnen* und öffnen Sie eine (unwichtige) Textdatei aus Ihrem Bestand. Wählen Sie im *Datei*-Menü *Seitenansicht* und sehen Sie sich die Druckvorschau im Dialogfeld *Seitenansicht* an. Drucken Sie die Datei. Experimentieren Sie mit anderen Seiten- und Druckeinstellungen.

Zusammenfassung der Lektion

- Der Dokumentdruck wird durch eine `PrintDocument`-Komponente dargestellt. Die `PrintDocument`-Komponente löst das `PrintPage`-Ereignis aus, wenn die `Print`-Methode aufgerufen wird. Methoden, die das `PrintPage`-Ereignis behandeln, enthalten auch die Logik für den eigentlichen Druck der zu druckenden Daten.
- Das `PrintPageEventArgs`-Objekt, das als Argument an einen `PrintPage`-Ereignishandler übergeben wird, enthält ein `Graphics`-Objekt, das eine zu bedruckende Seite darstellt. Sie können die Methoden der Klasse `Graphics` benutzen, um Grafik, Bilder und Text auf dem Drucker auszudrucken.
- Wenn mehrere Seiten gedruckt werden sollen, müssen Sie die Eigenschaft `HasMorePages` des `PrintPageEventArgs`-Objekts auf `True` stellen. Das bewirkt ein erneutes Auftreten des `PrintPage`-Ereignisses und ein erneutes Aufrufen des betreffenden Ereignishandlers. Sie müssen für diesen Ereignishandler die Logik für die Erkennung und den Druck der aktuellen Seite entwickeln und dafür sorgen, dass auch das Ende des Druckvorgangs erkannt wird.
- Durch einen entsprechenden Hinweis im `PrintDocument.EndPrint`-Ereignishandler können Sie einen Benutzer darüber informieren, dass der Druckvorgang abgeschlossen ist.

Lernzielkontrolle

Die folgenden Fragen dienen dazu, die wichtigsten Lerninhalte dieser Lektion zu vertiefen. Die Fragen sind (in englischer Sprache) auch auf der Begleit-CD zu finden, falls Sie die elektronische Form der Fragen vorziehen.

Hinweis Die Antworten

Die Antworten auf die Fragen und Erläuterungen, warum die entsprechende Antwort richtig oder falsch ist, finden Sie im Abschnitt „Antworten" am Ende des Buchs.

1. Welche der folgenden Codezeilen eignet sich dazu, um in einem `PrintPage`-Ereignishandler anzugeben, dass noch eine weitere Seite gedruckt werden soll?

   A.

```
' VB
e.PrintPage

// C#
e.PrintPage();
```

   B.

```
' VB
e.HasMorePages = True

// C#
e.HasMorePages = true;
```

   C.

```
' VB
e.HasMorePages()

// C#
e.HasMorePages();
```

   D.

```
' VB
e.Cancel = False

// C#
e.Cancel = false;
```

2. Welche der folgenden Zeilen berechnet die Anzahl der Zeilen richtig, die mit einem Schriftartobjekt namens `myFont` innerhalb der vorgesehenen Ränder auf eine Seite gedruckt werden können?

   A.

```
' VB
MyLines = e.MarginBounds.Height / myFont.GetHeight(e.Graphics)

// C#
MyLines = e.MarginBounds.Height / myFont.GetHeight(e.Graphics);
```

   B.

```
' VB
MyLines = e.MarginBounds.Height / myFont.GetHeight()

// C#
MyLines = e.MarginBounds.Height / myFont.GetHeight();
```

   C.

```
' VB
MyLines = e.MarginBounds.Height / e.Graphics.GetHeight(myFont)

// C#
MyLines = e.MarginBounds.Height / e.Graphics.GetHeight(myFont);
```

   D.

```
' VB
MyLines = e.PageBounds.Height / myFont.GetHeight(e.Graphics)

// C#
MyLines = e.PageBounds.Height / myFont.GetHeight(e.Graphics);
```

3. Welches Ereignis der `PrintDocument`-Komponente sollte verwendet werden, um den Benutzer über den Abschluss eines Druckauftrags zu informieren?

   A. `BeginPrint`

   B. `EndPrint`

   C. `PrintPage`

   D. `QueryPageSettings`

Lektion 3: Erstellen einer benutzerdefinierten *PrintPreview*-Komponente

Die `PrintPreviewDialog`-Komponente bietet zwar eine leicht zu programmierende und ins Programm einzufügende Seitenansicht, aber sie lässt sich nur schlecht an Kundenwünsche anpassen. Bei besonderen Wünschen an die Seitenansicht können Sie das `PrintPreviewControl`-Steuerelement verwenden und eine benutzerdefinierte `PrintPreview`-Komponente erstellen.

Am Ende dieser Lektion werden Sie in der Lage sein, die folgenden Aufgaben auszuführen:

- Einstellen der `Document`-Eigenschaft auf das anzuzeigende Dokument
- Einstellen der Eigenschaften `Columns` und `Rows` zur Festlegung der Anzahl der Seiten, die horizontal und vertikal im Steuerelement angezeigt werden
- Einstellen der Eigenschaft `UseAntiAlias` auf `True`, damit der Text geglättet dargestellt wird (kann die Anzeige verlangsamen)
- Verwenden der `Zoom`-Eigenschaft zur Einstellung der Vergrößerung für die Seitenansicht
- Einstellen der Eigenschaft `StartPage` zur Festlegung der Seite, mit der die Seitenansicht beginnt
- Einstellen weiterer Eigenschaften
- Hinzufügen benutzerdefinierter Methoden und Ereignisse zu einem `PrintPreviewControl`

Veranschlagte Zeit für diese Lektion: 45 Minuten

Das *PrintPreviewControl*

Das `PrintPreviewControl`-Steuerelement ist das zentrale Steuerelement der `PrintPreviewDialog`-Komponente. Es bietet alle Funktionen, die man zur Anzeige einer `PrintDocument`-Komponente braucht, wobei die Anzeige durch den Aufruf der Methode `PrintDocument.Print` eingeleitet wird und die Darstellung auf dem Steuerelement erfolgt statt auf dem Drucker.

Tabelle 10.4 Wichtige Eigenschaften des `PrintPreviewControl`-Steuerelements

Eigenschaft	Beschreibung
`AutoZoom`	Ruft einen Wert ab oder legt ihn fest, der anzeigt, ob die `Zoom`-Eigenschaft bei einer Größenänderung des Steuerelements oder einer Änderung der Anzahl der anzuzeigenden Seiten automatisch angepasst werden soll.
`Columns`	Ruft die Anzahl der Seiten ab oder legt sie fest, die horizontal im Steuerelement angezeigt werden.
`Document`	Die `PrintDocument`-Instanz, die mit dem `PrintPreviewControl` verknüpft ist.
`Rows`	Ruft die Anzahl der Seiten ab oder leg sie fest, die vertikal im Steuerelement angezeigt werden.
`StartPage`	Gibt die Seite in der `PrintDocument`-Komponente an, die als erste Seite im Steuerelement angezeigt wird.
`UseAntiAlias`	Gibt an, ob Antialias benutzt wird. Antialias bewirkt, dass der angezeigte Text glatter erscheint, allerdings auf Kosten der Leistung.
`Zoom`	Ruft die Vergrößerung des Dokuments ab oder legt sie fest.

Außerdem verfügt das Steuerelement über Eigenschaften, mit denen sich die Vergrößerung einstellen lässt, das Seitenlayout und die angezeigten Seiten. Tabelle 10.4 zeigt wichtige Eigenschaften des `PrintPreviewControl`-Steuerelements.

Die Klasse `PrintPreviewControl` ist von der Klasse `Control` abgeleitet und bietet noch einige andere Eigenschaften an, die sie von der Klasse `Control` geerbt hat. Sie können diese Eigenschaften wie bei jedem anderen Steuerelement zur Entwurfszeit oder zur Laufzeit einstellen.

Einstellen der *Document*-Eigenschaft

Die `Document`-Eigenschaft gibt das `PrintDocument` an, das mit dem `PrintPreviewControl`-Steuerelement verknüpft ist. Das `PrintPreviewControl` ruft die Methode `PrintDocument.Print` auf und leitet die Ausgabe des `PrintPage`-Ereignishandlers auf das `PrintPreviewControl` um, statt auf einen Drucker. Der folgende Beispielcode zeigt, wie man die Eigenschaft `PrintPreviewControl.Document` einstellt:

```
' VB
' Gegeben sei ein PrintDocument namens PrintDocument1.
PrintPreviewControl1.Document = PrintDocument1

// C#
// Gegeben sei ein PrintDocument namens printDocument1.
printPreviewControl1.Document = printDocument1;
```

Sie können die Eigenschaft `PrintPreviewControl.Document` auch im Eigenschaftenfenster einstellen.

Einstellen der Zeilen und Spalten

Die Eigenschaften `Columns` und `Rows` legen die Zahl der Seiten fest, die im `PrintPreviewControl` zu sehen sind. Die `Columns`-Eigenschaft gibt die Zahl der Seiten an, die nebeneinander angezeigt werden. Wenn `Columns` beispielsweise auf 3 steht, werden maximal 3 Seiten nebeneinander angezeigt. (Enthält das angezeigte `PrintDocument` weniger als 3 Seiten, sind nur die vorhandenen Seiten zu sehen.) Und wenn die `Rows`-Eigenschaft auf 3 gestellt wird, werden maximal 3 Seiten untereinander angezeigt. Zusammen legen die Eigenschaften `Rows` und `Columns` also die Gesamtzahl der Seiten fest, die im `PrintPreviewControl` angezeigt werden können. Wird `Rows` beispielsweise auf 3 gestellt und `Columns` auf 4, werden maximal 12 Seiten gleichzeitig angezeigt. Das folgende Beispiel zeigt, wie man die Eigenschaften `Rows` und `Columns` einstellt:

```
' VB
PrintPreviewControl1.Rows = 3
PrintPreviewControl1.Columns = 4

// C#
printPreviewControl1.Rows = 3;
printPreviewControl1.Columns = 4;
```

Sie können die Eigenschaften `Rows` und `Columns` auch zur Entwurfszeit im Eigenschaftenfenster einstellen.

Kantenglättung (Anti-Aliasing)

Mit Kantenglättung ist ein Darstellungsverfahren gemeint, bei dem die Ränder von grafischen Objekten und Buchstaben scheinbar geglättet werden, damit die Objekte besser aussehen und der Text leichter zu lesen ist. Dazu werden einige Pixel an den Rändern der Objekte teilweise in helleren

Farben dargestellt. Insgesamt soll der Rand dann für das menschliche Auge glatter erscheinen. Der Preis für dieses bessere Aussehen ist eine etwas geringere Leistung. Wenn Sie eine geglättete Darstellung wünschen, setzen Sie die Eigenschaft `PrintPreviewControl.UseAntiAlias` auf `True`. Steht die Geschwindigkeit im Vordergrund, können Sie die Eigenschaft `UseAntiAlias` auf `False` stellen. Das folgende Beispiel zeigt, wie man die Eigenschaft `UseAntiAlias` einstellt:

```
' VB
PrintPreviewControl1.UseAntiAlias = True

// C#
printPreviewControl1.UseAntiAlias = true;
```

Zoom

Die Eigenschaft `Zoom` bestimmt, wie groß eine Seite in der Seitenansicht erscheint. Der Wert 1,0 legt die Darstellung in Originalgröße fest. Größere Werte bedeuten eine entsprechende Vergrößerung. Der Wert 5 bewirkt beispielsweise eine Darstellung in der fünffachen Originalgröße. Kleinere Werte als 1 sind ebenfalls zulässig. Der Wert 0,25 führt beispielsweise zu einer Darstellung in 25% der Originalgröße. Der folgende Beispielcode zeigt, wie man die Eigenschaft `PrintPreviewControl.Zoom` einstellt.

```
' VB
' Zeige die Seite in 250% der gewöhnlichen Größe an.
PrintPreviewControl1.Zoom = 2.5

// C#
// Zeige die Seite in 250% der gewöhnlichen Größe an.
printPreviewControl1.Zoom = 2.5;
```

Sie können auch einen automatischen Zoom einstellen, indem Sie die Eigenschaft `AutoZoom` auf `True` stellen. Wenn diese Eigenschaft auf `True` steht, wird die Größe der im `PrintPreviewControl` angezeigten Seite automatisch nachgeführt, wenn sich die Größe des `PrintPreviewControl`-Steuerelements ändert. Das folgende Beispiel zeigt, wie man die Eigenschaft `AutoZoom` auf `True` stellt.

```
' VB
PrintPreviewControl1.AutoZoom = True

// C#
printPreviewControl1.AutoZoom = true;
```

Wenn die Eigenschaft `AutoZoom` auf `True` steht, ändert sich der Wert der Eigenschaft `Zoom` automatisch, sobald sich die Größe des Steuerelements ändert.

Einstellen der Startseite

Mit der Eigenschaft `StartPage` können Sie festlegen, welche Seite als erste Seite im `PrintPreviewControl`-Steuerelement angezeigt wird. Wenn das Steuerelement nur eine Seite anzeigt, gibt diese Eigenschaft an, um welche Seite es sich handelt. Sind mehrere Seiten im Steuerelement zu sehen, legt diese Eigenschaft fest, welche Seite in der oberen linken Ecke des Steuerelement erscheint. Die `StartPage`-Eigenschaft kann nur zur Laufzeit eingestellt werden, nicht im Eigenschaftenfenster von Visual Studio.

Das folgende Beispiel zeigt, wie man die StartPage-Eigenschaft einstellt:

```
' VB
PrintPreviewControl1.StartPage = 3

// C#
printPreviewControl1.StartPage = 3;
```

Beachten Sie bitte, dass alle Seiten des Dokuments angezeigt werden, wenn die Eigenschaften Columns und Rows so eingestellt sind, dass im PrintPreviewControl-Steuerelement für alle Seiten des Dokuments genug Platz ist.

Hinzufügen von Methoden und Ereignissen zum *PrintPreviewControl*

Mit den bisher besprochenen Eigenschaften des PrintPreviewControl-Steuerelements ist bereits eine beträchtliche Anpassung an Kundenwünsche möglich, aber vielleicht möchten Sie auch noch zusätzliche Methoden und Ereignisse implementieren, zum Beispiel eine Methode zum Hinzufügen von Zeilen oder Spalten. Sie können das PrintPreviewControl-Steuerelement anpassen, indem Sie von PrintPreviewControl eine neue Klasse ableiten und die gewünschten Methoden und Ereignisse implementieren. Der folgende Beispielcode zeigt eine Klasse, die von PrintPreviewControl abgeleitet wird und eine Methode zum Hinzufügen einer neuen Spalte aufweist:

```
' VB
Public Class MyPrintPreviewControl
   Inherits PrintPreviewControl
   Public Sub AddColumn()
      Me.Columns += 1
   End Sub
End Class

// C#
public class MyPrintPreviewControl:PrintPreviewControl
{
   public void AddColumn()
   {
      this.Columns++;
   }
}
```

Übung: Erstellen eines neuen Seitenansichtsformulars

In dieser Übung erstellen Sie ein neues Seitenansichtsformular und fügen es zu dem Projekt hinzu, das Sie in Lektion 2, „Erstellen einer PrintDocument-Komponente", erstellt haben. Sie setzen ein PrintPreviewControl in ein Formular ein und ergänzen das Formular durch weitere Steuerelemente, mit denen Benutzer die Anzahl der Zeilen und Spalten angeben können. Außerdem können Benutzer noch die Vergrößerung angeben und das *AntiAlias* ein- und ausschalten.

▶ Übung 1: Erstellen eines neuen Seitenansichtsformulars

1. Öffnen Sie das Projekt, das Sie in Lektion 2 erstellt haben, oder öffnen Sie das Projekt für Lektion 2 auf der Begleit-CD.
2. Fügen Sie ein neues Formular ins Projekt ein.
3. Ziehen Sie von der Toolbox einen `SplitContainer` auf das Formular. Die Eigenschaft *Orientation* sollte auf *Vertical* gestellt werden.
4. Ziehen Sie von der Toolbox ein `PrintPreviewControl` auf *Panel2* und stellen Sie die *Dock*-Eigenschaft auf *Fill.*
5. Nur für C#: Stellen Sie die Eigenschaft *Modifiers* von *printPreviewControl1* auf *Internal.*
6. Fügen Sie aus der Toolbox drei `Label`-Steuerelemente, drei `NumericUpDown`-Steuerelemente, ein `CheckBox`-Steuerelement und ein `Button`-Steuerelement zu *Panel1* hinzu. Beschriften Sie mit den `Label`-Steuerelementen die `NumericUpDown`-Steuerelemente und legen Sie die Eigenschaften fest, die in der folgenden Tabelle beschrieben werden:

Steuerelement	Eigenschaft	Wert
`Label1`	`Text`	**Zeilen**
`Label2`	`Text`	**Spalten**
`Label3`	`Text`	**Vergrößerung**
`NumericUpDown1`	`Minimum`	**1**
`NumericUpDown2`	`Minimum`	**1**
`NumericUpDown3`	`Minimum`	**25**
`NumericUpDown1`	`Maximum`	**8**
`NumericUpDown2`	`Maximum`	**8**
`NumericUpDown3`	`Maximum`	**500**
`NumericUpDown3`	`Increment`	**25**
`CheckBox1`	`Text`	**Kantenglättung**
`Button1`	`Text`	**Drucken**

7. Klicken Sie `NumericUpDown1` mit einem Doppelklick an und fügen Sie den folgenden Code in den Ereignishandler `NumericUpDown1_ValueChanged` ein:

```
' VB
PrintPreviewControl1.Rows = NumericUpDown1.Value

// C#
printPreviewControl1.Rows = (int)numericUpDown1.Value;
```

8. Klicken Sie im Designer `NumericUpDown2` mit einem Doppelklick an und fügen Sie den folgenden Code in den Ereignishandler `NumericUpDown2_ValueChanged` ein:

```
' VB
PrintPreviewControl1.Columns = NumericUpDown2.Value

// C#
printPreviewControl1.Columns = (int)numericUpDown2.Value;
```

9. Klicken Sie im Designer NumericUpDown3 mit einem Doppelklick an und fügen Sie den folgenden Code in den Ereignishandler NumericUpDown3_ValueChanged ein:

```
' VB
PrintPreviewControl1.Zoom = NumericUpDown3.Value / 100

// C#
printPreviewControl1.Zoom = (double)numericUpDown3.Value / 100;
```

10. Klicken Sie im Designer CheckBox1 mit einem Doppelklick an und fügen Sie den folgenden Code in den Ereignishandler CheckBox1_CheckChanged ein:

```
' VB
PrintPreviewControl1.UseAntiAlias = CheckBox1.Checked

// C#
printPreviewControl1.UseAntiAlias = checkBox1.Checked;
```

11. Klicken Sie im Designer Button1 mit einem Doppelklick an und fügen Sie den folgenden Code in den Ereignishandler Button1_Click ein:

```
' VB
Me.DialogResult = Windows.Forms.DialogResult.OK

// C#
this.DialogResult = System.Windows.Forms.DialogResult.OK;
```

12. Ersetzen Sie im Code-Editor den vorhandenen Code des Click-Ereignishandlers für den Menüpunkt *Seitenansicht* in der Klasse Form1 durch folgenden Code:

```
' VB
Dim aForm As New Form2
Dim aResult As Windows.Forms.DialogResult
ArrayCounter = 0
aForm.PrintPreviewControl1.Document = PrintDocument1
aResult = aForm.ShowDialog
ArrayCounter = 0
If aResult = Windows.Forms.DialogResult.Ok Then
   PrintDocument1.Print
End If

// C#
Form2 aForm = new Form2();
System.Windows.Forms.DialogResult aResult;
ArrayCounter = 0;
aForm.printPreviewControl1.Document = printDocument1;
aResult = aForm.ShowDialog();
ArrayCounter = 0;
if (aResult == System.Windows.Forms.DialogResult.OK)
   printDocument1.Print();
```

Drücken Sie auf die Taste `F5`, um Ihre Anwendung zu erstellen und zu starten. Wählen Sie mit dem Menübefehl *Öffnen* eine Textdatei und klicken Sie dann auf *Seitenansicht*, um Ihr neues Druckvorschauformular zu testen.

Zusammenfassung der Lektion

- Das `PrintPreviewControl`-Steuerelement ist das zentrale Steuerelement der `PrintPreviewDialog`-Komponente und enthält die Funktionen, die erforderlich sind, um das `PrintPage`-Ereignis auszulösen und die Ausgabe auf das Steuerelement umzuleiten. Die `Document`-Eigenschaft gibt die `PrintDocument`-Komponente an, die angezeigt wird.
- Das `PrintPreviewControl`-Steuerelement verfügt über Eigenschaften, mit denen Sie die Zahl der Zeilen und Spalten, den Vergrößerungsfaktor und die Startseite festlegen und angeben können, ob Kantenglättung benutzt werden soll. Mit diesen Eigenschaften können Sie Ihr Steuerelement konfigurieren.
- Wenn Sie in Ihrem `PrintPreviewControl`-Steuerelement zusätzliche Methoden oder Ereignisse brauchen, können Sie einen Klasse von `PrintPreviewControl` ableiten und die gewünschten Methoden und Ereignisse implementieren.

Lernzielkontrolle

Die folgenden Fragen dienen dazu, die wichtigsten Lerninhalte dieser Lektion zu vertiefen. Die Fragen sind (in englischer Sprache) auch auf der Begleit-CD zu finden, falls Sie die elektronische Form der Fragen vorziehen.

Hinweis Die Antworten

Die Antworten auf die Fragen und Erläuterungen, warum die entsprechende Antwort richtig oder falsch ist, finden Sie im Abschnitt „Antworten" am Ende des Buchs.

---

1. Welcher der folgenden Werte für die Eigenschaft `Zoom` bewirkt die Anzeige des Dokuments in zweieinhalbfacher Originalgröße?

   A. 250

   B. 25

   C. 2,5

   D. 0,25

2. Welche der folgenden Codezeilen bewirken, dass die in einem `PrintPreviewControl` namens `PrintPreviewControl1` dargestellten Objekte glatter aussehen?

   A.

```
' VB
PrintPreviewControl1.UseAntiAlias()

// C#
printPreviewControl1.UseAntiAlias();
```

B.

```
' VB
PrintPreviewControl1.UseAntiAlias = True

// C#
printPreviewControl1.UseAntiAlias = true;
```

C.

```
' VB
PrintPreviewControl1.Document.UseAntiAlias()

// C#
printPreviewControl1.Document.UseAntiAlias();
```

D.

```
' VB
PrintPreviewControl1.Document.UseAntiAlias = True

// C#
printPreviewControl1.Document.UseAntiAlias = true;
```

Rückblick auf dieses Kapitel

Zur weiteren Übung und Vertiefung der Lerninhalte dieses Kapitels können Sie Folgendes tun:

- Arbeiten Sie die Zusammenfassung des Kapitels durch.
- Arbeiten Sie die Liste der Schlüsselbegriffe durch, die in diesem Kapitel eingeführt wurden.
- Bearbeiten Sie die Übung mit Fallbeispiel. Diese Szenarien beschreiben anhand der Themen dieses Kapitels praxisnahe Situationen. Entwickeln Sie eine Lösung.
- Führen Sie die vorgeschlagenen Übungen durch.
- Machen Sie einen Übungstest.

Zusammenfassung des Kapitels

- Die `PrintDocument`-Komponente ist die wichtigste Komponente beim Drucken und stellt das zu druckende Dokument dar. Bei der Behandlung des Ereignisses `PrintDocument.PrintPage` wird jeweils eine Seite des Dokuments zum Drucker übertragen. Methoden, die dieses Ereignis behandeln, erhalten als Argument ein `PrintPageEventArgs`-Objekt, das eine Reihe von Eigenschaften besitzt, die beim Druck von Nutzen sind. Dazu gehört beispielsweise ein `Graphics`-Objekt, das den Drucker darstellt. Text wird mit der Methode `Graphics.DrawString` auf dem Drucker ausgedruckt, und Grafik wird mit den zahlreichen Grafikmethoden der Klasse `Graphics` gedruckt. Wenn mehrere Seiten gedruckt werden sollen, muss die Eigenschaft `HasMorePages` des `PrintPageEventArgs`-Objekts auf `True` gestellt werden, solange noch nicht alle Seiten ausgedruckt sind.
- Zur Unterstützung des Benutzers beim Drucken gibt es einige Dialogfeldkomponenten. Mit der `PrintDialog`-Komponente können Benutzer Druckoptionen einstellen und neue Drucker hinzufügen. Die `PageSetupDialog`-Komponente ermöglicht es dem Benutzer, Einstellungen für die Seiten und das Papier vorzunehmen. Mit der `PrintPreviewDialog`-Komponente kann sich der Benutzer eine Vorschau auf das Dokument ansehen, bevor das Dokument tatsächlich gedruckt wird.
- Mithilfe des `PrintPreviewControl`-Steuerelements können Sie eine Anpassung der Seitenanzeige vornehmen. Das `PrintPreviewControl`-Steuerelement zeigt eine Vorschau des Dokuments an, das in seiner `Document`-Eigenschaft eingetragen ist, und bietet Eigenschaften zur Einstellung des Erscheinungsbilds und Verhaltens der Seitenansicht, wie beispielsweise `Columns`, `Rows`, `UseAntiAlias`, `Zoom`, `AutoZoom` und `StartPage`. Bei Bedarf können Sie zusätzliche Methoden und Ereignisse implementieren, indem Sie eine neue Klasse von `PrintPreviewControl` ableiten.

Schlüsselbegriffe

- `Graphics`-Objekt
- `PrintDocument`
- `PrintPreview`

Übung mit Fallbeispiel

In den folgenden Fallbeispielen wenden Sie an, was Sie über den Druck von Dokumenten gelernt haben. Die Antworten auf die Fragen finden Sie im Abschnitt „Antworten" am Ende des Buchs.

Szenario 1: Ein besseres *PrintPreview*-Steuerelement

Unsere Kunden bei der Firma Fabrikam haben uns gebeten, Lösungen für ihre speziellen Anforderungen an die Dokumentbearbeitung zu entwickeln. Sie müssen sehr umfangreiche Dokumente ausdrucken und wünschen sich eine Seitenansicht, die zwar immer nur jeweils eine Seite anzeigt, die aber die jeweils nächste zu druckende Seite ohne Intervention durch den Benutzer anzeigt. Außerdem soll sich die Seitenanzeige so einstellen lassen, dass nur jede zweite, jede dritte oder jede vierte Seite angezeigt wird, und so weiter.

Fragen

1. Wie würden Sie vorgehen, um eine Komponente mit der gewünschten Funktionalität zu entwickeln?
2. Wie erreichen Sie es, dass nur jede zweite, dritte oder vierte Seite angezeigt wird?

Szenario 2: Ein einfaches Berichterstellungsprogramm

Die Firma Fabrikam hat uns außerdem beauftragt, ein Programm zu erstellen, mit dem sich einfache Berichte ausdrucken lassen. Die Firma verwendet bereits ein Programm, das Daten aus ihren Datenbanken in einem Windows-Formular anzeigt, wobei einige datengebundene `Label`- und `Image`-Steuerelemente eingesetzt werden. Das Formular hat ungefähr die Größe eines Blatts Papier, und der Kunde wünscht, dass der Bericht so weit wie möglich diesem Formular gleicht.

Fragen

1. Wie würden Sie vorgehen, um einen einfachen Berichtgenerator zu erstellen, der Aussehen und Verhalten des vorhandenen Formulars möglichst genau nachbildet?
2. Können Sie den Druck so weit automatisieren, dass jeder Datensatz aus der Datenbank ausgedruckt wird? Wie führen Sie den Druck durch, wenn mehrere Seiten zu drucken sind?

Vorgeschlagene Übungen

Erweitern Sie das Projekt, das Sie in Lektion 2 erstellt haben, damit der Benutzer eine Schrift aussuchen kann. Entwickeln Sie die Schreiblogik, damit Zeilenlänge und Zeilenabstände an die gewählte Schriftart und Schriftgröße angepasst werden.

Erweitern Sie das Projekt, das Sie in Lektion 2 erstellt haben, damit der Benutzer eine Kopf- oder Fußzeile eingeben kann, die auf jeder Seite mit ausgedruckt wird.

Erstellen Sie eine benutzerdefinierte `PrintPreview`-Komponente, die alle Seiten einer `PrintDocument`-Komponente der Reihe nach anzeigt und nach der letzten Seite wieder von vorne beginnt.

Machen Sie einen Übungstest

Die Übungstests auf der Begleit-CD zu diesem Buch (in englischer Sprache) bieten zahlreiche Möglichkeiten. Zum Beispiel können Sie einen Test machen, der ausschließlich die Themen eines bestimmten Lernziels behandelt, oder Sie können sich selbst mit dem gesamten Inhalt der Prüfung 70-526 testen. Sie können den Test so konfigurieren, dass er dem Ablauf einer echten Prüfung entspricht, oder Sie können einen Lernmodus verwenden, in dem Sie sich nach dem Beantworten einer Frage jeweils sofort die richtige Antwort und die Erklärungen ansehen können.

Weitere Informationen Übungstests

Einzelheiten zu allen Optionen, die bei den Übungstests zur Verfügung stehen, finden Sie im Abschnitt „So benutzen Sie die Übungstests" in der Einführung am Anfang dieses Buchs.

KAPITEL 11

Anspruchsvollere Bereiche von Windows Forms

Neben Steuerelementen, XML und dem Druck von Dokumenten hat Windows Forms noch mehr zu bieten, um den Gebrauchswert und die Nützlichkeit Ihrer Anwendungen zu erhöhen. Dieses Kapitel behandelt die Implementierung der Drag-and-Drop-Funktion (Ziehen-und-Ablegen), die internationalen Ausrichtung der Programmentwicklung und MDI-Formulare (Multiple Document Interface).

In diesem Kapitel abgedeckte Prüfungsziele:

- Durchführen von Drag-and-Drop-Operationen
    - Durchführen von Drag-and-Drop-Operationen innerhalb einer Windows-Anwendung
    - Durchführen von Drag-and-Drop-Operationen zwischen Anwendungen
    - Durchführen von Drag-and-Drop-Operationen mit einem `TreeView`-Steuerelement
- Vorbereiten von Globalisierung und Lokalisierung für eine Windows-Anwendung
    - Vorbereiten der Globalisierung und Lokalisierung einer Windows-Anwendung
- Erstellen und Konfigurieren von MDI-Formularen
    - Erstellen von übergeordneten MDI-Formularen
    - Erstellen von untergeordneten MDI-Formularen
    - Identifizieren des aktiven untergeordneten MDI-Formulars
    - Senden von Daten an das aktive untergeordnete MDI-Formular
    - Anordnen von untergeordneten MDI-Formularen
    - Erstellen eines Fensterlistenmenüs für eine MDI-Anwendung

Lektionen in diesem Kapitel:

Bevor Sie beginnen

Die Bearbeitung der Lektionen dieses Kapitels setzt Folgendes voraus:

- Einen Computer, der den Mindestanforderungen an die Hardware entspricht, wie sie am Anfang des Buchs im Abschnitt „Einführung" beschrieben wurden.
- Visual Studio 2005 Professional Edition ist auf Ihrem Computer installiert.
- Sie verfügen über Grundkenntnisse der Syntax von Microsoft Visual Basic oder C# und über das .NET Framework.

Praxistipp

Matt Stoecker

Die Geschäftswelt wird von Tag zu Tag globaler, und ich sehe mich vor die Tatsache gestellt, dass meine Anwendungen zunehmend den Ansprüchen globaler Kunden genügen müssen. Ohne die Unterstützung der internationalen Ausrichtung durch Visual Studio wäre die Entwicklung von Anwendungen, die in verschiedenen Ländern eingesetzt werden sollen, sehr zeitaufwendig und schwierig.

Lektion 1: Implementieren von Drag-and-Drop

Mit *Drag-and-Drop* (Ziehen-und-Ablegen) ist gemeint, dass man Daten mithilfe der Maus von einem Ort zu einem anderen Ort transportieren kann, und zwar auf folgende Weise: Sie klicken das betreffende Objekt mit der linken Maustaste an, halten die linke Maustaste gedrückt, bewegen den Mauszeiger (bei gedrückter linker Maustaste) zum gewünschten Zielort, der in der Lage sein muss, die Daten aufzunehmen, und lassen dort die linke Maustaste los. Dann erfolgt die Übertragung der Daten. Implementiert wird Drag-and-Drop in erster Linie durch die Behandlung bestimmter Ereignisse. In dieser Lektion erfahren Sie, wie man einen Grundmechanismus für Drag-and-Drop implementiert, wie Drag-and-Drop zwischen Anwendungen erfolgt und wie Drag-and-Drop in einem `TreeView`-Steuerelement implementiert wird.

Am Ende dieser Lektion werden Sie in der Lage sein, die folgenden Aufgaben auszuführen:

- Durchführen von Drag-and-Drop-Operationen innerhalb einer Windows-Anwendung
- Durchführen von Drag-and-Drop-Operationen zwischen Anwendungen
- Durchführen von Drag-and-Drop-Operationen mit einem TreeView-Steuerelement

Veranschlagte Zeit für diese Lektion: 45 Minuten

Implementieren von Drag-and-Drop

Drag-and-Drop ist allgegenwärtig bei der Windows-Programmierung. Dieser Mechanismus bewirkt, dass ein Benutzer Text, ein Bild oder andere Daten mit der Maus festhalten und auf ein anderes Steuerelement ziehen kann. Sobald die Maustaste auf dem anderen Steuerelement losgelassen wird, werden die herbeigezogenen Daten auf dem Steuerelement abgelegt. Das kann verschiedene Drag-and-Drop-Effekte nach sich ziehen.

Dieses „Ziehen und Ablegen" ähnelt dem Ausschneiden und Einfügen. Der Mauszeiger wird auf einem Steuerelement positioniert und eine Maustaste wird gedrückt. Daten werden von einem Quellsteuerelement kopiert, wenn die Maustaste losgelassen wird, und damit ist das Ablegen erfolgt. Der Code zum Kopieren der Daten vom Quellsteuerelement sowie für die Aktionen, die auf dem Zielsteuerelement erfolgen, muss explizit erstellt werden.

Der Drag-and-Drop-Vorgang erfolgt weitgehend ereignisgesteuert. Manche der Ereignisse treten im Quellsteuerelement auf, andere im Zielsteuerelement. Tabelle 11.1 beschreibt die Drag-and-Drop-Ereignisse des Quellsteuerelements. Die Drag-and-Drop-Ereignisse des Zielsteuerelements werden in Tabelle 11.2 beschrieben.

Tabelle 11.1 Quellsteuerelementereignisse, die an Drag-and-Drop beteiligt sind

Ereignis	Beschreibung
`MouseDown`	Tritt auf, wenn die Maustaste gedrückt wird, während sich der Mauszeiger auf dem Steuerelement befindet. Im Allgemeinen wird im `MouseDown`-Ereignishandler die Methode `DoDragDrop` aufgerufen.
`GiveFeedBack`	Bietet die Gelegenheit, als Rückmeldung für den Benutzer einen anderen Mauszeiger einzustellen.
`QueryContinueDrag`	Versetzt die Quelle des Drag-and-Drop-Vorgangs in die Lage, herauszufinden, ob der Drag-and-Drop-Vorgang abgebrochen werden soll. ▶

Tabelle 11.2 Zielsteuerelementereignisse, die an Drag-and-Drop beteiligt sind

Ereignis	Beschreibung
`DragEnter`	Tritt auf, wenn ein Objekt in ein Steuerelement gezogen wird. Der Handler für dieses Ereignis erhält ein `DragEventArgs`-Objekt.
`DragOver`	Tritt auf, wenn ein Objekt über ein Zielsteuerelement gezogen wird. Der Handler für dieses Ereignis erhält ein `DragEventArgs`-Objekt.
`DragDrop`	Tritt auf, wenn die Maustaste auf dem Zielsteuerelement losgelassen wird. Der Handler für dieses Ereignis erhält ein `DragEventArgs`-Objekt.
`DragLeave`	Tritt auf, wenn ein Objekt aus einem Steuerelement herausgezogen wird.

Damit der Drag-and-Drop-Vorgang eingeleitet werden kann, muss das Quellsteuerelement über die Methode `DoDragDrop` verfügen. Außerdem muss die Eigenschaft `AllowDrop` des Zielsteuerelements auf `True` eingestellt sein, damit sich der Vorgang abschließen lässt.

Der allgemeine Ablauf einer Drag-and-Drop-Operation

Ein Drag-and-Drop-Vorgang hat folgenden allgemeinen Ablauf:

1. Der Drag-and-Drop-Vorgang wird mit dem Aufruf der Methode `DoDragDrop` des Quellsteuerelements eingeleitet. Gewöhnlich erfolgt der Aufruf im `MouseDown`-Ereignishandler. `DoDragDrop` kopiert die gewünschten Daten vom Quellsteuerelement in eine neue Instanz der Klasse `DataObject` und stellt einige Flags ein, mit denen angegeben wird, welche Drag-and-Drop-Effekte mit den Daten zulässig sind.
2. An diesem Punkt treten die Ereignisse `GiveFeedBack` und `QueryContinueDrag` auf. Der `GiveFeedback`-Ereignishandler kann einen benutzerdefinierten Mauszeiger einstellen, und der `QueryContinueDrag`-Ereignishandler kann ermitteln, ob der Drag-and-Drop-Vorgang fortgeführt oder abgebrochen werden soll.
3. Der Mauszeiger wird auf das Zielsteuerelement gezogen. Jedes Steuerelement, dessen `AllowDrop`-Eigenschaft auf `True` steht, ist ein potenzielles Drop-Ziel. Sobald der Mauszeiger auf ein Steuerelement gelangt, dessen `AllowDrop`-Eigenschaft auf `True` steht, wird das `DragEnter`-Ereignis des Steuerelements ausgelöst. Der Ereignishandler kann durch die Untersuchung des `DragEventArgs`-Objekts, das ihm beim Aufruf übergeben wurde, herausfinden, ob Daten vorliegen, die zum Zielsteuerelement passen. Ist dies der Fall, kann die `Effekt`-Eigenschaft des `DragEventArgs`-Objekts auf einen passenden Wert eingestellt werden.
4. Der Benutzer lässt die Maustaste auf einem gültigen Ziel los und löst dadurch das `DragDrop`-Ereignis aus. Der Code im `DragDrop`-Ereignishandler ruft dann die herbeigezogenen Daten ab und führt eine Aktion durch, die zum Zielsteuerelement passt.

Die *DragDropEffects*-Enumeration

Damit ein Drag-and-Drop-Vorgang abgeschlossen werden kann, muss der Drag-and-Drop-Effekt, der in der Methode `DoDragDrop` festgelegt wurde, zu dem Wert der `Effect`-Eigenschaft des `DragEventArgs`-Objekts passen, das an den Ereignishandler übergeben wird. Dieser Wert wird im Allgemeinen im `DragEnter`-Ereignishandler festgelegt. Der Wert der Eigenschaft `Effect` ist ein Wert aus der `DragDropEffects`-Enumeration. Tabelle 11.3 listet die Member der Enumeration `DragDropEffects` auf.

Tabelle 11.3 Die DragDropEffects-Enumeration

Member	Beschreibung
All	Die Daten werden kopiert, aus der Drag-Quelle entfernt und über einen Bildlauf im Ziel abgelegt.
Copy	Die Daten werden ins Ziel kopiert.
Link	Die Daten werden mit dem Ziel verknüpft.
Move	Die Daten werden ins Ziel verschoben.
None	Das Ziel nimmt die Daten nicht an.
Scroll	Im Ziel wird ein Bildlauf eingeleitet oder findet bereits statt.

Beachten Sie bitte, dass die wichtigste Aufgabe der Parametereigenschaft Effect darin besteht, eine Änderung des Mauszeigers zu ermöglichen, wenn der Mauszeiger auf dem Zielsteuerelement steht. Der Wert der Effect-Eigenschaft hat keine weitere Auswirkung auf den Vorgang, solange er nicht auf None gestellt wird. Dann findet keine Drop-Operation auf dem Steuerelement statt, weil das DragDrop-Ereignis nicht ausgelöst wird.

Einleiten der Drag-and-Drop-Operation

Der Drag-and-Drop-Vorgang wird mit dem Aufruf der Methode DoDragDrop des Quellsteuerelements eingeleitet. Die Methode DoDragDrop hat zwei Parameter: ein Object, das die zu ziehenden Daten darstellt, die ins DataObject kopiert werden sollen, und einen Wert aus der DragDropEffects-Enumeration, der angibt, welche Drag-and-Drop-Effekte mit den Daten erlaubt sind. Das folgende Beispiel zeigt, wie man den Text aus einem Textfeld kopieren kann. Als zulässige Effekte werden Copy und Move angegeben.

```
' VB
Private Sub TextBox1_MouseDown(ByVal sender As System.Object, ByVal e _
    As System.Windows.Forms.MouseEventArgs) Handles TextBox1.MouseDown
   TextBox1.DoDragDrop(TextBox1.Text, DragDropEffects.Copy Or DragDropEffects.Move)
End Sub

// C#
private void textBox1_MouseDown(object sender, MouseEventArgs e)
{
    textBox1.DoDragDrop(textBox1.Text, DragDropEffects.Copy | DragDropEffects.Move);
}
```

Beachten Sie bitte, dass Sie mit den Operatoren Or (Visual Basic) oder | (C#) mehrere Werte aus der DragDropEffects-Enumeration kombinieren können, um mehrere Effekte zuzulassen.

Behandeln des *DragEnter*-Ereignisses

Das DragEnter-Ereignis sollte von jedem potenziellen Zielsteuerelement behandelt werden. Dieses Ereignis tritt während einer laufenden Drag-and-Drop-Operation ein, wenn der Mauszeiger auf ein Steuerelement bewegt wird. Die Methode, von der das Ereignis behandelt wird, erhält beim Aufruf ein DragEventArgs-Objekt. Sie können das DragEventArgs-Objekt verwenden, um das DataObject abzurufen, das für die Drag-and-Drop-Operation verwendet wird. Wenn die Daten zum Zielsteuerelement passen, können Sie die Effect-Eigenschaft des DataObject-Objekts auf einen passenden Wert einstellen. Das folgende Beispiel zeigt, wie man das Datenformat des `DataObject`-Objekts untersuchen und die `Effect`-Eigenschaft einstellen kann.

```
' VB
Private Sub TextBox2_DragEnter(ByVal sender As System.Object, ByVal e As _
   System.Windows.Forms.DragEventArgs) Handles TextBox2.DragEnter
   If e.Data.GetDataPresent(DataFormats.Text) = True Then
      e.Effect = DragDropEffects.Copy
   End If
End Sub

// C#
private void textBox2_DragEnter (object sender, DragEventArgs e)
{
   if (e.Data.GetDataPresent(DataFormats.Text))
   {
      e.Effect = DragDropEffects.Copy;
   }
}
```

Behandeln des *DragDrop*-Ereignisses

Wenn die Maustaste während eines Drag-and-Drop-Vorgangs auf einem Zielsteuerelement losgelassen wird, tritt das `DragDrop`-Ereignis ein. In der Methode, die das `DragDrop`-Ereignis behandelt, können Sie die Methode `GetData` des `DataObject`-Objekts aufrufen, um die Daten vom `DataObject` zu kopieren und eine Aktion durchzuführen, die zum Steuerelement passt. Das folgende Beispiel zeigt, wie man eine Zeichenfolge in einem Textfeld ablegt.

```
' VB
Private Sub TextBox2_DragDrop(ByVal sender As System.Object, ByVal e As _
   System.Windows.Forms.DragEventArgs) Handles TextBox2.DragDrop
   TextBox2.Text = e.Data.GetData(DataFormats.Text)
End Sub

// C#
private void textBox2_DragDrop(object sender, DragEventArgs e)
{
   textBox2.Text = (string)e.Data.GetData(DataFormats.Text);
}
```

Implementieren von Drag-and-Drop zwischen Anwendungen

Drag-and-Drop-Vorgänge zwischen verschiedenen .NET Framework-Anwendungen werden vom System unterstützt. Es sind keine zusätzlichen Vorbereitungen erforderlich, um Drag-and-Drop-Vorgänge zwischen Anwendungen zu unterstützen. Die einzigen Bedingungen, die erfüllt sein müssen, damit Drag-and-Drop-Vorgänge zwischen Anwendungen erfolgreich verlaufen, sind:

- Das Zielsteuerelement muss einen der Drag-and-Drop-Effekte zulassen, die beim Aufruf der Methode `DoDragDrop` festgelegt wurden.
- Das Zielsteuerelement muss Daten in dem Format akzeptieren, das beim Aufruf der Methode `DoDragDrop` festgelegt wurde.

Implementieren von Drag-and-Drop in einem *TreeView*-Steuerelement

Ein gängiges Szenario für das TreeView-Steuerelement ist, dem Benutzer zur Laufzeit Änderungen in der Struktur zu ermöglichen. Das lässt sich mit Drag-and-Drop implementieren. In einem TreeView-Steuerelement läuft Drag-and-Drop etwas anders ab als in gewöhnlichen Steuerelementen. Wenn in einem TreeView-Knoten ein Drag-and-Drop-Vorgang eingeleitet wird, löst das TreeView Steuerelement ein ItemDrag-Ereignis aus, das die Methode, die das Ereignis bearbeitet, mit einem ItemDragEventArgs-Objekt versorgt. Das ItemDragEventArgs-Objekt enthält einen Verweis auf den TreeNode, der gezogen wird. Dieser Verweis kann in der DoDragDrop-Methode in das DataObject kopiert werden. Die folgende Anleitung beschreibt die Implementierung von Drag-and-Drop in einem TreeView-Steuerelement.

▶ So implementieren Sie Drag-and-Drop in einem *TreeView*-Steuerelement

1. Stellen Sie die AllowDrop-Eigenschaft des TreeView-Steuerelements auf True. Das erlaubt dem TreeView-Steuerelement, DragEnter- und DragDrop-Ereignisse auszulösen.
2. Rufen Sie im ItemDrag-Ereignishandler des TreeView-Steuerelements die Methode DoDragDrop des TreeView-Steuerelements auf. Geben Sie dabei die Item-Eigenschaft des ItemDragEventArgs-Objekts als Argument für den Data-Parameter an, wie im folgenden Beispiel:

```
' VB
Private Sub TreeView1_ItemDrag(ByVal sender As System.Object, ByVal e As _
   System.Windows.Forms.ItemDragEventArgs) Handles TreeView1.ItemDrag
   TreeView1.DoDragDrop(e.Item, DragDropEffects.Move)
End Sub

// C#
private void TreeView1_ItemDrag(object sender,
   System.Windows.Forms.ItemDragEventArgs e)
{
   treeView1.DoDragDrop(e.Item, DragDropEffects.Move);
}
```

3. Stellen Sie im DragEnter-Ereignishandler des TreeView-Steuerelements die Eigenschaft Effect des DragEventArgs-Objekts auf einen passenden Wert, wie im folgenden Beispiel:

```
' VB
Private Sub TreeView1_DragEnter(ByVal sender As System.Object, ByVal e As _
    System.Windows.Forms.DragEventArgs) Handles TreeView1.DragEnter
    e.Effect = DragDropEffects.Move
End Sub

// C#
private void treeView1_DragEnter(object sender, System.Windows.Forms.DragEventArgs e As)
{
   e.Effect = DragDropEffects.Move;
}
```

4. Untersuchen Sie im DragDrop-Ereignishandler die Daten im DataObject des DragEventArgs-Objekts, um herauszufinden, ob ein TreeNode vorhanden ist. Implementieren Sie den Code, der erforderlich ist, um den TreeNode, sofern vorhanden, an die gewünschte Stelle zu verschieben.

Der folgende Beispielcode zeigt, wie man den abgelegten Knoten in den Knoten unter dem Mauszeiger verschiebt.

```
' VB
Private Sub TreeView1_DragDrop(ByVal sender As System.Object, ByVal e As _
   System.Windows.Forms.DragEventArgs) Handles TreeView1.DragDrop
   Dim aNode As TreeNode
   ' Prüfe, ob ein TreeNode vorhanden ist.
   If e.Data.GetDataPresent("System.Windows.Forms.TreeNode", False) Then
      Dim apoint As Point
      Dim TargetNode As TreeNode
      ' Bestimme den Punkt unter dem Mauszeiger.
      apoint = CType(sender, TreeView).PointToClient(New Point(e.X, e.Y))
      ' Rufe den Knoten ab, der am angegebenen Punkt liegt.
      TargetNode = CType(sender, TreeView).GetNodeAt(apoint)
      aNode = CType(e.Data.GetData("System.Windows.Forms.TreeNode"), _
         TreeNode)
      ' Füge den gezogenen Knoten als untergeordneten Knoten in den Zielknoten ein.
      TargetNode.Nodes.Add(aNode.Clone)
      TargetNode.Expand()
      ' Entferne den Originalknoten.
      aNode.Remove()
   End If
End Sub

// C#
private void treeView1_DragDrop(object sender, System.Windows.Forms.DragEventArgs e)
{
    TreeNode aNode;
    // Prüfe, ob ein TreeNode vorhanden ist.
    if (e.Data.GetDataPresent("System.Windows.Forms.TreeNode", false))
    {
        Point apoint;
        TreeNode TargetNode;
        // Bestimme den Punkt unter dem Mauszeiger.
        apoint = ((TreeView)sender).PointToClient(new Point(e.X, e.Y));
        // Rufe den Knoten ab, der am angegebenen Punkt liegt.
        TargetNode = ((TreeView)sender).GetNodeAt(apoint);
        aNode = (TreeNode)e.Data.GetData("System.Windows.Forms.TreeNode");
        // Füge den gezogenen Knoten als untergeordneten Knoten in den Zielknoten ein.
        TargetNode.Nodes.Add((TreeNode)aNode.Clone());
        TargetNode.Expand();
        // Entferne den Originalknoten.
        aNode.Remove();
    }
}
```

Übung: Implementieren von Drag-and-Drop

In dieser Übung implementieren Sie eine Drag-and-Drop-Funktion für zwei Textfelder, die sich auf demselben Formular befinden. Sie richten das Formular so ein, dass man Text aus dem ersten Textfeld ziehen und im zweiten Textfeld ablegen kann.

► **Übung 1: Implementieren von Drag-and-Drop**

1. Erstellen Sie in Visual Studio eine neue Windows-Anwendung.
2. Ziehen Sie von der Toolbox zwei `TextBox`-Steuerelemente auf das Formular.
3. Wählen Sie `TextBox2` und stellen Sie im Eigenschaftenfenster die Eigenschaft *AllowDrop* auf *True*.
4. Klicken Sie im Eigenschaftenfenster auf die Schaltfläche *Ereignisse*, um Ereignisse statt Eigenschaften anzuzeigen. Wählen Sie `TextBox1` und klicken Sie im Eigenschaftenfenster mit einem Doppelklick auf das Feld neben *MouseDown*, um einen Standardereignishandler für das Ereignis `TextBox1.MouseDown` zu erzeugen.
5. Fügen Sie den folgenden Code in den Ereignishandler `TextBox1_MouseDown` ein:

```
' VB
TextBox1.DoDragDrop(TextBox1.Text, DragDropEffects.Move Or DragDropEffects.Copy)

// C#
textBox1.DoDragDrop(textBox1.Text, DragDropEffects.Move | DragDropEffects.Copy);
```

6. Wählen Sie im Designer `TextBox2` und klicken Sie im Eigenschaftenfenster mit einem Doppelklick auf das freie Feld neben dem Ereignis *DragEnter*, um einen Standardereignishandler für das Ereignis `TextBox2.DragEnter` zu erstellen.
7. Fügen Sie den folgenden Code in den Ereignishandler `TextBox2_DragEnter` ein:

```
' VB
If e.Data.GetDataPresent(DataFormats.Text) = True Then
   e.Effect = DragDropEffects.Copy
End If

// C#
if (e.Data.GetDataPresent(DataFormats.Text))
{  e.Effect = DragDropEffects.Copy;
}
```

8. Wählen Sie im Designer `TextBox2` und klicken Sie im Eigenschaftenfenster mit einem Doppelklick auf das freie Feld neben dem Ereignis *DragDrop*, um den Standardereignishandler für das Ereignis `TextBox2.DragDrop` zu erstellen.
9. Fügen Sie folgenden Code in den Ereignishandler `TextBox2_DragDrop` ein:

```
' VB
TextBox2.Text = e.Data.GetData(DataFormats.Text)

// C#
textBox2.Text = (string)e.Data.GetData(DataFormats.Text);
```

10. Drücken Sie auf die Taste `F5`, um die Anwendung zu erstellen und zu starten. Geben Sie im ersten Textfeld etwas Text ein. Ziehen Sie diesen Text mithilfe der Maus ins zweite Textfeld. Der Text aus dem ersten Textfeld wird ins zweite Textfeld kopiert.

Zusammenfassung der Lektion

- Eine Drag-and-Drop-Operation wird mit dem Aufruf der Methode `DoDragDrop` des Quellsteuerelements eingeleitet. Gewöhnlich geschieht dies im `MouseDown`-Ereignishandler des Quellsteuerelements. Die `DoDragDrop`-Methode hat zwei Parameter, nämlich einen `Object`-Parameter, der die abzulegenden Daten enthält, und einen `DragDropEffects`-Parameter, der die Drag-and-Drop-Effekte angibt, die bei dem Vorgang zugelassen sind.
- Das Ereignis `DragEnter` wird im Zielsteuerelement dazu benutzt, die zulässigen Drag-and-Drop-Effekte für das Zielsteuerelement festzulegen. Sie können die Daten im `DataObject` untersuchen, das in der Eigenschaft `Data` des `DragEventArgs`-Parameters `e` zugänglich ist, und überprüfen, ob die Daten zum Steuerelement passen. Sollte dies nicht der Fall sein, können Sie die Drag-and-Drop-Operation abbrechen, indem Sie die Eigenschaft `e.Effect` auf `None` stellen.
- Der Drag-and-Drop-Vorgang wird im `DragDrop`-Ereignishandler des Zielsteuerelements abgeschlossen. Sie müssen den Code schreiben, der in diesem Ereignishandler die gewünschte Operation abschließt.
- Daten können zwischen Steuerelementen von verschiedenen Anwendungen per Drag-and-Drop übertragen werden. Es sind keine zusätzlichen Vorbereitungen für die Übertragung zwischen Anwendungen erforderlich.
- Drag-and-Drop-Vorgänge in `TreeView`-Steuerelementen werden im `TreeView.ItemDrag`-Ereignishandler durch den Aufruf der Methode `DoDragDrop` eingeleitet. Der restliche Prozess ist im Prinzip derselbe wie bei Drag-and-Drop-Vorgängen, die zwischen verschiedenen Steuerelementen stattfinden.

Lernzielkontrolle

Die folgenden Fragen dienen dazu, die wichtigsten Lerninhalte dieser Lektion zu vertiefen. Sollten Sie eine Frage nicht beantworten können, gehen Sie das Material noch einmal durch und versuchen Sie dann erneut, die betreffende Frage zu beantworten.

Hinweis Die Antworten

Die Antworten auf die Fragen und Erläuterungen, warum die entsprechende Antwort richtig oder falsch ist, finden Sie im Abschnitt „Antworten“ am Ende des Buchs.

---

1. Welche der folgenden Ereignisse müssen behandelt werden, um eine Drag-and-Drop-Operation durchzuführen?

   A. `MouseDown`

   B. `MouseUp`

   C. `DragLeave`

   D. `DragDrop`

2. Was ist erforderlich, um Drag-and-Drop-Vorgänge zwischen zwei Anwendungen zu ermöglichen? (Wählen Sie alle zutreffenden Antworten aus.)
   A. Sie müssen die Methode `DoDragDrop` aufrufen.
   B. Das Zielsteuerelement muss einen der Drag-and-Drop-Effekte zulassen, die beim Aufruf der Methode `DoDragDrop` angegeben wurden.
   C. Das Zielsteuerelement muss das Datenformat akzeptieren, das beim Aufruf der `DoDragDrop`-Methode festgelegt wurde.
   D. Die Eigenschaft `AllowDrop` des Zielsteuerelements muss auf `True` stehen.
3. In welchem Ereignis sollten Sie die Drag-and-Drop-Operation in einem `TreeView`-Steuerelement einleiten?
   A. `TreeView.MouseDown`
   B. `TreeView.ItemDrag`
   C. `TreeView.DragEnter`
   D. `TreeView.DragDrop`

Lektion 2: Globalisierung und Lokalisierung einer Windows-Anwendung

Anwendungen, die Daten in einem Format anzeigen, das zum betreffenden Land passt, und Text auf der Benutzeroberfläche so anzeigen, wie es dem Gebietsschema entspricht, sind gut auf den globalen Einsatz vorbereitet. Sofern Sie den Bedarf haben, können Sie mit Visual Studio Anwendungen für den internationalen Markt entwickeln und sich von Visual Studio bei der Globalisierung und Lokalisierung unterstützen lassen. Diese Lektion handelt davon, wie man global einsetzbare Windows-Anwendungen entwickelt und auf die Lokalisierung vorbereitet.

Am Ende dieser Lektion werden Sie in der Lage sein, die folgenden Aufgaben auszuführen:

- Implementieren der Globalisierung und Lokalisierung in einem Windows-Formular

Veranschlagte Zeit für diese Lektion: 30 Minuten

Globalisierung und Lokalisierung

Globalisierung und *Lokalisierung* sind verschiedene Aspekte der internationalen Ausrichtung der Programmentwicklung. Globalisierung bedeutet in diesem Zusammenhang, vorhandene Daten so zu formatieren, wie es dem aktuellen Gebietsschema entspricht. Mit Lokalisierung ist gemeint, die zu einem Gebietsschema passenden Daten abzurufen. Die folgenden Beispiele sollen die Unterschiede zwischen Globalisierung und Lokalisierung verdeutlichen:

- **Globalisierung** In manchen Ländern werden Geldbeträge mit einem Komma (,) als Dezimaltrenner und einem Punkt (.) als Tausendertrenner formatiert, während andere Länder es genau andersherum handhaben. Eine globalisierte Anwendung formatiert Geldbeträge mit dem richtigen Tausender- und Dezimaltrenner, wie es dem Gebietsschema entspricht.
- **Lokalisierung** Der Titel eines Formulars wird in einer Sprache angezeigt, die dem Gebietsschema entspricht, mit dem die Anwendung eingesetzt wird. Eine lokalisierte Anwendung ermittelt anhand des Gebietsschemas die passende Zeichenfolge und zeigt sie an.

Kultur

Mit Kultur sind in diesem Zusammenhang die für die Anwendung wichtigen Informationen über das Land oder die Region gemeint, in der die Anwendung eingesetzt wird. Kultur wird im .NET Framework durch einen Kulturcode angegeben, der die verwendete Sprache bezeichnet. Die folgenden Kulturcodes bezeichnen zum Beispiel die angegebenen Sprachen:

- **en** Gibt die englische Sprache an
- **eu** Gibt die baskische Sprache an
- **tr** Gibt die türkische Sprache an

Kulturcodes können sich auf die Angabe der Sprache beschränken, wie im obigen Beispiel, oder Sprache und Region angeben. Kulturcodes, die nur die Sprache festlegen, werden als neutrale Kulturangabe betrachtet, während Kulturcodes, die sowohl Sprache als auch Region angeben, als spezifische Kulturangaben eingestuft werden. Die folgende Liste zeigt Beispiele für spezifische Kulturangaben:

- **en-CA** Gibt Englisch als Sprache und Kanada als Region an
- **af-ZA** Gibt Afrikaans als Sprache und Südafrika als Region an
- **kn-IN** Gibt Kannada als Sprache und Indien als Region an

Eine vollständige Liste der Kulturcodes finden Sie in der .NET Framework-Dokumentation unter dem Stichwort „CultureInfo-Klasse".

Die meisten Kulturcodes folgen zwar dem gerade beschriebenen Format, aber es gibt auch einige Ausnahmen. Die folgenden Kulturcodes sind Beispiele für solche Ausnahmen. Sie geben zusätzlich zu den anderen Informationen auch den Zeichensatz an:

- **uz-UZ-Cyrl** Gibt Usbekisch als Sprache an, Usbekistan als Region und das kyrillische Alphabet
- **uz-UZ-Latn** Gibt Usbekisch als Sprache an, Usbekistan als Region und das lateinische Alphabet
- **zh-CHT** Gibt das traditionelle Chinesisch als Sprache an, aber keine Region.
- **zh-CHS** Gibt das vereinfachte Chinesisch als Sprache an, aber keine Region.

Ändern der aktuellen Kulturangabe

Ihre Anwendung liest die Kultureinstellung des Systems automatisch ein und setzt sie um. Daher brauchen Sie die Kultureinstellung normalerweise nicht manuell zu ändern. Sie können aber die aktuelle Kultureinstellung für Ihre Anwendung im Code ändern, indem Sie die aktuelle Kultur auf eine neue Instanz der Klasse `CultureInfo` einstellen. Die `CultureInfo`-Klasse enthält Informationen über eine bestimmte Kultur und über die Auswirkungen auf Anwendung und System. Beispielsweise enthält die `CultureInfo`-Klasse Angaben über die Art des Kalenders, über die Formatierung von Datum und Geldbeträgen und so weiter. Sie können die Kultureinstellung für eine Anwendung im Code ändern, indem Sie der Eigenschaft `CurrentThread.CurrentCulture` des aktuellen Threads eine neue Instanz der `CultureInfo`-Klasse zuweisen. Der `CultureInfo`-Konstruktor erwartet beim Aufruf eine Zeichenfolge mit dem entsprechenden Kulturcode als Argument. Der folgende Beispielcode zeigt, wie man die aktuelle Kultureinstellung auf Französisch – Kanada ändert:

```
' VB
System.Threading.Thread.CurrentThread.CurrentCulture = New _
   System.Globalization.CultureInfo("fr-CA")

// C#
System.Threading.Thread.CurrentThread.CurrentCulture = new
   System.Globalization.CultureInfo("fr-CA");
```

Implementieren der Globalisierung

Die Eigenschaft `CurrentThread.CurrentCulture` legt die Kultureinstellung fest, die zur Formatierung von Daten verwendet wird. Wenn `CurrentCulture` eine neue Instanz von `CultureInfo` erhält, werden alle Daten, die von der Anwendung angezeigt werden, im neuen Format formatiert. Daten, die nicht von der Anwendung formatiert werden, sind von Änderungen der Kultureinstellung nicht betroffen. Betrachten Sie bitte folgende Beispiele:

```
' VB
Label1.Text = "$500.00"
Label2.Text = Format(500, "Currency")

// C#
label1.Text = "$500.00";
label2.Text = (500).ToString("C");
```

Wenn die Kultur auf en-US eingestellt wird, das für die Sprache Englisch und die USA als Region steht (das ist die Standardkultureinstellung für Computer, die in den USA benutzt werden), zeigen beide `Label`-Steuerelemente dieselbe Zeichenfolge an, nämlich „$500.00“. Wird die aktuelle Kultur auf fr-FR eingestellt, also auf die französische Sprache und Frankreich als Region, unterscheiden sich die Texte in den beiden `Label`-Steuerelementen. Der Text in `Label1` lautet immer „$500.00“, weil er nicht durch die Anwendung formatiert wird. Der Text in `Label2` lautet allerdings „500,00 €“. Beachten Sie bitte, dass das Währungssymbol für die Region geändert wird – in diesem Fall auf das Euro-Symbol – und dass auch der Dezimaltrenner auf das Trennzeichen umgestellt wird, das in der Region üblich ist (in diesem Fall handelt es sich um ein Komma).

Implementieren der Lokalisierung

Sie können Ihre Anwendungen lokalisieren, also eine Benutzeroberfläche anbieten, die zur aktuellen Kultureinstellung passt, und dafür die integrierten Lokalisierungsfunktionen von Visual Studio nutzen. Visual Studio ermöglicht Ihnen die Erstellung von kulturspezifischen Formularvarianten und sorgt dafür, dass die Ressourcen für die betreffende Kultur automatisch abgerufen werden.

Ändern der aktuellen Kultureinstellung der Benutzeroberfläche

Auch die Kultureinstellung der Benutzeroberfläche erfolgt durch eine Instanz der `CultureInfo`-Klasse, die nicht mit der `CultureInfo`-Instanz in der Eigenschaft `Thread.CurrentCulture` identisch ist. Die `CultureInfo`-Einstellung bestimmt die Formatierung der Daten, die vom System formatiert werden, während die `CurrentUICulture`-Einstellung bestimmt, welche Ressourcen zur Laufzeit in die lokalisierten Formulare geladen werden. Sie können die Kultureinstellung für die Benutzeroberfläche mit der Eigenschaft `Thread.CurrentUICulture` des aktuellen Threads vornehmen, wie im folgenden Beispiel (UI steht für User Interface):

```
' VB
' Stelle die aktuelle UI-Kultur auf Thailand ein.
System.Threading.Thread.CurrentThread.CurrentUICulture = New _
   System.Globalization.CultureInfo("th-TH")

// C#
// Stelle die aktuelle UI-Kultur auf Thailand ein.
System.Threading.Thread.CurrentThread.CurrentUICulture = new
   System.Globalization.CultureInfo("th-TH");
```

Wenn die aktuelle Kultureinstellung für die Benutzeroberfläche vorgenommen wird, lädt die Anwendung die Ressourcen für die betreffende Kultur, sofern sie verfügbar sind. Sind keine kulturspezifischen Ressourcen vorhanden, zeigt die Benutzeroberfläche die Ressourcen für die Standardkultureinstellung an.

Beachten Sie bitte, dass die Kultureinstellung für die Benutzeroberfläche vorgenommen werden muss, bevor ein Formular, das lokalisierte Ressourcen anzeigt, geladen wird. Wenn Sie eine Kultureinstellung für die Benutzeroberfläche vornehmen, müssen Sie das tun, bevor das Formular erstellt wird – entweder im Konstruktor des Formulars oder in der `Main`-Methode der Anwendung.

Erstellen lokalisierter Formulare

Jedes Formular verfügt über eine Eigenschaft `Localizable`, die angibt, ob das Formular lokalisiert werden kann. Die Einstellung `True` der Eigenschaft ermöglicht eine Lokalisierung des Formulars.

Wenn die Eigenschaft `Localizable` eines Formulars auf `True` gestellt wird, kümmert sich Visual Studio .NET automatisch um die Erstellung der entsprechenden Ressourcendateien und verwaltet den Abruf ihrer Werte anhand der `CurrentUICulture`-Einstellung.

Zur Entwurfszeit können Sie mithilfe der Eigenschaft `Language` lokalisierte Kopien eines Formulars erstellen. Die `Language`-Eigenschaft ist nur zur Entwurfszeit verfügbar und unterstützt die Erstellung lokalisierter Formulare. Wird die `Language`-Eigenschaft auf *(Standard)* gestellt, können Sie die UI-Eigenschaften des Formulars oder der Steuerelemente bearbeiten und eine passende Form für die Standardkultureinstellung der Benutzeroberfläche entwickeln. Zur Erstellung einer lokalisierten Version des Formulars können Sie die `Language`-Eigenschaft auf einen anderen Wert als *(Standard)* einstellen. Visual Studio erstellt eine Ressourcendatei für die neue Sprache und speichert alle Werte, die Sie für die lokalisierte Benutzeroberfläche festlegen, in dieser Datei.

▶ **So erstellen Sie lokalisierte Formulare**

1. Stellen Sie die Eigenschaft `Localizable` Ihres Formulars auf `True`.
2. Entwerfen Sie die Benutzeroberfläche Ihres Formulars und übersetzen Sie die UI-Elemente in die lokalisierte Sprache (auf dem Papier, noch nicht im Projekt).
3. Fügen Sie UI-Elemente für die Standardkultureinstellung hinzu. Das ist die Kultureinstellung, die verwendet wird, wenn keine andere Kultur angegeben wird.
4. Stellen Sie die `Language`-Eigenschaft Ihres Formulars auf die Kultur ein, für die Sie ein lokalisiertes Formular erstellen möchten.
5. Fügen Sie die lokalisierten UI-Inhalte in Ihr Formular ein.
6. Wiederholen Sie die Schritte 4 und 5 für jede lokalisierte Sprache.
7. Erstellen Sie Ihre Anwendung.

Wenn `CurrentUICulture` auf eine lokalisierte Kultur eingestellt wird, lädt Ihre Anwendung die entsprechende Formularversion aus den dazugehörigen Ressourcendateien. Sind für die angegebene Kultur keine Ressourcendateien verfügbar, wird die Benutzeroberfläche angezeigt, die der Standardkultureinstellung entspricht.

Implementieren der Anzeige von rechts nach links

Einige Schriften werden nicht von links nach rechts gelesen, wie in den meisten Sprachen, die das lateinische Alphabet verwenden, sondern von rechts nach links. Formulare verfügen über eine `RightToLeft`-Eigenschaft, die eine Implementierung einer Benutzeroberfläche vereinfacht, in der Schriften von rechts nach links gelesen werden.

Für die Eigenschaft `RightToLeft` sind drei Einstellungen zulässig: `Yes`, `No` und `Inherit`, wobei `Inherit` die Standardeinstellung ist. Wenn diese Eigenschaft auf `Inherit` steht, bestimmt das übergeordnete Steuerelement den Wert der `RightToLeft`-Eigenschaft.

Wie sich die Einstellung der Eigenschaft `RightToLeft` auf `Yes` auswirkt, hängt vom Steuerelement ab. Die Textausrichtung wird umgekehrt. Text, der normalerweise am linken Rand des Steuerelements ausgerichtet ist, wird nun am rechten Rand ausgerichtet. Auch Formulartitel werden rechtsbündig im Formular angezeigt. Vertikale Bildlaufleisten werden auf der linken Seite der entsprechenden Steuerelemente angezeigt, und der Schieber von horizontalen Bildlaufleisten steht anfangs auf der rechten Seite. Die `CheckAlign`-Eigenschaft von `CheckBox`-Steuerelementen wird umgekehrt, die Reiter von `TabControl`-Steuerelementen erscheinen umgekehrt, und die Ausrichtung von Listenelementen in Listen, wie beispielsweise in Listenfeldern oder Kombinationsfeldern, wird umgekehrt.

Der Inhalt eines Steuerelements, dessen `RightToLeft`-Eigenschaft auf `Yes` gestellt wird, bleibt unverändert. Betrachten Sie zum Beispiel ein `TextBox`-Steuerelement mit der Standardformatierung von links nach rechts, wie in Abbildung 11.1 gezeigt.

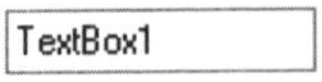

Abbildung 11.1 Ein `TextBox`-Steuerelement mit Standardformatierung von links nach rechts

Abbildung 11.2 zeigt dasselbe `TextBox`-Steuerelement mit der Formatierung von rechts nach links.

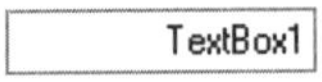

Abbildung 11.2 Ein `TextBox`-Steuerelement mit Formatierung von rechts nach links

Beachten Sie bitte, dass sich nur die Ausrichtung des Textes geändert hat, nicht aber die Laufrichtung des Textes (die Reihenfolge der Buchstaben). Die Zeichenfolge wird immer noch von links nach rechts gelesen. Wenn Sie also lokalisierte Ressourcen für Kulturkreise erstellen, die Schriften von rechts nach links lesen, müssen Sie die Zeichenfolgen manuell formatieren.

Die Einstellung der `RightToLeft`-Eigenschaft eines Formulars auf `Yes` führt dazu, dass das Formular und alle darin enthaltenen Steuerelemente, deren `RightToLeft`-Wert `Inherit` ist, rechts ausgerichtet werden.

Erstellen eines gespiegelten Formulars

Formulare, die für Kulturkreise erstellt werden, die Schriften von links nach rechts lesen, sind gewöhnlich so aufgebaut, dass die Leserichtung berücksichtigt wird. Vielleicht möchten Sie für Kulturkreise, in denen von rechts nach links gelesen wird, ein Spiegelbild Ihres Formulars erstellen. Mithilfe der Formulareigenschaft `RightToLeftLayout` können Sie ein spiegelbildliches Formular erstellen. Wenn die Eigenschaft `RightToLeftLayout` eines Formulars auf `True` gestellt wird, erscheint das Layout eines Formulars spiegelbildlich, wenn die Eigenschaft `RightToLeft` des Formulars auf `True` gestellt wird.

Schnelltest

1. Was ist der Unterschied zwischen Globalisierung und Lokalisierung?
2. Was ist der Unterschied zwischen `CurrentCulture` und `CurrentUICulture`?

Antworten zum Schnelltest

1. Globalisierung bedeutet die Formatierung vorliegender Daten in Formaten, die von der aktuellen Kultureinstellung vorgegeben werden. Lokalisierung bedeutet das Abrufen von Daten anhand der Kultureinstellung.
2. Die `CurrentCulture` legt fest, wie Daten entsprechend der aktuellen Kultureinstellung formatiert werden. Die `CurrentUICulture` bestimmt, welche Ressourcen für die Anzeige der Benutzeroberfläche geladen werden sollen.

Übung: Erstellen lokalisierter Formulare

In dieser Übung erstellen Sie lokalisierte Formulare. Sie erstellen ein Formular mit der Kultureinstellung des Betriebssystems, das die Anzeige des Datums und der Währungsangaben (Geldbeträge) vorführt. Dann erstellen Sie eine globalisierte, aber noch nicht lokalisierte Version dieses Formulars. Und schließlich erstellen Sie eine lokalisierte Version des Formulars und nehmen die Kultureinstellung entsprechend vor.

► **Übung 1: Erstellen lokalisierter Formulare**

1. Erstellen Sie in Visual Studio eine neue Windows-Anwendung.
2. Fügen Sie ein neues Formular namens *Form2* zu Ihrem Projekt hinzu.
3. Wählen Sie im Designer die Registerkarte mit *Form2*. Fügen Sie aus der Toolbox vier `Label`-Steuerelemente hinzu. Ordnen Sie jeweils zwei `Label` Steuerelemente nebeneinander an. Stellen Sie deren `Text`-Eigenschaften folgendermaßen ein:

***Label*-Steuerelement**	***Text*-Eigenschaft**
`Label1`	**Währungsformat**
`Label2`	(nichts)
`Label3`	**Aktuelles Datum**
`Label4`	(nichts)

4. Klicken Sie *Form2* mit einem Doppelklick an, um den Ereignishandler `Form2_Load` zu öffnen. Fügen Sie folgenden Code in den Ereignishandler `Form2_Load` ein.

```
' VB
Label2.Text = Format(500, "Currency")
Label4.Text = Now.ToShortDateString

// C#
label2.Text = (500).ToString("C");
label4.Text = System.DateTime.Now.ToShortDateString();
```

5. Stellen Sie im Designer die `Form2`-Eigenschaft *Localizable* auf *True* und die Eigenschaft *Language* auf *Englisch (USA)*.

6. Ändern Sie die `Text`-Eigenschaften von `Label1` und `Label3` folgendermaßen ab:

***Label*-Steuerelement**	***Text*-Eigenschaft**
`Label1`	**Currency Format**
`Label3`	**Current Date**

7. Wählen Sie im Designer die Registerkarte von *Form1*.
8. Fügen Sie aus der Toolbox drei `Button`-Steuerelemente zum Formular hinzu und stellen Sie deren `Text`-Eigenschaften folgendermaßen ein:

***Button*-Schaltfläche**	***Text*-Eigenschaft**
Button1	**Deutschland**
Button2	**England**
Button3	**USA**

9. Klicken Sie im Designer `Button1` mit einem Doppelklick an, um den Ereignishandler `Button1_Click` zu öffnen, und fügen Sie folgenden Code hinzu:

```
' VB
System.Threading.Thread.CurrentThread.CurrentCulture = New _
   System.Globalization.CultureInfo("de-DE")
System.Threading.Thread.CurrentThread.CurrentUICulture = New _
   System.Globalization.CultureInfo("de-DE")
Dim aform As New Form2()
aform.Show()

// C#
System.Threading.Thread.CurrentThread.CurrentCulture = new
   System.Globalization.CultureInfo("de-DE");
System.Threading.Thread.CurrentThread.CurrentUICulture = new
   System.Globalization.CultureInfo("de-DE");
Form2 aform = new Form2();
aform.Show();
```

10. Klicken Sie im Designer `Button2` mit einem Doppelklick an, um den Ereignishandler `Button2_Click` zu öffnen, und fügen Sie folgenden Code hinzu:

```
' VB
System.Threading.Thread.CurrentThread.CurrentCulture = New _
   System.Globalization.CultureInfo("en-GB")
System.Threading.Thread.CurrentThread.CurrentUICulture = New _
   System.Globalization.CultureInfo("en-GB")
Dim aform As New Form2()
aform.Show()
```

```
// C#
System.Threading.Thread.CurrentThread.CurrentCulture = new
   System.Globalization.CultureInfo("en-GB");
System.Threading.Thread.CurrentThread.CurrentUICulture = new
   System.Globalization.CultureInfo("en-GB");
Form2 aform = new Form2();
aform.Show();
```

11. Klicken Sie im Designer `Button3` mit einem Doppelklick an, um den Ereignishandler `Button3_Click` zu öffnen, und fügen Sie folgenden Code hinzu:

```
' VB
System.Threading.Thread.CurrentThread.CurrentCulture = New _
   System.Globalization.CultureInfo("en-US")
System.Threading.Thread.CurrentThread.CurrentUICulture = New _
   System.Globalization.CultureInfo("en-US")
Dim aform As New Form2()
aform.Show()
```

```
// C#
System.Threading.Thread.CurrentThread.CurrentCulture = new
   System.Globalization.CultureInfo("en-US");
System.Threading.Thread.CurrentThread.CurrentUICulture = new
   System.Globalization.CultureInfo("en-US");
Form2 aform = new Form2();
aform.Show();
```

12. Drücken Sie auf die Taste `F5`, um Ihre Anwendung zu erstellen und zu starten. Klicken Sie jede der drei Schaltflächen an und sehen Sie sich das lokalisierte Formular an. Beachten Sie bitte, dass Geldbetrag und Datum im lokalisierten Format angezeigt werden und dass die Beschriftungen für das englische Formular aus einer Ressourcendatei geladen werden.

Zusammenfassung der Lektion

- Mit Kultur, wie sie durch einen Kulturcode dargestellt wird, sind Informationen über das Land oder die Region gemeint, in der eine Anwendung eingesetzt werden soll. Globalisierung bedeutet, Anwendungsdaten so zu formatieren, wie es das Gebietsschema vorgibt. Lokalisierung bedeutet, für die Benutzeroberfläche lokalisierte Texte und Beschriftungen zu laden und anzuzeigen.
- Die Einstellung `CurrentCulture` des Threads bestimmt, welche Kultureinstellung zur Formatierung der Anwendungsdaten benutzt wird. Die Einstellung `CurrentUICulture` des Threads bestimmt, welche lokalisierten Ressourcen geladen werden.
- Lokalisierte Formulare lassen sich erstellen, indem man die Eigenschaft `Localizable` eines Formulars auf `True` stellt und die Eigenschaft `Language` dann auf einen anderen Wert als `(Standard)`. Für diese Kultureinstellung wird eine neue Kopie des Formulars angelegt, zu der lokalisierte Ressourcen hinzugefügt werden können.
- Sie können die Anzeige in einem Steuerelement von rechts nach links erfolgen lassen, indem Sie die Eigenschaft `RightToLeft` auf `True` stellen. Sie können das Layout eines ganzen Formulars spiegeln, indem Sie die Eigenschaften `RightToLeftLayout` und `RightToLeft` eines Formulars auf `True` stellen.

Lernzielkontrolle

Die folgenden Fragen dienen dazu, die wichtigsten Lerninhalte dieser Lektion zu vertiefen. Die Fragen sind (in englischer Sprache) auch auf der Begleit-CD zu finden, falls Sie die elektronische Form der Fragen vorziehen.

Hinweis Die Antworten

Die Antworten auf die Fragen und Erläuterungen, warum die entsprechende Antwort richtig oder falsch ist, finden Sie im Abschnitt „Antworten“ am Ende des Buchs.

1. Welche der folgenden Codezeilen eignet sich zur Formatierung von Daten, wie es in den USA üblich ist?

   A.

   ```
   ' VB
   System.Threading.Thread.CurrentThread.CurrentUICulture = New _
      System.Globalization.CultureInfo("en-US")

   // C#
   System.Threading.Thread.CurrentThread.CurrentUICulture = New _
      System.Globalization.CultureInfo("en-US");
   ```

   B.

   ```
   ' VB
   Me.CurrentUICulture = New System.Globalization.CultureInfo("en-US")

   // C#
   this.CurrentUICulture = New System.Globalization.CultureInfo("en-US");
   ```

   C.

   ```
   ' VB
   System.Threading.Thread.CurrentThread.CurrentCulture = New _
      System.Globalization.CultureInfo("en-US")

   // C#
   System.Threading.Thread.CurrentThread.CurrentCulture = New _
      System.Globalization.CultureInfo("en-US");
   ```

   D.

   ```
   ' VB
   Me.CurrentCulture = New System.Globalization.CultureInfo("en-US")

   // C#
   this.CurrentCulture = New System.Globalization.CultureInfo("en-US");
   ```

2. Gegeben sei ein Formular, das ein `Label`-Steuerelement namens `Label1` und eine Schaltfläche namens `Button1` enthält. Die Standardeinstellungen wurden noch nicht verändert. Was müssen Sie tun, um das Layout des Formulars von rechts nach links aufzubauen und den Text von rechts nach links anzuzeigen? (Wählen Sie alle zutreffenden Antworten, aber entscheiden Sie sich so, dass Sie möglichst wenig Einstellungen vornehmen).

   A. Sie stellen die Eigenschaft `Label1.RightToLeft` auf `True`.

   B. Sie stellen die Eigenschaft `Button1.RightToLeft` auf `True`.

   C. Sie stellen die Eigenschaft `Form1.RightToLeft` auf `True`.

   D. Sie stellen die Eigenschaft `Form1.RightToLeftLayout` auf `True`.

Lektion 3: Implementieren von MDI-Formularen

MDI-Anwendungen sind Anwendungen, die in einem Hauptformular ein oder mehrere untergeordnete Formulare aufweisen. Im Gegensatz zu Anwendungen, deren Schnittstelle nur für die Arbeit an einem einzigen Dokument ausgelegt ist, ermöglichen MDI-Anwendungen die gleichzeitige Arbeit an mehreren Dokumenten. In dieser Lektion erfahren Sie, wie man eine MDI-Anwendung erstellt und implementiert.

Am Ende dieser Lektion werden Sie in der Lage sein, die folgenden Aufgaben auszuführen:

- Erstellen von übergeordneten MDI-Formularen
- Erstellen von untergeordneten MDI-Formularen
- Identifizieren des aktiven untergeordneten MDI-Formulars
- Senden von Daten an das aktive untergeordnete MDI-Formular
- Anordnen von untergeordneten MDI-Formularen
- Erstellen eines Fensterlistenmenüs für eine MDI-Anwendung

Veranschlagte Zeit für diese Lektion: 30 Minuten

MDI-Anwendungen

MDI-Anwendungen folgen einem hierarchischen Modell mit übergeordneten und untergeordneten Formularen. Eine MDI-Anwendung verfügt über ein Hauptformular (gewöhnlich ist es nur eins, aber es können auch mehrere sein), das mehrere untergeordnete Formulare enthält. Microsoft Office Excel ist ein Beispiel für eine MDI-Anwendung. Sie können im Hauptformular mehrere Dokumente öffnen und abwechselnd mit ihnen arbeiten. Das Hauptformular verwaltet die Anordnung der geöffneten untergeordneten Dokumentformulare.

Erstellen eines übergeordneten MDI-Formulars

Das übergeordnete Formular ist das Hauptformular jeder MDI-Anwendung. Dieses Formular enthält alle untergeordneten Formulare, mit denen der Benutzer arbeitet, und es übernimmt die Verwaltung dieser untergeordneten Formulare. Ein übergeordnetes MDI-Hauptformular zu erstellen ist mit Visual Studio 2005 sehr einfach.

► **So erstellen Sie ein übergeordnetes MDI-Formular**

1. Erstellen Sie eine neue Windows-Anwendung.
2. Stellen Sie im Eigenschaftenfenster des Startformulars die Eigenschaft `IsMDIContainer` auf `True`. Dadurch wird das Formular als übergeordnetes MDI-Formular gekennzeichnet.

Erstellen von untergeordneten MDI-Formularen

Untergeordnete MDI-Formulare sind der Mittelpunkt der Aktivität des Benutzers einer MDI-Anwendung. Sie präsentieren dem Benutzer Daten und Dokumente. Untergeordnete Formulare sind in einem übergeordneten Formular enthalten und werden von ihm verwaltet. Sie können ein untergeordnetes MDI-Formular erstellen, indem Sie die `MdiParent`-Eigenschaft des Formulars auf das übergeordnete Formular einstellen.

▶ **So erstellen Sie untergeordnete MDI-Formulare**

1. Erstellen Sie ein übergeordnetes MDI-Formular, wie bereits beschrieben.
2. Fügen Sie in Visual Studio ein zweites Formular zum Projekt hinzu und fügen Sie die gewünschten Steuerelemente für die Benutzeroberfläche hinzu. Das ist das untergeordnete Formular.
3. Erstellen Sie in einer Methode des übergeordneten Formulars eine neue Instanz des untergeordneten Formulars, beispielsweise im `Click`-Ereignishandler eines Menüelements, und tragen Sie in dessen `MdiParent`-Eigenschaft das Hauptformular ein, wie im folgenden Beispiel:

```
' VB
' Dieser Code liegt in einer Methode des übergeordneten Formulars und setzt voraus,
' dass es ein Formular namens ChildForm gibt.
Dim aChildForm As New ChildForm
' Stelle die Eigenschaft MdiParent auf das übergeordnete Formular ein.
aChildForm.MdiParent = Me
aChildForm.Show

// C#
//Dieser Code liegt in einer Methode des übergeordneten Formulars und setzt voraus,
// dass es ein Formular namens ChildForm gibt.
ChildForm aChildForm = new ChildForm();
// Stelle die Eigenschaft MdiParent auf das übergeordnete Formular ein.
aChildForm.MdiParent = this;
aChildForm.Show();
```

Identifizieren des aktiven untergeordneten Formulars

Gelegentlich wird es im Code einer MDI-Anwendung erforderlich, das aktive untergeordnete Formular zu ermitteln. Zur üblichen Ausstattung einer MDI-Anwendung gehört zum Beispiel ein zentrales Menü im übergeordneten Formular, das Befehle enthält, die auf dasjenige untergeordnete Formular wirken, das den Fokus besitzt. Mithilfe der Eigenschaft `ActiveMdiChild` des übergeordneten Formulars können Sie einen Verweis auf das Formular abrufen, das zuletzt benutzt wurde. Der folgende Beispielcode verdeutlicht, wie man einen Verweis auf das aktive untergeordnete Formular erhält:

```
' VB
' Dieses Beispiel zeigt, wie man in einer Methode des übergeordneten Formulars
' einen Verweis auf das aktive untergeordnete Formular ermittelt.
Dim aForm As Form
aForm = Me.ActiveMdiChild

// C#
// Dieses Beispiel zeigt, wie man in einer Methode des übergeordneten Formulars
// einen Verweis auf das aktive untergeordnete Formular ermittelt.
Form aForm;
aForm = this.ActiveMdiChild;
```

Senden von Daten aus der Zwischenablage an das aktive untergeordnete Formular

Nach der Ermittlung des aktiven MDI-Formulars können Sie mithilfe der Formulareigenschaften Daten aus der Zwischenablage ins aktive Steuerelement eines Formulars einfügen. Das können Sie zum Beispiel für einen Menüpunkt *Einfügen* verwenden, mit dem Daten aus der Zwischenablage in ein Steuerelement eingefügt werden können. Der folgende Beispielcode zeigt, wie man herausfinden kann, ob es sich beim aktiven Steuerelement um ein `TextBox`-Steuerelement handelt, und wie man Text aus der Zwischenablage ins `TextBox`-Steuerelement einfügen kann.

```
' VB
Dim activeForm As Form = Me.ActiveMdiChild
' Überprüfe, ob es ein aktives Formular gibt.
If Not activeForm Is Nothing Then
    ' Erstelle eine neue Instanz der DataObject-Schnittstelle.
    Dim data As IDataObject = Clipboard.GetDataObject()
    ' Prüfe, ob die Daten im DataObject als Text vorliegen. Ist dies der Fall,
    ' wird der Text aus der Zwischenablage der aktiven TextBox zugewiesen.
    If data.GetDataPresent(DataFormats.Text) Then
        If activeForm.ActiveControl.GetType Is GetType(TextBox) Then
            activeForm.ActiveControl.Text = data.GetData(DataFormats.Text).ToString()
        End If
    End If
End If

// C#
Form activeForm = this.ActiveMdiChild;
// Überprüfe, ob es ein aktives Formular gibt.
if (activeForm != null)
{
   // Erstelle eine neue Instanz der DataObject-Schnittstelle.
   IDataObject data = Clipboard.GetDataObject();
   // Prüfe, ob die Daten im DataObject als Text vorliegen. Ist dies der Fall,
   // wird der Text aus der Zwischenablage der aktiven TextBox zugewiesen.
   if (data.GetDataPresent(DataFormats.Text))
   {
      if (activeForm.ActiveControl.GetType().ToString() == "System.Windows.Forms.TextBox")
      {
         activeForm.ActiveControl.Text = data.GetData(DataFormats.Text).ToString();
      }
   }
}
```

Anordnen von untergeordneten MDI-Formularen

Vermutlich möchten Sie die Formulare in einer MDI-Anwendung so anordnen, dass Sie den Überblick behalten. Das übergeordnete MDI-Formular kann seine untergeordneten Formulare mit der Methode `LayoutMdi` nach bestimmten Prinzipien anordnen. Die `LayoutMdi`-Methode hat einen Wert aus der `MdiLayout`-Enumeration als Parameter. Die Methode bewirkt, dass die Formulare so im übergeordneten Formular angeordnet werden, wie es der Parameter angibt. Tabelle 11.4 beschreibt die `MdiLayout`-Enumeration.

Tabelle 11.4 Die `MdiLayout`-Enumeration

Member	Beschreibung
`ArrangeIcons`	Alle Symbole der untergeordneten MDI-Formulare werden im Clientbereich des übergeordneten MDI-Formulars angeordnet.
`Cascade`	Alle untergeordneten MDI-Formular werden im Clientbereich des übergeordneten MDI-Formulars überlappend angeordnet.
`TileHorizontal`	Alle untergeordneten MDI-Formular werden im Clientbereich des übergeordneten MDI-Formulars untereinander angeordnet.
`TileVertical`	Alle untergeordneten MDI-Formular werden im Clientbereich des übergeordneten MDI-Formulars nebeneinander angeordnet.

Das folgende Beispiel veranschaulicht den Aufruf der `LayoutMdi`-Methode:

```
' VB
' Ordne die Formulare im übergeordneten Formular gestaffelt an.
Me.LayoutMdi(System.Windows.Forms.MdiLayout.Cascade)

// C#
// Ordne die Formulare im übergeordneten Formular gestaffelt an.
this.LayoutMdi(System.Windows.Forms.MdiLayout.Cascade);
```

Erstellen eines Fensterlistenmenüs für eine MDI-Anwendung

MDI-Anwendungen zeigen meistens alle geöffneten Fenster in einer Menüliste an. Benutzer können das gewünschte Fenster aus der Liste auswählen und das betreffende Fenster wird im übergeordneten MDI-Formular aktiviert. Mit Visual Studio 2005 ist die Implementierung eines Fensterlistenmenüs für eine MDI-Anwendung eine einfache Aufgabe.

▶ So erstellen Sie ein Fensterlistenmenü für eine MDI-Anwendung

1. Ziehen Sie von der Toolbox eine `MenuStrip`-Komponente auf das übergeordnete MDI-Formular.
2. Erstellen Sie das Hauptmenüelement für das Fensterlistenmenü. Sie können beispielsweise ein Menüelement namens `FensterToolStripMenuItem` erstellen.
3. Wählen Sie im Designer die `MenuStrip`-Komponente. Stellen Sie im Eigenschaftenfenster die Eigenschaft `MdiWindowListItem` auf das Menüelement, das Sie für die Fensterliste erstellt haben.

   Das Menü erhält dann automatisch Einträge für die untergeordneten Fenster, und das betreffende untergeordnete Formular wird aktiviert, wenn es im Menü gewählt wird.

Schnelltest

1. Was ist eine MDI-Anwendung?
2. Wie erstellen Sie ein übergeordnetes MDI Formular?

Antworten zum Schnelltest

1. Eine MDI-Anwendung ist eine Anwendung, die in einem übergeordneten Formular mehrere Dokumente oder Formulare öffnen kann.
2. Sie können ein übergeordnetes MDI-Formular erstellen, indem Sie die Eigenschaft `IsMdiContainer` eines Formulars auf `True` stellen.

Übung: Erstellen einer einfachen MDI-Anwendung

In dieser Übung erstellen Sie eine einfache MDI-Anwendung mit einem übergeordneten Formular, das untergeordnete Formulare lädt und verwaltet. Außerdem erstellen Sie ein Fensterlistenmenü und ein weiteres Menü, mit dessen Hilfe der Benutzer die untergeordneten Formulare in bestimmter Weise im übergeordneten Formular anordnen kann.

▶ **Übung 1: Erstellen einer MDI-Anwendung**

1. Erstellen Sie in Visual Studio eine neue Windows-Anwendung.
2. Klicken Sie das Formular im Designer an. Stellen Sie im Eigenschaftenfenster die Eigenschaft `IsMdiContainer` auf `True`.
3. Ziehen Sie von der Toolbox ein `MenuStrip`-Steuerelement auf das Formular.
4. Fügen Sie drei Hauptmenüelemente hinzu, nämlich *Datei*, *Fenster* und *Anordnen*.
5. Fügen Sie im *Datei*-Menü den Menüpunkt *Untergeordnetes Formular hinzufügen* hinzu.
6. Fügen Sie im Menü *Anordnen* die drei Menüelemente *Überlappend*, *Horizontal* und *Vertikal* hinzu.
7. Wählen Sie `MenuStrip1`. Stellen Sie im Eigenschaftenfenster die Eigenschaft `MdiWindowListItem` auf `FensterToolStripMenuItem`.
8. Fügen Sie ein zweites Formular zum Projekt hinzu.
9. Klicken Sie im `Form1` mit einem Doppelklick auf das Menüelement *Untergeordnetes Formular Hinzufügen*, um den Standardereignishandler für das `Click`-Ereignis zu öffnen.
10. Fügen Sie im Code-Editor außerhalb jeder Methode folgende Codezeile in die Formularklasse ein:

```
' VB
Dim Forms As Integer

// C#
int forms;
```

11. Fügen Sie im Ereignishandler `UntergeordnetesFormularHinzufügenToolStripMenuItem_Click` folgenden Code hinzu:

```
' VB
forms += 1
Dim aform As New Form2
aform.MdiParent = Me
aform.Text = "Formularkopie " & Forms.ToString
aform.Show()
```

```
// C#
forms++;
Form2 aform = new Form2();
aform.MdiParent = this;
aform.Text = "Formularkopie " + forms.ToString();
aform.Show();
```

12. Klicken Sie das Menüelement *Überlappend* mit einem Doppelklick an, um den `Click`-Ereignishandler für das Menüelement zu öffnen. Fügen Sie folgenden Code hinzu:

```
' VB
Me.LayoutMdi(MdiLayout.Cascade)

// C#
this.LayoutMdi(MdiLayout.Cascade);
```

13. Klicken Sie das Menüelement *Horizontal* mit einem Doppelklick an, um den `Click`-Ereignishandler für das Menüelement zu öffnen. Fügen Sie folgenden Code hinzu:

```
' VB
Me.LayoutMdi(MdiLayout.TileHorizontal)

// C#
this.LayoutMdi(MdiLayout.TileHorizontal);
```

14. Klicken Sie das Menüelement *Vertikal* mit einem Doppelklick an, um den `Click`-Ereignishandler für das Menüelement zu öffnen. Fügen Sie folgenden Code hinzu:

```
' VB
Me.LayoutMdi(MdiLayout.TileVertical)

// C#
this.LayoutMdi(MdiLayout.TileVertical);
```

15. Drücken Sie auf die Taste F5, um die Anwendung zu erstellen und zu starten.

    Öffnen Sie mit dem Menüpunkt *Untergeordnetes Formular hinzufügen* einige untergeordnete Formulare. Ordnen Sie die geöffneten Formulare anschließend mit einem der Befehle aus dem Menü *Anordnen* neu an. Beachten Sie bitte, dass neue Fenster automatisch zum Menü *Fenster* hinzugefügt werden und aktiviert werden können, indem man sie im *Fenster*-Menü auswählt.

Zusammenfassung der Lektion

- MDI-Anwendungen folgen einem hierarchischen Modell mit übergeordneten und untergeordneten Formularen. Ein übergeordnetes Formular enthält und verwaltet ein oder mehrere untergeordnete Formulare. Sie erstellen ein übergeordnetes Formular, indem Sie dessen Eigenschaft `Form.IsMdiContainer` auf `True` stellen. Untergeordnete MDI-Formulare werden erstellt, indem man ihnen in der Eigenschaft `MdiParent` ein passendes übergeordnetes MDI-Formular zuweist.
- Das übergeordnete MDI-Formular bietet Methoden und Eigenschaften, mit denen sich die untergeordneten Formulare verwalten lassen. Von der Eigenschaft `ActiveMdiChild` des übergeordneten Formulars kann ein Verweis auf das aktive untergeordnete Formular abgerufen werden. Unter-

geordnete Formulare lassen sich mit der Methode `LayoutMdi` des übergeordneten Formulars im übergeordneten Formular in bestimmter Weise anordnen.

- Sie können eine Menüliste der geöffneten untergeordneten MDI-Formulare erstellen, indem Sie die Eigenschaft `MdiWindowListItem` eines `MenuStrip`-Steuerelements auf ein Hauptmenüelement einstellen. Zur Laufzeit werden die geöffneten untergeordneten Formulare automatisch in dieses Menü eingetragen.

Lernzielkontrolle

Die folgenden Fragen dienen dazu, die wichtigsten Lerninhalte dieser Lektion zu vertiefen. Die Fragen sind (in englischer Sprache) auch auf der Begleit-CD zu finden, falls Sie die elektronische Form der Fragen vorziehen.

Hinweis Die Antworten

Die Antworten auf die Fragen und Erläuterungen, warum die entsprechende Antwort richtig oder falsch ist, finden Sie im Abschnitt „Antworten“ am Ende des Buchs.

1. Was ist erforderlich, um ein untergeordnetes MDI-Formular zu erstellen und zu einem übergeordneten Formular hinzuzufügen? (Wählen Sie alle zutreffenden Antworten aus.)

   A. Sie stellen die Eigenschaft `IsMdiParent` des übergeordneten Formulars auf `True`.

   B. Sie stellen die Eigenschaft `ActiveMdiForm` des übergeordneten Formulars auf das untergeordnete Formular ein.

   C. Sie stellen die Eigenschaft `MdiParent` des untergeordneten Formulars auf das übergeordnete Formular ein.

   D. Sie stellen die Eigenschaft `MdiWindowListItem` des `MenuStrip`-Steuerelements vom übergeordneten Formular auf ein passendes `ToolStripMenuItem` ein.

2. Welche der folgenden Codezeilen liefert einen Verweis auf das aktive untergeordnete MDI-Formular?

   A.

```
' VB
Me.ActivateMdiChild(activeForm)

// C#
this.ActivateMdiChild(activeForm);
```

   B.

```
' VB
Me.AddOwnedForm(activeForm)

// C#
this.AddOwnedForm(activeForm);
```

C.

```
' VB
activeForm.IsMdiChild

// C#
activeForm.IsMdiChild;
```

D.

```
' VB
Me.ActiveMdiChild

// C#
this.ActiveMdiChild;
```

Rückblick auf dieses Kapitel

Zur weiteren Übung und Vertiefung der Lerninhalte dieses Kapitels können Sie Folgendes tun:

- Arbeiten Sie die Zusammenfassung des Kapitels durch.
- Arbeiten Sie die Liste der Schlüsselbegriffe durch, die in diesem Kapitel eingeführt wurden.
- Bearbeiten Sie die Übung mit Fallbeispiel. Diese Szenarien beschreiben anhand der Themen dieses Kapitels praxisnahe Situationen. Entwickeln Sie eine Lösung.
- Führen Sie die vorgeschlagenen Übungen durch.
- Machen Sie einen Übungstest.

Zusammenfassung des Kapitels

- Eine Drag-and-Drop-Operation wird mit dem Aufruf der Methode `DoDragDrop` des Quellsteuerelements eingeleitet. Die `DoDragDrop`-Methode hat zwei Parameter, nämlich einen `Object`-Parameter, der die abzulegenden Daten enthält, und einen `DragDropEffects`-Parameter, der die Drag-and-Drop-Effekte angibt, die bei dem Vorgang zugelassen sind. Das Ereignis `DragEnter` wird im Zielsteuerelement benutzt, um die zulässigen Drag-and-Drop-Effekte für das Zielsteuerelement festzulegen. Der Drag-and-Drop-Vorgang wird im `DragDrop`-Ereignishandler des Zielsteuerelements abgeschlossen. Sie müssen den Code schreiben, der in diesem Ereignishandler die gewünschte Operation abschließt.
- Globalisierung bedeutet, Anwendungsdaten so zu formatieren, wie es das Gebietsschema vorgibt. Lokalisierung bedeutet, für die Benutzeroberfläche lokalisierte Texte und Beschriftungen zu laden und anzuzeigen. Die Einstellung `CurrentCulture` des Threads bestimmt, welche Kultureinstellung zur Formatierung der Anwendungsdaten benutzt wird. Die Einstellung `CurrentUICulture` des Threads bestimmt, welche lokalisierten Ressourcen geladen werden. Lokalisierte Formulare lassen sich erstellen, indem man die Eigenschaft `Localizable` eines Formulars auf `True` stellt und die Eigenschaft `Language` dann auf einen anderen Wert als `(Standard)`. Sie können die Anzeige in einem Steuerelement von rechts nach links erfolgen lassen, indem Sie die Eigenschaft `RightToLeft` auf `True` stellen.
- MDI-Anwendungen folgen einem hierarchischen Modell mit übergeordneten und untergeordneten Formularen. Ein übergeordnetes Formular enthält und verwaltet ein oder mehrere untergeordnete Formulare. Sie erstellen ein übergeordnetes Formular, indem Sie dessen Eigenschaft `Form.IsMdiContainer` auf `True` stellen. Untergeordnete MDI-Formulare werden erstellt, indem man ihnen in der Eigenschaft `MdiParent` ein passendes übergeordnetes MDI-Formular zuweist. Von der Eigenschaft `ActiveMdiChild` des übergeordneten Formulars kann ein Verweis auf das aktive untergeordnete Formular abgerufen werden. Untergeordnete Formulare lassen sich mit der Methode `LayoutMdi` des übergeordneten Formulars im übergeordneten Formular in bestimmter Weise anordnen. Sie können eine Menüliste der geöffneten untergeordneten MDI-Formulare erstellen, indem Sie die Eigenschaft `MdiWindowListItem` eines `MenuStrip`-Steuerelements auf ein Hauptmenüelement einstellen.

Schlüsselbegriffe

Wissen Sie, was die folgenden Schlüsselbegriffe bedeuten? Sie können Ihre Antworten überprüfen, indem Sie die Begriffe im Glossar am Ende des Buchs nachschlagen.

- Drag-and-Drop
- Globalisierung
- Lokalisierung
- Übergeordnetes MDI-Formular
- Untergeordnetes MDI-Formular

Übung mit Fallbeispiel

In den folgenden Fallbeispielen wenden Sie Ihr Wissen über anspruchsvollere Bereiche von Windows Forms an. Die Antworten auf die Fragen finden Sie im Abschnitt „Antworten" am Ende des Buchs.

Szenario 1: Noch mehr *Document*-Steuerelemente

Sie wurden vom Softwareentwickler Fabrikam beauftragt, eine Benutzeroberfläche für das Dokumentenverwaltungssystem der Online-Dokumentation zu entwickeln, um die Autoren dieses Hilfesystems zu unterstützen. Die Autoren verwenden ein Inhaltsverzeichnis, das in hierarchischer Form angezeigt werden kann, wobei jeder Knoten der Strukturdarstellung einem Hilfethema entspricht. Die Benutzer bei Fabrikam möchten in dieser Anwendung mehrere Dokumente gleichzeitig anzeigen und das Inhaltsverzeichnis nach ihren eigenen Vorstellungen umstellen können. Außerdem soll die Benutzeroberfläche leicht zu benutzen und mit der Maus zu bedienen sein.

Fragen

1. Wie muss die Benutzeroberfläche aufgebaut sein, damit Benutzer mit mehreren gleichzeitig geöffneten Dokumenten arbeiten können?
2. Wie erreichen Sie in einer mausgesteuerten Anwendung, dass Benutzer ihr Inhaltsverzeichnis nach Wunsch umstellen können?

Szenario 2: Fabrikam wird international

Die Firma Fabrikam erschüttert die Finanzwelt mit der Einführung ihres Stock Market Trackers. Die Anwendung verfolgt und erfasst die Entwicklung der Aktienmärkte in den USA und Europa und soll weltweit eingesetzt werden. Sie sind für Globalisierung und Lokalisierung dieser Anwendung zuständig.

Die wichtigsten Anforderungen

- Daten der europäischen Märkte müssen mit europäischen Formaten für Währungs- und Datumsangaben angezeigt werden. Daten für US-Märkte sollen dagegen in den Formaten angezeigt werden, die in den USA üblich sind.
- Daten der europäischen und US-Märkte müssen gleichzeitig sichtbar sein.
- Die Benutzeroberfläche muss in einer Sprache angezeigt werden, die zu der Region passt, in der die Anwendung eingesetzt wird.

Fragen

1. Wie erreichen Sie, dass Daten von mehreren Märkten gleichzeitig angezeigt werden können, und zwar jeweils in den korrekten Formaten?
2. Wie erreichen Sie, dass eine Benutzeroberfläche angezeigt wird, die zum eingesetzten Gebietsschema passt?

Vorgeschlagene Übungen

Bearbeiten Sie folgende Übungen, um Ihr Wissen über den Stoff zu vertiefen, der in diesem Kapitel besprochen wurde.

- **Übung 1** Erstellen Sie eine Anwendung, die dem Benutzer eine Neuordnung der Knoten eines `TreeView`-Steuerelements ermöglicht und ihm die Wahl lässt, einen Knoten vor oder nach einem anderen Knoten oder als dessen untergeordneten Knoten einzufügen.
- **Übung 2** Erweitern Sie das Projekt aus der Übung von Lektion 2, „Erstellen lokalisierter Formulare“, damit auch Schriften berücksichtigt werden, die von rechts nach links gelesen werden. Erstellen Sie lokalisierte Versionen des Formulars mit umgekehrtem Layout und umgekehrter Beschriftung.
- **Übung 3** Erstellen Sie einen Webbrowser als MDI-Anwendung, der es dem Benutzer ermöglicht, mehrere geöffnete Webseiten gleichzeitig zu sehen, die Anzeige nach Wunsch zu steuern und zwischen den Seiten zu wechseln.

Machen Sie einen Übungstest

Die Übungstests auf der Begleit-CD zu diesem Buch (in englischer Sprache) bieten zahlreiche Möglichkeiten. Zum Beispiel können Sie einen Test machen, der ausschließlich die Themen eines bestimmten Lernziels behandelt, oder Sie können sich selbst mit dem gesamten Inhalt der Prüfung 70-526 testen. Sie können den Test so konfigurieren, dass er dem Ablauf einer echten Prüfung entspricht, oder Sie können einen Lernmodus verwenden, in dem Sie sich nach dem Beantworten einer Frage jeweils sofort die richtige Antwort und die Erklärungen ansehen können.

Weitere Informationen Übungstests

Einzelheiten zu allen Optionen, die bei den Übungstests zur Verfügung stehen, finden Sie im Abschnitt „So benutzen Sie die Übungstests“ in der Einführung am Anfang dieses Buchs.

K A P I T E L 1 2

Verbesserung der Nutzbarkeit

Die Nutzbarkeit (usability) ist ein Schlüsselbegriff beim Entwurf von nützlichen Windows Forms-Anwendungen. Eine Anwendung, die auf die Bedürfnisse und Fähigkeiten der Benutzer zugeschnitten ist, wird von der Zielgruppe schneller angenommen und verbessert langfristig die Produktivität. Dieses Kapitel handelt von der Implementierung von Eingabehilfen, von Unterstützungssteuerelementen und von der Speicherung der Anwendungseinstellungen.

In diesem Kapitel abgedeckte Prüfungsziele:

- Implementieren von Eingabehilfen
  - Implementieren von Eingabehilfen in einer Windows Forms-Anwendung
- Erstellen, Konfigurieren und Anpassen von Eingabehilfen und Hilfskomponenten
  - Konfigurieren der `PropertyGrid`-Komponente
  - Konfigurieren des `ProgressBar`-Steuerelements zur grafischen Anzeige des Fortschritts in einem längeren Prozess
  - Anzeigen von Statusinformationen mit dem `StatusStrip`-Steuerelement
  - Konfigurieren der `ToolTip`-Komponente
  - Konfigurieren der `ErrorProvider`-Komponente
  - Konfigurieren der `HelpProvider`-Komponente
  - Abspielen von Sound- und Audiodateien des Systems mit dem `SoundPlayer`
  - Konfigurieren der `Timer`-Komponente zur regelmäßigen Auslösung eines Ereignisses
  - Verwenden der Steuerelemente `HScrollBar` und `VScrollBar` für den Bildlauf
- Speicherung der Einstellungen einer Windows-Anwendung für die nächste Sitzung

Lektionen in diesem Kapitel:

Bevor Sie beginnen

Die Bearbeitung der Lektionen dieses Kapitels setzt Folgendes voraus:

- Einen Computer, der den Mindestanforderungen an die Hardware entspricht, wie sie am Anfang des Buchs im Abschnitt „Einführung“ beschrieben wurden.
- Visual Studio 2005 Professional Edition ist auf Ihrem Computer installiert.
- Sie verfügen über Grundkenntnisse der Syntax von Microsoft Visual Basic oder C# und über das .NET Framework.

Praxistipp

Matt Stoecker

Nützliche Anwendungen sind Anwendungen, die tatsächlich benutzt werden. Der Schlüssel zu einer erfolgreichen Anwendung liegt meiner Ansicht nach darin, wie gut die Anwendung von den Benutzern angenommen wird. Wenn Ihre Anwendung schwierig zu bedienen ist oder sich zur lästigen Pflicht entwickelt, leidet die Produktivität. Kann Ihre Anwendung aber die Zielgruppe überzeugen und berücksichtigt sie die Bedürfnisse und Fähigkeiten der Zielgruppe, wächst die Akzeptanz, die Einarbeitungszeit wird kürzer und die Produktivität steigt.

Lektion 1: Implementieren von Eingabehilfen

In der heutigen Arbeitswelt gibt es Menschen mit den unterschiedlichsten Talenten, Fähigkeiten und Kenntnissen. Viele Benutzer heutiger Anwendungen kommen nicht gut mit der Standardoberfläche zurecht, die von den meisten Windows-Anwendungen angeboten wird. Mit der entsprechenden Konzeption für eine leichtere Bedienbarkeit Ihrer Anwendungen können Sie Ihren potenziellen Kundenstamm vergrößern.

Am Ende dieser Lektion werden Sie in der Lage sein, die folgenden Aufgaben auszuführen:

- Implementieren von Eingabehilfen in einer Windows Forms-Anwendung

Veranschlagte Zeit für diese Lektion: 45 Minuten

Implementieren von Eingabehilfen

Der Arbeitsmarkt umfasst eine beträchtliche Anzahl von Menschen, die mehr oder weniger stark auf Eingabehilfen angewiesen sind. Das erfordert entsprechende Anwendungen, die den vielfältigen Anforderungen der heutigen Geschäftswelt gewachsen sind.

Microsoft Windows XP bietet eine Vielzahl von Komponenten, mit denen sich die Bedienbarkeit von Windows-Anwendungen vereinfachen lässt, sodass eine Anwendung für eine größere Benutzergruppe geeignet ist. Ein Beispiel für solch eine Eingabehilfe ist die *Sounddarstellung*, die das Betriebssystem veranlasst, dem Benutzer einen sichtbaren Hinweis zu geben, wenn ein Sound abgespielt wird. Außerdem können Sie schon beim Entwurf Ihrer Anwendung für eine flexiblere Bedienbarkeit sorgen.

Design für flexiblere Bedienbarkeit

Wie gut sich eine Anwendung später bedienen lässt, entscheidet sich bereits beim Entwurf. Wenn Sie schon beim Entwurf einer Anwendung auf eine gute Bedienbarkeit achten, können Sie die Benutzeroberfläche entsprechend ausrichten. Zu den wichtigen Aspekten gehören:

- Flexibilität
- Auswahl an Ein- und Ausgabemethoden
- Einheitlichkeit
- Kompatibilität mit Eingabehilfen

Ein leicht bedienbares Programm erfordert Flexibilität. Benutzer müssen in der Lage sein, die Benutzeroberfläche an ihre eigenen Wünsche anzupassen und zum Beispiel die Schrift bei Bedarf größer stellen zu können. Außerdem sollte ein Benutzer unter verschiedenen Eingabemethoden wählen können, beispielsweise zwischen Tastatur und Maus. Anders gesagt, Anwendungen sollten wahlweise mit der Tastatur und mit der Maus bedienbar sein. Auch eine Wahl aus verschiedenen Ausgabemethoden verbessert die Nutzbarkeit einer Anwendung. Ein Benutzer sollte die Wahl aus visuellen Hinweisen, Tonsignalen, Text und Grafik haben. Eine gute Anwendung lässt sich auf konsistente Weise bedienen und arbeitet in einer konsistenten Weise mit anderen Anwendungen zusammen. Und sie sollte die vorhandenen Eingabehilfen einbinden und nutzen können.

Unterstützen der Standardsystemeinstellung

Damit sich Ihre Anwendung gut bedienen lässt, muss sie die Standardeinstellungen des Systems für Schriftgröße, Farbe, Schriftart und Eingaben unterstützen. Dadurch wird sichergestellt, dass die Anwendungen des Benutzers eine einheitliche Benutzeroberfläche aufweisen, die den Systemeinstellungen entspricht. Benutzer mit speziellen Anforderungen an die Bedienbarkeit können dann alle Anwendungen konfigurieren, indem sie einfach ihr System konfigurieren.

Mithilfe der Klassen, die vom System verwendete Benutzeroberflächenoptionen verfügbar machen, können Sie die Standardsystemeinstellungen in Ihre Anwendung übernehmen. Tabelle 12.1 listet die Klassen auf, die Systemeinstellungen verfügbar machen. Diese Klassen liegen im Namespace `System.Drawing`.

Tabelle 12.1 Diese Klassen machen Systemeinstellungen verfügbar

Klasse	Beschreibung
`SystemBrushes`	Bietet `Brush`-Objekte, die ein Malen mit den Systemfarben ermöglichen.
`SystemColors`	Macht die Systemfarben zugänglich.
`SystemFonts`	Macht die Schrift zugänglich, die vom System verwendet wird.
`SystemIcons`	Bietet die Symbole, die vom System verwendet werden.
`SystemPens`	Bietet `Pen`-Objekte, die ein Zeichnen mit den Systemfarben ermöglichen.

Diese Klassen überwachen Änderungen in den Systemeinstellungen und passen sich entsprechend an. Wenn Sie zum Beispiel eine Anwendung erstellen, die ihre Schriftarten mit der Klasse `SystemFonts` erstellt, werden die Schriftarten in der Anwendung automatisch darauf eingestellt, falls sich die Systemeinstellung ändert.

Sicherstellen der Kompatibilität mit dem Kontrastmodus

Der Kontrastmodus (den Benutzer selbst in der Systemsteuerung unter *Eingabehilfen* einstellen können) stellt das Farbschema von Windows so ein, dass die Benutzeroberfläche den höchstmöglichen Kontrast aufweist. Diese Option ist für Benutzer sinnvoll, die auf eine möglichst gute Lesbarkeit angewiesen sind.

Durch die Beschränkung auf Systemfarben und Systemschriften können Sie dafür sorgen, dass Ihre Anwendung zum Kontrastmodus kompatibel ist. Außerdem sollten Sie Hintergrundbilder vermeiden, weil Hintergrundbilder dazu tendieren, den Kontrast in einer Anwendung zu vermindern.

Sorgen Sie für den dokumentierten Tastaturzugriff auf alle Funktionen

Ihre Anwendung sollte alle Funktionen per Tastatur zugänglich machen und die Zugriffsmethoden ausführlich dokumentieren. Zugriffstasten für Steuerelemente und Menüelemente und eine sinnvolle Aktivierreihenfolge der Steuerelemente auf der Benutzeroberfläche ermöglichen in Ihrer Anwendung die Navigation mit der Tastatur. Genauso wichtig ist auch eine gute Dokumentation dieser Zugriffsart. Ein Benutzer muss herausfinden können, wie die gewünschte Funktion auch per Tastatur benutzt werden kann, beispielsweise durch entsprechende Hinweise auf der Benutzeroberfläche oder durch die Dokumentation.

Sorgen Sie für eine deutliche Kennzeichnung des Eingabefokus

Der Ort, an dem Tastatureingaben wirken, wird von Eingabehilfen wie der Bildschirmlupe und der Sprachausgabe verwendet. Daher ist es wichtig, dass sich die Anwendung und der Benutzer jederzeit einig sind, wo der Eingabefokus liegt. Für die meisten praktischen Zwecke kümmert sich .NET Framework um den Eingabefokus. Aber bei der Konzeption des Programmflusses sollten Sie in jedem Formular Code vorsehen, der den Fokus beim Öffnen eines Formulars auf das erste Steuerelement legt. Außerdem sollte die Aktivierreihenfolge einen sinnvollen Wechsel zwischen den Steuerelementen ermöglichen.

Verlassen Sie sich nie allein auf akustische Signale

Töne sind zwar für die meisten Benutzer ein wichtiger Hinweis, aber eine Anwendung sollte sich nie allein auf Töne beschränken, wenn es um die Übermittlung von wichtigen Informationen geht. Wenn Sie für wichtige Informationen akustische Signale verwenden, sollten Sie diese Signale immer durch optische Signale ergänzen, beispielsweise durch ein (optional) flackerndes Formular oder durch die Anzeige einer entsprechenden Meldung.

Accessibility-Eigenschaften der Windows Forms-Steuerelemente

Neben den Eigenschaften, die für das Erscheinungsbild eines Steuerelements zuständig sind, verfügen Windows Forms-Steuerelemente über fünf Eigenschaften, die mit Eingabehilfen zu tun haben und über die Zusammenarbeit zwischen Steuerelement und Eingabehilfe entscheiden. Diese Eigenschaften werden in Tabelle 12.2 beschrieben.

Tabelle 12.2 *Accessibility*-Eigenschaften von Windows-Steuerelementen

Eigenschaft	Beschreibung
`AccessibleDescription`	Enthält eine Beschreibung, die an Eingabehilfen übermittelt wird.
`AccessibleName`	Enthält den Namen, der an Eingabehilfen übermittelt wird.
`AccessibleRole`	Beschreibt die Aufgabe, die an Eingabehilfen übermittelt wird. Die zulässigen Werte werden von der `AccessibleRole`-Enumeration definiert. Der Wert wird von vielen Eingabehilfen verwendet, um zu ermitteln, um welche Art von Schnittstellenelement es sich bei dem Objekt handelt.
`AccessibilityObject`	Enthält eine `AccessibleObject`-Instanz, die für die Eingabehilfe Informationen über das Steuerelement enthält. Die Eigenschaft ist schreibgeschützt und wird vom Designer festgelegt.
`AccessibleDefault-ActionDescription`	Enthält eine Beschreibung der Standardaktion des Steuerelements. Diese Eigenschaft kann nicht zur Entwurfszeit festgelegt werden, sondern nur per Programmcode.

Diese Eigenschaften bieten Eingabehilfen Informationen über die Aufgabe des Steuerelements in der Anwendung. Eingabehilfen können die Informationen dem Benutzer anzeigen und anhand der Informationen entscheiden, wie das Steuerelement angezeigt werden soll.

Schnelltest

1. Welcher Sinn liegt darin, für Windows Forms-Steuerelemente `Accessibility`-Eigenschaften festzulegen?
2. Wie geht man am besten vor, um eine möglichst flexible Bedienbarkeit zu erreichen?

Antworten zum Schnelltest

1. Die `Accessibility`-Eigenschaften bieten den Eingabehilfen Informationen über die Steuerelemente in Ihrer Anwendung.
2. Um eine möglichst flexible Bedienbarkeit zu erreichen, sollten Sie die Standardsystemeinstellungen unterstützen, für die Kompatibilität mit dem Kontrastmodus sorgen, dem Benutzer eine Steuerung der Anwendung per Tastatur ermöglichen, die aktuelle Position des Eingabefokus deutlich markieren und akustische Signale immer durch optische Hinweise ergänzen.

Übung: Erstellen einer leicht bedienbaren Benutzeroberfläche

In dieser Übung erstellen Sie eine leicht bedienbare Benutzeroberfläche. Sie stellen die `Accessibility`-Eigenschaften für die Steuerelemente in der Benutzeroberfläche ein und fügen den erforderlichen Code für die Unterstützung des Kontrastmodus hinzu.

► **Übung 1: Einstellen der *Accessibility*-Eigenschaften**

1. Erstellen Sie in Visual Studio eine neue Windows-Anwendung.
2. Fügen Sie folgende Steuerelemente hinzu und stellen Sie die Eigenschaften ein, wie hier gezeigt:

Steuerelement	Eigenschaft	Wert
`Label1`	`Text`	**Melden Sie sich für unsere Mailing-Liste an**
	`Font.Size`	**14**
	`BackColor`	*Blue*
	`ForeColor`	*Yellow*
`Label2`	`Text`	**Name**
`TextBox1`	`TabIndex`	**1**
`Label3`	`Text`	**E-Mail-Adresse**
`TextBox2`	`TabIndex`	**2**
`Button1`	`Text`	**Absenden**
	`TabIndex`	**3**
`Button2`	`Text`	**Abbrechen**
	`TabOrder`	**4**

3. Stellen Sie die `Accessibility`-Eigenschaften für Formular und Steuerelemente ein, wie folgt:

Objekt	Eigenschaft	Einstellung
`Form1`	`AccessibleName`	**Mailing-List-Formular**
	`AccessibleDescription`	**Mailing-List-Formular**
`Label1`	`AccessibleName`	**Überschrift**
	`AccessibleDescription`	**Melden Sie sich für unsere Mailing-Liste an!**
`Label2`	`AccessibleName`	**Namensbeschriftung**
	`AccessibleDescription`	**Namensbeschriftung**
`TextBox1`	`AccessibleName`	**Namenstextfeld**
	`AccessibleDescription`	**Geben Sie hier Ihren Namen ein**
`Label3`	`AccessibleName`	**E-Mail-Beschriftung**
	`AccessibleDescription`	**E-Mail-Beschriftung**
`TextBox2`	`AccessibleName`	**E-Mail-Textfeld**
	`AccessibleDescription`	**Geben Sie hier Ihre E-Mail-Adresse ein**
`Button1`	`AccessibleName`	**Absendeschaltfläche**
	`AccessibleDescription`	**Klicken Sie auf diese Schaltfläche, um das Formular abzusenden**
`Button2`	`AccessibleName`	**Abbruchschaltfläche**
	`AccessibleDescription`	**Klicken Sie auf diese Schaltfläche, um den Vorgang abzubrechen**

4. Klicken Sie im Designer mit einem Doppelklick auf das Formular, um den Ereignishandler `Form1_Load` zu öffnen. Fügen Sie zur Unterstützung des Kontrastmodus folgenden Code hinzu:

```
' VB
If SystemInformation.HighContrast
   Label1.BackColor = SystemColors.Control
   Label1.ForeColor = SystemColors.ControlText
End If

// C#
if (SystemInformation.HighContrast)
{
    label1.BackColor = SystemColors.Control;
    label1.ForeColor = SystemColors.ControlText;
}
```

5. Drücken Sie auf die Taste F5, um Ihre Anwendung zu starten. Ändern Sie die Anzeigefarben und sehen Sie sich die Anwendung an. Beachten Sie bitte, dass sich die benutzerdefinierten Farben nicht auf den Kontrastmodus auswirken. Beachten Sie bitte auch, dass die `AccessibleName`- und `AccessibleDescription`-Eigenschaften, die Sie definiert haben, nicht sichtbar sind. Allerdings sind sie für Anwender von Nutzen, die Eingabehilfen verwenden.

Zusammenfassung der Lektion

- Anwendungen sollten so entworfen werden, dass sie durch möglichst viele Menschen bedient werden können. Dazu gehört, dass sie flexibel und konsistent zu bedienen sind, dem Benutzer die Wahl für die bevorzugte Art der Ein- und Ausgabe lassen und zu Eingabehilfen kompatibel sind.
- Anwendungen sollten die Standardsystemeinstellungen unterstützen. Durch die Verwendung der Systemklassen für den Zugriff auf Standardschriften und Standardfarben ist Ihre Anwendung auch in der Lage, mit Eingabehilfen zusammenzuarbeiten, die Systemeinstellungen oder den Kontrastmodus verwenden.
- Flexible Anwendungen sollten so entworfen werden, dass sie eine Reihe von Eingabemöglichkeiten bieten, darunter auch die dokumentierte Bedienung über die Tastatur.
- Informationen sollten nie allein durch Tonsignale gegeben, sondern immer durch optische Signale ergänzt werden.
- Jedes Steuerelement verfügt über mehrere `Accessibility`-Eigenschaften, die von Eingabehilfen verwendet werden, um Informationen über die Steuerelemente abzurufen und anzuzeigen. Sie können `Accessibility`-Eigenschaften zur Entwurfszeit im Eigenschaftenfenster festlegen.

Lernzielkontrolle

Die folgenden Fragen dienen dazu, die wichtigsten Lerninhalte dieser Lektion zu vertiefen. Die Fragen sind (in englischer Sprache) auch auf der Begleit-CD zu finden, falls Sie die elektronische Form der Fragen vorziehen.

Hinweis Die Antworten

Die Antworten auf die Fragen und Erläuterungen, warum die entsprechende Antwort richtig oder falsch ist, finden Sie im Abschnitt „Antworten" am Ende des Buchs.

---

1. Was sind die Prinzipien einer möglichst umfassenden Bedienbarkeit? (Wählen Sie alle zutreffenden Antworten aus.)

   A. Flexibilität

   B. Einheitlichkeit

   C. Einfachheit

   D. Kompatibilität zu Eingabehilfen

2. Was ist nicht die beste Art, Eingabehilfen zu unterstützen?

   A. Audio für alle wichtigen Informationen

   B. Unterstützen der Standardsystemeinstellung

   C. Sicherstellen der Kompatibilität zum Kontrastmodus

   D. Bedienbarkeit über die Tastatur

Lektion 2: Verwenden von Unterstützungssteuerelementen und -komponenten

Das .NET Framework bietet viele Steuerelemente und Komponenten, die Sie zur Verbesserung der Bedienbarkeit und Nützlichkeit Ihrer Anwendung einsetzen können. Steuerelemente wie `StatusStrip` und `ProgressBar` ermöglichen es Ihnen, Informationen für den Benutzer auf viele unterschiedliche Arten anzuzeigen. Die Komponenten `HelpProvider`, `ErrorProvider` und `ToolTip` erleichtern es Ihnen, dem Benutzer Hilfe anzubieten. Und es gibt noch weitere Komponenten, mit denen Sie Ihre Anwendungen abrunden können. In dieser Lektion erfahren Sie, wie Sie Ihre Anwendung mit Unterstützungssteuerelementen und -komponenten erweitern können.

Am Ende dieser Lektion werden Sie in der Lage sein, die folgenden Aufgaben auszuführen:

- Konfigurieren der `PropertyGrid`-Komponente
- Konfigurieren des `ProgressBar`-Steuerelements zur grafischen Anzeige des Fortschritts in einem längeren Prozess
- Anzeigen von Statusinformationen mit dem `StatusStrip`-Steuerelement
- Konfigurieren der `ToolTip`-Komponente
- Konfigurieren der `ErrorProvider`-Komponente
- Konfigurieren der `HelpProvider`-Komponente
- Abspielen von Sound- und Audiodateien des Systems mit dem `SoundPlayer`
- Konfigurieren der `Timer`-Komponente zur regelmäßigen Auslösung eines Ereignisses
- Verwenden der Steuerelemente `HScrollBar` und `VScrollBar` für den Bildlauf

Veranschlagte Zeit für diese Lektion: 45 Minuten

Unterstützungssteuerelemente und -komponenten

Das .NET Framework bietet Ihnen für den Entwurf einer Benutzeroberfläche Steuerelemente und Komponenten mit einer Vielfalt von Funktionen. In dieser Lektion erfahren Sie mehr über Steuerelemente und Komponenten, die Sie zur Entwicklung Ihrer Benutzeroberfläche einsetzen können.

Das *PropertyGrid*-Steuerelement

Das `PropertyGrid`-Steuerelement stellt im Wesentlichen eine benutzerkonfigurierbare Version des Eigenschaftenfensters von Visual Studio dar. Das `PropertyGrid`-Steuerelement ermöglicht es dem Benutzer, zur Laufzeit die Eigenschaften eines Steuerelements oder einer Komponente in einer grafischen Schnittstelle festzulegen. Abbildung 12.1 zeigt das `PropertyGrid`-Steuerelement in einem Formular.

Das in Abbildung 12.1 gezeigte `PropertyGrid`-Steuerelement wurde so eingestellt, dass es die Eigenschaften von *Button1* anzeigt. Zur Laufzeit kann der Benutzer die Eigenschaften von *Button1* ändern, indem er die entsprechenden Werte im `PropertyGrid` ändert. Änderungen, die im `PropertyGrid` vorgenommen werden, werden sofort an das betreffende Steuerelement weitergeleitet.

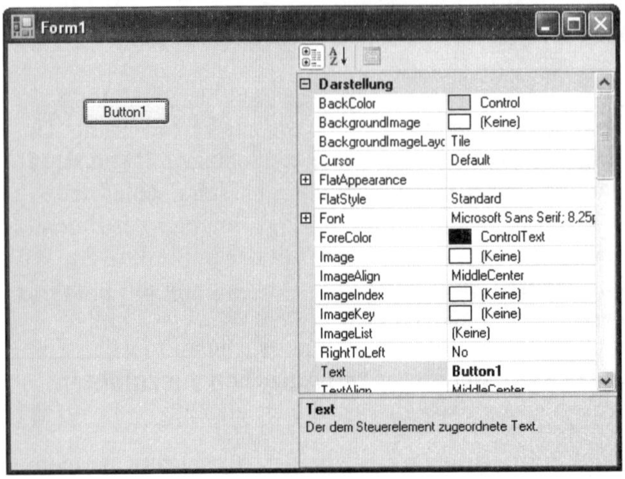

Abbildung 12.1 Das `PropertyGrid`-Steuerelement in einem Formular

Die wichtigste Eigenschaft, die im `PropertyGrid`-Steuerelement eingestellt werden muss, ist die Eigenschaft `SelectedObject`. Diese Eigenschaft gibt das Steuerelement oder Objekt an, dessen Eigenschaften im `PropertyGrid` angezeigt werden sollen. Sie können die Eigenschaft `SelectedObject` zur Laufzeit auf jedes Objekt einstellen und es dem Benutzer ermöglichen, dessen Eigenschaften zu untersuchen und in der Benutzeroberfläche alle Eigenschaften zu ändern, bei denen ein Lese- und Schreibzugriff möglich ist. Der folgende Beispielcode zeigt, wie die Eigenschaft `SelectedObject` eingestellt wird.

```
' VB
PropertyGrid1.SelectedObject = Button1

// C#
propertyGrid1.SelectedObject = button1;
```

Die Eigenschaft `PropertySort` bestimmt, wie die Eigenschaften sortiert sind, die im `PropertyGrid` angezeigt werden. Jeder Wert aus der Enumeration `PropertySort` ist zulässig. Tabelle 12.3 zeigt die Werte der `PropertySort`-Enumeration an.

Tabelle 12.3 Die Werte der `PropertySort`-Enumeration

Wert	Beschreibung
`Alphabetical`	Die Eigenschaften werden in alphabetischer Reihenfolge angezeigt.
`Categorized`	Die Eigenschaften werden nach Kategorien sortiert.
`CategorizedAlphabetical`	Die Eigenschaften werden nach Kategorien und in den Kategorien alphabetisch angezeigt.
`NoSort`	Die Eigenschaften werden in der Reihenfolge angezeigt, in der sie vom `TypeDescriptor` angegeben werden.

Sie können der PropertySort-Eigenschaft zur Laufzeit einen Wert aus der PropertySort-Enumeration zuweisen, wie im folgenden Beispiel:

```
' VB
PropertyGrid1.PropertySort = PropertySort.NoSort

// C#
propertyGrid1.PropertySort = PropertySort.NoSort;
```

Das *ProgressBar*-Steuerelement

Das ProgressBar-Steuerelement ermöglicht die visuelle Darstellung des Fortschritts einer länger andauernden Operation. So können Sie mit dem ProgressBar-Steuerelement beispielsweise den Fortschritt bei einer rechenintensiven Operation wie dem Kopieren von Dateien oder dem Druck von Dokumenten anzeigen. Das ProgressBar-Steuerelement wird als eine Art Leiste angezeigt, die sich von links nach rechts füllt und dadurch den prozentualen Anteil andeutet, der vom betreffenden Vorgang bereits erledigt ist. Tabelle 12.4 zeigt wichtige Eigenschaften des ProgressBar-Steuerelements.

Tabelle 12.4 Wichtige Eigenschaften des ProgressBar-Steuerelements

Eigenschaft	Beschreibung
Maximum	Der Höchstwert des ProgressBar-Steuerelements. Diese Eigenschaft gibt den Wert an, den die Eigenschaft Value enthält, wenn die ProgressBar-Leiste vollständig gefüllt ist.
Minimum	Der Mindestwert des ProgressBar-Steuerelements. Diese Eigenschaft gibt den Wert an, den Value enthält, wenn die ProgressBar-Leiste vollständig leer ist.
Step	Der Betrag, der bei einem Aufruf der Methode PerformStep zum Wert in der Eigenschaft Value addiert wird.
Value	Der aktuelle Wert des ProgressBar-Steuerelements. Value ist ein Wert aus dem Wertebereich, der von den Eigenschaften Minimum und Maximum festgelegt wird.

Sie können das ProgressBar-Steuerelement konfigurieren, indem Sie in den Eigenschaften Minimum und Maximum die Werte festlegen, die vom Steuerelement dargestellt werden sollen. Wenn die Werte in den Eigenschaften Value und Minimum gleich sind, ist das ProgressBar-Steuerelement vollständig leer. Enthält Value denselben Wert wie die Eigenschaft Maximum, wird das ProgressBar-Steuerelement vollständig gefüllt dargestellt. Liegt der Wert in Value irgendwo zwischen Minimum und Maximum, erscheint das ProgressBar-Steuerelement teilweise gefüllt, entsprechend der relativen Lage des Werts von Value im angezeigten Wertebereich.

Sie können die Anzeige des ProgressBar-Steuerelements weiterstellen, indem Sie die Methoden PerformStep oder Increment aufrufen. Die PerformStep-Methode bewirkt, dass der Wert der Eigenschaft Step zu Value addiert wird. Steht Value also auf 100 und beträgt die Step-Schrittweite 10, enthält Value nach dem Aufruf der Methode PerformStep den Wert 110 und die Darstellung auf dem Bildschirm wird entsprechend geändert. Mit der Methode Increment können Sie den Wert um Beträge ändern, die nicht der durch Step vorgegebenen Schrittweite entsprechen, wie im folgenden Beispiel gezeigt:

```
' VB
' Addiere 5 zu Value.
ProgressBar1.Increment(5)
' Addiere 10 zu Value.
ProgressBar1.Increment(10)

// C#
// Addiere 5 zu Value.
progressBar1.Increment(5);
// Addiere 10 zu Value.
progressBar1.Increment(10);
```

Das folgende Beispiel zeigt, wie der Fortschritt in einem länger andauernden Vorgang mit einem `ProgressBar`-Steuerelement angezeigt werden kann.

```
' VB
' Gegeben sei ein ProgressBar-Steuerelement namens ProgressBar1 und ein
' länger andauernder Vorgang, der von der Methode CopyFiles in mehreren
' Teilschritten durchgeführt wird.
ProgressBar1.Minimum = 0
ProgressBar1.Maximum = 100
ProgressBar1.Step = 1
For i As Integer = 1 to 100
   CopyFiles(i)
   ProgressBar1.PerformStep
Next

// C#
// Gegeben sei ein ProgressBar-Steuerelement namens progressBar1 und ein
// länger andauernder Vorgang, der von der Methode CopyFiles in mehreren
// Teilschritten durchgeführt wird.
progressBar1.Minimum = 0;
progressBar1.Maximum = 100;
progressBar1.Step = 1;
for (int i = 0; i < 101; i++)
{
   CopyFiles(i);
   progressBar1.PerformStep();
}
```

Anzeigen von Informationen mit dem *StatusStrip*-Steuerelement

Das `StatusStrip`-Steuerelement ermöglicht Ihnen die Anzeige von Statusinformationen über die Anwendung. Die Klasse `StatusStrip` wurde von `ToolStrip` abgeleitet, und ein `StatusStrip` kann `ToolStripItem`-Steuerelemente aufnehmen. `ToolStrip`-Steuerelemente wurden ausführlich besprochen in Kapitel 4, „ToolStrips, Menüs und Ereignisse". Dieser Abschnitt konzentriert sich auf `StatusStrip`-Steuerelemente zur Anzeige von Informationen für den Benutzer.

Das `StatusStrip`-Steuerelement wird im Allgemeinen an den unteren Rand des Formulars angedockt. Wie alle `ToolStrip`-Steuerelemente kann es aber auch an einen beliebigen Rand angedockt werden oder unverbunden bleiben. `ToolStripItem`-Objekte können Sie im Designer oder per Programmcode zum `StatusStrip` hinzufügen, wie in Kapitel 4 beschrieben.

Die beiden gebräuchlichsten ToolStripItem-Steuerelemente zur Anzeige von Informationen im StatusStrip sind ToolStripStatusLabel und ToolStripProgressBar. Das ToolStripStatusLabel ist ein ToolStripItem-Steuerelement, das ein Label-Steuerelement nachbildet, aber in einem StatusStrip eingesetzt wird. Die wichtigste Eigenschaft des ToolStripStatusLabel-Steuerelements ist die Eigenschaft Text. Sie nimmt den Text auf, der im ToolStripStatusLabel-Steuerelement angezeigt wird. Sie können die Text-Eigenschaft wie folgt festlegen:

```
' VB
ToolStripStatusLabel1.Text = "Die Kernschmelze steht bevor"

// C#
toolStripStatusLabel1.Text = "Die Kernschmelze steht bevor";
```

Das ToolStripProgressBar-Steuerelement ist ein ToolStripItem-Steuerelement, das ein ProgressBar-Steuerelement nachbildet. Ein ToolStripProgressBar verfügt über die Eigenschaften Minimum, Maximum, Step und Value, wie das ProgressBar-Steuerelement. Diese Eigenschaften funktionieren so, wie im vorigen Abschnitt beschrieben. Auch die Methoden Increment und PerformStep werden vom ToolStripProgressBar-Steuerelement angeboten. Sie setzen den aktuellen Wert des Steuerelements in derselben Weise herauf wie beim ProgressBar-Steuerelement.

Die *ToolTip*-Komponente

Die ToolTip-Komponente ermöglicht es Ihnen, QuickInfos für Steuerelemente festzulegen. QuickInfos erscheinen in Popupfenstern, wenn die Maus über einem Steuerelement steht, und können dem Benutzer kurze Informationen über das betreffende Steuerelement geben. Tabelle 12.5 beschreibt wichtige Eigenschaften der ToolTip-Komponente.

Tabelle 12.5 Wichtige Eigenschaften der ToolTip-Komponente

Eigenschaft	Beschreibung
Active	Gibt an, ob die ToolTip-Komponente aktiv ist.
AutomaticDelay	Legt die Verzögerung der ToolTip-Komponente fest oder ruft sie ab.
AutoPopDelay	Legt die Zeitspanne fest oder ruft sie ab, während der die QuickInfo sichtbar bleibt, wenn der Mauszeiger auf einem Steuerelement mit ToolTip-Text steht.
IsBalloon	Legt einen Wert fest oder ruft ihn ab, der entscheidet, ob die QuickInfo in einer Sprechblase angezeigt wird.
ReshowDelay	Legt die Zeitspanne fest oder ruft sie ab, die verstreichen muss, bevor das nächste ToolTip-Fenster angezeigt wird, wenn sich der Mauszeiger von einem Steuerelement zum nächsten bewegt.
ShowAlways	Legt einen Wert fest oder ruft ihn ab, der entscheidet, ob ein ToolTip auch dann angezeigt wird, wenn das übergeordnete Steuerelement nicht aktiv ist.
ToolTipIcon	Legt das Symbol fest oder ruft es ab, das zusammen mit dem QuickInfo-Text angezeigt wird.
ToolTipTitle	Legt den Titel des ToolTip-Fensters fest oder ruft ihn ab.
UseAnimation	Legt einen Wert fest oder ruft ihn ab, der entscheidet, ob die Darstellung der QuickInfo animiert erfolgt oder nicht.
UseFading	Legt einen Wert fest oder ruft ihn ab, der entscheidet, ob bei der Anzeige der QuickInfo ein Ausblendeffekt eingesetzt werden soll.

Die `ToolTip`-Komponente bietet neben anderen Methoden auch die beiden wichtigen Methoden `GetToolTip` und `SetToolTip`. Diese Methoden dienen dazu, den QuickInfo-Text für das betreffende Steuerelement festzulegen oder abzurufen.

Wenn die `ToolTip`-Komponente richtig eingestellt ist, werden QuickInfos für die Steuerelemente des Formulars automatisch angezeigt, sobald die Maus auf einem Steuerelement steht. Dazu ist Folgendes erforderlich:

- Die Eigenschaft `ToolTip.Active` muss auf `True` stehen.
- Es muss für das Steuerelement ein `ToolTip` verfügbar sein.
- Das Steuerelement muss aktiv sein oder die Eigenschaft `ToolTip.ShowAlways` muss auf `True` gestellt werden.

Vorbereiten von QuickInfos für Steuerelemente

QuickInfos können Sie zur Entwurfszeit und zur Laufzeit für Steuerelemente konfigurieren. Zur Entwurfszeit legt die `ToolTip`-Komponente für jedes Steuerelement des Formulars eine Entwurfszeiteigenschaft an. Wenn Sie beispielsweise zu Ihrem Formular eine `ToolTip`-Komponente namens `ToolTip1` hinzufügen, erhält jedes Steuerelement eine Entwurfszeiteigenschaft, die *ToolTip auf ToolTip1* genannt wird. Diese Eigenschaft kann nur zur Entwurfszeit festgelegt werden und nimmt den QuickInfo-Text für das betreffende Steuerelement auf.

▶ So legen Sie eine QuickInfo im Designer fest

1. Wählen Sie im Designer das Steuerelement, für das Sie eine QuickInfo vorsehen möchten.
2. Suchen Sie im Eigenschaftenfenster die Eigenschaft *Tooltip auf X*, wobei *X* für den Namen der `ToolTip`-Komponente steht.
3. Geben Sie für diese Eigenschaft den gewünschten QuickInfo-Text ein.

Mit der Methode `SetToolTip` können Sie den QuickInfo-Text auch im Code festlegen.

▶ So legen Sie eine QuickInfo im Programmcode fest

Rufen Sie zum Festlegen des QuickInfo-Textes die Methode `SetToolTip` mit dem gewünschten Steuerelement und dem vorgesehenen QuickInfo-Text auf, wie im folgenden Beispiel:

```
' VB
ToolTip1.SetToolTip(Button1, _
    "Diese Schaltfläche aktiviert die Selbstzerstörungssequenz")

// C#
toolTip1.SetToolTip(button1,
   "Diese Schaltfläche aktiviert die Selbstzerstörungssequenz");
```

Ändern der Verzögerungszeiten für die *ToolTip*-Komponente

Die `ToolTip`-Komponente verfügt über einige Eigenschaften, die sich auf den zeitlichen Ablauf der QuickInfo-Anzeige auswirken. Die Eigenschaften, mit denen sich der Zeitablauf der QuickInfo-Anzeige einstellen lässt, sind:

- `AutoPopDelay` Diese Eigenschaft bestimmt die Anzeigedauer einer QuickInfo (in Millisekunden).
- `InitialDelay` Diese Eigenschaft bestimmt die Verzögerungszeit (in Millisekunden), die der Mauszeiger über einem Steuerelement stehen muss, bevor die QuickInfo angezeigt wird.

- `ReshowDelay` Diese Eigenschaft bestimmt die Wartezeit (in Millisekunden) bis zum Erscheinen der nächsten QuickInfo, wenn sich die Maus von einem mit der QuickInfo verknüpften Steuerelement zum nächsten bewegt.

Sie können diese Eigenschaften entweder zur Entwurfszeit im Eigenschaftenfenster festlegen, oder zur Laufzeit im Code, wie im folgenden Beispiel:

```
' VB
ToolTip1.AutoPopDelay = 2000
ToolTip1.InitialDelay = 300
ToolTip1.ReshowDelay = 600

// C#
toolTip1.AutoPopDelay = 2000;
toolTip1.InitialDelay = 300;
toolTip1.ReshowDelay = 600;
```

Sie können diese Werte auch durch die Einstellung einer einzigen Eigenschaft kontrollieren: `AutomaticDelay`. Wenn Sie die `AutomaticDelay`-Eigenschaft einstellen, sorgt diese für die Einstellung der Eigenschaften `AutoPopDelay`, `InitialDelay` und `ReshowDelay`. Die Werte werden folgendermaßen festgelegt: Wenn die `AutomaticDelay`-Eigenschaft auf `N` Millisekunden eingestellt wird, erhält die Eigenschaft `InitialDelay` denselben Wert von `N` Millisekunden. Die Eigenschaft `AutoPopupDelay` wird auf das Zehnfache von `N` eingestellt (`10*N`), und die Eigenschaft `ReshowDelay` auf ein Fünftel von `N` (also auf `N/5`). Sie können die Eigenschaft `AutomaticDelay` einstellen, wie im folgenden Beispiel gezeigt:

```
' VB
ToolTip1.AutomaticDelay = 500

// C#
toolTip1.AutomaticDelay = 500;
```

Konfigurieren der *ErrorProvider*-Komponente

Mithilfe der `ErrorProvider`-Komponente können Sie den Benutzer informieren, wenn in einem Steuerelement eines Formulars ein Fehler auftritt. Gewöhnlich wird der `ErrorProvider` zusammen mit einer Eingabeüberprüfung verwendet, um auf ungültige Einträge hinzuweisen. Er zeigt neben dem Steuerelement, in dem der Fehler aufgetreten ist, ein Fehlersymbol an, sowie eine QuickInfo, sobald der Mauszeiger auf dem Fehlersymbol steht.

Die wichtigste `ErrorProvider`-Methode ist `SetError`. Das folgende Beispiel zeigt, wie man mit der Methode `SetError` eine Fehlerbeschreibung festlegt:

```
' VB
' Dieses Beispiel demonstriert, wie eine Fehlerbeschreibung für ein Steuerelement
' namens TextBox1 festgelegt wird.
ErrorProvider1.SetError(TextBox1, "Der Wert muss numerisch sein")

// C#
// Dieses Beispiel demonstriert, wie eine Fehlerbeschreibung für ein Steuerelement
// namens textBox1 festgelegt wird.
errorProvider1.SetError(textBox1, "Der Wert muss numerisch sein");
```

Sobald das Steuerelement eine Fehlerbeschreibung erhalten hat, blinkt das Symbol, das als Fehlersymbol in der ErrorProvider-Eigenschaft Icon festgelegt wurde, neben dem Steuerelement, das eine Fehlerbeschreibung erhalten hat. Der entsprechende Text wird angezeigt, sobald der Mauszeiger auf dem Symbol steht. Wenn der Benutzer den Fehler korrigiert hat, können Sie die Fehleranzeige löschen, indem Sie die Methode SetError mit dem Steuerelement und einer leeren Zeichenfolge aufrufen, wie im folgenden Beispiel:

```
' VB
ErrorProvider1.SetError(TextBox1, "")

// C#
errorProvider1.SetError(textBox1, "");
```

Dadurch verschwindet das Fehlersymbol wieder.

Die folgende Prozedur beschreibt die Erstellung eines Validierungshandlers, der die ErrorProvider-Komponente verwendet.

► So überprüfen Sie Benutzereingaben mithilfe einer *ErrorProvider*-Komponente

1. Fügen Sie Steuerelemente zu Ihrem Formular hinzu, darunter mindestens eines, das Texteingaben aufnehmen kann. Beachten Sie bitte, dass sich mehrere Steuerelemente auf dem Formular befinden müssen, damit die Validierung funktioniert.
2. Sorgen Sie dafür, dass die CausesValidation-Eigenschaften aller Steuerelemente des Formulars auf True stehen.
3. Fügen Sie eine ErrorProvider-Komponente zum Formular hinzu.
4. Wählen Sie das Texteingabesteuerelement und fügen Sie den erforderlichen Code in sein Validating-Ereignishandler ein. Untersuchen Sie den Inhalt des Texteingabesteuerelements und überprüfen Sie, ob der Inhalt gültig ist. Ist dies nicht der Fall, rufen Sie die ErrorProvider-Methode SetError auf, um die Fehlerbeschreibung des Steuerelements festzulegen. Das Validating-Ereignis tritt auf, wenn der Benutzer das Texteingabesteuerelement verlässt. Das folgende Beispiel zeigt, wie man überprüfen kann, ob der in einem TextBox-Steuerelement eingegebene Text numerisch ist.

```
' VB
Private Sub TextBox1_Validating(ByVal Sender As Object, _
   ByVal e As System.ComponentModel.CancelEventArgs) Handles TextBox1.Validating
   ' Prüfe, ob die TextBox einen numerischen Wert enthält.
   If Not IsNumeric(TextBox1.Text) Then
      ErrorProvider1.SetError(TextBox1, "Der Wert muss numerisch sein")
   Else
      ' Lege eine leere Zeichenfolge als Fehlerbeschreibung fest.
      ErrorProvider1.SetError(TextBox1, "")
   End If
End Sub
```

```
// C#
protected void textBox1_Validating (object sender, System.ComponentModel.CancelEventArgs e)
{
   try
   {
   // Prüfe, ob die TextBox einen numerischen Wert enthält.
      double x = double.Parse(textBox1.Text);
      errorProvider1.SetError(textBox1, "");
   }
   catch (System.FormatException ex)
   {
      // Die TextBox enthält keinen numerischen Wert. Lege Fehlerbeschreibung fest.
      errorProvider1.SetError(textBox1, "Der Wert muss numerisch sein");
   }
}
```

Mit dem `ErrorProvider` können Sie auch Fehler anzeigen, die in einem `DataSet` oder einer beliebigen anderen Datenquelle auftreten. Durch die Bindung der `ErrorProvider`-Komponente an die Datenquelle kann das Fehlersymbol neben jedem Steuerelement erscheinen, das an dieselbe Datenquelle gebunden ist. Die folgende Prozedur beschreibt, wie man einen Fehler anzeigt, der in einem `DataSet` auftritt.

► **So zeigen Sie mit der *ErrorProvider*-Komponente Fehler an, die in einem DataSet auftreten**

1. Binden Sie die `ErrorProvider`-Komponente an eine Tabelle eines `DataSet`-Objekts, wie hier gezeigt:

```
' VB
' Gegeben sei ein DataSet1 mit einer Customers-Tabelle.
ErrorProvider1.DataSource = DataSet1
ErrorProvider1.DataMember = "Customers"

// C#
// Gegeben sei ein DataSet1 mit einer Customers-Tabelle.
errorProvider1.DataSource = dataSet1;
errorProvider1.DataMember = "Customers";
```

2. Stellen Sie die Eigenschaft `ContainerControl` der `ErrorProvider`-Komponente ein:

```
' VB
ErrorProvider1.ContainerControl = Me

// C#
errorProvider1.ContainerControl = this;
```

3. Legen Sie mit der Methode `SetColumnError` einen Fehlertext für die Spalte fest, in der ein Fehler aufgetreten ist, und stellen Sie den Bindungskontext auf die Zeile ein, die den Fehler enthält, wie hier gezeigt:

```
' VB
DataTable1.Rows(5).SetColumnError("Name", "Die Daten stimmen nicht")
Me.BindingContext(DataTable1).Position = 5
```

```
// C#
dataTable1.Rows[5].SetColumnError("Name", "Die Daten stimmen nicht");
this.BindingContext[dataTable1].Position = 5;
```

Konfigurieren der *HelpProvider*-Komponente

Ein wichtiger Bestandteil jeder Anwendung ist eine klare und genaue Dokumentation. Die `HelpProvider`-Komponente erleichtert es Ihnen, eine Online-Dokumentation für Ihre Anwendung zur Verfügung zu stellen. Die `HelpProvider`-Komponente ermöglicht es, HTML Help 1.x-Hilfedateien mit Ihrer Anwendung zu verknüpfen (*.chm*- oder *.htm*-Dateien) und den entsprechenden Hilfetext anzuzeigen, wenn die F1-Taste gedrückt wird.

Die *HelpNamespace*-Eigenschaft

Die wichtigste Eigenschaft der `HelpProvider`-Komponente ist `HelpNamespace`. Mit dieser Eigenschaft können Sie eine *.chm*- oder *.htm*-Datei angeben, in der die Hilfetexte für die Anwendung liegen. Gewöhnlich wird die `HelpNamespace`-Eigenschaft zur Entwurfszeit im Eigenschaftenfenster festgelegt, aber mit dem entsprechenden Code können Sie die Eigenschaft auch zur Laufzeit festlegen:

```
' VB
HelpProvider1.HelpNamespace = "C:\myHelpFiles\appHelp.chm"

// C#
helpProvider1.HelpNamespace = "C:\\myHelpFiles\\appHelp.chm";
```

Methoden der *HelpProvider*-Komponente

Die `HelpProvider`-Komponente legt zur Verwaltung des Zugriffs auf den Hilfetext für jedes Steuerelement Eigenschaften fest. Tabelle 12.6 beschreibt wichtige Methoden der `HelpProvider`-Komponente.

Tabelle 12.6 Wichtige Methoden der `HelpProvider`-Komponente

Methode	Beschreibung
`SetHelpKeyword`	Legt das Schlüsselwort für ein Steuerelement fest, beispielsweise einen Indexeintrag oder ein Thema. Anhand dieses Schlüsselworts wird der entsprechende Hilfetext aus der Datei herausgesucht. Die Einstellung der `HelpProvider`-Komponente bestimmt, wie das Schlüsselwort verwendet wird.
`SetHelpNavigator`	Stellt den `HelpNavigator` für ein Steuerelement ein. Diese Eigenschaft bestimmt, wie die Hilfedatei angezeigt wird.
`SetHelpString`	Legt einen Hilfetext für ein Steuerelement fest. Wenn die Eigenschaft `HelpNamespace` keine Datei angibt, wird dieser Hilfetext in einem Popupfeld über dem Steuerelement angezeigt, sobald die Taste F1 gedrückt wird.
`SetShowHelp`	Gibt an, ob für das Steuerelement ein Hilfetext angezeigt wird.

Einstellen des *HelpNavigators*

Mit der Methode `SetHelpNavigator` können Sie festlegen, wie die Hilfe für ein bestimmtes Steuerelement angezeigt werden soll. Die Methode `SetHelpNavigator` hat zwei Parameter: das Steuerelement, für das der `HelpNavigator` eingestellt wird, und einen Wert aus der `HelpNavigator`-Enumeration.

Das folgende Beispiel zeigt, wie der `HelpNavigator` für ein `Button`-Steuerelement namens `Button1` eingestellt werden kann:

```
' VB
HelpProvider1.SetHelpNavigator(Button1, HelpNavigator.Find)

// C#
helpProvider1.SetHelpNavigator(Button1, HelpNavigator.Find);
```

Tabelle 12.7 beschreibt die `HelpNavigator`-Enumeration.

Tabelle 12.7 Die `HelpNavigator`-Enumeration

Member	Beschreibung
`AssociateIndex`	Die Hilfedatei wird mit dem Indexeintrag für den ersten Buchstaben des angegebenen Schlüsselworts geöffnet.
`Find`	Die Hilfedatei wird auf der Suchseite geöffnet.
`Index`	Die Hilfedatei wird mit dem Index geöffnet.
`KeywordIndex`	Die Hilfedatei wird mit dem Thema aus dem angegebenen Schlüsselwort geöffnet, sofern vorhanden. Andernfalls wird der Indexeintrag angezeigt, der dem angegebenen Schlüsselwort am nächsten liegt.
`TableOfContents`	Die Hilfedatei wird mit dem Inhaltsverzeichnis geöffnet.
`Topic`	Die Hilfedatei wird mit dem angegebenen Thema geöffnet, sofern das Thema verfügbar ist.
`TopicId`	Die Hilfedatei wird mit einem Thema geöffnet, das durch eine numerische Themenkennung angegeben wird.

Einstellen der Hilfe für ein Steuerelement

Das folgende Beispiel zeigt, wie die `HelpProvider`-Komponente zur Konfiguration der Hilfe für ein Steuerelement namens `Button1` verwendet wird.

```
' VB
' Gegeben sei eine Hilfedatei, die für Ihre Anwendung kompiliert wurde.
' Der Pfadname dieser Datei sei in der Eigenschaft HelpNamespace eingetragen.
' Lege den Hilfetext fest, der für Button1 angezeigt werden soll.
HelpProvider1.SetShowHelp(Button1, True)
' Lege das Hilfeschlüsselwort für das Steuerelement fest.
HelpProvider1.SetHelpKeyword(Button1, "Button1")
' Stelle den HelpNavigator für das Steuerelement ein.
HelpProvider1.SetHelpNavigator(Button1, HelpNavigator.KeywordIndex)

// C#
// Gegeben sei eine Hilfedatei, die für Ihre Anwendung kompiliert wurde.
// Der Pfadname dieser Datei sei in der Eigenschaft HelpNamespace eingetragen.
// Lege den Hilfetext fest, der für Button1 angezeigt werden soll.
helpProvider1.SetShowHelp(button1, true);
// Lege das Hilfeschlüsselwort für das Steuerelement fest.
helpProvider1.SetHelpKeyword(button1, "Button1");
// Stelle den HelpNavigator für das Steuerelement ein.
helpProvider1.SetHelpNavigator(button1, HelpNavigator.KeywordIndex);
```

Abspielen von Sounddateien und Systemsounds

Sounddateien und Systemsounds können dazu verwendet werden, den Benutzer zu informieren oder zu warnen. Die Klasse `SoundPlayer` aus dem Namespace `System.Media` bietet die Funktionen, die zum Abspielen von Sounddateien erforderlich sind.

▶ So spielen Sie mit der *SoundPlayer*-Klasse eine Sounddatei ab

1. Legen Sie für die abzuspielende Sounddatei eine Instanz der `SoundPlayer`-Klasse an, wie im folgenden Beispiel:

```
' VB
Dim aPlayer As New System.Media.SoundPlayer("C:\mySoundFiles\Boom.wav")

// C#
System.Media.SoundPlayer aPlayer = new System.Media.SoundPlayer(@"C:\mySoundFiles\Boom.wav");
```

2. Spielen Sie den Sound ab, indem Sie die Methode `Play` aufrufen:

```
' VB
aPlayer.Play

// C#
aPlayer.Play();
```

Mit der Klasse `System.Media.SystemSounds` können Sie Systemsounds abspielen. Die Member dieser Klasse repräsentieren jeden dieser Systemsounds. Die Systemsounds lassen sich mit der `Play`-Methode abspielen.

▶ So spielen Sie einen Systemsound ab

Rufen Sie die `Play`-Methode für den gewünschten Systemsound auf, wie hier gezeigt:

```
' VB
System.Media.SystemSounds.Beep.Play()

// C#
System.Media.SystemSounds.Beep.Play();
```

Verwenden der *Timer*-Komponente zur regelmäßigen Auslösung eines Ereignisses

Die `Timer`-Komponente versetzt Sie in die Lage, in regelmäßigen Abständen ein `Timer.Tick`-Ereignis auszulösen. Mit dem entsprechenden Code zur Behandlung dieses Ereignisses können Sie die Anwendung dazu bringen, in definierten Abständen Methoden aufzurufen oder andere Aktionen durchzuführen. Beispielsweise könnten Sie in einem `Label`-Steuerelement die aktuelle Uhrzeit anzeigen und die Anzeige jede Minute aktualisieren.

Die wichtigste Eigenschaft der `Timer`-Komponente ist die Eigenschaft `Interval`. Sie gibt die Zeitspanne zwischen zwei `Tick`-Ereignissen in Millisekunden an. Wird die `Interval`-Eigenschaft beispielsweise auf 2000 eingestellt, wird das `Tick`-Ereignis in Abständen von 2 Sekunden ausgelöst. Die `Interval`-Eigenschaft kann im Eigenschaftenfenster oder im Code festgelegt werden, wie im folgenden Beispiel gezeigt:

```
' VB
Timer1.Interval = 2000

// C#
timer1.Interval = 2000;
```

Eine weitere wichtige Eigenschaft der Timer-Komponente ist die Eigenschaft Enabled. Steht die Eigenschaft Enabled auf False, wird kein Timer.Tick-Ereignis ausgelöst. Steht die Eigenschaft Enabled auf True, wird das Timer.Tick-Ereignis mit der Frequenz ausgelöst, die sich aus dem Wert in der Eigenschaft Interval ergibt.

Mit den Methoden Timer.Start und Timer.Stop können Sie den Timer starten und stoppen. Eigentlich sind diese Methoden nur eine andere Art, die Eigenschaft Enabled einzustellen. Durch den Aufruf der Methode Timer.Start wird die Eigenschaft Timer.Enabled auf True gestellt und die regelmäßige Auslösung des Tick-Ereignisses beginnt. Die Timer.Stop-Methode stellt die Eigenschaft Timer.Enabled auf False und bewirkt, dass keine Tick-Ereignisse mehr ausgelöst werden.

Das folgende Beispiel zeigt einen Handler für das Timer.Tick-Ereignis. Dieser Beispielcode aktualisiert den Text in Label1 bei jedem Tick-Ereignis mit der aktuellen Zeit.

```
' VB
Private Sub Timer1_Tick(ByVal sender As System.Object, ByVal e As _
   System.EventArgs) Handles Timer1.Tick
   Label1.Text = Now.ToLongTimeString
   End Sub

// C#
private void timer1_Tick(object sender, EventArgs e)
{
   label1.Text = DateTime.Now.ToLongTimeString();
}
```

Verwenden der *HScrollBar*- und *VScrollBar*-Steuerelemente

Die Steuerelemente HScrollBar und VScrollBar wurden entworfen, um die Navigation in langen Listen zu vereinfachen, die in der Anwendung oder in einem Steuerelement angezeigt werden. Das Steuerelement HScrollBar stellt eine horizontale Bildlaufleiste dar und VScrollBar ist eine vertikale Bildlaufleiste, aber davon abgesehen funktionieren beide Steuerelemente gleich. Ein ScrollBar-Steuerelement besteht aus zwei Schaltflächen, die an den beiden Enden des Steuerelements angezeigt werden, sowie einem Schieber und einer Schiene, auf der sich der Schieber bewegen kann. Der Benutzer kann den Schieber verschieben und dadurch den aktuellen Wert in der Value-Eigenschaft ändern.

Die ScrollBar-Steuerelemente unterscheiden sich von den Bildlaufleisten, die von Formularen oder Steuerelementen angezeigt werden – diese Bildlaufleisten sind integrale Bestandteile des betreffenden Steuerelements oder Formulars. Die ScrollBar-Steuerelemente wurden dagegen für einen unabhängigen Einsatz oder für die Zusammenarbeit mit Steuerelementen entworfen, die normalerweise keine Bildlaufleisten haben, wie beispielsweise das PictureBox-Steuerelement. Tabelle 12.8 zeigt wichtige Eigenschaften der ScrollBar-Steuerelemente.

Tabelle 12.8 Wichtige Eigenschaften der ScrollBar-Steuerelemente

Eigenschaft	Beschreibung
LargeChange	Der Betrag, um den sich die Value-Eigenschaft ändert, wenn der Benutzer die BILD-AUF- oder BILD-AB-Taste drückt oder auf die ScrollBar-Schiene klickt.
Maximum	Der größte Wert der Bildlaufleiste. In HScrollBar entspricht der Wert in der Eigenschaft Value dem Maxmimum-Wert, wenn sich der Schieber auf der Bildlaufleiste ganz rechts befindet. In VScrollBar entspricht der Wert in der Eigenschaft Value dem Maximum-Wert, wenn sich der Schieber auf der Bildlaufleiste ganz unten befindet.
Minimum	Der kleinste Wert der Bildlaufleiste. In HScrollBar entspricht der Wert in der Eigenschaft Value dem Minimum-Wert, wenn sich der Schieber auf der Bildlaufleiste ganz links befindet. In VScrollBar entspricht der Wert in der Eigenschaft Value dem Minimum-Wert, wenn sich der Schieber auf der Bildlaufleiste ganz oben befindet.
SmallChange	Der Betrag, um den sich der Wert Value ändert, wenn der Benutzer eine der PFEILTASTEN drückt oder eine Schaltfläche der Bildlaufleiste anklickt.
Value	Der aktuelle Wert des ScrollBar-Steuerelements. Der Wert entspricht der aktuellen Position des Schiebers.

Speichern der Anwendungseinstellungen für die nächste Sitzung

Das .NET Framework ermöglicht die Speicherung der Werte von Eigenschaften einer Benutzersitzung zur nächsten in den Anwendungseinstellungen. Außerdem ist es möglich, zur Laufzeit auf diese Einstellungen zuzugreifen und sie zu ändern. Sie können zum Beispiel das Farbschema der Anwendung einstellen oder sich Benutzernamen oder Verbindungszeichenfolgen „merken".

Die Speicherung von Einstellungen erfolgt in zwei Schritten. Zuerst erstellen Sie eine Einstellung und geben ihr einen eindeutigen Namen und einen Wert. Der Wert kann ein beliebiges Objekt sein und sollte sich für die Eigenschaft eignen, die Sie speichern möchten. Zweitens wird die Eigenschaft, die Sie dauerhaft speichern möchten, an die Einstellung gebunden. Zur Laufzeit kann ein Zugriff auf die Einstellungen erfolgen, und die Einstellungen können nach Bedarf geändert oder gespeichert werden.

Erstellen von Einstellungen zur Entwurfszeit

Visual Studio 2005 bietet Benutzeroberflächentools an, mit denen sich Einstellungen schnell und einfach erstellen lassen. Neue Einstellungen können Sie im Einstellungseditor erstellen und bearbeiten (Abbildung 12.2).

Der Einstellungseditor hat vier Eigenschaften, die bei der Erstellung einer Einstellung sinnvoll festgelegt werden müssen. Der *Name* muss in der Anwendung eindeutig sein. Die *Typ*-Eigenschaft nennt den Typ der Einstellung und sollte zu der Eigenschaft passen, die daran gebunden werden soll. Die *Bereich*-Eigenschaft muss entweder auf *Benutzer* oder auf *Anwendung* eingestellt werden. Einstellungen für die Anwendung sind zur Laufzeit schreibgeschützt und können vom Benutzer nicht verändert werden. Einstellungen für den Benutzer lassen sich zur Laufzeit lesen und schreiben und können vom Benutzer geändert und gespeichert werden. Und schließlich muss noch ein *Wert* für die Einstellung festgelegt werden. Dieser Wert muss von dem Typ sein, der von der *Typ*-Eigenschaft angegeben wird.

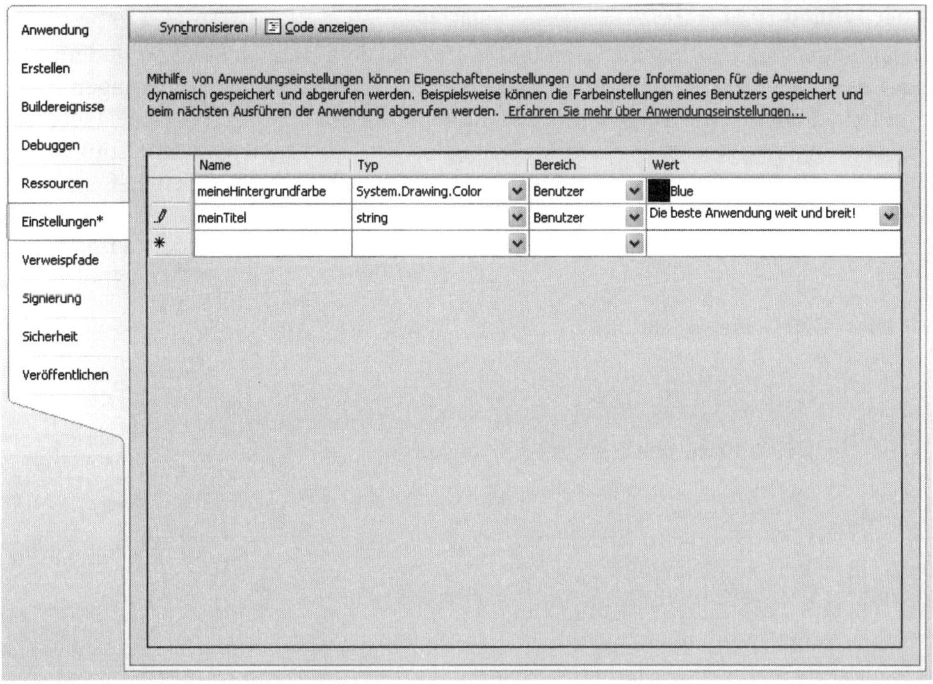

Abbildung 12.2 Der Einstellungseditor zur Erstellung und Bearbeitung neuer Einstellungen

▶ So erstellen Sie eine Einstellung zur Entwurfszeit

1. Klicken Sie das Projekt im Projektmappen-Explorer mit der rechten Maustaste an und wählen Sie *Eigenschaften*.
2. Wählen Sie im Hauptfenster die Registerkarte *Einstellungen*.
3. Legen Sie den *Namen*, den *Typ*, den *Bereich* und einen *Wert* für die neue Einstellung fest.
4. Falls Ihre Anwendung noch nicht gespeichert wurde, wählen Sie im *Datei*-Menü *Alle speichern*, um Ihre Anwendung zu speichern.

Nachdem eine Einstellung erstellt wurde, können Sie die Einstellung im Eigenschaftenfenster an eine Eigenschaft binden.

▶ So binden Sie eine Einstellung zur Entwurfszeit an eine Eigenschaft

1. Erweitern Sie im Eigenschaftenfenster, das die Eigenschaften des betreffenden Steuerelements anzeigt, den Knoten *(ApplicationSettings)* und klicken Sie auf die Schaltfläche neben *(PropertyBinding)*, um das Dialogfeld *Anwendungseinstellungen* zu öffnen.
2. Suchen Sie die Eigenschaft, die Sie an eine Einstellung binden möchten. Wählen Sie aus der Dropdownliste rechts neben dem Eigenschaftennamen die entsprechende Einstellung aus. Sollte noch keine passende Einstellung vorhanden sein, können Sie nach einem Klick auf die Verknüpfung *Neu* im unteren Bereich des Dropdownlistenfelds eine neue Einstellung definieren.

Zugreifen auf Einstellungen zur Laufzeit

Sie können die Einstellungen zur Laufzeit auslesen und Werte aus dem Bereich `Benutzer` ändern und speichern. In Visual Basic sind Einstellungen über das Objekt `My` zugänglich, und Änderungen im Benutzerbereich werden automatisch gespeichert. In C# können Sie mit dem Objekt `Properties.Settings.Default` auf Einstellungen zugreifen, müssen Änderungen aber selbst speichern. Zur Entwurfszeit erscheinen die einzelnen Einstellungen in Intellisense als Eigenschaften des `Settings`-Objekts und können im Code auch so behandelt werden. Das folgende Beispiel illustriert, wie der Wert einer Zeichenfolgeneinstellung namens `TitleSetting` aus dem Benutzerbereich geändert wird:

```
' VB
My.Settings.TitleSetting = "Das ist der neue Titel"

// C#
Properties.Settings.Default.TitleSetting = "Das ist der neue Titel";
Properties.Settings.Default.Save();
```

Schnelltest

1. Welche Aufgabe hat die `Timer`-Komponente?
2. Welche Aufgabe hat die `ErrorProvider`-Komponente?

Antworten zum Schnelltest

1. Die `Timer`-Komponente dient zur Ausführung von Code in regelmäßigen Abständen.
2. Die `ErrorProvider`-Komponente dient dazu, dem Benutzer sichtbare Hinweise zu geben, wenn bei der Überprüfung einer Eingabe ein Fehler erkannt wurde.

Übung: Unterstützungssteuerelemente

In dieser Übung erstellen Sie eine kleine Anwendung, die einen Zeitgeber benutzt, um die Zeitanzeige in einem `Label`-Steuerelement regelmäßig zu aktualisieren. Außerdem setzen Sie einige der Steuerelemente und Funktionen ein, die in dieser Lektion besprochen wurden. Zugegeben, das Programmbeispiel wirkt ein wenig gekünstelt, aber Sie können verschiedene Aspekte dieser Lektion üben.

► **Übung 1: Erstellen einer einfachen Digitaluhr**

1. Erstellen Sie in Visual Studio eine neue Windows-Anwendung.
2. Ziehen Sie von der Toolbox ein `Label`-Steuerelement und eine `Timer`-Komponente auf das Formular.
3. Wählen Sie die `Timer`-Komponente. Stellen Sie im Eigenschaftenfenster die Eigenschaft *Interval* auf **1000** und die Eigenschaft *Enabled* auf *True*.
4. Klicken Sie im Designer mit einem Doppelklick auf die `Timer`-Komponente, um den Standardereignishandler für das Ereignis `Timer1.Tick` zu öffnen. Fügen Sie folgenden Code in diese Methode ein:

```
' VB
Label1.Text = Now.ToLongTimeString

// C#
label1.Text = System.DateTime.Now.ToLongTimeString();
```

5. Drücken Sie auf die Taste F5, um das Beispielprogramm zu kompilieren und zu starten. Beachten Sie bitte, dass die Zeitanzeige im `Label`-Steuerelement im Sekundentakt aktualisiert wird.

► Übung 2: Verwenden des *PropertyGrid*-Steuerelements

1. Ziehen Sie von der Toolbox ein `PropertyGrid`-Steuerelement auf das Formular, das Sie in der letzten Übung erstellt haben.
2. Stellen Sie im Eigenschaftenfenster die *Dock*-Eigenschaft des `PropertyGrid`-Steuerelements auf *Right*.
3. Stellen Sie im Eigenschaftenfenster die Eigenschaft *SelectedObject* des `PropertyGrid`-Steuerelements auf *Timer1*.
4. Drücken Sie auf die Taste F5, um die Anwendung zu kompilieren und zu starten. Sie können nun zur Laufzeit im `PropertyGrid`-Steuerelement die Eigenschaften der `Timer`-Komponente einstellen.

► Übung 3: Bereitstellen von QuickInfos für Ihre Anwendung

1. Ziehen Sie von der Toolbox eine `ToolTip`-Komponente auf das Formular, das Sie in Übung 1, „Erstellen einer einfachen Digitaluhr", erstellt haben.
2. Wählen Sie *Label1*. Geben Sie im Eigenschaftenfenster einen Text für die Eigenschaft *Tooltip auf ToolTip1* ein.
3. Drücken Sie auf die Taste F5, um das Beispielprogramm zu kompilieren und zu starten. Beachten Sie bitte, dass für das `Label`-Steuerelement nun eine QuickInfo angezeigt werden kann.

► Übung 4: Verwenden von Anwendungseinstellungen

1. Klicken Sie im *Projektmappen-Explorer* das Projekt mit der rechten Maustaste an, das Sie in Übung 1 begonnen haben, und wählen Sie *Eigenschaften*.
2. Wählen Sie im Projekteigenschaftenfenster *Einstellungen*.
3. Erstellen Sie im Einstellungsfenster eine Einstellung mit folgenden Werten:

Eigenschaft	Wert
Name	**IntervallEinstellung**
Typ	*Integer*
Bereich	*Benutzer*
Wert	**1000**

4. Wählen Sie im Designer *Timer1*. Erweitern Sie im Eigenschaftenfenster den Knoten *(Application Settings)* und klicken Sie auf die Schaltfläche neben *(PropertyBinding)*, um das Dialogfeld *Anwendungseinstellungen* zu öffnen.

5. Binden Sie im Dialogfeld *Anwendungseinstellungen* die Eigenschaft *Interval* an die Einstellung *IntervallEinstellung*.
6. Klicken Sie das Formular im Designer an. Klicken Sie im Eigenschaftenfenster auf die Schaltfläche *Ereignisse*, um die Ereignisse für das Formular anzuzeigen. Klicken Sie die Zelle neben dem Ereignis *FormClosing* mit einem Doppelklick an, um den Standardereignishandler für das Ereignis `Form1.FormClosing` zu öffnen. Fügen Sie folgenden Code in diesen Ereignishandler ein.

```
' VB
My.Settings.IntervallEinstellung = Timer1.Interval

// C#
Properties.Settings.Default.IntervallEinstellung = timer1.Interval;
Properties.Settings.Default.Save();
```

7. Wählen Sie im *Datei*-Menü *Alle speichern*.
8. Drücken Sie auf die Taste `F5`, um das Beispielprogramm zu kompilieren und zu starten. Alle Änderungen, die Sie an der Eigenschaft `Interval` vornehmen, werden gespeichert und bleiben so für die nächste Sitzung erhalten.

Zusammenfassung der Lektion

- Das `PropertyGrid`-Steuerelement ermöglicht zur Laufzeit die Einstellung von Eigenschaften in der Anwendung, wobei die Eigenschaften in Tabellenform angezeigt werden. Die Eigenschaft `SelectedObject` gibt das Objekt an, dessen Eigenschaften angezeigt und geändert werden können.
- Das `ProgressBar`-Steuerelement macht es möglich, den Benutzer über den Fortschritt in einem länger andauernden Vorgang zu informieren, beispielsweise über den Download von Dateien. Die Eigenschaften `Minimum` und `Maximum` stellen die Mindest- und Höchstwerte für das `ProgressBar`-Steuerelement dar. Die Eigenschaft `Value` gibt den aktuellen Wert an.
- Das `StatusStrip`-Steuerelement ist ein `ToolStrip`-Steuerelement, das zur Anzeige von Informationen über den Zustand der Anwendung dient. `ToolStripStatusLabel` und `ToolStripProgressBar` sind `ToolStripItem`-Steuerelemente, die auf einem `StatusStrip` verwendet werden können.
- Die `ToolTip`-Komponente ermöglicht die Anzeige von QuickInfos für die Steuerelemente auf Ihrem Formular.
- Die `ErrorProvider`-Komponente ermöglicht es Ihnen, den Benutzer auf Eingabefehler hinzuweisen. Sie können die Eingabe des Benutzers in einem `Validating`-Ereignishandler überprüfen. Ist die Eingabe ungültig, geben Sie den Fehler mit der `ErrorProvider`-Methode `SetError` an.
- Die `HelpProvider`-Komponente ermöglicht die Integration von HTML Help 1.x-Dateien (*.chm* und *.htm*) in Ihre Anwendung. Die Eigenschaft `HelpNamespace` gibt den Pfadnamen der Hilfedatei an, die mit der `HelpProvider`-Komponente verknüpft ist. Mit `SetShowHelp` können Sie die `F1`-Hilfe für ein Steuerelement einstellen und mit `SetHelpKeyword` das Schlüsselwort festlegen, mit dem die Hilfe aus der Hilfedatei abgerufen wird.
- Die `SoundPlayer`-Komponente ermöglicht das Abspielen von Sounddateien. Mithilfe der Klasse `SystemSounds` können Sie zur Laufzeit Systemsounds abspielen.
- Die `Timer`-Komponente ermöglicht die Durchführung von Aktionen in regelmäßigen Abständen. Sie können im `Timer.Tick`-Ereignishandler den Code definieren, der in regelmäßigen Abständen

ausgeführt werden soll. Die Eigenschaft `Interval` bestimmt, in welchen Abständen das `Timer.Tick`-Ereignis ausgelöst wird.

- Die `HScrollBar`- und `VScrollBar`-Steuerelemente wurden für den schnellen Zugriff auf einen großen Wertebereich oder auf eine lange Liste konzipiert. Die Eigenschaften `Minimum` und `Maximum` stellen die Mindest- und Höchstwerte für das Steuerelement dar. Die Eigenschaft `Value` gibt den aktuellen Wert an und ist an die aktuelle Position des Schiebers gebunden.
- Anwendungseinstellungen lassen sich über die aktuelle Sitzung hinaus speichern, sodass sie auch in der nächsten Sitzung zur Verfügung stehen. Einstellungen für die Anwendung sind schreibgeschützt, und Einstellungen für den Benutzer sind zur Laufzeit nicht nur lesbar, sondern auch änderbar. In Visual Basic erhalten Sie durch das `My.Settings`-Objekt Zugriff auf die Einstellungen, in C# durch das `Properties.Settings.Default`-Objekt.

Lernzielkontrolle

Die folgenden Fragen dienen dazu, die wichtigsten Lerninhalte dieser Lektion zu vertiefen. Die Fragen sind (in englischer Sprache) auch auf der Begleit-CD zu finden, falls Sie die elektronische Form der Fragen vorziehen.

Hinweis Die Antworten

Die Antworten auf die Fragen und Erläuterungen, warum die entsprechende Antwort richtig oder falsch ist, finden Sie im Abschnitt „Antworten" am Ende des Buchs.

---

1. Welches der folgenden Beispiele erhöht den Wert eines `ProgressBar`-Steuerelements namens `ProgressBar1` um 10? (Wählen Sie alle zutreffenden Antworten aus.)

A.

```
' VB
ProgressBar1.Step = 10
ProgressBar1.PerformStep

// C#
progressBar1.Step = 10;
progressBar1.PerformStep();
```

B.

```
' VB
ProgressBar1.Step = 10

// C#
progressBar1.Step = 10;
```

C.

```
' VB
ProgressBar1.Increment(10)

// C#
progressBar1.Increment(10);
```

D.

```
' VB
ProgressBar1.Step = 10
ProgressBar1.Increment

// C#
progressBar1.Step = 10;
progressBar1.Increment();
```

2. Gegeben sei ein `TextBox`-Steuerelement, eine `ErrorProvider`-Komponente und eine Validierungsroutine im `Validating`-Ereignishandler des `TextBox`-Steuerelements. Was ist erforderlich, damit nach der Überprüfung der Eingabe ein Fehlersymbol angezeigt wird, wenn die Eingabe ungültig ist? (Wählen Sie alle zutreffenden Antworten aus.)
   A. Sie stellen die Eigenschaft `CausesValidation` für andere Steuerelemente des Formulars auf `True`.
   B. Sie rufen die Methode `ErrorProvider.SetError` mit einem kurzen Hinweis auf den Fehler auf, wenn die Benutzereingabe ungültig ist.
   C. Sie rufen die Methode `ErrorProvider.SetError` mit einer leeren Zeichenfolge auf, wenn die Eingabe des Benutzers gültig ist.
   D. Sie rufen die Methode `ErrorProvider.Validate` auf, um die Eingabe im Textfeld zu überprüfen.
3. Gegeben sei ein `TextBox`-Steuerelement namens `TextBox1` und ein `HelpProvider`-Steuerelement namens `HelpProvider1`, dessen Eigenschaft `HelpNamespace` bereits auf die passende Hilfedatei eingestellt ist. Welches der folgenden Beispiele bewirkt, dass die Suchseite der Onlinehilfe angezeigt wird, wenn die Taste `F1` gedrückt wird und `TextBox1` über den Eingabefokus verfügt?

A.

```
' VB
HelpProvider1.SetShowHelp(TextBox1, True)

// C#
helpProvider1.SetShowHelp(textBox1, true);
```

B.

```
' VB
HelpProvider1.SetShowHelp(TextBox1, True)
HelpProvider1.SetHelpNavigator(TextBox1, HelpNavigator.Find)

// C#
helpProvider1.SetShowHelp(textBox1, true);
helpProvider1.SetHelpNavigator(textBox1, HelpNavigator.Find);
```

C.

```
' VB
HelpProvider1.SetShowHelp(TextBox1, True)
HelpProvider1.SetHelpNavigator(TextBox1, HelpNavigator.Topic)

// C#
helpProvider1.SetShowHelp(textBox1, true);
helpProvider1.SetHelpNavigator(textBox1, HelpNavigator.Topic);
```

D.

```
' VB
HelpProvider1.SetShowHelp(TextBox1, True)
HelpProvider1.SetHelpString(TextBox1, "Search")

// C#
helpProvider1.SetShowHelp(textBox1, true);
helpProvider1.SetHelpString(textBox1, "Search");
```

Rückblick auf dieses Kapitel

Zur weiteren Übung und Vertiefung der Lerninhalte dieses Kapitels können Sie Folgendes tun:

- Arbeiten Sie die Zusammenfassung des Kapitels durch.
- Arbeiten Sie die Liste der Schlüsselbegriffe durch, die in diesem Kapitel eingeführt wurden.
- Bearbeiten Sie die Übung mit Fallbeispiel. Diese Szenarien beschreiben anhand der Themen dieses Kapitels praxisnahe Situationen. Entwickeln Sie eine Lösung.
- Führen Sie die vorgeschlagenen Übungen durch.
- Machen Sie einen Übungstest.

Zusammenfassung des Kapitels

- Anwendungen sollten so entworfen werden, dass Sie durch möglichst viele Menschen bedient werden können. Dazu gehört, dass sie die Standardsystemeinstellungen unterstützen, dem Benutzer die Wahl für die bevorzugte Art der Ein- und Ausgabe lassen und Informationen nicht ausschließlich durch akustische Signale übermitteln.
- Das `PropertyGrid`-Steuerelement ermöglicht zur Laufzeit die Einstellung von Eigenschaften in der Anwendung, wobei die Eigenschaften in Tabellenform angezeigt werden. Das `ProgressBar`-Steuerelement macht es möglich, den Benutzer über den Fortschritt in einem länger andauernden Vorgang zu informieren. Das `StatusStrip`-Steuerelement ist ein `ToolStrip`-Steuerelement, das zur Anzeige von Informationen über den Zustand der Anwendung dient.
- Die Komponenten `ToolTip`, `ErrorProvider` und `HelpProvider` bringen zusätzliche Entwurfszeiteigenschaften für die Steuerelemente auf Ihrem Formular mit sich. Die `ToolTip`-Komponente ermöglicht die Anzeige von QuickInfos für die Steuerelemente Ihres Formulars. Die `ErrorProvider`-Komponente ermöglicht es Ihnen, den Benutzer auf Eingabefehler hinzuweisen. Die `HelpProvider`-Komponente ermöglicht Ihnen die Integration von HTML Help 1.x-Dateien in Ihre Anwendung.
- Die `SoundPlayer`-Komponente ermöglicht das Abspielen von Sounddateien. Die `Timer`-Komponente ermöglicht die Durchführung von Aktionen in regelmäßigen Abständen. Die `HScrollBar`- und `VScrollBar`-Steuerelemente wurden für den schnellen Zugriff auf einen großen Wertebereich oder auf eine lange Liste konzipiert.
- Anwendungseinstellungen lassen sich über die aktuelle Sitzung hinaus speichern, sodass sie auch in der nächsten Sitzung zur Verfügung stehen. In Visual Basic erhalten Sie durch das `My.Settings`-Objekt Zugriff auf die Einstellungen, in C# durch das `Properties.Settings.Default`-Objekt.

Schlüsselbegriffe

- Zugänglichkeit (accessible design)
- Anwendungsbereich
- Einstellung
- Benutzerbereich

Übung mit Fallbeispiel

In den folgenden Fallbeispielen wenden Sie an, was Sie über die Verbesserung der Nutzbarkeit von Anwendungen erfahren haben. Die Antworten auf die Fragen finden Sie im Abschnitt „Antworten" am Ende des Buchs.

Szenario 1: Der letzte Schliff

Ihre Firma hat ein Dokumentenverwaltungssystem für die Firma Fabrikam entwickelt und Sie sind für die Abschlussarbeiten zuständig. Diese Anwendung ermöglicht dem Benutzer das Blättern in einer sehr langen Liste von Dokumenten, die auf einem zentralen Server gespeichert sind. Die Benutzer können Dokumente auswählen, herunterladen, anzeigen und bearbeiten. Der größte Teil der Funktionen ist fertig. Sie sollen nun die Benutzeroberfläche abrunden. Die folgenden Punkte sind die wichtigsten Forderungen, die an Sie gestellt werden.

Die wichtigsten Anforderungen

- Die Anwendung muss dem Benutzer die Möglichkeit geben, die Dokumentliste schnell und einfach in der Benutzeroberfläche durchzublättern.
- Die Anwendung soll den Downloadstatus anzeigen und den Benutzer nach dem Download darauf hinweisen, dass der Download abgeschlossen ist.
- Dem Benutzer soll eine Onlinehilfe zur Verfügung stehen. Alle Eingaben, die der Benutzer vornimmt, sollen überprüft werden. Der Benutzer soll auf ungültige Eingaben hingewiesen werden.

Frage

Wie können Sie vorgehen, um die Anforderungen in die Praxis umzusetzen?

Szenario 2: Verbesserte Bedienbarkeit

Die Dokumentenverwaltung ist beinahe fertig. Sie sollen nun dafür sorgen, dass möglichst viele Benutzer mit der Anwendung arbeiten können. Es werden folgende Anforderungen gestellt:

- Die Anwendung muss den Kontrastmodus unterstützen.
- Die Anwendung darf für schwerhörige Mitarbeiter keine Hindernisse aufbauen.
- Die Anwendung muss auch bedienbar sein, wenn keine Maus eingesetzt werden kann.
- Die Anwendung muss mit allen Standardeingabehilfen zusammenarbeiten.

Frage

Wie können Sie vorgehen, um die Anforderungen in die Praxis umzusetzen?

Vorgeschlagene Übungen

- Erstellen Sie eine Anwendung, mit der Sie auf Ihrem Computer nach Sounddateien suchen und die gefundenen Dateien mithilfe der `SoundPlayer`-Komponente abspielen können.
- Erweitern Sie die Anwendung, die Sie in der Übung von Lektion 2, „Unterstützungssteuerelemente", erstellt haben, um `F1`-Hilfe und die Überprüfung der Eigenschaftswerte.

Machen Sie einen Übungstest

Die Übungstests auf der Begleit-CD zu diesem Buch (in englischer Sprache) bieten zahlreiche Möglichkeiten. Zum Beispiel können Sie einen Test machen, der ausschließlich die Themen eines bestimmten Lernziels behandelt, oder Sie können sich selbst mit dem gesamten Inhalt der Prüfung 70-526 testen. Sie können den Test so konfigurieren, dass er dem Ablauf einer echten Prüfung entspricht, oder Sie können einen Lernmodus verwenden, in dem Sie sich nach dem Beantworten einer Frage jeweils sofort die richtige Antwort und die Erklärungen ansehen können.

Weitere Informationen Übungstests

Einzelheiten zu allen Optionen, die bei den Übungstests zur Verfügung stehen, finden Sie im Abschnitt „So benutzen Sie die Übungstests“ in der Einführung am Anfang dieses Buchs.

K A P I T E L 1 3

Asynchrone Programmiertechniken

Gelegentlich werden Sie Anwendungen entwickeln, die länger andauernde Arbeiten durchführen, beispielsweise komplexe Berechnungen oder Dateidownloads. Solche Operationen können die Benutzeroberfläche praktisch blockieren oder dazu führen, dass die Anwendung nur noch sehr zögerlich reagiert und die Benutzer verärgert sind. Durch entsprechende asynchrone Programmiertechniken können Sie zeitaufwendige Arbeiten in den Hintergrund verlegen. Die Benutzer können mit der Anwendung weiterarbeiten, während die zeitaufwendige Operation im Hintergrund durchgeführt wird.

In diesem Kapitel abgedeckte Prüfungsziele:

- Ausführen eines Hintergrundprozesses mit der `BackgroundWorker`-Komponente
- Ankündigen des Abschlusses eines Hintergrundprozesses mithilfe der `BackgroundWorker`-Komponente
- Abbrechen eines Hintergrundprozesses mithilfe der `BackgroundWorker`-Komponente
- Informieren über den Fortschritt eines Hintergrundprozesses mithilfe der `BackgroundWorker`-Komponente
- Ermitteln des Status eines Hintergrundprozesses mithilfe der `BackgroundWorker`-Komponente
- Verwenden weiterführender asynchroner Programmiertechniken
- Erstellen einer asynchronen Methode
- Erstellen eines neuen Threads

Lektionen in diesem Kapitel:

Bevor Sie beginnen

Die Bearbeitung der Lektionen dieses Kapitels setzt Folgendes voraus:

- Einen Computer, der den Mindestanforderungen an die Hardware entspricht, wie sie am Anfang des Buchs im Abschnitt „Einführung“ beschrieben wurden.
- Visual Studio 2005 Professional Edition ist auf Ihrem Computer installiert.
- Sie verfügen über Grundkenntnisse der Syntax von Microsoft Visual Basic oder C# und über das .NET Framework.

Praxistipp

Matt Stoecker

Selbst mit den heutigen und anscheinend weiterhin steigenden Prozessorgeschwindigkeiten bilden zeitaufwendige Vorgänge immer noch einen zentralen Bestandteil vieler Anwendungen, die ich schreibe. Vor Visual Studio 2005 war die Implementierung asynchroner Vorgänge eine langwierige und schwierige Angelegenheit. Mit der Einführung der `BackgroundWorker`-Komponente ist die Umsetzung einfacher asynchroner Operationen für alle Programmierer wesentlich einfacher geworden. Wenn die Ansprüche wachsen, bieten Delegate und Threads die gewünschte Funktionalität.

Lektion 1: Verwalten eines Hintergrundprozesses mit der *BackgroundWorker*-Komponente

Gelegentlich müssen Sie Arbeiten durchführen, die einige Zeit in Anspruch nehmen, wie beispielsweise Dateidownloads. Die `BackgroundWorker`-Komponente bietet eine einfache Möglichkeit zur Durchführung zeitaufwendiger Vorgänge im Hintergrund, wobei die Benutzeroberfläche reaktionsfähig bleibt und weiterhin Eingaben des Anwenders annimmt.

Am Ende dieser Lektion werden Sie in der Lage sein, die folgenden Aufgaben auszuführen:

- Ausführen eines Hintergrundprozesses mit der `BackgroundWorker`-Komponente
- Ankündigen des Abschlusses eines Hintergrundprozesses mithilfe der `BackgroundWorker`-Komponente
- Abbrechen eines Hintergrundprozesses mithilfe der `BackgroundWorker`-Komponente
- Informieren über den Fortschritt eines Hintergrundprozesses mithilfe der `BackgroundWorker`-Komponente
- Ermitteln des Status eines Hintergrundprozesses mithilfe der `BackgroundWorker`-Komponente

Veranschlagte Zeit für diese Lektion: 45 Minuten

Die `BackgroundWorker`-Komponente wurde entworfen, um zeitaufwendige Operationen in einem eigenen, separaten Thread auszuführen. Sie ermöglicht es, länger andauernde Vorgänge wie beispielsweise Dateidownloads oder Datenbanktransaktionen asynchron durchzuführen und dadurch die Reaktionsfähigkeit der Benutzeroberfläche zu erhalten.

Die wichtigste Methode der `BackgroundWorker`-Komponente ist die Methode `RunWorkerAsync`. Wenn diese Methode aufgerufen wird, löst die `BackgroundWorker`-Komponente das Ereignis `DoWork` aus. Der Code im `DoWork`-Ereignishandler wird in einem separaten Thread ausgeführt. Auch wenn die Ausführung längere Zeit erfordert, bleibt die Benutzeroberfläche reaktionsfähig. Tabelle 13.1 zeigt wichtige Member der `BackgroundWorker`-Komponente.

Tabelle 13.1 Wichtige Member der `BackgroundWorker`-Komponente

Member	Beschreibung
`CancellationPending`	Eigenschaft. Gibt an, ob die Anwendung den Abbruch eines Hintergrundvorgangs angefordert hat.
`IsBusy`	Eigenschaft. Gibt an, ob die `BackgroundWorker`-Komponente einen asynchronen Vorgang ausführt.
`WorkerReportsProgress`	Eigenschaft. Gibt an, ob die `BackgroundWorker`-Komponente den Fortschritt melden kann.
`WorkerSupportsCancellation`	Eigenschaft. Gibt an, ob die `BackgroundWorker`-Komponente asynchrone Abbrüche unterstützt.
`CancelAsync`	Methode. Fordert den Abbruch eines anstehenden Hintergrundvorgangs an.
`ReportProgress`	Methode. Löst das `ProgressChanged`-Ereignis aus.
`RunWorkerAsync`	Methode. Startet die Ausführung eines Hintergrundvorgangs durch das Auslösen eines `DoWork`-Ereignisses. ▶

Member	Beschreibung
DoWork	Ereignis. Tritt auf, wenn die RunWorkerAsync-Methode aufgerufen wird. Der Ereignishandler für das DoWork-Ereignis wird in einem separaten Thread ausgeführt, der ausschließlich diesen Code zu bearbeiten hat.
ProgressChanged	Ereignis. Tritt auf, wenn ReportProgress aufgerufen wird.
RunWorkerCompleted	Ereignis. Tritt auf, wenn der Hintergrundvorgang abgeschlossen oder abgebrochen wurde oder eine Ausnahme ausgelöst hat.

Ausführen eines Hintergrundprozesses

Die Methode RunWorkerAsync der BackgroundWorker-Komponente leitet die Ausführung des Hintergrundprozesses ein, indem sie das Ereignis DoWork auslöst. Der Code im DoWork-Ereignishandler wird in einem separaten Thread ausgeführt. Die folgende Prozedur beschreibt, wie ein Hintergrundprozess erstellt wird.

► **So erstellen Sie einen Hintergrundprozess mit der *BackgroundWorker*-Komponente**

1. Ziehen Sie von der Toolbox eine BackgroundWorker-Komponente auf das Formular.
2. Klicken Sie die BackgroundWorker-Komponente im Komponentenfach mit einem Doppelklick an, um den Standardereignishandler für das DoWork-Ereignis zu erstellen. Fügen Sie den Code ein, der in einem separaten Thread ausgeführt werden soll. Ein Beispiel:

```
' VB
Private Sub BackgroundWorker1_DoWork(ByVal sender As System.Object, ByVal _
   e As System.ComponentModel.DoWorkEventArgs) Handles _
   BackgroundWorker1.DoWork
   ' Fügen Sie hier den zeitaufwendigen Vorgang ein.
End Sub

// C#
private void backgroundWorker1_DoWork(object sender, DoWorkEventArgs e)
{
   // Fügen Sie hier den zeitaufwendigen Vorgang ein.
}
```

3. An einer passenden Stelle in der Anwendung starten Sie den zeitaufwendigen Vorgang in einem separaten Thread, indem Sie die Methode RunWorkerAsync aufrufen:

```
' VB
BackgroundWorker1.RunWorkerAsync()

// C#
backgroundWorker1.RunWorkerAsync();
```

Übergeben von Argumenten an den Hintergrundprozess

Ein Hintergrundprozess kann Parameter haben. Vielleicht müssen Sie für einen Download die Adresse einer Datei angeben. Dann können Sie die Methode RunWorkerAsync mit einem Argument aufrufen. Dieses Argument ist im DoWork-Ereignishandler in der Eigenschaft Argument des DoWorkEventArgs-Parameters zugänglich.

► So übergeben Sie ein Argument an einen Hintergrundprozess

1. Rufen Sie RunWorkerAsync mit dem Argument auf:

```
' VB
BackgroundWorker1.RunWorkerAsync("C:\myfile.txt")

// C#
backgroundWorker1.RunWorkerAsync("C:\\myfile.txt");
```

2. Rufen Sie das Argument aus der Eigenschaft DoWorkEventArgs.Argument ab und konvertieren Sie den Typ des Arguments so, wie es der Hintergrundprozess verlangt. Ein Beispiel:

```
' VB
Private Sub BackgroundWorker1_DoWork(ByVal sender As System.Object, ByVal _
   e As System.ComponentModel.DoWorkEventArgs) _
   Handles BackgroundWorker1.DoWork
   Dim myPath As String
   myPath = CType(e.Argument, String)
   ' Gib das Argument an den Prozess weiter.
   RunTimeConsumingProcess(myString)
End Sub

// C#
private void backgroundWorker1_DoWork(object sender, DoWorkEventArgs e)
{
   string myPath;
   myPath = (string)e.Argument;
   // Gib das Argument an den Prozess weiter.
   RunTimeConsumingProcess(myString);

}
```

Ankündigen der Beendigung eines Hintergrundprozesses

Wenn der Hintergrundprozess beendet wird, weil die Arbeiten abgeschlossen oder abgebrochen wurden, wird das Ereignis RunWorkerCompleted ausgelöst. Sie können den Benutzer über den Abschluss des Hintergrundprozesses informieren, indem Sie das Ereignis RunWorkerCompleted behandeln. Ein Beispiel:

```
' VB
Private Sub BackgroundWorker1_RunWorkerCompleted( _
   ByVal sender As System.Object, _
   ByVal e As System.ComponentModel.RunWorkerCompletedEventArgs) _
   Handles BackgroundWorker1.RunWorkerCompleted
   MsgBox("Der Hintergrundprozess wurde abgeschlossen!")
End Sub

// C#
private void backgroundWorker1_RunWorkerCompleted(object sender, RunWorkerCompletedEventArgs e)
{
   System.Windows.Forms.MessageBox.Show("Der Hintergrundprozess wurde abgeschlossen!");
}
```

Ob der Hintergrundprozess abgebrochen wurde, können Sie mit der Eigenschaft `e.Cancelled` wie folgt überprüfen:

```
' VB
Private Sub BackgroundWorker1_RunWorkerCompleted( _
   ByVal sender As System.Object, _
   ByVal e As System.ComponentModel.RunWorkerCompletedEventArgs) _
   Handles BackgroundWorker1.RunWorkerCompleted
   If e.Cancelled Then
      MsgBox("Der Hintergrundprozess wurde abgebrochen!")
   Else
      MsgBox("Der Hintergrundprozess wurde abgeschlossen!")
   End If
End Sub

// C#
private void backgroundWorker1_RunWorkerCompleted(object sender, RunWorkerCompletedEventArgs e)
{
   if (e.Cancelled)
   {
      System.Windows.Forms.MessageBox.Show ("Der Hintergrundprozess wurde abgebrochen!");
   }
   else
   {
      System.Windows.Forms.MessageBox.Show("Der Hintergrundprozess wurde abgeschlossen!");
   }
}
```

Rückgabe eines Werts aus einem Hintergrundprozess

Vielleicht möchten Sie aus dem Hintergrundprozess einen Wert zurückgeben, weil Ihr Prozess zum Beispiel eine komplexe Berechnung durchgeführt hat und Sie das Ergebnis erfahren möchten. Sie können das Ergebnis übergeben, indem Sie es im `DoWork`-Ereignishandler in die `Result`-Eigenschaft des `DoWorkEventArgs`-Parameters eintragen. Dieser Wert ist dann im `RunWorkerCompleted`-Ereignishandler in der `Result`-Eigenschaft des `RunWorkerCompletedEventArgs`-Parameters verfügbar, wie im folgenden Beispiel gezeigt:

```
' VB
Private Sub BackgroundWorker1_DoWork(ByVal sender As System.Object, _
   ByVal e As System.ComponentModel.DoWorkEventArgs) _
   Handles BackgroundWorker1.DoWork
   ' Weise e.Result das Ergebnis einer Methode namens ComplexCalculation zu.
   e.Result = ComplexCalculation
End Sub
Private Sub BackgroundWorker1_RunWorkerCompleted(ByVal sender As System.Object, _
   ByVal e As System.ComponentModel.RunWorkerCompletedEventArgs) _
   Handles BackgroundWorker1.RunWorkerCompleted
   MsgBox("Das Ergebnis ist " & e.Result.ToString)
End Sub
```

```
// C#
private void backgroundWorker1_DoWork(object sender, DoWorkEventArgs e)
{
   // Weise e.Result das Ergebnis einer Methode namens ComplexCalculation zu.
   e.Result = ComplexCalculation();
}
private void backgroundWorker1_RunWorkerCompleted(object sender, RunWorkerCompletedEventArgs e)
{
      System.Windows.Forms.MessageBox.Show("Das Ergebnis ist " +
         e.Result.ToString());
}
```

Abbrechen eines Hintergrundprozesses

Es kann durchaus sinnvoll sein, dafür zu sorgen, dass sich der Hintergrundvorgang abbrechen lässt. Die `BackgroundWorker`-Komponente bietet Ihnen dazu zwar die Gelegenheit, aber Sie müssen den entsprechenden Code selbst implementieren. Die Eigenschaft `WorkerSupportsCancellation` der `BackgroundWorker`-Komponente gibt an, ob der Hintergrundvorgang abbrechbar ist. Sie können durch den Aufruf der Methode `CancelAsync` versuchen, den Vorgang abzubrechen. Dadurch wird die Eigenschaft `CancellationPending` der `BackgroundWorker`-Komponente auf `True` gestellt. Durch die Abfrage der Eigenschaft `CancellationPending` der `BackgroundWorker`-Komponente können Sie im Hintergrundprozess herausfinden, ob der Vorgang abgebrochen werden soll oder nicht.

► **So sorgen Sie dafür, dass sich ein Hintergrundprozess abbrechen lässt**

1. Stellen Sie im Eigenschaftenfenster die Eigenschaft *WorkerSupportsCancellation* auf *True*, damit die `BackgroundWorker`-Komponente den Abbruch von Vorgängen unterstützt.
2. Erstellen Sie eine Methode, die aufgerufen wird, wenn der Hintergrundvorgang abgebrochen werden soll. Das folgende Beispiel demonstriert, wie man einen Hintergrundvorgang in einem `Button.Click`-Ereignishandler abbrechen kann:

```
' VB
Private Sub btnCancel_Click(ByVal sender As System.Object, ByVal e As _
   System.EventArgs) Handles btnCancel.Click
   BackgroundWorker1.CancelAsync()
End Sub

// C#
private void btnCancel_Click(object sender, EventArgs e)
{
   backgroundWorker1.CancelAsync();
}
```

3. Implementieren Sie im `BackgroundWorker.DoWork`-Ereignishandler den Code, der regelmäßig die Eigenschaft `BackgroundWorker.CancellationPending` abfragt und den ganzen Vorgang abbricht, falls die Eigenschaft auf `True` steht. Außerdem müssen Sie noch die Eigenschaft `e.Cancel` auf `True` stellen, wie im folgenden Beispiel:

```
' VB
Private Sub BackgroundWorker1_DoWork(ByVal sender As System.Object, _
   ByVal e As System.ComponentModel.DoWorkEventArgs) _
   Handles BackgroundWorker1.DoWork
   For i As Integer = 1 to 1000000
      TimeConsumingMethod()
      If BackgroundWorker1.CancellationPending Then
         e.Cancel = True
         Exit Sub
      End If
   Next
End Sub

// C#
private void backgroundWorker1_DoWork(object sender, DoWorkEventArgs e)
{
   for (int i = 0; i < 1000000; i++)
   {
      TimeConsumingMethod();
      if (backgroundworker1.CancellationPending)
      {
         e.Cancel = true;
         return;
      }
   }
}
```

Rückmeldungen über den Fortschritt eines Hintergrundprozesses

Für besonders langwierige Vorgänge möchten Sie dem Benutzer vielleicht eine Rückmeldung über den Fortschritt des Vorgangs geben. Mit der Methode `ReportProgress` können Sie über den Stand der Dinge im Hintergrundprozess berichten. Diese Methode löst das Ereignis `BackgroundWorker.ProgressChanged` aus und ermöglicht Ihnen die Übergabe eines Werts, der prozentual angibt, welcher Teil des Vorgangs erledigt ist, an den Ereignishandler. Das folgende Beispiel zeigt, wie die Methode `ReportProgress` im `BackgroundWorker.DoWork`-Ereignishandler aufgerufen wird und ein `ProgressBar`-Steuerelement im `BackgroundWorker.ProgressChanged`-Ereignishandler auf den neuen Wert eingestellt wird.

```
' VB
Private Sub BackgroundWorker1_DoWork(ByVal sender As System.Object, _
   ByVal e As System.ComponentModel.DoWorkEventArgs) _
   Handles BackgroundWorker1.DoWork
   For i As Integer = 1 to 10
      TimeConsumingProcess()
      ' Ruf die Methode ReportProgress auf und gib an, wie viel erledigt ist.
      BackgroundWorker1.ReportProgress(i*10)
   Next
End Sub
```

```
Private Sub BackgroundWorker1_ProgressChanged(ByVal sender As _
   System.Object, ByVal e As _
   System.ComponentModel.ProgressChangedEventArgs) Handles _
   BackgroundWorker1.ProgressChanged
   ProgressBar1.Value = e.ProgressPercentage
End Sub

// C#
private void backgroundWorker1_DoWork(object sender, DoWorkEventArgs e)
{
   for (int i = 1;i < 11; i++)
   {
      TimeConsumingProcess();
      // Ruf die Methode ReportProgress auf und gib an, wie viel erledigt ist.
      backgroundWorker1.ReportProgress(i*10);
   }

}
private void backgroundWorker1_ProgressChanged(object sender,
   ProgressChangedEventArgs e)
{
   progressBar1.Value = e.ProgressPercentage;
}
```

Beachten Sie bitte, dass Sie die Eigenschaft `WorkerReportsProgress` der `BackgroundWorker`-Komponente auf `True` stellen müssen, damit diese Art der Berichterstattung funktioniert.

Ermitteln des Status eines Hintergrundprozesses

Sie können mit der Eigenschaft `IsBusy` überprüfen, ob ein Hintergrundprozess beschäftigt ist. Die `IsBusy`-Eigenschaft gibt einen booleschen Wert zurück. Steht die Eigenschaft auf `True`, führt die `BackgroundWorker`-Komponente noch einen Hintergrundprozess aus. Steht sie auf `False`, läuft die `BackgroundWorker`-Komponente im Leerlauf. Ein Beispiel:

```
' VB
If Not BackgroundWorker1.IsBusy
   BackgroundWorker1.RunWorkerAsync()
End If

// C#
if (!(backgroundWorker1.IsBusy))
{
   backgroundWorker1.RunWorkerAsync();
}
```

Schnelltest

1. Welche Aufgabe hat die `BackgroundWorker`-Komponente?
2. Beschreiben Sie kurz, wie Sie dafür sorgen, dass sich ein Hintergrundprozess mit dem `BackgroundWorker` abbrechen lässt.

Antworten zum Schnelltest

1. Die `BackgroundWorker`-Komponente ermöglicht ohne komplizierte Implementierungen oder Codemuster die Ausführung eines Vorgangs auf einen separaten Thread, wobei die Benutzeroberfläche reaktionsfähig bleibt.
2. Zuerst stellen Sie die `WorkerSupportsCancellation`-Eigenschaft der `BackgroundWorker`-Komponente auf `True`. Dann erstellen Sie eine Methode, die `BackgroundWorker.CancelAsync` aufruft, wenn der Vorgang abgebrochen werden soll. Und schließlich fragen Sie im Hintergrundprozess regelmäßig die Eigenschaft `BackgroundWorker.CancellationPending` ab. Sie stellen `e.Cancel` auf `True`, falls `CancellationPending` auf `True` steht, und brechen den Vorgang ab.

Übung: Die *BackgroundWorker*-Komponente

In dieser Übung verwenden Sie die `BackgroundWorker`-Komponente. Sie fügen eine `BackgroundWorker`-Komponente zu Ihrer Anwendung hinzu und schreiben eine zeitaufwendige Methode, die in einem separaten Thread ausgeführt werden soll. Sie berichten im laufenden Vorgang über den Fortschritt und sorgen dafür, dass der Hintergrundvorgang abgebrochen werden kann.

► **Übung 1: Die *BackgroundWorker*-Komponente**

1. Öffnen Sie die Partiallösung für diese Übung. Sie finden Sie im Unterordner für Kapitel 13 des *Code*-Ordners.
2. Ziehen Sie von der Toolbox einen `BackgroundWorker` auf das Formular. Der `BackgroundWorker` erscheint im Komponentenfach.
3. Stellen Sie im Eigenschaftenfenster die Eigenschaften *WorkerSupportsCancellation* und *WorkerReportsProgress* auf *True*.
4. Klicken Sie den `BackgroundWorker` mit einem Doppelklick an, um den Standardereignishandler für das `BackgroundWorker.DoWork`-Ereignis zu öffnen. Fügen Sie folgenden Code zu diesem Ereignishandler hinzu:

```
' VB
Dim i As Integer
i = CInt(e.Argument)
For j As Integer = 1 To i
   If BackgroundWorker1.CancellationPending = True Then
      e.Cancel = True
      Exit For
   End If
   System.Threading.Thread.Sleep(1000)
   BackgroundWorker1.ReportProgress(CInt((j * 100) / i))
Next

// C#
int i;
i = int.Parse(e.Argument.ToString());
for (int j = 1; j <= i; j++)
{
```

```
    if (backgroundWorker1.CancellationPending)
    {
       e.Cancel = true;
       return;
    }
    System.Threading.Thread.Sleep(1000);
    backgroundWorker1.ReportProgress((int)((j *100)/ i));
}
```

5. Wählen Sie im Designer *BackgroundWorker1* und klicken Sie im Eigenschaftenfenster auf die Schaltfläche *Ereignisse*. Klicken Sie *ProgressChanged* mit einem Doppelklick an, um das Codefenster mit dem Standardereignishandler für das `ProgressChanged`-Ereignis zu öffnen. Fügen Sie folgenden Code hinzu:

```
' VB
ProgressBar1.Value = e.ProgressPercentage

// C#
progressBar1.Value = e.ProgressPercentage;
```

6. Wählen Sie im Designer `BackgroundWorker1` und klicken Sie im Eigenschaftenfenster auf die Schaltfläche *Ereignisse*. Klicken Sie *RunWorkerCompleted* mit einem Doppelklick an, um das Codefenster mit dem Standardereignishandler für das `RunWorkerCompleted`-Ereignis zu öffnen. Fügen Sie folgenden Code hinzu:

```
' VB
If Not e.Cancelled Then
   MsgBox("Lauf beendet!")
Else
   MsgBox("Lauf abgebrochen")
End If

// C#
if (!(e.Cancelled))
{
   System.Windows.Forms.MessageBox.Show("Lauf beendet!");
}
else
{
   System.Windows.Forms.MessageBox.Show("Lauf abgebrochen");
}
```

7. Klicken Sie im Designer mit einem Doppelklick auf die Schaltfläche *GO!*, um den Standardereignishandler für deren `Click`-Ereignis zu öffnen. Fügen Sie folgenden Code hinzu:

```
' VB
If Not TextBox1.Text = "" Then
   Dim i As Integer = CInt(TextBox1.Text)
   BackgroundWorker1.RunWorkerAsync(i)
End If
```

```
// C#
if (!(textBox1.Text == ""))
{
   int i = int.Parse(textBox1.Text);
   backgroundWorker1.RunWorkerAsync(i);
}
```

8. Klicken Sie im Designer mit einem Doppelklick auf die Schaltfläche *Abbrechen*, um den Standardereignishandler für deren `Click`-Ereignis zu öffnen. Fügen Sie folgenden Code hinzu:

```
' VB
BackgroundWorker1.CancelAsync()

// C#
backgroundWorker1.CancelAsync();
```

9. Drücken Sie auf die Taste `F5`, um Ihre Anwendung zu erstellen und zu starten. Testen Sie die Funktionen.

Zusammenfassung der Lektion

- Die `BackgroundWorker`-Komponente ermöglicht Ihnen die Ausführung von Programmcode in einem separaten Thread. Sie leiten den Hintergrundprozess mit dem Aufruf der Methode `RunWorkerAsync` der `BackgroundWorker`-Komponente ein. Der `DoWork`-Ereignishandler enthält den Code, der in einem separaten Thread ausgeführt wird.
- Das Ereignis `BackgroundWorker.RunWorkerCompleted` wird ausgelöst, wenn der Hintergrundprozess fertig ist.
- Sie können den Hintergrundprozess abbrechbar machen, indem Sie die Eigenschaft `BackgroundWorker.WorkerSupportsCancellation` auf `True` stellen. Dann rufen Sie die `BackgroundWorker`-Methode `CancelAsync` auf, die dem Hintergrundvorgang das Signal zum Abbruch gibt, indem sie die Eigenschaft `CancellationPending` auf `True` stellt. Im Hintergrundprozess müssen Sie den Code implementieren, der die Eigenschaft `CancellationPending` regelmäßig abfragt und den Hintergrundvorgang abbricht, wenn die Eigenschaft auf `True` steht.
- Sie können den Vordergrundprozess aus dem Hintergrundprozess heraus über Fortschritte informieren. Zuerst müssen Sie die Eigenschaft `WorkerReportsProgress` auf `True` stellen. Dann rufen Sie die Methode `ReportProgress` im Hintergrundprozess mit einer prozentualen Angabe des Stands der Arbeiten auf. Das löst das Ereignis `ProgressChanged` aus, in dessen Ereignishandler Sie den gewünschten Code einfügen können.

Lernzielkontrolle

Die folgenden Fragen dienen dazu, die wichtigsten Lerninhalte dieser Lektion zu vertiefen. Die Fragen sind (in englischer Sprache) auch auf der Begleit-CD zu finden, falls Sie die elektronische Form der Fragen vorziehen.

Hinweis Die Antworten

Die Antworten auf die Fragen und Erläuterungen, warum die entsprechende Antwort richtig oder falsch ist, finden Sie im Abschnitt „Antworten" am Ende des Buchs.

1. Was ist erforderlich, um mit der `BackgroundWorker`-Komponente einen Hintergrundprozess zu starten? (Wählen Sie alle zutreffenden Antworten aus.)
   A. Aufrufen der Methode `RunWorkerAsync`
   B. Behandeln des `DoWork`-Ereignisses
   C. Behandeln des `ProgressChanged`-Ereignisses
   D. Einstellen der `WorkerSupportsCancellation`-Eigenschaft auf `True`
2. Was ist erforderlich, um einen Hintergrundprozess abzubrechen, der mithilfe der `BackgroundWorker`-Komponente ausgeführt wird? (Wählen Sie alle zutreffenden Antworten aus.)
   A. Einstellen der `WorkerSupportsCancellation`-Eigenschaft auf `True`
   B. Implementieren des Codes, der den Hintergrundprozess abbricht
   C. Aufrufen der `CancelAsync`-Methode
   D. Einstellen der `CancellationPending`-Eigenschaft auf `True`
3. Was ist erforderlich, um den Vordergrundprozess aus einem Hintergrundprozess heraus, der mithilfe der `BackgroundWorker`-Komponente ausgeführt wird, über Fortschritte zu informieren? (Wählen Sie alle zutreffenden Antworten aus.)
   A. Aufrufen der `ReportProgress`-Methode
   B. Behandeln des `ProgressChanged`-Ereignisses
   C. Regelmäßiges Abfragen der `IsBusy`-Eigenschaft
   D. Einstellen der `WorkerReportsProgress`-Eigenschaft auf `True`

Lektion 2: Implementieren asynchroner Methoden

Die `BackgroundWorker`-Komponente bietet zwar eine ausgezeichnete Möglichkeit zur Durchführung einfacher Arbeiten in einem Hintergrundthread, aber Sie wünschen sich vielleicht eine genauere Steuerung der Hintergrundprozesse. In dieser Lektion erfahren Sie, wie Sie Methoden mithilfe von Delegaten asynchron ausführen und neue Threads erstellen können.

Am Ende dieser Lektion werden Sie in der Lage sein, die folgenden Aufgaben auszuführen:

- Verwenden weiterführender asynchroner Programmiertechniken
- Erstellen einer asynchronen Methode
- Erstellen eines neuen Threads

Veranschlagte Zeit für diese Lektion: 45 Minuten

Verwenden von Delegaten

Spezielle Klassen, die *Delegate* genannt werden, ermöglichen auf spezielle Weise den Aufruf von Methoden. Ein Delegat ist im Wesentlichen ein typsicherer Funktionszeiger. Damit können Sie einen Verweis auf den Eintrittspunkt einer Methode weiterreichen und diese Methode auf verschiedene Weise aufrufen, ohne einen expliziten Methodenaufruf durchzuführen. Zur Deklaration eines Delegaten geben Sie das Schlüsselwort `Delegate` an (`delegate` in C#). Außerdem geben Sie dem Delegaten dieselbe Signatur, wie sie die Methode aufweist, die Sie mit dem Delegaten aufrufen möchten. Der folgende Code zeigt eine Beispielmethode und die Deklaration eines passenden Delegaten, der sich zum Aufruf dieser Methode eignet.

```
' VB
Public Function TestMethod(ByVal I As Integer) As String
   ' Fügen Sie hier die Methodenimplementierung ein.
End Function
Public Delegate Function myDelegate(ByVal I As Integer) As String

// C#
public string TestMethod(int I)
{
   // Fügen Sie hier die Methodenimplementierung ein.
}
public delegate string myDelegate(int i);
```

Sobald ein Delegat deklariert ist, können Sie eine Instanz des Delegaten anlegen, die auf eine Methode mit derselben Signatur verweist. In C# geben Sie die Methode einfach als Argument für den Konstruktor an. In Visual Basic müssen Sie zur Angabe der Methode den `AddressOf`-Operator verwenden. Das folgende Beispiel zeigt, wie man eine Instanz des Delegaten aus dem vorigen Beispiel anlegt.

```
' VB
Dim del As New myDelegate(AddressOf TestMethod)

// C#
myDelegate del = new myDelegate(TestMethod);
```

Sobald eine Instanz eines Delegaten zur Verfügung steht, können Sie die Methode aufrufen, auf die sich der Delegat bezieht, indem Sie einfach den Delegaten mit den passenden Argumenten aufrufen. Oder Sie verwenden die `Invoke`-Methode des Delegaten. Das folgende Beispiel zeigt beides:

```
' VB
del(342)
del.Invoke(342)

// C#
del(342);
del.Invoke(342);
```

Asynchrones Verwenden von Delegaten

Delegate können für den asynchronen Aufruf einer Methode verwendet werden. Außer der Methode `Invoke` bietet jeder Delegat noch zwei Methoden an, die sich für den asynchronen Aufruf von Methoden eignen. Diese Methoden sind `BeginInvoke` und `EndInvoke`. Der Aufruf der `BeginInvoke`-Methode eines Delegaten bewirkt, dass die Methode, auf die er sich bezieht, in einem separaten Thread gestartet wird. Der Aufruf von `EndInvoke` ruft die Ergebnisse dieser Methode ab und beendet den separaten Thread.

Die Methode `BeginInvoke` leitet den asynchronen Aufruf der Methode ein, die durch den Delegaten vertreten wird. Beim Aufruf werden dieselben Argumente angegeben wie beim Aufruf der Methode, für die der Delegat steht, und zusätzlich noch zwei weitere Argumente: ein `AsyncCallback`-Delegat, der auf die Rückrufmethode verweist, die aufzurufen ist, wenn die Ausführung der asynchronen Methode beendet wird, und ein benutzerdefiniertes Objekt, das Informationen über den asynchronen Aufruf enthält. In einigen Fällen sind diese zusätzlichen Argumente nicht erforderlich (dazu später mehr) und Sie können dafür `Nothing`-Werte übergeben (`null`-Werte in C#). `BeginInvoke` gibt eine Instanz der Schnittstelle `IAsyncResult` zurück, die zur Überwachung des asynchronen Aufrufs dient.

Die Methode `EndInvoke` ruft die Ergebnisse des asynchronen Methodenaufrufs ab; sie kann nach dem Aufruf von `BeginInvoke` jederzeit aufgerufen werden. Die Signatur der `EndInvoke`-Methode weist einen Parameter auf, bei dem es sich um die `IAsyncResult`-Instanz handelt, die von `BeginInvoke` zurückgegeben wurde. Bei dem Rückgabewert von `EndInvoke` handelt es sich um den Wert, der von der durch den Delegaten repräsentierten Methode zurückgegeben wurde. In der Signatur sind auch alle `Out`- oder `ByRef`-Parameter der Methode enthalten, die durch den Delegaten repräsentiert wird.

Sie können `BeginInvoke` und `EndInvoke` auf verschiedene Weise einsetzen, um asynchrone Methodenaufrufe zu implementieren:

- Aufruf von `BeginInvoke`, Durchführung der Arbeiten, gefolgt vom Aufruf von `EndInvoke` für denselben Thread.
- Aufruf von `BeginInvoke`, regelmäßige Abfrage von `IAsyncResult`, bis der asynchrone Vorgang abgeschlossen ist, gefolgt vom Aufruf von `EndInvoke`.
- Aufruf von `BeginInvoke` unter Angabe einer Rückrufmethode, die ausgeführt wird, sobald die asynchrone Methode fertig ist, gefolgt vom Aufruf von `EndInvoke` in einem separaten Thread.

Warten auf die Rückkehr des asynchronen Aufrufs mit *EndInvoke*

Die einfachste Methode zur Durchführung eines asynchronen Methodenaufrufs ist, `BeginInvoke` aufzurufen, einige Arbeiten zu erledigen und dann `EndInvoke` für denselben Thread aufzurufen, für den auch `BeginInvoke` aufgerufen wurde. Dieser Lösungsansatz ist zwar der einfachste, hat aber eventuell den Nachteil, dass der `EndInvoke`-Aufruf den Thread so lange blockiert, bis der asynchrone Vorgang abgeschlossen ist, sofern er noch nicht abgeschlossen wurde. Daher kann es geschehen, dass der Hauptthread nicht mehr reagiert, wenn der asynchrone Vorgang besonders zeitaufwendig ist. Die `DelegateCallback`- und `AsyncState`-Parameter sind für diese Aufrufsart nicht erforderlich. Daher reicht es aus, für diese Parameter `Nothing` anzugeben (`null` in C#). Das folgende Beispiel demonstriert, wie diese Art des asynchronen Aufrufs implementiert werden kann. Dabei werden die Methode `TestMethod` und der Delegat `myDelegate` verwendet, die in den obigen Beispielen definiert wurden:

```
' VB
Dim del As New myDelegate(AddressOf TestMethod)
Dim result As IAsyncResult
result = del.BeginInvoke(342, Nothing, Nothing)
' Tu etwas, während der asynchrone Vorgang läuft.
Dim ResultString As String
ResultString = del.EndInvoke(result)

// C#
myDelegate del = new myDelegate(TestMethod);
IAsyncResult result;
result = del.BeginInvoke(342, null, null);
// Tu etwas, während der asynchrone Vorgang läuft.
string ResultString;
ResultString = del.EndInvoke(result);
```

Abfragen von *IAsyncResult* bis zum Abschluss

Eine weitere Methode zur Durchführung von asynchronen Methodenaufrufen besteht darin, `BeginInvoke` aufzurufen und dann regelmäßig die `IsCompleted`-Eigenschaft der Schnittstelle `IAsyncResult` abzufragen, um zu überprüfen, ob der Vorgang bereits abgeschlossen wurde. Sobald der Vorgang abgeschlossen ist, können Sie `EndInvoke` aufrufen. Der Vorteil dieser Vorgehensweise besteht darin, dass Sie `EndInvoke` erst aufzurufen brauchen, wenn der Vorgang abgeschlossen ist. Auf diese Weise verlieren Sie keine Zeit dadurch, dass der Hauptthread durch den `EndInvoke`-Aufruf blockiert werden könnte. Das folgende Beispiel zeigt, wie man die `IsCompleted`-Eigenschaft abfragen kann.

```
' VB
Dim del As New myDelegate(AddressOf TestMethod)
Dim result As IAsyncResult
   result = del.BeginInvoke(342, Nothing, Nothing)
While Not result.IsCompleted
   ' Tu etwas, während der asynchrone Vorgang läuft.
End While
Dim ResultString As String
ResultString = del.EndInvoke(result)
```

```
// C#
myDelegate del = new myDelegate(TestMethod);
IAsyncResult result;
result = del.BeginInvoke(342, null, null);
while (!(result.IsCompleted))
{
   // Tu etwas, während der asynchrone Vorgang läuft.
}
string ResultString;
ResultString = del.EndInvoke(result);
```

Aufrufen einer Rückrufmethode, wenn der asynchrone Vorgang abgeschlossen ist

Wenn Sie die Ergebnisse des asynchronen Vorgangs nicht für denselben Thread auszuwerten brauchen, der den Vorgang eingeleitet hat, können Sie eine Rückrufmethode angeben, die aufgerufen wird, sobald der asynchrone Vorgang abgeschlossen ist. Auf diese Weise kann der Vorgang abgeschlossen werden, ohne den Thread zu stören, der den Vorgang eingeleitet hat. Damit eine Rückrufmethode aufgerufen werden kann, müssen Sie eine Rückrufmethode angeben, und zwar in Form einer Instanz von `AsyncCallback`. Sie können auch einen Verweis auf den Delegaten übergeben, damit `EndInvoke` in der Rückrufmethode aufgerufen werden kann, um den Vorgang abzuschließen. Das folgende Beispiel zeigt, wie man eine Rückrufmethode definieren und einsetzen kann.

```
' VB
Private Sub CallAsync()
   Dim del As New myDelegate(AddressOf TestMethod)
   Dim result As IAsyncResult
   Dim callback As New AsyncCallback(AddressOf CallbackMethod)
   result = del.BeginInvoke(342, callback, del)
End Sub
Private Sub CallbackMethod(ByVal result As IAsyncResult)
   Dim del As myDelegate
   Dim ResultString As String
   del = CType(result.AsyncState, myDelegate)
   ResultString = del.EndInvoke(result)
End Sub

// C#
private void CallAsync()
{
   myDelegate del = new myDelegate(TestMethod);
   IAsyncResult result;
   AsyncCallback callback = new AsyncCallback(CallbackMethod);
   result = del.BeginInvoke(342, callback, del);
}
private void CallbackMethod(IAsyncResult result)
{
    myDelegate del;
    string ResultString;
    del = (myDelegate)result.AsyncState;
    ResultString = del.EndInvoke(result);
}
```

Erstellen von Threads

Für Anwendungen, in denen Sie eine exaktere Kontrolle über mehrere Threads brauchen, können Sie mit dem Thread-Objekt neue Threads erstellen. Das Thread-Objekt stellt einen separaten Ausführungspfad („thread of execution“) dar, auf dem Programmcode gleichzeitig mit dem Code anderer Threads ausgeführt werden kann. Sie können so viele Thread-Objekte erstellen, wie Sie möchten, aber je mehr Threads es gibt, desto größer sind die Auswirkungen auf die Leistung und desto größer ist auch die Wahrscheinlichkeit für das Auftreten von Problemen, die Multithreading mit sich bringt, wie beispielsweise gegenseitige Blockaden der Threads (Deadlocks).

Weitere Informationen Threading

Multithreading und der korrekte Einsatz des Thread-Objekts ist ein sehr komplexes Thema, bei dem viele Details zu beachten sind. Dieser Abschnitt kann das Thema nur anreißen und ist weit davon entfernt, es vollständig zu beschreiben. Weitere Informationen finden Sie unter dem Stichwort „Managed Threading“ unter *http://msdn2.microsoft.com/en-us/library/3e8s7xdd.aspx*.

Erstellen und Starten eines neuen Threads

Das Thread-Objekt erfordert einen Delegaten für eine Methode, die als Anfangspunkt des Threads dient. Diese Methode muss als Sub definiert werden (void in C#) und darf keine Parameter oder höchstens einen einzigen Object-Parameter haben. Der Object-Parameter dient, sofern vorhanden, zur Übergabe von Werten an die Methode, die den Thread startet. Sobald ein Thread-Objekt vorbereitet ist, können Sie den Thread mit dem Aufruf der Methode Thread.Start starten. Das folgende Beispiel zeigt, wie man einen neuen Thread erstellt und startet:

```
' VB
Dim aThread As New System.Threading.Thread(Addressof aMethod)
aThread.Start()

// C#
System.Threading.Thread aThread = new
   System.Threading.Thread(aMethod);
aThread.Start();
```

Für Threads, die einen Parameter haben, ist der Ablauf ähnlich. Das Objekt für den Object-Parameter der Startmethode wird an die Methode Thread.Start übergeben. Ein Beispiel:

```
' VB
Dim aThread As New System.Threading.Thread(Addressof aMethod)
aThread.Start(anObject)

// C#
System.Threading.Thread aThread = new System.Threading.Thread(aMethod);
aThread.Start(anObject);
```

Beenden von Threads

Sie können einen Thread beenden, indem Sie dessen Thread.Abort-Methode aufrufen. Diese Methode bewirkt, dass der betreffende Thread seine Arbeit einstellt und eine ThreadAbortException auslöst. Wenn es einen Catch-Block gibt, der diese Ausnahme behandeln kann, wird dieser Block ausgeführt, ebenso die betreffenden `Finally`-Blöcke. Anschließend ist der Thread für die Anwendung nicht mehr vorhanden und kann nicht mehr neu gestartet werden.

```
' VB
aThread.Abort()

// C#
aThread.Abort();
```

Synchronisieren von Threads

Die beiden häufigsten Probleme bei der Multithreadprogrammierung sind gegenseitige Blockaden (Deadlocks) und Konkurrenzsituationen. Eine gegenseitige Blockade tritt zum Beispiel auf, wenn ein Thread den alleinigen Zugriff auf eine bestimmte Variable hat und dann versucht, den alleinigen Zugriff auf eine zweite Variable zu erhalten, während gleichzeitig ein zweiter Thread bereits über den alleinigen Zugriff auf diese zweite Variable verfügt und versucht, den alleinigen Zugriff auf die erste Variable zu erhalten. Das Ergebnis ist, dass beide Threads mit der stupiden Ausdauer eines Computers darauf warten, dass der jeweils andere Thread die Variable freigibt, über die er verfügt. In der Praxis hören beide Threads auf zu arbeiten.

Zu einer Konkurrenzsituation kommt es, wenn zwei Threads gleichzeitig versuchen, auf dieselbe Variable zuzugreifen. Stellen Sie sich zum Beispiel zwei Threads vor, die auf dieselbe Auflistung zugreifen. Der erste Thread fügt vielleicht ein Objekt zur Auflistung hinzu. Der zweite Thread entfernt vielleicht anschließend ein Objekt anhand seines Indexwerts aus der Auflistung. Wenn der erste Thread dann versucht, auf das Objekt in der Auflistung zuzugreifen, stellt er vielleicht fest, dass es entfernt wurde. Solche Konkurrenzsituationen können zu nicht vorhersagbaren Auswirkungen führen, die eine Anwendung destabilisieren.

Die beste Methode zur Vermeidung von gegenseitigen Blockaden und Konkurrenzsituationen ist eine sorgfältige Programmierung und eine durchdachte Synchronisation der Threads. Sie können in Visual Basic das Schlüsselwort `SyncLock` verwenden und in C# das Schlüsselwort `lock`, um ein Objekt für andere Threads zu sperren. Das ermöglicht dem Thread, der das Objekt gesperrt hat, das Objekt ohne Einmischung durch andere Threads zu bearbeiten. Wenn ein anderer Thread auf das gesperrte Objekt zugreifen will, wird er so lange angehalten, bis die Sperre aufgehoben ist. Das folgende Beispiel zeigt, wie man ein Objekt sperrt.

```
' VB
SyncLock anObject
   ' Führe Arbeiten durch.
End SyncLock

// C#
lock (anObject)
{
   // Führe Arbeiten durch.
}
```

Einige Objekte, wie beispielsweise Auflistungen, bieten ein Synchronisationsobjekt an, das zur Synchronisation von Zugriffen auf das Objekt verwendet werden sollte. Das folgende Beispiel zeigt, wie man das `SyncRoot`-Objekt eines `ArrayList`-Objekts sperrt.

```
' VB
Dim anArrayList As New System.Collections.ArrayList
SyncLock anArrayList.SyncRoot
   ' Führe Arbeiten an der ArrayList durch.
End SyncLock

// C#
lock (anArrayList.SyncRoot)
{
   // Führe Arbeiten an der ArrayList durch.
}
```

Es empfiehlt sich, bei der Erstellung von Klassen, deren Objekte von mehreren Threads benutzt werden, zur Synchronisation der Zugriffe ein Synchronisationsobjekt vorzusehen. Dann kann sich das System auf die Sperrung des Synchronisationsobjekts beschränken und Ressourcen sparen, weil es nicht die einzelnen Objekte der Klasse zu sperren braucht. Ein Synchronisationsobjekt ist einfach eine Instanz der Klasse `Object`. Das Objekt braucht nichts weiter zu tun, als für eine Sperrung verfügbar zu sein. Das folgende Beispiel zeigt eine Klasse, die ein Synchronisationsobjekt anbietet.

```
' VB
Public Class aClass
   Public SynchronizationObject As New Object()
   ' Füge hier die gewünschten Funktionen ein.
End Class

// C#
public class aClass
{
    public object SynchronizationObject = new Object();
   // Füge hier die gewünschten Funktionen ein.
}
```

Besonderheiten bei der Arbeit mit Steuerelementen

Da sich Steuerelemente immer im Besitz des Benutzeroberflächenthreads befinden, sind Zugriffe, die von anderen Threads auf Steuerelemente erfolgen, ohne Synchronisation nicht sicher. Sie können die Eigenschaft `Control.InvokeRequired` zur Überprüfung verwenden, ob ein Aufruf eines Steuerelements von einem anderen Thread aus sicher ist. Steht `InvokeRequired` auf `False`, ist der Aufruf sicher. Steht `InvokeRequired` auf `True`, müssen Sie allerdings die Methode `Invoke` des betreffenden Formulars aufrufen, zu dem das Steuerelement gehört, um einen Delegaten für den Zugriff auf eine Methode des Steuerelements anzufordern. Der Umweg über `Invoke` ermöglicht einen threadsicheren Zugriff auf das Steuerelement. Das folgende Beispiel demonstriert, wie man die `Text`-Eigenschaft eines `TextBox`-Steuerelements namens `TextBox1` einstellt.

```
' VB
Public Delegate Sub SetTextDelegate(ByVal t As String)
Public Sub SetText(ByVal t As String)
   If TextBox1.InvokeRequired = True Then
      Dim del As New SetTextDelegate(AddressOf SetText)
      Me.Invoke(del, New Object() {t})
```

```
    Else
        TextBox1.Text = t
    End If
End Sub

// C#
public delegate void SetTextDelegate(string t);
public void SetText(string t)
{
    if (textBox1.InvokeRequired)
    {
        SetTextDelegate del = new SetTextDelegate(SetText);
        this.Invoke(del, new object[]{t});
    }
    else
    {
        textBox1.Text = t;
    }
}
```

Im obigen Beispiel überprüft die Methode mit `InvokeRequired`, ob ein direkter Zugriff auf das Steuerelement gefährlich wäre. Gewöhnlich steht diese Eigenschaft auf `True`, wenn der Zugriff von einem anderen Thread erfolgt. Steht `InvokeRequired` auf `True`, erstellt die Methode eine neue Instanz eines Delegaten, der auf sie selbst verweist, und ruft `Invoke` auf, um in threadsicherer Weise einen Wert für die `Text`-Eigenschaft festzulegen.

Schnelltest

1. Was ist ein Delegat? Wofür wird er eingesetzt?
2. Was ist Threadsynchronisation, und warum ist sie wichtig?

Antworten zum Schnelltest

1. Ein Delegat ist ein typsicherer Funktionszeiger. Er enthält einen Verweis auf den Eintrittspunkt einer Methode und kann zum Aufruf dieser Methode verwendet werden. Ein Delegat kann auch dafür verwendet werden, eine Methode, die in einem anderen Thread ausgeführt wird, synchron oder asynchron aufzurufen.
2. Bei der Verwendung von mehreren Ausführungspfaden (threads of execution) können bestimmte Probleme auftreten, wenn mehrere Threads dieselben Ressourcen verwenden. Die Synchronisation der Zugriffe sorgt dafür, dass die Threads nicht gleichzeitig Zugang zur selben Ressource erhalten. Zur Synchronisation der Zugriffe kann ein Thread beispielsweise das gewünschte Objekt für den alleinigen Zugriff sperren. Auf diese Weise verhindert er, dass andere Threads zur selben Zeit auf das Objekt zugreifen.

Übung: Delegate und Threads

In dieser Übung erstellen Sie eine ähnliche Anwendung wie in Lektion 1. Ihre Anwendung führt in einem separaten Thread einen zeitaufwendigen, abbrechbaren Vorgang durch und informiert den Benutzer über den Fortschritt und den Abschluss der Arbeit. Zuerst implementieren Sie diese Funktionen mithilfe von Delegaten und asynchronen Methodenaufrufen. Anschließend ändern Sie die Anwendung so ab, dass sie Threads verwendet.

► **Übung 1: Delegate**

1. Öffnen Sie die Partiallösung für die erste Lektion auf der Begleit-CD. Sie finden sie im Unterordner für Kapitel 13 des *Code*-Ordners.
2. Klicken Sie das Formular im Designer mit der rechten Maustaste an und wählen Sie *Code anzeigen*. Fügen Sie folgenden Code in die Formularklasse ein:

```
' VB
Private Sub TimeConsumingMethod(ByVal seconds As Integer)
   For j As Integer = 1 To seconds
      System.Threading.Thread.Sleep(1000)
   Next
End Sub

// C#
private void TimeConsumingMethod(int seconds)
{
   for (int j = 1; j <= seconds; j++)
   {
      System.Threading.Thread.Sleep(1000);
   }
}
```

3. Fügen Sie in die Formularklasse einen Delegaten ein, der zur Methode `TimeConsumingMethod` passt:

```
' VB
Private Delegate Sub TimeConsumingMethodDelegate(ByVal j As Integer)

// C#
private delegate void TimeConsumingMethodDelegate(int seconds);
```

4. Fügen Sie eine Methode für die Fortschrittsanzeige in die Klasse ein, die den Wert des `ProgressBar`-Steuerelements threadsicher anpasst. Fügen Sie auch den passenden Delegaten ein:

```
' VB
Public Delegate Sub SetProgressDelegate(ByVal val As Integer)
Public Sub SetProgress(ByVal val As Integer)
   If ProgressBar1.InvokeRequired = True Then
      Dim del As New SetProgressDelegate(AddressOf SetProgress)
      Me.Invoke(del, New Object() {val})
   Else
      ProgressBar1.Value = val
   End If
End Sub
```

```
// C#
public delegate void SetProgressDelegate(int val);
public void SetProgress(int val)
{
   if (progressBar1.InvokeRequired)
   {
      SetProgressDelegate del = new SetProgressDelegate(SetProgress);
      this.Invoke(del, new object[]{val});
   }
   else
   {
      progressBar1.Value = val;
   }
}
```

5. Fügen Sie zur Berichterstattung über den Fortschritt der Arbeiten folgende Codezeile in die `For`-Schleife der Methode `TimeConsumingMethod` ein:

```
' VB
SetProgress(CInt((j * 100) / seconds))

// C#
SetProgress((int)(j * 100) / seconds);
```

6. Fügen Sie eine boolesche Variable namens `Cancel` in die Klasse ein:

```
' VB
Private Cancel As Boolean

// C#
bool Cancel;
```

7. Fügen Sie folgende Codezeilen in die `For`-Schleife der Methode `TimeConsumingMethod` ein:

```
' VB
If Cancel Then Exit For

// C#
if (Cancel)
   break;
```

8. Fügen Sie unter der `For`-Schleife folgenden Code in die Methode `TimeConsumingMethod` ein:

```
' VB
If Cancel Then
   MsgBox("Abgebrochen")
   Cancel = False
Else
   MsgBox("Abgeschlossen")
End If
```

```
// C#
if (Cancel)
{
   System.Windows.Forms.MessageBox.Show("Abgebrochen");
   Cancel = false;
}
else
{
   System.Windows.Forms.MessageBox.Show("Abgeschlossen");
}
```

9. Klicken Sie im Designer mit einem Doppelklick auf die Schaltfläche *GO!*, um den Standardereignishandler für das `Click`-Ereignis der Schaltfläche zu öffnen, und fügen Sie folgenden Code hinzu:

```
' VB
Dim del As New TimeConsumingMethodDelegate(AddressOf TimeConsumingMethod)
del.BeginInvoke(CInt(TextBox1.Text), Nothing, Nothing)

// C#
TimeConsumingMethodDelegate del = new TimeConsumingMethodDelegate(TimeConsumingMethod);
del.BeginInvoke(int.Parse(textBox1.Text), null, null);
```

10. Klicken Sie im Designer mit einem Doppelklick auf die Schaltfläche *Abbrechen*, um den Standardereignishandler für das `Click`-Ereignis der Schaltfläche zu öffnen, und fügen Sie folgenden Code hinzu:

```
' VB
Cancel = True

// C#
Cancel = true;
```

11. Drücken Sie auf die Taste `F5`, um Ihre Anwendung zu kompilieren und zu testen.

► Übung 2: Verwenden von Threads

In dieser Übung ändern Sie die Anwendung, die Sie in der ersten Übung erstellt haben, so ab, dass sie statt eines Delegaten ein `Thread`-Objekt verwendet.

1. Öffnen Sie das Projekt, das Sie in Übung 1 vervollständigt haben, oder das fertige Projekt aus dem Unterordner für Kapitel 13 des *Code*-Ordners der Begleit-CD.
2. Ändern Sie die Signatur der Methode `TimeConsumingMethod` im Code-Editor wie folgt:

```
' VB
Private Sub TimeConsumingMethod(ByVal time As Object)

// C#
private void TimeConsumingMethod(object Time)
```

3. Fügen Sie folgende Codezeilen in die Methode `TimeConsumingMethod` ein, und zwar vor den ersten vorhandenen Codezeilen (also vor der `For`-Schleife):

```
' VB
Dim seconds As Integer
seconds = CInt(Time)

// C#
int seconds;
seconds = (int)Time;
```

4. Klicken Sie im Designer mit einem Doppelklick auf die Schaltfläche *GO!* und ersetzen Sie den vorhandenen Code durch folgenden Code:

```
' VB
Dim aThread As New Threading.Thread(AddressOf TimeConsumingMethod)
aThread.Start(CInt(TextBox1.Text))

// C#
System.Threading.Thread aThread = new
   System.Threading.Thread(TimeConsumingMethod);
aThread.Start(int.Parse(textBox1.Text));
```

5. Drücken Sie auf die Taste F5, um Ihre Anwendung zu kompilieren und zu testen.

Zusammenfassung der Lektion

- Delegate sind typsichere Funktionszeiger, mit denen Sie Methoden aufrufen können, die dieselbe Signatur aufweisen. Mit der `Invoke`-Methode des Delegaten können Sie Methoden synchron aufrufen, oder asynchron mit `BeginInvoke` und `EndInvoke`.
- Wenn `BeginInvoke` aufgerufen wird, wird der durch den Delegaten festgelegte Vorgang in einem separaten Thread ausgeführt. Mit `EndInvoke` können Sie anschließend das Ergebnis des Vorgangs abrufen. Falls der Vorgang noch nicht abgeschlossen ist, blockiert `EndInvoke` den aufrufenden Thread, bis der Hintergrundprozess fertig ist. Sie können auch eine Rückrufmethode angeben, um den Vorgang auf dem Hintergrundthread abzuschließen, falls das Ergebnis nicht vom Hauptthread gebraucht wird.
- `Thread`-Objekte stellen separate Ausführungspfade dar und ermöglichen eine genaue Steuerung des Hintergrundprozesses. Sie können einen neuen Thread erstellen, indem Sie eine Methode definieren, die als Eintrittspunkt für den Thread dient.
- Mit den Schlüsselwörtern `SyncLock` (Visual Basic) und `lock` (C#) können Sie den Zugang zu einer Ressource so beschränken, dass nur ein Thread Zugriff auf die Ressource erhält.
- Sie dürfen auf Hintergrundthreads keine Methoden von Steuerelementen aufrufen, wenn Sie die Aufrufe nicht synchronisieren. Überprüfen Sie mit der Eigenschaft `Control.InvokeRequired`, ob der direkte Zugriff auf das Steuerelement sicher ist. Muss ein Methodenaufruf synchronisiert werden, verwenden Sie dafür die Methode `Invoke`.

Lernzielkontrolle

Die folgenden Fragen dienen dazu, die wichtigsten Lerninhalte dieser Lektion zu vertiefen. Die Fragen sind (in englischer Sprache) auch auf der Begleit-CD zu finden, falls Sie die elektronische Form der Fragen vorziehen.

Hinweis Die Antworten

Die Antworten auf die Fragen und Erläuterungen, warum die entsprechende Antwort richtig oder falsch ist, finden Sie im Abschnitt „Antworten" am Ende des Buchs.

---

1. Welche der folgenden Methoden ist erforderlich, um eine Methode mit einem Delegaten asynchron aufzurufen?

   A. `Delegate.Invoke`

   B. `Delegate.BeginInvoke`

   C. `Delegate.EndInvoke`

   D. `Delegate.DynamicInvoke`

2. Was ist erforderlich, um mit einem `Thread`-Objekt einen Hintergrundprozess zu erstellen und abzuschließen? (Wählen Sie alle zutreffenden Antworten aus.)

   A. Erstellen eines neuen `Thread`-Objekts

   B. Aufrufen der Methode `Thread.Start`, um den Thread zu starten

   C. Angeben von Argumenten für die `Thread.Start`-Methode

   D. Aufrufen der Methode `Thread.Abort`, um den Vorgang abzuschließen

3. Was ist für einen sicheren Aufruf von Steuerelementen erforderlich, wenn der Aufruf in einem Hintergrundthread erfolgt? (Wählen Sie alle zutreffenden Antworten aus.)

   A. Gar nichts. Steuerelementaufrufe sind automatisch sicher

   B. Die Eigenschaft `Control.InvokeRequired`

   C. Die Methode `Control.Invoke`

   D. Die Eigenschaft `Control.IsAccessible`

Rückblick auf dieses Kapitel

Zur weiteren Übung und Vertiefung der Lerninhalte dieses Kapitels können Sie Folgendes tun:

- Arbeiten Sie die Zusammenfassung des Kapitels durch.
- Arbeiten Sie die Liste der Schlüsselbegriffe durch, die in diesem Kapitel eingeführt wurden.
- Bearbeiten Sie die Übung mit Fallbeispiel. Diese Szenarien beschreiben anhand der Themen dieses Kapitels praxisnahe Situationen. Entwickeln Sie eine Lösung.
- Führen Sie die vorgeschlagenen Übungen durch.
- Machen Sie einen Übungstest.

Zusammenfassung des Kapitels

- Sie können auch bei der Durchführung zeitaufwendiger Hintergrundprozesse erreichen, dass die Benutzeroberfläche reaktionsfähig bleibt, indem Sie den betreffenden Vorgang im Hintergrund durchführen. Es gibt verschiedene Möglichkeiten zur Erstellung von Hintergrundprozessen. In diesem Kapitel wurde die Verwendung der `BackgroundWorker`-Komponente, die Verwendung von Delegaten und die Klasse `Thread` besprochen.
- Mit der `BackgroundWorker`-Komponente können Sie einen Prozess leicht in den Hintergrund verlagern, indem Sie das Ereignis `DoWork` behandeln. Die `BackgroundWorker`-Komponente kapselt alle Funktionen, die erforderlich sind, um den Prozess im Hintergrund auszuführen, ihm Argumente zu übergeben, den Fortschritt oder die Beendigung des Hintergrundprozesses anzuzeigen und zu ermitteln, ob der Prozess noch läuft.
- Delegate sind typsichere Funktionszeiger, die den Aufruf einer Methode mit derselben Signatur ermöglichen. Wenn `BeginInvoke` aufgerufen wird, wird der Vorgang, den der Delegat angibt, in einem separaten Thread durchgeführt. Das Ergebnis des Vorgangs können Sie mit der Methode `EndInvoke` abrufen, die den aufrufenden Thread so lange blockiert, bis der Hintergrundprozess seine Arbeit abgeschlossen hat.
- `Thread`-Objekte stellen separate Ausführungspfade dar und bieten eine bessere Kontrolle des Hintergrundprozesses. Sie können einen neuen Thread anlegen, indem Sie eine Methode angeben, die als Eintrittspunkt für den Thread dient.
- Sie dürfen in einem Hintergrundthread keine Steuerelemente ohne Synchronisation aufrufen. Wenn Sie ein Steuerelement aufrufen, verwenden Sie die Methode `Control.Invoke`, um den Aufruf des Steuerelements zu synchronisieren.

Schlüsselbegriffe

- Delegat
- Thread

Übung mit Fallbeispiel

In den folgenden Szenarien wenden Sie an, was Sie über asynchrone Programmierung gelernt haben. Die Antworten auf die Fragen finden Sie im Abschnitt „Antworten“ am Ende des Buchs.

Szenario 1: Die Verlagssoftware

Da Ihre große Dokumentenverwaltung für die Firma Fabrikam nun fertig ist, wurden Sie beauftragt, an einer Anwendung mitzuarbeiten, die an die Kunden verteilt werden soll. Diese Anwendung soll die Kunden in die Lage versetzen, große Dokumente (ungefähr im Buchumfang) von einer Onlinebibliothek herunterzuladen, während sie weiter in der Bibliothek herumstöbern und andere Dokumente für den Download heraussuchen. Sobald der Download eines Dokuments abgeschlossen ist, soll das nächste Dokument heruntergeladen werden, falls sich der Benutzer noch weitere Dokumente für den Download ausgesucht hat. Nach dem Download eines Dokuments soll der Benutzer in der Benutzeroberfläche darauf hingewiesen werden, dass der Download beendet ist.

Fragen

1. Wie vereinbaren Sie das Herunterladen von Dokumenten mit einer weiterhin reaktionsfähigen Benutzeroberfläche?
2. Wie kann die Benutzeroberfläche aktualisiert werden, ohne dass Probleme wie eine gegenseitige Blockade von Threads oder andere Multithreading-Probleme auftreten?

Szenario 2: Erstellen eines einfachen Spiels

Kaum zu glauben, aber Sie haben tatsächlich einmal einen freien Tag. Und die Idee geht Ihnen nicht aus dem Kopf, zur Entspannung ein kleines Solitaire-Programm zu schreiben. Die Grundversion steht, jetzt geht es an die Feinheiten. Sie würden die Aktionen des Benutzers gerne durch entsprechende Geräusche dokumentieren, die im Hintergrund abgespielt werden. Diese Geräusche liegen in einem speziellen Format vor. Also müssen Sie einen speziellen Abspieler einsetzen, der leider kein asynchrones Abspielen der Dateien beherrscht. Sie haben eine Liste von fünf Sounddateien, die Sie unbedingt abspielen wollen. Aber auch ein freier Tag hat nur 24 Stunden, und Sie würden gerne so schnell wie möglich zu einer brauchbaren Lösung kommen.

Frage

- Wie implementieren Sie die gewünschten Funktionen mit einem Minimum an Aufwand, ohne ein Maximum an Komplexität in das Programm einzubauen?

Vorgeschlagene Übungen

Bearbeiten Sie folgende Übungen, um Ihr Wissen über den Stoff zu vertiefen, der in diesem Kapitel besprochen wurde.

- **Übung 1** Erstellen Sie eine Anwendung, die in einem separaten Thread den Wert von Pi berechnet und die Benutzeroberfläche threadsicher mit dem Wert aktualisiert.
- **Übung 2** Erstellen Sie eine Anwendung, die mithilfe von Delegaten einen Prozess im Hintergrund ausführt, der überprüft, ob es sich bei einer bestimmten Zahl um eine Primzahl handelt, und das Ergebnis als booleschen Wert zurückgibt.

Machen Sie einen Übungstest

Die Übungstests auf der Begleit-CD zu diesem Buch (in englischer Sprache) bieten zahlreiche Möglichkeiten. Zum Beispiel können Sie einen Test machen, der ausschließlich die Themen eines bestimmten Lernziels behandelt, oder Sie können sich selbst mit dem gesamten Inhalt der Prüfung 70-526 testen. Sie können den Test so konfigurieren, dass er dem Ablauf einer echten Prüfung entspricht, oder Sie können einen Lernmodus verwenden, in dem Sie sich nach dem Beantworten einer Frage jeweils sofort die richtige Antwort und die Erklärungen ansehen können.

Weitere Informationen Übungstests

Einzelheiten zu allen Optionen, die bei den Übungstests zur Verfügung stehen, finden Sie im Abschnitt „So benutzen Sie die Übungstests“ in der Einführung am Anfang dieses Buchs.

K A P I T E L 1 4

Erstellen von Windows-Steuerelementen

Steuerelemente sind Komponenten, die auf dem Bildschirm zu sehen sind und in der Lage sind, zur Laufzeit mit dem Benutzer zu interagieren. Das Microsoft .NET Framework bietet eine ganze Reihe von Steuerelementen mit einem beträchtlichen Funktionsumfang, wie zum Beispiel das `Button`-Steuerelement, das `TextBox`-Steuerelement und das `DateTimePicker`-Steuerelement. Sie sind als Entwickler aber nicht auf die vorhandenen Steuerelemente beschränkt, sondern können für Ihre Anwendungen auch eigene Steuerelemente mit speziellen Funktionen entwickeln. Es gibt drei Arten von Steuerelementen, die Sie erstellen können: Zusammengesetzte Steuerelemente, die durch die Kombination von vorhandenen Windows Forms-Steuerelementen entstehen, benutzerdefinierte Steuerelemente, die von Grund auf neu erstellt werden und selbst für ihre Darstellung auf dem Bildschirm sorgen, sowie erweiterte Steuerelemente, die vorhandene Windows Forms-Steuerelemente um zusätzliche Funktionen erweitern. In diesem Kapitel erfahren Sie, wie sich diese drei Steuerelementarten erstellen lassen.

In diesem Kapitel abgedeckte Prüfungsziele:

- Erstellen von zusammengesetzten Windows-Steuerelementen
  - Implementieren von Eigenschaften, Methoden und Ereignissen in Windows-Steuerelementen
  - Bereitstellen der Eigenschaften von untergeordneten Steuerelementen
  - Erstellen und Verwenden von benutzerdefinierten Dialogfeldern in Windows-Anwendungen
  - Anpassen der Darstellung von Steuerelementen
  - Erstellen von Steuerelementen, die zur Laufzeit unsichtbar sind
  - Einstellen eines durchsichtigen Hintergrunds für Steuerelemente
  - Bereitstellen einer Toolbox-Bitmap für ein Steuerelement
- Erstellen von Windows-Steuerelementen durch Ableitung von einer Steuerelementklasse
- Erstellen von erweiterten Steuerelementen durch Ableitung von einem vorhandenen Windows-Steuerelement

Lektionen in diesem Kapitel:

Bevor Sie beginnen

Die Bearbeitung der Lektionen dieses Kapitels setzt Folgendes voraus:

- Einen Computer, der den Mindestanforderungen an die Hardware entspricht, wie sie am Anfang des Buchs im Abschnitt „Einführung“ beschrieben wurden.
- Visual Studio 2005 Professional Edition ist auf Ihrem Computer installiert.
- Sie verfügen über Grundkenntnisse der Syntax von Microsoft Visual Basic oder C# und über das .NET Framework.
- Sie haben Kapitel 3, „Anspruchsvolle Windows Forms-Steuerelemente“, durchgearbeitet oder verfügen über Kenntnisse über Windows Forms-Steuerelemente und die Visual Studio-IDE.

Praxistipp

Matt Stoecker

Die Steuerelemente von Visual Studio 2005 decken zwar einen großen Teil der Funktionen ab, die zur Entwicklung der üblichen Anwendungen erforderlich sind, aber durch die Entwicklung eigener Steuerelemente kann ich die Benutzeroberfläche nach meinen Vorstellungen gestalten, ohne auf die verfügbaren Funktionen Rücksicht nehmen zu müssen. Mit den benutzerdefinierten Steuerelementen kann ich die Benutzeroberfläche genau so erstellen, wie ich sie haben will.

Lektion 1: Erstellen von zusammengesetzten Steuerelementen

Zusammengesetzte Steuerelemente sind die einfachste Form von Steuerelementen, die man als Programmierer entwickeln kann. Die grafische Schnittstelle des *UserControl*-Designers für zusammengesetzte Steuerelemente ähnelt sehr dem Formulardesigner. Der Designer ermöglicht die Kombination von vorhandenen Steuerelementen und Komponenten zu einer einzigen funktionalen Einheit. In dieser Lektion erfahren Sie, wie ein zusammengesetztes Steuerelement erstellt wird. Außerdem lernen Sie einige allgemeine Methoden zur Entwicklung von Steuerelementen kennen.

Am Ende dieser Lektion werden Sie in der Lage sein, die folgenden Aufgaben auszuführen:

- Entwickeln eines zusammengesetzten (Benutzer)-Steuerelements
- Implementieren von Eigenschaften, Methoden und Ereignissen in Windows-Steuerelementen
- Bereitstellen der Eigenschaften von untergeordneten Steuerelementen
- Erstellen von Steuerelementen, die zur Laufzeit unsichtbar sind
- Einstellen eines durchsichtigen Hintergrunds für Steuerelemente
- Bereitstellen einer Toolbox-Bitmap für ein Steuerelement

Veranschlagte Zeit für diese Lektion: 45 Minuten

Einführung in zusammengesetzte Steuerelemente

Zusammengesetzte Steuerelemente (auch *Benutzersteuerelemente* genannt) sind das, was ihr Name schon sagt: Steuerelemente, die sich aus anderen Steuerelementen zusammensetzen. Zusammengesetzte Steuerelemente werden von der Klasse `UserControl` abgeleitet. Die Klasse `UserControl` bietet Grundfunktionen für zusammengesetzte Steuerelemente, die Sie übernehmen und durch zusätzliche Eigenschaften, Methoden und Ereignisse erweitern können. Für die Klasse `UserControl` gibt es einen eigenen Designer, mit dem Sie in der integrierten Entwicklungsumgebung von Visual Studio Steuerelemente von der Toolbox auf das zusammengesetzte Steuerelement ziehen und dort konfigurieren können. Abbildung 14.1 zeigt den *UserControl*-Designer.

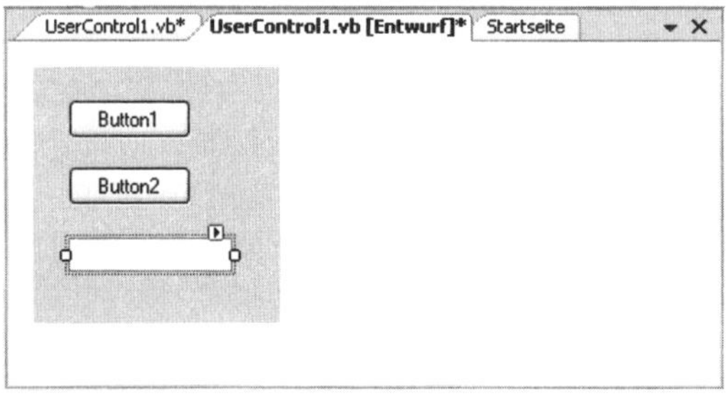

Abbildung 14.1 Der *UserControl*-Designer

► **So fügen Sie zur Entwurfszeit ein zusammengesetztes Steuerelement zu einem Projekt hinzu**

1. Wählen Sie im *Projekt*-Menü *Benutzersteuerelement hinzufügen*. Das Dialogfeld *Neues Element hinzufügen* wird geöffnet.

2. Geben Sie Ihrem Steuerelement einen Namen und klicken Sie auf *Hinzufügen*. Das neue Steuerelement wird zum Projekt hinzugefügt und zur Bearbeitung im Designer geöffnet.

Die Klasse des zusammengesetzten Steuerelements leiten Sie von der Klasse `UserControl` ab, wie hier gezeigt:

```
' VB
Public Class myControl
   Inherits UserControl
   ' Fügen Sie hier die Implementierung ein.
End Class

// C#
public class myControl : UserControl
{
   // Fügen Sie hier die Implementierung ein.
}
```

Die untergeordneten Steuerelemente, aus denen das zusammengesetzte Steuerelement besteht, werden im Folgenden auch so genannt: untergeordnete Steuerelemente. Sie können ein untergeordnetes Steuerelement genauso zum zusammengesetzten Steuerelement hinzufügen wie zu einem Formular: Sie ziehen es einfach von der Toolbox auf die Designoberfläche. Sie können die untergeordneten Steuerelemente auch in derselben Weise konfigurieren wie auf einem Formular, indem Sie deren Eigenschaften festlegen, das Erscheinungsbild nach Wunsch ändern und Methoden zur Behandlung der Ereignisse erstellen. Wenn Sie zusammengesetzte Steuerelemente kompilieren, werden die Funktionen, die Sie kodiert haben, ins fertige zusammengesetzte Steuerelement aufgenommen.

Hinzufügen von Methoden, Eigenschaften und Ereignissen zu Steuerelementen

Sie können nicht nur untergeordnete Steuerelemente zum zusammengesetzten Steuerelement hinzufügen, sondern auch Methoden, Eigenschaften und Ereignisse.

Hinweis Klassen, Steuerelemente und zusammengesetzte Steuerelemente

Die Informationen aus diesem Abschnitt gelten für Klassen und Steuerelemente aller Art, nicht nur für zusammengesetzte Steuerelemente.

Methoden zu einem Steuerelement hinzufügen

Sie können Methoden in derselben Weise zu Steuerelementen hinzufügen wie zu einem Formular oder einer beliebigen anderen Klasse. Fügen Sie im Codefenster die gewünschten Methoden in die Klassendefinition ein. Methoden ohne Rückgabewert erstellen Sie als `Sub`-Unterroutinen (Visual Basic) oder `void`-Funktionen (C#), wie hier gezeigt:

```
' VB
Public Sub DisplayString(ByVal aString As String)
   Msgbox(aString)
End Sub
```

```
// C#
public void DisplayString(string aString)
{
   MessageBox.Show(aString);
}
```

Für Methoden, die einen Wert zurückgeben, definieren Sie in Visual Basic eine `Function` und geben in beiden Sprachen den Typ des Rückgabewerts an, wie im folgenden Beispiel:

```
' VB
Public Function DisplayString(ByVal aString As String, ByVal bString As String) As String
   Return aString & bString
End Function

// C#
public string DisplayString(string aString, string bString)
{
   return aString + bString;
}
```

Eigenschaften zu einem Steuerelement hinzufügen

Eigenschaften werden so ähnlich wie Methoden implementiert. Sie definieren eine Eigenschaft und implementieren dabei alles, was zum Festlegen und Abrufen eines Eigenschaftswerts erforderlich ist. Gewöhnlich wird der Wert einer Eigenschaft in einer privaten Membervariablen gespeichert. In Visual Basic verwenden Sie zur Definition einer Eigenschaft das Schlüsselwort `Property`. In C# implementieren Sie einfach einen Setter und einen Getter für die Eigenschaft. Das folgende Beispiel illustriert, wie eine Eigenschaft mitsamt der dazugehörigen Membervariablen implementiert wird.

```
' VB
Private mUnitsOnHand
Public Property UnitsOnHand() As Integer
   Get
      Return mUnitsOnHand
   End Get
   Set(ByVal value As Integer)
      mUnitsOnHand = value
   End Set
End Property

// C#
private int mUnitsOnHand;
public int UnitsOnHand
{
   get { return mUnitsOnHand; }
   set { mUnitsOnHand = value; }
}
```

Eine schreibgeschützte Eigenschaft definieren Sie in Visual Basic mit dem Schlüsselwort `ReadOnly`, während Sie in C# einfach den Setter weglassen. Ein Beispiel:

```
' VB
Private mUnitsOnHand
Public ReadOnly Property UnitsOnHand() As Integer
   Get
      Return mUnitsOnHand
   End Get
End Property

// C#
private int mUnitsOnHand;
public int UnitsOnHand
{
   get { return mUnitsOnHand; }
}
```

Wenn Sie eine schreibgeschützte Eigenschaft definieren, müssen Sie selbst in einer geeigneten Weise den Wert der Membervariablen festlegen, in der die Eigenschaft gespeichert wird.

Ereignisse zu einem Steuerelement hinzufügen

Sie können ein Steuerelement auch mit Ereignissen ausstatten, die ausgelöst werden, um den Rest der Anwendung darüber zu informieren, dass etwas Interessantes geschehen ist. Sobald ein Ereignis zu einer Klasse oder einem Steuerelement hinzugefügt wurde, kann es im Code ausgelöst werden, um den Rest der Anwendung über das Ereignis zu informieren.

In Visual Basic können Sie ein Ereignis mit dem Schlüsselwort `Event` deklarieren und den Namen und die Signatur des Ereignisses festlegen:

```
' VB
Public Event Bang(ByVal decibels As Integer)
```

C# verlangt dagegen einen expliziten Delegaten für die Angabe der Signatur, der vorhanden sein muss, bevor das Ereignis mit dem Schlüsselwort `event` deklariert werden kann. Das folgende Beispiel zeigt die Deklaration eines Ereignisses in C#:

```
// C#
public delegate void Sound(int decibels);
public event Sound Bang;
```

Beachten Sie bitte, dass Sie den Delegaten als Typ angeben, also keine Instanz des Delegaten.

Die Ereignismeldung können Sie in Visual Basic mit dem Schlüsselwort `RaiseEvent` im Code auslösen. In C# rufen Sie zu diesem Zweck einfach das Ereignis wie eine Methode auf. Ein Beispiel:

```
' VB
RaiseEvent Bang(100)

// C#
this.Bang(100);
```

Bereitstellen der Eigenschaften von untergeordneten Steuerelementen

Wenn untergeordnete Steuerelemente zu einem zusammengesetzten Steuerelement hinzugefügt werden, erhalten sie standardmäßig die Zugriffsebene `Friend` in Visual Basic und `private` in C#. In beiden Fällen sind untergeordnete Steuerelemente für Klassen unzugänglich, die sich in anderen Assemblys befinden. Wenn andere Assemblys Zugriff auf Teile der untergeordneten Steuerelemente erhalten sollen, müssen Sie die betreffende Eigenschaft der untergeordneten Steuerelemente zugänglich machen, indem Sie sie als Eigenschaft des übergeordneten Steuerelements definieren. Der Code für die Eigenschaft im übergeordneten Steuerelement legt die Eigenschaft im untergeordneten Steuerelement fest oder ruft sie ab.

Nehmen wir beispielsweise an, Sie wollen die `BackColor`-Eigenschaft eines untergeordneten Steuerelements für andere Assemblys verfügbar machen. Dann können Sie im zusammengesetzten Steuerelement eine Eigenschaft `ButtonBackColor` definieren, mit deren Getter Sie die `BackColor`-Eigenschaft des untergeordneten Steuerelements abrufen und zurückgeben, und mit deren Setter Sie die Eigenschaft `BackColor` des untergeordneten Steuerelements festlegen. Der folgende Code zeigt, wie man das implementieren könnte:

```
' VB
Public Property ButtonBackColor() As System.Drawing.Color
   Get
      Return Button1.BackColor
   End Get
   Set(ByVal value As System.Drawing.Color)
      Button1.BackColor = value
   End Set
End Property

// C#
public System.Drawing.Color ButtonBackColor
{
   get { return Button1.BackColor; }
   set { Button1.BackColor = value; }
}
```

Einstellen der Sichtbarkeit von Steuerelementen

Gelegentlich kann es sich als praktisch erweisen, ein Steuerelement zur Laufzeit unsichtbar zu machen. Das können Sie erreichen, indem Sie die Eigenschaft `Visible` des Steuerelements auf `False` stellen. Unsichtbare Steuerelemente können aus nahe liegende Gründen zwar nicht mit einem Benutzer interagieren, wohl aber mit der Anwendung und mit anderen Steuerelementen. Das folgende Beispiel zeigt, wie man die `Visible`-Eigenschaft auf `False` stellt:

```
' VB
myUserControl.Visible = False

// C#
myUserControl.Visible = false;
```

Beachten Sie bitte, dass die `Visible`-Eigenschaft nur zur Laufzeit eingestellt werden kann. Wenn Sie sicherstellen möchten, dass ein Steuerelement von Anfang an unsichtbar ist, stellen Sie dessen Eigenschaft `Visible` im `Load`-Ereignishandler des Steuerelements auf `False`.

Einstellen eines durchsichtigen Hintergrunds

Wenn Sie ein Steuerelement so einstellen, dass es einen durchsichtigen Hintergrund aufweist, sind zwei Arten der Transparenz zu berücksichtigen. Ein Steuerelement kann transparent sein, sodass das Formular unter dem Steuerelement durch den Hintergrund des Steuerelements hindurch zu sehen ist. Ein Steuerelement kann auch als transparentes Fenster im Formular erscheinen, sodass der Desktop unter dem Formular zu sehen ist.

Zur Erstellung eines Steuerelements mit transparenter Hintergrundfarbe brauchen Sie nur die `BackColor`-Eigenschaft eines Steuerelements auf `Color.Transparent` zu stellen. Was unter dem Steuerelement auf dem Formular liegt, scheint nun durch den Hintergrund des Steuerelements durch. Die Eigenschaft `BackColor` können Sie zur Entwurfszeit im Eigenschaftenfenster auf `Transparent` stellen, oder zur Laufzeit mit dem entsprechenden Programmcode, wie hier gezeigt:

```
' VB
myControl.BackColor = Color.Transparent

// C#
myControl.BackColor = Color.Transparent;
```

Die Erstellung eines durchsichtigen Steuerelements, das als eine Art Fenster im Formular dienen kann, ist etwas komplizierter. Jedes Formular hat eine Eigenschaft namens `TransparencyKey`, die eine Farbe angibt, die bei der Darstellung auf dem Formular als durchsichtig erscheint. Wenn Sie die `BackColor`-Eigenschaft eines Steuerelements auf dieselbe Farbe einstellen, die auch in der Eigenschaft `TransparencyKey` des Formulars eingetragen ist, können Sie praktisch ein Fenster im Formular definieren, durch welches der Desktop unter dem Formular zu sehen ist. Auch die `TransparencyKey`-Eigenschaft des Formulars und die `BackColor`-Eigenschaft des Steuerelements können Sie zur Entwurfszeit im Designer festlegen, oder zur Laufzeit mit dem entsprechenden Programmcode, wie hier gezeigt:

```
' VB
Form1.TransparencyKey = Color.Red
myUserControl.BackColor = Color.Red

// C#
Form1.TransparencyKey = Color.Red;
myUserControl.BackColor = Color.Red;
```

Bereitstellen einer Toolbox-*Bitmap* für Ihr Steuerelement

Nach seiner Erstellung erscheint ein Steuerelement automatisch in der Toolbox, sofern Sie es im selben Projekt benutzen, in dem auch das Steuerelement erstellt wurde. Wurde das Steuerelement in einem anderen Projekt erstellt, können Sie es zur Toolbox hinzufügen. Nach seiner Aufnahme in die Toolbox erscheint es in der Toolbox mit seinem Namen und mit einem kleinen Symbol. Wurde kein spezielles Symbol festgelegt, wird ein allgemeines Symbol angezeigt. Das gewünschte Symbol für die Anzeige des Steuerelements in der Toolbox können Sie mit dem `TooboxBitmap`-Attribut einstellen. Sie können eine Instanz der Klasse `ToolboxBitmapAttribute` mit der Klasse Ihres Steuerelements verknüpfen und zur Angabe einer `Bitmap` mit 16 × 16 Pixeln verwenden, mit der Ihr Steuerelement in der Toolbox angezeigt wird.

Das Symbol für die Anzeige in der Toolbox können Sie auf drei verschiedene Weisen festlegen. Die einfachste Methode ist die Angabe des Pfadnamens der `Bitmap`, die Sie verwenden möchten. Ein Beispiel:

```
' VB
<ToolBoxBitmap("C:\myToolboxBitmap.bmp")> Class myControl
   Inherits UserControl
   ' Implementierung weggelassen
End Class

// C#
[ToolBoxBitmap(@"C:\myToolboxBitmap.bmp")]
class myControl : UserControl
{}
```

Sie können auch die `ToolboxBitmap` eines vorhandenen Steuerelements verwenden. Beispielsweise legen Sie mit folgendem Code fest, dass dieselbe `ToolboxBitmap` verwendet wird, die auch für das `Button`-Steuerelement benutzt wird:

```
' VB
<ToolBoxBitmap(GetType(System.Windows.Forms.Button))> Class myControl
   Inherits UserControl
   ' Implementierung weggelassen
End Class

// C#
[ToolBoxBitmap(GetType(System.Windows.Forms.Button))]
class myControl : UserControl
{}
```

Schließlich können Sie auch eine Assembly auswählen, indem Sie einen Typ angeben, der in der betreffenden Assembly definiert wird, und dann eine Symbolressource laden, deren Namen Sie als Zeichenfolge angeben, wie im folgenden Beispiel:

```
' VB
<ToolBoxBitmap(GetType(myControl), "myControl.bmp")> Class myControl
   Inherits UserControl
   ' Implementierung weggelassen
End Class

// C#
[ToolBoxBitmap(GetType(myControl), "myControl.bmp")]
class myControl : UserControl
{}
```

Schnelltest

1. Erklären Sie kurz, was ein zusammengesetztes Steuerelement ist.
2. Wie können Sie die Eigenschaften von untergeordneten Steuerelementen für Entwickler zugänglich machen?

Antworten zum Schnelltest

1. Ein zusammengesetztes Steuerelement, auch Benutzersteuerelement genannt, ist ein Steuerelement, das sich aus anderen, bereits vorhandenen Steuerelementen zusammensetzt (auch untergeordnete Steuerelemente genannt), die zu einer Gesamtschnittstelle vereint werden. Zusammengesetzte Steuerelemente können zusätzliche Funktionen erhalten, um eine Zusammenarbeit der untergeordneten Steuerelemente zu ermöglichen.
2. Sie machen die Eigenschaften von untergeordneten Steuerelementen für Entwickler verfügbar, indem Sie diese Eigenschaften in Eigenschaften des Benutzersteuerelements einhüllen.

Übung: Erstellen eines zusammengesetzten Steuerelements

In dieser Übung erstellen Sie ein einfaches zusammengesetztes Steuerelement, das als Digitaluhr dient. Sie fügen ein `Label`-Steuerelement zu Ihrem zusammengesetzten Steuerelement hinzu, das die aktuelle Zeit anzeigt, und eine `Timer`-Komponente, die das `Label`-Steuerelement im Sekundentakt aktualisiert. Schließlich machen Sie die Eigenschaft `Enabled` des `Timer`-Steuerelements in Ihrem zusammengesetzten Steuerelement zugänglich, damit Benutzer die Uhr aktivieren und deaktivieren können.

► **Übung 1: Erstellen einer Digitaluhr**

1. Erstellen Sie in Visual Studio eine neue Windows-Anwendung.
2. Wählen Sie im *Projekt*-Menü *Benutzersteuerelement hinzufügen* und klicken Sie im Dialogfeld *Neues Element hinzufügen* auf *Hinzufügen*. Ein neues Benutzersteuerelement wird zu Ihrem Projekt hinzugefügt und im Designer geöffnet.
3. Ziehen Sie von der Toolbox ein `Label`-Steuerelement auf das Benutzersteuerelement. Passen Sie die Größe des Benutzersteuerelements so an, dass es ungefähr so groß ist wie das `Label`-Steuerelement.
4. Ziehen Sie von der Toolbox eine `Timer`-Komponente auf das Benutzersteuerelement.
5. Stellen Sie im Eigenschaftenfenster die Eigenschaft *Interval* der `Timer`-Komponente auf **1000** und die Eigenschaft *Enabled* auf *True*.
6. Klicken Sie die `Timer`-Komponente mit einem Doppelklick an, um das Codefenster mit dem Standardereignishandler für das `Timer.Tick`-Ereignis zu öffnen, und fügen Sie folgende Codezeile ein:

```
' VB
Label1.Text = Now.ToLongTimeString

// C#
label1.Text = DateTime.Now.ToLongTimeString();
```

7. Fügen Sie im Codefenster folgende Eigenschaftendefinition in die Klasse ein:

```
' VB
Public Property TimeEnabled() As Boolean
   Get
      Return Timer1.Enabled
   End Get
   Set(ByVal value As Boolean)
      Timer1.Enabled = value
   End Set
End Property

// C#
public bool TimeEnabled
{
   get { return timer1.Enabled; }
   set { timer1.Enabled = value; }
}
```

8. Wählen Sie im *Datei*-Menü *Alle speichern*, um Ihr Projekt zu speichern.
9. Öffnen Sie das Menü *Erstellen* und erstellen Sie Ihr Projekt.
10. Wählen Sie im Designer die Registerkarte von *Form1*. Ziehen Sie von der Toolbox ein *UserControl1* auf das Formular. Eine Instanz des Benutzersteuerelements wird zum Formular hinzugefügt und beginnt damit, im Sekundenabstand die Zeitanzeige zu aktualisieren. Beachten Sie bitte, dass Sie die Aktualisierung abschalten können, indem Sie die Eigenschaft *TimeEnabled* im Eigenschaftenfenster auf *False* stellen.
11. Drücken Sie auf die Taste F5, um Ihre Anwendung zu erstellen und zu starten. Beachten Sie bitte, dass das Benutzersteuerelement zur Laufzeit genauso funktioniert wie im Designer.

Zusammenfassung der Lektion

- Zusammengesetzte Steuerelemente, auch Benutzersteuerelemente genannt, setzen sich aus bereits vorhandenen Windows Forms-Steuerelementen und Komponenten zusammen, die gemeinsam die gewünschte Funktionalität bieten und eine gemeinsame Schnittstelle aufweisen. Die im zusammengesetzten Steuerelement enthaltenen Steuerelemente werden untergeordnete Steuerelemente genannt. Sie können zu einem zusammengesetzten Steuerelement zusätzliche Methoden, Eigenschaften und Ereignisse hinzufügen, um die gewünschte Funktionalität zu erreichen.
- Die Eigenschaften der untergeordneten Steuerelemente sind für Entwickler nicht zugänglich. Sie können die Eigenschaften von untergeordneten Steuerelementen indirekt verfügbar machen, indem Sie neue Eigenschaften für das zusammengesetzte Steuerelement implementieren, mit denen die Eigenschaften der untergeordneten Steuerelemente festgelegt und abgerufen werden können.
- Sie können Steuerelemente so einstellen, dass sie zur Laufzeit unsichtbar sind, indem Sie ihre `Visible`-Eigenschaft auf `False` stellen. Der Hintergrund eines Steuerelements wird durchsichtig, wenn Sie dessen `BackColor`-Eigenschaft auf `Color.Transparent` stellen. Und Sie können ein Steuerelement zu einer Art Fenster im Formular machen, durch das der Desktop hinter dem Formular

sichtbar wird, indem Sie die Eigenschaft `BackColor` des Steuerelements auf dieselbe Farbe einstellen, die vom Formular als `TransparencyKey` verwendet wird.

- Sie können mit einem `TooboxBitmap`-Attribut eine Toolbox-Bitmap für ein Steuerelement bereitstellen.

Lernzielkontrolle

Die folgenden Fragen dienen dazu, die wichtigsten Lerninhalte dieser Lektion zu vertiefen. Die Fragen sind (in englischer Sprache) auch auf der Begleit-CD zu finden, falls Sie die elektronische Form der Fragen vorziehen.

Hinweis Die Antworten

Die Antworten auf die Fragen und Erläuterungen, warum die entsprechende Antwort richtig oder falsch ist, finden Sie im Abschnitt „Antworten" am Ende des Buchs.

---

1. Welche der folgenden Aussagen trifft auf zusammengesetzte Steuerelemente zu? (Wählen Sie alle zutreffenden Antworten aus.)
   A. Zusammengesetzte Steuerelemente setzen sich aus vorhandenen Windows Forms-Steuerelementen zusammen.
   B. Zusammengesetzte Steuerelemente können zusätzliche Funktionalität aufweisen, die durch zusätzliche Methoden, Eigenschaften und Ereignisse implementiert wird.
   C. Zusammengesetzte Steuerelemente müssen ihre Darstellung auf dem Bildschirm selbst übernehmen.
   D. Zusammengesetzte Steuerelemente machen die Eigenschaften der untergeordneten Steuerelemente automatisch als eigene Eigenschaften verfügbar.
2. Was ist erforderlich, um eine Toolbox-Bitmap für ein Steuerelement bereitzustellen? (Wählen Sie alle zutreffenden Antworten aus.)
   A. Sie müssen eine Bitmap mit 16 × 16 Pixeln als Toolbox-Bitmap erstellen.
   B. Sie müssen zwar eine Bitmap bereitstellen, die als Toolbox-Bitmap dient, aber deren Größe ist uninteressant, weil das .NET Framework die Größe automatisch anpasst.
   C. Sie müssen die `Image`-Eigenschaft des Steuerelements auf die betreffende Bitmap einstellen, die Sie als Toolbox-Bitmap verwenden wollen.
   D. Sie müssen mit einem `TooboxBitmap`-Attribut einen Pfadnamen, einen Typ oder die Kombination von einem Typ und einem Ressourcennamen angeben.

Lektion 2: Erstellen von benutzerdefinierten Steuerelementen

Benutzerdefinierte Steuerelemente bieten die größte Flexibilität, weil man praktisch alles einstellen und anpassen kann, aber ihre Entwicklung erfordert auch den größten Zeitaufwand. Es gibt keine Standardoberfläche für benutzerdefinierte Steuerelemente, und für ihre Darstellung auf dem Bildschirm muss der entsprechende Code entwickelt werden. Außerdem bieten die Designer nur eine beschränkte Unterstützung für benutzerdefinierte Steuerelemente. Sie können Komponenten aus der Toolbox hinzufügen, aber praktisch kein grafisches Design durchführen. Wegen dieser Probleme können benutzerdefinierte Steuerelemente die schwierigste Art von Steuerelementen sein, die man entwickeln kann. Sie sind trotzdem die beste Wahl, wenn es um die Erstellung von speziellen Steuerelementen mit komplexer Darstellung geht. In dieser Lektion erfahren Sie, wie man ein einfaches benutzerdefiniertes Steuerelement entwickelt.

Am Ende dieser Lektion werden Sie in der Lage sein, die folgenden Aufgaben auszuführen:

- Entwickeln eines benutzerdefinierten Steuerelements
- Anpassen der Darstellung von Steuerelementen

Veranschlagte Zeit für diese Lektion: 30 Minuten

Überblick über benutzerdefinierte Steuerelemente

Wenn es um die Entwicklung von Steuerelementen geht, bieten benutzerdefinierte Steuerelemente die größte Flexibilität. Einem benutzerdefinierten Steuerelement können Sie genau das gewünschte Erscheinungsbild geben. Und Sie können genau die Funktionen vorsehen, die für die Interaktion mit dem Benutzer erforderlich sind.

Der Designer für benutzerdefinierte Steuerelemente präsentiert sich deutlich schlichter als der Designer für Benutzersteuerelemente. Benutzerdefinierte Steuerelemente haben kein Standarderscheinungsbild. Daher zeigt sich der Designer einfach als graues Fenster. Sie können Komponenten wie `Timer` oder `BackgroundWorker` von der Toolbox auf den Designer ziehen und deren Funktionalität in Ihr Steuerelement aufnehmen. Im Prinzip könnten Sie auch Steuerelemente auf den Designer ziehen und in Ihr Steuerelement einbauen, aber diese Steuerelemente werden nicht als Teil des benutzerdefinierten Steuerelements angezeigt. Wenn Sie bereits vorhandene Steuerelemente in ein eigenes Steuerelement einbauen möchten, erstellen Sie ein Benutzersteuerelement, wie in Lektion 1, „Erstellen von zusammengesetzten Steuerelementen", beschrieben.

Benutzerdefinierte Steuerelemente werden von der Klasse `Control` abgeleitet. Die Klasse `Control` bietet bereits einen großen Teil der Funktionen, die ein Steuerelement braucht. Sie stellt die Grundfunktionen für die Interaktion des Steuerelements mit dem Rest der Anwendung bereit. Zum Beispiel versetzt Sie das Steuerelement in die Lage, das Vorhandensein der Maus zu erkennen. Und sie enthält bereits die für Steuerelemente üblichen Ereignisse, wie beispielsweise `Click`. Die `Control`-Klasse umfasst zudem Eigenschaften für die Definition der Benutzeroberfläche, wie `ForeColor`, `BackColor`, `Visible`, `Location` und so weiter. Allerdings enthält die `Control`-Klasse noch keine speziellen Steuerelementfunktionen.

Die wichtigste Arbeit bei der Erstellung eines benutzerdefinierten Steuerelements ist die Implementierung der sichtbaren Steuerelementoberfläche. Sie können für die Darstellung des Steuerelements auf dem Bildschirm sorgen, indem Sie die `OnPaint`-Methode implementieren. Diese Methode wird immer dann aufgerufen, wenn es um die Darstellung des Steuerelements auf dem Bildschirm geht, und sollte daher den entsprechenden Code enthalten. Bevor es aber an die Implementierung der `OnPaint`-Methode geht, empfiehlt sich ein Blick auf die Grafik- und Zeichenklassen, die im .NET Framework zur Verfügung stehen.

Einführung in die *System.Drawing*-Namespaces

Die `System.Drawing`-Namespaces verfügen über ein umfangreiches Grafikangebot. Im Rahmen dieses Buchs ist zwar keine ausführliche Beschreibung möglich, aber Sie erfahren genug über die Grundfunktionen, um eine einfache Benutzeroberfläche für ein benutzerdefiniertes Steuerelement entwickeln zu können. Tabelle 14.1 beschreibt die allgemeinen Aufgaben der Klassen, die in den `System.Drawing`-Namespaces zur Verfügung stehen.

Tabelle 14.1 Die `System.Drawing`-Namespaces

Namespace	Beschreibung
`System.Drawing`	Der Hauptteil der Klassen, die für die Anzeige grafischer Inhalte auf dem Bildschirm zuständig sind
`System.Drawing.Design`	Klassen mit zusätzlichen Grafikfunktionen für die Entwurfszeit
`System.Drawing.Drawing2D`	Klassen für zweidimensionale Grafiken und Vektorgrafiken
`System.Drawing.Imaging`	Klassen für die Bearbeitung und Anzeige von Bildern
`System.Drawing.Printing`	Klassen für den Grafikdruck
`System.Drawing.Text`	Klassen für die Arbeit mit Schriften

Die meisten Klassen, die Sie zur Darstellung eines Steuerelements brauchen, liegen in den Namespaces `System.Drawing` und `System.Drawing.Drawing2D`.

Die *Graphics*-Klasse

Die Klasse `Graphics` ist die wichtigste Klasse für die Anzeige von Grafik. Eine Instanz der `Graphics`-Klasse stellt gewissermaßen die Leinwand dar, auf der ein visuelles Element wie ein Formular oder ein Steuerelement gemalt oder gezeichnet wird. Die `Graphics`-Klasse kapselt die Schnittstelle zwischen dem .NET Framework und dem Grafikausgabesystem und dient zur Anzeige der visuellen Elemente der Benutzeroberfläche.

Da ein `Graphics`-Objekt mit einem visuellen Element verknüpft sein muss, können Sie ein `Graphics`-Objekt nicht direkt erstellen. Stattdessen müssen Sie von dem visuellen Element, dem das `Graphics`-Objekt gehört, einen Verweis auf das `Graphics`-Objekt anfordern. Klassen, die von `Control` abgeleitet werden (wie `Form` und die benutzerdefinierten Steuerelemente, die Sie erstellen), haben eine `CreateGraphics`-Methode, die einen Verweis auf das mit dem Steuerelement verknüpfte `Graphics`-Objekt zurückgibt. Der folgende Code demonstriert, wie man auf das `Graphics`-Objekt eines Steuerelements namens `myControl` zugreifen kann:

```
' VB
Dim myGraphics As System.Drawing.Graphics
myGraphics = myControl.CreateGraphics()

// C#
System.Drawing.Graphics myGraphics;
myGraphics = myControl.CreateGraphics();
```

Die Graphics-Klasse bietet eine ganze Reihe von Funktionen für die Ausgabe von Grafik auf der Oberfläche, die das betreffende Objekt darstellt. Um die Übersicht zu behalten, kann man diese Methoden in zwei Gruppen aufteilen. Die eine Gruppe enthält Methoden, die mit Strichen und Linien Figuren anzeigt, und die zweite Gruppe enthält Methoden, die nicht die Umrisse und Kanten der Figuren betonen, sondern deren Flächen ausmalen. Die Tabellen 14.2 und 14.3 beschreiben einige dieser Methoden.

Tabelle 14.2 Methoden zur Anzeige der Umrisse und Kanten von Figuren

Methode	**Beschreibung**
DrawArc	Zeichnet einen Bogen, der einen Teil einer Ellipse darstellt.
DrawClosedCurve	Zeichnet eine geschlossene Kurve, die durch eine Reihe von Punkten definiert wird.
DrawCurve	Zeichnet einen offene Kurve, die durch eine Reihe von Punkten definiert wird.
DrawEllipse	Zeichnet eine Ellipse, die durch ein Begrenzungsrechteck definiert wird.
DrawLine	Zeichnet eine Linie, die zwei Punkte verbindet.
DrawLines	Zeichnet einen Linienzug, der durch ein Punktearray definiert wird.
DrawPath	Zeichnet ein GraphicsPath-Objekt, mit dem gewöhnlich eine komplexe Grafik definiert wird.
DrawPie	Zeichnet ein Tortenstück, also einen entsprechend geformten Ausschnitt aus einer Ellipse.
DrawPolygon	Zeichnet ein Polygon, das durch eine Reihe von Punkten definiert wird.
DrawRectangle	Zeichnet ein Rechteck.
DrawRectangles	Zeichnet eine Reihe von Rechtecken.

Tabelle 14.3 Methoden zur Darstellung von Figuren mit ausgemalten Flächen

Methode	**Beschreibung**
FillClosedCurve	Zeichnet eine ausgemalte geschlossene Kurve, die durch eine Reihe von Punkten definiert wird.
FillEllipse	Zeichnet eine ausgemalte Ellipse.
FillPath	Zeichnet ein ausgemaltes GraphicsPath-Objekt, mit dem gewöhnlich eine komplexe Grafik definiert wird.
FillPie	Zeichnet ein ausgemaltes Tortenstück, also einen entsprechend geformten Ausschnitt aus einer Ellipse.
FillPolygon	Zeichnet ein ausgemaltes Polygon, das durch ein Punktearray definiert wird.
FillRectangle	Zeichnet ein ausgemaltes Rechteck.
FillRectangles	Zeichnet eine Reihe von ausgemalten Rechtecken.
FillRegion	Zeichnet ein ausgemaltes Region-Objekt, das gewöhnlich einer komplexen Figur entspricht.

Jede dieser Methoden hat Parameter zur Angabe von bestimmten Koordinatenpunkten und der Position der zu zeichnenden Figur. Außerdem braucht jede Methode ein bestimmtes Objekt, mit dem die Ausgabe erfolgt. Bei Linienstrukturen handelt es sich um ein Pen-Objekt, bei ausgemalten Figuren ist es ein Brush-Objekt.

Erstellen von *Pen*-Objekten

Ein Pen-Objekt ist ein Objekt, mit dem Linien gezogen werden. Anders gesagt, es ist ein Schreibstift. Wie ein realer Schreibstift ermöglicht ein Pen-Objekt das Ziehen einer Linie mit einer bestimmten Breite. Sie können eine neue Instanz eines Pen-Objekts mit der gewünschten Farbe wie folgt anlegen:

```
' VB
Dim myPen As New Pen(Color.Tomato)

// C#
Pen myPen = new Pen(Color.Tomato);
```

Standardmäßig ist der Strich, den ein auf diese Weise erstellter Stift zieht, nur 1 Pixel breit. Sie können aber eine andere Strichbreite festlegen. Das folgende Beispiel zeigt, wie man ein Pen-Objekt für eine Strichbreite von 3 Pixeln erstellt.

```
' VB
Dim myPen As New Pen(Color.Tomato, 3)

// C#
Pen myPen = new Pen(Color.Tomato, 3);
```

Erstellen von *Brush*-Objekten

Wie mit dem Pinsel eines Malers lassen sich auch mit einem Brush-Objekt Figuren und Buchstaben ausmalen. Ein Brush-Objekt wird für jede Graphics-Methode gebraucht, die ausgemalte Figuren erstellt. Es gibt zwar mehrere Brush-Klassen, mit denen sich unterschiedliche visuelle Effekte erzielen lassen, aber am häufigsten werden Sie die Klasse SolidBrush verwenden, die ungemusterte einfarbige Flächen liefert. Das folgende Beispiel zeigt, wie man ein SolidBrush-Objekt in der gewünschten Farbe erstellt.

```
' VB
Dim myBrush As New SolidBrush(Color.Lime)

// C#
SolidBrush myBrush = new SolidBrush(Color.Lime);
```

SystemBrushes und *SystemPens*

Mit den Klassen SystemPens und SystemBrushes können Sie Pen- und Brush-Objekte auch in den Farben erstellen, die vom System zur Anzeige der Benutzeroberfläche verwendet werden. Das kann sinnvoll sein, wenn Sie das Aussehen und Verhalten Ihrer Anwendung an die aktuell auf einem System eingestellten Farben anpassen möchten oder wenn Sie dafür sorgen möchten, dass auch der Kontrastmodus verfügbar ist. Der folgende Beispielcode demonstriert, wie man von SystemPens oder SystemBrushes einen Verweis auf ein Objekt anfordert.

```
' VB
Dim myPen As Pen = SystemPens.Control
Dim myBrush As Brush = SystemBrushes.Control
```

```
// C#
Pen myPen = SystemPens.Control;
Brush myBrush = SystemBrushes.Control;
```

Zeichnen einfacher Figuren

Mit den Methoden des `Graphics`-Objekts können Sie eine Reihe von einfachen Figuren zeichnen, wie in den Tabellen 14.2 und 14.3 beschrieben.

Alle Methoden, die Umrisse und Kanten der Figuren darstellen, werden mit einem `Pen`-Objekt aufgerufen. In ähnlicher Weise werden alle Methoden, die Figuren mit ausgemalten Flächen darstellen, mit einem `Brush`-Objekt aufgerufen. Außerdem müssen Sie noch die restlichen Argumente angeben, beispielsweise Koordinaten oder andere Objekte. Wenn Koordinaten anzugeben sind, dann beziehen sie sich auf das Koordinatensystem der Zeichenoberfläche, die durch das `Graphics`-Objekt dargestellt wird. Stellt das `Graphics`-Objekt, das Sie verwenden, zum Beispiel ein Steuerelement dar, dann bezeichnen die Koordinaten (0,0) die obere linke Ecke des Steuerelements. Beachten Sie bitte, dass diese Koordinaten unabhängig von der Position des Steuerelements sind, die durch die `Location`-Eigenschaft angegeben wird, weil die `Location`-Eigenschaft die Position der oberen linken Ecke des Steuerelements im Koordinatensystem seines Containers angibt. Das folgende Beispiel zeigt, wie man mit dem `Graphics`-Objekt des Formulars eine ausgemalte Ellipse anzeigen kann.

```
' VB
Dim myBrush As New SolidBrush(Color.PapayaWhip)
Dim g As Graphics = Me.CreateGraphics()
Dim myRectangle As New Rectangle(0,0,10,30)
g.FillEllipse(myBrush, myRectangle)
g.Dispose()
myBrush.Dispose()

// C#
SolidBrush myBrush = new SolidBrush(Color.PapayaWhip);
Graphics g  = this.CreateGraphics();
Rectangle myRectangle = new Rectangle(0,0,10,30);
g.FillEllipse(myBrush, myRectangle);
g.Dispose();
myBrush.Dispose();
```

Beachten Sie bitte, dass Sie anschließend immer die `Dispose`-Methoden der `Pen`-, `Brush`- und `Graphics`-Objekte aufrufen sollten, weil die Objekte Systemressourcen beanspruchen. Die Leistung verschlechtert sich, wenn man solche Objekte nicht umgehend wieder abgibt.

Ausgeben von Text

Das `Graphics`-Objekt hat eine Methode namens `DrawString`, die zur Textausgabe verwendet werden kann. Außer dem Text müssen Sie auch die obere linke Ecke als Textposition angeben, sowie ein `Brush`-Objekt und die gewünschte Schriftart. Das folgende Beispiel demonstriert, wie man mit der Methode `DrawString` Text auf einem Formular ausgeben kann.

```
' VB
Dim g As Graphics = Me.CreateGraphics()
Dim myString As String = "Hello World!"
Dim myFont As New Font("Times New Roman", 36, FontStyle.Regular)
```

```
' Die letzten beiden Argumente sind die X- und Y-Koordinaten der oberen linken
' Ecke des angezeigten Textes.
g.DrawString(myString, myFont, SystemBrushes.Highlight, 20, 20)
g.Dispose()

// C#
Graphics g = this.CreateGraphics();
string myString = "Hello World!";
Font myFont = new Font("Times New Roman", 36, FontStyle.Regular);
// Die letzten beiden Argumente sind die X- und Y-Koordinaten der oberen linken
// Ecke des angezeigten Textes.
g.DrawString(myString, myFont, SystemBrushes.Highlight, 20, 20);
g.Dispose();
```

Anzeigen von benutzerdefinierten Steuerelementen durch Überschreiben der *OnPaint*-Methode

Durch die Überschreibung der Methode `OnPaint` können Sie dafür sorgen, dass sich ein benutzerdefiniertes Steuerelement auf dem Bildschirm darstellen kann. Die `OnPaint`-Methode löst intern das `Paint`-Ereignis aus und enthält den Code, der zur Darstellung eines Steuerelements auf dem Bildschirm erforderlich ist.

Die `OnPaint`-Methode hat einen einzigen Parameter, nämlich eine Instanz von `PaintEventArgs`. Diese Instanz von `PaintEventArgs` hat zwei wichtige Member. Die Eigenschaft `ClipRectangle` gibt das Begrenzungsrechteck an, innerhalb dessen alle Ausgaben erfolgen. Die Eigenschaft `Graphics` enthält das `Graphics`-Objekt, das die Zeichenoberfläche für das Steuerelement darstellt.

Wenn ein Steuerelement angezeigt oder aktualisiert wird, muss nur der Teil tatsächlich auf dem Bildschirm neu dargestellt werden, in dem sich etwas geändert hat. Falls das gesamte Steuerelement betroffen ist, umfasst das Begrenzungsrechteck des `ClipRectangle`-Objekts das gesamte Steuerelement. Muss nur ein Teil des Steuerelements neu angezeigt werden, umfasst das Begrenzungsrechteck nur diesen Bereich, der neu dargestellt werden muss. Normalerweise brauchen Sie sich als Entwickler aber nicht um die `ClipRectangle`-Eigenschaft zu kümmern. Das erledigt das `Graphics`-Objekt automatisch.

Das `Graphics`-Objekt stellt die Zeichenoberfläche dar, auf der das Steuerelement angezeigt wird. Mit den Verfahren, die im vorigen Abschnitt beschrieben wurden, können Sie das Steuerelement auf dem Bildschirm darstellen. Alle Grafikausgabemethoden müssen mit den Koordinaten des Punktes aufgerufen werden, an dem die Grafik erscheinen soll. Die obere linke Ecke des Steuerelements ist der Ursprung (0,0), und die Abmessungen des Steuerelements werden durch die Eigenschaften `Control.Width` und `Control.Height` angegeben. Das folgende Beispiel zeigt, wie man die Methode `OnPaint` überschreiben und das gesamte Steuerelement als blaues Rechteck darstellen kann.

```
' VB
Protected Overrides Sub OnPaint(ByVal pe As System.Windows.Forms.PaintEventArgs)
   MyBase.OnPaint(pe)
   Dim g As Graphics = pe.Graphics
   g.FillRectangle(Brushes.Blue, 0, 0, Me.Width, Me.Height)
End Sub
```

```
// C#
protected override void OnPaint(PaintEventArgs pe)
{
   base.OnPaint(pe);
   Graphics g = pe.Graphics;
   g.FillRectangle(Brushes.Blue, 0, 0, this.Width, this.Height);
}
```

Beachten Sie bitte den Aufruf von `MyBase.OnPaint` (in Visual Basic) und `base.OnPaint` (in C#). Wenn Sie in einer abgeleiteten Klasse eine Methode überschreiben, müssen Sie gewöhnlich die entsprechende Methode der Basisklasse aufrufen, damit auch sie ihre Arbeit erledigen kann.

► **So erstellen Sie ein benutzerdefiniertes Steuerelement**

1. Fügen Sie eine neue Klasse zu Ihrem Projekt hinzu, die von der Klasse `Control` abgeleitet wird.
2. Überschreiben Sie die Methode `OnPaint`, damit sich Ihr Steuerelement auf dem Bildschirm darstellen kann.
3. Implementieren Sie die anderen Eigenschaften, Methoden und Ereignisse des Steuerelements.

Schnelltest

1. Worin unterscheidet sich ein benutzerdefiniertes Steuerelement von einem zusammengesetzten?
2. Beschreiben Sie kurz, wie die Eigenschaften `Graphics` und `ClipRectangle` von `PaintEventArgs` in der `OnPaint`-Methode verwendet werden.

Antworten zum Schnelltest

1. Ein zusammengesetztes Steuerelement setzt sich aus anderen Windows Forms-Steuerelementen zusammen, die in einer gemeinsamen Schnittstelle zu einer Einheit zusammengefasst werden. Es hat daher in gewissem Umfang eine vorgegebene sichtbare Schnittstelle und kann in einem normalen Designer bearbeitet werden. Ein benutzerdefiniertes Steuerelement hat kein vorgegebenes Erscheinungsbild und wird nur begrenzt durch Designer unterstützt. Benutzerdefinierte Steuerelemente erfordern zusätzlichen Code für ihre Darstellung auf dem Bildschirm und enthalten gewöhnlich keine anderen Windows Forms-Steuerelemente.
2. Sie müssen die Methode `OnPaint` überschreiben und in dieser Methode den Code implementieren, der das benutzerdefinierte Steuerelement auf dem Bildschirm darstellt. Die `Graphics`-Eigenschaft des `PaintEventArgs`-Parameters stellt die Zeichenoberfläche des benutzerdefinierten Steuerelements dar und bietet alle Methoden, die zur Ausgabe von Grafik auf dieser Oberfläche erforderlich sind. Die `ClipRectangle`-Eigenschaft beschreibt das Begrenzungsrechteck, innerhalb dessen sämtliche Ausgaben erfolgen, wenn das Steuerelement dargestellt wird. Das Begrenzungsrechteck wird automatisch vom `Graphics`-Objekt benutzt, während der Entwickler diese Daten normalerweise nicht explizit zu verwenden braucht.

Übung: Erstellen eines benutzerdefinierten Steuerelements

In dieser Übung erstellen Sie eine weitere Digitaluhr. Wie bei der Digitaluhr, die Sie für Lektion 1 erstellt haben, verwenden Sie auch in diesem Fall eine `Timer`-Komponente zur Aktualisierung der Zeitanzeige in der Benutzeroberfläche. Im Gegensatz zur vorigen Lektion gestalten Sie die Zeitanzeige aber selbst, statt dafür ein `Label`-Steuerelement zu verwenden.

► **Übung 1: Noch eine Digitaluhr**

1. Erstellen Sie in Visual Studio eine neue Windows-Anwendung.
2. Wählen Sie im *Projekt*-Menü *Neues Element hinzufügen*. Wählen Sie im Dialogfeld *Neues Element hinzufügen* ein *Benutzerdefiniertes Steuerelement* und klicken Sie auf *Hinzufügen*. Ein neues benutzerdefiniertes Steuerelement wird zu Ihrem Projekt hinzugefügt und im Designer geöffnet.
3. Ziehen Sie im Designer für *CustomControl1* eine *Timer*-Komponente von der Toolbox auf das Benutzersteuerelement.
4. Stellen Sie im Eigenschaftenfenster die Eigenschaft *Interval* der `Timer`-Komponente auf **1000** und die Eigenschaft *Enabled* auf *True*.
5. Klicken Sie die `Timer`-Komponente mit einem Doppelklick an, um das Codefenster mit dem Standardereignishandler für das `Timer.Tick`-Ereignis zu öffnen, und fügen Sie folgende Codezeile ein:

```
' VB
Me.Refresh()

// C#
this.Refresh();
```

6. Fügen Sie im Codefenster folgenden Code in die `OnPaint`-Methode ein, unter dem Aufruf der `OnPaint`-Methode der Basisklasse:

```
' VB
pe.Graphics.DrawString(Now.ToLongTimeString, Me.Font, New SolidBrush(Me.ForeColor), 0, 0)

// C#
pe.Graphics.DrawString(DateTime.Now.ToLongTimeString(), this.Font, new SolidBrush(this.ForeColor),
0, 0);
```

7. Wählen Sie im *Datei*-Menü *Alle speichern*, um Ihr Projekt zu speichern.
8. Öffnen Sie das Menü *Erstellen* und erstellen Sie Ihr Projekt.
9. Wählen Sie im Designer die Registerkarte von *Form1*. Ziehen Sie von der Toolbox ein *CustomControl1* auf das Formular. Eine Instanz Ihres benutzerdefinierten Steuerelements wird zum Formular hinzugefügt und beginnt mit der Zeitanzeige.
10. Drücken Sie auf die Taste `F5`, um Ihre Anwendung zu erstellen und zu starten. Beachten Sie bitte, dass das benutzerdefinierte Steuerelement zur Laufzeit genauso funktioniert wie im Designer.

Zusammenfassung der Lektion

- Neben benutzerdefinierten Methoden, Ereignissen und Eigenschaften sorgen benutzerdefinierte Steuerelemente auch mit eigenem Code für die Selbstdarstellung auf dem Bildschirm. Zur Implementierung des Codes für die Anzeige auf dem Bildschirm müssen Sie die Methode `OnPaint` überschreiben.
- Die `Graphics`-Klasse stellt eine Zeichenoberfläche dar und bietet eine ganze Reihe von Methoden zur Anzeige von Grafik und Text. Methoden, die Objekte mit Linien und Strichen darstellen, erfordern ein `Pen`-Objekt, wogegen Methoden, die Flächen ausmalen, mit einem `Brush`-Objekt aufgerufen werden.
- Bei der Anzeige eines benutzerdefinierten Steuerelements verwenden Sie zur Bezeichnung der Punkte ein einfaches Koordinatensystem. Der Punkt (0,0) ist die obere linke Ecke des Steuerelements, während der Punkt (`Width`, `Height`), der durch die Breite und Höhe des Steuerelements angegeben wird, die untere rechte Ecke des Steuerelements darstellt.

Lernzielkontrolle

Die folgenden Fragen dienen dazu, die wichtigsten Lerninhalte dieser Lektion zu vertiefen. Die Fragen sind (in englischer Sprache) auch auf der Begleit-CD zu finden, falls Sie die elektronische Form der Fragen vorziehen.

Hinweis Die Antworten

Die Antworten auf die Fragen und Erläuterungen, warum die entsprechende Antwort richtig oder falsch ist, finden Sie im Abschnitt „Antworten" am Ende des Buchs.

---

1. Welche der folgenden Aussagen gelten für die `Graphics`-Klasse? (Wählen Sie alle zutreffenden Antworten aus.)
   A. Die `Graphics`-Klasse kapselt `Pens` und `Brushes`, die zur Darstellung von Grafik verwendet werden können.
   B. Die `Graphics`-Klasse stellt eine Zeichenoberfläche dar, zum Beispiel für ein Formular oder ein Steuerelement.
   C. Die `Graphics`-Klasse bietet eine Reihe von Methoden an, mit denen Figuren gezeichnet werden können, wobei die Flächen der Figuren auch ausgemalt werden können.
   D. Sie erhalten einen Verweis auf eine Instanz der `Graphics`-Klasse, indem Sie `Control.CreateGraphics` aufrufen. In der `OnPaint`-Methode erhalten Sie den Verweis vom `PaintEventArgs`-Parameter.
2. Welche Aussagen treffen für benutzerdefinierte Steuerelemente zu? (Wählen Sie alle zutreffenden Antworten aus.)
   A. Benutzerdefinierte Steuerelemente müssen ihren eigenen Anzeigecode implementieren.
   B. Benutzerdefinierte Steuerelemente können andere Windows Forms-Komponenten aufnehmen.
   C. Benutzerdefinierte Steuerelemente bieten eine sichtbare Standardoberfläche, die durch zusätzlichen Anzeigecode ergänzt wird.
   D. Benutzerdefinierte Steuerelemente werden von der Klasse `UserControl` abgeleitet.

Lektion 3: Erstellen von erweiterten Steuerelementen und Dialogfeldern

Neben Steuerelementen, die sich aus anderen Windows Forms-Steuerelementen zusammensetzen, und benutzerdefinierten Steuerelementen, die ihre eigene visuelle Schnittstelle implementieren, können Sie auch Steuerelemente erstellen, die andere Steuerelemente erweitern. Sie fügen Eigenschaften und Methoden zu vorhandenen Steuerelementen hinzu und erstellen bei Bedarf sogar eine andere visuelle Repräsentation für ein Standardsteuerelement (beispielsweise eine runde Schaltfläche). In dieser Lektion erfahren Sie, wie man erweiterte Steuerelemente und Dialogfelder erstellt.

Am Ende dieser Lektion werden Sie in der Lage sein, die folgenden Aufgaben auszuführen:

- Erstellen und Verwenden von benutzerdefinierten Dialogfeldern in Windows-Anwendungen
- Entwickeln eines erweiterten Steuerelements (von einem vorhandenen Windows Forms-Steuerelement abgeleitet)

Veranschlagte Zeit für diese Lektion: 30 Minuten

Benutzerdefinierte Dialogfelder

Dialogfelder werden weithin eingesetzt, um Informationen zu erfassen, die der Benutzer in der Anwendung eingeben soll. Visual Studio bietet beispielsweise vordefinierte Dialogfelder an, mit denen der Benutzer eine Datei, eine Schriftart oder eine Farbe auswählen kann. Zur Erfassung spezieller Informationen können Sie auch benutzerdefinierte Dialogfelder erstellen. So können Sie zum Beispiel ein Dialogfeld erstellen, das vom Benutzer Informationen abfragt und an das Hauptformular der Anwendung weiterleitet.

Gewöhnlich enthält ein Dialogfeld eine *OK*-Schaltfläche, eine *Abbrechen*-Schaltfläche und die Steuerelemente, die zur Erfassung der Informationen gebraucht werden. Die *OK*-Schaltfläche dient dazu, die eingegebenen Informationen anzunehmen und das Dialogfeld zu schließen, wobei der Rückgabewert `DialogResult.OK` ist. Die *Abbrechen*-Schaltfläche dient dazu, die Eingaben des Benutzers zu verwerfen und das Formular zu schließen, wobei der Rückgabewert `DialogResult.Cancel` ist.

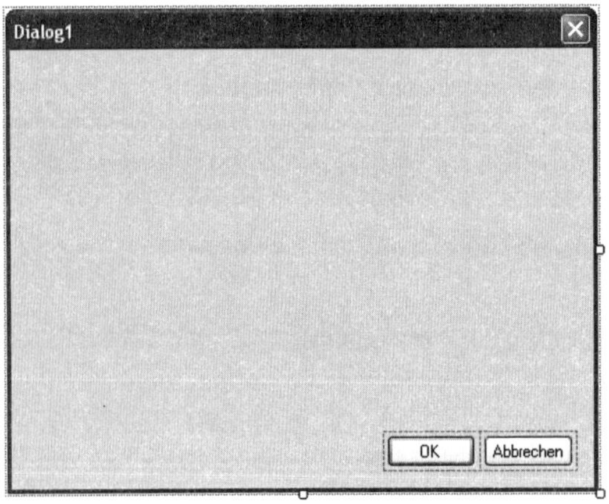

Abbildung 14.2 Die Dialogfeldvorlage

Visual Studio .NET bietet eine Vorlage für Dialogfelder. Sie können ein neues Dialogfeld zu Ihrer Anwendung hinzufügen, indem Sie das Menü *Projekt* öffnen, den Befehl *Neues Element hinzufügen* geben und dann die Vorlage *Dialogfeld* auswählen. Abbildung 14.2 zeigt ein Beispiel für eine Dialogfeldvorlage, die zu einer Anwendung hinzugefügt wurde.

Im Eigenschaftenfenster können Sie die *DialogResult*-Eigenschaft für die *OK*- und *Abbrechen*-Schaltflächen festlegen. Im Allgemeinen sollten Sie *DialogResult* für die *OK*-Schaltfläche auf *OK* einstellen und für die *Abbrechen*-Schaltfläche auf *Cancel*.

Modale und nichtmodale Dialogfelder

Ein *modales* Dialogfeld ist ein Dialogfeld, das die Programmausführung so lange blockiert, bis das Dialogfeld wieder geschlossen wird. Ein *nichtmodales* Dialogfeld erlaubt im Gegensatz dazu eine weitere Benutzung des Programms, obwohl das Dialogfeld noch geöffnet ist.

Anzeigen eines Dialogfelds

Sie können ein nichtmodales Dialogfeld mit der Methode `Form.Show` anzeigen, wie hier gezeigt:

```
' VB
' Gegeben sei eine Dialogfeldklasse namens DialogForm.
Dim aDialog As New DialogForm()
aDialog.Show()

// C#
DialogForm aDialog = new DialogForm();
aDialog.Show();
```

Wird es nichtmodal angezeigt, gibt ein Dialogfeld keinen Wert zurück und hält auch nicht die weitere Programmausführung auf. Trotzdem können Sie aus den Eigenschaften des Dialogfelds noch Werte auslesen.

Mit der Methode `Form.ShowDialog` können Sie ein Dialogfeld wie folgt modal anzeigen:

```
' VB
Dim aDialog As New DialogForm()
aDialog.ShowDialog()

// C#
DialogForm aDialog = new DialogForm();
aDialog.ShowDialog();
```

Die `ShowDialog`-Methode gibt den `DialogResult`-Wert der Schaltfläche zurück, die angeklickt wurde, um das Dialogfeld zu schließen. Wurde kein Wert für die Eigenschaft `Button.DialogResult` festgelegt, gibt die Methode `DialogResult.None` zurück. Das folgende Beispiel zeigt, wie man den `DialogResult`-Wert eines Dialogfelds abfragt:

```
' VB
Dim aDialog As New DialogForm()
Dim aResult As DialogResult
aResult = aDialog.ShowDialog()
If aResult = DialogResult.OK Then
   ' Tu etwas mit den Informationen, die im Dialogfeld eingegeben wurden.
End If
```

```
// C#
DialogForm aDialog = new DialogForm();
DialogResult aResult;
aResult = aDialog.ShowDialog();
if (aResult == DialogResult.OK)
{
   // Tu etwas mit den Informationen, die im Dialogfeld eingegeben wurden.
}
```

Einstellen der *ParentForm*-Eigenschaft eines Dialogfelds

Mit der Methode `ShowDialog` können Sie auch die `ParentForm`-Eigenschaft des Dialogfelds einstellen, indem Sie das übergeordnete Formular beim Aufruf als Argument angeben:

```
' VB
Dim aDialog As New DialogForm()
Dim aResult As DialogResult
aResult = aDialog.ShowDialog(Me)

// C#
DialogForm aDialog = new DialogForm();
DialogResult aResult;
aResult = aDialog.ShowDialog(this);
```

Abrufen von Informationen aus dem übergeordneten Formular

Nachdem das übergeordnete Formular festgelegt wurde, können Sie Informationen aus diesem Formular abrufen, indem Sie den Wert aus der `ParentForm`-Eigenschaft in den passenden Typ konvertieren und dann die gewünschten Eigenschaften auslesen wie im folgenden Beispiel. Das Beispiel geht davon aus, dass es eine Instanz eines Dialogfelds namens `DialogForm` gibt und dass die Eigenschaft `ParentForm` auf eine Formularinstanz namens `Form1` eingestellt wurde.

```
' VB
Dim aForm As Form1
aForm = CType(DialogForm.ParentForm, Form1)
' Nun können Sie Informationen aus dem übergeordneten Formular auslesen.

// C#
Form1 aForm;
aForm = (Form1)DialogForm.ParentForm;
// Nun können Sie Informationen aus dem übergeordneten Formular auslesen.
```

Wenn ein Dialogfeld geschlossen wurde, ist es zwar nicht mehr sichtbar, aber trotzdem noch im Arbeitsspeicher vorhanden. Sie können dann die Eingaben des Benutzers aus dem Dialogfeld auslesen.

Abrufen von Dialogfelddaten aus Eigenschaften

Im Allgemeinen sollten Sie die Eingaben, die ein Benutzer in einem Dialogfeld vornimmt, als Eigenschaften des Dialogfelds verfügbar machen. Beispielsweise könnte ein Dialogfeld, in dem der Benutzer einen Vornamen eingibt, diesen Vornamen in einer Eigenschaft `FirstName` verfügbar machen. Das folgende Beispiel zeigt, wie eine Eigenschaft für ein Dialogfeld erstellt wird, die aus einem

Textfeld namens `txtFirstName` die Benutzereingabe ausliest und sie als schreibgeschützte Eigenschaft mit Namen `FirstName` zugänglich macht.

```
' VB
Public ReadOnly Property FirstName() As String
   Get
      Return txtFirstName.Text
   End Get
End Property

// C#
public string FirstName
{
   get
   {
      return txtFirstName.Text;
   }
}
```

Sie können dann die Eigenschaft des Dialogfelds auslesen, um den Vornamen zu erfahren:

```
' VB
Dim name As String
name = DialogBox.FirstName

// C#
string name;
name = DialogBox.FirstName;
```

Erstellen von erweiterten Steuerelementen

Erweiterte Steuerelemente sind benutzerdefinierte Steuerelemente, die ein vorhandenes .NET Framework-Steuerelement erweitern. Bei der Erweiterung können Sie dafür sorgen, dass die Funktionalität des Steuerelements erhalten bleibt, und Eigenschaften und Methoden hinzufügen. Wenn es erforderlich wird, können Sie auch das Erscheinungsbild des Steuerelements ändern.

Erweitern eines Steuerelements

Sie können ein erweitertes Steuerelement erstellen, indem Sie eine Klasse erstellen, die vom fraglichen Steuerelement abgeleitet wird. Das folgende Beispiel zeigt, wie sich ein Steuerelement erstellen lässt, das von der Klasse `Button` abgeleitet wird:

```
' VB
Public Class ExtendedButton
   Inherits System.Windows.Forms.Button
End Class

// C#
public class ExtendedButton : System.Windows.Forms.Button
{}
```

Die Klasse ExtendedButton, die im obigen Beispiel erstellt wurde, führt zu einem Steuerelement mit demselben Erscheinungsbild, Verhalten und den Eigenschaften wie die Button-Klasse. Aber Sie können die Funktionalität erweitern, indem Sie Eigenschaften und Methoden hinzufügen. Das folgende Beispiel zeigt, wie man eine Eigenschaft namens ButtonValue hinzufügt, die eine ganze Zahl zurückgibt.

```
' VB
Public Class ExtendedButton
   Inherits System.Windows.Forms.Button
   Private mValue As Integer
   Public Property ButtonValue() As Integer
   Get
      Return mValue
   End Get
   Set(ByVal Value As Integer)
      mValue = Value
   End Set
End Class

// C#
public class ExtendedButton : System.Windows.Forms.Button
{
   int mValue;
   public int ButtonValue
   {
      get
      {
         return mValue;
      }
      set
      {
         mValue = value;
      }
   }
}
```

Überschreiben von Methoden

Sie können nicht nur neue Methoden und Eigenschaften zu Ihrem Steuerelement hinzufügen, sondern auch neue Implementierungen für Methoden vorsehen, die es bereits gibt, indem Sie die Methoden überschreiben. Durch Überschreibung können Sie die Implementierung einer Methode aus der Basisklasse durch Ihre eigene Implementierung ersetzen oder die Methode aus der Basisklasse erweitern. Das folgende Beispiel zeigt, wie die Methode OnClick in einer von Button abgeleiteten Klasse überschrieben wird. Die neue Implementierung inkrementiert eine Variable namens Clicks und ruft dann die OnClick-Implementierung der Basisklasse auf.

```
' VB
Protected Overrides Sub OnClick(ByVal e As System.EventArgs)
   Clicks += 1
   MyBase.OnClick(e)
End Sub
```

```
// C#
protected override void OnClick(System.EventArgs e)
{
   Clicks++;
   base.OnClick(e);
}
```

Ändern des Erscheinungsbilds eines abgeleiteten Steuerelements

Bei einigen Steuerelementen können Sie durch eine Überschreibung der Methode `OnPaint` das Erscheinungsbild ändern. Auf diese Weise können Sie die Darstellung des Steuerelements auf dem Bildschirm erweitern oder durch eine eigene Darstellung ersetzen. Zur Erweiterung der Standarddarstellung des Steuerelements müssen Sie mit dem Aufruf der Methode `MyBase.OnPaint` (Visual Basic) oder `base.OnPaint` (C#) dafür sorgen, dass auch der Darstellungscode der Basisklasse ausgeführt wird. Wenn Sie die Darstellung des Steuerelements durch eine eigene Darstellung ersetzen wollen, können Sie den Aufruf der `OnPaint`-Methode der Basisklasse auch weglassen. Das folgende Beispiel zeigt, wie eine einfache elliptische Schaltfläche erstellt wird. Beachten Sie bitte, dass nur eine simple zweidimensionale Darstellung einer Ellipse erfolgt und noch keine Feinheiten in der Darstellung vorgesehen wurden, wie beispielsweise die Anzeige eines deutlichen Umrisses.

```
' VB
Protected Overrides Sub OnPaint(ByVal pevent As System.Windows.Forms.PaintEventArgs)
   Dim x As New System.Drawing.Drawing2D.GraphicsPath
   x.AddEllipse(0, 0, Me.Width, Me.Height)
   Me.Region = New Region(x)
   MyBase.OnPaint(pevent)
End Sub

// C#
protected overrides void OnPaint(System.Windows.Forms.PaintEventArgs pevent)
{
   System.Drawing.Drawing2D.GraphicsPath x = new System.Drawing.Drawing2D.GraphicsPath();
   x.AddEllipse(0, 0, this.Width, this.Height);
   this.Region = new Region(x);
   base.OnPaint(pevent);
}
```

Schnelltest

1. Wie ermitteln Sie den Ergebniswert eines Dialogfelds?
2. Beschreiben Sie kurz die Erstellung eines erweiterten Steuerelements.

Antworten zum Schnelltest

1. Sie können das Ergebnis untersuchen, indem Sie eine Variable des Typs `DialogResult` erstellen und ihr den Rückgabewert der Methode `ShowDialog` des Dialogfelds zuweisen.
2. Sie können ein erweitertes Steuerelement erstellen, indem Sie eine Klasse erstellen, die von einem vorhandenen Steuerelement abgeleitet wird. In dieser Klasse können Sie zusätzliche Methoden und Eigenschaften implementieren sowie Methoden der Basisklasse überschreiben.

Übung: Erstellen eines erweiterten Steuerelements

In dieser Übung erstellen Sie ein neues Steuerelement, indem Sie das `Button`-Steuerelement erweitern. Sie erstellen eine neue Schaltfläche mit einer neuen Eigenschaft, in der das Steuerelement die Anzahl der Klicks mitzählt und in der unteren rechten Ecke der Schaltfläche anzeigt.

▶ Übung 1: Erstellen eines erweiterten *Button*-Steuerelements

1. Erstellen Sie in Visual Studio eine neue Windows-Anwendung.
2. Wählen Sie im *Projekt*-Menü *Klasse hinzufügen*. Nennen Sie die Klasse **ClickButton** und klicken Sie auf *Hinzufügen*.
3. Ändern Sie die Klassendefinition so ab, dass `ClickButton` von der Klasse `Button` abgeleitet wird, wie im folgenden Code:

```
' VB
Public Class ClickButton
   Inherits System.Windows.Forms.Button
End Class

// C#
public class ClickButton : System.Windows.Forms.Button
{}
```

4. Fügen Sie die folgende Variable und Eigenschaft in die Klasse `ClickButton` ein, um die Eigenschaft `Clicks` zu definieren.

```
' VB
Private mClicks As Integer = 0
Public ReadOnly Property Clicks() As Integer
   Get
      Return mClicks
   End Get
End Property

// C#
int mClicks = 0;
public int Clicks
{
   get { return mClicks; }
}
```

5. Überschreiben Sie die Methode `OnClick`, um die private Variable `mClicks` jedes Mal zu inkrementieren, wenn ein Klick auf die Schaltfläche erfolgt:

```
' VB
Protected Overrides Sub OnClick(ByVal e As System.EventArgs)
   mClicks += 1
   MyBase.OnClick(e)
   ' Invalidate()
End Sub
```

```
// C#
protected override void OnClick(EventArgs e)
{
   mClicks++;
   base.OnClick(e);
   // Invalidate()
}
```

6. Überschreiben Sie die `OnPaint`-Methode, um unten rechts auf der Schaltfläche die Anzahl der Klicks anzuzeigen, wie folgt:

```
' VB
Protected Overrides Sub OnPaint(ByVal pevent As System.Windows.Forms.PaintEventArgs)
   MyBase.OnPaint(pevent)
   Dim g As Graphics = pevent.Graphics
   Dim stringsize As SizeF
   stringsize = g.MeasureString(Clicks.ToString, Me.Font, Me.Width)
   g.DrawString(Clicks.ToString, Me.Font, SystemBrushes.ControlText, _
      Me.Width - stringsize.Width - 3, Me.Height - stringsize.Height - 3)
End Sub
```

```
// C#
protected override void OnPaint(System.Windows.Forms.PaintEventArgs pevent)
{
   base.OnPaint(pevent);
   System.Drawing.Graphics g = pevent.Graphics;
   System.Drawing.SizeF stringsize;
   stringsize = g.MeasureString(Clicks.ToString(), this.Font, this.Width);
   g.DrawString(Clicks.ToString(), this.Font,
      System.Drawing.SystemBrushes.ControlText, this.Width -
      stringsize.Width - 3, this.Height - stringsize.Height - 3);
}
```

7. Wählen Sie im *Datei*-Menü *Alle speichern*, um Ihr Projekt zu speichern.
8. Öffnen Sie das Menü *Erstellen* und erstellen Sie Ihr Projekt.
9. Wählen Sie im Designer die Registerkarte von *Form1*.
10. Ziehen Sie von der Toolbox eine Instanz von *ClickButton* auf das Formular und vergrößern Sie die Schaltfläche etwas.
11. Drücken Sie auf die Taste `F5`, um das Beispielprogramm zu kompilieren und zu starten.
12. Klicken Sie im Formular auf *ClickButton*. Beachten Sie bitte, dass die Anzahl der Klicks in der unteren rechten Ecke der Schaltfläche angezeigt wird. Anscheinend erfolgt der Aufruf von `OnPaint` aber vor dem Aufruf von `OnClick`, sodass das Steuerelement immer einen Klick zu wenig anzeigt. Wenn das auch bei Ihnen der Fall ist, fügen Sie einen `Invalidate`-Aufruf in die `OnClick`-Methode ein, und zwar hinter dem vorhandenen Code.

Zusammenfassung der Lektion

- Dialogfelder sind spezielle Formulare, deren Aufgabe es ist, Daten zu erfassen, die der Benutzer eingibt. Dialogfelder können modal oder nichtmodal angezeigt werden. Modale Dialogfelder halten die Programmausführung an, bis sie wieder geschlossen werden, während nichtmodale Dialogfelder eine weitere Benutzung der Anwendung zulassen, während sie noch angezeigt werden.
- Mit der Methode `ShowDialog` können Sie auch das übergeordnete Formular eines Dialogfelds festlegen. Informationen können Sie vom übergeordneten Formular abrufen, wenn Sie den Verweis auf das übergeordnete Formular in den passenden Typ konvertieren.
- Sie können ein erweitertes Steuerelement erstellen, indem Sie von einem vorhandenen Steuerelement eine neue Klasse ableiten. Erweiterte Steuerelemente kapseln die Funktionen des Basissteuerelements. Außerdem können Sie im abgeleiteten Steuerelement neue Eigenschaften, Methoden und Ereignisse definieren oder vorhandene Methoden der Basisklasse überschreiben, um die Methoden zu erweitern oder zu ersetzen.
- Das Erscheinungsbild eines erweiterten Steuerelements können Sie ändern, indem Sie die `OnPaint`-Methode überschreiben. Wenn Sie die Darstellung des Steuerelements nur ändern oder erweitern möchten, sollten Sie die `OnPaint`-Methode der Basisklasse aufrufen. Soll Ihr Steuerelement völlig anders aussehen, können Sie den Aufruf der `OnPaint`-Basisklassenmethode auch weglassen.

Lernzielkontrolle

Die folgenden Fragen dienen dazu, die wichtigsten Lerninhalte dieser Lektion zu vertiefen. Die Fragen sind (in englischer Sprache) auch auf der Begleit-CD zu finden, falls Sie die elektronische Form der Fragen vorziehen.

Hinweis Die Antworten

Die Antworten auf die Fragen und Erläuterungen, warum die entsprechende Antwort richtig oder falsch ist, finden Sie im Abschnitt „Antworten" am Ende des Buchs.

---

1. Welches der folgenden Codebeispiele demonstriert korrekt, wie der Rückgabewert eines Dialogfelds abgefragt wird?

   A.

```
' VB
Dim aResult As DialogResult
aResult = DialogForm.Show()

// C#
DialogResult aResult;
aResult = DialogForm.Show();
```

B.

```
' VB
Dim aResult As DialogResult
aResult = DialogForm.ShowDialog()

// C#
DialogResult aResult;
aResult = DialogForm.ShowDialog();
```

C.

```
' VB
Dim aResult As DialogResult
aResult = DialogForm.Show(Me)

// C#
DialogResult aResult;
aResult = DialogForm.Show(this);
```

D.

```
' VB
Dim aResult As DialogResult
aResult = DialogForm.ShowDialog(DialogResult.OK)

// C#
DialogResult aResult;
aResult = DialogForm.ShowDialog(DialogResult.OK);
```

2. Was ist zur Erstellung eines erweiterten Steuerelements erforderlich?

   A. Sie müssen die Methode `OnPaint` überschreiben und den Code für die Darstellung des Steuerelements implementieren.

   B. Sie müssen eine Toolbox-Bitmap für das neue Steuerelement bereitstellen.

   C. Sie müssen das Steuerelement von einem vorhandenen Steuerelement ableiten.

   D. Sie müssen die erforderlichen Eigenschaften des geerbten Steuerelements verfügbar machen, indem Sie die Eigenschaften in neue Eigenschaften übernehmen.

Rückblick auf dieses Kapitel

Zur weiteren Übung und Vertiefung der Lerninhalte dieses Kapitels können Sie Folgendes tun:

- Arbeiten Sie die Zusammenfassung des Kapitels durch.
- Arbeiten Sie die Liste der Schlüsselbegriffe durch, die in diesem Kapitel eingeführt wurden.
- Bearbeiten Sie die Übung mit Fallbeispiel. Diese Szenarien beschreiben anhand der Themen dieses Kapitels praxisnahe Situationen. Entwickeln Sie eine Lösung.
- Führen Sie die vorgeschlagenen Übungen durch.
- Machen Sie einen Übungstest.

Zusammenfassung des Kapitels

- Zusammengesetzte Steuerelemente, auch Benutzersteuerelemente genannt, bestehen aus vorhandenen Windows Forms-Steuerelementen, die zu einer gemeinsamen Benutzeroberfläche mit einer gemeinsamen Funktionalität zusammengefügt werden. Die im zusammengesetzten Steuerelement enthaltenen Steuerelemente werden untergeordnete Steuerelemente genannt. Sie können die Eigenschaften der untergeordneten Steuerelemente bereitstellen, indem Sie dafür im zusammengesetzten Steuerelement neue Eigenschaften definieren, in denen Sie die betreffenden Eigenschaften der untergeordneten Steuerelemente einstellen oder abrufen. Mit dem `TooboxBitmap`-Attribut können Sie eine Toolbox-Bitmap für ein Steuerelement vorsehen.
- Die `Graphics`-Klasse stellt eine Zeichenoberfläche dar und bietet eine ganze Reihe von Methoden zur Anzeige von Grafik und Text. Benutzerdefinierte Steuerelemente müssen den Code für ihre eigene Darstellung auf dem Bildschirm enthalten. Sie müssen die Methode `OnPaint` überschreiben und können in diese Methode dann den Code zur Darstellung des Steuerelements einfügen. Bei der Darstellung des Steuerelements geben Sie die Position von Punkten mit Koordinaten an.
- Dialogfelder sind spezielle Formulare, deren Aufgabe es ist, Daten zu erfassen, die der Benutzer eingibt. Dialogfelder können modal oder nichtmodal angezeigt werden. Modale Dialogfelder halten die Programmausführung an, bis sie wieder geschlossen werden, während nichtmodale Dialogfelder eine weitere Benutzung der Anwendung zulassen. Mit der Methode `ShowDialog` können Sie ein Dialogfeld modal anzeigen und auch das übergeordnete Formular eines Dialogfelds festlegen. Sie können Eigenschaften für das Dialogfeld definieren, mit denen Sie die Daten verfügbar machen, die der Benutzer eingegeben hat.
- Sie können ein erweitertes Steuerelement erstellen, indem Sie von einem vorhandenen Steuerelement eine neue Klasse ableiten. Erweiterte Steuerelemente kapseln die Funktionen des Basissteuerelements. Außerdem können Sie im abgeleiteten Steuerelement neue Eigenschaften, Methoden und Ereignisse definieren oder vorhandene Methoden der Basisklasse überschreiben, um die Methoden zu erweitern oder zu ersetzen. Das Erscheinungsbild eines erweiterten Steuerelements können Sie ändern, indem Sie die `OnPaint`-Methode überschreiben.

Schlüsselbegriffe

- Zusammengesetztes Steuerelement
- Benutzerdefiniertes Steuerelement
- Erweitertes Steuerelement
- Modal
- Nichtmodal
- Benutzersteuerelement

Übung mit Fallbeispiel

In den folgenden Fallbeispielen wenden Sie an, was Sie über die Erstellung und Verwendung von Steuerelementen erfahren haben. Die Antworten auf die Fragen finden Sie im Abschnitt „Antworten" am Ende des Buchs.

Szenario 1: Erfassen und Anzeigen von Benutzerdaten

Sie wurden mit dem Entwurf der Benutzeroberfläche einer einfachen Anwendung beauftragt, die Daten vom Benutzer erfassen, in einer Datenbank speichern und dann auf dem Bildschirm anzeigen soll. Die wichtigsten Anforderungen für dieses Projekt sind aber Einheitlichkeit und Wiederverwendbarkeit des Codes. Aussehen und Verhalten der Anwendung bei der Datenerfassung muss wie das Aussehen und Verhalten im Anzeigeteil sein, nur dass im Anzeigeteil keine Daten geändert werden dürfen. Außerdem sind noch einige andere Anwendungen dieser Art geplant. Für alle wird ein einheitliches Aussehen und Verhalten bei möglichst geringem Programmieraufwand verlangt.

Fragen

Beantworten Sie Ihrem Manager folgende Fragen:

1. Wie können Sie vorgehen, um die Benutzeroberfläche einheitlich zu gestalten und eine Wiederverwendung des Codes zu unterstützen?
2. Wie vereinbaren Sie das Ziel der Codewiederverwendung mit der Tatsache, dass der Anzeigeteil wie der Eingabeteil aussehen soll, wobei die Daten allerdings bei der Anzeige schreibgeschützt sein müssen?

Szenario 2: Trey Research-Aktienkurs

Die Leute von Trey Research sind sehr mit ihrem Aktienkurs beschäftigt. So sehr, dass sie ihn sehr oft online abfragen. So oft, dass es sich langsam, aber sicher auf ihre Arbeitsleistung auswirkt. Als Lösung des Problems sieht das Management die grafische Anzeige des Aktienkurses in Echtzeit auf allen Windows Forms-Anwendungen an, die im Unternehmen eingesetzt werden. Sie haben Zugriff auf einen Webdienst, der Aktienkurse in Echtzeit liefern kann.

Technische Anforderungen

- Der Aktienkurs muss als Zahl und als Grafik angezeigt werden, die den ganzen Tag lang regelmäßig aktualisiert wird.
- Der Aktienkurs soll alle 15 Sekunden in Echtzeit aktualisiert werden.
- Es muss leicht möglich sein, diese Funktionen in andere Windows-Anwendungen zu integrieren.

Frage

- Wie implementieren Sie diese Funktionen?

Vorgeschlagene Übungen

- Erstellen Sie ein Dialogfeld, das Benutzerdaten erfasst, wie Vorname, Nachname, Wohnort und Telefonnummer, und diese Informationen als Eigenschaften zugänglich macht. Erstellen Sie dann ein Dialogfeld, das dieselben Informationen erfasst, aber diese Informationen als Instanz einer Klasse anbietet, die diese Daten kapselt.
- Erweitern Sie das zusammengesetzte Steuerelement, das Sie in der Übung von Lektion 1 erstellt haben, um einen Wecker zu erstellen, der über eine Eigenschaft zur Einstellung des Weckzeitpunkts verfügt. Der Benutzer soll die Möglichkeit haben, den Weckzeitpunkt ein wenig zu verschieben oder den Alarm ganz auszuschalten. Außerdem soll sich der Wecker zum angegebenen Zeitpunkt tatsächlich melden.
- Erstellen Sie ein `Shape`-Steuerelement, das auf dem Bildschirm einfache Figuren darstellt. Der Benutzer soll zwischen Rechteck, Ellipse, Dreieck und anderen einfachen geometrischen Figuren wählen können. Farbe und Größe des Steuerelements sollen nach Wunsch einstellbar sein.
- Erweitern Sie das `Button`-Steuerelement, um eine runde oder elliptische Schaltfläche zu erstellen. Implementieren Sie den Anzeigecode so, dass das Steuerelement die üblichen Schatten wirft und sich bei einem Klick auch so verhält, wie man es von Schaltflächen gewohnt ist. Orientieren Sie sich bei den Effekten am `Button`-Steuerelement.

Machen Sie einen Übungstest

Die Übungstests auf der Begleit-CD zu diesem Buch (in englischer Sprache) bieten zahlreiche Möglichkeiten. Zum Beispiel können Sie einen Test machen, der ausschließlich die Themen eines bestimmten Lernziels behandelt, oder Sie können sich selbst mit dem gesamten Inhalt der Prüfung 70-526 testen. Sie können den Test so konfigurieren, dass er dem Ablauf einer echten Prüfung entspricht, oder Sie können einen Lernmodus verwenden, in dem Sie sich nach dem Beantworten einer Frage jeweils sofort die richtige Antwort und die Erklärungen ansehen können.

Weitere Informationen Übungstests

Einzelheiten zu allen Optionen, die bei den Übungstests zur Verfügung stehen, finden Sie im Abschnitt „So benutzen Sie die Übungstests" in der Einführung am Anfang dieses Buchs.

K A P I T E L 1 5

Bereitstellung

Sobald die Entwicklung Ihrer Anwendung abgeschlossen ist, muss die Anwendung die vorgesehene Zielgruppe erreichen. Microsoft Visual Studio bietet verschiedene Verfahren zur Bereitstellung Ihrer Anwendung. Die ClickOnce-Technik ermöglicht eine schnelle und einfache Bereitstellung Ihrer Anwendung und automatische Updates. Für eine stärker im Detail gesteuerte Bereitstellung bietet der Windows Installer eine hoch konfigurierbare Bereitstellungsumgebung. In diesem Kapitel erfahren Sie, wie Sie mit ClickOnce und dem Windows Installer für die Bereitstellung Ihrer Anwendung sorgen können.

In diesem Kapitel abgedeckte Prüfungsziele:

- Konfigurieren der Installation einer Windows Forms-Anwendung mit der ClickOnce-Technik
  - Installieren einer Windows Forms-Anwendung auf dem Clientcomputer mithilfe der ClickOnce-Bereitstellung
  - Installieren einer Windows Forms-Anwendung von einem Server mithilfe der ClickOnce-Bereitstellung
  - Einstellen der erforderlichen Berechtigungen für eine Anwendung mithilfe der ClickOnce-Bereitstellung
- Erstellen einer Windows Forms-Setup-Anwendung
  - Erstellen eines Setup-Projekts
  - Einstellen der Eigenschaften des Bereitstellungsprojekts
  - Konfigurieren eines Setup-Projekts für die Installation von Programmsymbolen
  - Vorbereiten einer bedingten Installation auf Basis der Betriebssystemversion
  - Vorbereiten eines Setup-Projekts auf die Installation von .NET Framework
- Hinzufügen von Funktionen zu einer Setup-Anwendung
  - Hinzufügen einer benutzerdefinierten Aktion zu einem Setup-Projekt
  - Hinzufügen von Fehlerbehandlungscode für benutzerdefinierte Aktionen zu einem Setup-Projekt

Lektionen in diesem Kapitel:

Bevor Sie beginnen

Die Bearbeitung der Lektionen dieses Kapitels setzt Folgendes voraus:

- Einen Computer, der den Mindestanforderungen an die Hardware entspricht, wie sie am Anfang des Buchs im Abschnitt „Einführung“ beschrieben wurden.
- Visual Studio 2005 Professional Edition ist auf Ihrem Computer installiert.
- Sie verfügen über Grundkenntnisse der Syntax von Microsoft Visual Basic oder C# und über das .NET Framework.

Praxistipp

Matt Stoecker

Die Bereitstellung von Anwendungen kann für den Entwickler einige schwierige Probleme mit sich bringen. Für besonders schwierig halte ich die Bereitstellung von Anwendungen, die häufige Aktualisierungen erfordern. ClickOnce bietet eine Lösung für dieses Problem und ermöglicht mir die Bereitstellung von Anwendungen, die regelmäßig aktualisiert werden. Für komplexere Installationen verwende ich trotzdem noch den Windows Installer, weil er sich präziser einstellen lässt und eine detailliertere Kontrolle über die Installation ermöglicht.

Lektion 1: Bereitstellen von Anwendungen mit ClickOnce

ClickOnce ist eine neue Bereitstellungstechnik von Microsoft, die zur Lösung einiger Probleme bei der Bereitstellung entwickelt wurde. Dazu zählen die Schwierigkeiten, die sich bei der Bereitstellung von regelmäßigen Updates oder bei der Installation von Anwendungen durch Benutzer ergeben, die nicht zu den Administratoren zählen, und die Abhängigkeiten mehrerer Programme von gemeinsamen Komponenten. ClickOnce löst diese Probleme und bietet eine Breitstellungsstrategie, die eine leichte Aktualisierung ermöglicht, die Anwendung von anderen Anwendungen isoliert und eine Installation der Anwendung durch Benutzer zulässt, die nicht zu den Administratoren gehören.

Am Ende dieser Lektion werden Sie in der Lage sein, die folgenden Aufgaben auszuführen:

- Installieren einer Windows Forms-Anwendung auf dem Clientcomputer mit ClickOnce
- Installieren einer Windows Forms-Anwendung von einem Server mit ClickOnce
- Einstellen der erforderlichen Berechtigungen für eine Anwendung mit ClickOnce

Veranschlagte Zeit für diese Lektion: 30 Minuten

Überblick über ClickOnce

ClickOnce ist eine neue Bereitstellungstechnik, mit der Sie selbstaktualisierende Anwendungen erstellen können, die sich von einer Reihe unterschiedlicher Quellen installieren lassen, wobei die Installation nur minimale Bedienung durch den Benutzer erfordert. Jede Windows Forms-Anwendung kann als ClickOnce-Anwendung veröffentlicht werden. Sie können mit ClickOnce Anwendungen erstellen, die auf einer Website bereitgestellt werden können, in einem freigegebenen Verzeichnis oder auf einer CD-ROM. Sie können ClickOnce-Anwendungen so konfigurieren, dass sie sich nur ausführen lassen, während der Benutzer online ist, oder so, dass er auch offline sein kann.

Sie können ClickOnce-Anwendungen so konfigurieren, dass sie selbstaktualisierend sind. Bei der Einstellung auf Updates überprüfen ClickOnce-Anwendungen automatisch, ob an dem Ort, von dem sie installiert wurden, Updates vorliegen, und laden sie in diesem Fall automatisch herunter.

ClickOnce-Anwendungen sind vom Rest des Systems isoliert. Da sie vollständig unabhängig sind, verwenden sie keine Komponenten mit anderen auf dem System installierten Anwendungen gemeinsam und laufen daher auch nicht Gefahr, die Installationen anderer Anwendungen zu stören oder unbrauchbar zu machen. Standardmäßig werden ClickOnce-Anwendungen in den Sicherheitszonen Internet oder Intranet ausgeführt, wenn sie von einem Remoteort gestartet werden, oder genießen volles Vertrauen, wenn sie auf dem lokalen Computer installiert werden. Zusätzliche Berechtigungen können bei Bedarf von der Anwendung angefordert werden, wobei der Installer die Gelegenheit erhält, das Recht zu gewähren oder zu verweigern.

Veröffentlichen einer ClickOnce-Anwendung

Sie können die Eigenschaften für eine ClickOnce-Anwendung einstellen, indem Sie das Projekt im Projektmappen-Explorer mit der rechten Maustaste anklicken, *Eigenschaften* wählen und dann die Registerkarte *Veröffentlichen* wählen. Dann erscheint die Eigenschaftenseite *Veröffentlichen* (Abbildung 15.1).

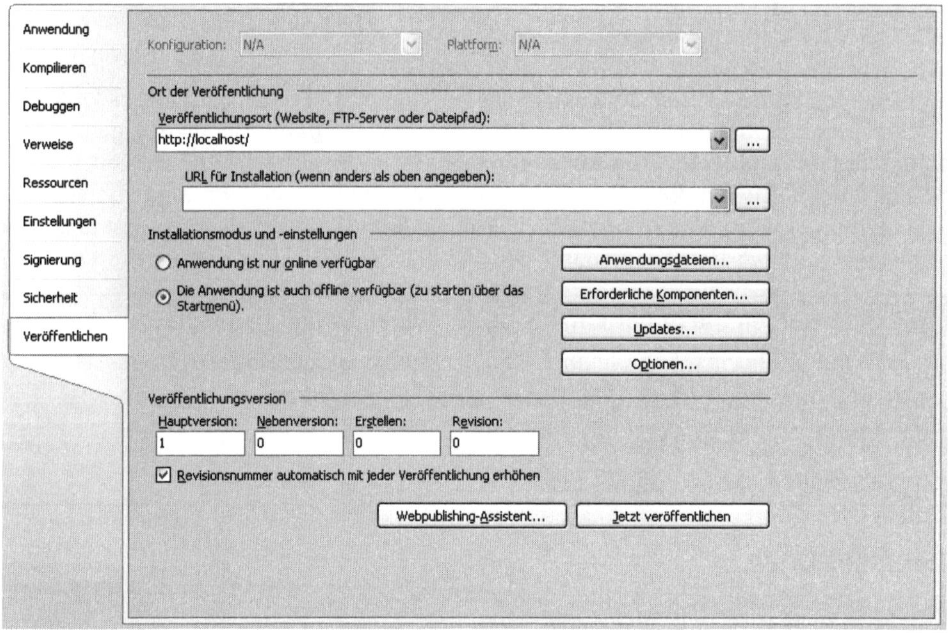

Abbildung 15.1 Die *Veröffentlichen*-Eigenschaftenseite

In diesem Fenster können Sie die Eigenschaften für Ihre Bereitstellungsstrategie festlegen. Sobald alle Eigenschaften die erforderlichen Werte erhalten haben, können Sie Ihre Anwendung mit einem Klick auf die Schaltfläche *Jetzt veröffentlichen* veröffentlichen.

Festlegen des Veröffentlichungsorts

Im Kombinationsfeld *Veröffentlichungsort* können Sie den Ort der Veröffentlichung angeben. Dabei muss es sich um einen Dateipfad, ein freigegebenes Verzeichnis, eine HTTP-Adresse (Hypertext Transfer Protocol) oder eine FTP-Adresse (File Transfer Protocol) handeln. Das ist die Adresse, an die sich Benutzer wenden sollen, wenn sie die Anwendung installieren wollen. Optional können Sie einen Installations-URL angeben, mit dem Benutzer die Anwendung installieren können. Das ist aber nur erforderlich, wenn die ClickOnce-Anwendung auf einem anderen Server liegt als der Ort, von dem die Installation erfolgt.

Einstellen des Installationsmodus

Sie können eine ClickOnce-Anwendung so konfigurieren, dass sie sich nur installieren lässt, wenn der Benutzer online ist, oder dass sie sich auch offline installieren lässt. Durch die Wahl von *Anwendung ist nur online verfügbar* im Bereich *Installationsmodus und -einstellungen* der Eigenschaftenseite *Veröffentlichen* können Sie verlangen, dass die Anwendung direkt von dem Installationsort gestartet werden muss, der im Kombinationsfeld *Veröffentlichungsort* angegeben wurde. Mit der Wahl von *Die Anwendung ist auch offline verfügbar* können Sie die Anwendung auch offline verfügbar machen. In diesem Fall wird die Anwendung auf den lokalen Computer kopiert und zum *Start*-Menü und zum *Software*-Modul in der *Systemsteuerung* hinzugefügt.

Einstellen von automatischen Updates

Sie können ClickOnce-Anwendungen so einstellen, dass sie automatisch prüfen, ob Updates vorliegen. Mit einem Klick auf die Schaltfläche *Updates* öffnen Sie das Dialogfeld *Anwendungsupdates* (Abbildung 15.2).

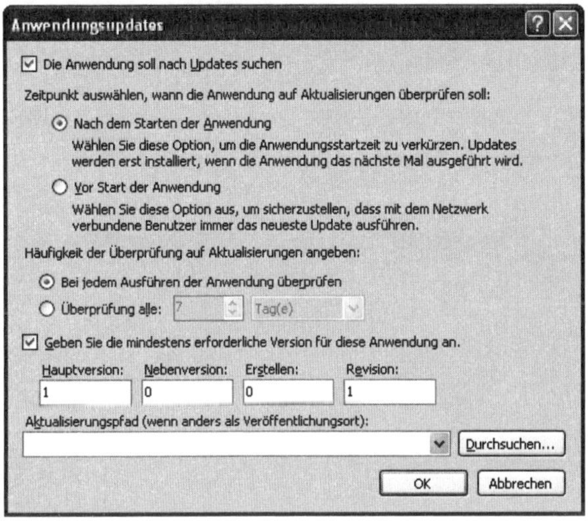

Abbildung 15.2 Das *Anwendungsupdates*-Dialogfeld

Damit die Anwendung überprüft, ob Updates vorliegen, wählen Sie das Kontrollkästchen *Die Anwendung soll nach Updates suchen*. Dadurch werden auch die anderen Optionen des Dialogfelds aktiviert. Wann die Anwendung nach Updates sucht, entscheiden Sie durch die Wahl von *Nach dem Start der Anwendung* oder *Vor dem Start der Anwendung*. Wenn Sie *Vor dem Start der Anwendung* wählen, prüft die Anwendung bei jedem Start, ob neue Updates vorliegen. Auf diese Weise ist zwar sichergestellt, dass der Benutzer immer mit der neusten Version arbeitet, aber der Start dauert länger. Wenn Sie *Nach dem Start der Anwendung* wählen, können Sie mit der entsprechenden Option unter *Häufigkeit der Überprüfung auf Aktualisierungen angeben* wählen, ob die Überprüfung bei jedem Start der Anwendung erfolgen soll oder in bestimmten Zeitabständen. Zudem können Sie die Versionsnummer angeben, die mindestens vorliegen muss, und einen anderen Ort für Updates festlegen, falls die Updates nicht am selben Ort wie die ursprüngliche Installationsdatei bereitgestellt werden.

Konfigurieren der erforderlichen Berechtigungen für eine ClickOnce-Anwendung

Standardmäßig werden ClickOnce-Anwendungen, die aus dem Internet gestartet werden, in der Sicherheitszone Internet ausgeführt. ClickOnce-Anwendungen, die von einem freigegebenen Verzeichnis gestartet werden, werden in der Sicherheitszone Intranet ausgeführt. Zur Ausführung bestimmter Anwendungen sind vielleicht zusätzliche Berechtigungen erforderlich. Sie können die ClickOnce-Berechtigungen auf der Registerkarte *Sicherheit* der Eigenschaftenseiten des Projekts einstellen. Abbildung 15.3 zeigt die Seite *Sicherheit*.

Sie können die Berechtigungen, die der Anwendung gewährt werden sollen, entweder manuell einstellen oder die erforderlichen Berechtigungen berechnen lassen und die Anwendung so einstellen, dass sie diese Berechtigungen anfordert.

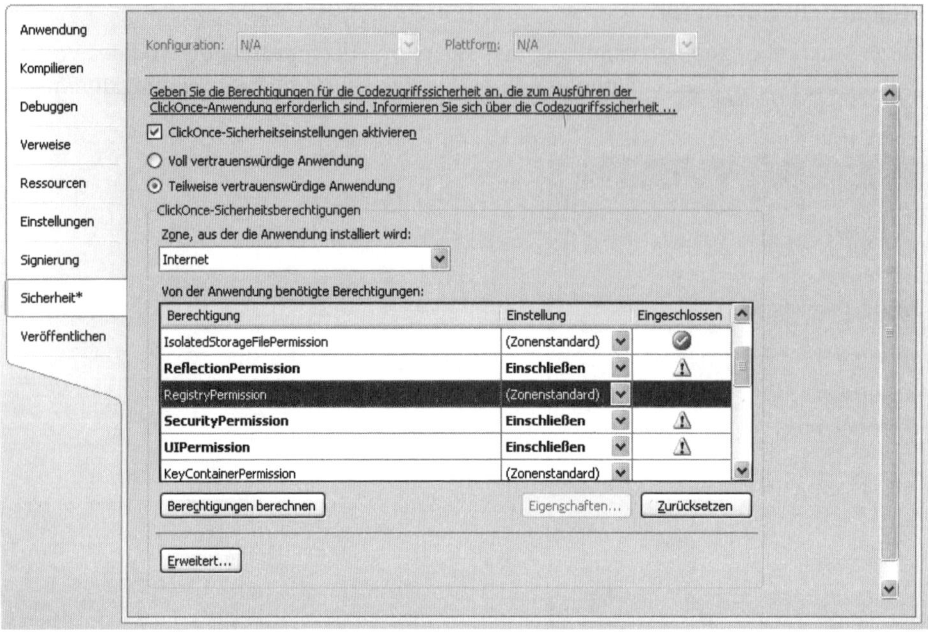

Abbildung 15.3 Die *Sicherheit*-Eigenschaftenseite

► So berechnen Sie die Berechtigungen für eine ClickOnce-Anwendung

1. Wählen Sie auf der Eigenschaftenseite *Sicherheit* das Kontrollkästchen *ClickOnce-Sicherheitseinstellungen aktivieren.*
2. Wählen Sie die Optionsschaltfläche *Teilweise vertrauenswürdige Anwendung.*
3. Klicken Sie auf die Schaltfläche *Berechtigungen berechnen.*
4. Die Berechtigungen, die für Ihre Anwendung erforderlich sind, werden zu den Berechtigungen hinzugefügt, die Ihre Anwendung bei der Installation anfordert.

► So stellen Sie die Berechtigungen für eine ClickOnce-Anwendung manuell ein

1. Wählen Sie auf der Eigenschaftenseite *Sicherheit* das Kontrollkästchen *ClickOnce-Sicherheitseinstellungen aktivieren.*
2. Wählen Sie die Optionsschaltfläche *Teilweise vertrauenswürdige Anwendung.*
3. Suchen Sie in der Tabelle *Von der Anwendung benötigte Berechtigungen* nach den gewünschten Berechtigungen.
4. Wählen Sie in der Spalte *Einstellung* die Einstellung *Einschließen*, um die Berechtigung anzufordern, oder *Ausschließen*, um anzugeben, dass Sie die Berechtigung nicht brauchen.

Beachten Sie bitte, dass alle Berechtigungen, die nicht zu dem Standard der Zone gehören, in der die Anwendung installiert wird, vom Benutzer gewährt werden müssen, bevor die Installation abgeschlossen wird.

Installieren einer ClickOnce-Anwendung auf einem Clientcomputer

Die Installation einer ClickOnce-Anwendung ist fast so einfach, wie der Name andeutet.

▶ **So installieren Sie eine ClickOnce-Anwendung von einer Website**

1. Navigieren Sie zur Webseite *Publish.htm* für die ClickOnce-Anwendung.
2. Klicken Sie auf *Installieren* und befolgen Sie die Anweisungen des Installationsassistenten, sofern welche erfolgen.

▶ **So installieren Sie eine ClickOnce-Anwendung von einem freigegebenen Verzeichnis**

1. Navigieren Sie auf dem freigegebenen Verzeichnis zur ClickOnce-Anwendung.
2. Klicken Sie *Setup* mit einem Doppelklick an und befolgen Sie die Anweisungen des Installationsassistenten, sofern er Anweisungen gibt.

Schnelltest

1. An welchen Orten können Sie eine ClickOnce-Anwendung veröffentlichen?
2. Wie können Sie die erforderlichen Berechtigungen für eine ClickOnce-Anwendung bestimmen?

Antworten zum Schnelltest

1. Sie können eine ClickOnce-Anwendung auf einem Dateipfad, in einem freigegebenen Verzeichnis, unter einer HTTP-Adresse oder unter einer FTP-Adresse veröffentlichen.
2. Sie können die Berechtigungen ermitteln, die für eine ClickOnce-Anwendung erforderlich sind, indem Sie auf der Eigenschaftenseite *Sicherheit* die *ClickOnce-Sicherheitseinstellungen* aktivieren, die Anwendung als *Teilweise vertrauenswürdig* angeben und auf die Schaltfläche *Berechtigungen berechnen* klicken. Welche Berechtigungen für die Anwendung erforderlich sind, wird dann automatisch berechnet.

Übung: Veröffentlichen einer Anwendung mit ClickOnce auf einem freigegebenen Verzeichnis

In dieser Übung veröffentlichen Sie eine Anwendung mit ClickOnce auf einem freigegebenen Verzeichnis. Sie erstellen auf Ihrem Computer ein freigegebenes Verzeichnis, stellen die Installations- und Downloadorte ein, veröffentlichen die Anwendung mit ClickOnce und installieren sie dann.

Hinweis Voraussetzungen für die Übung

Ihr Computer muss sich für diese Übung in einem Netzwerk befinden oder Sie müssen zumindest ein Netzwerk eingerichtet haben.

▶ **Übung 1: Veröffentlichen einer Anwendung in einem freigegebenen Verzeichnis**

1. Erstellen Sie im Stammverzeichnis Ihres Laufwerks (in dieser Übung wird Laufwerk C angenommen) ein freigegebenes Verzeichnis namens *C:\ClickOnce*.
2. Öffnen Sie die Partiallösung für die erste Lektion von Kapitel 15, „Bereitstellung", von der Begleit-CD. Erstellen Sie die Anwendung.

3. Klicken Sie das Projekt im Projektmappen-Explorer mit der rechten Maustaste an und wählen Sie *Eigenschaften*. Wählen Sie die Seite *Veröffentlichen*.
4. Geben Sie im Bereich *Ort der Veröffentlichung* unter *Veröffentlichungsort* den Pfad **C:\ClickOnce** ein.
5. Geben Sie im Bereich *Ort der Veröffentlichung* außerdem als *URL für Installation* **\\[*Computername*]\ClickOnce** ein, wobei [*Computername*] der Name Ihres Computers ist.
6. Klicken Sie nun auf *Jetzt veröffentlichen*, um Ihre Anwendung im freigegebenen Verzeichnis zu veröffentlichen. ClickOnce überprüft die Anforderungen der Anwendung und veröffentlicht die Anwendung. (Sofern Sie zumindest lokal die Internetinformationsdienste verwenden, öffnet sich die Seite *Publish.htm*.)
7. Öffnen Sie den Ordner *C:\ClickOnce* und klicken Sie *Setup* mit einem Doppelklick an. Falls Sie eine Sicherheitswarnung erhalten, klicken Sie auf *Installieren*. Die Anwendung wird auf Ihrem Computer installiert und gestartet. Beachten Sie bitte, dass eine neue Gruppe zu Ihrem Startmenü hinzugefügt wird.
8. Öffnen Sie im *Start*-Menü von Windows die *Systemsteuerung* und wählen Sie *Software*. Klicken Sie das Symbol der Anwendung an und wählen Sie *Ändern/Entfernen*. Befolgen Sie die Anweisungen, um die Anwendung wieder vom Computer zu entfernen.

Zusammenfassung der Lektion

- ClickOnce ist eine leistungsfähige neue Bereitstellungstechnik, die Entwickler in die Lage versetzt, Anwendungen schnell und zuverlässig auf Websites, freigegebenen Verzeichnissen oder FTP-Sites zu veröffentlichen.
- ClickOnce-Anwendungen können so konfiguriert werden, dass sie Updates automatisch erkennen und installieren. Sie können eine Anwendung so einstellen, dass sie bei jedem Start oder in bestimmten Zeitabständen nach Updates sucht.
- Standardmäßig werden ClickOnce-Anwendungen in der Internet-Sicherheitszone ausgeführt, sofern sie vom Web heruntergeladen werden, oder in der Intranet-Sicherheitszone, wenn sie von einem freigegebenen Verzeichnis stammen. Wenn zusätzliche Berechtigungen erforderlich sind, kann der Entwickler dies entweder manuell angeben oder den erforderlichen Berechtigungssatz berechnen lassen. Die gewünschten Berechtigungen können vom Installierer gewährt oder verweigert werden.
- Die Installation einer ClickOnce-Anwendung ist so simpel wie der (Doppel)klick auf die Setup-Datei oder der Klick auf die *Install*-Schaltfläche einer Webseite, wobei natürlich noch die Installationsanweisungen zu befolgen sind, sofern vorhanden.

Lernzielkontrolle

Die folgenden Fragen dienen dazu, die wichtigsten Lerninhalte dieser Lektion zu vertiefen. Die Fragen sind (in englischer Sprache) auch auf der Begleit-CD zu finden, falls Sie die elektronische Form der Fragen vorziehen.

Hinweis Die Antworten

Die Antworten auf die Fragen und Erläuterungen, warum die entsprechende Antwort richtig oder falsch ist, finden Sie im Abschnitt „Antworten" am Ende des Buchs.

1. Was ist erforderlich, um eine Anwendung zu installieren, die mit ClickOnce auf einem Server zur Installation bereitgestellt wurde?
   A. Sie müssen die Berechtigungen manuell konfigurieren.
   B. Sie müssen die Setup-Datei anklicken (gewöhnlich mit einem Doppelklick).
   C. Sie müssen angeben, wie oft nach Updates gesucht werden soll.
   D. Sie müssen den Installationsmodus einstellen.
2. In welcher Sicherheitszone läuft eine ClickOnce-Anwendung gewöhnlich, die von einer Internet-Webseite heruntergeladen wird?
   A. Vertrauenswürdige Sites
   B. Intranet-Zone
   C. Internet-Zone
   D. Benutzerdefinierte Zone

Lektion 2: Erstellen von Setup-Projekten zur Bereitstellung

Während ClickOnce für viele Anwendungen eine einfache und leichte Bereitstellung ermöglicht, muss die Umgebung für komplexe Programme vielleicht genauer eingestellt werden. Mit Setup-Projekten können Sie die Installation einer Anwendung sehr detailliert konfigurieren. In dieser Lektion erfahren Sie, wie man ein Setup-Projekt erstellt.

Am Ende dieser Lektion werden Sie in der Lage sein, die folgenden Aufgaben auszuführen:

- Erstellen eines Setup-Projekts
- Einstellen der Eigenschaften des Bereitstellungsprojekts
- Konfigurieren eines Setup-Projekts für die Installation von Programmsymbolen
- Vorbereiten einer bedingten Installation auf Basis der Betriebssystemversion
- Vorbereiten eines Setup-Projekts auf die Installation von .NET Framework
- Hinzufügen einer benutzerdefinierten Aktion zu einem Setup-Projekt
- Hinzufügen von Fehlerbehandlungscode für benutzerdefinierte Aktionen zu einem Setup-Projekt

Veranschlagte Zeit für diese Lektion: 45 Minuten

Setup-Projekte

Sie können zu einer Projektmappe ein Setup-Projekt hinzufügen, um eine Microsoft Installer-Anwendung für Ihr Projekt zu erstellen. Setup-Projekt sind sehr weitgehend konfigurierbar und ermöglichen es, auf dem Zielcomputer Verzeichnisse zu erstellen, Dateien zu kopieren, die Registrierung zu ändern und während der Installation benutzerdefinierte Aktionen auszuführen. Beim Kompilieren erstellt ein Setup-Projekt eine *.msi*-Datei, die einen Setup-Assistenten für die Anwendung enthält. Die *.msi*-Datei kann auf einem Datenträger, einem freigegebenen Verzeichnis oder per Download verfügbar gemacht werden. Wird sie angeklickt, startet die *.msi*-Datei den Setup-Assistenten der Anwendung, der die Anwendung installiert.

▶ **So fügen Sie ein Setup-Projekt zu Ihrer Projektmappe hinzu**

1. Wählen Sie im *Datei*-Menü *Hinzufügen* und dann *Neues Projekt*, um das Dialogfeld *Neues Projekt hinzufügen* zu öffnen.
2. Erweitern Sie in der Strukturansicht *Projekttypen* den Knoten *Andere Projekttypen* und klicken Sie dann auf *Setup und Bereitstellung*.
3. Klicken Sie im Bereich *Vorlagen* auf *Setup-Projekt* und klicken Sie dann auf *OK*.

Setup-Projekteditoren

In einem Setup-Projekt stehen Ihnen sechs Editoren zur Verfügung, mit denen Sie den Inhalt und das Verhalten des Setup-Projekts festlegen können. Es handelt sich um folgende Editoren:

- **Dateisystem-Editor** Ermöglicht die Konfiguration der Installation Ihrer Anwendung auf dem Dateisystem des Zielcomputers.
- **Registrierungs-Editor** Ermöglicht die Festlegung der Registrierungseinträge, die bei der Installation vorgenommen werden sollen.

- **Dateityp-Editor** Ermöglicht die Festlegung von Verknüpfungen zwischen Anwendungen und Dateitypen.
- **Benutzeroberflächen-Editor** Ermöglicht die Bearbeitung der Benutzeroberflächen, die bei Standardinstallationen und bei Administratorinstallationen zu sehen sind.
- **Editor für benutzerdefinierte Aktionen** Ermöglicht die Definition von benutzerdefinierten Aktionen, die während der Installation durchgeführt werden sollen.
- **Editor für Startbedingungen** Ermöglicht es, Bedingungen für den Start der Installation festzulegen.

Hinzufügen von Dateien zu einem Setup-Projekt mit dem *Dateisystem*-Editor

Der Dateisystem-Editor stellt das Dateisystem auf dem Zielcomputer dar. Sie können zu verschiedenen Verzeichnissen Ausgabedateien hinzufügen, auf dem Zielcomputer neue Verzeichnisse erstellen oder auf dem Zielcomputer Verknüpfungen erstellen. Abbildung 15.4 zeigt den Dateisystem-Editor.

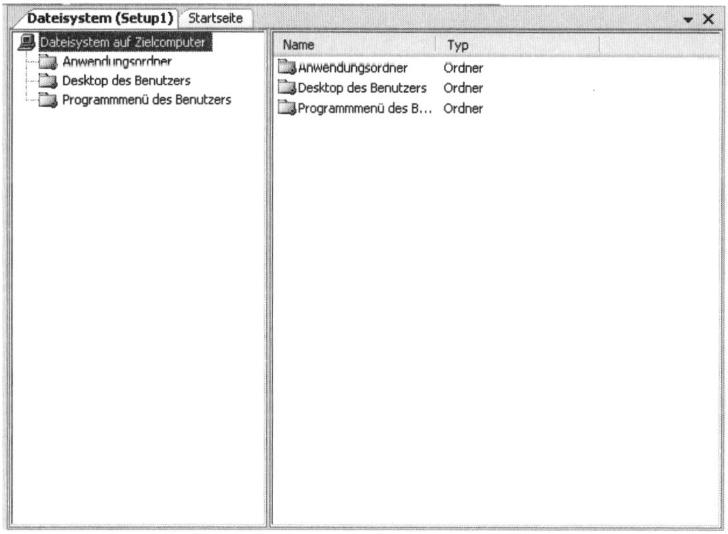

Abbildung 15.4 Der Dateisystem-Editor

Der Dateisystem-Editor ist in zwei Bereiche aufgeteilt. Die linke Seite des Editors stellt die Verzeichnisstruktur des Zielcomputers dar. Jeder Ordner auf der linken Seite stellt einen Ordner auf dem Zielcomputer dar, der entweder bereits vorhanden ist oder von der Setup-Anwendung erstellt wird. Die rechte Seite des Editors zeigt den Inhalt des Verzeichnisses an, das auf der linken Seite ausgewählt wurde. Anfangs zeigt der Dateisystem-Editor drei Ordner, nämlich den *Anwendungsordner*, den *Desktop des Benutzers* und den Ordner *Programmmenü des Benutzers*. Sie können den Ordner ändern, in dem eine bestimmte Datei liegt, indem Sie die betreffende Datei auf der rechten Seite des Editors auswählen und in den gewünschten Ordner ziehen.

Sie können im Dateisystem-Editor zusätzliche Ordner definieren, indem Sie die linke Seite des Editors mit der rechten Maustaste anklicken und *Speziellen Ordner hinzufügen* wählen. Das in Abbildung 15.5 dargestellte Kontextmenü erscheint. Mithilfe dieses Menüs können Sie einen speziellen Ordner zum Dateisystem-Editor hinzufügen oder Ihren eigenen benutzerdefinierten Ordner erstellen. Wenn Sie einen benutzerdefinierten Ordner wählen, wird dieser bei der Installation im Dateisystem des Zielcomputers angelegt.

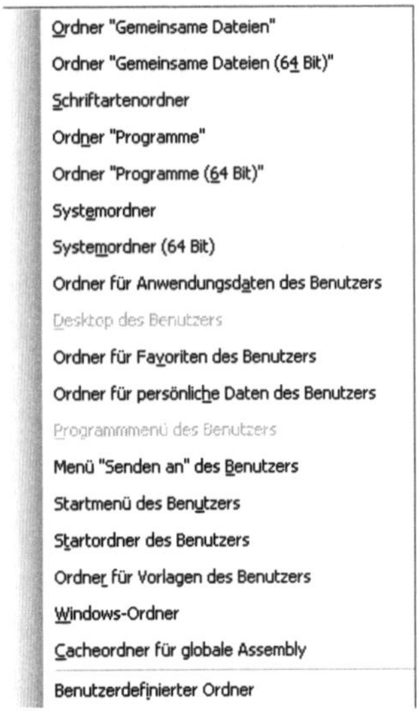

Abbildung 15.5 Das Kontextmenü *Speziellen Ordner hinzufügen*

► So fügen Sie die Ausgabe eines Projekts zu einem Bereitstellungsprojekt hinzu

1. Klicken Sie den *Anwendungsordner* auf der linken Seite des Dateisystem-Editors mit der rechten Maustaste an, wählen Sie *Hinzufügen* und wählen Sie dann *Projektausgabe*. Das Dialogfeld *Projektausgabegruppe hinzufügen* öffnet sich (Abbildung 15.6).

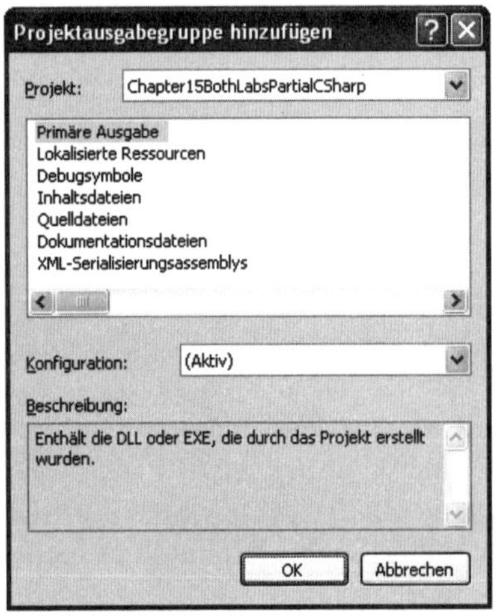

Abbildung 15.6 Das Dialogfeld *Projektausgabegruppe hinzufügen*

2. Wählen Sie die Projektausgaben aus, die Sie zu Ihrem Setup-Projekt hinzufügen möchten. Alle *.exe*- und *.dll*-Dateien, die das Projekt erstellt, sind in der primären Ausgabe enthalten. Sie können auch zusätzliche Projektdateien in Ihr Setup-Projekt aufnehmen, beispielsweise lokalisierte Ressourcen, Inhaltsdateien, Dokumentationsdateien oder, weniger gebräuchlich, Debugsymbole, Quelldateien oder XML-Serialisierungsassemblys. Wenn Sie alles ausgewählt haben, was zum Ordner hinzugefügt werden soll, klicken Sie auf *OK*.

▶ **So definieren Sie eine Verknüpfung, die auf dem Zielcomputer erstellt wird**

1. Klicken Sie auf der rechten Seite des Dateisystem-Editors die Datei, für die Sie eine Verknüpfung definieren möchten, mit der rechten Maustaste an und wählen Sie *Verknüpfung erstellen*. Eine Verknüpfung mit der Datei wird erstellt und im Editor angezeigt.
2. Ziehen Sie die Verknüpfung von der rechten Seite des Dateisystem-Editors in den gewünschten Ordner auf der linken Seite.

Konfigurieren des Setup-Projekts für die Installation von Programmsymbolen

Sie können den Dateisystem-Editor zur Festlegung eines Programmsymbols verwenden, das bei der Installation mit Ihrer Anwendung verknüpft werden soll. Auch Verknüpfungen mit Ihrer Anwendung werden mit dem Symbol angezeigt, das Sie festlegen.

▶ **So verknüpfen Sie ein Programmsymbol mit Ihrer Anwendung**

1. Klicken Sie einen Ordner im Dateisystem-Editor mit der rechten Maustaste an, wählen Sie *Hinzufügen* und dann *Datei*. Das Dialogfeld *Dateien hinzufügen* wird geöffnet.
2. Suchen Sie die gewünschte *.ico*-Datei heraus, die Sie mit der Verknüpfung verbinden möchten, und klicken Sie auf *Öffnen*, um Sie ins Setup-Projekt aufzunehmen.
3. Erstellen Sie eine Verknüpfung für Ihre Anwendung, wie bereits beschrieben.
4. Wählen Sie die Verknüpfung im Dateisystem-Editor aus.
5. Wählen Sie im Eigenschaftenfenster die Eigenschaft *Icon* und wählen Sie dann *(Durchsuchen...)*. Suchen Sie das Symbol heraus, das Sie mit Ihrer Anwendung verknüpfen möchten.
6. Wählen Sie das Symbol aus und klicken Sie auf *OK*.

Konfigurieren einer bedingten Installation auf Basis der Betriebssystemversion

Sie können die Systemeigenschaft `VersionNT` verwenden, um bei der Installation zu überprüfen, welches Betriebssystem verwendet wird. Auf diese Weise können Sie Bedingungen definieren, die bei einer falschen Version zum Abbruch der Installation führen.

Die `VersionNT`-Eigenschaft ist eine ganze Zahl, die nach folgender Formel berechnet wird: `MajorVersion * 100 + MinorVersion`. Folglich würde Microsoft Windows 2000 einen `VersionNT`-Wert von 500 oder größer ergeben, je nach `MinorVersion`.

▶ **So konfigurieren Sie eine Bedingung auf Basis der Betriebssystemversion**

1. Wählen Sie im Dateisystem-Editor die Datei mit der primären Ausgabe für die Anwendung aus.
2. Wählen Sie im Eigenschaftenfenster die Eigenschaft *Condition* und geben Sie eine Bedingung ein, die das Betriebssystem anhand der oben angegebenen Formel einstuft. Wenn Sie zum Beispiel keine Installation auf einem älteren Betriebssystem als Windows 2000 zulassen möchten, könnte Ihre Bedingung **VersionNT>=500** lauten.

Einstellen der Setup-Projekt-Eigenschaften

Die Eigenschaften des Setup-Projekts enthalten Informationen über Ihr Projekt und legen im Zusammenhang mit den Projektversionen bestimmte Aktionen fest. Die Eigenschaften eines Setup-Projekts werden im Eigenschaftenfenster festgelegt. Viele Eigenschaften des Setup-Projekts beschreiben Ihre Anwendung genauer. Zu diesen Eigenschaften gehören:

- `AddRemoveProgramsIcon` Legt ein Symbol für das Dialogfeld *Software* des Zielcomputers fest.
- `Author` Enthält Informationen über den Autor des Programms.
- `Description` Enthält eine Beschreibung der Anwendung.
- `Keywords` Gibt Schlüsselwörter an, die mit der Anwendung verknüpft werden.
- `Localization` Gibt das Gebietsschema für die Anwendung an.
- `Manufacturer` Gibt den Hersteller der Anwendung an. Wird gewöhnlich zur Definition des Standardinstallationsordners im Ordner *Programme* verwendet.
- `ManufacturerURL` Enthält den URL der Website des Herstellers.
- `ProductName` Gibt den Namen des Produkts an.
- `Subject` Enthält zusätzliche Informationen über die Anwendung.
- `SupportPhone` Gibt eine Telefonnummer für den Support der Anwendung an.
- `SupportURL` Gibt einen URL für den Support der Anwendung an.
- `TargetPlatform` Gibt die Zielplattform des Installers an: `x86`, `x64` oder `Itanium`.
- `Title` Gibt den Titel der Anwendung an.

Andere Eigenschaften des Setup-Projekts dienen zur Steuerung des Verhaltens des Setup-Projekts bei der Installation. Zu diesen Eigenschaften gehören:

- `DetectNewerInstalledVersion` Gibt an, ob bei der Installation überprüft wird, ob sich bereits eine neuere Version auf dem Zielcomputer befindet. Ist dies der Fall, wird die Installation abgebrochen.
- `InstallAllUsers` Gibt an, ob das Paket für alle Benutzer oder nur für den Benutzer installiert wird, der das Paket installiert.
- `PostBuildEvent` Gibt eine Befehlszeile an, die nach dem Ende des Erstellungsvorgangs ausgeführt wird.
- `PreBuildEvent` Gibt eine Befehlszeile an, die vor dem Erstellungsvorgang ausgeführt wird.
- `RemovePreviousVersion` Überprüft, ob es eine ältere Version der Anwendung auf dem Zielcomputer gibt, und deinstalliert gegebenenfalls diese ältere Version.
- `RunPostBuildEvent` Gibt die Bedingung an, unter der das Postbuildereignis ausgeführt wird. Der Wert ist entweder `Bei erfolgreichem Erstellen` oder `Immer`.
- `SearchPath` Gibt den Pfad an, der zur Suche nach Assemblys, Dateien oder Mergemodulen auf dem Entwicklungscomputer verwendet wird.
- `Version` Gibt die Versionsnummer des Setup-Programms an.

Es gibt noch zwei weitere Eigenschaften, nämlich `ProductCode` und `UpgradeCode`. Diese Eigenschaften werden vom Setup-Programm verwendet und sollten nie manuell geändert werden.

Sie können diese Eigenschaften zur Entwurfszeit ändern, indem Sie das Projekt im Projektmappen-Explorer auswählen und die entsprechenden Eigenschaften im Eigenschaftenfenster ändern.

Konfigurieren der Bereitstellung von .NET Framework

Alle Anwendungen, die mit Visual Studio 2005 entwickelt werden, setzen das .NET Framework 2.0 voraus. Wenn Sie die zukünftige Umgebung nicht kennen, in der Ihre Anwendungen laufen werden, können Sie Ihr Setup-Projekt so einrichten, dass es im Rahmen der Installation auch die erforderlichen Komponenten überprüft und beispielsweise das .NET Framework installiert. Standardmäßig ist die Installation von .NET Framework bereits konfiguriert. Mit den folgenden Schritten können Sie überprüfen, ob diese Einstellung noch gültig ist.

► **So konfigurieren Sie die Bereitstellung von .NET Framework**

1. Wählen Sie im Projektmappen-Explorer das Bereitstellungsprojekt.
2. Wählen Sie im *Projekt*-Menü *Eigenschaften*. Das *Eigenschaftenseiten*-Dialogfeld öffnet sich.
3. Klicken Sie im Eigenschaftendialogfeld auf *Erforderliche Komponenten*, um das Dialogfeld *Erforderliche Komponenten* zu öffnen.
4. Falls es noch nicht gewählt wurde, wählen Sie das Kontrollkästchen *Setupprogramm zur Installation erforderlicher Komponenten erstellen*.
5. Wählen Sie in der Liste *Zu installierende erforderliche Komponenten auswählen* das Kontrollkästchen mit der Beschriftung *.NET Framework 2.0*.
6. Wählen Sie in der Gruppe *Installationsort für erforderliche Komponenten angeben* die Optionsschaltfläche *Erforderliche Komponenten von der Website des Komponentenherstellers downloaden*.
7. Klicken Sie auf *OK* und klicken Sie im Eigenschaftendialogfeld noch einmal auf *OK*.

Benutzerdefinierte Aktionen

Benutzerdefinierte Aktionen sind, was die Programminstallation betrifft, schon ein Thema für Fortgeschrittene. Mit dem Editor für benutzerdefinierte Aktionen können Sie festlegen, welcher zusätzliche Programmcode bei der Installation ausgeführt werden soll. Der benutzerdefinierte Code muss in einer `Installer`-Klasse enthalten sein. Sie können vier `Installer`-Ereignisse verwenden, um Code für benutzerdefinierte Aktionen auszuführen: `Install`, `Commit`, `Rollback`, oder `Uninstall`. Installationsaktionen werden nach der Installation der Dateien ausgeführt, aber noch vor der Bestätigung der Installation. `Commit`-Aktionen werden ausgeführt, wenn die Installation auf dem Zielcomputer bestätigt wird. `Rollback`-Aktionen werden ausgeführt, wenn bei der Installation Fehler aufgetreten sind und die Installation rückgängig gemacht wird. Deinstallationsaktionen werden bei der Deinstallation einer Anwendung ausgeführt. Mit dem in Abbildung 15.7 gezeigten Editor für benutzerdefinierte Aktionen können Sie Programmcode mit diesen Windows Installer-Ereignissen verknüpfen.

Jeder ausführbare Code kann als benutzerdefinierte Aktion ausgeführt werden, solange er in einer `Installer`-Klasse enthalten ist. (Technisch ist es zwar möglich, eine benutzerdefinierte Aktion mit Code auszuführen, der in einer anderen Klasse liegt, aber wir beschränken uns hier auf benutzerdefinierte Aktionen, die in `Installer`-Klassen implementiert werden.) Sie können eine neue benutzerdefinierte Aktion hinzufügen, indem Sie im Editor für benutzerdefinierte Aktionen das Ereignis, bei dem Ihre benutzerdefinierte Aktion ausgeführt werden soll, mit der rechten Maustaste anklicken und im Kontextmenü *Benutzerdefinierte Aktion hinzufügen* wählen. Dadurch öffnet sich das Dialogfeld *Element im Projekt auswählen*, in dem Sie ein Element auswählen können, für das Sie eine benutzerdefinierte Aktion einrichten möchten. Dann wird eine benutzerdefinierte Aktion für das gewählte Element zu Ihrem Setup-Projekt hinzugefügt.

Abbildung 15.7 Der Editor für benutzerdefinierte Aktionen

Damit eine benutzerdefinierte Aktion für das Element durchgeführt werden kann, das Sie ausgewählt haben, muss der betreffende Code in einer `Installer`-Klasse vorliegen. `Installer`-Klassen verfügen über die Methoden `Install`, `Rollback`, `Uninstall` und `Commit`, die vom Setup-Projekt zur Durchführung benutzerdefinierter Aktionen verwendet werden. Diese Methoden sind in der Basisklasse `Installer` enthalten. Sie überschreiben die Methoden in der `Installer`-Klasse, die Sie erstellen, um die gewünschte benutzerdefinierte Aktion zu implementieren. Der folgende Beispielcode zeigt, wie man die `Install`-Methode der `Installer`-Klasse überschreibt:

```
' VB
Public Overrides Sub Install(ByVal stateSaver As System.Collections.IDictionary)
   MyBase.Install(stateSaver)
      ' Fügen Sie hier den Code für Ihre benutzerdefinierte Aktion ein.
End Sub

// C#
public override void Install(System.Collections.IDictionary stateSaver)
{
    base.Install(stateSaver);
    // Fügen Sie hier den Code für Ihre benutzerdefinierte Aktion ein.
}
```

Sie können für eine oder mehrere dieser Methoden Code schreiben. Aber der Code, den Sie in der `Installer`-Klasse implementieren, wird nur ausgeführt, wenn die entsprechenden benutzerdefinierten Aktionen eingerichtet wurden. Beachten Sie bitte, dass die `Installer`-Klasse zu dem Projekt hinzugefügt werden muss, das Sie bereitstellen möchten, und nicht zum Setup-Projekt selbst.

► So fügen Sie eine *Installer*-Klasse zu Ihrem Projekt hinzu

1. Wählen Sie im Projektmappen-Explorer das Projekt aus, zu dem Sie eine `Installer`-Klasse hinzufügen möchten. Beachten Sie bitte, dass Sie das Projekt auswählen müssen, das Sie bereitstellen möchten, also nicht das Setup-Projekt.
2. Wählen Sie im *Projekt*-Menü *Neues Element hinzufügen*. Wählen Sie im Dialogfeld *Neues Element hinzufügen* dann *Installerklasse* und klicken Sie auf *OK*.

Sie können im Eigenschaftenfenster die Eigenschaften einer benutzerdefinierten Aktion festlegen. Tabelle 15.1 beschreibt die Eigenschaften einer benutzerdefinierten Aktion.

Tabelle 15.1 Eigenschaften benutzerdefinierter Aktionen

Eigenschaft	Beschreibung
`(Name)`	Dies ist der Name der ausgewählten benutzerdefinierten Aktion.
`Arguments`	Gibt Befehlszeilenargumente für die benutzerdefinierte Aktion an. Diese Eigenschaft ist nur verfügbar, wenn die benutzerdefinierte Aktion als ausführbare *.exe*-Datei implementiert wird.
`Condition`	Gibt eine boolesche Bedingung an, die vor der Ausführung der benutzerdefinierten Aktion überprüft wird. Ist die Bedingung erfüllt, wird die Aktion ausgeführt. Ist die Bedingung nicht erfüllt, wird die Aktion nicht ausgeführt. Sie können die `Condition`-Eigenschaft zur Bewertung von Eigenschaften verwenden, die in benutzerdefinierten Dialogfeldern ausgewählt werden.
`CustomActionData`	Gibt zusätzliche Daten an, die an die benutzerdefinierte Aktion übergeben werden.
`EntryPoint`	Gibt den Namen der Methode an, die für die benutzerdefinierte Aktion ausgeführt wird. Bleibt das Feld leer, versucht die benutzerdefinierte Aktion, eine Methode mit dem Namen des Ereignisses auszuführen, mit dem die benutzerdefinierte Aktion verknüpft ist (zum Beispiel `Install`). Diese Eigenschaft gilt nur für benutzerdefinierte Aktionen, die in DLLs implementiert werden, und wird ignoriert, wenn die Eigenschaft `InstallerClass` auf `True` steht.
`InstallerClass`	Ein boolescher Wert, der angibt, ob die benutzerdefinierte Aktion in einer `Installer`-Klasse implementiert wird. Diese Eigenschaft muss auf `True` stehen, wenn die benutzerdefinierte Aktion in einer `Installer`-Klasse implementiert wird, und auf `False`, wenn dies nicht der Fall ist.
`SourcePath`	Gibt den Pfad zur Quelldatei für die benutzerdefinierte Aktion auf dem Computer des Entwicklers an. Diese Eigenschaft ist schreibgeschützt.

► So erstellen Sie eine benutzerdefinierte Aktion

1. Schreiben und testen Sie den Code für die benutzerdefinierte Aktion, die Sie für Ihr Setup-Projekt vorgesehen haben.
2. Fügen Sie eine `Installer`-Klasse zu dem Projekt hinzu, das Sie bereitstellen möchten.
3. Fügen Sie den Code, den Sie in Schritt 1 entwickelt haben, in die passende Methode der `Installer`-Klasse ein (`Install`, `Rollback`, `Commit` oder `Uninstall`).
4. Klicken Sie das Setup-Projekt im Projektmappen-Explorer mit der rechten Maustaste an, wählen Sie im Kontextmenü *Ansicht* und wählen Sie dann *Benutzerdefinierte Aktionen*.

5. Klicken Sie das Installationsereignis, das Sie mit Ihrer benutzerdefinierten Aktion verknüpfen möchten, mit der rechten Maustaste an und wählen Sie *Benutzerdefinierte Aktion hinzufügen*. Das Dialogfeld *Element im Projekt auswählen* öffnet sich.
6. Suchen Sie die Datei, die Ihre benutzerdefinierte Aktion implementiert, und wählen Sie diese Datei aus.
7. Konfigurieren Sie im Eigenschaftenfenster die Eigenschaften der benutzerdefinierten Aktion.

Behandeln von Fehlern in benutzerdefinierten Aktionen

Die meisten Fehler, die bei einer Installation auftreten können, werden zwar bereits vom Windows Installer behandelt, aber Sie müssen selbst für den Code sorgen, der sich um Fehler kümmert, die in Ihren benutzerdefinierten Aktionen auftreten. Da es sich bei benutzerdefinierten Aktionen um ausgeführten Code handelt, können Fehler, die dabei auftreten und nicht behandelt werden, zu unerwarteten Folgen für die Installation führen. Verwenden Sie `Try...Catch`-Blöcke, um solche Fehler abzufangen und zu korrigieren, die sich korrigieren lassen. Lässt sich ein Fehler nicht korrigieren, wie beispielsweise eine fehlende Datei, lösen Sie eine neue `InstallException` aus. Das Auslösen einer `InstallException` führt dazu, dass die Installation rückgängig gemacht wird und keine dauerhaften Auswirkungen auf das System zurücklässt. Das folgende Beispiel zeigt, wie Sie überprüfen können, ob eine Datei vorhanden ist, und wie Sie eine `InstallException` auslösen, wenn die Datei nicht vorhanden ist.

```
' VB
Dim myInfo As New System.IO.FileInfo("aFile.txt")
If Not myInfo.Exists Then
   Throw New System.Configuration.Install.InstallException("Datei nicht gefunden")
End If

// C#
System.IO.FileInfo myInfo = new System.IO.FileInfo("aFile.txt");
if(!(myInfo.Exists))
   throw new System.Configuration.Install.InstallException("Datei nicht gefunden");
```

Schnelltest

1. Wie können Sie ein Programmsymbol mit einer Anwendung verknüpfen?
2. Wie können Sie in einer benutzerdefinierten Aktion dafür sorgen, dass die Installation eines Setup-Projekts rückgängig gemacht wird?

Antworten zum Schnelltest

A. Sie können ein Symbol mit einer Anwendung verknüpfen, indem Sie im Dateisystem-Editor eine Verknüpfung erstellen und in der `Icon`-Eigenschaft der Verknüpfung das Symbol festlegen, das Sie mit Ihrer Anwendung verbinden möchten.

B. Indem Sie eine `InstallException` auslösen. Benutzerdefinierte Aktionen, die auf nicht korrigierbare Fehler stoßen, sollten eine `InstallException` auslösen, damit die Installation rückgängig gemacht und Schaden vom System abgewendet wird.

Übung: Erstellen eines Setup-Projekts

In dieser Übung erstellen Sie ein Setup-Projekt für die Anwendung, die Sie in Lektion 1, „Bereitstellen von Anwendungen mit ClickOnce“, installiert haben. Mithilfe des *Dateisystem*-Editors installieren Sie aber die Textdatei in einem anderen Verzeichnis. Und Sie definieren eine Aktion, nämlich die Anzeige eines Meldungsfelds bei der Installation.

► **Übung 1: Verwenden Sie den *Dateisystem*-Editor und definieren Sie eine benutzerdefinierte Aktion**

1. Öffnen Sie die Partiallösung für die zweite Lektion von Kapitel 15 von der Begleit-CD.
2. Wählen Sie im *Datei*-Menü *Hinzufügen* und wählen Sie *Neues Projekt*. Das Dialogfeld *Neues Projekt hinzufügen* öffnet sich.
3. Erweitern Sie *Andere Projekttypen*, wählen Sie *Setup und Bereitstellung* und wählen Sie dann *Setup-Projekt*. Klicken Sie auf *OK*. Das *Setup-Projekt* wird im *Dateisystem*-Editor geöffnet.
4. Klicken Sie im *Dateisystem*-Editor mit der rechten Maustaste den *Anwendungsordner* an, wählen Sie *Hinzufügen* und dann *Projektausgabe*.
5. Wählen Sie im Dialogfeld *Projektausgabegruppe hinzufügen* Ihr Projekt und wählen Sie *Primäre Ausgabe*. Klicken Sie auf *OK*.
6. Klicken Sie im *Dateisystem*-Editor mit der rechten Maustaste in die linke Anzeigefläche, wählen Sie *Speziellen Ordner hinzufügen* und fügen Sie einen *Benutzerdefinierten Ordner* hinzu.
7. Wählen Sie im *Dateisystem*-Editor den Ordner *Benutzerdefinierter Ordner #1*. Stellen Sie im Eigenschaftenfenster die Eigenschaft *DefaultLocation* auf **C:**.
8. Klicken Sie im *Dateisystem*-Editor mit der rechten Maustaste auf *Benutzerdefinierter Ordner #1*, wählen Sie *Hinzufügen* und dann *Datei*. Suchen Sie den Ordner heraus, in dem ihre Partiallösung liegt, und wählen Sie *meineDatei.txt*. Klicken Sie auf *Öffnen*.
9. Wählen Sie im Projektmappen-Explorer Ihr Anwendungsprojekt (*Chapter15Lab2PartialVB* oder *Chapter15Lab2PartialCSharp*).
10. Wählen Sie im *Projekt*-Menü *Neues Element hinzufügen*. Wählen Sie im Dialogfeld *Neues Element hinzufügen* die *Installerklasse*. Klicken Sie dann auf *Hinzufügen*.
11. Klicken Sie im Projektmappen-Explorer mit der rechten Maustaste *Installer1* an und wählen Sie *Code anzeigen*, um den Code-Editor zu öffnen.
12. Fügen Sie im Code-Editor folgenden Code hinzu, um die `Install`-Methode der Installerklasse zu überschreiben.

```
' VB
Public Overrides Sub Install(ByVal stateSaver As System.Collections.IDictionary)
   MyBase.Install(stateSaver)
   MsgBox("Die benutzerdefinierte Installationsaktion wird durchgeführt")
End Sub

// C#
public override void Install(System.Collections.IDictionary stateSaver)
{
   base.Install(stateSaver);
```

```
    System.Windows.Forms.MessageBox.Show(
        "Die benutzerdefinierte Installationsaktion wird durchgeführt");
}
```

13. Klicken Sie im Projektmappen-Explorer mit der rechten Maustaste auf *Setup1*, wählen Sie *Ansicht* und dann *Benutzerdefinierte Aktionen*.
14. Klicken Sie im Editor für benutzerdefinierte Aktionen mit der rechten Maustaste auf *Installieren* und wählen Sie *Benutzerdefinierte Aktion hinzufügen*, um das Dialogfeld *Element im Projekt auswählen* zu öffnen.
15. Klicken Sie im Dialogfeld *Element im Projekt auswählen* mit einem Doppelklick auf den *Anwendungsordner* und wählen Sie *Primäre Ausgabe von [Anwendung]*, wobei [*Anwendung*] das Projekt ist, das Ihre Installerklasse enthält.
16. Wählen Sie im Menü *Erstellen* den *Konfigurations-Manager*. Sorgen Sie dafür, dass in der Spalte *Erstellen* beide Projekte markiert sind, und klicken Sie auf *Schließen*.
17. Geben Sie im Menü *Erstellen* den Befehl *Projektmappe erstellen*, um die Projektmappe zu erstellen.
18. Schließen Sie Visual Studio. Navigieren Sie im Windows Explorer zu Ihrem Projektmappenordner.
19. Öffnen Sie den Ordner *Setup1\Debug* und klicken Sie mit einem Doppelklick auf *Setup1*, um Ihre Anwendung zu installieren. Folgen Sie den Anweisungen des Assistenten. Beachten Sie bitte das Meldungsfeld, das bei der Ausführung der benutzerdefinierten Aktion angezeigt wird.
20. Navigieren Sie zu dem Ordner, in dem Ihre Anwendung installiert wurde, und klicken Sie Ihre Anwendung mit einem Doppelklick an. Die Anwendung wird gestartet.

Zusammenfassung der Lektion

- Setup-Projekte ermöglichen Ihnen die Erstellung von Windows Installer-Anwendungen, mit denen Sie Ihre Projekte installieren können. Windows Installer-Projekte sind weitgehend konfigurierbar und ermöglichen eine sehr detaillierte Festlegung des Installationsprozesses.
- Für Setup-Projekt stehen einige Editoren zur Verfügung, mit denen Sie verschiedene Aspekte des Installationsvorgangs bearbeiten können, nämlich der Dateisystem-Editor, der Registrierungs-Editor, der Dateityp-Editor, der Benutzeroberflächen-Editor, der Editor für benutzerdefinierte Aktionen und der Editor für Startbedingungen.
- Der Dateisystem-Editor dient dazu, die Ausgaben Ihrer Projekte und andere Dateien zum Setup-Projekt hinzuzufügen. Der Dateisystem-Editor kann dafür sorgen, dass im Dateisystem des Zielcomputers neue Ordner erstellt werden und dass in diesen Ordnern Dateien installiert werden. Mit dem Dateisystem-Editor können Sie Verknüpfungen installieren und Symbole mit Ihrer Anwendung verbinden. Außerdem können Sie dafür sorgen, dass die Installation nur dann erfolgt, wenn das Betriebssystem bestimmte Bedingungen erfüllt.
- Das Setup-Projekt verfügt über eine Reihe von Eigenschaften, mit denen die Anwendung genauer beschrieben wird oder die das Verhalten des Setup-Projekts bei der Installation steuern. Sie können diese Eigenschaften ändern, indem Sie das Setup-Projekt auswählen und im Eigenschaftenfenster die gewünschten Werte festlegen.

- Benutzerdefinierte Aktionen definieren Programmcode, der bei der Installation oder Deinstallation ausgeführt wird. Sie können benutzerdefinierte Aktionen definieren, indem Sie eine `Installer`-Klasse zu dem Projekt hinzufügen, für das Sie eine Setup-Anwendung erstellen möchten, in dieser `Installer`-Klasse den erforderlichen Code schreiben und im Editor für benutzerdefinierte Aktionen das Projekt angeben, das die benutzerdefinierte Aktion enthält.
- Wenn in einer benutzerdefinierten Aktion Fehler auftreten, die sich nicht beheben lassen, sollten Sie eine `InstallException` auslösen, um die Installation rückgängig zu machen, ohne das Zielsystem zu beschädigen.

Lernzielkontrolle

Die folgenden Fragen dienen dazu, die wichtigsten Lerninhalte dieser Lektion zu vertiefen. Die Fragen sind (in englischer Sprache) auch auf der Begleit-CD zu finden, falls Sie die elektronische Form der Fragen vorziehen.

Hinweis Die Antworten

Die Antworten auf die Fragen und Erläuterungen, warum die entsprechende Antwort richtig oder falsch ist, finden Sie im Abschnitt „Antworten“ am Ende des Buchs.

---

1. Welcher Editor wird verwendet, um Projektausgaben zum Setup-Projekt hinzuzufügen?
   A. Dateisystem-Editor
   B. Dateityp-Editor
   C. Editor für benutzerdefinierte Aktionen
   D. Benutzeroberflächen-Editor
2. Welche der folgenden Installationsbedingungen ist geeignet, wenn Sie die Installation auf Windows 2000 oder höher beschränken wollen?
   A. `VersionNT = 500`
   B. `VersionNT >= 500`
   C. `VersionNT <= 500`
   D. `VersionNT <> 500`
3. Was ist erforderlich, um bei der Ausführung Ihres Setup-Projekts eine benutzerdefinierte Aktion durchzuführen? (Wählen Sie alle zutreffenden Antworten aus.)
   A. Sie müssen eine `Installer`-Klasse zu Ihrem Setup-Projekt hinzufügen.
   B. Sie müssen als benutzerdefinierte Aktion eine `Installer`-Klasse zu dem Projekt hinzufügen, dass Sie bereitstellen wollen.
   C. Sie müssen Ihre benutzerdefinierte Aktion in der `Install`-Methode einer `Installer`-Klasse schreiben.
   D. Sie müssen im Editor für benutzerdefinierte Aktionen das Projekt angeben, das die benutzerdefinierte Aktion enthält.

Rückblick auf dieses Kapitel

Zur weiteren Übung und Vertiefung der Lerninhalte dieses Kapitels können Sie Folgendes tun:

- Arbeiten Sie die Zusammenfassung des Kapitels durch.
- Arbeiten Sie die Liste der Schlüsselbegriffe durch, die in diesem Kapitel eingeführt wurden.
- Bearbeiten Sie die Übung mit Fallbeispiel. Diese Szenarien beschreiben anhand der Themen dieses Kapitels praxisnahe Situationen. Entwickeln Sie eine Lösung.
- Führen Sie die vorgeschlagenen Übungen durch.
- Machen Sie einen Übungstest.

Zusammenfassung des Kapitels

- ClickOnce ist eine leistungsfähige neue Bereitstellungstechnik, die Entwickler in die Lage versetzt, Anwendungen schnell und zuverlässig auf Websites, in freigegebenen Verzeichnissen oder auf FTP-Sites zu veröffentlichen. Anwendungen können so eingestellt werden, dass sie Updates automatisch suchen und mit den Standardsicherheitseinstellungen installieren. Sind zusätzliche Berechtigungen erforderlich, können diese vom Entwickler manuell oder durch Berechnung des erforderlichen Berechtigungssatzes angegeben und vom Installierer gewährt oder verweigert werden. Die Installation einer ClickOnce-Anwendung ist so simpel wie der (Doppel)klick auf die Setup-Datei oder der Klick auf die *Install*-Schaltfläche einer Webseite, wobei natürlich noch die Installationsanweisungen zu befolgen sind, sofern vorhanden.
- Setup-Projekte ermöglichen Ihnen die Erstellung von Windows Installer-Anwendungen, mit denen Sie Ihre Projekte installieren können. Windows Installer-Projekte sind weitgehend konfigurierbar und ermöglichen eine sehr detaillierte Festlegung des Installationsprozesses. Der Dateisystem-Editor dient dazu, die Ausgaben Ihrer Projekte und andere Dateien zum Setup-Projekt hinzuzufügen. Das Setup-Projekt verfügt über eine Reihe von Eigenschaften, mit denen die Anwendung genauer beschrieben wird oder die das Verhalten des Setup-Projekts bei der Installation steuern. Sie können benutzerdefinierte Aktionen definieren, indem Sie eine `Installer`-Klasse zu dem Projekt hinzufügen, für das Sie eine Setup-Anwendung erstellen möchten, in dieser `Installer`-Klasse den erforderlichen Code schreiben und im Editor für benutzerdefinierte Aktionen das Projekt angeben, das die benutzerdefinierte Aktion enthält. Wenn in einer benutzerdefinierten Aktion Fehler auftreten, die sich nicht beheben lassen, sollten Sie eine `InstallException` auslösen, um die Installation rückgängig zu machen, ohne das Zielsystem zu beschädigen.

Schlüsselbegriffe

Wissen Sie, was die folgenden Schlüsselbegriffe bedeuten? Sie können Ihre Antworten überprüfen, indem Sie die Begriffe im Glossar am Ende des Buchs nachschlagen.

- ClickOnce
- Benutzerdefinierte Aktion
- InstallException
- Setup-Projekt

Übung mit Fallbeispiel

In den folgenden Fallbeispielen wenden Sie an, was Sie über Bereitstellung wissen. Die Antworten auf die Fragen finden Sie im Abschnitt „Antworten" am Ende des Buchs.

Szenario 1: Vertrieb des DocumentViewers

Er ist fertig! Ihre Arbeit für die Firma Fabrikam am DocumentViewer war erfolgreich, die Anwendung ist fertig und kann an die Kunden ausgeliefert werden. Die Kunden sind begeistert, weil sie mithilfe der Anwendung in Fabrikams riesiger Onlinebibliothek herumstöbern können. Leider ist das Bild aber nicht ganz so rosig. Der Viewer ist noch recht fehlerhaft, aber die Kunden von Fabrikam wollen einfach nicht mehr warten. Sie müssen die fehlerhafte Version ausliefern, wenn auch ein Team rund um die Uhr damit beschäftigt ist, die Bugs zu beseitigen.

Die wichtigsten Anforderungen

- Sie müssen die fehlerhafte Version jetzt ausliefern.
- Sie müssen so schnell wie möglich Updates bereitstellen, in denen Fehler beseitigt wurden.
- Diese Anwendung muss auch für Endbenutzer verfügbar sein, die nicht über Administratorrechte verfügen.

Frage

- Mit welcher Bereitstellungsstrategie können Sie die wichtigsten Forderungen erfüllen?

Szenario 2: Installieren des Dokumentbestands

Fabrikam hat beschlossen, den Dokumentserver und die Kerndatenbank an einige der finanzkräftigeren Kunden zu verkaufen, damit diese die Dokumentbibliothek auf ihren eigenen Systemen installieren können und nicht auf die Server von Fabrikam zugreifen müssen. Sie haben die Aufgabe, eine Bereitstellungsstrategie zu entwickeln. Sie müssen die Serveranwendung installieren, eine neue Verzeichnisstruktur und Registrierungsschlüssel erstellen sowie in der Installationsphase überprüfen, ob die erforderlichen Komponenten installiert sind.

Frage

- Mit welcher Bereitstellungsstrategie können Sie diese Forderungen erfüllen?

Vorgeschlagene Übungen

Bearbeiten Sie folgende Übungen, um Ihr Wissen über den Stoff zu vertiefen, der in diesem Kapitel besprochen wurde.

- **Übung 1** Veröffentlichen Sie Ihre selbstentwickelte Lieblingsanwendung mit ClickOnce auf einer Website und in einem freigegebenen Verzeichnis. Experimentieren Sie mit der Anforderung zusätzlicher Berechtigungen und mit Update-Zeitplänen.
- **Übung 2** Erweitern Sie die in Lektion 2, „Erstellen von Setup-Projekten zur Bereitstellung", erstellte Anwendung so, dass sie ein Symbol für Ihre Anwendung und eine benutzerdefinierte Aktion definiert, die eine bestimmte Bedingung überprüft und die Installation abbricht, wenn die Bedingung nicht erfüllt ist.

Machen Sie einen Übungstest

Die Übungstests auf der Begleit-CD zu diesem Buch (in englischer Sprache) bieten zahlreiche Möglichkeiten. Zum Beispiel können Sie einen Test machen, der ausschließlich die Themen eines bestimmten Lernziels behandelt, oder Sie können sich selbst mit dem gesamten Inhalt der Prüfung 70-526 testen. Sie können den Test so konfigurieren, dass er dem Ablauf einer echten Prüfung entspricht, oder Sie können einen Lernmodus verwenden, in dem Sie sich nach dem Beantworten einer Frage jeweils sofort die richtige Antwort und die Erklärungen ansehen können.

Weitere Informationen Übungstests

Einzelheiten zu allen Optionen, die bei den Übungstests zur Verfügung stehen, finden Sie im Abschnitt „So benutzen Sie die Übungstests" in der Einführung am Anfang dieses Buchs.

Antworten

Kapitel 1: Antworten zur Lernzielkontrolle

Lektion 1

1. **Richtige Antwort: D**
   A. **Falsch.** Eine Form-Klasse hat keine CreateForm-Methode. Ein neues Formular wird mit dem Schlüsselwort New erstellt.
   B. **Falsch.** Sie müssen zuerst mit dem Schlüsselwort New eine neue Instanz von Form1 erstellen, bevor Sie Methoden dieser Instanz aufrufen können.
   C. **Falsch.** myForm ist nicht deklariert, und Sie können einer Klasse keine Instanzvariablen zuweisen. Allerdings liefert Form1 in Microsoft Visual Basic die Standardinstanz von Form1.
   D. **Richtig.** myForm ist korrekt deklariert und definiert (es gibt eine Instanz dieser Variablen).
2. **Richtige Antwort: C**
   A. **Falsch.** Sie müssen den neuen Pfad als Argument an den Konstruktor von Region übergeben.
   B. **Falsch.** Sie müssen Region auf die neue Instanz des Pfades einstellen.
   C. **Richtig.** Dieses Codebeispiel erzeugt einen elliptischen GraphicsPath, erstellt anhand dieses GraphicsPath ein neues Region-Objekt und weist dieses Region-Objekt der Eigenschaft Region des Formulars zu.
   D. **Falsch.** Sie können der Eigenschaft Region keinen GraphicsPath zuweisen. Zuerst müssen Sie mit dem GraphicsPath ein neues Region-Objekt erstellen.
3. **Richtige Antwort: A**
   A. **Richtig.** Alle Eigenschaften werden auf passende Werte eingestellt.
   B. **Falsch.** Die Eigenschaft FormBorderStyle muss auf ein Datenelement der Enumeration FormBorderStyle eingestellt werden, nicht auf eine Zeichenfolge.
   C. **Falsch.** Die Eigenschaft Opacity muss auf einen Wert von 0 bis 1 eingestellt werden, nicht auf eine Zeichenfolge, und die Eigenschaft Size verlangt eine neue Instanz der Size-Struktur.
   D. **Falsch.** Die Eigenschaft Opacity muss auf einen Wert von 0 bis 1 eingestellt werden, nicht auf eine Zeichenfolge.

Lektion 2

1. **Richtige Antwort: C**
   A. **Falsch.** Die Button-Klasse hat keine SetFlowBreak-Methode.
   B. **Falsch.** Die Umbruchmarkierung wird vom FlowLayoutPanel-Steuerelement festgelegt, nicht vom enthaltenen Steuerelement.
   C. **Richtig.** Legen Sie die Umbruchmarkierung mit der Methode SetFlowBreak fest.

D. **Falsch.** Sie können auf die enthaltenen Steuerelemente nicht wie auf Member eines Containersteuerelements zugreifen.

2. **Richtige Antwort: D**

A. **Falsch.** Das `TableLayoutPanel`-Steuerelement eignet sich am besten zur Anordnung von Steuerelementen in Tabellen. Für eine einzelne Gruppe von Eigenschaften mag das zwar eine gute Lösung sein, aber zur Trennung von mehreren Gruppen ist das keine gute Wahl.

B. **Falsch.** Das `FlowLayoutPanel`-Steuerelement eignet sich am besten zur Aufnahme von Steuerelementen, die sich nach einer Größenänderung des Steuerelements neu anordnen sollen. Zur Verwaltung von mehreren Steuerelementgruppen ist das keine gute Wahl.

C. **Falsch.** Das `GroupBox`-Steuerelement eignet sich am besten für die Zusammenfassung von Optionsfeldern, mit denen der Benutzer aus zwei oder mehr Optionen jeweils eine auswählen soll.

D. **Richtig.** Das `TabControl`-Steuerelement eignet sich am besten für die Zusammenfassung von zusammengehörigen Steuerelementen zu Gruppen.

3. **Richtige Antworten: A, B, C und D**

A. **Richtig.** Jede der angegebenen Methoden ist zulässig.

B. **Richtig.** Jede der angegebenen Methoden ist zulässig.

C. **Richtig.** Jede der angegebenen Methoden ist zulässig.

D. **Richtig.** Jede der angegebenen Methoden ist zulässig.

4. **Richtige Antwort: B**

A. **Falsch.** Sie können keinen Datentyp in die `Controls`-Auflistung aufnehmen. Zuerst müssen Sie eine Instanz des Steuerelements erstellen.

B. **Richtig.** Zuerst erstellen Sie eine Instanz des Steuerelements und fügen diese dann zur `Controls`-Auflistung des Formulars hinzu.

C. **Falsch.** Die Methode `Add` ist ein Member der `Form.Controls`-Auflistung und kein Member des Formulars.

D. **Falsch.** Die Methode `Add` ist ein Member der `Form.Controls`-Auflistung und kein Member des Formulars.

5. **Richtige Antwort: D**

A. **Falsch.** Sie können keine Bereiche zum `SplitContainer`-Steuerelement hinzufügen.

B. **Falsch.** Sie können keine Bereiche zum `SplitContainer`-Steuerelement hinzufügen.

C. **Falsch.** Sie können keine Bereiche zum `SplitContainer`-Steuerelement hinzufügen.

D. **Richtig.** Sie können keine zusätzlichen Bereiche zum `SplitContainer`-Steuerelement hinzufügen. Allerdings können Sie zu den einzelnen `SplitterPanel`-Steuerelementen neue Bereiche hinzufügen.

Kapitel 1: Antworten zur Übung mit Fallbeispiel

Szenario 1: Design einer Benutzeroberfläche

Mit dem `SplitContainer`-Steuerelement lassen sich Aussehen und Verhalten von Webseitenframes simulieren, indem man in der Benutzeroberfläche einen entsprechenden sichtbaren und in der Größe veränderlichen Bereich erstellt. Jedes `SplitterPanel`-Steuerelement im `SplitContainer`-Steuerelement kann dann zusätzliche Containersteuerelemente aufnehmen. Ein `FlowLayoutPanel`-Steuerelement ahmt das fließende Layout einer Webseite nach, und Steuerelemente, die in Tabellen erscheinen, können in `TableLayoutPanel`-Steuerelementen reproduziert werden.

Szenario 2: Design eines WebBrowsers

Das `TabControl`-Steuerelement kann zur Anzeige von mehreren Seiten mit Informationen verwendet werden und erlaubt es dem Benutzer, zwischen den Seiten zu wechseln und die angezeigten Informationen beizubehalten. Sie können ein `TabControl`-Steuerelement mit einem `TabPage`-Steuerelement erstellen, das ein `WebBrowser`-Steuerelement enthält. Wird eine neue Webseite angefordert, können Sie ein weiteres `TabPage`-Steuerelement zum `TabControl`-Steuerelement hinzufügen, sodass der Benutzer auf eine neue Webseite wechseln kann, ohne die aktuelle Seite zu verlieren.

Kapitel 2: Antworten zur Lernzielkontrolle

Lektion 1

1. **Richtige Antworten: A und D**
   - A. **Richtig.** Sie können die Größe von Steuerelementen durch Ziehen der Kanten ändern.
   - B. **Falsch.** Im Menü *Ansicht* können Sie keine einzelnen Steuerelemente bearbeiten.
   - C. **Falsch.** Smarttags gibt es nicht für alle Steuerelemente. Sind sie vorhanden, kann man mit ihrer Hilfe auch nicht die Größe eines Steuerelements ändern.
   - D. **Richtig.** Sie können die `Size`-Eigenschaft direkt im Eigenschaftenfenster ändern.
2. **Richtige Antworten: A, B und C**
   - A. **Richtig.** Sie können die `Location`-Eigenschaft im Eigenschaftenfenster einstellen.
   - B. **Richtig.** Das Verschieben eines Steuerelements mit der Maus ist die einfachste Methode, ein Steuerelement anders anzuordnen.
   - C. **Richtig.** Die *Layout*-Symbolleiste ermöglicht Ihnen die Justierung der Abstände und Ausrichtung der Steuerelemente auf Ihrem Formular.
   - D. **Falsch.** Es gibt kein Positionsfenster.
3. **Richtige Antwort: C**
   - A. **Falsch.** Das Steuerelement hält einen konstanten Abstand zum oberen Rand ein.
   - B. **Falsch.** Das Steuerelement hält konstante Abstände zum oberen und unteren Rand ein.
   - C. **Richtig.** Das Steuerelement ist nicht mit einer Kante verankert und kann sich bewegen, wenn sich die Größe des Formulars ändert.
   - D. **Falsch.** Das Steuerelement hält konstante Abstände zum linken und rechten Rand ein.

4. **Richtige Antwort: B**
   A. **Falsch.** Bei dieser Einstellung dockt das Steuerelement an der oberen Kante des übergeordneten Elements an.
   B. **Richtig.** Die Einstellung `Fill` bewirkt, dass das Steuerelement das Formular oder Containersteuerelement ausfüllt.
   C. **Falsch.** Die `Dock`-Eigenschaft kann nur auf einen einzigen Wert eingestellt werden. Die Kombination `Top`, `Left`, `Bottom`, `Right` ist ungültig.
   D. **Falsch.** Mit der `Anchor`-Eigenschaft erreichen Sie nicht, dass ein Formular oder Containersteuerelement ausgefüllt wird.

Lektion 2

1. **Richtige Antworten: A und C**
   A. **Richtig.** Das `Click`-Eigenschaft entspricht einem Klick mit der linken Maustaste und auch bestimmten Tastaturereignissen, sofern die Schaltfläche den Fokus hat.
   B. **Falsch.** Das `LinkClicked`-Eigenschaft gibt es zwar im `LinkLabel`-Steuerelement, aber nicht im `Button`-Steuerelement.
   C. **Richtig.** Die `MouseDown`-Eigenschaft eignet sich zur Reaktion auf jede Taste einer Maus.
   D. **Falsch.** Das `MouseOver`-Ereignis zeigt keine Klicks an.
2. **Richtige Antwort: D**
   A. **Falsch.** Die Eigenschaft `FlatAppearance.MouseOverBackColor` legt die Hintergrundfarbe der Schaltfläche fest, wenn sich der Mauszeiger auf der Schaltfläche befindet.
   B. **Falsch.** Die Eigenschaft `FlatAppearance.MouseDownBackColor` legt die Hintergrundfarbe der Schaltfläche fest, wenn die Schaltfläche mit der Maus angeklickt wird.
   C. **Falsch.** Die Eigenschaft `FlatAppearance.BorderSize` gibt die Breite des Rahmens an, wenn die Eigenschaft `FlatStyle` auf `Flat` steht.
   D. **Richtig.** Das Aussehen des Textes ändert sich nicht, wenn die Eigenschaft `FlatStyle` auf `Flat` steht.
3. **Richtige Antworten: A, B und C**
   A. **Richtig.** Sie müssen die Eigenschaften `TabOrder`, `UseMnemonic` und `Text` mit den passenden Werten versehen.
   B. **Richtig.** Sie müssen die Eigenschaften `TabOrder`, `UseMnemonic` und `Text` mit den passenden Werten versehen.
   C. **Richtig.** Sie müssen die Eigenschaften `TabOrder`, `UseMnemonic` und `Text` mit den passenden Werten versehen.
   D. **Falsch.** Die Eigenschaft `CausesValidation` ist zur Erstellung einer Zugriffstaste nicht erforderlich.

4. **Richtige Antworten: A und C**
   A. **Richtig.** Die Eigenschaft `ActiveLinkColor` legt die Farbe fest, in der ein Link angezeigt wird, wenn er angeklickt wird.
   B. **Falsch.** `LinkLabel.LinkClicked` ist das Ereignis, das beim Klick auf einen Link auftritt. Es beeinflusst nicht selbst die Farbe des Links.
   C. **Richtig.** Die Eigenschaft `VisitedLinkColor` legt die Farbe fest, in der ein Link angezeigt wird, nachdem die Eigenschaft `LinkVisited` auf `True` gestellt wurde.
   D. **Falsch.** Die Eigenschaft `LinkBehavior` bestimmt, wie ein Link unterstrichen wird. Sie wirkt sich nicht auf die Farbe aus.

Lektion 3

1. **Richtige Antwort: D**
   A. **Falsch.** Die `Multiline`-Eigenschaft ermöglicht Ihnen zwar die Eingabe und Anzeige von mehreren Textzeilen, wirkt sich aber nicht auf die Länge des eingegebenen Textes aus.
   B. **Falsch.** Die `WordWrap`-Eigenschaft wirkt sich zwar auf die Anzeige des Textes in einem mehrzeiligen Textfeld aus, aber nicht auf die Höchstlänge der eingegebenen Zeichenfolge.
   C. **Falsch.** Die `ScrollBars`-Eigenschaft wirkt sich darauf aus, ob Bildlaufleisten angezeigt werden, aber sie hat keinen Einfluss auf die Höchstlänge des Textes.
   D. **Richtig.** Die `MaxLength`-Eigenschaft ist die einzige Eigenschaft, die sich auf die maximale Textmenge in der `Text`-Eigenschaft auswirkt.
2. **Richtige Antwort: C**
   A. **Falsch.** Die Ziffer 9 steht im `MaskedTextBox`-Steuerelement für eine optionale Eingabe. Die Sozialversicherungsnummer muss aber immer vollständig angegeben werden.
   B. **Falsch.** Die Ziffer 9 steht im `MaskedTextBox`-Steuerelement für eine optionale Eingabe. Die Sozialversicherungsnummer muss aber immer vollständig angegeben werden. Außerdem wird der Schrägstrich für die (amerikanische) Datumsangabe benutzt, und der eignet sich nicht für die Sozialversicherungsnummer.
   C. **Richtig.** Die Null (0) steht für eine erforderliche Ziffer. Außerdem ist der Bindestrich (-) ein Literal, das bei der Angabe von Sozialversicherungsnummern üblich ist.
   D. **Falsch.** Der Schrägstrich (/) ist ein Trennzeichen für die (amerikanische) Datumsangabe und eignet sich nicht für die Sozialversicherungsnummer. Der Bindestrich (-) ist in diesem Kontext das gebräuchliche Trennzeichen.
3. **Richtige Antwort: B**
   A. **Falsch.** Wird die Eigenschaft `CutCopyMaskFormat` auf `ExcludePromptAndLiterals` gestellt, so wird der Bindestrich (-) ausgeschlossen. Wird die Eigenschaft `TextMaskFormat` auf `IncludeLiterals` gestellt, so wird der Bindestrich nicht aus der `Text`-Eigenschaft ausgeschlossen.
   B. **Richtig.** Die Eigenschaft `CutCopyMaskFormat` muss auf `IncludeLiterals` gestellt werden, damit Literale eingeschlossen werden, und die Eigenschaft `TextMaskFormat` sollte auf `ExcludePromptAndLiterals` eingestellt werden, damit nur die Eingabe des Benutzers erfasst wird.

C. **Falsch.** Wird die Eigenschaft `CutCopyMaskFormat` auf `ExcludePromptAndLiterals` gestellt, so wird der Bindestrich (-) ausgeschlossen. Wird die Eigenschaft `TextMaskFormat` auf `IncludePrompt` gestellt, so wird zwar der Bindestrich aus der `Text`-Eigenschaft ausgeschlossen, aber alle Eingabeaufforderungszeichen, die im `MaskedTextBox`-Steuerelement verbleiben, werden ebenfalls in die `Text`-Eigenschaft übernommen.

D. **Falsch.** Wird die Eigenschaft `TextMaskFormat` auf `IncludeLiterals` gestellt, so wird der Bindestrich (-) nicht aus der `Text`-Eigenschaft ausgeschlossen.

Kapitel 2: Antworten zur Übung mit Fallbeispiel

Szenario 1: Design einer einfachen Benutzeroberfläche

Sie können `TextBox`-Steuerelemente für die Erfassung des Zinssatzes und der Anlagedauer verwenden und ein `MaskedTextBox`-Steuerelement, in dem das aktuelle Währungssymbol verwendet wird, für den Anlagewert. Die Eingabefelder sollten durch entsprechende `Label`-Steuerelemente eindeutig beschriftet werden.

Sie können die Eigenschaft `TabIndex` der Steuerelemente so einstellen, dass mit der TAB-Taste eine übersichtliche Navigation möglich ist. Außerdem können Sie mit den `Label`-Steuerelementen Zugriffstasten für die `TextBox`- und `MaskedTextBox`-Steuerelemente in Ihrer Benutzeroberfläche definieren.

Szenario 2: Design einer Benutzeroberfläche

Für die Namens- und Adressfelder sind `TextBox`-Steuerelemente am besten geeignet. Für Felder, die ein definiertes Format verwenden, setzen Sie `MaskedTextBox`-Steuerelemente ein, beispielsweise für die Postleitzahl und die Kreditkartennummer. Mit einem mehrzeiligen Textfeld lassen sich allgemeine Kommentare übersichtlich eingeben und lesen. Jedes Steuerelement sollte eine klare und eindeutige Beschriftung erhalten.

Mit einer entsprechenden Einstellung der Eigenschaft `PasswordChar` des `MaskedTextBox`-Steuerelements erreichen Sie, dass die Kreditkarteninformationen nicht an der falschen Stelle sichtbar werden. Dadurch wird es zwar schwieriger, die Daten korrekt einzugeben, aber das Problem ließe sich dadurch lösen, dass man eine zweifache Eingabe dieser Daten verlangt und beide Eingaben vergleicht.

Kapitel 3: Antworten zur Lernzielkontrolle

Lektion 1

1. **Richtige Antworten: B und C**

   A. **Falsch.** Die Methode `IndexOf` gibt den Index eines Objekts zurück, für das ein Verweis vorliegt, aber sie erkennt keine ausgewählten Objekte.

   B. **Richtig.** Die Eigenschaft `SelectedIndex` gibt den Index des ausgewählten Listenelements zurück. Wurden mehrere Listenelemente ausgewählt, kann diese Eigenschaft den Index eines beliebigen dieser Elemente zurückgeben.

   C. **Richtig.** Die Eigenschaft `SelectedIndices` gibt die Indizes aller ausgewählten Listenelemente zurück.

D. **Falsch.** Die Methode Select wählt ein Objekt im ListBox-Steuerelement aus, erkennt aber nicht den Index des ausgewählten Listenelements.

2. **Richtige Antwort: D**

A. **Falsch.** Die Methode Items.Add fügt das angegebene Listenelement in die Items-Auflistung ein.

B. **Falsch.** Die Methode Items.Insert fügt das angegebene Listenelement am angegebenen Index in die Items-Auflistung ein.

C. **Falsch.** Die Methode Items.AddRange eignet sich dafür, ein Array mit Objekten zur Items-Auflistung hinzuzufügen.

D. **Richtig.** Die Methode Items.Contains ermittelt, ob eine Auflistung das angegebene Element enthält. Sie fügt kein Element in eine Auflistung ein.

3. **Richtige Antwort: C**

A. **Falsch.** Die Einstellung der View-Eigenschaft auf LargeIcon zeigt die ListViewItem-Objekte mit den dazugehörigen großen Symbolen an.

B. **Falsch.** Die Einstellung der View-Eigenschaft auf Details führt zur Anzeige der ListViewItem-Objekte mit den dazugehörigen untergeordneten Elementen.

C. **Richtig.** Das ListView-Steuerelement eignet sich nicht zur Darstellung von hierarchischen Daten. Für Daten, die eine hierarchische Darstellung erfordern, verwenden Sie das TreeView-Steuerelement.

D. **Falsch.** Die Einstellung der View-Eigenschaft auf SmallIcon zeigt die ListViewItem-Objekte mit den dazugehörigen kleinen Symbolen an.

Lektion 2

1. **Richtige Antworten: B und E**

A. **Falsch.** Die Checked-Eigenschaft ist ein boolescher Wert und kann nur True oder False sein. Allerdings kann die CheckState-Eigenschaft auf Checked gestellt werden.

B. **Richtig.** Die Checked-Eigenschaft ist ein boolescher Wert und kann nur True oder False sein.

C. **Falsch.** Die Checked-Eigenschaft ist ein boolescher Wert und kann nur True oder False sein. Die CheckState-Eigenschaft kann auf Indeterminate gestellt werden.

D. **Falsch.** Die Checked-Eigenschaft ist ein boolescher Wert und kann nur True oder False sein. Die CheckState-Eigenschaft kann auf Unchecked gestellt werden.

E. **Richtig.** Die Checked-Eigenschaft ist ein boolescher Wert und kann nur True oder False sein.

F. **Falsch.** Die Checked-Eigenschaft ist ein boolescher Wert und kann nur True oder False sein. Keine Eigenschaft des CheckBox-Steuerelements kann auf NotChecked gestellt werden.

2. **Richtige Antworten: A, C und D**

A. **Richtig.** Die MaxSelectionCount-Eigenschaft bestimmt die Anzahl der Tage, die in der Eigenschaft SelectionRange gewählt werden können.

B. **Falsch.** Die SelectionRange-Eigenschaft wird auf einen neuen Wert gestellt, wenn der Benutzer ein Datum auswählt. Eine Einstellung zur Entwurfszeit ist in diesem Beispiel sinnlos.

C. **Richtig.** Die `MinDate`-Eigenschaft bestimmt den ersten Tag, der sich auswählen lässt. Eine Einstellung auf den ersten Tag des fraglichen Monats bewirkt also, dass der Benutzer kein Datum mehr auswählen kann, das vor diesem Tag liegt.

D. **Richtig.** Die `MaxDate`-Eigenschaft bestimmt den letzten Tag, der sich auswählen lässt. Eine Einstellung auf den letzten Tag des fraglichen Monats bewirkt also, dass der Benutzer kein Datum mehr auswählen kann, das hinter diesem Tag liegt.

3. **Richtige Antworten: C und D**

A. **Falsch.** Die `Image`-Eigenschaft legt direkt ein Bild für das Steuerelement fest und kann nicht auf ein `ImageList`-Steuerelement eingestellt werden.

B. **Falsch.** Die `ImageKey`-Eigenschaft erwartet eine Zeichenfolge und gibt den Schlüssel für das Bild in der verknüpften `ImageList`-Komponente an. Sie können die `ImageKey`-Eigenschaft nicht auf einen Wert von `Images` einstellen.

C. **Richtig.** Sie können die `ImageList`-Eigenschaft des Steuerelements auf das fragliche `Image-List`-Steuerelement einstellen und die Eigenschaft `ImageIndex` auf den Index des Bilds in der `ImageList.Items`-Auflistung.

D. **Richtig.** Sie können die `ImageList`-Eigenschaft des Steuerelements auf das fragliche `Image-List`-Steuerelement einstellen und die Eigenschaft `ImageKey` auf den Schlüssel des Bilds in der `ImageList.Items`-Auflistung.

Lektion 3

1. **Richtige Antworten: A, B und C**

A. **Richtig.** Die `Print`-Methode druckt das aktuelle Dokument.

B. **Richtig.** Die `ShowPrintDialog`-Methode zeigt das Dialogfeld *Drucken* an und ermöglicht dem Benutzer vor dem Druck die Einstellung von Optionen.

C. **Richtig.** Die `ShowPrintPreviewDialog`-Methode zeigt das Dialogfeld *Druckvorschau* an und ermöglicht dem Benutzer eine Vorschau auf das gedruckte Dokument, bevor der Druck beginnt.

D. **Falsch.** Die `ShowPropertiesDialog`-Methode zeigt die Eigenschaften des aktuellen Dokuments an, ermöglicht aber keinen Druck.

2. **Richtige Antworten: A, B und C**

A. **Richtig.** Die `BalloonTipIcon`-Eigenschaft kann auf `Error`, `Warning` oder `Info` eingestellt werden. Dadurch werden die Warnstufen für die QuickInfo-Sprechblase festgelegt.

B. **Richtig.** Die `BalloonTipText`-Eigenschaft kann dem Benutzer ausführliche Informationen über das Problem geben und einen Lösungsvorschlag machen.

C. **Richtig.** Die `BalloonTipTitle`-Eigenschaft kann dem Benutzer einen klaren Hinweis auf das Problem geben.

D. **Falsch.** Die `Text`-Eigenschaft wird angezeigt, wenn der Benutzer die Maus auf der Taskleiste über die `NotifyIcon`-Komponente bewegt, und sollte nicht zur Anzeige kritischer Informationen verwendet werden.

3. **Richtige Antworten: B, C und D**

   A. **Falsch.** Die Zugriffstaste funktioniert zwar nicht, wenn das Steuerelement nicht aktiviert ist, aber die Einstellung der Eigenschaft Enabled auf False verhindert nicht die Definition einer Zugriffstaste zur Entwurfszeit.

   B. **Richtig.** Mit der Text-Eigenschaft lässt sich der Buchstabe definieren, der in der Zugriffstaste verwendet wird.

   C. **Richtig.** Die UseMnemonic-Eigenschaft zeigt an, dass das Zeichen aus der Text-Eigenschaft, dem ein Und-Symbol (&) vorangestellt wurde, als Zugriffstaste für das Steuerelement dient.

   D. **Richtig.** Wenn das Steuerelement nicht den Fokus übernehmen kann, können Sie keine Zugriffstaste dafür definieren.

Kapitel 3: Antworten zur Übung mit Fallbeispiel

Szenario 1: Einsatz von Listensteuerelementen in der Benutzeroberfläche

Das wichtigste Steuerelement dieser Benutzeroberfläche wäre das TreeView-Steuerelement, das sich zur Anzeige von hierarchischen Informationen eignet, zum Beispiel zur Anzeige der Organisationsstruktur. Die einzelnen Knoten der Organisationsdarstellung können erweitert oder reduziert werden, und der Benutzer kann sich leicht in der Benutzeroberfläche orientieren. Mit anderen Steuerelementen können Sie ausführlichere Informationen über einen bestimmten Angestellten anzeigen.

Sie können ein ImageList-Steuerelement vorsehen, das die Fotos der Angestellten verwaltet, und die Eigenschaft ImageList des TreeView-Steuerelements so einstellen, dass das Steuerelement diese Bilder einlesen kann. Durch die entsprechende Einstellung der Eigenschaften ImageKey oder ImageIndex der einzelnen TreeNode-Elemente wird dafür gesorgt, dass die betreffenden Bilder im TreeView-Steuerelement in Symbolform angezeigt werden. In der Detailansicht können Sie die Bilder mit einem PictureBox-Steuerelement in voller Größe anzeigen.

Szenario 2: Arbeiten mit Dateien und Hintergrundprozessen

Die NotifyIcon-Komponente kann dazu dienen, den Benutzer über etwas zu informieren, ohne eine aufdringliche Benutzeroberfläche zu erstellen. Ein Symbol auf der Taskleiste reicht aus, um den Benutzer darüber zu informieren, dass die Anwendung läuft. Wenn sich ein Problem ergibt, kann der Benutzer mit einem QuickInfo-Sprechblase darauf hingewiesen werden. Die BalloonTipIcon-Eigenschaft lässt sich auf die passende Stufe einstellen (Error, Warning oder Info), und mit dem BalloonTipText kann der Benutzer zusätzliche Informationen erhalten.

Wenn der Start einer ausführlicheren Benutzeroberfläche erforderlich ist, können wir das durch die Verknüpfung eines ContextMenuStrip-Steuerelements mit der NotifyIcon-Komponente ermöglichen. Der Benutzer klickt die NotifyIcon-Komponente mit der rechten Maustaste an und wählt einen Befehl aus dem Kontextmenü, das sich dann öffnet.

Das WebBrowser-Steuerelement bietet die Funktionen, die für die Anzeige, den Druck und die Speicherung von Dateien erforderlich sind. Wir können die Benutzeroberfläche so konzipieren, dass der Benutzer die Datei in einem WebBrowser-Steuerelement betrachten kann und bei Bedarf den Aufruf der Methoden WebBrowser.Print oder WebBrowser.ShowSaveAsDialog veranlasst, um das Dokument zu drucken oder zu speichern.

Kapitel 4: Antworten zur Lernzielkontrolle

Lektion 1

A. **Richtige Antwort: B**

A. **Falsch.** Die Klasse `ToolStrip` hat keine `Merge`-Methode. Sie müssen die Klasse `ToolStripManager` verwenden.

B. **Richtig.** Verwenden Sie für die Zusammenführung von `ToolStrips` die statische Klasse `ToolStripManager`.

C. **Falsch.** Die Klasse `ToolStripManager` ist statisch. Daher können Sie keine Instanzen dieser Klasse erstellen.

D. **Falsch.** Die Klasse `ToolStrip` hat keine `Merge`-Methode. Sie müssen die Klasse `ToolStripManager` verwenden.

B. **Richtige Antwort: A**

A. **Richtig.** Verwenden Sie die `Add`-Methode der `Items`-Auflistung, um zur Laufzeit ein neues Element hinzuzufügen.

B. **Falsch.** Die Klasse `ToolStripManager` dient zur Verwaltung der `ToolStrips` und nicht zur Verwaltung der darin enthaltenen Elemente.

C. **Falsch.** Die Klasse `ToolStrip` enthält für alle `ToolStrip`-Elemente eine einzige Auflistung namens `Items`. Sie enthält nicht für jede Art von `ToolStrip`-Element eine separate Auflistung.

D. **Falsch.** Verwenden Sie die Methode `Items.Add`, um ein neues Element hinzuzufügen. Es gibt keine Methode `Items.NewItem`.

Lektion 2

1. **Richtige Antwort: C**

A. **Falsch.** `ToolStripMenuItem`-Steuerelemente haben keine `UseMnemonic`-Eigenschaft und erstellen Zugriffstasten automatisch, wenn vor einem Buchstaben ein Und-Zeichen (&) steht.

B. **Falsch.** `ToolStripMenuItem`-Steuerelemente haben keine `AccessKeys`-Eigenschaft und erstellen Zugriffstasten automatisch, wenn vor einem Buchstaben ein Und-Zeichen (&) steht.

C. **Richtig.** `ToolStripMenuItem`-Steuerelemente erstellen Zugriffstasten automatisch, wenn vor einem Buchstaben ein Und-Zeichen (&) steht.

D. **Falsch.** Die Eigenschaft `ShortcutKeys` definiert eine Tastenkombination, mit denr sich ein Befehl direkt geben lässt. Zugriffstasten werden definiert, indem man einem Buchstaben in der `Text`-Eigenschaft ein Und-Zeichen (&) voranstellt.

2. **Richtige Antwort: D**

A. **Falsch.** Die Klasse `ToolStripManager` hat keine `Menus`-Auflistung.

B. **Falsch.** Die Methode `ToolStripManager.Merge` wird für die Zusammenführung von zwei `ToolStrips` oder `MenuStrips` verwendet, und nicht, um ein Menü zu einem Formular hinzuzufügen.

C. **Falsch.** Die Klasse `ToolStripManager` verfügt nicht über eine `Controls`-Auflistung.

D. **Richtig.** Um ein Menü zur Laufzeit zu einem Formular hinzuzufügen, fügen Sie es in die Auflistung `Controls` des Formulars ein.

3. **Richtige Antwort: A**

A. **Richtig.** Um ein Steuerelement mit einem Kontextmenü auszustatten, braucht man das Kontextmenü nur in der Eigenschaft `ContextMenuStrip` des Steuerelements einzustellen.

B. **Falsch.** Steuerelemente haben keine `ShowPopUp`-Eigenschaft.

C. **Falsch.** `ContextMenuStrip`-Steuerelemente haben keine `ShowPopUp`-Methode.

D. **Falsch.** `ContextMenuStrip`-Steuerelemente haben keine `Control`-Eigenschaft.

Lektion 3

1. **Richtige Antworten: A, B, C und D**

A. **Richtig.** Die Eigenschaft `Control` gibt einen booleschen Wert zurück, aus dem hervorgeht, ob die STRG-Taste gedrückt wurde.

B. **Richtig.** Die Eigenschaft `KeyCode` gibt den Code der gedrückten Taste zurück. Auch die STRG-Taste wird mit ihrem Code erfasst.

C. **Richtig.** Die Daten in der Eigenschaft `KeyData` geben alle gedrückten Tasten und Modifizierer an.

D. **Richtig.** Die Eigenschaft `Modifiers` gibt alle gedrückten Zusatztasten an.

2. **Richtige Antwort: C**

A. **Falsch.** In Visual Basic verwenden Sie das Schlüsselwort `AddHandler`, wenn ein Ereignishandler zur Laufzeit einem Ereignis zugeordnet werden soll. `AddHandler` ist aber keine Methode. In C# benutzen Sie den Operator +=, aber Sie geben vor dem Operator den Namen des Ereignisses an, nicht den Namen des Handlers.

B. **Falsch.** In Visual Basic müssen Sie den Operator `AddressOf` verwenden, damit zur Laufzeit ein Delegat für die Zuordnung des Handlers zum Ereignis erstellt wird. In C# verwenden Sie den Operator += für die Zuordnung des Ereignishandlers.

C. **Richtig.** In Visual Basic verwenden Sie das Schlüsselwort `AddHandler`, wenn ein Ereignishandler zur Laufzeit einem Ereignis zugeordnet werden soll. In C# benutzen Sie den Operator +=.

D. **Falsch.** In Visual Basic verwenden Sie das Schlüsselwort `AddHandler`, wenn ein Ereignishandler zur Laufzeit einem Ereignis zugeordnet werden soll, und nicht den Operator +=. In C# benutzen Sie den Operator += und nicht ++.

Kapitel 4: Antworten zur Übung mit Fallbeispiel

Szenario 1: Design einer komplexen Benutzeroberfläche

Die Antwort auf beide Fragen liegt im Design der Benutzeroberfläche. Alle Befehle und Optionen sollten im Hauptmenü angeboten werden, wobei sich die Menüoptionen an die jeweils vorliegenden Bedingungen anpassen. Häufig verwendete Befehle sollten in Gruppen zusammengefasst und auf Symbolleisten angeboten werden, die der Benutzer nach Belieben zur Benutzeroberfläche hinzufügen und wieder entfernen kann. Die Verwendung von bekannten Symbolen auf den Symbolleisten bricht die Eintönigkeit der Benutzeroberfläche auf und erleichtert nicht nur die Einarbeitung, sondern auch die tägliche Arbeit. Auch Kontextmenüs, auf denen die wichtigsten Befehle erneut angeboten werden, erleichtern die Arbeit mit der Anwendung.

Szenario 2: Weitere Anforderungen von Humongous

Die Menüelemente sind natürlich kein Problem. Zugriffstasten werden automatisch erstellt, indem man dem vorgesehenen Zeichen in der `Text`-Eigenschaft ein Und-Symbol (&) voranstellt. Auch Tastenkombinationen lassen sich durch die entsprechende Einstellung der Eigenschaft `ShortcutKeys` leicht für Menüelemente definieren. Um nach einem Tastendruck automatisch einen Eintrag in einem Textfeld erscheinen zu lassen, können Sie das Ereignis `TextBox.KeyDown` auswerten und überprüfen, ob die gewünschte Kombination von Taste und Modifizierer gedrückt wurde. Ist dies der Fall, können Sie der `Text`-Eigenschaft im Ereignishandler die gewünschte Zeichenfolge zuweisen.

Kapitel 5: Antworten zur Lernzielkontrolle

Lektion 1

1. **Richtige Antwort: C**
   - A. **Falsch.** Die Anwendungskonfiguration kann zwar die Verbindungszeichenfolge enthalten, aber nicht das Verbindungsobjekt.
   - B. **Falsch.** Das Datenquellenfenster zeigt die Objekte an, die in einem `DataSet` enthalten sind, aber nicht das Verbindungsobjekt.
   - C. **Richtig.** Der Code, der das Verbindungsobjekt definiert, liegt in der `DataSet`-Codedatei.
   - D. **Falsch.** Der generierte Formularcode enthält nicht das Verbindungsobjekt.
2. **Richtige Antworten: B und C**
   - A. **Falsch.** Verwenden Sie für eine Verbindung mit einer Oracle-Datenbank das `OracleConnection`-Objekt.
   - B. **Richtig.** Verwenden Sie für eine Verbindung mit einer Office Access-Datenbank das `OleDbConnection`-Objekt.
   - C. **Richtig.** Verwenden Sie für eine Verbindung mit Microsoft SQL Server 6.x-Datenbanken das `OleDbConnection`-Objekt.
   - D. **Falsch.** Verwenden Sie für eine Verbindung mit SQL Server 2000-Datenbanken das `SqlConnection`-Objekt.
3. **Richtige Antwort: C**
   - A. **Falsch.** Verbindungen können zwar während der Arbeit mit dem Assistenten zum Konfigurieren von Datenquellen erstellt werden, aber es ist nicht der Assistent, der die Verbindung erstellt.
   - B. **Falsch.** Der Server-Explorer zeigt Verbindungen an, erstellt aber nicht selbst Verbindungen.
   - C. **Richtig.** Das Dialogfeld *Verbindung hinzufügen* erstellt die Verbindungen, wenn es im Server-Explorer oder einem Datenassistenten aufgerufen wird.

D. **Falsch.** Das Eigenschaftenfenster kann Verbindungsinformationen anzeigen und kann als Eintrittspunkt ins Dialogfeld *Verbindung hinzufügen* dienen, aber es wird nicht zur eigentlichen Erstellung von Verbindungen verwendet.

Lektion 2

1. **Richtige Antworten: A und D**
   A. **Richtig.** Die Verbindungszeichenfolge muss die Datenquelle angeben, mit der eine Verbindung hergestellt werden soll.
   B. **Falsch.** Der Anbietername ist für eine Verbindung zu SQL Server 2000 und SQL Server 2005 nicht erforderlich.
   C. **Falsch.** Ein gültiger Dateiname ist für die Verbindung zu SQL Server 2000 oder SQL Server 2005 nicht erforderlich.
   D. **Richtig.** Passende Anmeldeinformationen oder die entsprechende Einstellung der integrierten Sicherheit sind für eine Verbindung mit einer SQL Server-Datenbank erforderlich.
2. **Richtige Antworten: B, C und D**
   A. **Falsch.** Die Verbindung ist nicht zerstört, aber sie kann freigegeben und für die Garbage Collection markiert sein.
   B. **Richtig.** Die Verbindung wird in den Pool zurückgegeben.
   C. **Richtig.** Wenn Sie eine Verbindung schließen, wird das Ereignis `StateChange` ausgelöst und die Eigenschaft `State` des Verbindungsobjekts auf `Closed` gestellt.
   D. **Richtig.** Wenn Sie eine Verbindung schließen, werden automatisch alle anstehenden Transaktionen zurückgenommen, für die kein explizites `Commit` durchgeführt wurde.
3. **Richtige Antwort: C**
   A. **Falsch.** Information über den aktuellen Zustand einer Verbindung sind in der `State`-Eigenschaft des Verbindungsobjekts verfügbar.
   B. **Falsch.** Schwere SQL Server-Fehler (Schweregrad 17 und höher) lösen kein `InfoMessage`-Ereignis aus.
   C. **Richtig.** Leichte SQL Server-Fehler (Schweregrad 10 und darunter) lösen ein `InfoMessage`-Ereignis aus.
   D. **Falsch.** Netzwerkfehler, die bei dem Versuch entstehen, eine Verbindung zu öffnen, lösen kein `InfoMessage`-Ereignis aus.

Lektion 3

1. **Richtige Antworten: A und B**
   A. **Richtig.** Von der Verbindungszeichenfolge hängt es ab, welcher Verbindungspool benutzt wird.
   B. **Richtig.** Die Identität oder Anmeldeinformationen eines Benutzers werden ebenfalls für die Entscheidung verwendet, welcher Verbindungspool benutzt wird.
   C. **Falsch.** Von der Datenbank, mit der eine Verbindung hergestellt wird, hängt es nicht ab, welcher Verbindungspool verwendet wird.

D. **Falsch.** Vom Verbindungsobjekt, das für die Verbindung zur Datenbank verwendet wird, hängt es nicht ab, welcher Verbindungspool verwendet wird.

2. **Richtige Antworten: B und C**

A. **Falsch.** Das Schlüsselwort `OLE DB Services` wird nicht für SQL Server 2000 oder SQL Server 2005 verwendet.

B. **Richtig.** Man öffnet eine Verbindung und deaktiviert das Pooling nicht explizit. Standardmäßig ist das Verbindungspooling bei allen .NET-Datenanbietern aktiviert. Sie brauchen die Verbindung also nur zu öffnen, um Verbindungspools zu verwenden.

C. **Richtig.** Verbindungspooling lässt sich mit `Pooling = True` in der Verbindungszeichenfolge aktivieren. So werden Verbindungspools für SQL Server 2000 und SQL Server 2005 explizit aktiviert.

D. **Falsch.** Die Registerkarte *Verbindungs-Pooling* des Dialogfelds *ODBC-Datenquellen-Administrator* wird nur für ODBC-Datenquellen verwendet. SQL Server kann zwar auch über ODBC verwendet werden, aber es ist besser, für eine Verbindung zu SQL Server den .NET Framework-Datenanbieter für SQL Server zu verwenden.

3. **Richtige Antwort: C**

A. **Falsch.** Die Angabe des Schlüsselworts `OLE DB Services` in der Verbindungszeichenfolge mit dem Wert `0` schaltet alle Dienste ab (einschließlich Verbindungspooling).

B. **Falsch.** Die Angabe des Schlüsselworts `OLE DB Services` in der Verbindungszeichenfolge mit dem Wert `-4` schaltet alle Dienste ein, mit Ausnahme von Pooling und automatischer Registrierung bei Transaktionen.

C. **Richtig.** Die Angabe des Schlüsselworts `OLE DB Services` in der Verbindungszeichenfolge mit dem Wert `-1` schaltet alle Dienste ein, einschließlich Pooling.

D. **Falsch.** Die Angabe des Schlüsselworts `OLE DB Services` in der Verbindungszeichenfolge mit dem Wert `-8` schaltet alle Dienste ein, mit Ausnahme von Pooling, automatischer Registrierung bei Transaktionen und Clientcursor.

Lektion 4

1. **Richtige Antworten: C und D**

A. **Falsch.** Wenn Fehler mit einem Schweregrad von 1 bis 9 auftreten, bleibt die Verbindung gewöhnlich offen.

B. **Falsch.** Wenn Fehler mit einem Schweregrad von 10 bis 19 auftreten, bleibt die Verbindung gewöhnlich offen.

C. **Richtig.** Wenn Fehler mit einem Schweregrad von 20 oder höher auftreten, wird die Verbindung gewöhnlich geschlossen.

D. **Richtig.** Wenn Fehler mit einem Schweregrad von 30 oder höher auftreten, wird die Verbindung gewöhnlich geschlossen.

2. **Richtige Antworten: B und D**

   A. **Falsch.** Die Eigenschaft `SqlException.Source` enthält den Namen des Anbieters, der den Fehler generiert hat, und nicht den eigentlichen Fehler.

   B. **Richtig.** Die Eigenschaft `SqlException.Message` enthält die Fehlermeldung, die SQL Server zurückgegeben hat.

   C. **Falsch.** Die Eigenschaft `SqlError.Class` gibt den Schweregrad des Fehlers an, enthält aber nicht die eigentliche Fehlermeldung.

   D. **Richtig.** Die Eigenschaft `SqlError.Message` enthält die Fehlermeldung, die SQL Server zurückgegeben hat.

Lektion 5

A. **Richtige Antwort: C**

   A. **Falsch.** `VisibleSqlServers` ist der Name, der im Programmbeispiel dieser Lektion für das `DataGridView`-Steuerelement benutzt wird. Es ist kein Objekt, das eine Serverliste aufstellen könnte.

   B. **Falsch.** `GetDataSources` ist eine Methode des `SqlDataSourceEnumerator`-Objekts, und nicht das Objekt, das die Serverliste zurückgibt.

   C. **Richtig.** Das `SqlDataSourceEnumerator`-Objekt ist das Objekt, das zur Aufstellung einer Liste der sichtbaren SQL Server benutzt wird.

   D. **Falsch.** `ServerName` ist der Name einer Spalte aus dem `DataTable`-Objekt, das von der Methode `GetDataSources` zurückgegeben wird.

B. **Richtige Antworten: A, B und C**

   A. **Richtig.** Die Firewalleinstellungen des Computers können verhindern, dass SQL-Server für Ihre Anwendung sichtbar sind.

   B. **Richtig.** Die Belastung des Netzwerks kann zum Timeout führen, bevor Ihre Anwendung in der Lage ist, Informationen über die SQL-Server abzurufen.

   C. **Richtig.** Die Verfügbarkeit des *SQL Browser*-Dienstes kann sich auf die Fähigkeit Ihrer Anwendung auswirken, alle SQL-Server zu erkennen.

   D. **Falsch.** Es gibt keine `Visible`-Eigenschaft für SQL-Server.

C. **Richtige Antworten: A, C und D**

   A. **Richtig.** Der Name des Servers ist in der Spalte `ServerName` des `DataTable`-Objekts zu finden, das von der Methode `GetDataSources` zurückgegeben wird.

   B. **Falsch.** Die Zahl der Datenbanken wird vom `SqlServerEnumerator`-Objekt nicht angegeben.

   C. **Richtig.** Die Versionsnummer ist in der Spalte `Version` des `DataTable`-Objekts verfügbar, das von der Methode `GetDataSources` zurückgegeben wird.

   D. **Richtig.** Der Name der SQL Server-Instanz ist in der Spalte `InstanceName` des `DataTable`-Objekts zu finden, das von der Methode `GetDataSources` zurückgegeben wird.

Lektion 6

1. **Richtige Antworten: B und C**
   - A. **Falsch.** `Integrated Security = yes` wird für Oracle-Verbindungen verwendet.
   - B. **Richtig.** `Integrated Security = SSPI` kann für SQL Server und OLE DB verwendet werden.
   - C. **Richtig.** `Integrated Security = True` wird für SQL Server 2000- und SQL Server 2005-Verbindungen verwendet.
   - D. **Falsch.** `Trusted_Connection = yes` wird für ODBC-Verbindungen verwendet.
2. **Richtige Antwort: B**
   - A. **Falsch.** Sensible Informationen sollte man nicht fest in die Anwendung einbinden. Die Anwendung könnte dekompiliert werden und die sensiblen Daten wären dann bekannt.
   - B. **Richtig.** Eine verschlüsselte Anwendungskonfigurationsdatei ist der empfohlene Ort für die Speicherung sensibler Daten.
   - C. **Falsch.** Eine Ressourcendatei, die mit der Anwendung ausgeliefert wird, ist nicht sicher und eignet sich nicht zur Speicherung sensibler Daten.
   - D. **Falsch.** Die Registrierung ist kein Ort, der zur Speicherung sensibler Informationen empfohlen wird.
3. **Richtige Antwort: C**
   - A. **Falsch.** Die Verschlüsselung der Daten in der Anwendungskonfigurationsdatei dient zur Sicherung sensibler Daten, falls diese in der Anwendung gespeichert werden müssen. Aber die empfohlene Methode ist die Verwendung der integrierten Sicherheit.
   - B. **Falsch.** Die Verwendung eines „Codeverneblers“ ist keine empfohlene Methode zur Sicherung sensibler Verbindungszeichenfolgedaten.
   - C. **Richtig.** Die Verwendung der integrierten Sicherheit (Windows-Authentifizierung) ist die empfohlene Methode zur Sicherung sensibler Verbindungszeichenfolgedaten.
   - D. **Falsch.** Die Anforderung der Anmeldeinformationen vom Benutzer zur Laufzeit ist nicht die empfohlene Methode zur Sicherung sensibler Verbindungszeichenfolgedaten.

Kapitel 5: Antworten zur Übung mit Fallbeispiel

Szenario 1: Beheben von Problemen mit SQL-Verbindungen

Folgende Änderungen sind an der Anwendung durchzuführen:

- Jede Codezeile suchen, in der eine Verbindung mit SQL Server geöffnet wird, und diese Codezeilen in einem `try-catch`-Block unterbringen.
- Code hinzufügen, der mithilfe der Klassen `SqlException` und `SqlError` Fehler abfängt und bearbeitet.
- Code hinzufügen, der Fehler abfängt und hinreichend ausführliche Fehlermeldungen anzeigt, damit Benutzer die Ursache des Fehlers verstehen und erfahren, was sie tun sollen.

Szenario 2: Sichern sensibler Daten

Die Empfehlungen für das Management lauten:

- Entferne die sensiblen Informationen aus dem Code und ändere alle Verbindungszeichenfolgen so ab, dass die integrierte Sicherheit benutzt wird.
- Entferne die sensiblen Informationen aus dem Code und speichere sie in der Anwendungskonfigurationsdatei, wo sie verschlüsselt werden können.

Kapitel 6: Antworten zur Lernzielkontrolle

Lektion 1

1. **Richtige Antworten: B und D**

   A. **Falsch.** `CommandType` = *`Text`*, `CommandText` = *`Name der gespeicherten Prozedur`* sind keine gültigen Einstellungen, weil die Eigenschaft `CommandType` auf `StoredProcedure` eingestellt werden muss.

   B. **Richtig.** `CommandType` = *`Text`*, `CommandText` = *`SQL-Syntax zur Ausführung der gespeicherten Prozedur`* ist nicht der empfohlene Weg zur Ausführung einer gespeicherten Prozedur, aber die Einstellung `CommandType` = `Text` erlaubt die Ausführung jeder gültigen SQL-Anweisung.

   C. **Falsch.** `CommandType` = *`StoredProcedure`*, `CommandText` = *`SQL-Syntax zur Ausführung der gespeicherten Prozedur`* sind keine gültigen Einstellungen, weil die Eigenschaft `CommandText` den Namen der gespeicherten Prozedur angeben muss.

   D. **Richtig.** `CommandType` = *`StoredProcedure`*, `CommandText` = *`Name der gespeicherten Prozedur`* ist der empfohlene Weg zur Ausführung einer gespeicherten Prozedur mit einem Befehlsobjekt.

2. **Richtige Antworten: B und D**

   A. **Falsch.** Der Aufruf der Methode `EndExecuteNonQuery` ist falsch, denn mit `BeginExecuteNonQuery` kann man keine Tabellendaten abrufen.

   B. **Richtig.** Der Aufruf der Methode `EndExecuteReader`, bevor das Ereignis `StatementCompleted` ausgelöst wird, veranlasst den Prozess, auf die Beendigung der Abfrage zu warten. Anschließend können Sie auf die abgerufenen Daten zugreifen.

   C. **Falsch.** Das Warten auf das Ereignis `StatementCompleted` und das sich anschließende Auslesen des `DataReader`-Objekts ist falsch, denn Sie müssen `EndExecuteReader` aufrufen, damit Sie das `DataReader`-Objekt erhalten.

   D. **Richtig.** Das Warten auf das Ereignis `StatementCompleted`, der sich anschließende Aufruf der Methode `EndExecuteReader` und das darauf folgende Auslesen des `DataReader`-Objekts ist die korrekte Sequenz, die zur asynchronen Ausführung eines Befehls und zur weiteren Verarbeitung der abgerufenen Tabellendaten eingehalten werden sollte.

3. **Richtige Antwort: C**

   A. **Falsch.** Der Aufruf der `ExecuteReader`-Methoden von zwei Befehlsobjekten und die Zuweisung der Ergebnisse an dieselbe `DataReader`-Instanz ist dasselbe wie die separate Ausführung von zwei Befehlen. Wenn Sie nach der Ausführung des ersten Befehls nicht die Daten aus dem `DataReader`-Objekt auslesen, überschreibt das Ergebnis des zweiten Befehls die im `DataReader`-Objekt enthaltenen Daten.

B. **Falsch.** Der zweimalige Aufruf der `ExecuteReader`-Methode desselben Befehlsobjekts liefert nur das Ergebnis des zweiten Aufrufs.

C. **Richtig.** Sie tragen die gewünschten SQL-Anweisungen in die Eigenschaft `Command.CommandText` ein, wobei die Anweisungen jeweils durch ein Semikolon voneinander getrennt sind, und lesen die Ergebnisse aus dem `DataReader` aus. Überprüfen Sie den Rückgabewert von `DataReader.NextResult`, um herauszufinden, ob weitere Ergebnisse im `DataReader` vorliegen.

D. **Falsch.** Eine Einstellung der Eigenschaft `Command.CommandType` auf mehrere Ergebnisse (mehrere Resultsets) ist unzulässig.

Lektion 2

1. **Richtige Antworten: B und C**

   A. **Falsch.** Wenn der Parameterwert auf der Eingabe eines Benutzers beruht, kann es sich zwar um einen Eingabeparameter handeln, aber das muss nicht zwangsläufig so sein.

   B. **Richtig.** Die Verwendung des Parameters zur Übermittlung von Daten von der Anwendung an die Datenbank könnte die allgemeine Definition eines Eingabeparameters sein. Es ist ein Parameter, der zur Übermittlung von Daten an eine Datenbank verwendet wird, um beispielsweise eine Abfrage durchzuführen.

   C. **Richtig.** Die Vorbereitung eines Befehlsobjekts auf die Ausführung einer SQL-Anweisung mit einer `WHERE`-Klausel ist ebenfalls ein typischer Anwendungsfall für einen Eingabeparameter.

   D. **Falsch.** Die Übergabe des Parameterwerts an eine `INSERT`-Anweisung kann zwar ebenfalls mit einem Eingabeparameter erfolgen, aber das ist kein typischer Anwendungsfall.

2. **Richtige Antwort: D**

   A. **Falsch.**

   B. **Falsch.**

   C. **Falsch.**

   D. **Richtig.** `Input`, `Output` und `InputOutput` sind die wichtigsten Parameterarten, die Sie für einen .NET Framework-Datenanbieter verwenden können.

3. **Richtige Antwort: B**

   A. **Falsch.** Der .NET Framework-Datentyp, den der Parameter in Ihrer Anwendung hat, ist nicht der richtige Datentyp für die Eigenschaft `SqlParameter.SqlDbType`.

   B. **Richtig.** Es ist der Typ der Spalte oder des Datenelements in SQL Server, für das der Parameter vorgesehen ist.

   C. **Falsch.** Der Typ der Spalte in einer `DataTable`, die er repräsentiert, ist nur in der Anwendung ein gültiger Datentyp.

   D. **Falsch.** Alle in der Enumeration `SqlDbType` definierten Typen entsprechen zwar SQL Server-Typen, aber Sie müssen den richtigen Typ für Ihren Parameter wählen.

Lektion 3

1. **Richtige Antworten: A und C**
   A. **Richtig.** BLOB-Daten werden gewöhnlich mit einem Streamobjekt übertragen. Die Programmierung von Streamobjekten ist etwas aufwendiger.
   B. **Falsch.** Ob BLOB-Daten lesbar sind oder nicht, ist nicht der Grund für den Programmieraufwand.
   C. **Richtig.** Dass BLOB-Daten zu einem gewissen Umfang tendieren und in mehrere kleine Stücke zerlegt, übertragen und wieder zusammengesetzt werden müssen, ist die Hauptursache dafür, dass die Arbeit mit BLOBs komplizierter ist.
   D. **Falsch.** BLOB-Daten kann man auch mit einem `DataReader` lesen.
2. **Richtige Antwort: D**
   A. **Falsch.** Durch das Einstellen der `Connection`-Eigenschaft auf das Lesen von binären Daten
   B. **Falsch.** Durch den Aufruf der Methode `ExecuteNonQuery` und die Zuweisung der Daten an einen `BinaryReader`
   C. **Falsch.** Durch den Aufruf der Methode `ExecuteReader` und die Konvertierung des `DataReader` in einen `BufferedStream`
   D. **Richtig.** Durch den Aufruf der Methode `ExecuteReader` mit dem Argument `CommandBehavior.SequentialAccess`
3. **Richtige Antwort: C**
   A. **Falsch.** Der Aufruf der Methode `DataReader.GetData` ist falsch.
   B. **Falsch.** Der Aufruf der Methode `DataReader.Read` und der Zugriff auf die Bytes über eine Spaltennummer ist falsch.
   C. **Richtig.** Der Aufruf der Methode `DataReader.GetBytes` mit dem Bytearray als Argument ist der richtige Weg, um einen BLOB-Abschnitt in der gewünschten Größe vom `DataReader` ins Bytearray zu übertragen.
   D. **Falsch.** Der Aufruf der Methode `DataReader.GetSqlByte` und das Addieren der Ergebnisse zum Bytearray ist nicht der richtige Weg zur Rekonstruktion des BLOBs.

Lektion 4

1. **Richtige Antworten: A und C**
   A. **Richtig.** Eine Verbindung für jede Datenbank, mit der die Anwendung eine Verbindung herstellen muss.
   B. **Falsch.** Obwohl das `SqlBulkCopy`-Objekt nicht zwei Verbindungen für jede Datenbank braucht, mit der es eine Verbindung herstellt, kann es sich durchaus ergeben, dass es zwei Verbindungen benutzt, die zur selben Datenbank führen, wenn Sie Daten innerhalb derselben Datenbank kopieren. Anders gesagt, Sie können zwar zwei Verbindungen zur selben Datenbank verwenden, wenn sich der seltene Umstand ergibt, dass Sie Daten innerhalb derselben Datenbank kopieren, aber Sie brauchen keine zwei Verbindungen für jede Datenbank, wenn die Massenkopieroperation zwischen zwei verschiedenen Datenbanken erfolgt.

C. **Richtig.** Zwei Verbindungen insgesamt, eine Verbindung für die Quelldatenbank und eine Verbindung für die Zieldatenbank, ist zwar die richtige Antwort, aber wie dieses Beispiel gezeigt hat, können beide Verbindungen zur selben Datenbank erfolgen.

2. **Richtige Antwort: A**

   A. **Richtig.** Die Anweisung `BULK INSERT` verwendet als Datenquelle eine Datendatei, die mit dem Dienstprogramm bcp erstellt wurde.

   B. **Falsch.** Die Anweisung `BULK INSERT` erhält ihre Daten nicht durch eine Abfrage, die mit einem Befehlsobjekt durchgeführt wird.

   C. **Falsch.** Die Anweisung `BULK INSERT` erhält ihre Daten nicht von einem `DataReader`.

   D. **Falsch.** Die Anweisung `BULK INSERT` erhält ihre Daten nicht von einer Datenbanktabelle, weder aus derselben noch aus einer anderen Datenbank.

3. **Richtige Antwort: B**

   A. **Falsch.** Das würde nur stimmen, wenn der Fehler bereits beim ersten Datensatz in der gesamten Transaktion aufträte. In allen anderen Fällen ist es falsch.

   B. **Richtig.** Das hängt von der Batchgröße ab und davon, wie viele Batches kopiert werden können, bevor die Transaktion fehlschlägt. Transaktionen werden in Batches durchgeführt. Ein erfolgreich kopierter Batch gilt als erfolgreich kopiert und wird nicht mehr rückgängig gemacht.

   C. **Falsch.** Da die restlichen Batches in einer fehlgeschlagenen Transaktion gar nicht erst kopiert werden, ist diese Antwort falsch.

   D. **Falsch.** Da Transaktionen in Batches durchgeführt werden und ein erfolgreich kopierter Batch als erfolgreich kopiert gilt und nicht mehr rückgängig gemacht wird, ist diese Antwort falsch.

Lektion 5

1. **Richtige Antwort: A**

   A. **Richtig.** Die Zuweisung des Rückgabewerts der Methode `Connection.BeginTransaction` an eine Transaktionsvariable ist der korrekte Weg, eine Transaktion zu erstellen und einzuleiten.

   B. **Falsch.** Es gibt keinen Konstruktor, mit dem man eine neue Instanz der Klasse `Transaction` definieren könnte.

   C. **Falsch.** Es gibt keine Methode `Command.CreateTransaction`.

   D. **Falsch.** In der Eigenschaft `Command.Transaction` legen Sie fest, an welcher Transaktion das Befehlsobjekt teilnehmen soll.

2. **Richtige Antwort: D**

   A. **Falsch.** Die Transaktion überprüft nicht, ob mehrere Befehle erfolgreich ausgeführt wurden.

   B. **Falsch.** Die Transaktion kümmert sich nicht um Ausnahmen, die während der Ausführung der Befehle auf einer Datenbank auftreten könnten.

   C. **Falsch.** Die Transaktion kann zwar das Ergebnis eines ausgeführten Befehls verwerfen und die Daten in einen Zustand zurückversetzen, in dem sie sich vor der Transaktion befanden, aber das tut sie nur, wenn die Methode `transaction.Rollback` aufgerufen wird.

D. **Richtig.** Die Hauptaufgabe einer Transaktion ist es, die Möglichkeit zur Verfügung zu stellen, das Ergebnis der ausgeführten Befehle zu verwerfen und die Daten in den Zustand zurückzuversetzen, in dem sie sich vor der Transaktion befanden.

3. **Richtige Antwort: C**

A. **Falsch.** Lokale Transaktionen werden mit einer einzigen Datentabelle durchgeführt, während verteilte Transaktionen mit mehreren Datenbanktabellen durchgeführt werden.

B. **Falsch.** Lokale Transaktionen werden mit einer einzigen Datenbank durchgeführt, während verteilte Transaktionen mit mehreren Datenbanken durchgeführt werden, die auf demselben Server liegen.

C. **Richtig.** Lokale Transaktionen werden auf einem einzigen Datenbankserver durchgeführt, während verteilte Transaktionen mehrere Datenbankserver umfassen können.

D. **Falsch.** Lokale Transaktionen werden in einer einzigen Datenbank auf dem lokalen Computer durchgeführt, während verteilte Transaktionen auf einer Datenbank durchgeführt werden, die auf einem Remotecomputer liegt.

Kapitel 6: Antworten zur Übung mit Fallbeispiel

Szenario 1: Ursachenforschung bei schwacher Anwendungsleistung

Als Verbesserungen bieten sich an:

- Erweitern Sie die vorhandenen Abfragen um entsprechende Parameter, damit weniger Datensätze zurückgegeben werden.
- Sorgen Sie dafür, dass die Archivierung außerhalb der normalen Bürozeiten durchgeführt wird, zum Beispiel nachts. Verwenden Sie außerdem eine Massenkopieroperation, damit die Archivierung effizienter verläuft.

Szenario 2: Wie hindert man ein Warensystem daran, Produkte zu verkaufen, die nicht verfügbar sind?

Man könnte die Anwendung folgendermaßen ändern:

- Erstellen Sie eine verteilte Transaktion, die nicht nur die Datenbank des lokalen Kaufhauses, sondern auch die Datenbanken der entsprechenden Hersteller abfragt und keinen Verkauf von Waren zulässt, die gar nicht lieferbar sind.

Kapitel 7: Antworten zur Lernzielkontrolle

Lektion 1

1. **Richtige Antworten: B und C**

A. **Falsch.** Ein `DataSet` ist kein Zeiger auf eine Remotedatenbank oder auf eine lokale Datenbank.

B. **Richtig.** Ein `DataSet` kann als Auflistung von `DataTable`- und `DataRelation`-Objekten angesehen werden.

C. **Richtig.** Ein `DataSet` kann als speicherinterner Zwischenspeicher für Daten beschrieben werden.

D. **Falsch.** Eine Auflistung von Datensätzen aus einer Datenbank kann in einem `DataTable`-Objekt gespeichert werden, aber das ist nicht die Definition eines `DataSets`.

2. **Richtige Antwort: B**

A. **Falsch.** Ein DataAdapter ist nicht Teil eines `DataSets`.

B. **Richtig.** Ein `DataSet` setzt sich aus `DataTable`-, `DataColumn`- und `DataRelation`-Objekten zusammen.

C. **Falsch.** Eine Beschränkung ist nicht Bestandteil des `DataSet`-Objekts.

D. **Falsch.** `Type` ist kein Hauptobjekt eines `DataSets`.

3. **Richtige Antwort: C**

A. **Falsch.** Die Methoden `GetParentRow` und `GetChildRows` gehören nicht zum `DataSet`-Objekt.

B. **Falsch.** Die Methoden `GetParentRow` und `GetChildRows` gehören nicht zum `DataTable`-Objekt.

C. **Richtig.** Aufrufe der Methoden `GetParentRow` und `GetChildRows` ermöglichen den Zugriff auf Datensätze in `DataTable`-Objekten, zu denen eine bestimmte Beziehung besteht.

D. **Falsch.** `ParentColumns` und `ChildColumns` sind Auflistungen der Spalten, mit denen Beziehungen beschrieben werden.

Lektion 2

1. **Richtige Antwort: B**

A. **Falsch.** Durch die Ausführung des Assistenten zum Konfigurieren von Datenquellen und die Einrichtung einer Datenquelle lassen sich zwar auch `DataTable`-Objekte erstellen, deren Aufbau sich nach den ausgewählten Datenbankobjekten richtet, aber das hat nichts mit herkömmlicher Programmierung zu tun, bei der Sie die `DataTable` durch den entsprechenden Programmcode zusammenbauen.

B. **Richtig.** Sie legen eine neue `DataTable`-Instanz an und fügen `DataColumn`-Objekte zur Auflistung `DataTable.Columns` hinzu. So erstellt man im Code eine `DataTable`.

C. **Falsch.** Ein neues `DataSet`-Objekt zum Projekt hinzuzufügen, führt nicht automatisch zur Erstellung von `DataTable`-Objekten.

D. **Falsch.** Wenn Sie eine neue `DataSet`-Instanz anlegen, müssen Sie trotzdem noch `DataTable`-Objekte zur Auflistung `Tables` des `DataSet`-Objekts hinzufügen.

2. **Richtige Antwort: B**

A. **Falsch.** Die `DataSet`-Eigenschaften legen nicht den Primärschlüssel fest.

B. **Richtig.** Der Eigenschaft `DataTable.PrimaryKey` wird ein Array mit `DataColumn`-Objekten zugewiesen, die den Primärschlüssel definieren.

C. **Falsch.** Die `DataColumn`-Eigenschaften legen nicht den Primärschlüssel fest.

D. **Falsch.** Die `DataRelation`-Eigenschaften legen nicht den Primärschlüssel fest.

3. **Richtige Antwort: C**
   A. **Falsch.** Das DataColumn-Objekt hat keine ForeignKey-Eigenschaft.
   B. **Falsch.** Das DataTable-Objekt hat keine ForeignKey-Eigenschaft.
   C. **Richtig.** Sie legen ein Objekt der ForeignKey-Klasse an und fügen es zur Auflistung DataTable.Constraints hinzu. Das ist der korrekte Weg zur Konfiguration eines Fremdschlüssels in einem DataTable-Objekt.
   D. **Falsch.** Das DataRelation-Objekt definiert keine Fremdschlüssel.

Lektion 3

1. **Richtige Antwort: B**
   A. **Falsch.** DataAdapter-Objekte enthalten keine DataTable-Objekte.
   B. **Richtig.** DataAdapter-Objekte enthalten hauptsächlich Verbindungs- und Befehlsobjekte.
   C. **Falsch.** DataAdapter-Objekte enthalten keine DataTable- oder DataSet-Objekte.
   D. **Falsch.** DataAdapter-Objekte enthalten keine DataSet-Objekte.
2. **Richtige Antworten: A und C**
   A. **Richtig.** Legen Sie ein CommandBuilder-Objekt an und übergeben Sie ihm einen Datenadapter mit konfiguriertem Select-Befehl, damit es die Insert-, Update- und Delete-Befehle für den Datenadapter generiert.
   B. **Falsch.** Die Methode DataAdapter.Update versucht, Datenänderungen in einer Datenbank zu speichern, wobei aber die Aktualisierungsbefehle des Datenadapters bereits konfiguriert sein müssen.
   C. **Richtig.** Die Zuweisung gültiger Befehlsobjekte an die Eigenschaften InsertCommand, UpdateCommand und DeleteCommand des Datenadapterobjekts ist eine Möglichkeit, die Speicherung von Änderungen durch den Datenadapter vorzubereiten.
   D. **Falsch.** Die Methode DataAdapter.Fill versucht, Daten von der Datenbank abzurufen, wobei aber die Aktualisierungsbefehle des Datenadapters bereits konfiguriert sein müssen.
3. **Richtige Antwort: C**
   A. **Falsch.** Das DataSet-Objekt hat keine Fill-Methode.
   B. **Falsch.** Das DataSet-Objekt hat keine DataSource-Eigenschaft.
   C. **Richtig.** Der Aufruf der Methode DataAdapter.Fill mit einem Recordset als Argument ist der korrekte Weg, um eine DataTable aus einem Recordset zu füllen.
   D. **Falsch.** Die Datenadapterbefehle sehen keinen Zugriff auf ein Recordset vor.

Lektion 4

1. **Richtige Antwort: B**
   - A. **Falsch.** Das Erstellen einer `DataRow`-Instanz und der Aufruf der `Update`-Methode des Datenadapterobjekts führt nicht zur Aufnahme einer neuen Zeile in die Tabelle.
   - B. **Richtig.** Ein `DataRow`-Instanz (oder eine typisierte `DataRow`-Instanz) zu erstellen und zur `Rows`-Auflistung des `DataTable`-Objekts hinzuzufügen ist der korrekte Weg, eine neue Zeile zu einer Tabelle hinzuzufügen.
   - C. **Falsch.** Die Methode `DataTable.NewRow` fügt keine neue Zeile in eine Tabelle ein.
   - D. **Falsch.** Die Erstellung einer `DataRow`-Instanz (oder einer typisierten `DataRow`-Instanz) führt nicht automatisch dazu, dass die Tabelle eine neue Zeile erhält.
2. **Richtige Antwort: C**
   - A. **Falsch.** `OriginalValue = DataRow("CustomerID").DataRowVersion.Original` ist nicht der korrekte Weg für den Zugriff auf den Originalwert einer Spalte.
   - B. **Falsch.** `OriginalValue = DataColumn("CustomerID").Original` ist nicht der korrekte Weg für den Zugriff auf den Originalwert einer Spalte.
   - C. **Richtig.** Die Angabe der gewünschten `DataRowVersion` als Argument für den Spaltenindex ist der korrekte Weg für den Zugriff auf bestimmte Zeilenversionen.
   - D. **Falsch.** `OriginalValue = DataRow("CustomerID")` ist nicht der korrekte Weg für den Zugriff auf den Originalwert einer Spalte.
3. **Richtige Antworten: B und D**
   - A. **Falsch.** Das Ereignis `ColumnChanged` tritt auf, nachdem sich der Wert geändert hat. Es ist zu spät, um einen neuen Wert abzulehnen.
   - B. **Richtig.** Das Ereignis `ColumnChanging` eignet sich zur Überprüfung des neuen Wertes.
   - C. **Falsch.** Das Ereignis `RowChanged` tritt auf, nachdem sich der Wert bereits geändert hat. Es ist zu spät, um einen neuen Wert abzulehnen.
   - D. **Richtig.** Das Ereignis `RowChanging` kann ebenfalls zur Überprüfung von Datenänderungen verwendet werden.

Lektion 5

1. **Richtige Antwort: C**
   - A. **Falsch.** Der Aufruf der Methode `GetXmlSchema` ist falsch. Die Methode `GetXmlSchema` gibt das Schema eines `DataSet`-Objekts als XML-Zeichenfolge zurück.
   - B. **Falsch.** Mit der Methode `ReadXml` lädt man ein `DataSet`-Objekt mit Daten aus einem XML-Dokument. So können Sie nicht das Schema abrufen.
   - C. **Richtig.** Der Aufruf der Methode `ReadXmlSchema` unter Angabe des Pfadnamens der *.xsd*-Datei ist der korrekte Weg, um ein Schema aus einer *.xsd*-Datei in ein `DataSet`-Objekt zu laden.
   - D. **Falsch.** Durch eine Änderung der Eigenschaft `Name` eines `DataSet`-Objekts können Sie kein Schema abrufen.

2. **Richtige Antwort: B**
   - A. **Falsch.** Die Übergabe des XmlDataDocument-Objekts an die Methode DataSet.GetXml ist falsch.
   - B. **Richtig.** Die Deklaration eines neuen XmlDataDocument-Objekts unter Angabe des DataSet-Objekts, mit dem die Synchronisation erfolgen soll, ist der korrekte Weg zur Synchronisation eines DataSet-Objekts mit einem XmlDataDocument-Objekt.
   - C. **Falsch.** Der Aufruf der Methode XmlDataDocument.Load ist falsch.
   - D. **Falsch.** Der Aufruf der Methode XmlDataDocument.Synch ist falsch.
3. **Richtige Antwort: C**
   - A. **Falsch.** Sie Synchronisation mit einem XML-Dokument und die Durchführung der XPath-Abfrage am rohen XML-Code ist nicht richtig.
   - B. **Falsch.** Die Übergabe der XPath-Abfrage als Zeichenfolge an die Methode DataTable.Select ist nicht richtig.
   - C. **Richtig.** Die Übergabe der XPath-Abfrage als Zeichenfolge an die Methode DocumentElement.SelectNodes ist der korrekte Weg, um eine XPath-Abfrage auf einem DataSet-Objekt durchzuführen.
   - D. **Falsch.** Die Übergabe der XPath-Abfrage als Zeichenfolge an die Methode DataTable.Find ist nicht richtig.

Lektion 6

1. **Richtige Antworten: C und D**
   - A. **Falsch.** Die DataColumn in der DataTable ist nicht der richtige Weg für den Zugriff auf einzelne Werte in einer DataView.
   - B. **Falsch.** Die DataRow des verknüpften DataTable-Objekts ist nicht der richtige Weg für den Zugriff auf einzelne Spalten in einer DataView.
   - C. **Richtig.** Über den Indexer eines DataRowView-Objekts erhalten Sie Zugriff auf die einzelnen Spalten in einer DataView.
   - D. **Richtig.** Die DataView verwendet die DataTable als ihre Datenquelle. Die Spalten sind also gleich.
2. **Richtige Antwort: B**
   - A. **Falsch.** Die Find-Methode gibt keine einzelne DataRow zurück.
   - B. **Richtig.** Die Find-Methode gibt den Index des „gefundenen" Datensatzes in der DataView zurück.
   - C. **Falsch.** Die Find-Methode gibt keine einzelne DataRowView zurück.
   - D. **Falsch.** Die Find-Methode gibt keine Auflistung von DataRow-Objekten zurück.
3. **Richtige Antwort: C**
   - A. **Falsch.** Der Aufruf der Methode GetChildRows des DataView-Objekts ist nicht der richtige Weg für den Zugriff auf relational verknüpfte Datensätze in einer DataView.
   - B. **Falsch.** Der Aufruf der Methode CreateChildView des DataView-Objekts ist nicht der richtige Weg für den Zugriff auf relational verknüpfte Datensätze in einer DataView.

C. **Richtig.** Der richtige Weg für den Zugriff auf relational verknüpfte Datensätze mit einer `DataView` ist der Aufruf der Methode `CreateChildView` des `DataRowView`-Objekts.

D. **Falsch.** Der Aufruf der Methode `GetParentRow` des `DataView`-Objekts ist nicht der richtige Weg für den Zugriff auf relational verknüpfte Datensätze in einer `DataView`.

Kapitel 7: Antworten zur Übung mit Fallbeispiel

Szenario 1: Aufrüsten einer alten Anwendung

Folgende Verbesserungen bieten sich an:

- Ersetzen Sie nach und nach die temporären Dateien durch XML-Dokumente oder `DataView`-Objekte, soweit die Architektur der Anwendung dies zulässt.
- Ersetzen Sie das vorhandene Objektmodell durch stark typisierte `DataSet`-Objekte, soweit dies sinnvoll ist.

Szenario 2: Schwache Systemleistung

Folgende Verbesserungen bieten sich an:

- Teilen Sie die Inventarliste mithilfe von `DataSet`-Objekten und `DataTable`-Objekten in kleinere Listen auf.
- Schränken Sie die Datenmenge, die bei jeder Transaktion von der Anwendung bearbeitet werden muss, mit `DataView`-Filtern ein.

Kapitel 8: Antworten zur Lernzielkontrolle

Lektion 1

1. **Richtige Antworten: A, C und D**

   A. **Richtig.** Durch die Wahl von *Neue Datenquelle hinzufügen* im Datenquellenfenster wird der Assistent zum Konfigurieren von Datenquellen gestartet und kann das Datenquellenfenster mit Elementen für die konfigurierte Datenquelle versorgen.

   B. **Falsch.** Durch das Ziehen eines `DataSet`-Objekts von der Toolbox auf das Formular erhält das Datenquellenfenster keine neuen Elemente.

   C. **Richtig.** Durch die Wahl von *Neue Datenquelle hinzufügen* im *Daten*-Menü wird der Assistent zum Konfigurieren von Datenquellen gestartet und kann das Datenquellenfenster mit Elementen für die konfigurierte Datenquelle versorgen.

   D. **Richtig.** Der Assistent zum Konfigurieren von Datenquellen kann das Datenquellenfenster mit Elementen für die konfigurierte Datenquelle versorgen.

2. **Richtige Antwort: B**

   A. **Falsch.** Durch das Ziehen von Elementen vom Server-Explorer auf den DataSet-Designer werden Elemente zu einem typisierten `DataSet` hinzugefügt, aber keine datengebundenen Steuerelemente auf einem Formular erstellt.

B. **Richtig.** Durch das Ziehen von Elementen vom Datenquellenfenster auf ein Formular werden datengebundene Steuerelemente erstellt.

C. **Falsch.** Durch das Ziehen von Elementen von der ToolBox auf ein Formular werden keine datengebundene Steuerelemente erstellt.

D. **Falsch.** Durch das Festlegen von Eigenschaften im Eigenschaftenfenster werden keine datengebundenen Steuerelemente erstellt.

3. **Richtige Antwort: B**

A. **Falsch.** Wählt man im Datenquellenfenster den Hauptknoten der verknüpften Tabelle aus und zieht ihn auf ein Formular, werden Steuerelemente an die gesamte Tabelle gebunden, nicht nur an die verknüpften Datensätze.

B. **Richtig.** Die Auswahl des untergeordneten Knotens im Datenquellenfenster und das Ziehen dieses Knotens auf ein Formular ist der richtige Weg, Steuerelemente an verknüpfte (relationale) Daten zu binden.

C. **Falsch.** Durch das Ziehen eines `Relation`-Objekts auf den DataSet-Designer entsteht eine Beziehung zwischen den Tabellen Ihres `DataSets`, aber kein gebundenes Steuerelement.

D. **Falsch.** Durch die Bindung an die untergeordnete `DataTable` im `DataSet` wird die gesamte Tabelle gebunden, nicht nur die verknüpften Datensätze.

Lektion 2

1. **Richtige Antwort: D**

A. **Falsch.** Dass das Steuerelement nur eine einzige Datenspalte anzeigen kann, ist nicht die richtige Antwort, denn Steuerelemente wie beispielsweise ein Kombinationsfeld zeigen vielleicht nur eine einzige Datenspalte an, lassen sich aber durch zusätzliche Datenbindungseigenschaften an mehrere Spalten binden.

B. **Falsch.** Ein `TextBox`-Steuerelement, das eine Zeichenfolge anzeigt, mag zwar ein einfach gebundenes Steuerelement sein, aber das ist nicht die Definition der einfachen Datenbindung.

C. **Falsch.** Dass das Steuerelement nur systemeigene Datentypen anzeigen kann, ist die falsche Antwort.

D. **Richtig.** Eine einzige Eigenschaft des Steuerelements ist an eine einzige Datenspalte gebunden. Das beschreibt die einfache Datenbindung richtig.

2. **Richtige Antwort: C**

A. **Falsch.** Der Name der Datenbank und der Name der Datentabelle sind für die Einrichtung einer komplexen Datenbindung nicht genug Informationen.

B. **Falsch.** Der Name der Datenbank und der Name des `DataSets` sind für die Einrichtung einer komplexen Datenbindung nicht genug Informationen.

C. **Richtig.** Das Datenquellenobjekt, beispielsweise eine `BindingSource` oder ein `DataSet`, und die anzuzeigende Liste, beispielsweise eine `DataTable`, sind die wichtigsten Informationen, die Sie zur Einrichtung einer komplexen Datenbindung brauchen.

D. **Falsch.** Der Name des `DataSets` und der Name des Steuerelements sind für die Einrichtung einer komplexen Datenbindung nicht genug Informationen.

3. **Richtige Antworten: A und B**
   - A. **Richtig.** Die BindingSource-Komponente führt eine Abstraktionsschicht zwischen den gebundenen Steuerelementen und einer Datenquelle ein, wodurch sich die Umleitung der Anwendung auf eine andere Datenquelle vereinfacht. Das ist der wichtigste Grund für die Verwendung einer BindingSource-Komponente.
   - B. **Richtig.** Die BindingSource-Komponente bietet Methoden für die Navigation in einer DataTable. Das kann ein Grund für die Verwendung einer BindingSource-Komponente sein.
   - C. **Falsch.** Die BindingSource-Komponente enthält keine Methoden, die erforderlich sind, um Daten zwischen der Anwendung und der Datenbank auszutauschen. Diese Aktualisierungsbefehle finden sich in der TableAdapter- oder DataAdapter-Komponente.
   - D. **Falsch.** Die BindingSource bietet keine Ereignisse, die sich zur Implementierung einer Validierungslogik eignen. Für eine Überprüfung von eingegebenen Daten bieten sich die DataTable-Ereignisse an.

Lektion 3

1. **Richtige Antwort: B**
   - A. **Falsch.** Die Verwendung des Zeilen- und Spaltenindexes der gewählten Zelle ist nicht die beste Methode zur Bestimmung der aktuell gewählten Zelle.
   - B. **Richtig.** Die Verwendung der Eigenschaft DataGridView.CurrentCell ist die beste Methode zur Bestimmung der aktuell gewählten Zelle.
   - C. **Falsch.** Die Verwendung der x- und y-Koordinaten der Schreibmarke ist nicht die beste Methode zur Bestimmung der aktuell gewählten Zelle.
   - D. **Falsch.** Die Verwendung der aktuell gewählten Zeile und Spalte in der gebundenen DataTable ist falsch.
2. **Richtige Antwort: C**
   - A. **Falsch.** Das Hinzufügen des entsprechenden Validierungscodes zum CellPainting-Ereignishandler ist nicht die bevorzugte Methode zur Überprüfung der Daten, die in einer DataGridView eingegeben werden.
   - B. **Falsch.** Das Hinzufügen des entsprechenden Validierungscodes zum DataGridView.CellClick-Ereignishandler ist nicht die bevorzugte Methode zur Überprüfung der Daten, die in einer DataGridView eingegeben werden.
   - C. **Richtig.** Das Hinzufügen des entsprechenden Validierungscodes zum DataGridView.CellValidating-Ereignishandler ist die bevorzugte Methode zur Überprüfung der Daten, die in einer DataGridView eingegeben werden.
   - D. **Falsch.** Das Hinzufügen von Code zur partiellen DataGridView-Klassendatei ist nicht die bevorzugte Methode zur Überprüfung der Daten, die in einer DataGridView eingegeben werden.

3. **Richtige Antwort: B**
   - A. **Falsch.** Das Konfigurieren einer `DataGridViewTextBoxColumn` zur Anzeige von *Wahr* oder *Falsch* ist eine Möglichkeit zur Anzeige eines booleschen Werts, aber nicht die bevorzugte Methode.
   - B. **Richtig.** Das Konfigurieren einer `DataGridViewCheckBoxColumn` für die Anzeige eines Kontrollkästchens, das je nach Zustand ein Häkchen aufweist oder nicht, ist die bevorzugte Methode zur Anzeige von booleschen Werten in einer `DataGridView`.
   - C. **Falsch.** Das Konfigurieren einer `DataGridViewButtonColumn` für die Anzeige einer Schaltfläche, die je nach Zustand gedrückt ist oder nicht, ist nicht richtig.
   - D. **Falsch.** Das Konfigurieren einer benutzerdefinierten Spalte, die *Ja* oder *Nein* anzeigt, ist zwar ebenfalls eine Möglichkeit zur Anzeige eines booleschen Werts, aber nicht die bevorzugte Methode.

Kapitel 8: Antworten zur Übung mit Fallbeispiel

Szenario 1: Aufrüsten einer alten Anwendung

Folgende Verbesserungen bieten sich an:

- Zeigen Sie alle Datensätze mit einer `DataGridView` auf demselben Formular an.
- Implementieren Sie datengebundene Steuerelemente, damit die zusätzliche Komponente überflüssig wird.

Szenario 2: Verhindern des erneuten Kompilierens einer großen Anwendung

Die Umstellung weist folgende Aspekte auf:

- `BindingSource`-Komponenten
- Angabe der Verbindungen in der Anwendungskonfigurationsdatei

Kapitel 9: Antworten zur Lernzielkontrolle

Lektion 1

1. **Richtige Antwort: C**
   - A. **Falsch.** Die Klasse `XmlReader` ist eine abstrakte Klasse, sie hat keinen Konstruktor. Daher kann das Schlüsselwort `New` (`new`) nicht verwendet werden.
   - B. **Falsch.** Sie müssen die Quelle der XML-Daten angeben, wenn Sie mit der Methode `XmlReader.Create` eine `XmlReader`-Instanz anlegen.
   - C. **Richtig.** Sie müssen die Methode `XmlReader.Create` verwenden, wenn Sie eine Instanz der `XmlReader`-Standardimplementierung brauchen, und Sie müssen beim Aufruf der Methode die Quelle der XML-Daten angeben.
   - D. **Falsch.** Die Klasse `XmlReader` ist eine abstrakte Klasse und hat keinen Konstruktor. Daher kann das Schlüsselwort `New` (`new`) nicht verwendet werden.

2. **Richtige Antworten: A, B und C**
   A. **Richtig.** Die Methode kann mit einem Attributindex oder einem Attributnamen aufgerufen werden. Anschließend ist der Attributwert in der Eigenschaft `XmlReader.Value` zugänglich.
   B. **Richtig.** Die Methode kann mit einem Attributindex oder einem Attributnamen aufgerufen werden. Anschließend ist der Attributwert in der Eigenschaft `XmlReader.Value` zugänglich.
   C. **Richtig.** Die Methode kann mit einem Attributindex oder einem Attributnamen aufgerufen werden. Die Methode `ReadInnerXml` liefert den Attributwert.
   D. **Falsch.** Wenn der Leser auf einem Attribut positioniert ist, liefert die Methode `ReadOuterXml` nicht nur den Wert des Attributs, sondern auch den Namen.
3. **Richtige Antwort: A**
   A. **Richtig.**
   B. **Falsch.** Sie brauchen beim Aufruf von `WriteEndElement` nicht den Namen des Endelements anzugeben.
   C. **Falsch.** Sie sollten zur Erstellung von Start- und Endelementen, zwischen denen sich Inhalt befindet, die Methoden `WriteStartElement` und `WriteEndElement` verwenden.
   D. **Falsch.** Für ein einfaches Element sollten Sie `WriteElementString` statt `WriteStartElement` verwenden.

Lektion 2

1. **Richtige Antwort: A**
   A. **Richtig.** Der Code erstellt ein neues Element namens `Test` und fügt es als untergeordnetes Element von `myNode` ein.
   B. **Falsch.** Sie müssen eine Variable deklarieren, die den Verweis auf den neu erstellten Knoten aufnehmen kann, und diesen Knoten dann an `myNode` anhängen.
   C. **Falsch.** Dadurch wird das `Test`-Element ein untergeordnetes Element von `myDoc`, und nicht von `myNode`.
   D. **Falsch.** Die Klasse `XmlNode` hat keine `CreateElement`-Methode.
2. **Richtige Antwort: B**
   A. **Falsch.** Die Methode `ReplaceChild` erwartet zwei `XmlNode`-Objekte und kann keine Zeichenfolge annehmen.
   B. **Richtig.** Dadurch werden alle untergeordneten Knoten von `Node1` durch die Knoten ersetzt, die in `aString` als XML-Code beschrieben werden.
   C. **Falsch.** Die `Value`-Eigenschaft bezieht sich auf den aktuellen Wert des Knotens, und nicht auf die untergeordneten Knoten.
   D. **Falsch.** Die Eigenschaft `OuterXml` umfasst nicht nur die untergeordneten Knoten, sondern schließt auch den aktuellen Knoten ein.

Kapitel 9: Antworten zur Übung mit Fallbeispiel

Szenario 1: Berichtarchivierung

Sie können die eintreffenden Berichte mit der Methode `XmlReader.Read` analysieren, wobei Sie die Elemente einzeln lesen und an die Komprimierungsschnittstelle weitergeben können.

Wenn Sie einen `XmlValidatingReader` oder einen validierenden `XmlReader` verwenden, können Sie jeden Bericht anhand des vorgeschriebenen Schemas überprüfen. Hält ein Bericht das Schema nicht ein, wird ein Ereignis ausgelöst.

Im `ValidationError`-Ereignishandler können Sie das XML-Dokument so speichern, wie es vorliegt, und in eine Liste der Berichte eintragen, die manuell überprüft werden müssen.

Szenario 2: Die Firmenübernahme

Indem Sie Ihre Anwendung rund um die Klasse `XmlDocument` herum aufbauen, können Sie das leicht erreichen. Jedes Dokument kann in eine `XmlDocument`-Instanz geladen werden. Mit `XmlDocument.GetElementsByTagName` können Sie die fraglichen Knoten abrufen. Da diese Knoten im Prinzip nur Text enthalten, können Sie die Textelemente mit `XmlNode.ReplaceChild` gegen den gewünschten Text austauschen.

Kapitel 10: Antworten zur Lernzielkontrolle

Lektion 1

1. **Richtige Antwort: C**
   - A. **Falsch.** Die `PrintPreviewDialog`-Komponente zeigt ein Formular mit einer Seitenansicht an, erlaubt dem Benutzer aber nicht, einen neuen Drucker hinzuzufügen.
   - B. **Falsch.** Die `PageSetupDialog`-Komponente zeigt ein Formular für die Seiteneinrichtung an, ermöglicht aber nicht das Hinzufügen von Druckern.
   - C. **Richtig.** Benutzer können mit der `PrintDialog`-Komponente Drucker hinzufügen.
   - D. **Falsch.** Das `PrintPreviewControl`-Steuerelement lässt sich zur Anpassung der Seitenansicht verwenden, erlaubt dem Benutzer aber nicht, Drucker hinzuzufügen.
2. **Richtige Antworten: A und C**
   - A. **Richtig.** Sie müssen die `Document`-Eigenschaft auf das `PrintDocument` einstellen, das Sie in der Seitenansicht anzeigen möchten.
   - B. **Falsch.** Die `PrintPreviewDialog`-Komponente generiert automatisch die Ausgabe für die `PrintDocument`-Komponente und zeigt sie an. Es ist keine zusätzliche Methode und kein Ereignis erforderlich, um die Vorschau zu generieren.
   - C. **Richtig.** Sie müssen das Formular anzeigen, um die Seitenansicht sehen zu können.
   - D. **Falsch.** Die `PrintPreviewDialog`-Komponente generiert automatisch die Ausgabe für die `PrintDocument`-Komponente und zeigt sie an. Es ist keine zusätzliche Methode und kein Ereignis erforderlich, um die Vorschau zu generieren.

3. **Richtige Antwort: C**
   A. **Falsch.** Benutzer können in der `PageSetupDialog`-Komponente die Seitenorientierung festlegen.
   B. **Falsch.** Benutzer können in der `PageSetupDialog`-Komponente den Papierschacht auswählen.
   C. **Richtig.** Benutzer können nur über die `PrintDialog`-Komponente einen Drucker hinzufügen.
   D. **Falsch.** Benutzer können in der `PageSetupDialog`-Komponente Seitenränder festlegen.

Lektion 2

1. **Richtige Antwort: B**
   A. **Falsch.** `PrintPage` ist zwar das Ereignis, das für den Druck einer Seite ausgelöst wird, aber es lässt sich nicht wie eine Methode aufrufen.
   B. **Richtig.** Wenn Sie die Eigenschaft `HasMorePages` auf `True` stellen, wird die Eigenschaft `PrintPage` erneut ausgelöst und Sie können den Druck fortsetzen.
   C. **Falsch.** `HasMorePages` ist ein Eigenschaft, keine Methode.
   D. **Falsch.** Die Eigenschaft `Cancel` kann auf `True` gestellt werden, um den laufenden Druckauftrag abzubrechen, aber durch das Einstellen dieser Eigenschaft auf `False` kann man nicht automatisch den Druck von weiteren Seiten fortsetzen.
2. **Richtige Antwort: A**
   A. **Richtig.** Um die Zahl der Zeilen zu berechnen, die auf eine Seite passen, teilen Sie die Höhe im Bereich `MarginBounds` durch die Höhe der Schrift.
   B. **Falsch.** Die Methode `GetHeight` verlangt ein `Graphics`-Objekt als Argument.
   C. **Falsch.** `GetHeight` ist keine Methode des `Graphics`-Objekts.
   D. **Falsch.** Die Verwendung von `PageBounds` berechnet die Zahl der Zeilen, die auf die gesamte Seite passen, einschließlich der Bereiche für Kopf- und Fußzeilen.
3. **Richtige Antwort: B**
   A. **Falsch.** Das Ereignis `BeginPrint` tritt zu Beginn eines Druckauftrags auf.
   B. **Richtig.** Das Ereignis `EndPrint` tritt auf, nachdem alle Seiten gedruckt wurden. Es ist am besten dafür geeignet, den Benutzer über den Abschluss eines Druckauftrags zu informieren.
   C. **Falsch.** Das `PrintPage`-Ereignis dient dazu, das Dokument zum Drucker zu senden.
   D. **Falsch.** Das Ereignis `QueryPageSettings` tritt vor dem Druck einer Seite ein, um dem Benutzer die Gelegenheit zu geben, jede Seite mit einer anderen Einstellung zu drucken.

Lektion 3

1. **Richtige Antwort: C**
   A. **Falsch.** Der Wert 1 in der `Zoom`-Eigenschaft bedeutet eine Darstellung in Originalgröße. 250 entspricht daher einer 250-fachen Vergrößerung.
   B. **Falsch.** Der Wert 1 in der `Zoom`-Eigenschaft bedeutet eine Darstellung in Originalgröße. 25 entspricht daher einer 25-fachen Vergrößerung.

C. **Richtig.** Der Wert 1 in der `Zoom`-Eigenschaft bedeutet eine Darstellung in Originalgröße. 2,5 entspricht daher einer zweieinhalbfachen Vergrößerung.

D. **Falsch.** Der Wert 1 in der `Zoom`-Eigenschaft bedeutet eine Darstellung in Originalgröße. 0,25 entspricht daher einer Verkleinerung auf 25%.

2. **Richtige Antwort: B**

A. **Falsch.** `UseAntiAlias` ist eine Eigenschaft, keine Methode.

B. **Richtig.** Zur Glättung des Erscheinungsbilds stellen Sie die Eigenschaft `UseAntiAlias` auf `True`.

C. **Falsch.** `UseAntiAlias` ist eine Eigenschaft, keine Methode. Außerdem gehört sie zur Klasse `PrintPreviewControl`, und nicht zur Klasse `Document`.

D. **Falsch.** `UseAntiAlias` gehört zur Klasse `PrintPreviewControl`, und nicht zu `Document`.

Kapitel 10: Antworten zur Übung mit Fallbeispiel

Szenario 1: Ein besseres PrintPreview-Steuerelement

Zur Entwicklung der beschriebenen Komponente würden Sie ein neues Formular anlegen, das ein `PrintPreviewControl` enthält. Dieses Steuerelement dient zur Anzeige des Dokuments. Nach Hinzufügen einer `Timer`-Komponente können Sie die Eigenschaft `PrintPreviewControl.StartPage` in regelmäßigen Abständen ändern und erreichen, dass die Seiten der Reihe nach automatisch angezeigt werden. Wenn bestimmte Seiten übersprungen werden sollen, können Sie eine neue Klasse von `PrintPreviewControl` ableiten und eine Eigenschaft vorsehen, in der die Schrittweite beim Überspringen von Seiten eingestellt werden kann.

Szenario 2: Ein einfaches Berichterstellungsprogramm

Die Aufgabe ist relativ einfach, weil das Formular bereits ungefähr die Größe eines Blatt Papiers hat. In der Methode, die das `PrintPage`-Ereignis behandelt, können Sie die Steuerelemente des Formulars abfragen. Für die `Label`-Steuerelemente können Sie die Methode `Graphics.DrawString` verwenden, um den Text des Steuerelements in derselben Schrift und an derselben Position wie im Formular anzuzeigen. Was die Bildsteuerelemente betrifft, können Sie die Bilder mit der Methode `Graphics.DrawImage` an der Position anzeigen, die vom betreffenden Steuerelement vorgegeben wird.

Einen Bericht, der jeden Datensatz aus der Datenbank enthält, können Sie ausdrucken, indem Sie im `PrintPage`-Ereignishandler der Reihe nach alle Datensätze abrufen und ausdrucken. Nach dem Druck einer Seite sollte die Methode überprüfen, ob noch weitere Datensätze folgen. Ist dies der Fall, setzen Sie die Eigenschaft `e.HasMorePages` auf `True`, und der nächste Datensatz wird gedruckt.

Kapitel 11: Antworten zur Lernzielkontrolle

Lektion 1

1. **Richtige Antwort: D**

   A. **Falsch.** Die meisten Drag-and-Drop-Operationen beginnen zwar im `MouseDown`-Ereignishandler des Quellsteuerelements, aber das muss nicht zwangsläufig so sein.

   B. **Falsch.** Die meisten Drag-and-Drop-Operationen enden zwar mit dem Loslassen der Maustaste, aber dieses Loslassen der Taste muss nicht explizit behandelt werden. Der Drag-and-Drop-Vorgang wird im `DragDrop`-Ereignishandler abgeschlossen.

   C. **Falsch.** Das Ereignis `DragLeave` wird zur Ausführung von Code benutzt, wenn Daten aus einem Steuerelement herausgezogen werden. Für einen Drag-and-Drop-Vorgang ist es aber nicht wichtig.

   D. **Richtig.** Das `DragDrop`-Ereignis muss behandelt werden, um einen Drag-and-Drop-Vorgang abzuschließen.

2. **Richtige Antworten: A, B, C und D**

   A. **Richtig.** Mit dem Aufruf der Methode `DoDragDrop` beginnt die Drag-and-Drop-Operation.

   B. **Richtig.** Wenn das Zielsteuerelement keinen der angegebenen Drag-and-Drop-Effekte zulässt, kann die Operation nicht abgeschlossen werden.

   C. **Richtig.** Wenn das Datenformat nicht passt, kann die Operation nicht abgeschlossen werden.

   D. **Richtig.** Wenn `AllowDrop` auf `False` steht, findet keine Drag-and-Drop-Operation statt.

3. **Richtige Antwort: B**

   A. **Falsch.** In den meisten Fällen wird zwar das `MouseDown`-Ereignis zur Einleitung einer Drag-and-Drop-Operation verwendet, aber in einem `TreeView`-Steuerelement beginnen Drag-and-Drop-Operationen gewöhnlich mit dem Ereignis `ItemDrag`.

   B. **Richtig.** Verwenden Sie das `ItemDrag`-Ereignis, um die Methode `DoDragDrop` aufzurufen.

   C. **Falsch.** Das Ereignis `TreeView.DragEnter` sollte dafür benutzt werden, um die zulässigen Drag-and-Drop-Effekte für die Drag-and-Drop-Operation festzulegen. Aber es tritt gar nicht erst auf, wenn noch keine Drag-and-Drop-Operation eingeleitet wurde.

   D. **Falsch.** Das Ereignis `TreeView.DragDrop` wird verwendet, um die Drag-and-Drop-Operation abzuschließen.

Lektion 2

1. **Richtige Antwort: C**

   A. **Falsch.** `CurrentUICulture` steuert nicht die Formatierung der Daten, sondern entscheidet, welche lokalisierte Version des Formulars geladen wird.

   B. **Falsch.** Die Kultureinstellung erfolgt im Thread, nicht im Formular.

   C. **Richtig.** Die Einstellung von `CurrentCulture` bestimmt, wie Anwendungsdaten formatiert werden.

   D. **Falsch.** Die Kultureinstellung erfolgt im Thread, nicht im Formular.

2. **Richtige Antworten: C und D**
   - A. **Falsch.** Da `Inherit` die Standardeinstellung der Eigenschaft `RightToLeft` ist, brauchen Sie nur die Eigenschaft `Form.RightToLeft` auf `True` zu stellen, damit der Text in den Steuerelementen rechtsbündig angezeigt wird.
   - B. **Falsch.** Da `Inherit` die Standardeinstellung der Eigenschaft `RightToLeft` ist, brauchen Sie nur die Eigenschaft `Form.RightToLeft` auf `True` zu stellen, damit der Text in den Steuerelementen rechtsbündig angezeigt wird.
   - C. **Richtig.** Die Einstellung der Eigenschaft `Form.RightToLeft` auf `True` bewirkt, dass alle Steuerelemente mit der `RightToLeft`-Einstellung `Inherit` den Text rechtsbündig anzeigen.
   - D. **Richtig.** Die Einstellung der Eigenschaft `Form.RightToLeftLayout` auf `True` bewirkt zusammen mit der Einstellung der `Form.RightToLeft`-Eigenschaft auf `True`, dass das Layout des gesamten Formulars von rechts nach links erfolgt.

Lektion 3

1. **Richtige Antworten: A und C**
   - A. **Richtig.** Sie machen ein Formular zum übergeordneten Formular, indem Sie seine Eigenschaft `IsMdiParent` auf `True` stellen.
   - B. **Falsch.** Die Eigenschaft `ActiveMdiForm` gibt das aktive untergeordnete Formular an, ist aber zur Erstellung eines untergeordneten Formulars nicht erforderlich.
   - C. **Richtig.** Sie machen ein Formular zum untergeordneten Formular, indem Sie seine Eigenschaft `MdiParent` auf das gewünschte übergeordnete Formular einstellen.
   - D. **Falsch.** Zur Erstellung eines untergeordneten Formulars ist es nicht erforderlich, ein Fensterlistenmenü zu erstellen.
2. **Richtige Antwort: D**
   - A. **Falsch.** Diese Methode dient zur Aktivierung eines untergeordneten Formulars. Sie liefert keinen Verweis auf das aktive Formular.
   - B. **Falsch.** Diese Methode fügt ein Formular zum Besitz hinzu, liefert aber keinen Verweis auf das aktive Formular.
   - C. **Falsch.** Diese Eigenschaft gibt an, ob es sich beim betreffenden Formular um ein untergeordnetes Formular handelt, aber sie liefert keinen Verweis auf das aktive Formular.
   - D. **Richtig.** Die Eigenschaft `ActiveMdiChild` enthält einen Verweis auf das aktive untergeordnete MDI-Formular.

Kapitel 11: Antworten zur Übung mit Fallbeispiel

Szenario 1: Noch mehr Document-Steuerelemente

Durch die Entwicklung einer MDI-Anwendung können Sie Benutzer in die Lage versetzen, mehrere Dokumente zu öffnen und die geöffneten Dokumente im selben Hauptformular zusammenzufassen. Ein untergeordnetes Formular kann ein `TreeView`-Steuerelement zur Anzeige des Inhaltsverzeichnisses enthalten, und die Dokumente können nach Wunsch in untergeordnete Formulare geladen und angezeigt werden. Mit Drag-and-Drop können Sie zur Laufzeit die Umstellung des Inhaltsverzeichnisses im `TreeView`-Steuerelement ermöglichen.

Szenario 2: Fabrikam wird international

Sie können ein MDI-Formular erstellen, das gleichzeitig zwei untergeordnete Formulare anzeigt, eines für den europäischen Markt und eines für den US-Markt. Durch eine entsprechende `CurrentCulture`-Einstellung vor dem Öffnen der Formulare können Sie erreichen, dass die Daten nach Wunsch formatiert werden.

Lokalisierte Versionen der Benutzeroberfläche können Sie erstellen, indem Sie herausfinden, in welchen Regionen die Anwendung eingesetzt werden soll, und dann die Zeichenfolgen und Ressourcen in die betreffende Sprache übersetzen. Mit diesen Übersetzungen erstellen Sie die lokalisierten Versionen des Formulars. Zur Laufzeit ruft die Anwendung die `CurrentUICulture` vom System ab und zeigt automatisch die passende Benutzeroberfläche an. Bei Bedarf können Sie dem Benutzer auch eine manuelle Auswahl des Gebietsschemas ermöglichen, wobei Sie die `CurrentUICulture`-Eigenschaft im Code entsprechend festlegen.

Kapitel 12: Antworten zur Lernzielkontrolle

Lektion 1

1. **Richtige Antworten: A, B und D**
   - A. **Richtig.** Eine Benutzeroberfläche sollte flexibel sein, um die unterschiedlichen Ansprüche der Benutzer an die Bedienung erfüllen zu können.
   - B. **Richtig.** Einheitlichkeit ermöglicht es Ihrer Anwendung, in einer vorhersagbaren Weise mit dem System zusammenzuarbeiten. Auch das erleichtert die Bedienung.
   - C. **Falsch.** Eine leicht bedienbare Anwendung muss nicht zwangsläufig eine einfache Schnittstelle haben. Selbst komplizierte Schnittstellen können die Anwendung für bestimmte Benutzergruppen leichter bedienbar machen.
   - D. **Richtig.** Gute Schnittstellen sollten zu Eingabehilfen kompatibel sein.
2. **Richtige Antwort: A**
   - A. **Richtig.** Tonsignale und Sounds können zwar hilfreich sein, aber wichtige Informationen sollten nicht nur akustisch übermittelt werden.
   - B. **Falsch.** Das ist eine Empfehlung für gut bedienbare Anwendungen.
   - C. **Falsch.** Das ist eine Empfehlung für gut bedienbare Anwendungen.
   - D. **Falsch.** Das ist eine Empfehlung für gut bedienbare Anwendungen.

Lektion 2

1. **Richtige Antworten: A und C**
   A. **Richtig.** Die Methode PerformStep addiert den Wert aus der Eigenschaft Step zum aktuellen Wert.
   B. **Falsch.** Nach der Einstellung der Eigenschaft Step müssen Sie PerformStep aufrufen, um das Steuerelement weiterzustellen.
   C. **Richtig.** Die Increment-Methode addiert den Wert, mit dem sie aufgerufen wird, zur Eigenschaft Value.
   D. **Falsch.** Die Increment-Methode muss mit einem Wert aufgerufen werden, um die Value-Eigenschaft zu ändern. Sie verwendet nicht den Wert aus der Step-Eigenschaft.
2. **Richtige Antworten: A, B und C**
   A. **Richtig.** Wenn im nächsten Steuerelement, das nach dem Textfeld angesteuert wird, nicht die Eigenschaft CausesValidation auf True gestellt ist, wird das Validating-Ereignis des Textfelds nicht ausgelöst.
   B. **Richtig.** Zur Anzeige des Fehlersymbols müssen Sie die Methode SetError mit einer kurzen Beschreibung des Fehlers aufrufen.
   C. **Richtig.** Zum Löschen der Fehlermeldung müssen Sie die SetError-Methode mit einer leeren Zeichenfolge aufrufen.
   D. **Falsch.** Die ErrorProvider-Komponente verfügt nicht über Validierungsmechanismen.
3. **Richtige Antwort: B**
   A. **Falsch.** Sie müssen zwar SetShowHelp aufrufen, aber außerdem den HelpNavigator auf Find stellen.
   B. **Richtig.** Sie müssen die Methode SetShowHelp aufrufen, um ShowHelp auf True zu stellen, und Sie müssen den HelpNavigator auf Find stellen, um die Suchseite zu öffnen.
   C. **Falsch.** Sie müssen zwar die Methode SetShowHelp aufrufen, um ShowHelp auf True zu stellen, aber die Einstellung des HelpNavigators auf Topic öffnet die Hilfeseite für ein Thema, und nicht die Suchseite.
   D. **Falsch.** Die Einstellung von HelpString wirkt sich nicht auf die Einstellung des HelpNavigators aus.

Kapitel 12: Antworten zur Übung mit Fallbeispiel

Szenario 1: Der letzte Schliff

Mit den Steuerelementen HScrollBar oder VScrollBar können Sie eine Benutzeroberfläche entwickeln, die eine schnelle Navigation in einer langen Dateiliste ermöglicht. Durch die Bindung des Werts der Bildlaufleiste an die aktuelle Position in der Dateiliste geben Sie dem Benutzer die Möglichkeit, sehr schnell in die Nähe des gesuchten Dokuments zu gelangen und die Datei dann mit den feineren Navigationsinstrumenten anzusteuern.

Mit dem `ProgressBar`-Steuerelement können Sie den Downloadstatus anzeigen. Sobald der Download abgeschlossen ist, können Sie den Benutzer durch einen Pieps mit den `SystemSounds` darauf aufmerksam machen.

Zur Implementierung einer Onlinehilfe für Ihre Anwendung können Sie eine kompilierte Hilfedatei (*.chm*) erstellen und mit einer `HelpProvider`-Komponente für Ihre Anwendung verfügbar machen. Eine direktere und weniger ausführliche Hilfestellung können Sie mit einer `ToolTip`-Komponente geben, die kurze Informationen über die Steuerelemente in Ihrer Anwendung anzeigt. Zur Kennzeichnung von ungültigen Eingaben durch den Benutzer eignet sich die `ErrorProvider`-Komponente.

Szenario 2: Verbesserte Bedienbarkeit

Indem Sie sich auf Systemfarben beschränken, können Sie den Kontrastmodus unterstützen. Werden für die reguläre Anwendungsoberfläche andere Farben gewünscht, kann die Anwendung überprüfen, ob sich das System im Kontrastmodus befindet, und in diesem Fall die abweichenden Farben durch Systemfarben ersetzen.

Keine Information sollte allein durch akustische Signale übermittelt werden. Wenn beispielsweise ein Download abgeschlossen ist, sollten Sie es nicht bei einem akustischen Hinweis belassen, sondern auch einen sichtbaren Hinweis geben.

Die Anwendung sollte sich auch mit der Tastatur bedienen lassen. Auch die Bedienung mit der Tastatur sollte dokumentiert werden.

In der Anwendung sollten Systemeinstellungen verwendet werden, um die Zusammenarbeit mit Eingabehilfen sicherzustellen. Außerdem sollten die Eigenschaften `AccessibleDescription`, `AccessibleName` und `AccessibleRole` mit entsprechenden Werten versehen werden.

Kapitel 13: Antworten zur Lernzielkontrolle

Lektion 1

1. **Richtige Antworten: A und B**
   - A. **Richtig.** Die Methode `RunWorkerAsync` löst das `DoWork`-Ereignis aus, in dessen Handler der Code liegt, der als Hintergrundprozess ausgeführt wird.
   - B. **Richtig.** Der `DoWork`-Ereignishandler enthält den Code, der als Hintergrundprozess ausgeführt wird.
   - C. **Falsch.** Das Ereignis `ProgessChanged` wird zwar ausgelöst, wenn die Methode `ReportProgress` aufgerufen wird, aber es ist zur Ausführung eines Hintergrundprozesses nicht erforderlich.
   - D. **Falsch.** Die Eigenschaft `WorkerSupportsCancellation` zeigt zwar an, ob der `BackgroundWorker` den Abbruch des Hintergrundprozesses unterstützt, aber sie ist zur Ausführung eines Hintergrundprozesses nicht erforderlich.
2. **Richtige Antworten: A, B und C**
   - A. **Richtig.** Sie müssen die Eigenschaft `WorkerSupportsCancellation` auf `True` stellen, damit der Prozess abgebrochen werden kann.
   - B. **Richtig.** Sie müssen Ihren eigenen Code implementieren, der regelmäßig die Eigenschaft `CancellationPending` überprüft und den Prozess bei Bedarf abbricht.

C. **Richtig.** Die Methode CancelAsync stellt die Eigenschaft CancellationPending auf True.

D. **Falsch.** Sie können die Eigenschaft CancellationPending nicht direkt einstellen. Sie müssen die Methode CancelAsync aufrufen.

3. **Richtige Antworten: A, B und D**

A. **Richtig.** Die Methode ReportProgress löst das ProgressChanged-Ereignis aus und ermöglicht ihnen, den bisher erzielten Fortschritt in Prozent anzugeben.

B. **Richtig.** Sie müssen das Ereignis ProgressChanged behandeln und den Code implementieren, der zur Berichterstattung über den Fortschritt ausgeführt werden soll.

C. **Falsch.** Zur Berichterstattung über den Fortschritt ist es nicht nötig, die IsBusy-Eigenschaft abzufragen.

D. **Richtig.** Sie können die Methode ReportProgress nur aufrufen, wenn die Eigenschaft WorkerReportsProgress auf True steht.

Lektion 2

1. **Richtige Antwort: B**

A. **Falsch.** Die Methode Invoke dient zur synchronen Ausführung einer Methode.

B. **Richtig.** Die Methode BeginInvoke ruft eine Methode auf einem anderen Thread auf.

C. **Falsch.** Diese Methode wird zwar gerne zum Abschluss eines asynchronen Methodenaufrufs verwendet, ist aber nur erforderlich, wenn das Ergebnis des Methodenaufrufs gebraucht wird.

D. **Falsch.** Die Methode DynamicInvoke dient zum synchronen Aufruf von Methoden mit später Bindung.

2. **Richtige Antworten: A und B**

A. **Richtig.** Thread-Objekte sind Instanzen der Klasse Thread, und jeder Thread muss separat erstellt werden.

B. **Richtig.** Die Methode Thread.Start startet den neuen Hintergrundprozess.

C. **Falsch.** Sie können zwar ein Object-Argument für den neuen Thread angeben, aber ein neuer Thread lässt sich auch mit einer Methode starten, die keine Parameter hat.

D. **Falsch.** Sobald der Programmcode auf einem Thread seine Arbeit abschließt, hält der Thread automatisch an. Der Aufruf von Thread.Abort ist nur erforderlich, um einen Thread anzuhalten, der noch läuft.

3. **Richtige Antworten: B und C**

A. **Falsch.** Aufrufe von Steuerelementen sind auf Hintergrundthreads generell unsicher und müssen über Control.Invoke erfolgen.

B. **Richtig.** Die Eigenschaft InvokeRequired kann auf jedem Thread abgefragt werden, um zu überprüfen, ob ein direkter Aufruf sicher ist oder ob Control.Invoke verwendet werden muss.

C. **Richtig.** Die Methode Control.Invoke kann dafür verwendet werden, um auf Hintergrundthreads Steuerelemente sicher aufzurufen.

D. **Falsch.** Die Eigenschaft Control.IsAccessible gibt an, ob das Steuerelement für Eingabehilfen zugänglich ist. Es hat nicht direkt etwas mit Aufrufen von Hintergrundprozessen zu tun.

Kapitel 13: Antworten zur Übung mit Fallbeispiel

Szenario 1: Die Verlagssoftware

Das zentrale Problem dieser Anwendung ist die Implementierung der Dokumentliste für den Download. Sowohl der Benutzeroberflächenthread als auch der Downloadthread müssen auf diese Liste zugreifen. Sie sollten Zugriffe auf diese Liste an den geeigneten Stellen mit `SyncLock`- oder `lock`-Sperren synchronisieren, damit zu jedem Zeitpunkt immer nur ein Thread Zugriff auf die Liste erhält. Die ausgewählten Dokumente sollten mit einem Hintergrundthread heruntergeladen werden. Sobald ein bestimmtes Dokument fertig heruntergeladen ist, sollte die Benutzeroberfläche mithilfe der threadsicheren Methode `Control.Invoke` aktualisiert werden.

Szenario 2: Erstellen eines einfachen Spiels

Mit der `BackgroundWorker`-Komponente können Sie relativ leicht separate Threads erstellen. Im genannten Beispiel würden Sie eine einzelne `BackgroundWorker`-Komponente verwenden, die den Pfadnamen der abzuspielenden Datei als Parameter verwendet und den Sound in einem Hintergrundthread abspielt. Nach dem Abspielen eines Sounds kann die `BackgroundWorker`-Komponente ohne erneute Initialisierung wiederverwendet werden.

Kapitel 14: Antworten zur Lernzielkontrolle

Lektion 1

1. **Richtige Antworten: A und B**

   A. **Richtig.** Zusammengesetzte Steuerelemente bestehen aus bereits vorhandenen Windows Forms-Steuerelementen, die zu einem neuen Steuerelement kombiniert wurden.

   B. **Richtig.** Sie können zu einem zusammengesetzten Steuerelement neue Eigenschaften, Methoden und Ereignisse hinzufügen.

   C. **Falsch.** Zusammengesetzte Steuerelemente werden auch ohne zusätzlichem Code auf dem Bildschirm sichtbar, weil die enthaltenen Steuerelemente sichtbar werden.

   D. **Falsch.** Eigenschaften untergeordneter Steuerelemente sind für Entwickler nicht zugänglich. Sie können die Eigenschaften untergeordneter Steuerelemente indirekt in Form von neu definierten Eigenschaften zugänglich machen, aber das geschieht nicht automatisch.

2. **Richtige Antworten: A und D**

   A. **Richtig.** Eine Toolbox-Bitmap hat das Format 16 × 16 Pixel.

   B. **Falsch.** Die Größe ist wichtig. Eine Toolbox-Bitmap muss im Format 16 × 16 Pixel vorliegen.

   C. **Falsch.** Die `Image`-Eigenschaft bestimmt, welches Bild zur Laufzeit im Steuerelement angezeigt wird, und nicht, was neben dem Steuerelement in der Toolbox angezeigt wird.

   D. **Richtig.** Das `TooboxBitmap`-Attribut ermöglicht die Angabe einer Toolbox-Bitmap mit ihrem Pfadnamen, mit einem Typ oder mit der Kombination von Typ und Ressourcenname.

Lektion 2

1. **Richtige Antworten: B, C und D**
   A. **Falsch.** Die Methoden der Klasse `Graphics` verwenden zwar `Pen`- und `Brush`-Objekte, aber die `Graphics`-Klasse kapselt diese Objekte nicht selbst.
   B. **Richtig.** Die `Graphics`-Klasse ist die Softwarerepräsentation einer Zeichenoberfläche, die mit einem sichtbaren Element verknüpft ist.
   C. **Richtig.** Die gesamte Grafikanzeige erfolgt mit der `Graphics`-Klasse. Sie bietet alle Methoden, die dafür erforderlich sind.
   D. **Richtig.** Die `Graphics`-Klasse hat keinen Konstruktor. Daher können Objekte dieser Klasse nicht direkt erstellt werden. Aber Sie können vom `PaintEventArgs`-Parameter oder durch den Aufruf der Methode `Control.CreateGraphics` einen Verweis erhalten.
2. **Richtige Antworten: A und B**
   A. **Richtig.** Benutzerdefinierte Steuerelemente müssen selbst für den Code sorgen, durch den sie auf dem Bildschirm abgebildet werden.
   B. **Richtig.** Benutzerdefinierte Steuerelemente können andere .NET Framework-Komponenten kapseln, und wenn es sein muss, sogar andere Steuerelemente.
   C. **Falsch.** Es gibt keine visuelle Standardschnittstelle für benutzerdefinierte Steuerelemente.
   D. **Falsch.** Benutzerdefinierte Steuerelemente werden von der Klasse `Control` abgeleitet. Zusammengesetzte Steuerelemente werden von der Klasse `UserControl` abgeleitet.

Lektion 3

1. **Richtige Antwort: B**
   A. **Falsch.** Die Methode `Form.Show` gibt keinen `DialogResult`-Wert zurück.
   B. **Richtig.** Die Methode `Form.ShowDialog` gibt einen `DialogResult`-Wert zurück.
   C. **Falsch.** Die Methode `Form.Show` gibt weder einen `DialogResult`-Wert zurück, noch ermöglicht sie die Angabe des übergeordneten Formulars als Argument.
   D. **Falsch.** Die Methode `Form.ShowDialog` kann nicht mit dem Dialogfeldergebnis als Argument aufgerufen werden.
2. **Richtige Antwort: C**
   A. **Falsch.** Sie müssen zwar die Methode `OnPaint` überschreiben, wenn Sie das Erscheinungsbild des erweiterten Steuerelements ändern möchten, aber es ist nicht zwangsläufig erforderlich, das Erscheinungsbild zu ändern.
   B. **Falsch.** Wenn keine Toolbox-Bitmap bereitgestellt wird, wird die Bitmap des Basissteuerelements verwendet.
   C. **Richtig.** Zum Erstellen eines erweiterten Steuerelements ist nur die Ableitung von einem Basissteuerelement erforderlich. Alle anderen Schritte sind optional.
   D. **Falsch.** Das erweiterte Steuerelement bietet dieselben Eigenschaften und Methoden wie das Basissteuerelement an.

Kapitel 14: Antworten zur Übung mit Fallbeispiel

Szenario 1: Erfassen und Anzeigen von Benutzerdaten

Die beste Lösung des Problems scheint die Erstellung eines zusammengesetzten Steuerelements zu sein, das im Wesentlichen aus `TextBox`-Steuerelementen für die Eingaben des Benutzers besteht. Dieses Steuerelement kann in dem Dialogfeld eingesetzt werden, das zur Erfassung der Dateneingaben dient, und in anderen Teilen der Anwendung zur Anzeige der eingegebenen Daten dienen. Die `ReadOnly`-Eigenschaften der `TextBox`-Steuerelemente können im zusammengesetzten Steuerelement in neuen Eigenschaften zugänglich gemacht werden, damit die Entwickler festlegen können, wann die angezeigten Daten schreibgeschützt sind und wann sie geändert werden dürfen. Durch die Erstellung eines zusammengesetzten Steuerelements können Sie den Code auch in späteren Anwendungen wiederverwenden und dadurch die Entwicklungszeiten verkürzen.

Szenario 2: Trey Research-Aktienkurs

Der beste Lösungsansatz ist in diesem Fall die Entwicklung eines benutzerdefinierten Steuerelements, das auf den Webdienst zugreift. Das benutzerdefinierte Steuerelement kann eine `Timer`-Komponente enthalten, die so eingestellt wird, dass der Webdienst alle 15 Sekunden abgefragt wird. Benutzerdefinierter Anzeigecode dient zur Anzeige des Aktienkurses und der gewünschten Grafik. Da es sich um ein Steuerelement handelt, lässt es sich leicht in andere Windows Forms-Anwendungen integrieren.

Kapitel 15: Antworten zur Lernzielkontrolle

Lektion 1

1. **Richtige Antwort: B**
   A. **Falsch.** Die erforderlichen Berechtigungen werden bei der Veröffentlichung der Anwendung festgelegt. Vielleicht werden Sie aufgefordert, einen Berechtigungssatz zu bestätigen, aber Sie brauchen bei der Installation keine Berechtigungen einzustellen.
   B. **Richtig.** Zur Installation einer ClickOnce-Anwendung brauchen Sie nur die Setup-Datei zu starten und den Anweisungen zu folgen.
   C. **Falsch.** Der Entwickler legt vor der Veröffentlichung fest, wie oft eine Anwendung nach Updates sucht.
   D. **Falsch.** Der Installationsmodus wird vor der Veröffentlichung der Anwendung konfiguriert.
2. **Richtige Antwort: C**
   A. **Falsch.** Anwendungen, die aus dem Internet installiert werden, laufen standardmäßig in der Internet-Sicherheitszone.
   B. **Falsch.** Anwendungen, die aus dem Internet installiert werden, laufen standardmäßig in der Internet-Sicherheitszone. Anwendungen, die von freigegebenen Verzeichnissen installiert werden, laufen standardmäßig in der Intranet-Sicherheitszone.
   C. **Richtig.** Anwendungen, die aus dem Internet installiert werden, laufen standardmäßig in der Internet-Sicherheitszone.

D. **Falsch.** Anwendungen, die aus dem Internet installiert werden, laufen standardmäßig in der Internet-Sicherheitszone.

Lektion 2

1. **Richtige Antwort: A**
   A. **Richtig.** Der Dateisystem-Editor dient dazu, die Dateien festzulegen, die von einem Setup-Projekt installiert werden.
   B. **Falsch.** Der Dateityp-Editor dient zur Definition von Verknüpfungen zwischen Dateitypen und Anwendungen.
   C. **Falsch.** Der Editor für benutzerdefinierte Aktionen wird dazu verwendet, benutzerdefinierte Aktionen zur Anwendung hinzuzufügen.
   D. **Falsch.** Der Benutzeroberflächen-Editor dient zur Bearbeitung der Benutzeroberfläche des Setup-Assistenten.
2. **Richtige Antwort: B**
   A. **Falsch.** So wird ein bestimmter Wert für eine Betriebssystemversion angegeben, die es vielleicht gar nicht gibt. Sie sollten den Operator >= verwenden und damit angeben, dass die geforderte Betriebsystemversion größer oder gleich der angegebenen Version sein muss.
   B. **Richtig.** Sie sollten den Operator >= verwenden und damit angeben, dass die geforderte Betriebsystemversion größer oder gleich der angegebenen Version sein muss.
   C. **Falsch.** Durch diese Bedingung wird verlangt, dass ein älteres Betriebssystem als Windows 2000 verwendet werden muss. Sie sollten den Operator >= verwenden und damit angeben, dass die geforderte Betriebsystemversion größer oder gleich der angegebenen Version sein muss.
   D. **Falsch.** Mit dieser Bedingung ist die Installation auf allen Windows-Betriebssystemen mit Ausnahme von Windows 2000 möglich. Sie sollten den Operator >= verwenden und damit angeben, dass die geforderte Betriebsystemversion größer oder gleich der angegebenen Version sein muss.
3. **Richtige Antwort: B, C und D**
   A. **Falsch.** Die `Installer`-Klasse muss zu dem Projekt hinzugefügt werden, das Sie bereitstellen wollen, und nicht zum Setup-Projekt.
   B. **Richtig.** Sie müssen die `Installer`-Klasse zu dem Projekt hinzufügen, das Sie bereitstellen möchten.
   C. **Richtig.** Sie müssen den Code für Ihre benutzerdefinierte Aktion in der `Install`-Methode der `Installer`-Klasse schreiben.
   D. **Richtig.** Sie müssen im Editor für benutzerdefinierte Aktionen das Projekt angeben, das die benutzerdefinierte Aktion enthält.

Kapitel 15: Antworten zur Übung mit Fallbeispiel

Szenario 1: Vertrieb des DocumentViewers

Mithilfe der ClickOnce-Technik können Sie auf einer Website eine Version bereitstellen, die jetzt für Ihre Kunden verfügbar ist. Indem Sie die Anwendung so einstellen, dass sie bei jedem Start nach Updates sucht, können Sie dafür sorgen, dass Ihre Kunden immer die neuste Version zur Verfügung haben, wenn sie mit der Anwendung arbeiten. Außerdem brauchen Ihre Kunden bei einer ClickOnce-Anwendung nicht über Administratorrechte zu verfügen, um die Anwendung installieren zu können.

Szenario 2: Installieren des Dokumentbestands

Durch die Erstellung eines Setup-Projekts für die Installation des Dokumentkerns können Sie eine Setup-Umgebung einrichten, mit der sich alle Ziele erreichen lassen. Die Verzeichnisstruktur lässt sich im Dateisystem-Editor festlegen, und die Registrierungsschlüssel lassen sich im Registrierungs-Editor definieren. In einer benutzerdefinierten Aktion können Sie überprüfen, ob die erforderlichen Komponenten zur Verfügung stehen, und diese Komponenten bei Bedarf installieren, sofern möglich, oder die Installation durch das Auslösen einer `InstallException` abbrechen, falls es nicht möglich ist, die erforderlichen Komponenten zu installieren.

Glossar

Anwendungsbereich Anwendungseinstellungen mit der Bereichseinstellung `Anwendung` sind zur Laufzeit schreibgeschützt.

Benutzerbereich Anwendungseinstellungen mit der Bereichseinstellung `Benutzer` sind zur Laufzeit lesbar und änderbar.

Benutzerdefinierte Aktion Code, der in der Installations-, Commit-, Rollback- oder Deinstallationsphase einer Installation ausgeführt wird, die mit dem Windows Installer erfolgt. Benutzerdefinierte Aktionen werden in `Installer`-Klassen geschrieben und zu den Projekten hinzugefügt, die installiert werden sollen.

Benutzerdefiniertes Steuerelement Ein vom Benutzer erstelltes Steuerelement, das auch den Code für seine eigene Darstellung auf dem Bildschirm enthält.

Benutzersteuerelement Eine andere Bezeichnung für ein zusammengesetztes Steuerelement.

BindingSource Eine Windows Forms-Komponente, die eine Datenbindung von Steuerelementen an eine Datenquelle erleichtert.

BLOB Ein BLOB ist ein großes Binärobjekt, ein Bytearray, das ein großes Objekt darstellt, wie zum Beispiel eine Grafik, eine Musikdatei, eine ausführbare Datei oder ein beliebiges anderes großes Objekt in binärer Form.

ClickOnce Eine neue Bereitstellungstechnik, mit der es möglich ist, eine Anwendung schnell auf einer Website oder in einem freigegebenen Verzeichnis bereitzustellen oder die Anwendung auf einem Computer zu installieren. ClickOnce-Anwendungen werden gewöhnlich mit den Standardsicherheitseinstellungen ausgeführt.

Containersteuerelement Ein Steuerelement, das andere Steuerelemente enthalten kann, wie beispielsweise ein `Panel`-Steuerelement, ein `GroupBox`-Steuerelement oder ein `TabControl`-Steuerelement.

DataAdapter Stellt eine Gruppe von SQL-Befehlen und eine Datenbankverbindung dar, die ein `DataSet` mit Daten versorgen und die Datenquelle aktualisieren können.

DataColumn Ein Objekt in einer `DataTable`, das eine Spalte der Tabelle repräsentiert.

DataSet Eine komplexe Datenstruktur im Arbeitsspeicher, die wie eine relationale Datenbank mit Tabellen und Beziehungen (Relationen) aufgebaut ist.

DataTable Ein Objekt in einem `DataSet`, das eine Tabelle repräsentiert.

DataView Ein Steuerelement zur Darstellung der Daten einer `DataTable`, in dem Datensätze sortiert, gefiltert und angezeigt werden können, auch Datensätze, die sich in einem bestimmten Zustand befinden, wie beispielsweise alle zur Löschung gekennzeichneten Datensätze.

Datenbindung Ein Verfahren zur Anzeige von Daten aus einer Datenquelle in einem Steuerelement, bei dem es in beide Richtungen eine Kommunikation zwischen Datenquelle und Steuerelement gibt. Änderungen bei einem Kommunikationspartner werden zum anderen Kommunikationspartner übertragen.

Delegat Ein typsicherer Funktionszeiger, der zum synchronen oder asynchronen Aufruf einer Methode verwendet werden kann.

Drag-and-Drop Ein Vorgang, bei dem der Benutzer mit der linken Maustaste Daten auf einem Formular anfasst und festhält, die Daten bei gedrückter linker Maustaste zum gewünschten Zielsteuerelement zieht und dort ablegt, indem er die linke Maustaste loslässt.

Einstellung Ein Wert, an den Eigenschaften gebunden werden können, auch Anwendungseinstellung genannt. Der Wert wird gespeichert, sodass er auch in der nächsten Sitzung wieder zur Verfügung steht.

Ereignis Eine Benachrichtigung von einem Steuerelement, die an den Rest der Anwendung gesendet wird und von Methoden behandelt werden kann, die über die passende Signatur verfügen.

Ereignishandler Die Methode, die ausgeführt wird, wenn ein Ereignis ausgelöst wird. Ein Ereignishandler muss dieselbe Signatur wie das Ereignis aufweisen, das er behandeln soll.

Erweitertes Steuerelement Ein vom Benutzer erstelltes Steuerelement, das von einem vorhandenen Steuerelement abgeleitet wird, dessen Funktionen aufweist und durch zusätzliche Methoden, Ereignisse und Eigenschaften erweitert werden kann.

Globalisierung Die Formatierung von Anwendungsdaten in einer Weise, die das Gebietsschema vorgibt.

Graphics-Objekt Ein Objekt, das eine Oberfläche zur Ausgabe von Daten darstellt. Beim Drucken wird ein `Graphics`-Objekt zur Ausgabe des Inhalts auf eine Druckseite verwendet.

InstallException Eine Ausnahme, die von einer `Installer`-Klasse ausgelöst werden kann. Die Auslösung der `InstallException` in einer benutzerdefinierten Aktion bewirkt, dass die Installation rückgängig gemacht wird.

Integrierte Sicherheit Auch als Windows-Authentifizierung bekannt. Diese Sicherheitsart beruht auf der Verwendung von vorhandenen Domänenanmeldeinformationen für den Zugriff auf eine Datenquelle.

Liste Eine Gruppe zusammengehöriger Objekte, die in der Anwendung gewöhnlich in Form einer Auflistung verfügbar sind. Ein Steuerelement, das mit einer Liste arbeitet, verfügt gewöhnlich über Methoden, mit denen es die Listenelemente hinzufügen, entfernen oder auf andere Weise verwalten kann.

Listensteuerelement Ein Steuerelement, das zur Verwaltung oder Anzeige einer Liste entworfen wurde. Beispiele sind die Steuerelemente `ListBox`, `ComboBox` und `CheckedListBox`.

Lokalisierung Die Anzeige einer Benutzeroberfläche, die zum Gebietsschema passt.

Maske Die Zeichenfolge, die in einem `MaskedTextBox`-Steuerelement das Format für die Texteingabe und Textanzeige definiert.

MenuStrip Ein spezielles `ToolStrip`-Steuerelement, das darauf spezialisiert ist, `ToolStripMenuItem`-Steuerelemente aufzunehmen.

Modal Ein Anzeigemodus für Dialogfelder. Wird ein Dialogfeld modal angezeigt, so wird der Hauptthread der Anwendung angehalten, bis das Dialogfeld wieder geschlossen wird.

Nichtmodal Ein Anzeigemodus für Dialogfelder. Wird ein Dialogfeld nichtmodal angezeigt, kann der Hauptthread der Anwendung weiter ausgeführt werden, während das Dialogfeld noch geöffnet ist.

Parameter Im Zusammenhang mit Datenbankabfragen ist damit eine spezielle Variable gemeint, mit der andere Werte an eine SQL-Anweisung oder gespeicherte Prozedur übergeben werden können.

PrintDocument Die wichtigste Komponente beim Drucken. Eine `PrintDocument`-Komponente stellt das zu druckende Dokument dar.

PrintPreview Eine Darstellung des zu druckenden Dokuments auf dem Bildschirm. Sie können eine `PrintDocument`-Komponente mit einer `PrintPreviewDialog`-Komponente oder in einem `PrintPreviewControl`-Steuerelement darstellen.

Setup-Projekt Ein Projekt, das eine Windows Installer-Anwendung ergibt. Ein Setup-Projekt bietet eine weitgehend konfigurierbare und kontrollierbare Umgebung zur Erstellung von Bereitstellungspaketen.

Snaplines Hilfslinien, die von der IDE zur Unterstützung für die genaue Anordnung von Steuerelementen angezeigt werden.

Steuerelement Eine Komponente, die über eine sichtbare Schnittstelle (eine Oberfläche) verfügt und in einem Formular oder Containersteuerelement eingefügt werden kann. Steuerelemente haben Eigenschaften, Methoden und Ereignisse, die zusammen die gewünschte Funktionsweise ergeben. Zu den Steuerelementen gehören zum Beispiel `Button`-, `TextBox`- und `Label`-Steuerelemente.

Thread Ein zusätzlicher Ausführungspfad innerhalb einer Anwendung, dessen Code gleichzeitig mit dem Code der anderen Threads der Anwendung ausgeführt wird. Wird durch eine Instanz der Klasse `Thread` implementiert, mit der er sich auch verwalten lässt.

Toolbox Ein Fenster in der IDE von Microsoft Visual Studio IDE, von dem aus Steuerelemente auf Formulare gezogen werden können, die im Designer angezeigt werden.

ToolStrip Ein Steuerelement, das `ToolStripItem`-Steuerelemente aufnehmen kann und vom Benutzer leicht zur Laufzeit konfiguriert werden kann.

ToolStripItem Ein Steuerelement, das von einem `ToolStrip` aufgenommen werden kann. Es kann einen Menüpunkt darstellen oder ein anderes der Steuerelemente, die zu einem `ToolStrip` hinzugefügt werden können.

ToolStripMenuItem Ein Steuerelement, das einen Menüpunkt darstellt und gewöhnlich zu einem `MenuStrip` hinzugefügt wird.

Transaktion Eine logisch zusammengehörige Gruppe von Befehlen, die als Einheit ausgeführt wird.

Übergeordnetes MDI-Formular Ein Formular, das untergeordnete MDI-Formulare aufnimmt, enthält und verwaltet.

Untergeordnetes MDI-Formular Ein Formular, das in einem übergeordneten MDI-Formular angezeigt wird.

Verbindungsobjekt Repräsentiert eine Verbindung mit einer Datenquelle.

Verbindungspool Eine Auflistung von Verbindungen, die zur Wiederverwendung verfügbar sind. Dadurch soll der Aufwand vermieden werden, der mit einer häufigen Erstellung und Entsorgung von Verbindungen verbunden ist.

Verbindungszeichenfolge Die Informationen, die zur Verbindungsaufnahme mit einer Datenquelle erforderlich sind, wie zum Beispiel der Name des Servers, der Datenbank, der Art der Anmeldeinformationen und so weiter.

Verschlüsselung Ein Vorgang, bei dem Daten in ein unlesbares Format umgewandelt werden, das wieder entschlüsselt werden muss, um lesbar zu sein.

Werteinstellungssteuerelement Ein Steuerelement, das dem Benutzer in der Benutzeroberfläche die Einstellung eines Werts ermöglicht. Beispiele sind die Steuerelemente `CheckBox`, `RadioButton` und `TrackBar`.

XmlDocument Eine Klasse für die Darstellung von XML-Daten im Arbeitsspeicher.

XmlNode Eine Darstellung eines XML-Knotens im Arbeitsspeicher, einschließlich untergeordneter Knoten, sofern vorhanden.

XmlReader Eine abstrakte Klasse, die einen nicht zwischengespeicherten Lesezugriff (nur vorwärts) auf eine XML-Datei oder einen XML-Stream bietet.

XmlWriter Eine abstrakte Klasse, mit der ein XML-Dokument geschrieben werden kann.

Zugänglichkeit (accessible design) Das Prinzip, eine Benutzeroberfläche nach bestimmten Regeln so zu gestalten, dass die Anwendung von möglichst vielen Menschen mit unterschiedlichen Fähigkeiten und Fertigkeiten benutzt werden kann.

Zugriffstasten Eine Kombination von mehreren Tasten, mit der ein Tastenkürzel für ein bestimmtes Steuerelement definiert wird.

Zusammengesetztes Steuerelement Ein vom Benutzer erstelltes Steuerelement, das sich aus anderen Steuerelementen zusammensetzt und von der Basisklasse `UserControl` abgeleitet wird.

Stichwortverzeichnis

C

E

F

G

T

W

X

Die Autoren

Matthew A. Stoecker begann mit neun Jahren, auf einem TRS-80 in BASIC zu programmieren. Im Jahr 2001 ging er als Programmierer und Autor zu Microsoft, um über Microsoft Visual Basic .NET zu schreiben. Er veröffentlichte zahlreiche technische Artikel über Visual Basic .NET und Microsoft Visual C#, schrieb selbst einige Bücher über diese Sprachen und arbeitete an anderen Büchern mit. Er hat einen Ph.D. in Mikrobiologie und hofft, dass er diesen akademischen Grad nie wieder braucht. Er lebt in Bellevue, Washington.

Steven J. Stein, MCP, begann in den frühen achtziger Jahren, in seiner Freizeit Computer zu benutzen und zu programmieren. Er arbeitete viele Jahre in der Elektronikindustrie. Da die Entwicklung der Computer immer weiter voranschritt und es immer wichtiger wurde, Routinearbeiten zu automatisieren, wendete er sich der Programmierung und der Entwicklung von Makros zu. Anfang 2000 begann Steve, Dokumentationen und Codebeispiele für Microsoft zu schreiben. In den letzten 5 Jahren war er als Programmierer und Autor Mitglied des Visual Studio-Teams. Derzeit lebt er mit seinem „Extreme-Coding"-Partner in Mill Creek, Washington. (Zugegeben, es handelt sich zwar nur um eine Katze, aber sie lernt bereits, den Befehlszeilencompiler zu benutzen) Steve ist ein begeisterter Skiläufer, Wanderer und Motorradfahrer. Man trifft ihn häufig in den entferntesten Bereichen eines Skigebiets an oder auf seinem Motorrad, vorzugsweise auf kurvigen Seitenstraßen.